《当代中国人物传记》丛书

书名手迹：邓小平

聂荣臻传

《聂荣臻传》编写组　著

当代中国出版社
Contemporary China Publishing House

图书在版编目(CIP)数据

聂荣臻传 /《聂荣臻传》编写组著 . --3 版 . -- 北京 : 当代中国出版社 , 2006.09（2023.12 重印）
（当代中国人物传记丛书）
ISBN 978-7-80092-337-1

Ⅰ . ①聂…　Ⅱ . ①聂…　Ⅲ . ①聂荣臻（1899~1992）—传记　Ⅳ . ① K825.2

中国版本图书馆 CIP 数据核字（2006）第 105990 号

出 版 人　王　茵
责任编辑　姜楷杰　任小平　崔莉娜
责任校对　康　莹
责任印务　刘艳平
装帧设计　北京华子图文设计公司
出版发行　当代中国出版社
地　　址　北京市地安门西大街旌勇里 8 号
网　　址　http://www.ddzg.net
邮政编码　100009
编 辑 部　（010）66572154
市 场 部　（010）66572281　66572157
印　　刷　北京润田金辉印刷有限公司
开　　本　720 毫米 × 1060 毫米　1/16
印　　张　28 印张　6 插页　插图 125 幅　446 千字
版　　次　2015 年 7 月第 3 版
印　　次　2023 年 12 月第 5 次印刷
定　　价　58.00 元

《聂荣臻传》编写组

组　　长　魏　巍
副 组 长　周均伦
成　　员　（按参加写作时间先后为序）
　　　　　曹建玲　张凤雏　傅崧山
　　　　　魏　猛　贾舒云　王红云

出版说明

1982年，中共中央书记处讨论通过、中共中央宣传部发文布置在全国范围内编写出版《当代中国》丛书。根据编写计划，《当代中国》丛书依内容共分为五类，人物传记是其中之一。由于人物传记涉及方方面面，情况繁杂，且编写时间长，1991年人物传记从《当代中国》丛书中分立出来，确定为《当代中国人物传记》丛书。

《当代中国人物传记》丛书编辑委员会在丛书总序中说：

“二十世纪的中国，是一个风云际会、英杰辈出的时代。正是伟大的时代造就出灿若群星的历史伟人；也正是历史伟人们艰苦卓绝的奋斗历程和忘我建树的光辉业绩，才能充分地体现着潮流之所趋、人心之所向，才最深刻最生动地反映着奔腾前进的伟大时代。他们一生的业绩，恰恰构成了从旧中国到新中国这一旷古未有的历史性大变革的缩影。正因为这样，修撰作为中华人民共和国缔造者的一代杰出历史人物的传记，其意义自是远远超越记述个人身世的范围。这套传记丛书，无疑应当看作是，当代中国千百万爱国志士、革命先驱的杰出代表用毕生的血和汗谱写出的挽救祖国、振兴中华的可歌可泣的历史画卷，它将是永远矗立于世世代代人民心中的革命丰碑。《当代中国人物传记》丛书中的每一部传记，都可读作当代中国的救国史，中华人民共和国的开国史、建国史；每一部传记都可读作结束中国苦难危亡命运的革命史，披荆斩棘建设社会主义的奠基史、创业史。”

“《当代中国人物传记》丛书，首批编撰的是中华人民共和国建国时期的开国元勋和各方面的最杰出人士的传记。这批传记的主人公将包括：党和国家的主要领导人（其中毛泽东、周恩来、刘少奇、朱德、邓小平、陈云的传记，将由中共中央文献研究室编写、出版)、人民军队中功勋卓著的元帅、参与新中国创建大业的各民主党派的领导人和各方面的著名爱国人士、贡献突出的著名科学家、文学家和艺术家，以及为中国民主革命事业和社会主义事业做出重大贡献的国际主义战士，等等。毫无疑问，他们既是当代中国最卓越的代表，同时也是彪炳千秋青史的历史巨人。当然，如同一切历史人物一样，我们时代的杰出代表也不可能不受到历史条件的限制，也必然会具有这样那样的弱点、短处，一生中也不免会发生这样那样的某些过失。但是，所有这些，当如日月之蚀，堂堂正正公之于众亦无损于他们形象的光辉。他们为中华民族创建的功业，他们的革命精神、高尚情操，他们的鸿才睿智、嘉言懿行，无不震古铄今，垂范后世。这是中华民族一份永远值得倍加珍摄的宝贵精神财富。”

“愿人们从这部《当代中国人物传记》丛书中，以这些历史人物的光辉业绩为典范，学习他们的革命献身精神、爱国主义情操和坚定的社会主义信念，为中华民族的历史伟业做出更大的贡献。”

我社有幸承担了《当代中国人物传记》丛书的编辑出版工作，自1991年以来陆续出版了一批中华人民共和国开国元勋的传记，获得很好的社会影响。我们将继续按照丛书的编辑出版方针，把《当代中国人物传记》丛书编辑出版工作做好，以飨读者。

书中图片绝大部分为本书编写组提供，因时间仓促等，有的图片未能注明著作权，特致歉。请相应著作权人知晓后，与当代中国出版社总编室联系(电话：010-66572131)，以便我们再版时准确署名及支付稿酬。

当代中国出版社

2021年11月

聂荣臻（摄于 1981 年）

目　录

青春篇（1899—1936 年）

第一章　少年立志，报国图强

1919 年 11 月下旬川江边的一个清晨。一艘小火轮“呜”的一声长鸣，离开了重庆码头，劈开混浊的江水，朝着下游驶去。甲板上站着年方二十的聂荣臻。

他久久地手扶栏杆，望着绿树与楼群相互掩映的山城。家乡慢慢地向后移动，熟悉的景物在薄雾中逐渐消失。他伫立凝思，心情激越，多少思绪和往事，就像流水涌向心头。

1899 年 12 月 29 日，聂荣臻出生在四川省江津县吴滩镇石院子。

石院子原属于一家王姓大地主，是一座九重堂的住宅，建筑式样古朴大方。院子周围环绕着良田沃土，院墙内外长满了翠竹，两侧各有一口波光粼粼的大堰塘。聂氏祖辈由江西迁徙贵州，再折转到四川江津。此时，王姓地主已经破落，石院子九重堂仅余三重，聂家买下后安居下来。经过几代繁衍，聂氏成为江津境内一个比较富有的大家族。但到聂荣臻出世时，家境已经衰败了。石院子年久失修，更显得破败，只有竹丛仍生机盎然，织成绿色的帷幔，人们几乎踏进院门时才能看到绿荫中的房屋。

祖上的家产传到聂荣臻的父亲聂仕先时，只剩十来亩土地。聂仕先将这些土地小部分出租，大部分自己耕种，以此维持全家的生计。聂仕先为人持重，沉默寡言。其妻唐雨衫，是一位贤妻良母式的家庭妇女。聂荣臻出生快满月时，夫妻俩商量着给儿子取个吉祥的名字。聂仕先读过几年私塾，便翻开《随身宝》，指着该书最后一句“百福骈臻得双全”，边念边对妻子说：“这是句吉利话。按家谱排列，我们儿子是‘荣’字辈，就给他取名‘荣臻’，字‘福骈’，小名‘双全’，你觉得如何？”妻子满意地笑了。

聂荣臻两岁时，母亲又生下妹妹聂荣昌。

孩子吉祥的名字，并没有给聂家带来好运。由于家族纠纷，聂仕先只得将自有的土地卖掉，靠租种地主的土地谋生。1909 年，地主收回了耕地，日子更加艰难，只得同别人合伙开了一个小染坊谋生。聂仕先夫妇心地善良，对劳苦乡亲充满同情。

聂荣臻在父母和家庭环境的熏陶下，从小就为人厚道，同情劳动人民，常常主动干些家务活，为父母分忧。8 岁时，到外祖父唐雨初家上了三年私塾。在这里他受到了启蒙教育。聂荣臻的三舅唐海潭在重庆法政学堂读书，思想活跃，知道外界的消息也多，常与同学在家里议论时政。聂荣臻耳濡目染，也受到一些影响。

1911 年，因外祖母去世，外祖父在家守丧，私塾停办，聂荣臻转到沙土堡孔德三塾馆就读。辛亥革命后对新学的向往，使他于 1913 年转到吴滩插旗寺小学。不久，又转到离家 15 公里的永川县陈食高等小学住读。

陈食高等小学开设了多门学科，教师大多受过新学教育。聂荣臻来到这里，倍感新鲜。他十分珍惜时光，如饥似渴地学习，除学好必修的各科之外，还广读博览，增强知识的广度和深度。第二学期，他在课桌上刻下了“三更灯火五更鸡，正是男儿立志时”的字句，作为自己的座右铭。每天晚间，常听到他的琅琅读书声。别人已进入梦乡，他仍坐在小油灯下。一个夜晚，国文教师刘继修来到他的小油灯下，看见他正在阅读有关太平天国的书籍，便说：“作为青年学生，博览群书、知道古今，大有裨益，如此甚好。”一个晴朗的清晨，校长赵学仕看到他在走廊上边走边背诵屈原的《国殇》，连连点头称道：“好，好，屈原先辈的诗文应当熟读。”聂荣臻以顽强的毅力，在这所小学苦读两年半，1917 年春转到江津县九如镇立高等小学，同年夏毕业于该校。三年的高等小学学习，聂荣臻各门学科都取得了优异成绩。

在陈食高等小学流传着一个“打菩萨扩校舍”的故事。这则故事里，记述了少年聂荣臻的斗争精神。

陈食小学设在名叫“三官殿”的庙堂里，庙堂四壁排列着许多神像。庙小学生多，师生纷纷要求去掉泥塑神像，扩大校舍。校长也曾向庙堂会首们多次交涉，但均遭拒绝。这年夏天，新来了一位杨老师，家离得很远，学校又无空房可住。荣臻和几个同学商量，把庙堂耳房腾出一间来给杨老师住。当夜，他们把房里的菩萨悄悄打碎、搬走，在门口贴了一张字条：“玉皇圣谕：天地水三官，即日当乔迁。”次日清晨，全校皆惊，一时纷纷议论。有的说：“菩萨升天了。”有的说：“菩萨搬家了。”师生们心照不宣：“既然是玉帝旨意，就应帮助三官殿菩萨搬家。”于是，把影响教学的菩萨全都打掉搬除。庙堂会首们恼羞成怒，要求地方官清查。可是，始终没有查出结果，最后由校长出面，买了香烛作祭，送菩萨“升天”，不了了之。这样一来，不仅杨老师有了宿舍，教师们也有了办公室，又增加了教室，校舍宽敞多了，师生们都很高兴。几十年过去了，聂荣臻当年打菩萨的故事还在当地流传。

1917 年夏，聂荣臻考入江津中学。

江津中学，是当时县里唯一的一所中学。它创办于 1906 年 4 月，是在维新思想影响下，学习日本近代教育制度而创办的一所四年制中学。校址坐落在县城内黄荆街，校舍为土木结构，全是平房，校门坐南向北，呈口字形。学校门前栽着两棵巴蜀稀有的榆树，校园内桑、柳、梧桐成荫。当时学校的设备和教师，在四川可算是一流的。

聂荣臻十分珍惜在江津中学的学习良机，学习非常用功。他认真地吮吸着文化科学知识。

在他所读过的书上，常有各种心得批注，蝇头小楷，端端正正。对知识，他务求弄懂，不争分数高低，各种作业，一丝不苟，作图清晰，字迹工整。他记忆力强，但不死记硬背，反复思考，直至彻底弄懂为止。学校保存下来的操行考查簿上，记载着关于他的操行评语：

容仪——衣服朴素；
动作——活泼，上课专心；
言语——不欺，温和；
品质——天性温和；
智力——记忆力强；
感情——进取；
意志——坚固。①

他面壁而读的精神，在学校里颇受人称道。一次，教室里已空无一人，他仍面对墙壁高声朗读，国文教师杜文运看到后说："荣臻，你也该休息一会儿啦！你每天都如此吗？"

"是的，老师。"

"为啥呢？"

"老师，学生以为学问就如一堵厚厚的墙壁，不下功夫就不能凿穿它。"

"如此有志气！"

杜老师把刚刚批阅完的一篇作文《评内忧外患》还给他，说："荣臻，你这篇文章写得好！道出了我们中国国弱民穷的根源，切中时弊，有说服力。文章思想新，有见地，文笔酣畅，辞意通达，我给你打了个满分。我要把它贴在中堂，让同学们看一看！荣臻啊，你从哪儿学到这么多新名词、新道理呀？"

聂荣臻指了指放在木凳上的几本书。杜老师翻了翻，见是《天演论》《物种起源》，还有《新青年》月刊等，慈祥地笑了。

江津中学管理极严，学生全部住校，平时不准走出校门，更不准上街。自修室每间六至八人，在这样的环境里，聂荣臻潜心攻读，博览群书。家庭经济困难，他省吃俭用，但不吝惜金钱购书。在他离开学校以后，学校还收到他从上海商务印书馆预订的一套《百科小丛书》。为了这套书，他花了一石谷子的钱。

聂荣臻发奋读书，寻找着救国之路。他面对受帝国主义列强宰割的半殖民地半封建的中国，联系工业革命给欧美带来的振兴，明治维新为日本带来的崛起，思索着如何使贫穷落后的祖国繁荣昌盛。

---

①《聂荣臻青少年时代》，解放军出版社1988年版，第196页。

1917 年，俄国十月革命强大的政治冲击波震荡着中国。聂荣臻从《新青年》等杂志上，接触到新的思想，他积极加入了进步学生的行列。

1918 年端午节，他约了七八个同窗好友到油溪，租了只小船，畅游浩瀚长江，观赏龙舟竞渡。船到江心，收住桨片，小船随波漂荡。此时，只见长空茫茫，江水滔滔，少年聂荣臻缅怀屈原，追念先辈改革法度的壮志，不禁热血沸腾，遂以酒酹江，吟诵起《离骚》中的诗句：

不抚壮而弃秽兮，
何不改乎此度？
乘骐骥以驰骋兮，
来吾道夫先路！

他们一面在舟中小饮，一面议论时政。酒酣时，聂荣臻辞情激烈地说："我辈要以报国为根本，为中华民族的崛起而建功立业。诸君将来再聚时，要有所成就方不负我们同窗之谊。"

1919 年 1 月 18 日，召开了有 27 个国家参加的巴黎和会。这是英、美、法、日等帝国主义列强重新瓜分世界的会议。这次会议漠视中国的主权和战胜国的地位，非法决定让日本继承第一次世界大战前德国在山东的特权。消息传到中国，举国震惊；传到江津，同学们气愤至极，在校园集会，高呼口号，强烈抗议。

五四爱国运动终于爆发了。这股强大的历史潮流，影响了中国一代激进的青年，也影响了聂荣臻。聂荣臻和同学们一起，游行集会，撒传单，贴标语。江津的大街小巷，到处都响起"外抗强权，内惩国贼""坚决抵制日货！不买仇货！不用仇货！"的口号声。

抵制日货，是聂荣臻在中学时代经历的最大的行动。江津县城地处长江边上，商业比较发达，商店里摆的几乎全是日本货，引起了学生们的强烈反感。江津中学和江津甲种农业学校的学生代表联合起来，积极开展抵制日货的行动。他们动员一些商店老板，不要贩卖日货。"乾坤泰""鸣盛和"等大商店不理睬学生们的要求，一些小商贩也跟着观望。于是，激起了学生们的愤怒。学联代表组成小组，分别对那几家大商店进行搜查，将查出的日货逐一登记，封存于"文昌宫"，准备焚烧。学联还派出代表，沿江巡逻，凡装有日货的船只不准靠岸。几家大商店听说学生们要焚烧日货，着了慌，采取各种手段反抗，勾结江津军政首脑，妄图凭借武力压服学生。县长聂述文、驻军团长王天培召开学商两界代表会，江津中学的代表就有聂荣臻。王天培在会场周围布满荷枪实弹的士兵，企图压服学生。商人们要求赔偿经济损失，学生代表据理陈辞，寸步不让，坚决要求焚烧日货。双方相持不下。

6 月末，《凡尔赛和约》正式签字。消息传来，更激怒了江津学生，他们立即集会，要上街游行。校长和学监百般阻挠，关上校门，不准学生上街。在这关头，聂荣臻和傅汝霖等进步学生鼓励同学们："不要怕！冲出去！"学生们打开校门，200 多人冲了出来，编成 4 路纵队，和甲种农业学校等校的同学们一起，汇成声势浩大的队伍。学联派出代表，手执小旗，沿街维持秩序。越来越多的群众参加进游行队伍，轰动了整个江津城。游行队伍到达"文昌宫"，把封存的日货全部搬出，直抵东门江边，搭起高台，学生和群众围站四周，两校学生的代表登台主持大会，聂荣臻等人在会上发表了激烈的讲演，激起听众强烈的爱国热情，人人义愤填膺，就势把日货全部焚毁。

大多数商人，通过抵制日货的运动受到了教育。但少数大商店老板极为仇视。他们贿赂军警，对学生进行镇压。就在焚烧日货的第二天，团长王天培带着武装士兵来到江津中学。学校在王天培授意下，首先开除傅汝霖，对其余的学生代表，则准备在学期结束时开除或勒令退学。

不久暑假到来，聂荣臻与江津学生联合会的领导人一起，草拟了一封公开信，号召同学们回家后广泛宣传，唤起民众，抵制日货，共赴国难。

7 月，聂荣臻回到家乡，与唐家修、叶楚才等人结伴，到吴滩、石门等地宣传。他大多利用赶集时机，站在高处演说。他演说时的爱国热忱，常获得在场听众的热烈鼓掌。

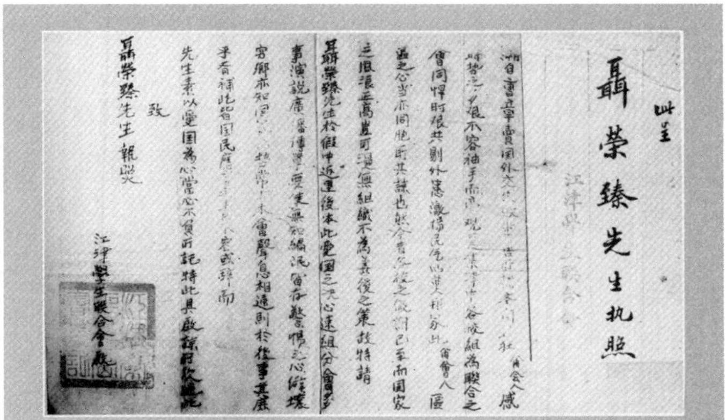
聶榮臻先生执照
聶榮臻先生親啟
江津學生聯合會

江津学生联合会号召学生下乡演说的信

暑假结束回到学校，得知反动势力将对进步学生进行镇压。激进的学生已经不能再继续读书，究竟何去何从，已经成为面临的严重问题。这时，聂荣臻想的是去法国勤工俭学。

当时，四川的勤工俭学运动正在迅猛发展，青年学生积极向西方寻求救国救民的真理。从五四运动到 1921 年底，四川留法勤工俭学学生达 492 人，为全国之最。在四川，又数江津去的人最多，共去了 40 多人。

聂荣臻与钟汝梅等同学先到重庆打听去法国勤工俭学的手续、路费等具体问题，然后返回家中，进行出国前的准备。

他先到舅父家，争取支持。舅父唐富华愿意协助。可是，回到家里，父母却舍不得儿子远离家乡，担心发生意外，表示不同意。聂荣臻向父母申明改变现状的意志和可能被捕的危险，坚决表示："我生死都要去！"经过舅父的协助说服，父母终于答应了儿子的要求。在舅父的帮助下，筹足了300银元的路费，准备就绪了。

中秋佳节，家人团聚，备酒壮行。

农历重阳节后的一天清晨，聂荣臻拜别父母和舅父，怀着实业救国的理想，告别了家乡。

儿子离家的这一天，母亲把一坛醇酒埋在地下，准备用这坛酒为儿子学成返里接风。可是，这一坛子酒，老人家一直未能取出来。聂荣臻的母亲和父亲在20世纪30年代就先后与世长辞了。聂荣臻一别故乡，再也没有踏进石院子翠竹掩映的家门。直到1955年5月，他去四川视察军工厂时，才顺便回到江津县城。

小火轮在波涛翻滚的长江上行驶着。大江的风光很快扫去了他心头的压抑。

船过万县，他和同学们瞭望白帝城，仰观巫山十二峰，饱览了三峡的风光。祖国壮丽的山河，神奇优美的传说，使他们心旷神怡。一位同学面对壮景吟道："'朝辞白帝彩云间，千里江陵一日还'，我辈此去异国他乡，不知何时能归？"聂荣臻接口说道："立志报国，哪管他日久天长。"

船到汉口，靠码头暂息，几个同学相约下船去看看火车是什么样子。在四川，为修铁路酝酿了多年，还发生了保路运动，但从未见过铁路，更不要说火车了。他们赶到火车站，不凑巧，站上没有火车。有人说，趴在铁轨上可以听到远方火车行驶的声音。聂荣臻于是趴下，把耳朵贴在冰凉的铁轨上，只听得"嗡嗡"的响声。大家离开火车站，很是兴奋，议论着从法国回来一定要在四川修条铁路，让自己的火车在巴蜀的大地上奔驰。

到上海后，他们停留了十来天时间。

上海，当时被称为"十里洋场"，是"冒险家的乐园"。在这里，聂荣臻看到了国中之国的租界，看到了外国人享有的特权，看到了外国佬和有钱人寻欢作乐的赌场、舞厅、夜总会、鸦片烟馆。这些更坚定了他富国强兵之志，更感到出国求学的道路走对了。

第二章　留学欧洲

勤工俭学运动，是由一些受西方文明影响的教育界人士发起的。早在1912年，蔡元培、吴玉章、李石曾、吴稚晖等人，在北京组织了"留法俭学会"，鼓励人们以低廉的费用赴法留学，学习西方的先进科学文化，提出"辅世界文明于国内"的口号，以改良中国社会。1917年初，蔡元培、吴玉章等人从巴黎回国，成立了"留法勤工俭学会"，进一步推动了勤工俭学运动。在五四运动的影响下，勤工俭学运动达到了高潮。一批批爱国青年学生涌到法国。其中大多数学生抱着"实业救国"的思想。他们认为：只有到欧洲学习先进的科学技术，回国后办工业，才有可能改变中国贫穷落后、灾难深重的局面。

1919 年初冬，聂荣臻（前排左二）和周子君、唐家修、桂万年等在留学法国前与同学临别合影

1919 年 12 月 9 日，聂荣臻和同伴们乘法国邮轮“司芬克司”号，从上海杨树浦码头起程，穿越南中国海、马六甲海峡、印度洋、红海、苏伊士运河、地中海前往法国。在地中海遇到了大风暴，持续两天两夜，海天苍茫，乌云翻滚，邮轮在巨浪中颠簸，一片哇哇的呕吐声。海水呼啸着从甲板上滚过，乘客们个个都背上了救生圈。水手们说，地中海还有第一次世界大战时期布下的水雷。人们的精神压力更大了。万里远行，聂荣臻经受了精神和体力上的磨炼。1920 年 1 月 14 日抵达马赛港。

华法教育会派李璜接船。李璜带着学生们到了巴黎，很快开始分配。聂荣臻被分到蒙塔尔纪中学学习法文。在这里，他认识了蔡和森、蔡畅、向警予、陈毅等人。陈毅是 1919 年 10 月到法国的，为人热情奔放，初次见面就给聂荣臻留下了很深的印象。不久，因蒙塔尔纪中国学生太多，聂荣臻被转到法国北方的德洛，继续补习法文。生活在法国学生群里，逼着他必须很快掌握法语。他买了个小镜子，随身携带，经常面对小镜，读法文、讲法语、观察自己的发音口形。不到半年，法语水平就有了很大提高，开始学习数理化。当年秋，进了胡乃尔中学。这年底，积蓄将尽，他便去工厂做工，挣了钱再学习。

当时法国缺少劳动力，找工作比较容易。报纸上每天都有招工的广告，只要去封信，得到回信后，经过考试合格即可去做工。聂荣臻先后在法国蒙塔尔纪橡胶厂、施耐得尔钢铁厂、雷诺汽车厂、巴黎西门子公司多米松分厂等工厂，当过汽车轮胎检验工、钳工、车工、炼焦工等。无论是读书还是做工，他都是在附近

1920 年，聂荣臻（二排右一）与留法勤工俭学的部分同学合影

租间房子，几个人挤在一起，自己做饭，条件艰苦。

1921 年，聂荣臻的生活出现了大的转折，现实斗争使他毅然投入到三次学生运动中去。

第一次是“二八”运动。

1920 年以前，勤工俭学生都能从中国驻法公使馆领取救济金，那时找工作比较容易，生活也好维持。到 1921 年，法国经济不景气，大批工厂开工不足或接二连三倒闭，许多学生找不到工作，生活难以维持。而国内主管此事的华法教育会以经济拮据为由，在 1921 年 1 月中旬宣布与勤工俭学生断绝经济关系。1700 多名学生的求学和生存受到严重威胁，只好派代表到驻法公使馆交涉解决。公使陈箓答应向国内请示。不久，北洋政府回电驻法公使馆，拒绝学生要求，并威胁要把无工可做的学生“遣送回国”。这就引起了学生们的极大愤慨。在蒙塔尔纪的勤工俭学生到了巴黎，会同巴黎的勤工俭学生，向北洋政府驻法公使提出争“生存权”和“求学权”的要求。聂荣臻闻讯，由胡乃尔赶到巴黎。2 月 28 日，他随 400 多名学生涌向中国驻法公使馆请愿，遭到了法国警察的镇压。这次斗争虽然没有完全达到目的，但迫使公使馆和华法教育会作了一定的让步——答应延长三个月的救济金，并继续为没有工作的学生找工作。聂荣臻与其他勤工俭学生一样，在斗争后获得了 69 法郎的救济金。

第二次是同年 6 月和 8 月的“拒款运动”。

1921 年 6 月，北洋政府派专使朱启钤到巴黎，同法国政府密谈，借款 3 亿法郎，用以购买军火，并以中国某些地区的筑路权、采矿权、税收作抵押。消息传出之后，勤工俭学生首先起来反对这丧权辱国的行径，在法国的中国人也被激怒了。6 月 30 日，旅法各界召开第一次“拒款大会”，还冲进中国驻法公使馆进行抗议，吓得朱启钤等人逃出巴黎。7月25日，中法借款条约秘密草签，借款从3亿法郎增加到5亿。得知消息，学生们更为激愤。8月13日，勤工俭学生召开“第二次拒款大会”，要求陈箓当众宣布在法国不得有卖国借款的行为，并须以宣言通告法国外交部及各报。陈箓面对学生的激愤情绪，不敢露面，指派公使馆秘书王曾思出面应付学生，王对学生的爱国行为进行谩骂。学生们怒不可遏，痛打了他。

这一斗争发生时，聂荣臻在克鲁邹（又名施耐得尔）钢铁厂做工，他专程赶到巴黎投入了示威游行和各种抗议活动。

声势浩大的“拒款运动”，终于迫使中国驻法公使馆没敢在借款条约上签字。

接着便是进占里昂中法大学的斗争。这一斗争与拒款斗争是交错在一起的。

1921年夏，北洋政府驻法代表以照顾勤工俭学生为名，向法国政府索取了庚子赔款的一部分，在里昂筹办了里昂中法大学（以下简称“里大”），并得到广东地方政府许多捐款。但校方拒绝从勤工俭学生中招生，而从国内招收了一批家境富有的学生。这个消息，激起勤工俭学生新的不满和愤怒。蔡和森、赵世炎等人在巴黎组织了“勤工俭学生联合委员会”，从各地学生中抽调125人，组成“先发队”，于9月20日分赴里昂，21日占领了里大。“先发队”事先把要求入“里大”求学的事情通知公使馆，陈箓当即表示赞助，拨款2000法郎，作为学生赴里昂的费用。但这是他的阴谋，公使馆暗地里与警察当局串通好，“先发队”进占“里大”后即被没收了护照，第二天被押进芒特吕克炮台的兵营。

在进占“里大”的斗争中，聂荣臻担任联络工作。为了动员更多的同学参加斗争，他比“先发队”晚两天到达里昂，这时，“先发队”学生已被押进兵营。

聂荣臻急于同被押同学取得联系，他找到公使馆副总领事李骏，要求他允许自己探望被押学友。经过斗争，李骏给他开了一张探视证明。聂荣臻利用这张证明，多次出入于兵营，并让被押的学生拿着那张证明离开兵营，而他自己则利用护照，坦然大步走出。这样，他共救出三人，其中一位是赵世炎。

法国里昂中法大学旧址

10月13日，里昂市长

到兵营宣布："奉政府命令，将勤工俭学生全部遣送回国。"当夜，104 名学生被强迫遣送回国。

进占里昂中法大学的斗争宣告失败。

半年多时间里，聂荣臻参加了三次大的斗争。他看到了学友们为国家民族利益付出了沉重的代价，经受了极大的痛苦。在斗争中，他思索着：祖国的前途何在？出路何在？

进占"里大"斗争的失败，对勤工俭学生冲击很大，有些人相继申请回国。而聂荣臻则在 1921 年 12 月 8 日的家信中宣告："学不成，死不归。"他于 1921 年 11 月底离开法国，前往比利时，进入沙洛瓦劳动大学补习班。沙洛瓦大学设有工程、机械、化学等课程。他于 1922 年暑期考入该校化学工程系。

沙洛瓦大学校园宽阔，环境优美，设备齐全，师资力量雄厚，又有学生宿舍，他再不用为住房而忧虑了。但聂荣臻却不能潜心读书，因为他正在经历着世界观的转变。

聂荣臻在比利时沙洛瓦劳动大学化学工程系学习时的留影

20 世纪 20 年代初期，由于俄国十月革命的影响，西欧各国宣传马克思主义的活动出现了热潮。在中国国内，一批先进人物也积极传播马列主义，促成了工人运动的蓬勃发展和中国共产党的诞生。国际国内资产阶级、小资产阶级各派代表人物也纷纷登场，竭力宣传各自的观点和主张。这就形成了各种社会思潮相互冲击、各种观点相互争鸣的纷纭局面。而这时的法国，马克思主义十分流行，出版的书籍和刊物很多。除了马克思主义以外，还有各种思潮，相互展开着激烈的争论。一千多名留法勤工俭学生差不多都被卷进去了。他们不是拥护这个党派，就是拥护那个党派，像国家主义派、无政府主义派，社会民主党、国民党，还有共产党。留学生们一面做工、学习，一面参加各种活动。

在各种思潮冲击面前，特别是 1921 年亲身经历了三次学生爱国运动，聂荣臻对"实业救国"的思想有了新的认识。他反复思索究竟应当选择什么样的道路。出国以来，他遇到的问题很多，思想经常处在矛盾中，觉得一切都同原来的设想不一样。他就怀着这种矛盾的思绪，阅读了《共产党宣言》《共产主义运动中的"左派"幼稚病》《国家与革命》《共产主义 ABC》等著作，还经常阅读从国内传到欧洲的《向导》等刊物。《向导》把传播马列主义同分析研究中国问题结合了起来，对聂荣臻启发很大。经过反复的学习思考，终于使他在思想上发生了飞跃，多年来目睹封建社会的腐败、军阀统治的残暴、帝国主义给殖民地和附属国造成的贫穷落后等大量感性认识，上升到了马克思主义的理性认识。他感到，出国勤工俭学时所抱的那种“实业救国”的愿望，是非常不现实的。中国的经济命脉和工业系统几乎都被帝国主义和它们的走狗所控制。中国的民族资产阶级十分软弱，要发展民族工业，不推翻军阀统治的政权，只能是一种幻想，科学技术学得再好，即使是成为工程师，回国以后又有什么用呢？

从亲身经历的斗争实践中，从马克思、列宁的学说中，聂荣臻终于认识到，要想拯救国家和民族的危亡，使四万万同胞都能有衣有食，只有建立劳工专政，实行社会主义。1922 年 6 月 3 日他给父母亲的信中，有这样一段话：

> 不得手谕久矣，海外游子，悬念何如？又闻川战复起，兵自增，而匪复猖！水深火热之家乡，父老之苦困也何堪？狼毒野心之列强！无故侵占我国土！二十一条之否认被拒绝，而租地期满，又故意不肯交还！尸位饱囊之政府，只知自争地盘，拥数十万之雄兵，无非残杀同胞，热血男儿何堪睹此？男也，虽不敢云以天下为己任，而拯父老出诸水火，争国权以救危亡，是青年男儿之有责！况男远出留学，所学何为！决非一衣一食之自为计，而在四万万同胞之均有衣有食也。亦非自安自乐以自足，而在四万万同胞之均能享安乐也。此男之素抱之志，亦即男视为终身之事业也！

这封信中所体现的强烈的社会责任感，成为聂荣臻世界观转变的起点，由

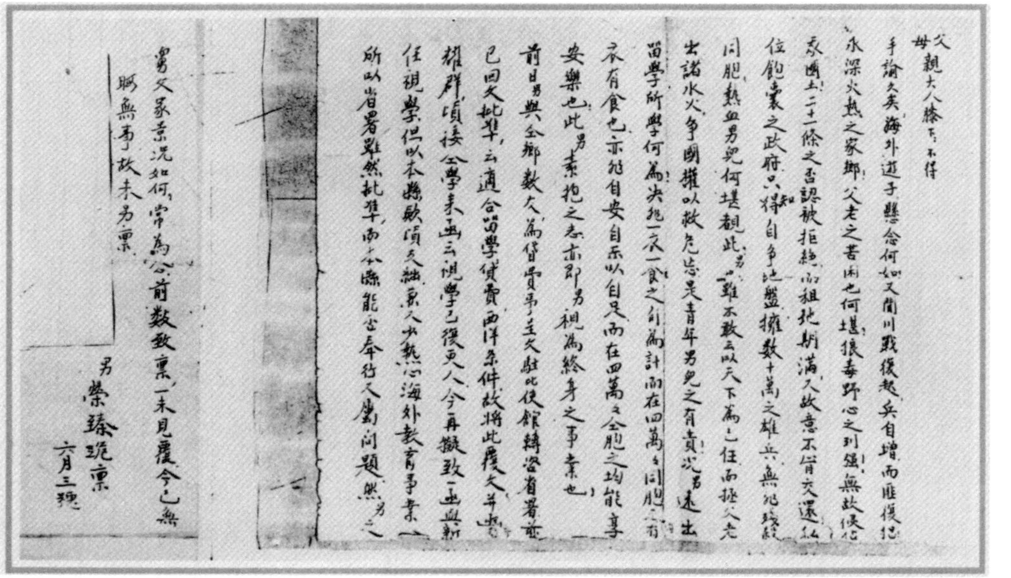
父母親大人膝下：不得
手諭久矣，海外遊子，懸念何如？又聞川戰復起，兵自增，而匪復猖！
水深火熱之家鄉，父老之苦困也何堪？狼毒野心之列強！無故侵佔
我國土！二十一條之否認被拒絕，而租地期滿，又故意不肯交還！尸
位飽囊之政府，只知自爭地盤，擁數十萬之雄兵，無非殘殺
同胞，熱血男兒何堪睹此？男也，雖不敢云以天下為己任，而拯父老
出諸水火，爭國權以救危亡，是青年男兒之有責！況男遠出
留學，所學何為！決非一衣一食之自為計，而在四萬萬同胞之均有
衣有食也，亦非自安自樂以自足，而在四萬萬同胞之均能享
安樂也。此男素抱之志，亦即男視為終身之事業也。
……
男 榮臻跪稟
六月三號

聂荣臻在比利时写给父母的家信

“实业救国论”者变为以天下为己任的社会革命论者。

1922年6月，旅欧中国少年共产党在巴黎成立。8月，由刘伯坚和熊味耕介绍，聂荣臻参加了旅欧中国少年共产党[①]，开始走上了为共产主义事业奋斗的道路。

1923年2月17日至20日，旅欧中国少年共产党在巴黎召开临时代表大会，聂荣臻出席了这次大会。会议由赵世炎主持，主要讨论接受国内社会主义青年团中央领导和团员学习马列主义的问题。在这次代表大会上，聂荣臻第一次见到了周恩来。经过四天讨论，会议通过了由周恩来起草的章程，改名为“旅欧中国共产主义青年团（中国社会主义青年团旅欧之部）”，选出五人为新的执行委员，周恩来为书记。

入团以后，聂荣臻和刘伯坚一起，负责团的旅比利时支部工作。他既要学习专业，又要做革命工作，十分忙碌。专业学习时断时续，以致他的学生登记表上校方注明：不怎么上课。入团后他决心放弃沙洛瓦劳动大学的专业学习，集中精力做革命工作。至此，做一个工程师的想法完全放弃了，他开始了无产阶级职业革命家的生涯。

1923年春，他由赵世炎和刘伯坚介绍，参加了中国共产党。这时，旅欧学生中团员发展很快，人数很多，但党员很少，在比利时只有三个党员：刘伯坚、熊味耕和聂荣臻。

1923年暑假，聂荣臻到巴黎，担任旅欧中国共产主义青年团执行委员会委员和团的训练部副主任，白天到工厂做工，晚上和节假日从事团的活动。从此，他与李富春、邓小平等人在周恩来的领导下，在勤工俭学生和华工中宣传马克思主义，对团员进行共产主义教育，同形形色色的反马克思主义的思潮作斗争，以斗争来不断扩大马克思主义在勤工俭学生和华工中的影响，争取了大批有志青年转到社会主义方面来。

1924年8月，聂荣臻在巴黎

根据1923年6月中国共产党第三次全国代表大会的决定，旅欧80余名党团员均以个人身份参加了国民党。1924年1月，成立国民党驻巴黎通讯处，聂荣臻被选为处长。

在这段时间里，他继续攻读马列主义，进了法国共产党机关报《人道报》办的夜校，和法国工人及法国共产党员一起学习政治经济学等基础理论课程。

① 《旅法中国社会主义青年团1924年9月23日给团中央的报告》，原件存于中央档案馆。

聂荣臻（前排左一）与周恩来（前排左四）、李富春（前排左六）、邓小平（后排右一）等在巴黎合影

1924 年 7 月 13 日至 15 日，聂荣臻参加了旅欧中国共产主义青年团第五次代表大会。大会改选了执行委员会，并选送一批干部回国。选送回国的干部中就有聂荣臻。这样，他于同年 9 月 22 日离开了法国。

1924 年秋天，聂荣臻经德国去莫斯科。他在柏林住了一周。当时，德国工人运动高涨。小住期间，他还和德国工人一起上街游行，高呼口号。德国工人的组织纪律性，给他留下了深刻印象。然后，他乘船取道波罗的海，经列宁格勒到莫斯科，10 月份，奉命进东方大学学习。

莫斯科东方大学是培养东方各被压迫民族革命者的学校。课程有十月革命史、俄共（布）党史、世界革命史、工人运动史以及政治经济学等。

三个月后，于 1925 年 2 月，聂荣臻被调到苏联红军学校中国班学习军事。学员全是从东方大学抽调的，和聂荣臻在一个班的有叶挺、熊雄、王一飞、范易、颜昌颐等共二三十人，王一飞担任翻译，聂荣臻担任中国班党支部书记①。

这个学校在莫斯科郊外，中国班对外是秘密的。学员着红军服装，进行严格的军事训练，野营、演习、住帐篷、夜间站岗放哨教员都是苏军的高级干部。

在红军学校中国班学习五个月。时间虽不长，但却为聂荣臻日后的戎马生涯打下了基础。

---

①《聂荣臻给陈乔年的信》，1925 年 6 月 30 日。原件存于中央档案馆。

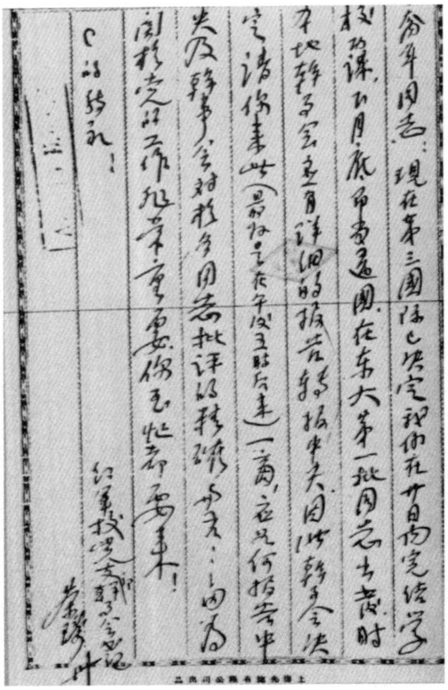
乔年同志：现在第三国际已决定我们在廿日内完结学校功课，下月底即要返国。在东大第一批同志去夜时本地干事会有详细的报告转托中央，因此干事会决定请你来此（最好是在本月三十日后来）一商，应如何指定中央及干事会对于这些同志批评的材料……因为关于彼党的工作非常重要，你务必要来！

此致敬礼！

聂荣臻 1925 年 6 月 30 日写给陈乔年的信

1925 年，“五卅”运动爆发，国内急需干部，一年前成立的黄埔军校也需要加强。聂荣臻和中国班的同学们，根据共产国际决定，一起回国。他们 8 月上旬离开莫斯科，乘火车历时两个星期来到海参崴，从海参崴上船，驶向日夜思念的祖国。

聂荣臻在国外共度过了五年多时间，如今已经 26 岁。五年前，他怀着一颗忧国忧民的赤子之心，远渡重洋，寻求富国强兵之路。现在，他已经作为一个职业革命家踏上归途。

第三章　在黄埔军校

这一批回国的共产党员全是学军事的，由王一飞带队，共 20 多人，有叶挺、熊雄、颜昌颐、张善铭、杨善集、范易、李林、纪德福等人，一律学生打扮。船经日本长崎，他们看到一张日本报纸上披露：有一批在苏联学习的中国学生最近回国。大家不免有些紧张，都准备好了下船遇到盘诘时的对策。

1925 年 9 月上旬，他们到达上海。当时，奉系军阀张作霖统治上海。通过海关时，海关人员看看护照，简单地翻了一下行李，就放行了。

聂荣臻松了一口气，把护照收起来。这张护照，聂荣臻十分珍惜，因为他每到一个国家，上面就有该国政府的签证，这些密密麻麻的签字，烙印着他五年的足迹。回国以后，他一直将这张护照珍存在身边。

到了上海，聂荣臻等人由王若飞带领，会见了中共中央总书记陈独秀。陈独秀说，你们一部分到南方，一部分到北方。到南方的主要是去加强黄埔军校的工作。至于黄埔军校的工作怎么做，他没有说。陈独秀认为，国民革命是资产阶级民主革命，是国民党领导的，革命成功了就是好事情。这等于说，共产党是帮国民党的忙。这就是聂荣臻第一次见到陈独秀所留下的印象。

谈话后，聂荣臻即离开上海，于9月中旬到广东黄埔军校。黄埔军校是孙中山接受苏联顾问的建议，为建立一支革命武装而创办的。为了创办这所学校，苏联政府资助了200万银元现款作开办费，派了一批军事干部担任军事教育工作，并运来8000支步枪和400万发子弹。聂荣臻分配到政治部任秘书，[①] 协助政治部主任、副主任领导政治部的组织和宣传工作，还兼任政治教官。

当时，周恩来任中共广东区委军事部部长和黄埔军校政治部主任，但不久即被任命为国民革命军第一军少将政治部主任兼第一师党代表，参加第二次东征。继任政治部主任的是邵力子，副主任是中共党员、黄埔军校中共党团领导小组负责人鲁易。

聂荣臻刚到黄埔时，广州是国民革命的中心，左派和右派斗争激烈。戴季陶等人积极反共，廖仲恺刚被暗杀。左派有识之士都主张反击，而陈独秀却一味退让妥协。正是在这种背景下，周恩来叮嘱聂荣臻：在工作中要利用一切机会，积极开展党团活动，扩大党的影响。还说，蒋介石要限制我们，我们要教育党团员，开展各种活动，争取进步青年，以反对他的限制。聂荣臻遵照周恩来指示，

聂荣臻（前排右三）与政治部工作人员合影

①《黄埔军校史料》，广东人民出版社1982年版，第510页。

全身心地投入黄埔军校的工作。

聂荣臻在政治部管党的工作，是黄埔军校党团领导小组的成员。全校党团员的人数已经相当多，设立了几个支部和小组，然而只有少数人的身份是公开的，大部分还是秘密党员。经常的、大量的工作是在军官和学生中进行党的宣传工作，扩大党的影响，发展党团员，做党团员的思想工作。他每周自黄埔搭船去广州一次，向中共广东区委汇报情况、接受指示，有时候听苏联顾问鲍罗廷和中共中央委员、同时也是中国国民党执行委员会候补执行委员的毛泽东等人作的形势报告。聂荣臻将报告精神带回黄埔后在党内传达学习。

他负责安排政治教育，自己编教材，讲社会发展史，讲帝国主义论。专职教员有著名的共产党人恽代英、萧楚女、高语罕等人。除此之外，还约请社会名流前来讲课。

政治部成立了由黄柏龄为委员长的“政治军事月刊社编纂委员会”，出版《革命军》《黄埔潮》等刊物，聂荣臻担任该委员会的政治编辑主任。1925 年 10 月 24 日，他在《黄埔潮》上发表名为《军队中政治工作的意义》的署名文章。文章指出：一切军队要在战争中取胜，“必具备两个条件：首先，物质和技术方

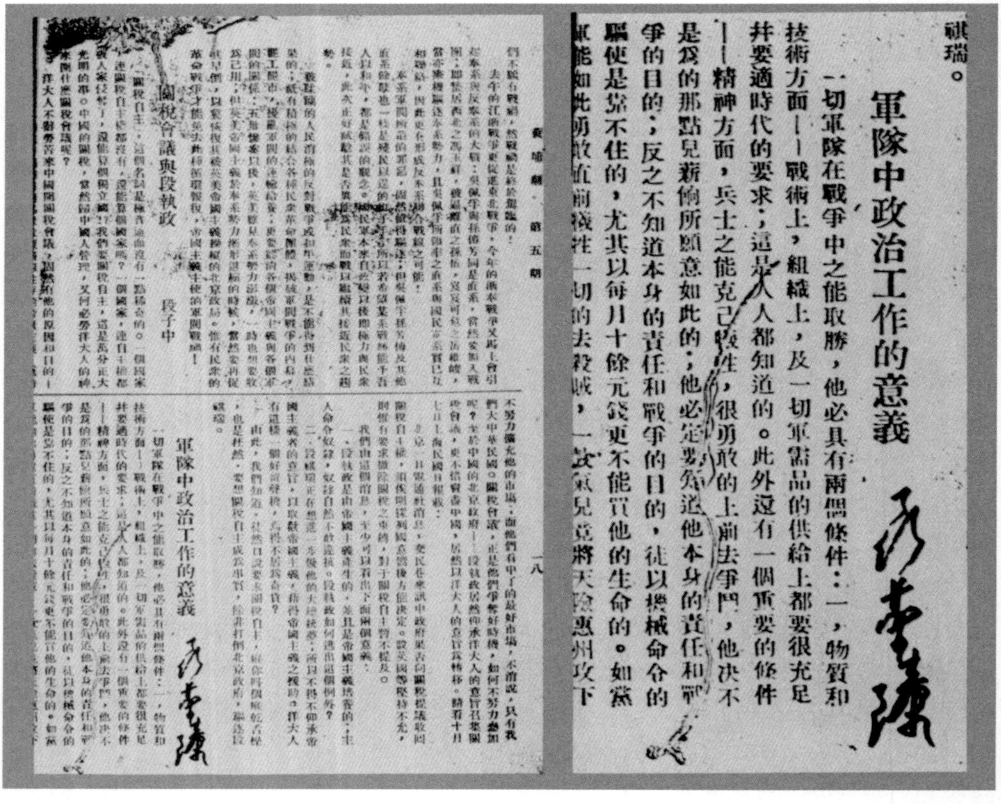

祺瑞。

軍隊中政治工作的意義

一切軍隊在戰爭中之能取勝，他必具有兩個條件：一，物質和技術方面——戰術上，組織上，及一切軍需品的供給上都要很充足并要適時代的要求；這是人人都知道的。此外還有一個重要的條件——精神方面，兵士之能克己犧牲，很勇敢的上前去爭鬥，他決不是爲的那點兒薪餉所願意如此的；他必定要知道他本身的責任和戰爭的目的；反之不知道本身的責任和戰爭的目的，徒以機械命令的驅使是靠不住的，尤其以每月十餘元錢更不能買他的生命的。如黨軍能如此勇敢直前犧牲一切的去殺賊，一鼓氣兒竟將天險惠州攻下

黄埔军校刊物——《黄埔潮》月刊。1925 年 10 月，聂荣臻在《黄埔潮》第五期上发表了题为《军队中政治工作的意义》的文章

面——战术上、组织上，及一切军需品的供给上都要很充足，并要适应时代的要求，这是人人都知道的。此外，还有一个重要的条件——精神方面，兵士之能克己牺牲，很勇敢地上前去斗争，他决不是为那点薪饷所愿意如此的，他必定要知道他本身的责任和战争的目的……徒以机械的命令是靠不住的，尤其以十余元钱更不能买他的生命的”。[①] 然后，他在文章中又以东征军和苏联红军为例，详尽地论述了知道为劳动人民利益而战的军队，能够战胜装备精良、训练有素的反革命军队的道理。这说明聂荣臻当时已经较深刻地认识到革命军队中政治工作具有的重大意义。

作为黄埔军校校长的蒋介石在东征回来以后，有时到学校看看。他对黄埔控制得很紧，采取用钱收买等手段笼络下级。在他看来，聂荣臻等搞政治工作的共产党员，是专门挖他墙脚的，对此他早就怀恨在心。

1926年3月20日，聂荣臻经历了“中山舰事件”。

中山舰事件是蒋介石一手制造的。两次东征，蒋介石已经军权在握。他的起家本钱就是黄埔军校。在一段时间内，他表面上同共产党合作，实际上提防和限制共产党。随着实力的增长，他的反共面目越来越明显地暴露出来。1926年1月，国民党第二次全国代表大会，虽然在国共两党左派力量的倡议下，仍坚持联俄、联共、扶助农工的三大政策，但由于陈独秀执行右倾机会主义的退让政策，在新选出的国民党中央执行委员中，形成右派势力大、左派势力孤立的局面。3月20日，蒋介石散布谣言，说中山舰要炮轰黄埔军校，共产党要把他赶走，以此为借口，逮捕了代理海军局长、共产党员李之龙，下令黄埔戒严，监视各师党代表，包围苏联领事馆，监视苏联顾问，解除省港工人纠察队的武装，提出：共产党员退出第一军，不退出的要交名单。

那天是个星期天，聂荣臻从黄埔乘船去广州。快到广州时，忽听中山舰上有人喊，叫把船靠拢。船一靠拢，就叫人们都上舰。他到舰上一看全是共产党员，大家都不讲话，便知道出事了。经过暂时的软禁，没有审讯，当天下午就放了。他急忙到区党委了解情况，区党委的人所剩无几，已经疏散了。他得知周恩来也被一度软禁。中山舰事件的突然发生，激起了共产党人和一切进步人士的极大愤慨。

怎么办？周恩来和正在广州的毛泽东等人都主张反击。

周恩来、陈延年、聂荣臻、黄锦辉等人常在一起议论。周恩来作了分析：国民革命军六个军中，只有第一军是直属蒋介石指挥的，而在第一军政工人员中大部分是共产党员，下级军官中党员也不少，同情左派的力量就更大了，在第一军中党的影响很大，完全有可能反击蒋介石。聂荣臻完全同意周恩来的分析。但参加议论者又都觉得：把蒋介石搞下台，其他几个军长同样是军阀，谁来领导（当时各军的军长为：第一军蒋介石，第二军谭延闿，第三军朱培德，第四军李济深，第五军李福林，第六军程潜）。显然事情很难办，只好等着中共中央决定。

---

①《聂荣臻军事文选》，解放军出版社1992年版，第1页。

以陈独秀为首的中共中央接受了蒋介石的条件。

中山舰事件的结果是：250 多名共产党员被迫退出国民革命军第一军和黄埔军校，有 39 人经不起考验退出了共产党。聂荣臻被免去了黄埔军校的职务。周恩来也被免去第一军党代表兼政治部主任的职务。陈延年十分气愤，骂他的父亲陈独秀是“老糊涂”“浑蛋”。这是陈独秀对蒋介石的一次大让步，是其右倾机会主义的大暴露。通过中山舰事件，聂荣臻看清了蒋介石的反革命面目，日后始终保持着对他的警惕。

聂荣臻到黄埔时，第一期学员已经毕业，第二期学员东征去了，第三期学员刚入学。1926 年春，第四期学员入学。黄埔军校学制半年，是短训性的，造就了大批的军事人才。不但在国民党军队中有，而且在共产党军队里也有不少。聂荣臻在那里工作了六个多月时间，给学员留下了很深的印象。1947 年 10 月，清风店战役胜利结束后，被俘虏的国民党第三军军长罗历戎就自称是聂的学生，要求见见老师。

第四章　参加北伐战争

聂荣臻离开黄埔军校，到中共广东区委军委工作。区委军委设在广州万福路南华银行二楼。这是一座铺着木地板的旧楼房，过道很窄，光线暗淡，人走动时楼板的响声很大。中间是一个大厅，入门右边有一张办公桌和几把椅子，是周恩来办公用的。左边有两张桌子，是聂荣臻和黄锦辉的办公桌。西边屋是周恩来和其夫人、中共广东区委委员邓颖超的住处。东边的屋子是聂荣臻和黄锦辉的住处。这便是军委的机关了。

当时，军委的任务是为北伐战争进行准备。

北伐是孙中山的主张，以打倒割据北方的封建军阀为目标。中国共产党予以积极支持。

广东区委军委直接领导着国民革命军第一、二、三、四、六军以及黄埔军校本部和入伍生部的党的工作。在周恩来的领导下，聂荣臻和黄锦辉同这些单位联系，派遣干部，部署工作，向共产党员传达党的方针、政策，积极为北伐进行准备。聂荣臻认为只有主动出击，才能推进国民革命。他对北伐充满了热情。

1926 年 5 月 1 日，国民革命军第四军独立团团长叶挺率所部作为北伐先遣队，从广东省的肇庆、新会出发，开赴湖南前线。7 月 9 日，各路大军誓师北伐，首先讨伐占据湖南、湖北、河南省的直系军阀吴佩孚。北伐战争开始了。

广东区委军委决定聂荣臻任军委特派员。任务是向带兵的共产党员传达中共中央和军委的指示，把下面的情况向上反映，帮助北伐军解决遇到的困难问题，并沟通军队和各地中共组织的联系，派遣共产党员到北伐军中工作。他很快离开广州，坐船到上海。在上海向中共中央军委汇报了情况，转赴武汉，再坐船到长沙。当时长沙已经被北伐军攻克了。

聂荣臻在长沙组建了军委联络点。不久，叶挺率部自长沙出发，作为主要的突击力量与其他北伐军一起，经激战攻占汀泗桥、贺胜桥，包围了武昌。得知消息，聂荣臻随即转往武昌前线。坐在火车上，他看到还没有打扫的战场，到处都是北伐军烈士和北洋军阀部队官兵的尸体，可见当时北伐军作战的英勇和战斗的惨烈。聂荣臻对叶挺和叶挺独立团的同志满怀深深的敬意。

聂荣臻到武昌前线后住在叶挺独立团团部。

10 月 10 日，北伐军攻克武昌。硝烟未散，聂荣臻奋不顾身，从城门下的沙包缝里挤进了城，找到中共湖北省军委，在武昌中和里设下机关。他把这条巷子全号了下来，和湖北省军委一起办公。聂荣臻任湖北省委委员、省军委书记。不久，张国焘到武昌，任湖北省委书记。中共湖北省委机关在汉口，北伐军各军也都汇集于武汉三镇。聂荣臻这段时间工作十分繁重。为了推动北伐，他频繁地来往于武汉三镇之间，了解情况，传达中央指示，派遣干部。各军都需要干部，特别是七军、八军，过去没有派过干部，现在全都派了。派遣工作从派遣干部发展到派遣士兵。对张发奎的部队，分去大批黄埔四期的毕业生，林彪就是这时经过聂荣臻分配到第四军二十五师七十三团去的。

北伐军攻占武汉后，中共中央机关搬到汉口。聂荣臻向陈独秀汇报了军队工作的情况。陈对军事工作兴趣不大，在听完聂荣臻关于中共组织在军队里的发展情况后，只说“那好”，就扯一些其他的问题。军事、军队在陈独秀的脑子里是没有位置的。将来要不要把军队的领导权夺过来？共产党要不要搞自己的武装？陈独秀都没有讲。而这时，中国共产党已经面临着国共分裂，面临着被国民党屠杀的危险。因此，聂荣臻深感忧虑。

1927 年 3 月 21 日，为了迎接白崇禧部进攻上海，中国共产党决定由陈独秀、周恩来等人领导发动上海第三次工人武装起义，依靠工人阶级的力量解放了上海。3 月 26 日，蒋介石赶到上海，要求解除工人纠察队的武装，后来又要求把纠察队改归他指挥调动。上海总工会加以拒绝。4 月 11 日夜到 12 日凌晨，工人纠察队被缴械，蒋介石随即对共产党人和革命人民开始大屠杀。13 日上午，20 万群众集会游行，又遭到镇压。国民党开始了疯狂的搜捕和屠杀，中国共产党被迫转入地下。这就是历史上惊心动魄的“四一二”反革命政变。

政变后，中共中央派聂荣臻到上海了解情况和负责处理工人纠察队方面的善后问题。聂荣臻怀着焦急的心情立即动身。为了安全，他乘轮船到南京，与一批苏联顾问同赴上海。

在上海他找到周恩来、赵世炎，了解了中共组织和群众受损失的情况，研究了下一步整顿组织的方案。会后，聂荣臻心潮难平，更加痛恨蒋介石的阴险毒辣。他积极协助周恩来对工人纠察队进行了善后处理，把大批纠察队员转入地下。不久，中共中央要召开“五大”，周、聂二人是“五大”代表，便赶往武汉开会。

在夜色的掩护下，聂荣臻和周恩来由交通员悄悄地带到虹口码头，搭上英国轮船。船过芜湖时，敌人盘查很紧，气氛十分紧张，到了九江才松了一口气，赶到武汉时已是5月下旬，“五大”已经开完了。

这时，武汉的政治局势也在迅速恶化。

“四一二”政变后，中共内部对“东征讨蒋”的问题曾有过一场争论，苏联顾问鲍罗廷和陈独秀都反对东征，主张进行第二次北伐。国民党的汪精卫、谭延闿、唐生智等人也力主北伐。4月19日武汉政府举行第二次北伐誓师大会。北伐军在河南取得了重大胜利。第二次北伐，给了蒋介石巩固在宁、沪等地的统治以极好的机会，终于，武汉政府管辖的地区同外地联系被切断。至5月中旬，危机已经表面化。先后发生了国民革命军第十四独立师师长夏斗寅公开叛变；国民党独立第三十三团团长许克祥在长沙发动“马日事变”，屠杀革命群众；第一集团军第五方面军总指挥兼第九军军长朱培德在江西宣布“礼送”共产党员出境；汪精卫从郑州同第二集团军总司令冯玉祥会谈后返回武汉，宣布唐生智部回师武汉；冯玉祥同蒋介石在徐州会谈后，宣布驱逐共产党员出国民党；第三十五军军长何键率部从河南回武汉，发布反共训令；汪精卫公开煽动“分共”，武汉形势日益危急。周恩来、聂荣臻等共产党人和有识之士对这一系列的事态发展，无不愤慨和忧虑。

周恩来、聂荣臻到达武汉后，即在湖北省委军委的基础上建立起中共中央军事部，由周恩来负责，下有聂荣臻、王一飞、颜昌颐、欧阳钦等人，后又增加几个黄埔四期的学生，总共不到十个人。这个部负责组织联络各处来中央的军事干部，继续向各军和各部门派遣。在周恩来领导下，聂荣臻具体分管派遣工作。在这段不算长的时间里，向各军和各有关部门派遣了不少共产党员，其中包括朱德、陈毅、刘伯承、邓小平等人。

朱德从莫斯科回国以后，中共中央派他到杨森部队开展工作。杨森公开反共以后，朱德到了武汉。1月，朱德被分配到江西朱培德的第三军。他与朱培德是云南讲武堂的同班同学。朱德被任命为第三军军官教育团团长，着手筹办这个团。4月，又兼任南昌市公安局局长。刘伯承在四川组织领导泸（州）顺（庆）起义，失败后转武汉，先暂留武汉，后来参加南昌起义，担任起义军参谋团的参谋长。陈毅也是在杨森反共以后转到武汉的，任中央军事政治学校中共党委书记。邓小平是被冯玉祥“礼送”离开西北军来到武汉的，分配到中央机关工作。

在蒋介石的反共压力下，群英聚于武汉，面临着一个新的重大抉择。陈独秀仍在贯彻他的右倾机会主义路线，主张对蒋介石委曲求全。党内越来越多的领导人反对陈独秀的所作所为，主张反击蒋介石的反革命举动。

7月12日，中共中央根据共产国际的指示，对党的领导机构进行了改组，成立了临时中央常务委员会，陈独秀离开了领导岗位。

7月15日，汪精卫正式宣布同共产党决裂，公开背叛革命，轰轰烈烈的大革命失败了！

在这样的历史关头，中共中央断然作出了南昌起义的决定。

第五章　在南昌起义中

1927 年 7 月上旬，为“东征讨蒋”，中国共产党所能掌握的部队已陆续向长江下游移动，分驻江西九江及其附近地区。这些部队主要集中在张发奎统率的国民革命军第四集团军第二方面军中。这个方面军辖有第四军、第十一军、第十二军、第十三军、暂编第二十军。叶挺任第十一军副军长兼二十四师师长。第四军二十五师是以原叶挺独立团为骨干扩编而成的。贺龙任暂编第二十军军长。还有一些其他部队。在这一地区集结的共产党可以控制的武装力量约两万人。

7 月中旬，中共中央在武汉开会作出了组织武装起义的初步决定。周恩来回军事部后连夜召集聂荣臻等人开会。他说：共产国际指示，我们党要组织一支 5 万人的军队，要用革命的武装反对反革命的武装。据此，结合当前的形势，中央已经决定组织武装起义。起义的大体设想已经有了，但具体行动还有待进一步确定。

周恩来指定聂荣臻、贺昌和颜昌颐组成临时性组织——前敌军委，聂荣臻为书记[①]，先到九江，向当地驻军中的共产党人传达中央决定，叫他们做好起义准备，等待中央命令。

组织武装起义正是聂荣臻的迫切愿望。他与贺昌、颜昌颐于第二天即乘轮船急忙赶到九江。他们要通知的第一个人是叶挺，所以到九江后就住在叶挺的司令部里。当时，因形势紧张，中央不少负责人已先后转移到九江。7 月 20 日，谭平山、李立三、恽代英、邓中夏、叶挺等人同聂荣臻一起在九江举行会议。会上，李立三等人很急躁，主张立即动手。聂荣臻坚持做好起义的准备工作，等待中央的命令。与会者最后还是同意先向中央报告，待中央批准后再行动。

汪精卫公开叛变后，调动第三、第六、第九军等部对这一地区做出包围态势。中共中央原定要争取的第二方面军总指挥张发奎，在关键时刻投向了汪精卫。他勒令在第二方面军高级军官中的共产党员，如叶挺等人须退出军队或脱离共产党。局势万分紧迫，再不起义，就要断送这部分革命武装了。于是，李立三等人于九江会议后不久，即向中央提出：“在军事上赶快集中南昌，运动二十军与我们一致，实行在南昌暴动，解决三、六、九军在南昌的武装。在政治上反对武汉、南京两政府，建立新的政府。”[②]并把这个意见向中央作了报告。接到这个报告后，中央立即决定组织南昌起义。聂荣臻与贺昌、颜昌颐随即夜以继日，一个部队一个部队地传达中央的指示，同连以上干部党员都谈了话。

一些部队按中央部署陆续向南昌集结。叶挺的第二十四师、贺龙的第二十军、蔡廷锴的第十师，分头向南昌开进。留在九江一带的还有第十二师和第二十五师。

中共临时中央常委会和国际代表决定南昌起义的部署是：在南昌武装起义成

---

① 聂荣臻“七大”代表登记表，原件在中共中央组织部。

② 李立三 1927 年 10 月给中央的报告《八一革命之经过与教训》。

功后，立即南下，占领广东，取得海口，以待国际援助，再举行北伐。

7 月 26 日，周恩来赶到九江，向谭平山、李立三、邓中夏、恽代英、聂荣臻等人传达了中央的意见。会后周恩来交代聂荣臻：到马回岭把第四军的第二十五师拉到南昌，参加起义。他们约定信号：起义举行了，就从南昌放一列火车开到马回岭。马回岭是九江到南昌间的一个火车站。

马回岭车站

聂荣臻立即到马回岭第二十五师，紧张地做起义的准备工作。

南昌起义的枪声是 8 月 1 日凌晨 2 时打响的，到凌晨 6 时，肃清了城内抵抗的全部守军 3000 人。起义成功了！一列火车来到了马回岭。

聂荣臻所担负的动员第二十五师起义的任务，是异常艰巨的。第二十五师师长李汉魂是张发奎的亲信。该师辖第七十三、七十四、七十五 3 个团。第七十三团的前身即叶挺独立团，团长周士第是共产党员。第七十四团团长是张发奎的人。第七十五团副营长孙一中，是黄埔一期的学生，当时任第七十五团中共支部书记，实际上掌握着这个团的领导权。根据这种局面，聂荣臻判断，是无法一下子把第二十五师整个师拉走的。

聂荣臻首先拉第七十三团。他与周士第商定，先把辎重装火车运走，部队接着向德安集中。他随后到第七十五团。第七十五团与师部驻扎在一起，行动不便。他和孙一中确定，以野外演习的名义，只拿武器弹药，把该团 3 个营的部队拉出来，在第七十三团后面跟进。至于第七十四团，只带出一个侦察连，这个连的连长是共产党员。

8 月 1 日，聂荣臻率领起义队伍由九江经德安向南昌开进。行至德安一座铁路桥旁，张发奎带着卫队营乘火车从后面赶来，火车停下，队伍也停下了。双方形成僵持局面。聂荣臻当机立断，叫张发奎往回开车，但他不肯。聂荣臻命令身边的一个排长："你让他往回开车，他不开车就朝天鸣枪。"这个排长喊了几声，火车还是不开，聂荣臻就喊了一声："放！"一阵排枪，把张发奎吓坏了，他急忙跳下车，丢下卫队就跑了。张发奎回去后，派了个参谋，捎来封信，要求把他的望远镜还给他。聂荣臻叫那个参谋带回了望远镜，还把全副武装的卫队也交还给张发奎。因为当时还想争取张发奎，所以不能不留有余地。

德安至南昌的火车不通，聂荣臻率领起义部队连夜行军，赶向南昌。紧急、炎热、干渴，但部队情绪很高，精力旺盛。8 月 2 日拂晓时，聂荣臻看到了飘扬在南昌城头上的鲜艳红旗。

聂荣臻到起义军指挥部向周恩来作了汇报。周恩来很高兴，说："没想到把二十五师大部分拉出来了。"

第二十五师的两个团又一个连，计 3000 人，汇入南昌起义的队伍，编为起义军第十一军的第二十五师。

8 月 2 日，南昌起义后成立的国民党革命委员会任命吴玉章为秘书长；刘伯承为参谋团参谋长；贺龙兼代第二方面军总指挥，仍兼第二十军军长；叶挺兼代前敌总指挥，仍兼第十一军军长；朱德为第九军副军长；郭沫若为总政治部主任。聂荣臻被任命为第十一军党代表。他熟悉叶挺，很高兴与叶挺一起领导十一军的工作。

按照既定部署，起义军没有休息整顿，于 8 月 3 日起，匆忙地从南昌起程南下了。

起义军踏上南征道路后，困难和挫折接踵而来。在左翼行进的蔡廷锴部第十师，4 日到达进贤时脱离起义队伍，转向浙江，拉走占全军 1/4 的兵力。8 月的江西，暑热蒸人，山路崎岖，行军异常困难，只得丢弃重型武器装备，途中生病、离队所造成的减员十分严重。对这些，聂荣臻后来认为，主要是没有在南昌整顿部队造成的。

起义军沿途经临川、宜黄、广昌、瑞金、会昌，于 9 月 5 日到达长汀。沿途经激烈战斗，击溃了钱大钧、黄绍竑部，虽歼灭数千敌人，自己也伤亡不少。聂荣臻在 1957 年写的纪念文章中说："老实说，我们那时候还不会打仗。遇到敌情，不论在战术上战役上都没有周详的歼灭敌人的作战部署和计划，因此，常常没有消灭敌人，而只是把敌人打垮，自己也有许多伤亡。"[①] 起义军在长汀稍事休息，数百名伤病员被送进傅连暲主持的福音医院，得到了治疗。然后，起义军出上杭，沿汀江进入广东境内。19 日占领三河坝后实行分兵：由朱德率领第十一军二十五师留守三河坝，以监视在梅县的钱大钧部，掩护全军侧背；第二十军和

---

①《聂荣臻军事文选》，解放军出版社 1992 年版，第 405 页。

第十一军二十四师直下潮汕。聂荣臻后来说，三河坝分兵使主力拆开，削弱了起义军的战斗力，是一个失策。23 日，起义军进入潮安。24 日晨，占领汕头。

这时，敌人的重兵正向潮汕附近集结。陈济棠率粤军主力 3 个师从广州向粤东推进，会合王俊的警备旅，占领作为潮汕屏障的揭阳、汤坑一带的有利阵地；黄绍竑率第七军两个师在粤北渡过韩江上游，窥伺潮汕；钱大钧部牵制着三河坝第二十五师。起义军于 26 日向北迎击粤军，进军揭阳。由于分兵 3000 人留守三河坝，又分兵 1000 人留守潮州（第二十军三师），起义军仅能集中 6000 人，只及当面敌军的 1/3，而情报又发生错误，以为敌人只有 1000 人。28 日，起义军向揭阳北部山湖地区攻击前进，首先击破王俊的警备旅。

在汤坑周围所发生的战斗，是起义军数次战斗中最惨烈的一次，最激烈的战场在汾水镇。此镇北面二三百米处的高地是争夺的制高点，薛岳所部新编第二师控制着制高点及制高点背后的一片高地；东面，村头外是个不足百米高的山头，贺龙、叶挺和聂荣臻就站在这个山头上指挥战斗。因为汤坑是个比较大的地方，所以历史上一般都称这次战斗为汤坑战斗。聂荣臻对这次恶战留下了深刻印象。他回忆汤坑战斗时说：

> 唉！就是正面与敌人打，不晓得侧面包围起来，双方隔着一个山的很小的角角，你拿手榴弹打过来，我拿手榴弹打过去，你不退，我也不退，就在那里对峙着，打了一天，后来，派了一个营，想侧翼迂回，没有成功，到了黄昏就撤，两边都撤了，他们撤了，我们也撤了。那一仗我们伤亡很大。

汤坑战斗起义军歼敌 3000 多人，自己也伤亡 2000 多人。

1927 年 9 月 30 日凌晨，起义军向潮州撤退，贺龙率第二十军在前，第十一军殿后。中途，叶挺、聂荣臻碰到贺龙的副官，得知潮州失守、汕头也难保，革命委员会向海陆丰转移了。

原来，就在他们从汾水后撤时，潮州背后响起了枪声。黄绍竑所部 9000 人进袭潮州。潮州起义军第二十军三师教导团只有 1000 人，其中包括将近 1/3 的伤员，此外还有第六团一个营。当日黄昏，潮州失守。

部队究竟向何处去？叶挺说：去海陆丰不是办法，第二十五师被隔在三河坝失掉联系，如果去海陆丰，越走离二十五师越远，这不行。向福建去，那里敌人薄弱，只有张贞的一个师，没有多少战斗力，我们可以找到二十五师，带上他们一块走。

对于叶挺的意见，作为党代表的聂荣臻，煞费踌躇。去福建自然别具慧眼，情况诚如叶挺所说，而且叶挺跟随孙中山当营长时曾到过福建，对那里的情形有所了解，这个意见无疑是正确的。但是，若挥师北向，就与西去海陆丰的队伍分开了，最主要的是没有接到命令。作为军的党代表，在一种强烈的组织纪律观念支配下，聂荣臻说：这样不行，我们没有得到命令，这样走，不就成了单独行动了吗？没有命令擅自行动可不行啊！我们还是找到前敌委员会再说。

于是，他们掉头过江，经揭阳，于 10 月 3 日中午到达普宁县流沙镇。

贺龙的二十军先到流沙，已向海陆丰前进。

周恩来率起义军领导机关部分成员，于 10 月 3 日从汕头退到流沙，等待二十军和十一军的领导人，准备召开紧急会议。

这是一次决策性的会议。参加会议的有周恩来、李立三、恽代英、彭湃、张国焘、谭平山、贺龙、叶挺、刘伯承、聂荣臻、郭沫若等人。会议从政治上和军事上总结了经验教训，贯彻已经商定的决策，并在军事上作了具体部署。

周恩来身染疟疾，发高烧，脸色铁青。他首先检讨了打败仗的原因，决定了善后办法：武装人员尽可能收集整顿，向海陆丰撤退，准备在那里进行长期的武装斗争；非武装人员就地分散。

这次会议的精神，在汕头时就大体上决定了。9 月 26 日，起义军领导人在汕头开会，张太雷传达“八七”会议精神，商定：丢掉国民党革命委员会的旗帜，打出苏维埃的旗帜，搞土地革命，武装人员撤至海陆丰，与当地农民武装会合，非武装人员转往香港或上海。

在流沙会议上，周恩来讲完话以后，叶挺发言。他说：“到了今天，只好当流寇，还有什么好说！”他所谓“当流寇”，是打游击的意思。聂荣臻发言表示完全同意周恩来讲的善后办法。

会议开到午后 2 时左右，镇外山头上出现敌人，会议匆匆结束。能够集中的起义军余部，按预定计划离开流沙向海陆丰转移。

下午 4 时左右，部队行至流沙西南五里的莲花山，被敌陈济棠部十一师拦腰切断冲散，失去了控制。

天色转暗，聂荣臻和叶挺还在最后的阵地上，看着在夜色中四处流散的队伍，心情十分沉重。

周恩来发着高烧，神志不清，在担架上还喊着：“冲啊！冲啊！”聂荣臻深情地望着这位老战友、老领导，不断地劝慰：“你发着高烧，需要安静和休息。”

周恩来身边只有聂荣臻、叶挺和几个警卫人员。他们撤到一个村子，商量了一下，遣散了警卫人员，在夜色里走向陌生的旷野。

一路上，语言不通，地理不熟，行动起来倍感困难。就在他们茫然四顾时，遇到了中共汕头市委常委杨石魂。聂荣臻对杨石魂说：“你无论如何不能离开我们。你一定要掩护我们到香港。”经过千辛万苦，终于到达陆丰甲子镇，准备从甲子港出海去香港。不巧，台风大作，波浪滔天，无法出海，只好住下。甲子镇周围敌情严重，他们只有一支手枪自卫，为了安全，第二天转移至金厢镇，住在区委书记黄秀文的家里。黄秀文家只有一张床，给周恩来睡，叶挺、聂荣臻和杨石魂睡在地上。一连数日风雨大作。奔波、疲劳、焦虑，使周恩来的病情进一步加重。于是聂荣臻等人护送周恩来到靠海边的碧流村，请一位可靠的中医治疗。治疗期间住的是靠海边半山坡上一间孤零零的房子，人们传说，那是个闹神闹鬼的地方，平时没人到那里去。治疗四五天，病势好转，杨石魂陪周恩来、叶挺、聂荣臻返回金厢镇，在渚村上了小船，于黎明前起帆出海，向香港漂去。那条船实在太小，真是一叶扁舟。周恩来、叶挺、聂荣臻和杨石魂，再加上船工，把小船挤得满满的。他们把周恩来安排在舱里躺下，舱里再也挤不下第二个人。其他人和那位船工只好挤在舱面上。船太小，舱面没多少地方，风浪又大，小船摇晃得厉害，站不稳，甚至也坐不稳。他们就用绳子把身体拴到桅杆上，以免被晃到海里去。这段行程相当艰难，在茫茫大海中颠簸、搏斗了两天一夜，好不容易才到了香港。

南昌起义失败了。在潮汕地区的起义军余部1200多人，由董朗、颜昌颐率领于10月7日到达海陆丰，与当地农军会合，改编为红二师，董朗为师长，颜昌颐为党代表，树起了苏维埃的旗帜，加强了由彭湃创立和领导的海陆丰红色政权。第二十五师与钱大钧部激战三昼夜，由三河坝转饶平，在朱德、陈毅的领导下，于次年初发动了湘南起义，随后上井冈山与毛泽东领导的秋收起义队伍会师。贺龙、林伯渠、刘伯承、恽代英、李立三、张国焘、谭平山、郭沫若等人于10月陆续安全转移到各地。

对南昌起义失败的教训，聂荣臻在《回忆录》中说：

> 首先，南下广东的战略方针就错了。
>
> 为什么一定要南下？当时还强调占领海口，以争取外援，今天看，这种想法缺乏自力更生的精神，也是不对头的。
>
> ……我们不一定非南下不可，如果在南昌附近，或是在湘、鄂、赣农村地区，把我们的力量展开，面向农民，与当地农民运动相结合，发动群众，武装群众，依靠群众，我们就能够推动土地革命，开展游击战争，创建革命根据地……当然，这只是现在的设想。实际上当时我们缺乏土地革命的思想，没有认识到走农村包围城市的道路……[①]

到了香港以后，聂荣臻于1927年11月4日曾致函中共中央军事部，对朱德率领的第二十五师的去向问题，提出了一个有价值的建议。至今这封信还保存在中央档案馆里。

> 钧甫兄：[②]
>
> 本日得二十五师来人杨心余来此报告云，二十五师退至武平后复被十八师追击，在该地应战，我军本占优势，但士第[③]下令退却，然行动不一致，损失颇大。经过此役，现尚存实力约有一千五百人左右，枪支在一千以下，

---

①《聂荣臻回忆录》，解放军出版社1986年版，第76页。

② 中央军事部的代号。

③ 士第，即周士第（1900—1979），当时任起义军第二十五师师长。

机枪两挺。及退至信丰时，兵士疲倦已极，士第等又未得着党的指导和消息，虽然派赵自选[①]去，恐亦未曾赶及……，现由玉阶[②]负总责指挥……。我恐士第走后，军事及党部方面均无重心，恐玉阶不能指挥。来人云，玉阶已曾表示向大众云“如你们不愿继续奋斗者可以走，我虽有十支八支枪，还是要革命的”。由此可见，他掌握部队之难了，并且走的方向亦不妥，我的意见现在只好闯进湖南去，与湘农民会合……

在这封信里，可以看出聂荣臻已经有了革命武装斗争应该与农民运动相结合的思想，这在当时是很可贵的。

第六章　参与领导广州起义

到了香港，杨石魂与中共广东省委取得联系，把周恩来安置到九龙油麻地广东道的一处住所治病。一天，叶挺和聂荣臻化装成老百姓，到省委机关接头。省委机关的人见他们衣衫褴褛，不晓得是什么人，而他们又忘记向杨石魂问接头的暗号。接头不成，只好找了一家小旅馆住下，便去买衣服等物品。聂荣臻身上分文不名，叶挺带了很多百元一张的港币。两人穿着破烂而手持大票，店伙计不信，说是假票，叶挺一听便生气，把一张百元大票扯了，又拿出一张。聂荣臻怕引起怀疑，拉着叶挺走开，说道：“老总啊，你这个态度不好，人家一看你这样大方，100 块钱随便扯了，是会引起怀疑的。”他们又换了个店铺买了衣服。不久与省委接上了头。过了半个月，中央通知周恩来到上海参加中共临时中央政治局扩大会议。11 月初，聂、叶送周恩来从九龙深水埠乘船赴沪。

聂荣臻随即被分配到广东省委军委，负责省委军委的日常工作。军委成员还有黄锦辉、杨剑英。军委书记由张太雷兼任。

对于广州起义，在省委讨论时，聂荣臻持不同意见。他说：“总的说，南昌起义刚失败，没有配合的余地；另外一方面，广州的工人纠察队已经解散，革命已经进入低潮。”他不同意搞这次起义，一再表明自己的观点。

聂荣臻的意见是正确的。“四一二”反革命政变后，广州发生了“四一五”事变，革命力量遭到摧残。在广州的香港罢工工人大部被迫回到香港，主要工会多数变成了黄色工会，共产党能领导的仅有印刷工会、汽车司机和人力车工会等少数几个，广州附近仅有少数农民赤卫队。主要力量是叶剑英领导的第四军教导团。敌人则相当强大：李济深、张发奎、黄绍竑、薛岳、李福林等几个军就在广州附近；粤、桂两派军阀虽然正在为争夺广东地盘而厮杀，但一旦起义，他们就会掉过头来，联合对付起义军。面对如此强大的敌人，起义不可能成功。

---

① 赵自选（1901—1929），当时任中共广东省委委员。

② 玉阶，即朱德的字。

但起义是中央决定的，不能改变。省委和省军委的成员陆续到广州集中。

对于起义的具体部署，也存在着严重分歧。

起义的主要领导人张太雷不懂军事，完全依靠第三国际顾问诺伊曼。诺伊曼是德国人，作为国际代表来指导这次起义。他也不懂军事，提出广州起义应照搬十月革命的模式：先发动工人罢工，上街游行，然后发展成暴动。聂荣臻等人一再和诺伊曼争论，说明中国的情况与当年俄国的情况不同，不能照搬。发动起义的时间，诺伊曼主张白天搞，聂荣臻等人建议夜间搞突然袭击。对这个正确的意见，诺伊曼听不进去。领导这次起义的一些省委领导人，勇敢、热情，但缺乏军事知识，诺伊曼等人说了算。因此，在起义的部署、作战指挥方面，一开始就有许多错误。

起义的日期决定在12月12日。聂荣臻的主要任务是同各方面进行联络，了解情况，筹划军火。他在八旗会馆对面租了间房子，由杨剑英留守，作为军委的联络点。

起义前夕，发生了一起意外事件：运手榴弹的行动暴露了。起义用的手榴弹是在乡下制造的，分散运往城里，储存在大北街一家米店。运送中被敌人岗哨发觉，米店跟着暴露。

这使敌人警觉起来。张发奎急令黄琪翔把军队从前线调回来，还下令调另一部分军队向广州集中。12月10日，张发奎宣布特别戒严令，准备立即缴教导团的枪械。

面对这种情况，起义指挥部不得不迅速决定，起义提前到12月11日凌晨。因为时间仓促，担任起义总指挥的叶挺匆忙从香港赶到广州，没有参加讨论。12月11日凌晨，教导团首先行动。他们处决了反动派派来的代理团长朱勉芳，又与工人赤卫队联合，分路向重要据点进攻。至当日中午，广州市珠江以北的公安局、观音山、广九车站、电灯厂、中央银行全部被起义军占领，未占领的仅剩四军军部、四军军械处、李济深公馆和检察院。

起义军占领公安局后，指挥部设在公安局。在起义的两天中，聂荣臻一直在总指挥部。总指挥部设在原公安局局长朱晖日的办公室里。张太雷、叶挺、恽代英、叶剑英也经常在这里。

枪声稀疏，夜晚来临。聂荣臻和叶挺在指挥部的小楼上商量次日的战斗部署。下一步应该怎么办？必须迅速确定。他们商讨过后，催促起义领导人立即开会。当天子夜时，起义领导人在这里召开会议，研究形势，讨论下一步行动。叶挺分析说：广州周围敌人兵力太多，而且近在咫尺，一旦组织起来反扑，形势对我们很不利，最好不要在广州坚持，把起义队伍拉到海陆丰去。聂荣臻发言，完全同意叶挺的意见。但诺伊曼认为起义只能进攻，不能退却，还声色俱厉地批评叶挺："你这是想去当土匪！"把叶挺的正确主张顶了回去。叶挺在两次起义中都独具慧眼。聂荣臻很钦佩叶挺军事上的真知灼见。他也认为，眼下，起义军只有转到农村地区才能保存实力，避免重大牺牲。张太雷等人还是听诺伊曼的意见，下令固守阵地，向尚未攻占的据点进攻，并召开工农兵大会，宣布成立苏维埃。这个决定，为广州起义，连同张太雷本身，都带来了悲剧性的结局。

凌晨两点，下达了继续进攻的命令，执意要肃清几处敌军占据的地方。

这一天，情况诚如叶、聂所预料的那样迅速恶化：一早，在珠江南岸的李福林第五军在帝国主义军舰炮火支援下渡过珠江，从四面八方向市中心推进，起义军虽然奋勇反击，但终因实力过于悬殊，只好步步退却。

11日中午，聂荣臻听到观音山方向枪声大作，出门一看，见有许多敌人占领了观音山，正居高临下，向指挥部方向袭来。守卫观音山的是特务团的一个营和部分工人赤卫队，他们正边退边抵抗，形势危急。聂荣臻深知保卫指挥部的重要性，于是动员在指挥部的所有人员，用米袋构筑掩体，进行抵抗。尽管此时起义军的大部分成员从起义开始后，一直没有吃饭，而工事却是用大米袋构筑的，可见起义计划不周的程度。凭借掩体，聂荣臻与一位黄埔军校的朝鲜籍学生守着一挺机枪，拼命向敌人射击。那位朝鲜学生是个机枪射手，打得很英勇。所有在场的起义军也都奋勇射击，敌人一批批应声倒地，渐渐不支，抱头向观音山退却。不大工夫，教导团和工人赤卫队一部赶到，发起反击，重又夺回了观音山这个市区的制高点。聂荣臻这才松了一口气。

在这样的危急情况下，12日中午，起义军领导机关竟在西瓜园召开宣布苏维埃成立的大会，到会的人数寥寥。张太雷主持大会，宣布苏维埃政府成立。他返回总部不久，听说敌人向指挥部扑来，率部分起义军赴北大门增援，途中被敌人的冷枪打成重伤后不幸牺牲。他的牺牲，使整个起义失去了领导核心。

12日黄昏，聂荣臻和叶挺登上财政厅大楼，从这里可以俯瞰广州城。他们纵目瞭望，珠江被夕阳斜晖染得血一样红，空中的淡淡硝烟映着残照。他们的目光落到了广州城制高点观音山上。那是至关重要的阵地，它控制着大半个广州。观音山自清晨就开始了反复的争夺战。敌人拼命进攻，黄昏前重又夺取了观音山。现在，敌人正从山上向山下运动，眼看着阵地要全部丢失。聂荣臻问："怎么办？"叶挺站在那里，一动不动地注视着敌人，没有吭声。显然，诺伊曼严重地挫伤了他。倘若按他昨夜提出的意见部署，不可能出现眼下这种局面。

沉默之后，聂荣臻说："现在不能再坚持下去了，必须马上撤退，否则起义军就有被全部消灭的危险。我们去公安局处置一下这个问题。"

叶挺没有表示反对。从这次分手以后，聂荣臻就再也没有能见到这位老战友。

1946年4月8日，叶挺在黑茶山遇难，结束了他既坎坷又英烈的一生。噩耗传来，聂荣臻悲痛万分。4月17日的《晋察冀日报》报道：在张家口公祭"四八"烈士的大会上，聂荣臻对战友之死，悲痛至极，当他以低哑的嗓音对着大家讲话时，泪水不可抑制地向下掉。这正是他在悼叶挺将军的一副哀挽中所说的，"我哭故人成永诀，普天涕泪失英雄"。这里所说的哀挽是一副长联，情深意切，感人至深。聂荣臻在长联中高度评价了叶挺英雄的一生和他们之间的感情。

五十岁崎岖世路，献身革命，尽瘁斯民，海内瀛寰，同钦气节，两次从

征凡七载，流亡异域，苦经十度春秋，反动阴谋空画饼，纵几处羁囚，壮怀尤烈，方期延水堤边，宏抒国是，天丧巨才无可赎，旷古艰难遗后死！

二十年忧患旧交，同学苏京，并肩北伐，南昌广州，共举义旗，一朝分手隔重洋，抗日军兴，血战大江南北，茂林惨变痛陷身，喜今番出狱，久别再逢，孰意黑茶山上，飞殒长星，我哭故人成永诀，普天涕泪失英雄！

聂荣臻回到总指挥部，迎头遇到恽代英、陈郁。聂荣臻对他们说：“形势不对啊！我们要撤退。你们先走。我来下命令撤退！”

聂荣臻勇敢地担起组织撤退的重任。他和黄锦辉研究确定，黄锦辉懂广东话，去通知工人赤卫队，他去通知教导团，向花县方向撤退。

叶剑英领导教导团，聂荣臻没能找到叶，找到了团长李云鹏。他对李云鹏说：“形势不好，马上集合，撤退！”教导团训练有素，在黄昏后便撤离广州，1200 人按建制向花县移动。他们与跟着退到花县的零星人员编成一个师开往海陆丰。

可是，要使工人赤卫队撤出战斗就不那么容易了。工人赤卫队分散在各区作战，难以通知，更难集结。他们没有教导团那种军事素质，在与敌人巷战中，受到很大损失。到 13 日还在响着他们抵抗的枪声。

为了掩护撤退，总指挥部一直坚持到最后才转移。守卫总指挥部的卫队是有功绩的。这个卫队是崔庸健（后来任朝鲜民主主义人民共和国委员长）领导的，一部分是黄埔军校的朝鲜学员，一部分是中山大学的朝鲜学生。他们仍用米袋子做成工事，在里面架起机枪。前面是一条横街，过街是民房，敌人很容易接近。他们一次又一次地打退敌人的冲锋。在最紧张的时刻，聂荣臻钻进工事，和朝鲜同志一起战斗，吸引了敌人，掩护了起义军主力撤退。中国人民革命的旗帜上，染上了朝鲜同志的鲜血。

广州起义失败了！

聂荣臻没有走。他隐蔽在自己的住所里。

广州城血雨腥风，敌人哨卡林立，遇到操外地口音的人稍不顺眼就杀掉。被屠杀的起义志士、群众达 5700 多人。

聂荣臻机警而遇事不慌。他的四川口音很重，一张口就会暴露。12 日夜间，他回住所时，曾被搜身，就是不讲话。商团将他随身带的钢笔等物都抢走了。他回到租用的房屋外边，也不敢叫门，因为半夜叫门会引起怀疑，就在门外直等到天亮才上楼。三天后，看看情况松了一点，他才搭船赴香港。

到香港以后，聂荣臻仍在广东省军委工作，收容并妥善安置了一批来港同志，组织东江的游击战争和派人到张发奎部队做兵运工作，指导两广各地的军事斗争和训练干部。

12 月下旬，省委叫聂荣臻去韶关地区通知朱德：广州起义已经失败，不要向广州靠拢。此时，朱德、陈毅率领南昌起义部队余部，几经辗转，驻在韶关，原定是要参加广州起义的。聂荣臻赶到韶关时，朱德已率部转移。他在后面追了几个小时，没有赶上。后来，聂荣臻回到香港，向省委作了汇报。

中共广东省委 1928 年 1 月中旬在香港召开会议，对广州起义进行了全面检讨。会议由中央代表李立三主持。他指责省委犯了军事投机和盲动主义错误，决定处分大批干部。聂荣臻和大多数参加领导广州起义的干部对此都极为反感。

3 月中旬，周恩来受中央委托到香港，召开广东省委扩大会议，纠正了李立三在处理广州起义善后工作中的错误做法。在省委扩大会议上，周恩来分析了广州起义的历史意义，肯定了起义领导人在斗争中的革命精神，指出起义失败的原因是敌强我弱、没有争取广大农民配合，在战斗形势不利时又没有及时撤退转往农村，对有错误的同志提出了批评，并宣布原来的处分决定无效。周恩来对广州起义正确的善后处理，解决了广东省委内部的争论。

起义失败后，叶剑英也到了香港，对于如何发挥教导团这支力量的作用问题，聂荣臻与叶剑英曾进行过商讨，都认为这 1200 多人全都训练有素，不应这里敲一下，那里敲一下，把他们当士兵用，应该把教导团这支力量向朱德、毛泽东在井冈山的部队靠拢，支援井冈山的斗争。他们提出了建议，但是李立三和一些省委委员不同意。教导团在东江和海陆丰的斗争中遭到很大的牺牲。后来，聂荣臻到中央苏区，见到毛泽东，怀着十分惋惜的心情谈起这支部队，谈起当时的建议，毛泽东听后觉得有道理，说："真是太可惜了，那时我们正缺少基层干部，写信向中央要，中央也派不出人来，如果这一千多人能到井冈山来，那可解决大问题了。"①

第七章　任广东省委军委书记

1928 年 1 月，聂荣臻任中共广东省委军委书记和省委常委。对聂荣臻当时的工作，1928 年 12 月，广东省委的"干部分子调查表"上有这样一段话："1925 年由俄国返，到现在都是任军事工作，粤、湘、鄂军委工作……工作能力极好，可做党及军事工作，特别是军事工作。"②

经历了南昌、广州起义，聂荣臻思索了许多问题。眼看着轰轰烈烈的斗争失败了，革命遭到巨大的损失，他深深感到，搞武装斗争需要有根据地。进行武装暴动，不建立根据地是站不住脚的。

正是这种探索精神，使他求教于历史。他和叶剑英一起，忙里偷闲，阅读了《洪秀全野史》，一起研究讨论了太平军的作战方法、主要战役的过程、失败的原因。他们觉得，太平军打到哪里，"呼噜"一下子就过去了，不巩固所占领的地方，不注意建立根据地，这是失败的重要原因之一。两位共产党内优秀的军事人才，相互切磋，共同总结经验教训，结下了深深的友谊。

但是，以李立三为代表的省委主要领导人却没有从失败中得出教训，还是实

①《聂荣臻回忆录》，解放军出版社 1986 年版，第 102 页。

② 原件存于中央档案馆。

行“左”倾盲动主义，使已经遭到很大损失的革命力量继续遭受损失。对这种现象，聂荣臻是不满与抵制的。

1928 年 1 月，李立三派周文雍去广州，任务是发动党员和群众贴标语、撒传单，表示共产党仍有力量。当时，起义刚刚失败，敌人仍盘查很紧。而周文雍长期在广州城里从事工人运动和学生运动，广州起义时任工人赤卫队总指挥、广州苏维埃政府劳动委员，很多人认识他。在这种情况下派他去广州，无异于是去做无谓的牺牲。聂荣臻提出了反对意见，但李立三坚持要派。周文雍忠实地执行命令，几天以后与以妻子身份掩护他的陈铁军一起被捕，他们威武不屈，演出了悲壮的“刑场上的婚礼”。聂荣臻读到他们英勇就义的消息，不禁流下了热泪。他怀着对战友的深深怀念之情，把那块剪报珍藏起来，保存了多年。

在周文雍英勇就义前后，省委接连派出的许多领导干部，也相继被捕牺牲。他们当中有省军委的黄锦辉，省委负责人张善铭、赵自选，省团委书记区夏民（女）等人。聂荣臻心情沉重地说：在革命低潮时，勉强地派负责干部去冒险，已经多次证明是错误的。他不止一次地向省委提出意见，均归无效。

中共“六大”以后，向忠发当了中共中央总书记，但掌握实权的是李立三。李立三仍抱住他的老一套，下令香港党组织在 1929 年的五一节搞游行活动。当时，邓发任香港市委书记，是游行总指挥。省委决定聂荣臻参与指挥。聂荣臻到现场一看，来的全是骨干，有的还是区委的负责人，大多是共产党员和党的各级组织负责人。聂荣臻感到，一旦把游行搞起来，就全都暴露了，实在危险得很。可是，不执行党中央的游行命令，责任重大。聂荣臻决心说服邓发取消这次游行。他当即找到邓发，说：“我个人的意见，今天不能搞，如果搞，就便宜了香港帝国主义，我们会被一网打尽。把你各区的党员都抓了，你还有什么？我的意见是取消这次游行。你是总指挥，你下决心。”邓发看了一下，也感到事情不对，于是通知到场的都分散返回。人是退走了，但怎么向中央交代？聂荣臻约邓发到近处的一个茶楼里，以喝茶作掩护，研究向中央汇报的事。聂荣臻说：“你总指挥去报告吧。”邓发说：“不行，要报告由你报告。”聂荣臻立即承担下来。不久，他去上海汇报，李立三不肯跟他谈。因为聂荣臻总觉得李立三观点不对头，争执过多次。他把经过给向忠发谈了。向忠发说：“你临阵脱逃！”给聂荣臻戴了一顶很大的帽子。他对向忠发阐述自己的观点：“作战嘛，总有个进攻，有个退却，这是双方力量对比决定的嘛，你没有力量怎么进攻呢？只进攻不退却，没有这个道理。几年辛辛苦苦积累起来的力量，被一网打尽，香港帝国主义再没有比这便宜的事了。随便你们加什么帽子都可以。但如按你们的意见办，总而言之是我们党受损失。你们这个办法是全军覆没！”

由于取消了这次“左”倾冒险行动，对保存香港党组织的力量，起了重要作用。

广东省委军委的工作主要有两项：一是指导武装斗争；二是做敌军工作，往张发奎部队派干部。

这期间，聂荣臻还参与指导海陆丰地区的武装斗争及海南岛和广西的武装斗争。1927年9月海南起义，成立红三师，以五指山、黎母岭地区为根据地，与敌人进行了坚持不懈的斗争。海南岛的革命红旗一直飘扬在五指山上，为日后海南岛的解放，作出了卓越的贡献。1929年，中央派邓小平、张云逸到广西领导发动百色起义，燃起了星星之火，后来成立了红七军、红八军。百色起义以后向广西派人，开展广西工作，也是广东省委军委的重要任务。

1929年10月，聂荣臻奉命代表省委到东江特委巡视工作。他10月底自香港动身，经潮安，到达东江特委所在的丰顺大山里。这时东江红军有3个团共1000余人。他对特委讲形势，鼓斗志，部署秋收斗争，调整组织，在大山里住了一个月的草棚。此次巡视，聂荣臻在给省委的报告中提出："东江目前的唯一中心工作，便是坚决地实行秋收斗争，只有在这秋收斗争中，才可以把东江群众发动起来，东江才是真正的斗争区域，东江的斗争才能与红军的势力汇合起来。否则东江的工作将不实际而走到失败的途上，这是目前极大的关键。"①他明确地提出了发动群众、实行武装斗争与农民运动相结合，在农村建立革命根据地的思想。这一地区的斗争，后来由古大存等人领导，长期坚持了下来。

为了培训军事干部，广东省军委还经常办训练班，讲军事课，聂荣臻亲自任教，讲军事技术和战术。他结合南昌起义、广州起义以及太平天国成败的经验教训讲课，很受听讲人的欢迎。

在这两年，香港处于白色恐怖中。聂荣臻多次历险。为了逃避特务和叛徒的追捕，他学会了从行驶的电车上跳下来，把敌人甩掉。他养成了听大街上脚步声的习惯。香港的警察穿皮靴，走起来"咔咔"地响，很有节奏，老远就能听到。每当他听到"不祥之音"，就及时避开。他每到一个接头点或一个住处，总要注意观察可疑的征候。一次，他与恽代英一起和叶剑英碰头，谈完话后各回自己的住处。他回到住所，在门口看到雇请的阿姨正从楼上搬出他的行李，觉得很奇怪，便没有吭声；阿姨给了他个眼色，聂荣臻知道出事了，转身便走。事后得知，省委机关被破获，敌人在一张纸条上发现他的住处。他返回时，敌人已经把一位与他同住的同志抓起来，正在等他。

1928年4月，聂荣臻与党的机要交通员张瑞华在香港结婚。

他自赴欧留学至今，始终是孑然一身，现在，已近而立之年了。在武汉军委工作时，他认识了张瑞华。

张瑞华中等个头，长得很秀气，18岁，河南信阳人，原在信阳女子师范学校读书，北伐军打到武汉后，她投笔从戎，就读于武汉军校，开始了革命生涯。她那时已是中共党员，常到中和里军委机关。一年以后，经历了南昌起义和广州起义，在香港他们又相逢了。

在香港，有次聂荣臻正在讲课，张瑞华拿着文件推门而入。她是到这里送文件的。广州起义失败后，她到香港担任党的机要交通员，来往于香港、九龙、广

---

①《聂荣臻军事文选》，解放军出版社1992年版，第15页。

1942 年夏，聂荣臻与妻子张瑞华的合影

州之间。过了几天，聂荣臻到了张瑞华的住处，提出要找她谈谈。张瑞华说："我今天没有时间，要到九龙去送文件，隔一天行不行？"听说是执行任务，聂荣臻马上说："可以，过几天我再来。"说完他就走了。张瑞华还闹不清是怎么回事，因为是自己的上级，也不便问。过了几天，聂荣臻又来了。谈话中间，聂荣臻流露出对张瑞华的爱慕之情。张瑞华对聂荣臻也有好感，就同意了。

在那个急风暴雨的时代，哪有过多的时间谈情说爱呢？斗争环境、革命工作决定了他们的恋爱是在特定的条件下进行的，他们的爱情是建立在对革命忠诚而相互高度信任的基础上的。这种珍贵的感情使他们同生死共患难达 64 年之久。

张瑞华搬出住处，提着仅有的包括她所有财物的小箱子，住进了聂荣臻的秘密住所。这时聂荣臻 29 岁，张瑞华 19 岁。他们的结合，没有举行任何仪式。

为了表示良好的祝愿，周恩来到他们家做客。那是他们结婚几天之后，周恩来从上海到香港主持省委扩大会议，忙里抽空到了他们在香港皇后道的家里。周恩来对他们表示祝贺。这是张瑞华第一次见到周恩来。后来她回忆说："一见到总理，印象就非常深刻。总理对人亲切、可敬，非常有礼貌。我虽然是毛孩子，但总理不是把我当成毛孩子，他是那样温和、亲切，我一下子就记住了。第一次的印象就是这样，以后印象一直是这样。"

聂荣臻有了一个小家，生活紧张、愉快，也很清贫。每月的生活费，按当时规定，男同志每人 15 元，女同志 7 元，房租水电费由公家出，外有 3 元交通费。这样少的钱，用起来自然显得拮据。整个夏天聂荣臻只有一件绉纱短袖白衬衣。

他们住的地方很高，有几十级台阶。张瑞华在窗口就能看到他必经之路。他一进屋，总是浑身大汗，立即脱下上衣洗净，只剩下一件背心。张瑞华因为担任交通员的工作，为便于掩护，乘船需要好一点的舱，穿着也要符合身份，自然要比聂荣臻穿的好一点，不过也只是两件比较体面的衣裳，是当时时兴的旗袍，在工作需要时才穿。聂荣臻与张瑞华有时开玩笑说："我们的生活用品倒是简单，到哪里去，随身就走了。"他们过得清贫、幸福。有一个爱侣为自己分担失败的忧虑，也共享胜利的愉悦。

1930年初，中央通知聂荣臻去上海。张瑞华留在香港听候消息。一个月后，省委通知她也到上海。现在，她带的东西多了，一个藤箱，一个手提包，由香港乘轮船去上海。当她踏上上海码头时，看到了等待着她的丈夫。他们在上海一家旅馆住了两天，就买了去天津的船票，奔赴新的工作岗位。聂荣臻被分配到顺直省委工作。他们在客轮的包间里，观赏着渤海湾的惊涛骇浪，久久地凝视着跟随轮船掠浪而飞的矫健海燕。他们自身又何尝不是迎着新的急风暴雨飞去的海燕呢！

第八章　在顺直省委

去中共顺直省委工作的还有贺昌和陈复。贺昌是书记，聂荣臻任省委常委兼组织部长，陈复任省委常委兼宣传部长。顺直省委书记张慕陶有托派嫌疑，中央决定用调动工作的方法将他调离。聂荣臻先于贺昌和陈复到了天津。

聂荣臻夫妇住在马场道丰云路15号，位于日租界。这里住有三家房客。房东在银行里工作，房东太太就住在聂荣臻家的隔壁。聂荣臻的公开身份是报社记者。这个报馆是不存在的，房东也从不刨根问底。他们在天津时间虽然短暂，但对住处的印象是很深的。其间，正值张瑞华怀孕，头晕得厉害，得到房东太太的照顾，关系处得极好。正是因为关系处得好，在他们离开以后省委舍不得放弃这个点，结果时间久了露出破绽，住进去的陈复从这里被捕。全国解放后，张瑞华到天津重访故地，那个丰云路已湮没无闻，好心的房东也不知去向了。

"顺直"是个老名字。顺直省委领导党的工作范围包括北平、天津、河北、山西、察哈尔、热河、绥远等地。聂荣臻到后不久，顺直省委改为中共中央北方局。贺、聂、陈到天津后，很快完成了省委工作的交接，张慕陶调回中央，经审查定为托派，被开除党籍。抗日战争时期他投奔阎锡山，后来在陕南被胡宗南枪毙。

聂荣臻在顺直省委主要是指导各地党组织的工作，同时也从事工运和兵运工作。

当时，中共天津市委书记彭真被捕关押在天津狱中，新的省委组织了对彭真的营救工作。筹措了一些钱给彭真送去，解决了些困难。那时天津一带是阎锡山的势力范围，统治还不像国民党那样严。

4月中旬，聂荣臻去唐山开滦煤矿开展工作。临行前，他对妻子说："有事，我出去两天。"

聂荣臻去唐山是搞工人运动，并布置五一节的行动，有可能的话也做一下兵运工作。唐山的特务监视比北平、天津要松些，但开展活动也很困难。唐山当时是煤都，白天工人下矿井或在工厂做工，吃饭时才可以和工人混在一起，谈话做工作。工人上班后，他就到茶馆，花几角钱喝茶。他住在一个单身工人家里。这个工人是共产党员，人称“老刘”，他俩同睡在一条小土炕上。初春的冀东夜间还很冷，老刘一早起来，好心地往灶里加些煤，因通风不好，聂荣臻中了煤气。他迷迷糊糊地从炕上滚落到地上，爬到门前，把门打开，才避免了一次灾难。

他的行动很快引起了敌人的注意。一次吃饭时，一个工人悄悄地告诉他：敌人发觉你了，还是躲躲好。唐山兵运工作的情况还没有来得及了解，好在工运工作部署已经告一段落，他便返回天津。在唐山他只待了几天时间。

“被人发觉了，很危险，几乎回不来了！”见到妻子时他这样说。直到这个时候，张瑞华才知道他去了唐山。

后来贺昌也到了唐山，也很快被敌人发现。为了逃避敌人，他躲到运货的火车车厢里，被拉回天津。

在聂荣臻离开的几天中，张瑞华妊娠反应十分厉害。一天她到楼下洗衣服，和房东太太说着说着话就晕倒了。房东太太把她扶进房间。那两天，她完全靠着房东太太照顾。

聂荣臻对妻子十分体贴。一次他们到商店去，张瑞华突然感到头晕，靠在门上，聂荣臻见状立即叫了辆黄包车，一起回到住所。事隔几十年，张瑞华对当时的情景依然记忆犹新。那是饱含着甜蜜的回忆。

4 月下旬，聂荣臻去北平，布置五一节撒传单。

这是聂荣臻第一次进北平。街头迎面刮来古都春季特有的风沙，整个天空灰蒙蒙的。大街上走着骡马，甚至还有骆驼，到处都是灰尘。北平给他留下了破旧阴暗的印象。

他先住进一家旅馆，宪兵查得很紧，只好找关系住进北京大学。

北平有个宪兵三团，是很厉害的，杀了很多人。敌人搞连环保，整条街要互相保证，出了事情整条街的人都要负责，所以搞得很紧张。聂荣臻在北平期间发生了这样一件事。北平市委书记胡锡奎写了五一传单稿，送往秘密印刷所准备印刷，不料走错了门，一敲门，人家不认识，以为他是小偷。当时共产党人穿着都很随便。那家人把他抓住，送到警察局。警察局关了他一夜，第二天也没有搜他，打了一顿，叫他走了，传单还带在身上。聂荣臻见到他，对他说：“你算是走运，糊里糊涂进去，又糊里糊涂出来！”

聂荣臻住在北大学生宿舍简陋的平房里，与学生们同睡火炕，在沙滩小吃店就餐。与学生们一起吃、住，既安全又自由。

他看到学生们的情绪比较低落，了解到有些人被捕过，有的党员借故不参加活动，这是革命处在低潮时的群众情绪。“左”倾盲动主义领导者就是不认识这个现实，不顾组织暴露和流血牺牲的危险，一味地发动示威、游行、贴标语、撒传单，表示共产党力量的存在。通过在学生中的观察，更增强了聂荣臻对“左”

倾盲动主义的反感。他晚年回忆起这段历史，心情仍不能平静。他感慨地说：“原来党的基础很好，上海各地的基础很好，就是那样搞来搞去，几乎等于零了。一直到抗战，才慢慢地恢复起来。使白区工作损失最大的首先是盲动主义。不顾现实的可能性，一味蛮干，就是为了‘扩大政治影响’。”

这次李立三布置的五一节游行，最后还是取消了。

聂荣臻在顺直省委工作了4个月，5月初即奉命调到上海。为了安全，他借口到外地办事，买了张火车包厢票，悄悄离开天津。张瑞华在天津留到5月中旬。因为平时同房东和邻居的关系融洽，年轻的和年老的太太们都要到火车站为张瑞华送行。可是，怎么送呢？她向房东说的去向是河南，说回老家，那是个托词。一送，就会把秘密泄露了。她婉言谢绝了，提个箱子，独自一人到了火车站。

第九章　在中央特科

1930年5月，聂荣臻开始了中央特科的工作。

当时，中共中央机关设在敌人控制下的上海。敌人一直利用各种手段，特别是叛徒告密，穷凶极恶地搜索并破坏党的各级组织。党的重要领导人陈延年、赵世炎、罗亦农、彭湃、杨殷、向警予等人先后被捕牺牲。如何在白色恐怖下保证中共中央的安全，是一个极其严峻的任务。1927年11月，中共临时中央政治局常委会决定设立特科。1928年11月14日，中共中央政治局常委会议决定由向忠发、周恩来、顾顺章组成特别委员会，负责这一工作，简称“特科”。它是中央的情报和保卫工作机关，负责派人打入敌人内部，了解情况，保卫中共中央和地下工作人员的安全，营救被捕的同志和镇压叛徒特务。特科工作的决策人是周恩来，日常工作由顾顺章负责。

顾顺章虽然是工人出身，但流氓无产者的习气很重，而在特科，出于工作性质的关系，又什么事情都可以做，生活日益腐化。这样一个人做特科工作，政治上太弱，中央怕他堕落，要聂荣臻去加强特科的政治领导。不过，对顾顺章实施政治影响是很困难的，他不听那一套，他又是负责日常工作的。他叫聂荣臻负责搞行动，意思是看你这个知识分子行不行，敢不敢杀叛徒、特务。做具体领导工作的，还有陈赓、李强等人。陈赓负责情报工作，李强负责无线电通讯工作。

中央的地下无线电台就是这一时期建立起来的。这些电台保证了中共中央同共产国际之间的通讯往来，加强了中央对苏区工作的指导，使红军能及时了解敌情，迅速调动。

搞行动，最基本的工作是审讯和处置叛徒、特务。后者好办，前者很困难。蒋介石捕杀共产党人的重要手段之一是依靠叛徒。叛徒熟悉内情，认识党的重要领导人，了解党的行动规律，具有很大的危害性。为了完成这一工作，聂荣臻仍以记者身份作掩护，化名李先生，经常凌晨外出，深夜方归，甘冒各种危险。

张瑞华回忆这一段生活时说：“那时搞特科，是我没有生孩子以前。他天天像夜猫子一样，一清早5点钟就出去了，一直到晚上12点钟，一两点钟，甚至有时到3点钟才回来。我5点钟就要搞好吃的，吃得很简单。他走了，我在家，还担任着机要交通的任务。他晚上2点左右回来了，我不能睡，晚上总是听着，听着，有声音没有，他一走进胡同口我就知道。他的皮鞋声与别人的不同。我就悄悄地在门里边等，等着脚步声音停了，按约定轻轻敲几下，知道是他，就开门让他进来。”

捕捉和审讯特务、叛徒，是件很危险的工作。敌人得到一个有价值的叛徒很不容易，自然要努力保护。要处决一个叛徒必须证据确凿，使其无从抵赖，如果稍一疏忽，不仅抓不到叛徒，而且自身就有牺牲的可能。聂荣臻对张瑞华说：“如果到黎明我不回来，你就离开这个地方。”

由于持续地高度紧张，张瑞华得了神经官能症，这个病症一直伴随她到晚年。

特科在反对白色恐怖、保卫中共中央的工作中是卓有成效的。情报工作一直做到英租界管情报的组织里。凡是要危害共产党的事情，打入敌人情报组织里的人就先发现了，转告中央，赶快采取对策。这样，党组织一次次地避免了危险。

1930年4月至10月，蒋介石等国民党新军阀之间发生了空前规模的大混战，投入总兵力达100万以上。他们的后方空虚起来，这为革命力量的发展提供了十分有利的时机。在这种情况下，以李立三为代表的“左”倾错误恶性发展。6月11日，中央政治局在李立三主持下，通过了《新的革命高潮与一省或几省的首先胜利》的决议。7月13日，李立三在临时政治局会议上提出：在南京组织士兵暴动是推动全国革命高潮的起点，紧接着组织武汉暴动，以争取武汉为中心的附近几省的首先胜利。

李立三叫聂荣臻去组织镇江起义，成功后，再进攻南京，最后与攻打长沙、南昌的红军会师武汉；叫刘伯承到武汉策划起义，以迎接各路大军在武汉会师。李立三还要求各地红军向大中城市发动进攻。于是，刘伯承去武汉，聂荣臻到镇江。

聂荣臻带了两个人，一个叫伍云甫，一个叫涂作潮，是搞无线电的，拟打下镇江后用无线电与中央联系。

他们到镇江分别住下后，聂荣臻找到镇江市委书记，了解镇江情况。那位书记说，他们能够控制的力量，一是镇江兵营里有一点人，二是镇江附近的一小股民间武装。这就是镇江起义攻打南京的基础。聂荣臻马上意识到根本没有条件，起义不能搞。

而这位市委书记，已被敌人盯上了。聂荣臻在旅馆和他谈过话后，上街买了一张地图，想研究一下南京地区的地形，又在街上逛了一会儿。当他回到旅馆，看到他住的房间里有两个陌生人，职业上的警觉使他明白出事了，立即转身走开。

他徘徊在街头，决心取消这次起义。天黑了，总要有个安身之所。他走进一家澡堂。镇江的澡堂是彻夜开放的，这为他提供了避难所。他在这家澡堂洗两个钟头，在竹床上躺一会儿，已经是半夜了，又换一家澡堂，再跳入浴池，总算挨到了天明才走出澡堂。外面细雨蒙蒙，他看看街上有行人了，便雇了一辆人力车，直奔火车站。

回到上海，很快就看到报上登出镇江市委被敌人破获的消息。他回想起昨日回旅馆看到的情形，感到真是万幸。他只要一步迈进那个房间，其后果是可想而知的。

回到上海，知道同去镇江的伍云甫和涂作潮俩人没有回来，他又返回镇江。好在事前有准备，很顺利地把他们接回上海。

他向李立三汇报了事情经过，说明镇江根本不具备起义的条件。李立三还不相信，叫顾顺章派人去镇江核实，得知市委机关确遭破坏，市委书记被捕，此事才算了结。

去武汉发动起义的刘伯承同样没有搞成，也相继返回。与刘伯承一起去武汉的刘云却牺牲了。聂荣臻八旬高龄时谈及此事还不无愤慨地说："李立三那个盲动主义，简直是坐在家里想的，根本不去考虑条件，主客观的条件。你不能这样嘛！"

不久，瞿秋白、周恩来从莫斯科回国。9 月 24 日至 28 日，在上海召开了扩大的中共六届三中全会。聂荣臻列席了这次会议。在会上，向忠发作了中央政治局工作报告，周恩来作了传达国际决议的报告和组织问题报告。周恩来的报告全面地分析了形势，批判了李立三对形势的错误估计。李立三在会上作了自我批评。瞿秋白做了政治讨论的结论。六届三中全会后，李立三离开了领导岗位，取消了全国总暴动和红军进攻中心城市的冒险行动。聂荣臻对这些都是深表赞同的。

第十章　到中央军委工作

1930 年 8 月，周恩来回到上海，非常重视各苏区的军事斗争。不久，聂荣臻就调到中央军委，重新作周恩来的助手。

这年 9 月，他的女儿聂力来到人间。当时他们住在西摩路，与欧阳钦夫妇住在一处。

就在临产的前一天，张瑞华还在操劳。那天，周恩来约陈赓到聂荣臻夫妇住处碰头研究工作。张瑞华一早买了些菜，点上两个气炉子，一直忙到晚上。客人来了，四个人围着饭桌，边吃边商量工作。吃完饭，聂荣臻和客人一起走了。张瑞华收拾完东西，感到腹痛，盼着丈夫回来。他回来时已经是半夜了。

"今天晚上可能要生了。"

"那就赶快到医院去。明天我还有事，不能陪你，等事情完了再去看你。"聂荣臻关切地对妻子说。

这么晚，住处又偏僻，找谁？聂荣臻出去叫车。还好，他找到两辆人力车，送张瑞华到一家美国人办的慈善医院，住进八人一间的产房。

第二天，张瑞华生下了聂力。这一天聂荣臻没能抽出时间去看望她，委托欧阳钦的妻子蔡刃香代劳，到第三天他才看到分娩后身体虚弱的妻子和脸蛋红通通的小女儿。过了而立之年，他有了下一代。到产房没有带任何东西，但他那和善诚挚的目光给了妻子以抚慰。到了第七天，他把妻子和女儿接出医院。

军委的工作同样十分忙碌。9 月、10 月，聂荣臻协助周恩来在上海开办军事训练班，训练派往各苏区的军政干部。

此后，军事斗争的形势很好。红一军团、红三军团的斗争不断取得胜利，巩固和扩大了赣南、闽西苏区，以后发展成中央苏区。1930 年 11 月至 1931 年 1 月，红一方面军进行了第一次反“围剿”，消灭国民党军 1.5 万人，活捉第十八师师长张辉瓒。1931 年 3 月至 5 月，红一方面军进行了第二次反“围剿”，在毛泽东和朱德的指挥下取得节节胜利，横扫 700 里，歼敌 3 万余人。面对这种局面，聂荣臻感到欣慰。他和刘伯承一起讨论形势，兴致勃勃地说：“红军以劣势兵力面对国民党的优势兵力，由西向东横扫过去，这种打法很少见，横扫敌人啊！横扫几百里呀！部队不停，各个击破，一直打到闽西北，这是很大的胜利！”

1931 年 1 月，中共中央临时政治局会议决定，由周恩来、聂荣臻、陈郁、陈赓等七人组成中央军委，周恩来任书记，聂荣臻任参谋长①，以加强对各苏区军事斗争的各项支援工作。

面对各苏区不断取得胜利，聂荣臻很受鼓舞。在周恩来主持下，他与刘伯承、叶剑英、傅钟、李卓然等一起商量，决定翻译苏军的步兵战斗条令和政治工作条例。于是，刘、叶负责翻译步兵战斗条令，傅、李负责翻译政治工作条例。后来这两本书送到根据地，发挥了积极作用。

中央军委通过各种途径，搜集国民党的军事情报，通报给各苏区。除提供情报，还向各苏区输送干部，提供药品、物资，安置重要伤员到上海就医。军委还要了解和发现各根据地发生的偏差，及时向中央报告予以纠正。聂荣臻与欧阳钦等人发现当时各苏区有肃反扩大化的错误，就及时向周恩来作了汇报。8 月 30 日，周恩来起草了《中央给苏区中央局并红军总前委的指示信》，此后，中央苏区肃反扩大化的错误得到了纠正。这一时期，聂荣臻参与领导了“兵运”工作，颇见成效。1931 年夏天，国民党第二十六路军中的共产党员和进步分子，通过当时做兵运工作的中央军委参谋朱瑞，在上海与中央军委取得联系，是年冬举行了著名的“宁都起义”。西北军的吉鸿昌军长主张抗日，反对内战，也是这时与中央军委联系上的。另外与傅作义部重要将领邓宝珊常有接触。中央军委还争取了程潜部下的李明灏先生，李明灏提供了不少重要情报。

在这种紧张繁忙的工作中，1931 年春节发生了这样一个小插曲。吃过晚饭以后，邓颖超和刘伯承到聂荣臻家过年。邓颖超很喜欢小聂力，每次来都要抱一抱、逗一逗。他们进屋时，聂力正躺在摇篮里，邓颖超便兴冲冲地去推摇篮。没有注意摇篮旁边放着马桶，这一推，把马桶碰翻了，尿液顺着楼板缝隙往下流淌。下面的人马上喊起来：“李太太，李太太，你们楼上干什么呀？屎尿都弄到我们神仙桌上面来了！”张瑞华赶快跑下去，看到房东太太一脸不高兴。原来

①《周恩来年谱》，中央文献出版社、人民出版社 1989 年版，第 203 页。

他们正在祭祖，求祖宗保佑一年的平安，这下就犯了很大的忌讳。张瑞华说了许多好话，还在香炉里插上香，又磕了三个头，房东的气才消了。张瑞华回到楼上，邓颖超、刘伯承和聂荣臻才舒了一口气。邓颖超说："我闯了大祸了！"直到 1973 年，聂荣臻夫妇看望刘伯承时，刘伯承还谈到此事。刘伯承住院后，张瑞华带着聂力到医院探视，刘伯承对聂力说："你小时候，你的妈妈呀，闯了一个大祸，给人家磕头哇，告诉了你没有？"邓颖超也一再提到此事。

聂力为聂荣臻、张瑞华带来了欢乐，也带来了困难。孩子刚生下，张瑞华一滴奶也没有，孩子又不肯吃牛奶，老是哭，哭久了，房东太太就喊："李太太，你们的孩子是不是有病啊？你要去看一看呐！"张瑞华把实情告诉了房东太太，房东太太就说："你给她找个奶妈嘛。"但是，怎么找呢？不是党员，找到家来很容易暴露秘密。张瑞华只得坚持用牛奶喂孩子。聂荣臻白天奔忙一天，夜间常抱着女儿，在前楼走来走去，一直拍到孩子睡着。后来孩子总算养成吃牛奶的习惯了。

在秘密工作的严峻岁月，彼此都有很强的保密意识，不该知道的不问，不该见的人不见。张瑞华对聂荣臻的工作所知甚少。一次，聂荣臻要见一个同志，因为有了孩子，张瑞华不能躲出去，怎么办呢？聂荣臻与张瑞华商量："有个同志来找我谈问题，你就躺在床上睡觉，用被子把头捂起来，不要看，我们悄悄地说，你也听不到，我们谈完，他走了你再出来。"张瑞华只好这样。那个同志来了，张瑞华把大被子一蒙，直闷了半个钟头，掀开被子时说："真把我憋坏了！"聂荣臻对于张瑞华送递文件的机关在哪里也是从来不问的。

1931 年春节过后不久，他们搬到法租界一栋小洋房里，与李富春、蔡畅夫妇住在一处。周恩来、邓颖超常到这座楼上与他们研究工作。他们围着一张桌子，以打麻将为掩护，边打边开会。

1931 年 4 月下旬，聂荣臻经历了惊心动魄的一幕。顾顺章在武汉被捕叛变。他是政治局候补委员，负责中央特科的日常工作，又长期负责党的保卫工作，了解党内很多机密，知道中共中央机关和许多中央领导人的住址，也熟悉党的各种秘密工作方法。顾顺章在叛变后向国民党当局提出，以突然袭击的方式将中共中央机关和主要领导人一网打尽。这个重要情报，被打入国民党特务机关担任特务头子徐恩曾机要秘书的中共党员钱壮飞得知。他立即派人将这一重要情报送到上海，报告中央。

接到报告，陈云、聂荣臻和陈赓、李克农、李强协助周恩来，分头以最快的速度将中共中央、江苏省委等党的各种机关全部搬了家，转移了党的主要负责人，销毁大量机密文件，转移或撤离可能成为顾顺章侦察目标的干部，切断顾顺章在上海所能利用的重要关系，废止顾顺章知道的一切秘密工作方法。由于采取了这一系列有力措施，使国民党的阴谋落了空，避免了中共中央机关遭受大破坏的危险。聂荣臻在这一两天里几乎没有合过眼。

此后，聂荣臻把家搬到了虹口区提篮桥。由于顾顺章的叛变，敌人的恐怖活动加强了。聂荣臻每当外出，总对张瑞华交代，如果几点钟不回来，你就要搬家。他们每天都提心吊胆。张瑞华经常跑到三楼，装着晾衣服，观察周围动静，注意有什么可疑的征候。聂荣臻有次在南京路就碰到过一个叛徒，他机智地从车上跳下来，到商店里三拐两拐，才把叛徒甩掉了。

6 月 22 日，向忠发被捕，又很快叛变。情况越发紧张。以后，上海就难以活动了。三个月以后，又发生了日军强占中国东北地区的“九一八”事变。

12 月初，党的负责人逐渐离开上海，到各个苏区。周恩来、刘伯承、叶剑英等人相继离沪。

革命斗争虽然艰险，但像周恩来、聂荣臻等职业革命家仍然充满乐观主义精神。周恩来走之前，与邓颖超一起，到聂荣臻那里吃了顿饭。张瑞华知道周恩来喜欢吃狮子头和饺子，特意准备了三鲜（虾仁、鸡腿、冬笋）馅的饺子。晚上周恩来和邓颖超如约而至，聂荣臻提早半小时赶回。煮了一锅饺子，有的还煮破了，先把好的吃了，然后又吃破的，最后连汤都喝光了。周恩来对邓颖超说：“真好吃！真好吃！等于过了一个年。难忘得很。”直到 20 世纪 80 年代，已经过了半个多世纪，邓颖超每每见到张瑞华时还常说：“那个饺子怎么那么好吃呢？！”张瑞华便说：“那是在艰苦的环境呵！”

聂荣臻也行将离开。他原定分配到湘鄂赣苏区。

这时聂力已经一岁多，非常聪明，和爸爸十分亲。每当聂荣臻出去，一穿外衣，她就牵着母亲到衣架上拿帽子，一直送到楼梯口。每当聂荣臻回来，她刚刚听到楼梯口有脚步声，就跑过去，一手接过爸爸的帽子，一手拉着爸爸的手。聂荣臻平常不爱多讲话，但温和善良，对小孩非常喜爱。不仅对自己的孩子，对别人的孩子也是如此。

1931 年 12 月中旬的一天，聂荣臻向妻子女儿告别。张瑞华因为有孩子，不能一道去苏区。他们自结婚以来几分几聚，习以为常。但他们谁也没有料到，夫妻再见时已是几年后在黄沙漫漫的西北高原上，而父女相见，则是 15 年之后在张家口。

聂荣臻登上了轮船。黄浦江泛起了汹涌的波涛，他离开了上海。从 1928 年开始，他经受了四年漫长而艰险异常的白区秘密工作的磨炼，“左”倾盲动主义路线在他心中留下了深深的阴影。1980 年时聂荣臻回顾这段历史，感慨地说：

> 我积几十年之经验，地下工作目的在什么地方？就是说，我们的公开活动不行了，革命处在低潮，我们党转入地下工作了。这个时候，我们党的任务是什么？在抗战中间，主席讲过，我们地下工作的方针是：隐蔽精干，长期埋伏，积蓄力量，等待时机，配合根据地的武装斗争。这是正确的。过去上海多有基础啊！可是后来就是暴动！有点力量就是今天这里明天那里写个标语，好像不写这些，共产党就不存在了。

留在上海的张瑞华，在聂荣臻走后日子更不好过。本来离别就令她心烦意乱，而孩子哭闹着找爸爸，就越发增添几分凄凉。早晨一起床聂力就又哭又喊：“爸爸！爸爸！”哭得房东都说话了：“你的孩子有病，你要送她去看病。”张瑞华只好说：“可能是有点不舒服，我去看一看。”她把孩子领出去，在马路上，在公园里坐一坐。过了一段日子，孩子慢慢平静下来了。一次张瑞华领着聂力到公园，看到一个照相的，思忖到聂荣臻对亲人对孩子的思念，便给孩子照了一张两寸全身照片。张瑞华委托党的秘密交通人员把这张照片带到中央苏区。正是这张以绿茵为背景的娃娃照，伴随着聂荣臻度过了硝烟弥漫的岁月。他一直把它带在身上。

第十一章　在战争中学习

前往苏区的聂荣臻身着长袍，化装成普通老百姓，与当时中央负责交通工作的陈寿昌同行。他们乘轮船在海上颠簸几天到了汕头。

那时从国民党统治区进入中央苏区有一条主要交通线：从汕头出发，经大埔，越过国民党封锁线，进入福建永定一带的游击区，再经长汀转往赣南。中央的很多领导人进入中央苏区，都是走这条路线的。到湘鄂赣，当时要经过中央苏区转道，才比较安全。人称这条线为“红色交通线”。聂荣臻与交通站接上头乘小汽船到潮州，再沿赣江溯流而上，到了大埔。大埔到苏区，中间隔着国民党军队和民团的封锁线，筑有碉堡、岗楼、哨卡，只能偷渡，不能走大路。他由交通站安排的向导带领，或钻山沟，或走小路，有时白天走，有时夜间走。因为是外地口音，尽量不说话，靠近村镇时拉开距离，跟在向导后头，气氛显得分外紧张。还好，路上没有遇到意外，到了永定。向导把他送到这里便完成任务了。他在永定受到了热情的接待，稍事休息即转长汀。在长汀遇到了欧阳钦。这时欧阳钦任中共福建省委书记。福建省委设在长汀。时令又适逢新年，两个老战友相聚十分高兴。欧阳钦告诉他，12 月 14 日宁都起义，国民党第二十六路军 1.7 万人在赵博生、季振同、董振堂、黄中岳领导下参加了红军。

红军时期的聂荣臻

福建省委给了聂荣臻一匹马，他单身匹马上路了。这条路，他在南昌起义后南下时走过，长汀离瑞金 60 来里。快到中央所在地了，又受到宁都起义消息的鼓舞，他感到心情舒畅。心急马快，晚上 9 点多钟，他就赶到了瑞金，首先碰到叶剑英。叶剑英说：“单身匹马走，并

中华苏维埃共和国临时中央政府旧址

不都是巩固区，还有一定危险哩！”

他当晚在瑞金见到了毛泽东、周恩来和朱德。几个人你一言，我一语，大家都很高兴。毛泽东身着红军服，头发长长的，神采奕奕，说话很诙谐。

毛泽东说：“你来了好。你来了首先到五军团。宁都暴动了，你去那个部队，代表军委，到五军团工作，找上层谈话，做团结安定这个新起义部队的工作。”这样，就没有按照原来的分配方案去湘鄂赣。

聂荣臻谈到上海特务、叛徒的横行情况。毛泽东插话说：“还是这里可靠。”聂荣臻说：“对呀！在白区地下工作，只有招架之功，没有还手之力。”毛泽东笑了笑说：“还是拿这个好。”说着指了指身边的枪杆子。聂荣臻会意地笑了。

聂荣臻到苏区的时候，苏区正呈现着一派兴旺景象。第三次反“围剿”已胜利结束，第一次中华苏维埃共和国工农兵代表大会刚刚开过，中华苏维埃共和国临时中央政府和中央革命军事委员会在 1931 年 11 月分别成立。宁都起义，红军一下子增加了 1.7 万多人。一连三次反“围剿”的胜利，使敌人震惊、恐慌，人民振奋，红军正经历着一个大发展的时期。

聂荣臻先到红五军团去帮助工作。红五军团由宁都起义的部队改编而成，下辖十三、十四、十五军，总指挥季振同，副总指挥董振堂，参谋长赵博生，政委萧劲光，政治部主任刘伯坚。他找上层军官谈话，谈形势、谈政策，使他们安下心来。这支部队很快成长为红军的主力之一，在第四次、第五次反“围剿”和历次战斗中，打了不少胜仗，在长征中担任后卫阻击追敌，立下了殊勋。

不久，聂荣臻被任命为中国工农红军总政治部副主任[①]。主任是王稼祥。他到

① 聂荣臻“七大”代表登记表。

职后便参加打赣州。打赣州的作战会议是在瑞金召开的。对于打赣州，有两种意见。毛泽东认为赣州是敌人必守的坚城，红军技术装备差，很可能久攻不克，于红军不利，反对打这一仗。朱德也不赞成打赣州。但是，中共临时中央 1931 年 12 月 6 日发出“首取赣州，迫吉安”的指示，中共苏区中央局决定攻打赣州。聂荣臻初到苏区，情况不明，没有表态。1932 年 2 月 4 日打赣州的战幕拉开了。

赣州三面环水，易守难攻。守城的敌军有 8000 人，主攻部队是红三军团（军团长彭德怀、政委滕代远）有 1.4 万人，红五军团的十四军、十五军作预备队。第四军在南康、新城、杨眉寺一带警戒广东方面的敌人。聂荣臻跟随红三军团的部队行动，做战场政治思想工作。他在第一线目击了赣州之战的激烈情景。红三军团的指战员打得英勇顽强，前赴后继，用炸药炸开一个缺口，但被敌人用火力封住，未能突进城垣。尔后出现久攻不下的局面。3 月初，敌罗卓英率两个师约两万人，增援赣州，并以一部隐蔽进入城内，清晨突然反击，使红三军团处于十分不利的境地，损失很大，靠五军团掩护，于 3 月 7 日撤出战斗。是役历时 33 天，城未攻克，损兵折将，又丧失了扩展苏区的有利时机，是个失败的战役。

1932 年 3 月 12 日，重新组建红一军团，中央革命军事委员会任命林彪为军团总指挥，聂荣臻为政治委员。聂荣臻随即到红一军团工作。从此，他与林彪一起领导这支部队，南征北战，长达 5 年半之久，使红一军团成为中央红军的主力之一。在这支部队的建设上，聂荣臻是有重要贡献的。

重新成立的红一军团，下辖第四军（军长王良、政委罗瑞卿）和十五军（军长黄中岳、政委左权），每军 3 个师，计 9498 人。3 月 15 日又宣布了陈奇涵任军团参谋长、罗荣桓任军团政治部主任。对任红一军团政委，聂荣臻感到突然，事前谁也没有同他谈话；又感到高兴，因为他知道红一军团是中央苏区的主力，有光荣的历史和优良的传统。接到命令，他决心与林彪配合好，与广大指战员相处好，把部队带好，以不负党的信任和重托。3 月中旬，在南康县唐江镇的宋氏祠堂里召开了全军团的团以上干部会议。会场四面墙壁上贴了很多标语：“庆祝新的军团成立！”“打到外线去，开辟新苏区！”“坚决完成党交给我们的任务！”毛泽东、朱德参加了这次会议。朱总司令主持会议，宣布中革军委命令：“第四军军长林彪任一军团总指挥，总政治部副主任聂荣臻任一军团政治委员。”接着毛泽东作了重要讲话。他说：“我着重说说中路军的行动。沿赣江攻打两岸中心城市是不对的，那里敌人兵力密集，难以取得胜利。我军如向西，有赣州挡住，这次赣州没能打下来，就难以再向西发展了。向东，有闽西苏区作依托，敌人也比较弱，有广阔的发展余地，这是巩固扩大苏区的主要措施。但也有的人怕红军主力走远了，敌人来占我们老家，因此反对。其实他看不到苏区人民力量的强大，不懂得敌人害怕红军主力打出去，他们总是跟着红军主力走。”

毛泽东所说的中路军问题是这样发生的。3 月中旬，中共苏区中央局曾在赣县江口召开会议。在那次会议上，毛泽东批评了打赣州的错误，主张向赣东北方向发展，在赣江以东、闽浙沿海以西、长江以南、五岭山脉以北广大地区发展根据地。会议否定了毛泽东的正确意见，决定红一、红五军团为中路军，红三军团为西路军，夹赣江而下，北上攻打两岸中心城市。毛泽东认为这是错误的作战计划。

朱、毛讲完后，林彪说："我个人，担子重一些，承担吧！"聂荣臻那天身穿陈赓送给他的咖啡色皮夹克，用浓重的四川口音讲话，先作了自我介绍，以后说："我到苏区来以后，做过总政治部副主任，现在调来一军团当政治委员，深感责任很重。以后和同志们一起生活、战斗。一军团是个老部队，久经锻炼，有很好的光荣传统。同志们有很多战斗经验。以后我们共同建设红军、保卫苏区，为共产主义奋斗。"

聂荣臻讲话时那种文雅、有条理的知识分子风度，给大家留下了深刻印象。

聂荣臻到一军团不久，在向瑞金的行军途中，毛泽东再次向林彪、聂荣臻说明了红军应东向闽南，向敌人兵力薄弱地区进军的意见。林、聂听了觉得很有道理，遂于 3 月 21 日致电中革军委："行动问题，我们完全同意毛主席意见……五军团应即随一军团到东北一带工作，打击福建敌人，速筹大批款子……"[①] 建议被接受，中路军改称东路军，改向闽南进军。4 月初，即在毛泽东率领下进军闽南。

闽南的敌军是张贞的四十九师及其保安部队，共 9 个团，1 万人左右。红军一、五军团共 1.5 万余人，占优势。毛泽东分析，龙岩守敌两个团，兵力较弱，红军宜速战速决。于是，4 月 10 日拂晓，红一军团向龙岩攻击前进，当天解决战斗，歼灭张贞一个多团。然后，以红五军团十三军驻守龙岩，保障龙岩到漳州西北的马山一线。16 日，毛泽东率领东路军林彪、聂荣臻等主要领导人进行缜密的敌情地形侦察。敌主力两个旅部署在漳州西北天宝到南靖一线，一部守漳州市内，主阵地在大尖山、十二岭到天宝以北。这里地势险要、山岭起伏，北扼天宝大山，南靠宽阔的龙江，要取漳州必须先突破这一线阵地。据此，决定四军主攻天宝阵地，十五军助攻宝林到南靖一线的敌军，三军为预备队。19 日拂晓同时发起进攻。经过激战，占领天宝阵地，全歼守敌 1 个旅，击退敌人援军，助攻方向也取得预期的效果。敌师长张贞吓得焚毁城中弹药库，率残部分头逃往漳浦、泉州、厦门。红军 4 月 20 日占领漳州并前出到石码、漳浦、云霄、平和等地。是役，歼灭敌四十九师大部，俘敌 1600 多人。

这一天，漳州市民用惊奇的目光看着红军的入城式。

引导红军入城的是十几把军号组成的乐队，号声雄壮。走在队伍最前面的是三十三团，1000 多人成 4 路纵队，唱着《当兵就要当红军》歌行进。在三十三团后面，一队队步伐整齐的队伍跟着前进。毛泽东身穿制服，头戴草帽，骑着一匹黄色大马，走在队伍中间。

一进城，群众告诉三十三团政委刘忠和副团长陈冬生：一个飞机驾驶员给打死了，飞机停在机场。陈冬生马上带一个班去机场，果然看到停着两架飞机，一架能开，一架不能开。原来其中一架飞机在漳州外围执行侦察任务时，飞得很低，副

---

①《聂荣臻军事文选》，解放军出版社 1992 年版，第 18 页。

团长陈冬生指挥两挺机枪架在龙山顶上，把它打坏了，驾驶员负重伤飞回漳州。林彪、聂荣臻都到机场，以飞机为背景拍了张合照——这张照片作为历史文物保存在军事博物馆里。有位朝鲜籍红军战士自告奋勇，将能飞的那架飞机架回瑞金了。

进入漳州这样大的城市，在政策纪律上对红军是个考验。漳州是侨乡，如何对待华侨，政策性很强。部队进入漳州的具体政策，是毛泽东制定的，强调红军入城后严格执行三大纪律八项注意，对群众秋毫无犯，允许商店照常营业，对敌产予以没收，仍打土豪，但对一般工商业只是通过商会向他们筹款。驻漳州近两个月中，作为军团政治委员的聂荣臻认真严肃地贯彻执行了这些政策，使部队在政治建军上提高了一步。

驻扎在漳浦的部队在筹款时，林彪支持部队拉着不肯交款的土豪到街上拷打，聂荣臻坚决反对。他说："对一些不肯出钱的土豪，给他们一定的惩戒是必要的，但我反对把他们弄到大街上去拷打的搞法，这种搞法不光不会得到一般市民的同情，甚至也得不到工人、农民的同情，其结果只会使铺子关门，人也逃走了，款也筹不到，政治影响反而会很坏。"林彪问聂荣臻："我们究竟要不要钱？没有钱能不能打仗？"聂荣臻回答："我们既要钱，又要政治。我们是红军，如果政治影响搞坏了，即使你搞到再多的钱，你甚至把漳州所有土豪的财产都没收了，也毫无意义。"经过争论，林彪没有再坚持自己的意见。部队受到了教育，挽回了影响。

五一节时在漳州闽南医院前的草坪上召开部队、群众万人大会，聂荣臻登台发表讲话，号召闽南工农群众团结起来，反对帝国主义的侵略，揭露蒋介石"攘外必先安内"的反动政策，号召国民党军队停止进攻苏区，携手抗日。这是他向部队首次公开讲话。他的儒雅作风，给部队和群众都留下了很深的印象。

红军在漳州一个多月中，扩大了红军，筹款 100 多万元，解决了一、五军团的军需服装，成立了 3000 多人的秘密工会和地下党组织，向贫苦群众发放谷子 4 万多石。

5 月 27 日军委电示：东路军下一步任务是开赴赣南，与入侵赣南根据地的粤敌作战。

聂荣臻在红一军团攻打漳州时缴获的敌机前留影

聂荣臻到苏区后短短的时间里打了两仗，这两仗他都亲临一线，一是打赣州，二是打漳州，前者损兵折将，后者一举攻克，这不能不引起他的深思。他说：

> 两相比较，究其原因，赣州，是敌人的强点，又有国民党大部队增援，再加上我们侦察警戒疏忽，所以吃了亏。毛泽东同志一开始就不主张打。漳州，是敌人的薄弱点，毛泽东同志就赞成我们打，并且亲自指挥我们打，取得了胜利。所以，选择敌人的弱点打，应该是我们处于劣势的部队绝对要遵守的一个军事原则。①

这就是聂荣臻跟随毛泽东东征领会到的十分珍贵的战略思想。

此外，他对毛泽东注意战前的调查研究，“示形”以调动敌人，注意集中兵力（及时调来五军团形成优势），及时总结经验教训（打下龙岩、漳州后都及时总结）和发扬军事民主等具体的指挥艺术刻意学习，受益匪浅。

聂荣臻还从这一战役中学习了开辟新区的策略。毛泽东开辟漳州新区的策略思想是：不因占领漳州而冲昏头脑，不因占领漳州而背上包袱。规定了“公开宣传，秘密组织”，“只散发谷物，而不建立政权，不分土地”，“以龙溪为中心，向南靖、云霄、平和、漳浦等五县扩大游击战争，创造小红军，建立小苏区”等从实际出发的方针、政策，都给了他深刻印象。

第十二章　为黄陂和草台岗大捷尽力

1932 年 5 月下旬，国民党粤军陈济棠部北上，侵占赣南西部大片地区，另以一部侵占信丰，向于都窥进，使赣南根据地受到巨大的威胁。为了打击粤敌，东路军于 6 月初回师赣南。

6 月中旬，红军的编制又作了调整：恢复红一方面军总部，仍辖红一、三、五军团，取消东路军、西路军番号。朱德任红一方面军总司令，王稼祥兼方面军政治部主任。毛泽东随军行动。

红一、五军团经过长途行军，6 月底 7 月初先后到达广东乌迳地区，7 月上旬同粤军于水口地区遭遇。8 日，红五军团与粤军激战于水口。9 日下午，红一军团和十二军紧急增援水口，会合红五军团和独立第三、第六师，与粤军打了一场异常激烈的恶仗。经几小时战斗，将 10 个团的粤军击溃，粤军全部退出赣南根据地，以后很长时间未敢轻举妄动，使赣南得以安定一段时间，对尔后的北线作战形成了有利条件。聂荣臻对水口恶战印象深刻，认为教训一是敌情摸得不准，二是没有能及时集中兵力，所以打成了双方都伤亡很大的击溃战。

水口战役后，7 月 21 日，周恩来以中共苏区中央局代表身份赶到前方，参与

---

①《聂荣臻回忆录》，解放军出版社 1986 年版，第 150 页。

红一方面军的决策与指挥。8 月初，一方面军和中共苏区中央局领导决定：（一）红军主力北上消灭乐安、宜黄、永丰之敌；（二）对红军进行整编，将红五军团的第三军编回红一军团。8 月 8 日，中央局任命毛泽东为红一方面军总政委，同时下达了红一、三、五军团发动乐安、宜黄战役的命令。

乐安、宜黄守敌为第二十七师，共 6 个团。这股敌人离中央根据地最近，又比较弱。

8 月 15 日，朱德、毛泽东签发攻击乐安的训令：由林彪任攻城总指挥，聂荣臻为政委，统一指挥攻城作战行动；红五军团在城南作预备队，红三军团在东北部警戒宜黄、崇仁之敌。

8 月 16 日凌晨乐安战斗打响。林、聂先命第三军突袭攻城，未能奏效，随即令第四军强攻，17 日晨，第三十一团首先突破，打开城门，部队涌入，到中午结束战斗，全歼第二十七师一个多旅 3000 余人。

8 月 20 日，红一军团配合红三军团进攻宜黄。20 日红三军团将敌第二十七师的另两个旅基本歼灭。

23 日，红十二军乘胜占领南丰。

一周连打两仗克 3 城，俘敌 5000 人，缴获大批武器弹药，南昌、抚州大震。聂荣臻认为乐安、宜黄战役所以能取得胜利，一是找突出的弱敌打，决心正确；二是在人民群众帮助下，红军行动秘密迅速，出敌不意；三是红军英勇善战，不怕牺牲。

乐安、宜黄战役后，原定计划攻取南城，红一、三、五军团按计划到达南城外围。鉴于南城之敌有三个师之众，且有坚固工事，援军又在向南城靠拢，毛泽东毅然改变预定计划，命令部队主动后撤，到东韶、洛口一带休整，寻找战机。由于指导思想不同，临时中央和苏区中央局一再催促红一方面军继续向北出击，威胁南昌。临时中央、苏区中央局和前线军事领导人周、毛、朱、王之间的矛盾迅速激化起来。苏区中央局于 10 月上旬起，召开宁都会议，批评毛泽东的所谓错误，不久免去毛泽东的总政委职务，由周恩来接任。

为执行建（宁）、黎（川）、泰（宁）战役，10 月中旬，红一军团奉命分两路向建宁开进：林彪率领第四军经尖峰、客坊向建宁，聂荣臻率领第三军和军团部经水南、里心向建宁开进。守敌新编第四旅弃城逃跑，红一军团消灭一部分民团，占领里心、建宁。不久，三军团占领黎川、泰宁。红一军团在建宁、里心、客坊、安远建立新根据地。

不久，方面军领导机关来到建宁。这时聂荣臻发现方面军领导里面没有毛泽东，才知道了在宁都会议上发生的事情。到苏区 10 个月中，聂荣臻深切体会到毛泽东战略策略上的正确和军事指挥上的杰出才能，由衷钦佩。现在毛泽东不能指挥军队了，他深感不平和忧虑，预感到撤销毛泽东在红军中的领导职务，将不可避免地对尔后的作战带来消极后果。

11 月中旬，红一军团奉命北向资溪、金溪，17 日占领资溪，19 日占领金溪。

在这一时期，苏区地域扩大数百里，建立了闽赣省，并使闽北和闽西革命根据地连成一片。这对尔后的反“围剿”作战是有利的。

1933 年 1 月 7 日，红一军团受命歼灭浒湾出犯之敌。在浒湾及其附近有孙连仲、吴奇伟和周至柔所部共 14 个团，企图兵分两路，一路攻占金溪，一路攻占琅琚、左坊、黄狮渡。林、聂决定：三十一师为右翼队，在金溪以西公路北侧吸引、钳制和阻击可能由琅琚、白元方向来犯之敌；红一军团和二十二军组成中央队，为歼灭浒湾出犯之敌的主力。1 月 8 日，一军团所部在金溪到浒湾公路中间的荷树埠与孙连仲和吴奇伟各 1 个旅共 6 个团遭遇，展开激战。林、聂命令三十一师加入战斗，令二十二军为预备队。敌人抢占路北制高点，又有飞机、大炮助战，态势对红军不利，十一师师长陈光、十师师长李锡凡先后负伤，部队伤亡很大，一度难以招架。林、聂目睹这种态势，急忙赶到前沿阵地直接指挥战斗，振奋了士气，稳住了阵势，至中午，敌人逐渐向西溃退。下午 1 时，吴奇伟从浒湾调两个团投入战斗，重新反扑。林、聂命令预备队二十二军投入战斗。预备队进入战斗适得其时，敌人再也支撑不住，全线溃退，二十二军一直追到抚州城边。与此同时，红一军团第三军配合红三军团击溃向琅琚、左坊进攻的周至柔六个团。到 1 月 9 日，浒湾战斗结束。

这一仗共歼孙、吴部 2000 多人，缴获很多武器弹药，孙连仲新组建的二十七师再次遭到歼灭性的打击。但红军伤亡也比较大，宁都起义的领导人、五军团副总指挥兼十三军军长赵博生英勇牺牲。

这是聂荣臻到苏区经历的头一个形势比较危险的战斗。他身先士卒，用英勇的行动为部队做出了榜样。指战员们看到，那个穿着皮夹克到职的政治委员，在硝烟弥漫、弹片横飞的战场上，完全是一个沉着无畏的勇士。

浒湾战斗之后，红军进行了整编。红一军团撤销了第三军、第四军的番号，军团辖七、九、十、十一共 4 个师。第三军军长徐彦刚调一军团任参谋长。

1933 年 1 月，蒋介石坐镇南昌，指挥 30 多个师的兵力，对中央革命根据地进行第四次大规模“围剿”。

蒋介石兵分三路：左路军蔡廷锴指挥在福建的 6 个师 1 个旅；右路军余汉谋指挥粤军 6 个多师；中路军陈诚指挥 12 个师。蔡廷锴和余汉谋没有采取重大的军事行动。敌主力是中路军，16 万余人分三路“分进合击”，企图歼灭红一方面军于黎川、建宁地区。

1933 年 1 月，中共临时中央从上海迁入中央革命根据地。根据临时中央的指示，2 月初，中共苏区中央局决定，令红一方面军进攻敌一个师依托坚固工事设防的南丰城。红一方面军自金溪、浒湾、黄狮渡地区西渡抚河，12 日围攻南丰，敌重兵迅速增援南丰，企图歼灭红一方面军于南丰地区，形势危急。朱德、周恩来毅然下令主力秘密转移到东韶、洛口地区，待机破敌。红军“改强袭南丰为佯攻”，从而拉开了第四次反“围剿”的战幕。

2 月 26 日，敌第一纵队第五十二、五十九两师自乐安分两路向东推进，准备在宜黄以南集中后，出广昌、宁都，堵截红军归路，配合其主力歼灭红军于黎川地区。同日，红军主力冒雨行军，星夜秘密进至宜黄南部的黄陂一线山区。

黄陂之战，由朱德、周恩来直接指挥，是中央根据地反“围剿”中一次规模最大的大兵团伏击歼灭战。参加作战的有红一、三、五军团和红二十一、二十二军，分为左翼队和右翼队：右翼队是红五军团和红二十二军；左翼队是红一、三军团和红二十一军，由红一军团林彪和聂荣臻统一指挥[①]。

那几天连日阴雨，黑夜行军更为困难。27日拂晓，徐彦刚参谋长和罗瑞卿保卫局长带领七师、九师和一个炮兵连在右，聂荣臻和林彪带着十师、十一师在左，分别到达登仙桥附近地区伏击阵地。部队展开后，林、聂到十一师指挥所，听了十一师师长刘海云和政委刘亚楼的报告，敌第五十二、五十九师正由西北方面向登仙桥接近。听取汇报后聂荣臻强调指出：“你们加强西北面是对的。要先把敌人放进来，然后再关起门来打，动作要猛，求得一下截住敌人。三十一团要机动，必要时以一部分兵力控制有利阵地，防止敌人向西夺路逃跑。”林彪检查了十一师派出侦察兵的情况。然后他们回到军团指挥所。这时，天已亮了。军团指挥所和十一师指挥所在同一个山头上。整个伏击阵地是山岳地带，群山笼罩在浓雾中。从指挥所望出去，只能看到一个个山头浮在雾霭里，就像黎明时雾海上的一座座孤岛。全体指战员裹着湿漉漉的军衣，埋伏在阵地上等待着，等待着，整个阵容凝结成巍巍的山岳。

林彪、聂荣臻发现敌人正在过路。林彪说，叫敌人往里钻。当时林、聂看到的仅是敌人的中间一段。

聂荣臻事后回忆说：那时敌人大摇大摆地冒进，毫无戒备，显得很了不起。我们就沉住气，让敌人往口袋里钻，准备钻进来再收拾它。

日出雾散，视野扩大，只见敌人一队队已经过去，后面的敌人走来，隔不远便有一乘敌人军官的轿子。这时，敌人已经走过去一个旅，后面还有一个旅，每个旅两个团。过去了四个团，再后面便是辎重队。辎重队后面还有一个团作掩护，没有进入伏击圈。这时，从指挥所发出总攻的信号，整个阵地突然爆发了震天动地的枪炮声。敌五十二师师长李明被打蒙了，急忙用一个团作掩护，一个团冲锋，想向西北夺路突围。

西北方向是十一师三十二团阵地。他们承受着敌人集团冲锋的强大压力。聂荣臻离开军团指挥所，冒着硝烟和炮火，来到三十二团阵地。这是一个山谷的口子，是伏击阵地的门户，如果敌人从这里突破，一张大网便被撕裂了口子。聂荣臻用他习惯的姿势举起望远镜，不慌不忙地观察着敌人，等待着杀下去的时机。他从望远镜里朦朦胧胧地看到敌人逼近了，杂乱的队形笼罩在白色的雾霭里。他对身边的三十二团政委杨成武说：“这是紧要关头！”杨成武听到这声号令，从腰间抽出驳壳枪，边跑边喊：“同志们跟我来，冲呀！聂政委刚才讲了，这是紧

① 《聂荣臻军事文选》，解放军出版社1992年版，第20页。

要关头，冲啊！”

三十二团的勇士们一刹那间从山上站起来，迎着进攻的敌人，俯冲下去，一片白晃晃的刺刀，把进攻的敌人冲垮了。山谷里，响彻着抓俘虏的呐喊声。

聂荣臻再也按捺不住要与敌人厮杀的那股激情。他看看身边仅有的一个特务连，便向特务连连长把手一挥，也带着这个连队冲下山谷。在他身边，徐彦刚参谋长向他大声喊着，叫他不要下去。他没有回答，径直地冲向枪声激烈的敌群。他看到敌人的军官东奔西窜，嗷嗷叫着，在他面前束手就擒。他打心眼里感到这一仗打得实在痛快。

伏击圈内的敌军集团无一漏网地被消灭了。这时，发生了一个奇怪的现象：敌人没有进入伏击圈的那个团，面对伏击圈里的战斗竟然既不前进也不逃跑，就在那里等着。林、聂在解决了伏击圈里的敌人后，命令十一师师长刘海云率部扑过去，很快把这个团也消灭了。这股敌人本来是可以跑掉的。解决战斗后审问俘虏时才知道，蒋介石有个连坐法，谁从战场上逃离就要问斩。伏击圈里的敌人不冲出去，他们自己也不敢跑。从伏击战打响至解决战斗仅用了三个小时。

从伏击阵地上走过去的那个旅，被红三军团消灭。后面的一个旅、师部、一个辎重团，被红一军团消灭。敌五十二师师长李明负伤后被活捉。

当红一、三军团歼灭五十二师时，红五军团在北线正对敌五十九师发动进攻。五十九师企图向乐安撤退。由于五十二师被歼，它已成孤军，陷于红军主力的围困中，至 28 日 11 时，除两个团的残部逃跑外，其余全部被歼灭在摩罗嶂东麓山谷中。清查俘虏时，没有发现五十九师师长陈时骥。聂荣臻问一个俘虏，得知陈时骥是个麻子，于是下令搜索麻子，在摩罗嶂山谷中到处都在查找麻子。军团电台班上山砍树（准备架线用）回来报告说，抓到一个麻子。果然是陈时骥。

把敌人师长抓到了，林彪、聂荣臻都很高兴。

消灭五十二师，一军团缴到几十挺轻机枪。

这些机枪当时在中国是较为先进的武器，是蒋介石刚从外国买回来，才装备到嫡系部队的。敌人麻痹轻敌，行军时竟装在箱子里，还没来得及拿出来，枪管里没染上一点硝烟就“转送”给红军了。这在红军是十分了不起的武器！战后，聂荣臻立即下达指示，组织机枪射手训练班，调共产党员和优秀的共青团员当机枪手，请刚捉到的俘虏当教员。一军团侦察参谋苏静给这个训练班开学典礼拍摄下一幅珍贵的照片。

机枪射手训练班开学典礼是在一片树林里举行的。当时正雨后天晴，空气清新湿润，山间小溪淙淙流淌，阳光一束束地透进林间。朱德总司令兴致勃勃地亲临训练班，林彪、聂荣臻都出席了典礼仪式。上百个学员排列成一圈，中间摆着几十挺闪烁着幽幽蓝光的机枪。聂荣臻首先致辞。林彪请总司令讲话。总司令深情地笑了。苏静举起照相机，“咔嚓”一声，总司令、林彪、聂荣臻、学员们、场内的机枪、林间优美的风景，在一刹那间摄入了小小的镜头。

黄陂伏击战歼敌约两个师，俘虏万人。21 天后，又打了一个大仗——著名的草台岗战斗。

黄陂之战后，蒋军继续寻找红军主力决战，3 月份以六个师分两个梯队交叉掩护，由宜黄徐徐向广昌前进。后来又从后梯队抽出一个师以加强前梯队。3 月 20 日，敌军后梯队与前梯队已相距百里。后梯队在山路上又是一字形拉开，前面的第十一师到达草台岗、徐庄时，后面的第九师还在东陂。十一师是陈诚的嫡系主力，战斗力很强。但他们行进在险峻的山路上，兵力难以展开，前后也呼应不上。红军乘此良机，于 21 日拂晓从侧翼突然向十一师发动攻击。

红一军团草台岗战斗的大致经过是：

红一方面军首长抓住有利时机，决心歼敌十一师于草台岗。根据方面军部署，3 月 20 日午夜，林、聂赶到十师驻地，要求该师做好拂晓前进攻敌人占领的黄柏山的准备。黄柏山是草台岗南面的制高点，要进攻草台岗就必须首先拿下黄柏山。但是到了 8 时 30 分，七师、九师尚未进入进攻位置。9 时，红三军团那边打响了。林、聂命令十师向黄柏山攻击，十一师在后面助攻和断敌后路。10 时、11 时，九师、七师先后到达。12 时形成鏖战，十师、十一师多次冲锋肉搏猛攻黄柏山。敌人居高临下凭火力顽抗，敌机不断投弹扫射。一颗炸弹落在指挥位置，把正在写作战命令的林彪抛到山坡下，聂荣臻也被掀倒在地。他们拍掉尘土继续指挥战斗。军团参谋长徐彦刚率九师实施中央突破，激战两小时，黄柏山守军两个团大部被歼。最后红军各部会攻残敌，将十一师大部和五十九师残部歼灭。然后九师向东陂追击，协同二十一军、二十二军肃清其他各据点敌人，打击敌援军第九师的部队。至黄昏，东陂残敌一个团逃跑。是役，基本歼灭了蒋介石嫡系、陈诚赖以起家的、素称没有打过败仗的国民党第十一师；击伤该师师长萧乾、他的参谋长和三十二旅旅长，击毙了三个团长。三十一旅旅长黄维坐着担架逃走。具有讽刺意味的是，红军战士发现，俘虏身上都有一条绳子，聂荣臻问俘虏：这是干什么的？俘虏回答说，是出发前上级发的，用来捆绑红军回去领赏，想不到自己倒当了红军的俘虏。聂荣臻轻蔑地笑了笑。

紅色中華
第五十八期
一九三三年三月六日
在完全粉碎敵人大舉進攻的前面
在粉碎敵人大舉進攻的決戰中
我紅軍空前光榮偉大的勝利
全部消滅敵五十二師五十九師
敵新編五軍潰不成軍大部消滅
兩天內活捉敵師長兩個
建黎泰地方武裝
配合紅軍偉大勝利
激劇開展着的游擊戰爭
閩西紅軍勝利
擊潰廣東白軍
全部繳槍大禾團匪
紅軍在連南出擊勝利
武平少模隊出擊獲勝

1933 年 3 月 6 日《红色中华》报刊登的胜利消息

战后，军团部开会祝捷，林彪在战术上作了总结。聂荣臻补充了两点意见：一是要发扬英勇牺牲以争取全局胜利的决战精神；二是对有的师这次作战暴露的缺点分别作了批评。

黄陂、草台岗战斗，是第四次反“围剿”中具有决定意义的战斗，共歼敌近三个师，2.8 万多人。陈诚支持不住了，只得挥师向抚州方向退却。红军第四次反“围剿”胜利结束。蒋介石给陈诚的手谕称：“此乃本年来未有之惨事。”

中央红军在完成第四次反“围剿”后发展到八万人。

聂荣臻说：这次反“围剿”所以取得如此大的胜利，主要原因是红军仍然采用了毛泽东一贯的作战指导方针，红军敢于诱敌深入，然后集中优势兵力，利用有利地形，在运动中各个歼灭敌人。这一战法确实是屡试不爽的。

第十三章　参加第五次反“围剿”

1933 年 6 月 13 日，苏区中央局转发中共中央关于今后作战计划的指示，第一方面军分成两个部分：红一、五军团留守原地，称中央军；红三军团东出福建，称东方军。这就是所谓“两个拳头打人”。由于主力一分为二，使蒋介石得到了喘息时间，利用这个机会加紧了对中央苏区进行第五次“围剿”的准备。红军作战则从此越来越被动。

红三军团这个“拳头”于 7 月初入闽，再转赣东北，历时三个月。虽然打了一些胜仗，但很疲劳，部队减员很大。

而留在原地的另一个“拳头”红一、五军团除 8 月底进行的乌江圩战斗外，只进行了一些小规模的游击战。

这期间，聂荣臻抓紧对部队进行思想政治工作，红一、五军团在乐安南部的藤田召开了一次“八一”运动会，给新整编部队授了军旗，颁发了中央革命军事委员会授予的二等、三等红星奖章。就在这次会上，聂荣臻荣获一枚二等红星奖章。此外还进行了文化、体育、卫生、通信和各种战术、技术竞赛，对获得优胜的红一团授予“牺牲决胜团”、红四团授予“英勇冲锋团”、红五团授予“模范的红五团”的奖旗。这几面奖旗，对部队的战斗意志起到很大的鼓舞作用。

8 月 30 日，红一军团一师侦察获悉：敌李思愬的第八十师师部率 3 个团于 8 月 29 日进至吉水县的乌江圩修筑碉堡。林彪和聂荣臻决定利用红军便于隐蔽的地形，以奇袭的手段，消灭乌江圩之敌。他们率领第一、第二师于 8 月 30 日秘密进至茶口、大桥附近，命令一师（欠一团）于 31 日 3 时出发，经八江、桑园绕至乌江圩西北，战斗打响后由西向东进攻，二师和一师一团从正面对乌江圩进攻。林、聂二人带着军团部随二师前进。当时大雨如注、电闪雷鸣，两个师很快对乌江圩形成包围，激战 4 小时，歼灭李思愬部近 4000 人，活捉二三八旅旅长何文鼎，只有敌师长李思愬带少数人乘黑夜逃到八都。

乌江圩战斗，是第五次反“围剿”前夕一次较大的胜仗。但这一胜仗改变不了“两个拳头打人”所带来的总的被动形势。

在这次战斗中，发生了这样一件事：红五团的领导人为使部队着装整齐些，叫俘虏列队，把帽子、水壶、绑带全解下来没收，装备了五团的指战员。聂荣臻听到这个消息，很生气，便把五团政委刘忠叫来，进行了严厉的批评："你知不知道这是违反纪律？你当的什么政委？"问得刘忠哑口无言，进行了检讨。聂荣臻对部队纪律和作风的培养要求很严，而对政工干部的要求更严。

1933年9月25日，蒋介石乘红一方面军分成东方军和中央军两个部分的时机，开始了对中央苏区的第五次"围剿"。直接用于进攻中央苏区的兵力50万人。28日北路敌人抢先夺占黎川，隔断了中央苏区同赣东北苏区的联系，使红一方面军在第五次反"围剿"一开始就陷于不利的作战态势。在这种情况下，中共临时中央不是首先采取战略退却，以便创造条件对敌各个击破，而是命令红一方面军正面迎击，与敌决战，企图御敌于"国门之外"。三军团奉命进攻黎川之敌。途中，10月6日，红三军团等部在黎川洵口与第六师第十八旅遭遇，歼其两个多团。临时中央看不到这次胜利带有偶然性，在强敌压境之际，继续强调进攻。

10月9日，三军团按原计划进攻南城、黎川之间的交通枢纽硝石，连攻五天，敌人四个师的援兵赶到，被迫撤出战斗。

敌人采取"战略攻势，战术守势"的原则，构筑绵密的碉堡封锁线，逐步推进，至10月18日，在硝石至资溪桥20公里地段就集中了7个师又1个旅，企图完成构筑黎川、硝石之间的碉堡封锁线，吸引红军进攻，以消耗和消灭红军。而临时中央不顾这种重大变化，还是继续进攻。一军团在这种严重的背景下投入了旷日持久的第五次反"围剿"作战。

10月18日，红一军团由抚河以西进到资溪桥地区，企图与红三、五军团等部在资溪桥地区与敌决战。至25日，红一军团既没攻占资溪桥也没调动敌人，只是疲惫和消耗了自己。11月17日至19日，红一军团与红九军团的一个师一起进行了云盖山、大雄关战斗。仗打得十分艰苦，二师政委胡阿林牺牲，一、二师师长负伤，四团团长萧桃明牺牲，最后还是撤退了。

从大雄关向西南转移，在军峰山附近堡垒地带，军团部遭到敌毛炳文第八师的袭击，敌人冲到军团部跟前。这时，军团部只有机关直属队人员，二师还在后面，情况非常危险。眼看着敌人上来了，聂荣臻亲自动员："凡是有战斗力的，不管是炊事员、饲养员，都上阵！"聂荣臻和林彪一面组织就地抵抗，一面命令四团赶紧上来。这场战斗打得十分激烈，军团部人人上阵，直到四团赶到才化险为夷。

打完大雄关战斗后，红一军团在大雄关附近休整。在这期间，11月20日发生了"福建事变"。蔡廷锴的第十九路军联合一部分反蒋势力，成立福建人民政府。"左"倾冒险主义领导人不知道从军事上利用"福建事变"去粉碎敌人的第五次"围剿"，坐视蒋介石抽调北线"围剿"部队去镇压福建人民政府。敌第三、第九两个师由蒋鼎文率领向闽西开进，从红一军团前面经过。敌人是行军队形，整个侧翼暴露在红一军团面前，一路一路地移动，十分好打。这里一打，福建人民政府便可以支持得久一些，也有利于红军。红一军团的指战员看到敌人这样一路一路过去，说："这个时候不打，再好的机会没有了。"聂荣臻也非常着急，与林彪商量，真想让部队立即出击。但"左"倾冒险主义领导人就是不叫打，说蒋介石是大军阀，福建人民政府是小军阀，不给小军阀做挡箭牌，这就失去了很好的歼敌机会，大家都很不满意。

在"福建事变"期间，红一军团移兵永丰地区，企图从那里突破敌人的堡垒封锁线。在战术上执行李德的"以堡垒对堡垒""短促突击"一套战法。1933年12月25日，一军团在永丰南丁毛山与敌两个税警团和第九十三师，进行堡垒战，以堡垒对堡垒。敌人用炮兵轰一军团的堡垒，使红军接连受挫。部队有人不满地说："不知搞啥鬼呀！我们一夜不困觉做了一个堡垒，人家一炮就打翻了，而人家的堡垒我们只有用牙齿去咬！我们没有重火器，天天同人家比堡垒。"聂荣臻站在打得最激烈的一师阵地上，看到部队英勇冲锋，看到指战员在敌人堡垒面前遭到重大伤亡，心情十分沉重。这种"以堡垒对堡垒"，使红军处于被动。

1934年1月到3月，红一军团经历了风翔峰、三岬嶂、乾昌桥等一系列战斗，多数打成顶牛或中途撤退，只有三岬嶂战斗打得比较出色。

三岬嶂战斗的背景是，林、聂率领军团主力与友邻部队保卫建宁，同敌人几个师激战，一团团长杨得志、政委符竹庭指挥二营扼守三岬嶂掩护主力侧翼。二营在营长陈正湘率领下打垮了敌第九十四师多次多路进攻，以几百人抗击有飞机、大炮支援的一个师的敌人。三岬嶂制高点硝烟滚滚，杀声不绝，二营表现出坚如磐石的革命英雄主义气概，最后，与一团主力一起，协同突击部队，把九十四师全线击溃。就总体而言是个消耗战，是拒敌于"国门"之外的被动仗，但作为局部，三岬嶂战斗打出了红军的威风。聂荣臻秉笔撰文，赞扬一团特别是一团二营敢打敢拼的战斗精神，取题为《把第一团顽强抗战的精神继续发扬光大起来》，作为社论，发表在1934年3月4日的《红星报》上。

在这篇文章里，聂荣臻说：

> 我们的第一团以一营兵力，扼止了敌人一师之众。虽然敌人的飞机和炮弹轰炸之声震动了山谷，但丝毫不能震撼我红色战士的心胆，敌人以数倍的兵力，分几路向我冲锋，亦被我英勇沉着的战士，以顽强的反冲锋打坍下去！并且协同突击部队将敌整师兵力全线击溃，这应当写在我们的战史上，成为我第一团三岬嶂上光荣战斗的一页！

面对失败的总趋势，林、聂焦急、忧虑、彷徨。2月10日，他们联名致电中革军委，建议改用运动战消灭敌人[①]。他们建议说："在运动战预期战场上的最重要阵地，须先敌一日或半日或数小时构筑临时的工事，以占先机之利。""我第一防线与第二防线应相距一天至少三十五里以上路程，以便万一我第一防线失守

①《聂荣臻军事文选》，解放军出版社1992年版，第27页。

后，敌向我第二防线进攻时我以第二防线阻敌，而以主力在第一、二防线之间，以运动战侧击或夹击和尾击敌人。”“我主力所在地域如附近有敌，则应诱敌和放敌大踏步前进，以便我主力在敌运动中消灭之，如我主力不在某地而该地有敌前进时，则应以一部兵力进行运动防御战，滞敌前进。如无把握固守工事，则不应到处做工事，以免做好后反被敌人利用。”林、聂在致中革军委的建议电中反复申明如何用运动战消灭敌人，以摆脱被动挨打的困境。但中革军委根本听不进去，回电告诫他们坚决服从军委的命令。

2 月，李德来到红一军团，在团以上干部会议上继续鼓吹“短促突击”。大多数人头一次看到外国人，会场上洋溢着好奇的气氛。李德，身材高大，红头发，蓝眼睛，隆起的大鼻子。到会的干部们看着他，私下里议论：“这是斯大林派来的。”李德原名奥托·布劳恩，是德国共产党党员，由共产国际派来中国当军事顾问，1933 年 9 月到达中央苏区。他根本不了解中国的情况，只凭军事教科书和第一次世界大战大规模阵地战的经验，提出他的作战方针，完全是死搬硬套。在欢迎会上，他先感谢对他的欢迎，然后讲军事，讲“短促突击”，说要拒敌于国门之外，用“短促突击”的办法消灭敌人。大家不理解这个“短促突击”，军团长林彪也不懂，他说：“你们不懂这个打法，我也不懂。不懂就学嘛。现在形势不同了，我们一边战斗一边学习，在战斗中可以学到的。过去我们也只会打游击战，后来我们会打大规模运动战了，我们也要学会正规的防御战。”后来，他写了一篇文章叫《论短促突击》，由参谋苏静刻蜡版印发到全军团。林彪的行为，使聂荣臻感到忧虑。4 月份，中革军委提出“保卫广昌”，临时中央负责人博古和李德亲自上阵。7 月份提出“保卫长汀”，以后又提出“保卫兴国”。

把第一團頑強抗戰的精神繼續發揚光大起來
（聶榮臻）

的戰斗情緒，完全消滅逃亡現象！
的完成三月份擴大紅軍的計劃！

1934 年 3 月《红星报》刊登的聂荣臻的文章

越“保卫”地盘越小，徒然地消耗弹药和兵力。如 3 月中旬红一、三军团在南丰地区的作战，红三军团进攻三溪圩、三坑失利，在红一军团掩护下才撤出战斗，伤亡 2000 多人。4 月中旬，红一、三、九军团与进攻广昌的国民党军 11 个师决战，打了 18 天守备战，损兵折将，广昌失守。红一军团艰苦转战，打了不少消耗战。至 9 月初，林、聂断然改变“短促突击”的战术，采取运动战，才在温坊打了一个胜仗。

林、聂认为，那种一步一顶牛的堡垒对堡垒，敌人每次运动只前进二三里，这样，敌人整个体系是连在一起的，自然失去了在运动战中消灭敌人的机会；如果红军主力不接近他们，而是离得较远，他们是会前进比较远的距离的，自然会造成某一局部脱离其整体，就为红军提供了打运动战的条件。温坊战斗的胜利，就是在这个指导思想下取得的。可惜，这次战斗离仓促的战略转移——长征，只有一个月的时间，已无补于大局了。

8 月下旬，敌李延年集结四个师于朋口、莒溪、璧州、洋坊尾一线，红二十四师在敌进攻方向的朱鬃岭、桥下、肖坊一线构筑工事，红一军团奉命抗击这股敌人。第二天凌晨，敌第三师第八旅两个团从堡垒线出动，由于红军主力隐蔽得好，这两个团一下子就跃进了 10 里，到达温坊，脱离了其主力的筑垒体系，相对成了孤军，为红军提供了打运动战、歼灭战的机会。林、聂把军团指挥所设在松毛岭上，指挥红一军团、红九军团和二十四师，断敌退路，防敌增援，自 8 月 31 日 21 时战至 9 月 2 日拂晓，除少数敌人在温坊南八角楼作困兽之斗，第八旅两个团已大部被歼。9 月 3 日，敌第三师和第九师集结三个团企图报复，再犯温坊，林、聂采取同样的战法放敌先头团深入，将其歼灭。至此，温坊战斗胜利结束，打死打伤 2000 多人，俘虏 2400 多人，共歼李延年部 4000 多人，而红军自身伤亡甚小。敌第八旅旅长只身逃脱，被蒋介石枪毙，第三师师长李玉堂从中将降为上校。

温坊战斗是第五次反“围剿”唯一一次较大的歼灭战，是背离“短促突击”的作战指导思想才取得的。这一胜利，更使聂荣臻思念毛泽东，怀念毛泽东领导红军采用诱敌深入、以运动战取胜的光辉思想。

个别战斗的胜利并不能改变整个局势。就总体而言，中央红军已经是岌岌可危了。根据地日益缩小，红军处处被动，到 10 月份，已面临被迫转移的唯一出路了。

长征前夕，聂荣臻和林彪从福建回到瑞金，军委向他们传达了新任务——长征。当时，这个行动还是机密的。接受了任务，林、聂一起去看望被剥夺了军权的毛泽东。

毛泽东虽然被撤职了，但他时刻关注着前方的战斗，研究对敌斗争的战法，不断向中央和军委提出：阵地战不能发挥红军的优势，应该改用运动战的战略战术。“福建事变”时，他写信给中央，提出两点建议：红军同蔡廷锴的部队联合起来，共同对付蒋介石的进攻；把红军拉到以浙江省为中心的苏浙皖赣地区，纵横驰骋于杭州、苏州、南京、芜湖、南昌、福州之间，威胁敌人老巢，以解中央根据地之围。但中央“左”倾机会主义领导人愚蠢地拒绝了他的建议，丧失了打破第五次“围剿”的有利时机。林、聂去看望时，毛泽东住在瑞金县城外的一个小村子沙洲坝，高大的千年古樟掩映着他的古朴的农家小楼。

看望毛泽东，这在当时，可不是一件简单的事。毛泽东的夫人贺子珍对于毛泽东当时的处境有过这样的回忆：“由于王明路线的执行者给毛泽东加上的种种罪名，一直到长征时都没有勾销，在离开中央苏区前，任何人都不敢同毛泽东说话，他也不去找任何人。”看望毛泽东，是要冒风险的。

在向毛泽东问候以后，聂荣臻问：“就要突围了，主席有什么看法？”

“咦，你们知道了？”

“知道了。”林彪说。

“我们接受任务了。”聂荣臻说。

毛泽东头一天已接到部队要突围的通知。为避免嫌疑，他把话题故意岔开了：“好好好，我们到瞿秋白的图书馆去看看。”

聂荣臻感到毛泽东心底里的忧虑。他的意见人家不接受，时至今日，只好跟着队伍走了。但只要他在队伍里，革命就有希望，聂荣臻这样想。他亲眼看到毛泽东的军事路线如何制胜，也看到了“左”倾机会主义领导人的军事路线如何失败，这使他坚定不移地追随毛泽东，不怕非难。这也使他在尔后的艰难岁月里，始终具有坚定的革命信念。

第十四章　抢占九峰山

长征，是人类史上的伟大创举。但当时它却是红军在毫无办法的情况下，谋取生存的大规模战略转移。最初的目标是跨过湘江，与湘鄂西的二、六军团会师，去开展新局面。行动仓促，也出于保密，为什么转移，向哪里转移，怎么转移，没有向广大指战员进行动员。10月10日，中共中央和中革军委从瑞金出发，率领红军及后方机关共8.6万多人踏上了漫长的征途。

一军团10月17日以后陆续离开瑞金以西地区，跨过了于都河。出发前，军委拨给两个补训团，军团总兵力达1.98万人。

夕阳西斜，聂荣臻缓步走出军团指挥部。即便是在这样一个前所未有的行动面前，他也不慌不忙，来到于都河畔。部队一队队从桥上走过，攀上对面馒头形的山包，多少人在频频回首。他走上桥。河水哗哗地从桥下淌过，蜿蜒远去。他感到，于都河里流淌着苏区乡亲们的乳汁，抚育和壮大了红军。于都河，苏区的河，联结着苏区乡亲们的心，也联结着聂荣臻对苏区人民的无限眷恋之情。他开始爬山，又不断回首，终于到了山顶。再往前，还是苏区的土地，但看不到瑞金了。他在山顶上伫立良久，怀着激动的心，眺望那熟悉的景物。于都河在如血的夕照中变成一条金线，村庄披上灰色的雾霭。村头，河边，乡亲们目送着子弟兵远去。

聂荣臻想起进苏区时的情景。那心情与眼下的心情形成多么强烈的对照！单骑，明月，静谧的村庄，留在他的记忆里。当时他是那样兴奋，急不可待，一鼓作气从闽西跑到瑞金。他想起率领着一军团忽东忽西忽南忽北，转战于纵横数十个县的广大地区，多少次跨过于都河，两年又十个月的峥嵘岁月，这一切都将变成往事了。很快这里将变成另一个世界，这里的群众将会遭到什么劫难，他感到忧虑和痛心！

他策马向前。“嗒嗒”的马蹄声，把落日的残照、群山环抱的小平原，还有小平原对面一座山头上的古塔全都留在背后了。

虽然大家心情沉重，但红军的行军队伍是整齐的，一个个全背着江西的斗笠。可如果搞一个高空投影，那就不难发现，总体队形是多么笨重。它仿佛是一乘“轿子”，红一军团从左翼伸出，后面跟着红九军团，红三军团从右翼伸出，后面跟着红八军团，四个军团从四面护卫着中央和军委纵队。红五军团作全军的后卫。中央纵队是整个队伍的中枢神经，显得那样累赘，连印纸币的笨重机器都带上了，行动难免过于迟缓。林、聂曾议论过，这样笨重的行军纵队，于军事行动十分不利，为此感到忧虑。

10 月 21 日，林、聂派一师袭占新田，二师六团袭占金鸡，又于次日占领版石圩，突破了敌人的堡垒线，粤军一师退守安西，红一军团乘胜追击，与在右翼行动的三军团同时追至安西城下，顺利地从南康、大庾岭边缘地区突破了第一道封锁线。这一道封锁线的胜利突破，与过去和粤军签订的秘密协议有关。粤军将领陈济棠执行了秘密协议①，没有做认真的堵截。

红军突过第一道封锁线，便是陌生的“白”区了。

国民党军在湖南桂东、汝城至广东城口设了第二道封锁线。林、聂命令二师六团以长途奔袭，一举夺得广东省仁化县城口。在右翼行动的三军团则包围监视了汝城。这样，红军便在城口到汝城之间突破了第二道封锁线。

突破第三道封锁线就不那么容易了。

这时，蒋介石已窥知红军的去向，命令在江西、福建的嫡系部队尾追，命令粤军、湘军从南北两翼向红军压迫。

红一军团是先头部队。在执行任务中，聂荣臻坚决执行命令，率部占领制高点九峰山。

红一军团受领的任务是，派出一支部队控制粤汉铁路东十多公里的制高点九峰山，防备粤军占领乐昌后向红军发动袭击，以掩护中央纵队在九峰山至五指峰之间通过。林彪则不想占领九峰山，企图一下子冲过乐昌。理由是，敌人还没有到达乐昌。如乐昌得手，自然可以防止粤敌从那里对中央纵队进攻。对于林彪只顾本部队不顾中央和其他部队安全的侥幸心理，聂荣臻坚决反对。他对林彪说：“那可不行！我也估计敌人可能还没有到达乐昌。可是我们离乐昌还有段路程。我们的两只脚怎么能和敌人的车轮比呢？就算敌人现在还没有到乐昌，也有可能和敌人在乐昌碰上了，因为敌人是乘车。同时，我们也不能只管自己跑过乐昌就算完。如果我们不占领九峰山，敌人把后面的部队截断了怎么办？”聂荣臻坚持按中革军委的命令行事。

一军团参谋长左权建议派二师师长陈光带一个连到乐昌去侦察一下。聂荣臻说：“侦察也可以，不侦察也可以，你去侦察时，敌人可能还没有到，等你侦察回

---

①《周恩来年谱》，中央文献出版社、人民出版社 1989 年版，第 265 页。

来，敌人可能就到了。担任如此重大的掩护任务，我们可不能干这些没有把握的事。我同意派人去侦察，但部队继续前进，一定遵照军委的命令行事，一定要派部队控制九峰山。”部队按既定路线前进了。聂荣臻忠实地履行了一个政治委员的职责。

二师师长侦察回来报告：乐昌大道上已经看到了敌人。

11月6日下午3时，军团部到了麻坑圩，林彪利用敌人的电话线亲自侦察敌情，在电话上他假装敌人的口气，和乐昌附近的赖田民团团长通了一次话。敌人的民团团长当然想不到和他通话的是红军，还问林彪红军到了何处，说前天粤军邓龙光部三个团到了乐昌，一个团今天开往九峰山去了。林彪放下电话，赶紧命令二师四团，不惜一切代价抢占九峰山。四团深夜奔袭，一鼓作气抢占九峰山，时天降暴雨，道路泥泞，行动困难。他们在九峰山激战一天，完成了掩护中央纵队和红九军团的任务。

除了派四团占领九峰山，林、聂还派出得力部队攻击九峰山西侧的茶岭，监视九峰圩的敌人，保证了左翼的安全。

山路崎岖，大雨滂沱，饥饿寒冷，军情紧迫，整个行军十分艰苦。

聂荣臻有马，但像许多部队领导人一样，把马让给病员骑，他经常徒步行军。

部队在山路上拥挤不堪，速度缓慢，而国民党的尾追部队迫近，湘军和粤军从南北夹击过来。

红一师完成了抢占白石渡的任务。

在右翼行动的红三军团先后占领湖南省郴州的宜章、良田。

11月14日，主力红军在宜章、良田之间通过了第三道封锁线，转入广西，向湘江挺进。一军团因执行掩护任务，成了后卫，于15日通过了第三道封锁线。

第十五章　血战湘江

中央红军突破第三道封锁线时，蒋介石已判明红军西进的战略企图，他玩了个新花样，任命何键为追剿军总司令，下令何键同薛岳和周浑元会合，诱惑并消灭红军于湘江之畔。薛岳和周浑元正率领蒋介石的嫡系部队尾追红军。这样，何键就辖有16个师约30万兵力。蒋介石还命令广西和广东军阀部队共9个师，协助把红军拦截在湘江的全州、兴安和灌阳地区予以歼灭。蒋介石的这个部署是很费一番心思的，让地方军阀来统一指挥他的嫡系部队还是头一次。所以，何键在湘江之战上是很卖力气的。

11月14日，何键下令：第一路刘建绪约4个师由郴县直插黄沙河、全州；第二路薛岳5个师由茶陵、衡阳直插零陵，这两路是堵截红军去湘西；第三路周浑元4个师，第四路李云杰2个师在红军后面追击；第五路李韫珩1个师在红军南侧，配合粤军行动，粤军4个师在粤湘桂边截击红军。桂军5个师已先期占领全州、灌阳、兴安等地。

摆在红军面前的是一场生死攸关的严重决战！

过了第三道封锁线后，红一军团与红三军团还将是在前面开路。

11 月 20 日，林、聂命令二师长途奔袭占领道县，阻止零陵的薛岳部队向道县前进。道县位于潇水西岸，是一个大渡口，通往湘江的咽喉要地，必须在第二天早晨拿下来。

二师师长陈光和政委刘亚楼把抢占道县的任务交给了四团、五团。四团正面攻击，五团迂回。四团和五团接到命令时，离道县还有 100 多公里路。他们经一昼夜急行军，于 22 日拂晓时刻赶到了道县敌人的鼻子底下。

部队组织了精干的夺船小组，在晨雾掩护下，凫水过河，从河对岸夺得船只，搭起浮桥，迅速抢占东北两门。这时，二团从潇水上游过河。他们完全控制了道县，抢在薛岳部队的前面占领了咽喉要地。

再往前便是汹涌的湘江了。

国民党军的 20 个师正在缩小包围圈。

湘江对岸，有一条与它平行的桂黄公路，国民党军在湘江与桂黄公路之间的丘陵地上修建了 140 多座碉堡。

11 月 25 日前，出现了一个对红军十分有利的契机：桂系军阀白崇禧害怕红军夺取桂林，突然将扼守湘江北岸全州、兴安一线的桂军撤防。而湖南军阀何键也怕红军深入湘南，不愿湘军主力前往接防。这样，湘江防线便出现一个缺口。虽然中革军委 11 月 25 日下达了抢渡湘江的命令，但仍为坛坛罐罐所拖累，行动迟缓，丧失了这个稍纵即逝的良机。

林、聂率领二师从道县向湘江前进，留下一师守住潇水西岸，等待后卫部队红五军团。27 日，一军团先头部队先从左翼渡过湘江，抢占了界首到脚山铺之间的渡河点。28 日，红三军团先头部队渡过湘江，一军团把界首移交给红三军团。29 日，一军团大部队也渡过湘江，拟前出抢占右翼要点全州。

抢占全州，晚了一步。侦察科长刘忠带领便衣侦察队在主力行动之前，来到全州城下时，还是一座空城，而五团赶到时湘军刘建绪的部队已抢先占领。红军首脑机关的迟缓，使部队失去了很珍贵的时间。倘若五团先期占领全州，则可凭城据守，对红军有利，不致在刘建绪的进攻面前那样吃力。

林彪、聂荣臻站在一座小山上，观察着即将展开一场恶战的战场：远处，相隔 8 公里是被敌人刚刚占领的全州。这是江边唯一能够设防的县城。连接全州的桂黄公路，穿过他们所在山头的脚下，往南延伸而去。一座座山岭连成的丘陵线与这条公路成“十”字相交，交会点就是他们脚下的一个小村庄，名叫脚山铺。在公路两侧，有几个小山头形成的两公里长的山岭。东边的黄帝岭和西边的怀中抱子岭最高（标高 300 米），其余山头全都 200 来米，山上长着稀疏的小松林。从这一道山林到全州之间全是开阔地。他们决定，就利用这约 4 公里长的山冈线作为军团的阻击阵地，并立即召集干部看地形，先把二师部署在公路两翼的山上。

这样，红一、三军团就控制了界首至屏山渡之间 30 公里地的湘江两岸。这一区域，有四处浅滩可以涉渡。中央纵队也已于 27 日到达灌阳北的文市、桂岩一带，距渡河点只有80多公里地，轻装急进一昼夜可至，但中央纵队仍舍不得丢掉坛坛罐罐，80公里的行程竟走了四天。为了这四天，红军广大指战员付出了惨重的代价！

左翼，白崇禧在判明红军意图后，指挥他的五个师回过头来，占领灌阳和兴安。自11月27日起，红三军团在左翼与桂军激战几天几夜。

右翼，29日，刘建绪以其四个师的兵力从全州倾巢出动，向红二师脚山铺阵地进攻。双方激战正酣时，红一师渡过湘江，部队疲劳极了，但林、聂为了完成掩护红军渡江的任务，不得不命令他们立即投入战斗。

南北两翼的敌人企图占领一、三军团已经控制的30公里宽的走廊，封闭包围圈。

30日，红一军团展开了全面阻击。一师二、三两团阻击，一团作预备队；二师四、五两团阻击，六团作预备队。敌人前锋是十六、十九两个师，拂晓即对尖峰岭和美女梳头岭进行第一次冲锋，被击退，立即又组织第二次冲锋。后来随着冲锋次数的增多，敌人的兵力越来越多，在十几架飞机掩护下攻势越来越猛。战至下午，一师米花山防线被突破，接着又失去美女梳头岭，只剩下怀中抱子岭，入夜敌人迂回进攻，一师向西南水头、夏壁田一线退守。二师五团尖峰岭阵地失守，五团政委易荡平负重伤，为了不当俘虏，他用警卫员的枪对着自己的头颅扣动了扳机。二师主力为了守住黄帝岭，与敌人展开了一场惊天动地的厮杀。四团政委杨成武负重伤。夜色悄悄地来到硝烟弥漫尸横遍野的战场上，为了避免遭敌包围，二师也后撤了。一、二两师又于湘江西岸构成了第二道阻击阵地。

红一、三军团从两翼艰苦阻击，他们承受着很大的压力，且战且退，红军赖以西进的走廊越来越窄。可是，红军首脑机关过江的行动仍十分迟缓。

30日入夜，红一军团部在脚山铺南面的一个小山上布置了指挥所。四周的枪声不像白天那样激烈了，但还是不时地响着，显得十分凄厉。红一、三军团指战员为掩护红军抢渡湘江，几天来人不解甲，马不卸鞍，连日苦战，已经十分疲劳。可此时此刻人人都担心党中央、中革军委和后续部队的安全，无法入睡。对着摇曳的马灯，聂荣臻和林彪、左权冷静地分析着当前的形势，探讨了几个小时之后，决定给中革军委拍发一份电报。

朱主席：

我军如向城步前进，则必须经大埠头，此去大埠头，须经白沙铺或经咸水圩。由脚山铺到白沙铺只二十里，沿途为宽广之起伏树林，敌能展开大的兵力，颇易接近我们，我火力难发扬，正面又太宽，如敌人明日以优势猛进，我军在目前训练装备状况下，难有占领固守的绝对把握。军委须将湘水以东各军，星夜兼程过河。一、二师明日继续抗敌。

报务员就在旁边，立即发出嘀嘀嗒嗒的响声。发报声打破了深夜的沉静。枪声暂歇之后，发报声显得那样响，那样有力，一声声敲击在聂荣臻、林彪和所有在场人的心头。

报发出去了，他们焦急地等待着。

聂荣臻翘首东望。东边，由于矮树林的遮挡，看不到湘江，但却听得到从远方传来一阵阵的枪炮声。五军团的指战员在阻击敌人。他想象着渡口的情形。渡口，红军生命之所系，牵动着所有指战员的心。

12 月 1 日 1 时 30 分，收到了中革军委主席朱德的电令："一军团全部在原地域有消灭全州之敌由朱塘铺沿公路向西南前进部队的任务。无论如何，要将汽车路向西之前进诸道路，保持在我们手中。"

3 点 30 分，中共中央、中革军委、红军总政治部联名发来了电报：

> 一日战斗，关系我野战军全部西进，胜利可开辟今后的发展前途，迟则我野战军将被敌层层切断。我一、三军团首长及其政治部，应连夜派遣政工员，分入到各连队去进行战斗鼓动。要动员全体指战员认识今日作战的意义。我们不为胜利者，即为战败者，胜负关全局，人人要奋起作战的最高勇气，不顾一切牺牲，克服疲惫现象，以坚决的突击，执行进攻与消灭敌人的任务，保证军委一号一时半作战命令全部实现，打退敌人占领的地方，消灭敌人进攻部队，开辟西进的道路，保证我野战军全部突过封锁线应是今日作战的基本口号。望高举着胜利的旗帜，向着火线上去。

其他电报多是以军委主席的名义下达，而这份电报，却用了最高权力机关联合的名义，其分量可想而知了。

在红一军团的历史上，还从来没有发生过如此严峻的情况。一军团与三军团一起，肩负着全军安危的命运。林彪、聂荣臻，政工人员，参谋人员，战勤人员，全部为了党中央的安全，为了红军的生存决心死战。聂荣臻立即组织政工人员全部到连队，提出明确的战斗口号：生死存亡在此一战！

12 月 1 日，战斗比前一天更趋激烈。十多公里地的战场上，炮声隆隆，杀声震天，到处都在拼杀。敌人攻击三团阵地受挫，转攻一、二师结合部。结合部被敌军突破，二师被迫后撤。

近午，聂荣臻得悉中央纵队已经渡过湘江并越过桂黄公路。他和几个军团领导人都为之舒了一口气。保住了党中央，就是保住了革命，损失再大，有党中央在，革命就有希望。湘江边，枪炮声更加激烈。显然，敌人正对未过江的红军实施攻击。

林、聂命令一、二师交叉掩护，边打边撤。

此时，军团指挥所本身已经变成了前线，因为敌人正在侧面迂回，下决心把窄窄的一道走廊切断，与粤军会合。作为高级指挥员，林彪和聂荣臻都有一个共同的特点：临危不乱。他们冷静地观察着疯狂的敌军，适时地给部队下达后撤的命令。他们没注意到，敌人已经插到他们的脚下。警卫员邱文熙突然报告："敌人爬上来了！"聂荣臻忙问："你看错了吧？我们的部队正在调动。""没错，是敌人。"聂荣臻到前面一看，只见黑压压的一片，正向山上爬，已经快到跟前了。聂荣臻并没有惊慌，他首先想到的是指挥所后面的二师政治部。他叫警卫排长刘辉山下山，通知二师政治部赶快转移。刘辉山向山下跑时，一颗子弹穿透了他的脚板心。敌人已经快扑到跟前了，军团指挥所匆忙后撤。军团长、政治委员、参谋、警卫人员全都拿起了武器。尽管这个指挥机构领导着千军万马，但它非常精干，在硝烟和丛林的波涛里，转瞬之间便消逝了。

但摆脱国民党军的飞机却不容易。飞机在他们头上散发要红军投降的传单。飞机贴着树梢飞，投弹，扫射，连飞行员的身影、机翼上的字码都清晰可辨。有的人停住脚仰望，脸上带着惊惧。

"快走！敌人的飞机下不来，要注意的是地面的敌人！"聂荣臻督促着。他的沉着给指战员很大鼓舞。

在渡口，部队、机关，打乱了建制的零散人员、挑夫、减轻了负荷的辎重队伍、抬着伤员的担架队、没有人管的四散乱逃的战马等全部拥挤在一起，一片混乱。有些部队最终还是没有过江，他们多是新成立的部队，缺乏骨干，缺少训练，最终遭受了严重损失。三十四师以及八军团被打散的部队等，全没有过江。

在这里，聂荣臻碰到中共中央的主要领导人博古。

几天的时间，博古苍老了许多。他的眼睛失去那种熠熠生辉的眼神。他显得那样疲惫。在他旁边站着李德。李德一直是神气活现，动辄骂人的，但此时也是垂头丧气。有人向博古建议，按建制整理好队伍，有秩序地一个单位一个单位地渡江。博古有气无力地说："现在还讲什么建制和单位，过一个算一个，能冲过几个就算不错了！"

飞机发出尖厉的呼啸，向渡口轰炸，炸弹落在水里，炸起几丈高的水柱，两侧掩护的山头上枪炮齐鸣。博古在湘江边拿着手枪乱比画，显得手足无措。聂荣臻拦住他严肃地说："你是领导者，怎么能开这样的玩笑！越是紧张时刻，越要冷静，要敢于负责！"

越过湘江封锁线的红军部队，终于进入三千界一带的大山。进山有一个很窄的隘口，名叫梅子冲，各支部队都往口子上挤。聂荣臻下了马，站在口子边上，就像一个执勤的交通警，指挥部队有计划地通过。他两手习惯地叉着腰，指挥着望不到头的长龙从他身边走过。

罗炳辉和蔡树藩带着九军团上来了，眼看部队将要在隘口上发生"挤车"现象。聂荣臻向罗、蔡说明，九军团需要稍稍绕路，走另一个口子。罗、蔡高高兴兴地带着部队绕道而去，避免了混乱。

八军团政治部主任罗荣桓上来了。聂荣臻和罗荣桓是老战友了。他一眼就看出，罗荣桓心情十分沉重，因为八军团的部队被敌人切断了。聂荣臻安慰罗荣桓说："现在过来多少算多少，先安置宿营。"

黄昏，在红军匆匆行进的脚步声中降临了。聂荣臻还站在那里。天渐渐黑了，北边的湘军停止了攻击，南边的桂军也停止了攻击。聂荣臻仍在等待着后续部队。第二天，当他得悉少共国际师还没有过江，便和林彪商量，派出一支部队重渡湘江，去接应少共国际师。少共国际师是新部队，在这样严重的关头十分需要老部队的援助。他们终于把少共国际师接过了湘江。

湘江一战，红军损失惨重。这时，红军由出征时的 8.6 万人锐减至 3 万余人。它宣告了“左”倾冒险主义路线的破产，同时也为革命的转折提供了契机。

第十六章　出席遵义会议

突破第四道封锁线以后，一军团到了广西资源县油榨坪。路上，当聂荣臻登上越城岭的峰巅时，举目西望，呵！一层山接一层山，像大海的波涛，一浪一浪地铺向天际，西斜的夕阳给一眼望不到边的群山镀上了一层耀眼的金黄色，让人真有一种置身于海边的感觉。他不禁惊叹了一声：“呵呀，怎么这么多的山呀！自己的家乡也有山，江西也有山，可是都比不上这里的山海。”

在以后的一段时日里，他是在担架上度过的。由于过九峰山时脚被刺破感染化脓，经过血战湘江以后，就再也无法走路骑马了。如今钻进山里，就在一个壮族老乡家里，由戴济民医生为他开了刀。他躺在担架上，有时和部队一起，有时在中央纵队。那担架是用两根竹竿做骨架，中间结上绳网，他躺在里边，不是上山，就是下山，难得走那么一点点直路。天上的云朵在他的眼里晃荡着，看着看着，他便迷迷糊糊地睡着了。但更多的时间，他在焦心地思索着，思索着胜利和失败的经验教训，思索着红军今后的命运。在这段行军中，聂荣臻有机会与红军总政治部主任王稼祥在一起。

王稼祥在第四次反“围剿”后被敌机炸伤，伤口未愈，一直在担架上随队长征。聂荣臻初到苏区时担任总政治部副主任，与王稼祥一起共事。王稼祥虽与王明、博古是莫斯科的同窗，但他来苏区较早，有与毛泽东合作的经历。他从切身经验体会到毛泽东战略战术的正确。因此，在宁都会议上他不同意排斥毛泽东。现在，他与聂荣臻不约而同地思索着同一个问题。白天晚上，两副担架或前或后，或左或右，时常在一起。他们很少有机会做这样的长谈，全都向对方敞开了心扉。

聂荣臻说：“事实证明，博古、李德等人不行，必须改组领导。”

王稼祥说：“应该让毛泽东同志出来领导。”

聂荣臻说：“完全赞成。我也有这个想法。而这个问题势必要在高级会议上才能解决。”①

他们谈了很多很多。这一段行军，他们是没齿难忘的。在壮族的茅屋里，在荒无人烟的山岭上，他们遥对星空，推心置腹，商讨着拯救全党全军的大事。

---

①《聂荣臻回忆录》，解放军出版社 1986 年版，第 243 页。

王稼祥在后来召开的遵义会议上是有特殊功勋的。陈毅曾经把他比作楚汉相争中的韩信：在楚则楚胜，归汉则汉兴。王稼祥是从“左”的桎梏中挣脱出来的，他说话更有说服力。聂荣臻在“文化大革命”中还特意提到担架上倾心相谈那段经历，谈到王稼祥不可磨灭的功勋。1971年“九一三”事件之后，9月27日聂荣臻在中央召开的老同志座谈会上发言说：“王稼祥那个时候的确是拥护（毛）主席的。”聂荣臻的谈话，使王稼祥在“文化大革命”危难之中深受感动，十年动乱结束后王稼祥还专程登门向聂荣臻致意。

12月10日，红一军团二师五团攻占通道。红军在通道休息了一天，继续西进，目标还是企图去湘西与红二、六军团会合。敌人在中央红军渡过湘江后，已在湘西陈兵几十万，布置好了又一个口袋，正等着红军往里钻。在通道会议上，毛泽东提出放弃与红二、六军团会师的计划，西入贵州创造新的根据地的意见。多数人同意毛泽东的意见，但他没能说服博古、李德等人。12月14日军委电令红二、六军团向湘西北发展，接应中央红军。

离开通道城以后，聂荣臻归队了，仍旧坐在担架上。他不放心部队。在新的进军中，一军团走右翼，进入贵州境内。12月15日，林、聂指挥六团与三团抢占贵州黎平，敌王家烈部一个团望风披靡。

12月18日，中央在黎平召开了政治局会议。经过毛泽东的努力说服，许多人改变了观点，同意了毛泽东的正确意见。中共中央政治局作出了关于西进乌江、在川黔边建立新根据地的决定。这样，就使敌人在湘西集结重兵，阴谋围歼中央红军的计划落空。

中央政治局在黎平开会时，红一军团继续前进。12月18日，在往剑河前进的途中，林、聂接到军委的电报，说中央有新的战略方针，不久，收到了政治局黎平会议的决定。红一军团集合师以上干部，由聂荣臻传达这个决定。

从此，红军改变进军方向，不再往敌人布置好了的口袋里钻，而是向遵义挺进。

去遵义，要先渡乌江。红一军团奉命突破乌江天险。

在尔后的行动中，二师由军委直接指挥，取道江界河渡口；一师由林、聂率领，取道回龙场渡口。

12月底，红一师进抵回龙场渡口。新年到了，倘若在往年，总要举行联欢，而今年过年，林、聂给指战员们出了个题目：如何完成突破乌江，拿下遵义，叫大家讨论。

这时，贵州军阀王家烈妄图凭借乌江天险，阻拦红军于乌江南岸。在红军后面，国民党军吴奇伟、周浑元两个纵队已尾追进入贵州，到达黄平、施秉、镇远一带。迅速强渡乌江，成了红军的紧迫任务。

聂荣臻由人抬到江边隐蔽地点，和林彪一起组织干部看地形。

1935年1月1日，白茫茫的云气笼罩着水流湍急的乌江，笼罩着两岸的竹林，风在山谷中呼啸。一师一团组织火力压制对岸敌人，指挥八名勇士乘竹筏偷渡，没有成功，以后趁夜幕从水势较缓的地方强渡，成功了。先渡江的勇士掩护全师及红九军团，至1月4日全部渡过了乌江。

1月2日，在军委先遣队队长张云逸指挥下，二师四团在江界河渡口也强渡成功，并架起了浮桥，掩护军委纵队和红五军团部队由此渡过乌江。

1月6日，红三军团在茶山关渡口渡过乌江。

同一天，二师六团在总参谋长刘伯承的指挥下向遵义进军。六团先歼灭城外一个营的敌军，然后化装成敌人出现在城下，诈开城门，几乎是兵不血刃占领了遵义，三个团的黔军溃逃。次日凌晨，二师全师进入遵义。

遵义城披着金灿灿的霞光，迎接它的客人。聂荣臻陪同总参谋长刘伯承进了城门。硝烟刚刚熄灭，有些店铺就开始营业了，柜台上摆着橘子、蛋糕、云烟、茅台酒。近一个时期老在人烟稀少的山中行军，乍一走进贵州第二大城市，他们确实有耳目一新的感觉。

刘伯承、聂荣臻来到二师师部。这支攻克遵义的部队正在解背包，准备休息。

"眼下还不能休息。"刘伯承参谋长说，"需要立即派出部队追击从遵义逃出的黔军三个团，占领娄山关、桐梓，以屏障遵义。"

经与二师领导人商量，刘决定把这个任务交给四团。

当刘伯承向四团团长耿飚和政委杨成武交代任务时，耿、杨面带难色。聂荣臻知道，他们觉得部队的思想工作难做。他理解他们的难处。指战员们一路过封锁线，钻连绵的大山，进入这样的城市，多想吃顿饱饭，饱饱眼福，可是进了城屁股还没坐热又得出发。聂荣臻对杨成武说，"你是政委，要向同志们说清楚，任务紧急，不能在遵义停留。早饭也不能在这里吃，到路上去吃，完成任务后，再争取时间好好休息。"

耿、杨二人思想通了。经过做思想工作，他们集合起队伍出发了。

在危机面前，在困难面前，靠什么鼓舞士气？唯一的方法就是做思想政治工作，使他们明白奋斗的目标并为之赴汤蹈火。聂荣臻从切身经验里深深地体会到这一点。

1月15日至17日，中共中央政治局在遵义召开了扩大会议。

会议是在王家烈部第二师师长柏辉章的一座豪华的住宅里召开的。这是一所二层柱廊式的灰砖建筑，屋檐略微突出，二层上有带顶篷的走廊，四周有围墙，外院是青砖地，房子旁边有一株古槐。会场设在楼上一间长方形的客厅里。红木地板和门窗，天花板上吊着一盏煤油灯，中间放着一张长方形的桌子，20把椅子摆成了一个半圆形，因为天冷，地板上还烧着一盆炭火。

参加会议的人，除了政治局委员和候补委员毛泽东、周恩来、王稼祥、张闻天、朱德、刘少奇、陈云、博古、邓发、凯丰以外，还有刘伯承、李富春、彭德怀、杨尚昆、李卓然、邓小平、聂荣臻和林彪。李德也列席了会议，伍修权为他做翻译。在会议召开之前，经过了相当长时间的酝酿。毛泽东在中央领导集团中做了不少工作，使一些人思想通了。周恩来、王稼祥对开好遵义会议起了关键作用。30多年后，在"文化大革命"中，毛泽东说在遵义会议上王稼祥投了"关键的一票"。

会议由博古作主报告。他首先谈了第五次反“围剿”，对战争的失利强调了客观原因。周恩来作副报告。第三个发言的是张闻天。接着发言的是毛泽东，他批评了博古、李德等人错误的军事路线。王稼祥站起来发言支持毛泽东。会上大多数人拥护毛泽东出来领导。

聂荣臻在发言中，对李德进行的尖锐批评，伍修权至今仍然记忆犹新。李德连每门炮的位置以及哨兵设在哪里等具体部署都瞎指挥，让聂荣臻很恼火。

与会者只有政治局候补委员、共青团书记凯丰支持博古和李德。他承认博古、李德确实犯了错误，但不同意解除他们的职务。会前和会中，凯丰三番五次找聂荣臻谈话，要他支持博古，被聂荣臻坚决拒绝。

聂荣臻从来不在大是大非面前搞折中或者妥协。

关于尔后的行动方向，聂荣臻和刘伯承的发言都建议打过长江去，在川西北建立新的根据地。他们认为：四川条件比贵州要好得多。贵州人烟稀少，又毫无工作基础，建立根据地实属困难。而四川比较富裕，人又多又有第四方面军的川陕根据地；四川军阀搞得民不聊生，只要发动群众就能站稳脚跟，大有作为；且四川对外交通不便，当地军阀有排外思想，蒋介石想往四川大量调兵不容易。会议接受了聂、刘的建议。后来因敌人堵截，张国焘又放弃了川陕根据地，这项建议未能实现。

会议增选毛泽东为中央政治局常委。会后，在常委分工上，由洛甫（张闻天）代替博古主持中央的日常工作。在行军途中又由毛泽东、周恩来、王稼祥三人组成军事领导小组，负责指挥军队。

遵义会议是中国共产党革命史上具有最伟大意义的一次会议，是一个伟大的历史转折。从此，实际上确立了毛泽东在全党全军的领导地位。

遵义会议进行了三天。追兵在即，会议精神来不及向部队传达。1 月 19 日，滚滚铁流又向前奔腾而去。

第十七章　在危急的日子里

1935 年 1 月 18 日，遵义会议刚刚开完，聂荣臻仍坐担架，随中央纵队行军。从这时到渡过金沙江，红军主要是摆脱敌人几十万大军的围追堵截，从被动中挣脱出来。毛泽东运筹帷幄，指挥红军灵活穿插，四渡赤水，写下了得意之笔。

从遵义地区出发的序列是：红一军团从集结地向西，红三军团经仁怀向北，红五、九军团和中央纵队跟进，向赤水城进发，拟在赤水城北面宜宾至泸州段渡过长江天险。

林彪率红一军团于 1 月 25 日到赤水城郊，敌援军赶到，形成红一军团与敌一个师又两个旅的对峙局面。敌人已经判明红军要从这一地区北渡长江，在黔川边境和长江地段集中兵力、筑垒设防，迎头挡住了红一军团北进的行动。事实上，红军已无法实现预定的渡江计划。

1月26日，红三、五军团至土城，28日川军六个团也尾随而至。1月28日晨，红三、五军团及干部团与敌人激战于枫树坝、青冈坡一带。前面的红一军团被阻于赤水城，前进无望。为了摆脱困境，毛泽东毅然放弃从这里北进渡江的计划，从元厚场西渡赤水河。

毛泽东本想渡赤水后向长宁集中，在宜宾渡江，但敌人又抢在前面。毛泽东应急制变，挥师至滇黔边境的扎西一带休整一周。一渡赤水后，聂荣臻足疾基本痊愈，便从扎西地区回到红一军团。此时，川军10个旅、滇军3个旅分别从北面、西面袭来。在此困难时刻，毛泽东忽生奇计，回师向东，向敌人兵力空虚的桐梓、娄山关杀回去。2月18日至21日，红军在二郎滩、太平渡二渡赤水河。2月24日，红一军团再占桐梓。25日晚，红三军团攻占娄山关。红一、三军团乘胜追击，28日凌晨再夺遵义城。

遵义刚刚占领，聂荣臻便骑马回到部队。此时，新增援上来的吴奇伟的两个师（五十九师和九十三师）来势正猛。聂荣臻与林彪率领红一军团从城东北侧迂回到城东一线丘陵上，隐蔽集结，待令出击。他和林彪站在山头上看到，据守老鸦山的红三军团，正与来犯的敌人进行激战。敌后续部队源源而上，更有10多架飞机在老鸦山上空轰炸扫射，大有一举攻克之势。林、聂看到这种情况，都很着急。他们发现敌后续部队正从红一军团的待机地域插过去。他们立刻命令部队向正面运动之敌进行猛烈的攻击。山谷里顿时响起一片号声，一、二两个师的部队迎着公路冲下去。刹那间战场形势起了变化：公路上运动的敌人掉头向后跑，老鸦山上的敌人失去后劲，在红三军团的反击下也往后撤，没有退路了。林彪看着眼前排山倒海的气势，从参谋的包里拿出一个本子，撕下一张纸，又把这张纸对折撕成两半，分别在上面用红蓝铅笔标出追击方向，并在上端写了一个很大的“追”字，分头传达给部队。猛烈的追击开始了。

聂荣臻带着指挥部的人员，随着部队追到懒板凳。这时天色已黑，部队打了一天仗已很疲劳，加上两餐饭没有吃，全都疲惫不堪。聂荣臻动员说：“我们没有吃饭，敌人也没有吃饭。我们疲劳，难道敌人不是比我们更疲劳吗？我们一定要乘胜追击，把敌人赶到乌江去喝水！”

在追击中，部队始终保持了锐不可当的势头。有的部队甚至追到敌人前面去了。四团追进一个村子，见敌人伙夫正煮老母鸡，拿来就吃，伙夫拦住道：“不，不行，这是给师长做的！”二团追进一个村庄，王家烈的“双枪兵”军官正摊开铺吞云吐雾，被缴了枪还以为是自己人开玩笑。

红一军团一鼓作气追到乌江边。敌人还有1000多人没有过江，就把江桥炸断，江这边的敌军只好乖乖地当了俘虏。

是役，消灭吴奇伟部九十三师大部、五十九师一部和王家烈的一些部队，共毙伤2400余人，俘虏3000余人，内有团长1名，打伤旅长、团长3名，缴获大批武器弹药，成为长征以来最大的一次胜仗。

二占遵义一仗，给蒋介石一个沉重的打击，给红军一个很大的振奋。它是红

一、三军团配合战斗的成果。彭德怀在《彭德怀自述》一书中说："打吴奇伟军的反攻，一、三军团就完全是自动配合把敌打败的。"经过几个月长途跋涉的红军，有了毛泽东的指挥照样还能打大的歼灭战。

团以上干部怀着胜利的喜悦心情，在遵义听取了关于政治局扩大会议的传达。在此之前，由于军情紧急，只能用电报简要地说说。这次，团以上干部聚集一堂，张闻天、周恩来都讲了话。大家高兴得在午餐时举着大碗碰杯，欢快之情难以尽述。一军团连以上干部是后来在仁怀县听取传达的。在一个小镇子的一家地主场院里，当时细雨霏霏，聂荣臻作传达报告时手里举着伞。很多干部没有伞，站在雨下静静地听聂荣臻进行传达。细雨滋润了土地，遵义会议的精神滋润了广大指战员的心田。

遵义大捷后，毛、周、朱等领导人，意图继续寻歼敌人，转战于黔北一带，后因敌人重兵猬集，不易得手，遂再次西进。

部队二占遵义，经过短时间的休整，士气十分高涨。他们怀着胜利的信心，走在初春的高原上。田野里油菜花一片金黄，刚插到田里的水稻开始泛绿，山间一道道溪水淙淙有声。队伍再次向赤水河挺进，3 月 16 日到达世界闻名的酒乡茅台。聂荣臻骑在马上，看到了一处处酿酒作坊，闻到了扑鼻而来的酒香。聂荣臻叫警卫员去买酒。可是，他却没有喝上已经到嘴边的美酒。敌机来轰炸，他们马上又转移了。

为了迷惑蒋介石，红军在茅台附近三渡赤水，再次向古蔺方向前进。毛泽东要使蒋介石相信，红军仍要北渡长江，使他调兵向西。这个目的达到了，3 月 21 日晚和 22 日拂晓，红军又折回赤水河，从二郎滩、太平渡一线四渡赤水，向东直插乌江边，红一军团的先头部队在暴雨中乘竹筏渡江，架起浮桥，红军跨过乌江，前锋直逼贵阳。当时蒋介石在贵阳，但摸不清红军意图，紧闭四门，未敢妄动，从而向红军敞开了开赴金沙江的道路。4 月 8 日，一军团在贵阳城郊掩护全军通过，向西疾进。

即使是在这样的情况下，聂荣臻作为军团政治委员，也还是极其认真地抓部队的组织纪律。一次宿营，军团部的几个警卫员杀了土豪的一头毛驴，炸辣子驴肉，炸好了，给军团的几个领导人都送去一块。聂荣臻对几个警卫员进行了严肃的批评。他说："你们吃驴肉，知不知道这是违反政策的？"警卫员不大服气，说这是土豪的。他说："虽然是土豪的，也不能杀着吃，应该分给老百姓。"当年参加杀驴的警卫员、后来曾任广州军区副司令员的黄荣海，对于聂荣臻的那次批评至今记忆犹新。正是铁的纪律，使红军在那样的艰难险阻下形成一股铁流，而不致溃散。

4 月 25 日，林彪、聂荣臻致电中革军委：建议"野战军应立即变更原定战略，而应迅速脱离此不利形势，先敌占领东川，应经东川渡过金沙江入川，向川西北前进，准备与四方面军汇合"。

4 月 29 日，中共政治局接受了这个意见，并由中革军委发布命令："我野战军应利用目前有利的时机，争取迅速渡过金沙江，转入川西消灭敌人，建立起苏区根据地。"林、聂接到军委命令后，于4月30日指挥红一军团向昆明虚张声势，掩护全军抢渡金沙江，北上四川。完成佯攻昆明的任务后，红一军团向北挺进，5月4日来到金沙江畔的元谋、龙街。

林、聂站在江边，看到江流湍急，江面又宽。这样大的流速是无法架桥的，又没有船只，再加上敌机袭扰，整个军团处境困难。5月4日，在刘伯承指挥下，中央纵队在皎平渡成功地巧渡金沙江。5月5日，朱德总司令电令林、聂："军委纵队在本日已渡江完毕，三军团7号上午可渡毕，五军团在皎西以南任掩护，定于8号下午渡江，敌人8号晚有到皎西的可能。我一军团务必不顾疲劳，于7号兼程赶到皎平渡，8号黄昏前渡江完毕，否则有被隔断的危险。"

接到电报，他们便命令部队向皎平渡进军了。这一夜，部队翻山越岭，越过48次急流，急行军120里，终于赶到皎平渡，靠几条船，渡过了金沙江。过了金沙江，蒋介石的十万重兵就被红军甩在身后了。

红一军团过了金沙江，毛泽东在江北岸的一个崖洞里对林彪、聂荣臻说：我一直在这里等你们。聂荣臻深感毛泽东对红一军团这支英雄部队的高度信任和关心，也感到自己肩上的担子更重了。

遵义会议毛泽东重握军权，他以过人的胆略，不同凡响的指挥艺术，虚虚实实，声东击西，极大地调动了敌人，使一支只有三万人的红军纵横于几十万敌军之间，最终争得了主动。

敌人被毛泽东的战略战术搞糊涂了。就是红军内部也有些人很不理解，对令人晕头转向的迂回行军不满意。林彪就有这种意见，他埋怨说："我们走的尽是'弓背'路，应该走'弓弦'，走捷径。这会把部队搞垮的，像这样领导指挥还行？！"聂荣臻不同意他的看法，说："这个阶段，我们是声东击西，大踏步地机动作战，不断地调动敌人。这样打法，部队自然要多走一点路，疲劳一点。可是敌人却对我们捉摸不透，便于我们隐蔽企图，使我军由被动变为主动。"林彪不服气，写信给中革军委。关于这封信的内容，聂荣臻在后来回忆说："大意是要求朱、毛下台，请彭德怀出来指挥，迅速北进与四方面军会合。"这封信写好后，林彪曾要求聂荣臻签字，聂拒绝了，说："革命到了这样紧急关头，你不要毛主席领导，谁来领导？你刚参加了遵义会议，你现在又来反对遵义会议。你这个态度是不对的……你应该相信毛主席，只有毛主席才能挽救危局。现在，你要我在你写的信上签字，我不仅不签，我还反对你签字上送。我今天没有把你说服了，你可以上送，但你自己负责。"① 林彪固执己见，还是把他的信上送了。

1935年5月12日，毛泽东在会理城郊外铁厂村主持召开了政治局扩大会议。在会上，周恩来批评了林彪，指出毛泽东采用了声东击西、与敌人兜大圈子的办法，甩掉了敌人，是完全正确的。毛泽东则批评林彪说："你是个娃娃，你

---

①《聂荣臻回忆录》，解放军出版社1986年版，第259页。

懂得什么？！”

在危急的日子里，聂荣臻表现出高度的无产阶级革命家的组织纪律性，坚定不移地支持了毛泽东。

第十八章 谱写英雄史诗

会理会议以后红军继续北上，一路攻占德昌、冕宁等地。现在，在他们前面的是大凉山彝族同胞聚居区和天险大渡河。

尾追的国民党军队进至金沙江一线，川军则迎头向大渡河疾进，以堵截红军。红军要摆脱前后夹击，必须迅速抢渡大渡河。为此，中革军委组织了红军先遣队，刘伯承兼任司令员，聂荣臻兼代政治委员，率领第一师第一团、一个工作队、一个工兵排，配备了电台，北上开路，直指安顺场渡口。

从冕宁到安顺场中间隔着大凉山彝族区。历代统治者对彝民欺压、盘剥，使彝族、汉族之间形成了尖锐的民族矛盾。如何通过大凉山成了先遣队的第一个难题。

5月21日，先遣队在占领冕宁后立即打开监狱，放出了作为国民党统治者的人质而被关押的彝族首领，从而为红军通过彝族区创造了一个良好的气氛。

5月22日，先遣队开进大凉山。聂荣臻很快领略到大凉山的风光——山峰高耸，道路崎岖，林木葱茏，天气多变。忽然走在前面的工作队派人报告，在谷麻子附近，彝民拦住了去路。聂荣臻和刘伯承一起拍马向前，只见彝民们挥刀舞棒，高喊着“不许走”“要买路钱”，还听到前面响着土炮声。

正乱着，忽见谷口扬起烟尘，几匹马飞驰而来，为首的是当地彝民首领小叶丹的四叔。工作队向这个头人宣传了中国共产党的民族政策，表明了红军借路北上的意思。从头人的话里得知，当地的两个大部落沽基家和罗洪族正在“打冤家”。小叶丹便是沽基家的首领。沽基家想要红军帮助他们打罗洪族，表示友好。刘伯承、聂荣臻决定不介入他们的矛盾，宣传彝、汉一家，一起打反动派的思想，然后与小叶丹谈判。

刘伯承与小叶丹谈判是在一泓清水——袁居子海边离湖水五十来米远的地方。一块大石头是现场的标记物，刘伯承曾在那块石头上坐过，直到今天它还屹立在那里。刘伯承是个老四川，在川西也活动过，对当地的地理、风俗人情、语言比较熟悉。他操着当地方言，与小叶丹谈得很投机。谈判时，聂荣臻坐在一旁，他虽然也是四川人，却不懂这里的话。小叶丹提出歃血为盟，跟随他的彝民提了一只公鸡来，用刀尖从鸡嘴里捅进去，割断鸡脖子，把殷红的血滴在水碗里。刘伯承与小叶丹喝了鸡血酒，对天宣誓：谁要是毁盟、背盟就要像这只鸡一样死掉。最后达成协议，沽基家愿意护送红军通过彝族区。这便是被后人所传颂的彝海结盟的故事。

由于有小叶丹的护送，红军比较顺利地通过了彝族区，又经过70公里的强行军，接近了安顺场。

最后的一段路极其难走。天色漆黑，下着霏霏细雨，指战员的衣服全被打湿了，山风一吹，寒气透骨。部队沿着弯弯曲曲的山路，踏着滑溜溜的石子，快步前进。

5 月 24 日晚上 9 时，翻过一座大山，聂荣臻听到前面传来轰隆轰隆的响声。他知道，已经来到大渡河畔。看不到河水，但却能看到蒙蒙雨雾中的点点灯光。那便是要夺取的安顺场。

安顺场是个 200 户人家的场镇，为沿河七个场的头一场。它的北面是吼声如雷的大渡河。大渡河从北向南奔泻，快到安顺场时拐了个弯，掉头向东去了。奔腾的大渡河就处在巍巍的营盘山下。

听到涛声，望见灯光，聂荣臻脑海中重现了石达开的历史悲剧。追昔抚今，他想到的是红军怎样避免历史悲剧的重演！

他同刘伯承前往担任前卫任务的一团一营。路十分难走，刘伯承视力又差，聂荣臻握着前不久缴来的法国手电筒为战友照路，一路滑滑跌跌来到前卫营所在地的一幢小草房，派人叫来一营营长孙继先。这间草房很小，原来是老百姓挖煤的小棚子，四壁乌黑，一支洋烛忽闪忽闪地跳着。刘伯承和聂荣臻见孙继先进来，招呼他坐下。聂荣臻说："前几天看到敌人飞机扔下的传单，说我们毛主席要成为石达开第二了。石达开是什么人？是太平天国起义军的名将，官封翼王，70 多年前率起义军转战到这里，就是因为没能渡过大渡河，全军覆没，石达开本人也被清军杀害。现在我们前面是川军重兵扼守的大渡河，后面是金沙江和薛岳、周浑元、吴奇伟等几十万追兵，往西南是八百里荒凉地区，与当年石达开的处境极为相似。但是，我们不是石达开，我们是中国共产党领导的工农红军，我们一定要渡过河去！"

刘伯承接着严肃而又简短地交代了任务："第一，消灭安顺场的守敌；第二，迅速找到船；第三，在黎明前完成渡河准备。"刘伯承最后说："孙继先，记住，每个任务完成以后，点一堆火。"

聂荣臻和刘伯承在小煤棚里焦急地等待胜利的信号。可是，一直等到凌晨 2 点多，也没见点起的火光，两人便到河边找到孙继先。刘伯承责问道："怎么搞的，为什么不发信号？"孙继先没有吭声。聂荣臻便问："到底情况怎么样？"孙继先这才说："慌了，忘了点火。"接着便把战斗和搞船的情形作了简要报告。

原来，部队开始行动后，敌人没有发觉，一直插到安顺场街心，敌人正在屋里拉胡琴唱戏，红军冲到跟前，敌人的哨兵才惊慌地喊："哪一部分的？"只 20 分钟就把两个连的敌人解决了。孙继先赶快派出一支小分队找船。好不容易在离镇子一里远的下游，发现有一条船，停在岸边。那条船上的敌人一见不好，正要划走，战士们跳进水里，用机枪兜空一扫，把敌人唬住了，这才夺得了唯一的一条小船。

刘伯承听完报告，点头说："好吧，一营睡觉，明天一早强渡！"

拂晓，聂荣臻和刘伯承来到河边，对大渡河实地勘察。大渡河不算宽，不过百米，但白浪滚滚，流速惊人，每秒4到5米，水深30米。南岸平缓，但对岸陡峭，有一处石壁被劈开，用石块砌成40多级的台阶，那便是渡船靠岸的去处。阶梯的顶端是敌人的工事：3个独立家屋，有半人高的围墙，4个碉堡俯视着整个河面和台阶，周围布满散兵壕，由一营敌军据守。要夺下这个渡口，必须组织一支精悍的部队，乘坐唯一的小船，强渡过去，夺取敌人工事。

7时许，一营集合，由带领工作队的萧华作战斗动员。他讲了渡河的意义，然后提高了嗓子问："同志们，谁愿意坐第一船过去？"话音未落，会场沸腾起来，所有的人都高喊着坐第一船，嗓门一个比一个高，一片喊声，把大渡河水的响声都给压住了。这一来，萧华不好办了。他扬着手叫大家静一静，但哪里静得下来。一营二连一个十六七岁的小通信员尤其争得厉害。聂荣臻见部队斗志如此昂扬，心里十分高兴，站起来，向大家做了个手势，一片声浪戛然止住。他说道："算了，由你们营长下命令吧，叫谁去谁就去！"突击队这才成立起来。整个突击队由17个勇士组成。他们以二连一、二班为主，加上连长、排长和几个班长，还有那个争得最厉害的小通信员。他们的姓名铭刻在大渡河畔的丰碑上：连长熊尚林，排长罗会明，班长、副班长刘长发、郭世苍、张表克、张成球，战士张桂成、萧汉尧、王华停、廖洪山、赖秋发、曾先吉、萧桂兰、朱祥云、谢良明、丁流民、陈万清。

突击队每人一支驳壳枪，一挺花机枪，一把马刀，六至七颗手榴弹。在连长熊尚林带领下，跨上了小船。

刘伯承、聂荣臻站在河边工事里，先用望远镜观察了一下对岸敌军的阵容：敌人都缩在工事里，四个大碉堡露出黑黝黝的射口。他们又看看自己的阵容：离河边几十米的一条稻田田埂上，机枪一字形排开。在机枪阵地旁边，神炮手赵章成在一块坑洼地里架起了他的迫击炮。

5月25日9时，刘伯承下令开始强渡。

冲锋号声、机关枪声在大渡河的河谷中形成强大的声浪。"轰！""轰！"两发炮弹在敌人的阵地爆炸了。

二连连长一招手，锚绳解开了，小船在水面上一颠一颠地冲向河心。

所有的目光都集中在小船上了。

船上的4个水手拼命地划着。青史上应该留下他们的名字：舵手郑守元、王友能，在第二天的撑渡中，由于翻船，同船上的战士们一起被滔滔河水吞没了；简世荣，新中国成立前夕在痛苦煎熬中病死；帅士高，送走红军后逃到彝区当奴隶，熬瞎了一只眼。新中国成立以后，帅士高有一张照片，睁着独眼站在当年赵章成的炮兵阵地上。

小船的行速显得那样慢，而敌人的枪弹又是那样密。一会儿小船被浪花遮住，一会儿又被浪花推出。所有人的心都随着小船的起伏剧烈跳动。大家忘掉了自己，陆续爬出壕沟，站到岸上。聂荣臻和刘伯承也走出工事，挤到前面。号声突然停住，萧华几步跑到号位，夺过号角，挺起胸膛吹起来。

小船终于驶过中流，接近岸边死角。

可是，当地人叫作“爆花水”的回浪把小船打回激流。船无法利用死角对准敌人的碉堡冲过去。碉堡的机枪向小船疯狂扫射。

赵章成是个神炮手，他手托炮弹，眼望碉堡，定好了射击诸元，接着炮弹向敌人的碉堡飞去，硝烟把碉堡和机枪的扫射声一起吞没了。

小船靠上了古老的码头。突击队员跳下来。聂荣臻心里数着：一个，两个……“一船勇士全活着！”他止不住心头的高兴，大声地对刘伯承说着。

小船返回。突击队发起众寡悬殊的仰攻。敌人的滚雷、手榴弹从战士的身边滚过，在岸边爆炸。突击队要接近碉堡了，200 多敌人发起反冲锋。一团团长杨得志命令赵章成:“给我轰！”赵章成打出了仅有的两发炮弹。炮弹落在敌人堆里，敌人的阵容乱了，勇士们乘势冲进碉堡，控制了主要工事，接着他们向数十倍于己的敌人发起了追击。17 勇士的勇武威慑敌胆。

接着，团长杨得志也随部队跨上那条小船，渡过激流。聂荣臻做了一个深呼吸，与刘伯承交换了一下喜悦的目光。

26 日，一师二团、三团来到安顺场。毛泽东、林彪也来了。毛泽东召集聂荣臻、刘伯承、林彪开紧急会议，指出船少人多，大部队短时难以渡完，必须迅速夺取大渡河上游的泸定桥，红军主力才能跨过大渡河。毛泽东作出两路夹击的部署：刘、聂率一师和干部团从大渡河东岸，林彪率二师和红五军团从大渡河西岸，两路人马夹河而上，夺取泸定桥。

泸定桥。聂荣臻和刘伯承率部策应红四团飞夺泸定桥，为红军长征取得史诗般的胜利

刘伯承和聂荣臻率领一师和干部团从东岸出发了。

当夜天实在太黑，伸手不见五指，他们摸黑赶到沿河的一个村庄宿营，天亮时才发现与一股敌军同住在一个村子里。这股敌军就是从安顺场渡口败退下来的。红军赶走残敌继续前进。

聂荣臻率队边行军边审讯俘虏，得知前面隘口那边有敌人的一个旅。他立即意识到身边只有一个团，倘若敌人直冲下来，部队有被压到河里的危险。他快马加鞭赶到前面，与刘伯承商量后改变了原来计划，迅速指挥三团背水仰攻，把一旅敌军击溃，从而保证了自身前进的安全，也保障了西岸先头部队红四团免受东岸的火力杀伤。夺取泸定桥，是西岸红四团完成的，但东岸红军起了强有力的策应作用。聂荣臻再次感受到了毛泽东驾驭战争、指挥若定的高超艺术。

聂荣臻午夜3时到达泸定桥时感到头晕目眩。疲惫、奔波、劳碌，使他正发着高烧。他坚持着与刘伯承一起，由四团政委杨成武提着马灯在前引路，走上了泸定桥。

夜色里，铺了桥板的桥面像一条灰蒙蒙的带子，随着脚步，桥身忽悠忽悠地摇晃。桥下，蓝黑色的河谷一片涛声，舒卷着白蒙蒙的水雾。桥头，隐隐现出观音阁的轮廓。观音阁背后是高耸的雪峰。它与河东的二郎山凌空夹峙，形成一道峡谷。

刘伯承行至桥心，充满激情，不禁在桥板上连跺三脚，感慨地说：“泸定桥呀，泸定桥！我们为你花了多少精力，费了多少心血。现在我们胜利了！”

“我们胜利了！我们胜利了！”“我们不会成为第二个石达开了！”聂荣臻也激动地说。

第十九章　抵制张国焘的分裂主义

从泸定往北，是铺满枯枝败叶层的二郎山原始森林。过了二郎山，在向天全、芦山、宝兴的进军路上，地势越来越高，不时出现悬空的索道。在行军中，聂荣臻从长征一直骑着的那匹骡子陷入铁索桥的索环间无法解脱，挡住了部队前进的道路，他只好忍痛把骡子推入水中。6月12日跋涉到终年积雪的夹金山前，聂荣臻的伤口再次感染，行路困难，不得不在过夹金山开头坐了一段担架，中途把担架让给病中的参谋长左权。在此之前，林、聂已于6月10日命红二师率先翻越夹金山。夹金山主峰海拔4500米，空气稀薄，天气多变，先是大雾弥漫，后是细雨霏霏，转眼间又雪花飞舞。接近山顶时聂荣臻感到喘不过气来，只顾闷着头走。一个警卫战士无声无息地倒在他的身旁。他硬是咬牙坚持过了雪山。

过了雪山，颇有些柳暗花明的意味。6月12日，红一军团先头部队二师四团终于在达维与红四方面军先头部队会师。6月14日，聂荣臻率部在懋功与红四方面军三十军政委李先念会面，受到了盛情的接待。李先念见聂荣臻没有马，送给他一匹骡子。这匹骡子一直陪他到达陕北。

18日，中共中央、中革军委、中央红军全部到达懋功。

6月25日，中央和红四方面军领导在两河口会合。6月26日，聂荣臻列席了两河口政治局会议。会议决定“向北进攻，在运动战中大量消灭敌人，首先取得甘肃南部，以创造川陕甘苏区根据地”。而张国焘却主张到川康边境建立根据地。聂荣臻在发言中反对了张国焘的主张，明确表示拥护红军北上建立川陕甘革命根据地的决策，并建议对部队做好宣传动员工作。他说：“红军两大主力会合，部队是很兴奋的……原来的意思（是）要在这个地方与四方面军会合，现在会合了，需要前进。这就更有号召力。”[①]

两河口会议结束后的第二天，张国焘在其住处请聂荣臻和彭德怀吃饭，席间张国焘说中央红军很疲劳，减员很大，决定拨两个团给一、三军团。聂荣臻对张国焘印象不好，在南昌起义时，此人就表现犹豫动摇。眼下，他以八万之众与数量少得多而又疲惫不堪的中央红军会师，处处表现出傲慢自大的样子。聂对这个“请客”是有疑虑的。从张国焘住处出来，他问彭德怀：“他为什么请我们两人吃饭？”彭德怀没有正面回答，只是笑着说：“拨兵给你，你还不要？”聂荣臻说：“我当然也要。”他们都说笑着分了手。

两河口会议后，军委制订了松潘战役计划，目的是消灭胡宗南主力，以便打开北进通道，顺利北进。

7月16日，红三十军和红一军团二师四团歼灭毛儿盖一营守军，部队进驻毛儿盖地区。毛儿盖是草地南端的产粮区，整个红军的缺粮稍得缓解。这时，张国焘的分裂主义野心日益膨胀。他鼓动别人提出由他担任中革军委主席，授予“独断决行”权力的要求。中央为顾全大局，7月18日，在芦花地区召开的中央政治局会议上，决定任命张国焘为红军总政委。7月21日，中革军委决定，红一军团改称第一军，仍由林彪、聂荣臻分任军长和政治委员。其他红军部队也改了番号。两大主力红军的高级干部进行了部分交流。

由于张国焘的延误，红军部队未能及时向松潘集中。至7月底，胡宗南的部队已在松潘地区集结。中共中央决定，经自然条件极为恶劣的草地北上。8月3日，红军总部提出夏洮战役计划——北上甘南在夏河至洮河流域建立新的根据地。8月4日至6日，在沙窝召开的中央政治局扩大会议上，张国焘更明确提出，对建立川陕甘革命根据地的方针表示怀疑。对张国焘的这些行为，聂荣臻与中央红军广大指战员一样，表示极大的反感。为了执行夏洮战役计划，红一、红四方面军统一编组，分别向毛儿盖和卓克基两地集中，组织左右路军：中央红军的一军和三军，四方面军的四军、三十军、军委纵队一部和新成立的红军大学为右路军，由红军前敌总指挥部总指挥徐向前、政委陈昌浩指挥；四方面军的九军、三十一军、三十三军、中央红军的红五军团、红九军团（这时已改称五军和三十二军）及军委纵队一部组成左路军，由朱德和新任红军总政委的张国焘指挥。右路军以班佑为目标，左路军以阿坝为目标，两路人马会师巴西。

---

①《聂荣臻军事文选》，解放军出版社1992年版，第31页。

右路军组成后，林彪、聂荣臻到指挥部开会，会后留下来吃饭。饭后，右路军政治委员陈昌浩留下聂荣臻，问他："你对遵义会议的态度怎样？""你对会理会议的态度怎样？"聂荣臻说："遵义会议我已经有态度，会理会议我也早有了态度，这两个会议我都赞成，我都拥护。"陈昌浩这个谈话很明显是张国焘请客的继续，意思是动员聂荣臻站出来反对毛泽东。谈话从黄昏一直到晚上10点钟。聂荣臻看已经很晚了，便说："昌浩同志，我要回去了，明天还要行军。"陈昌浩这才说："好吧，你走吧。"

入秋的夜晚，毛儿盖地区已经寒气袭人。聂荣臻回味着陈昌浩不同寻常的谈话，引起他的警惕。他觉得骑骡子目标太大，便让警卫员牵着走。他平时没有子弹上膛的习惯，这次他却顶上了子弹，叫警卫员也顶上了子弹，一个在前，一个在后。他们摸着黑走到半夜，才回到军部。

在这种情况下，他提醒林彪，要防止一军部队被张国焘吃掉。当时张国焘有一个方案，要把聂荣臻调到三十一军去当政治委员，把林彪调到另一个军去当军长。林彪不以为然，反说聂荣臻有宗派主义。两人都动了气。

8月20日，聂荣臻在毛儿盖列席了中央政治局会议，毛泽东作了夏洮战役下一步行动问题的报告，提出主力要积极占取以岷州为中心的洮河流域东岸，然后向陕甘发展。指出主力西渡黄河，深入青（海）、宁（夏）、新（疆）荒僻地区是极其不利的。聂荣臻完全拥护毛泽东在会上的报告，认为张国焘西渡黄河，深入青海、宁夏、新疆荒僻地区的主张是错误的。

8月21日，林彪率一军二师四团作为右路军先导，在渺无人烟的水草地里行军。8月23日，聂荣臻率一军直属队、第一师、军委纵队一部、红军大学等进入草地，历经艰辛，于27日到达班佑，与林彪会师，29日他们率部到达阿西。而左路军到阿坝后再也没有前进。9月上旬，张国焘擅自改变中央北上的战略方针，并两次电令陈昌浩率右路军南下，红军前敌总指挥部参谋长叶剑英得到9月9日那封要求"南下，彻底开展党内斗争"的电令[①]，连夜报告毛泽东。在这种情况下，毛泽东、周恩来等经紧急磋商，为脱离危险境地，决定连夜率一、三军、军委直属队等北上（当时一军已进至俄界）。后来，右路军中四方面军的两个军则向南越过草地。9月10日，林、聂在俄界接到电报，得知张国焘的阴谋，立即复电彭德怀、李富春，告知已在俄界作好接应中央及第三军的准备。9月12日，聂荣臻在俄界出席了中央政治局扩大会议。他在发言中表示："我完全同意中央对此次事件的处置，及毛泽东同志的报告。如果不这样处置，我们就要做张国焘的俘虏。"[②]俄界会议作出了《关于张国焘同志的错误的决定》。

中央自与四方面军会师，经历了与张国焘的一场极其严肃而又危险的斗争。在这场斗争中，聂荣臻始终是旗帜鲜明的。

①《毛泽东年谱》上卷，人民出版社、中央文献出版社1993年版，第666页。
②《聂荣臻军事文选》，解放军出版社1992年版，第33页。

第二十章 激战腊子口

1935年9月16日，毛泽东率一军团来到腊子口外。在离腊子口不远的朵里寺，向林彪、聂荣臻、罗瑞卿、刘亚楼等人部署腊子口战斗。

聂荣臻和林彪从朵里寺毛泽东的住处出来，天正在下毛毛细雨，前面高峻的腊子山正锁在云雾里。白龙江的支流石沙河从栈道底下奔腾而过。一尺多宽的小小栈道，被荒草和枝条掩着。他们顺着这条小径一直前进到二师师部，与左权一起实地勘察了地形，向二师师长陈光和政治委员萧华布置了攻打腊子口的任务。

腊子口，可谓险峻已极。长征途中他们经过的险关不算少了，但像这样险恶之地还没见过。小小的口子，不过30米宽，两面都是绝壁，形成一个长达百米的甬道。湍急的腊子河从这道缝隙里奔流而下，河上架着一座木桥，成了两山间唯一的连接点。桥头筑有坚固的碉堡，桥西是纵深阵地，桥东山坡上筑满了三角形碉堡。腊子口后面设有仓库，囤积着大批粮食，敌人作了长期死守的准备。桥头守军两个营，整个腊子山梯次配备了一个旅。在岷州城内，还驻扎着鲁大昌四个团的主力部队，随时可以增援。

入夜，战斗打响了。攻打腊子口的是二师四团，六连担任主攻。

毛泽东一次又一次地派人到军团指挥所，问六连突击队的位置，有什么困难，要不要增援。聂荣臻听着口子上传来的手榴弹的爆炸声，派人了解战斗进展情况，知道仗打得很艰苦。由于口子太窄，敌人用手榴弹控制了木桥前面那段隘路，50米的路面上铺了一层手榴弹破片和没有拉弦的手榴弹，有的地方已经堆了起来。六连已伤亡多人。

午夜2点钟，林、聂令六连撤下来休息，重新组织进攻。

他们来到四团指挥所，组织指战员共同想办法，经讨论决定：仍以六连正面进攻，吸引住敌人；以一、二连从腊子口的右侧，攀登陡峭的崖壁，摸到敌人背后去进行突袭。

究竟怎样攀登这样笔立陡峭的崖壁呢？有一个外号叫“云贵川”的从贵州入伍的苗族小战士毛遂自荐。他用一个带铁钩的长竿子，钩住岩缝，像猴子那样攀上险峻高耸的绝壁，然后从上面放下绳索，迂回部队便顺着这条绳索一个一个地都攀上去了。可惜这个苗族小战士只留下了外号，没有留下姓名。

这时，林彪、聂荣臻、左权就站在相距200米远的栈道旁边的树林里，敌人的子弹不时飞进树林，二师政治部组织科长刘发英就是在这里负重伤后牺牲的。

主攻的六连重新调整部署，组织敢死队，隐蔽地接近到桥的这一端。一个战士抓着桥下横木过桥时掉进了激流，把敌人惊动了，敌人向桥下猛烈射击，从而也就吸引了敌人的火力，连长胡炳云乘机带着人冲上去，与敌人展开肉搏战。

正在这个节骨眼儿上，腊子口背后的半山腰升起一颗表示迂回成功的白色信号弹。白色信号弹刚从高空闪烁着徐徐下降，红色信号弹接着钻进苍穹。放信号的是四团通信股长潘峰，他只顾高兴，忽略了上前一步便是悬崖，就这样从悬崖上滚落下来，多亏一条小路把他挡住了，才没掉进激流。他从昏迷中醒过来时，天已拂晓，发现敌人正向后溃退。他成了腊子口胜利的目击者。

腊子口的顶峰披上霞辉时，六连敢死队与四团团长王开湘率领的迂回部队胜利会师。敌人逃跑时在老林里放起了火，一时间火乘风势，烈焰腾空，噼噼啪啪之声遍山嘣响。勇士们在忽闪忽闪的火焰中冲过去，穷追不舍。

聂荣臻来到腊子口桥头，面对半尺深的手榴弹破片层，伫立良久，慨然长叹。他想，关非不险，路非不难，倘使我们的部队有一营之众纵深防守，纵有十万之师又焉能扣关而入？是我们的部队太勇猛、太机智了！

9月18日，聂荣臻与林彪一起随二师进驻哈达铺。根据俄界会议的决定，一、三军和中央直属队在这里正式改编为陕甘支队，彭德怀为支队司令员，毛泽东为政治委员。下辖三个纵队，林彪为陕甘支队副司令员兼第一纵队司令员，聂荣臻为第一纵队政治委员，下辖一、二、四、五、十三共五个大队。

聂荣臻在哈达铺，从一张国民党报纸上看到蒋介石正在“围剿”陕北红军，才知道陕北还有块根据地。这真是天大的喜讯！聂荣臻立即派人把报纸送给毛泽东。与此同时，毛泽东也获得了一些国民党报纸，使毛泽东下决心引着这支不足万人的红军向陕北进发。

从哈达铺到陕北，没有严重的敌情，主要是与敌人的骑兵作战。10月7日过了六盘山，侦察科长刘忠抓到两个骑兵侦探，得知前面的青石嘴有东北军何柱国骑兵军第七师第十三团的两个连，他们刚从武凉开到青石嘴两个小时，是奉命到六盘山同二十师联络。正谈着林彪到了。林彪审问了俘虏，叫刘忠再去侦察，并将情况报告了毛泽东。林、聂、左决定消灭这两个连，他们向各大队长布置任务后，前进半里，翻过一个山头，去观察这次战斗。这时是上午10时光景，秋高气爽，万里晴空。聂荣臻举起望远镜，只见一个有土城墙的小镇子炊烟缕缕，战马全都卸了鞍具，红马队、黑马队、白马队，各站一排，在低矮的围子外边，敌军三三两两地走动，喂马、铡草、吊水，毫无战斗准备，根本没料到红军从天而降。几个大队采用突然袭击的办法，经几十分钟的战斗，青石嘴的枪声便停止了。这一仗缴获了一百多匹战马。聂荣臻立刻想到与其把马分了，不如建立一支骑兵部队。他一边往青石嘴走，一边对刘忠说：“刘忠啊，这一仗缴的马，首先把侦察连武装起来，叫骑兵侦察连。以后以这个连为基础，建立骑兵营、骑兵团。你到前面去，通知各单位，把俘虏里的钉掌工人、修鞍具工人、马术教官、马医官查出来，对他们好好做思想工作，争取他们当红军，为我们建立骑兵服务。”

骑兵侦察连建立起来了。黑马、红马、白马，走在队伍前面，威风得很。在以后的直罗镇战役中，这个骑兵侦察连便发挥了作用。

10月19日，聂荣臻与林彪率部进入陕北苏区的吴起镇，从此结束了历时一年、行程达二万五千里的长征。

当红军进吴起镇时，马鸿逵、马鸿宾和毛炳文的骑兵在后面紧追不放。毛泽东认为，让敌人骑兵一直跟进陕北对红军很不利，便想砍掉这个尾巴。于是叫聂荣臻等人到前面察看地形。傍晚看完地形回来，聂荣臻向毛泽东作了汇报，建议立刻出击。他说：敌人骑兵也就是几千人，别看他在马上气势汹汹，真打起来，他就不行了。他一定要下马和我们作战，还要招呼马匹，战斗力就会下降。毛泽东同意第二天早晨出击。

10 月 21 日，二纵队在左翼，一纵队在正面，向正在迂回吴起镇的敌三十五师骑兵团出击，一下子就把这个团打垮了。随后又击溃了敌第三十二师、三十六师两个骑兵团。

聂荣臻欣慰地看到缴获了很多马匹，立即着手建设骑兵部队。除了充分利用缴获的马匹外，他还动员指挥员，全都骑骡子，把马交给骑兵。这支骑兵后来很快发展壮大，日后跟随他到晋察冀，驰骋燕赵，立下很多战功。

1935 年 10 月，中央红军到达陕北，胜利结束长征。这是当时聂荣臻在红一军团党的活动分子会议上的讲话

11 月初，陕甘支队在陕北甘泉地区与徐海东领导的红十五军团会师。不久，部队进行整编，恢复红一军团，林彪任军团长，聂荣臻任政治委员。新恢复的红一军团实际上是由原红一军团和红三军团合并而成的。红一军团与红十五军团一起，编成红一方面军。

11 月 7 日，庆祝俄国十月革命节，一军团在套塘口召开了体育运动大会。开运动会是红军的老传统，是对部队政治思想、文化教育、军事训练等工作的全面检阅。许多白发苍苍的老同志还记得当年运动大会上的盛况，还记得聂荣臻把全军团的指战员集合在大操场，他站在一张八仙桌上，用四川话慷慨激昂地即席

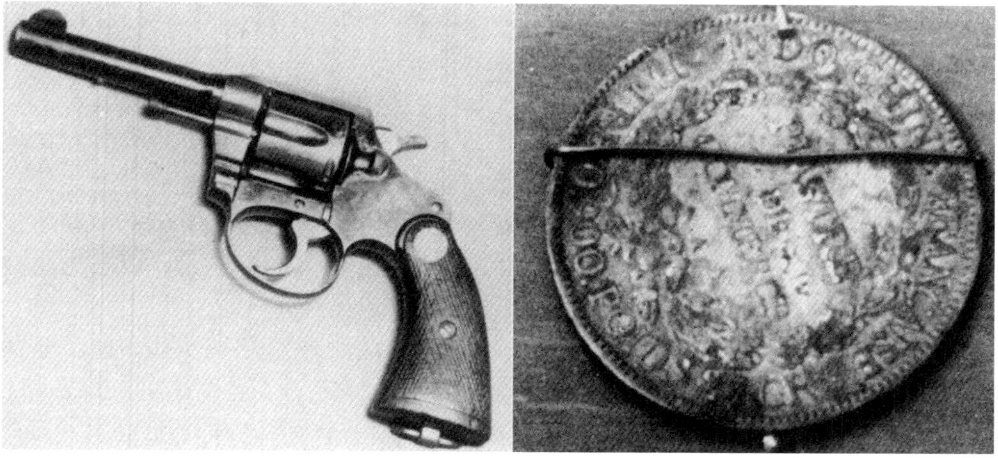

聂荣臻在长征中使用过的左轮手枪（左）和他保存的红军时期的“钢洋”。当时部队每人每天5分钱的伙食费，节省下来的钱干部战士平等分，称为“伙食尾子”

演说的情景。他强调指出：原一军团的同志要向三军团的同志学习，加强团结，发扬光荣传统，把一军团建成优秀的铁军！

第二十一章　从东征到西征

两路红军刚刚会师，敌人就开始了对陕北的“围剿”。东北军五个师分别从南、西两个方向向葫芦河和洛河之间合围。先头一〇九师、一〇六师占黑水寺，趋直罗镇。形势很明显：如果不粉碎敌人的“围剿”，红军就无法在陕北站住脚。毛泽东决心在直罗镇打个歼灭战。

11 月中旬，聂荣臻和林彪到象鼻子湾军委总部开会，确定了打这个战役。战前，彭德怀组织红一军团、红十五军团的干部到西南的山头上看地形。

从出发地到直罗镇约 15 公里路，聂荣臻骑着骡子，到了镇南的山脚下，下骡登山。从这座山上看下去，古老的镇子就在山前。它三面环山，一条大道从西向东穿过镇子中央。镇北面有一条小河。东头有座古寨，顶盖早已坍塌，石砌的围墙尚好。十几副望远镜对着镇子细心地观察，边看边小声议论，都觉得这是伏击敌人的理想阵地。

11 月 20 日下午，一〇九师顺着东西大道钻进了直罗镇。在毛泽东、彭德怀指挥下，当日晚，红十五军团由南向北，红一军团由北向南，从四面八方包围了直罗镇。聂荣臻和林彪在一个山头上设了指挥所，于次日拂晓 5 时 30 分部署完毕，发起了战斗。打到中午，敌人虽有 6 架飞机掩护，但指挥系统已被打乱。忽然，约一个团的敌军朝红一军团指挥所直冲过来，企图夺路突围。当时指挥所的警卫连被派到毛泽东的指挥所去了，只有一个警卫排和很少的机关干部，没有长枪，只有短枪，每人仅有四发子弹，情况十分危急。

聂荣臻和林彪、左权亲自组织这次阻击，命令机关干部全部拿枪进入阵地，保证不叫敌人冲过去。以几十人对上千人，战斗的激烈是可想而知的。后来警卫连调上来了，聂荣臻亲自带着警卫连冲下山，把企图突围的敌人压下山去。不久，二师四团到了，林彪下令发起冲锋。聂荣臻的警卫员孙起峰就是向敌人发起冲锋时牺牲的。这个战士从瑞金参军时就一直跟随他。孙起峰牺牲时，还背着聂荣臻的图囊，鲜血染在图囊上。对于孙起峰的死，聂荣臻很痛心。他把染着孙起峰鲜血的图囊一直珍藏着，新中国成立以后把它献给了军事博物馆，以寄托他的怀念之情。

在两路会攻下，敌师长牛元峰逃到镇东小寨，指挥一个多营负隅顽抗。他发电给一〇六师师长沈克要求解围。殊不知，一〇六师已被担任阻击的红军击溃，聂荣臻率部追击，在太白镇附近的张家湾消灭了敌一个整团。解围无望，牛元峰趁黑夜西逃，最终还是被击毙了。至此，消灭了一〇九师和一〇六师一个团，彻底粉碎了敌人进攻陕北的部署。

直罗镇战役，给党中央把革命大本营放在中国的西北部举行了一个奠基礼。

1935 年 5 月起，日军逐步攫取了河北、察哈尔两省大部地区，激起中国人民的极大义愤。12 月，终于发生了“一二·九”运动，掀起了全国抗日高潮。同月 17 日至 25 日，中共中央在瓦窑堡召开政治局会议，确定了中国共产党团结全国各种抗日力量，结成抗日民族统一战线的总方针；在军事战略上，确定东征山西，以打开抗日通路和打击暗中与日本帝国主义勾结的阎锡山军阀势力。

这就是红军东征的主要原因。

1936 年 1 月中旬，红一军团先遣队在陕北延长县临真镇休整待命。是月 28 日，红一军团在临真镇举行东征誓师大会。这时，红一军团辖三个师，除已恢复的二师、四师，又恢复了一师。

1936 年 1 月 31 日，中央军委在延长开会研究战略方针，聂荣臻和林彪都参加了会议。在这次会议上，毛泽东反复说明阎锡山与日寇正勾勾搭搭，东征在政治上和军事上都对红军有利，是“一个在发展中求巩固”的方针。会议一致同意东征的决策。

东征军命名为中国人民红军抗日先锋军，司令员彭德怀，政治委员毛泽东。东征军兵分两路，红一军团和红十五军团的第八十一师为右路军，红十五军团其余部队为左路军。

黄河对岸，阎锡山当时拥有八万兵力，沿河筑垒，在山西普遍推行保甲制度，做好了迎击红军的准备。

这次东征，根据瓦窑堡会议精神，对俘虏、商人、富农、小地主都有新的区别于中央苏区时的政策，意在团结更广泛的阶层和更多的人一致对付外侮。要想革命胜利，政策是关键。聂荣臻一向注意政策教育，对过去的经验教训总是念念不忘，东征教育抓得就更紧。临渡河之前，于 2 月 10 日，毛泽东还电示：“政治上解释新策略，着重于对俘虏，对商人，对富农，对小地主。”并询问部队对这方面具体政策了解的情况。毛泽东对于聂荣臻的教育部署是满意的。

毛泽东于19日向部队发了这样一个电报："渡河时间不可参差，一律二十号二十时开始，以聂荣臻之表为准。"因为那时从战斗中缴来的破旧表快慢不一，于是，聂荣臻的那只表就成了渡河时间的准绳。这件事一时在军中传为佳话。

渡河前夕，一军团隐蔽集结在黄河西岸沟口附近。聂荣臻第一次领略了中华民族的摇篮——黄河的雄伟壮观：白雪把整个西北高原盖得严严实实，到处白茫茫一片，一望无际，真是壮丽异常，与江南的绿色相比实在是崭新的天地。白雪覆盖着大块大块的浮冰，形成一幅奇特的景象，像一座座小银山，在水里缓缓浮动；一阵急流卷来，冰块就猛地一碰，激起很高的水花和四溅的冰碴儿，发出震动人心的响声，惊起成群白鸟，贴着冰面掠过。渡口两侧是陡立的悬崖峭壁，山头上、隘路口，零散地隆起一些雪堆，在白雪上可以看到不少黑点，那是敌人的碉堡。在密集的碉堡旁边，有敌人的哨兵在活动。20日20时开始了敌前偷渡。但船到河心，对岸枪响了，就改成强渡。红一军团很快突破河防，至22日，红一军团全部渡过黄河，并乘胜占领了三交镇、留誉镇。26日，阎锡山组织反击，红一军团东进迎敌，聂荣臻率四师、一师由北向东南包抄，林彪率二师由南向北包抄，击溃阎部独立第二旅旅部和第三团，歼灭第四团，首战告捷。3月上旬，红一军团逼近同蒲线，阎锡山调集十四旅之众反击。在兑九峪地区，红一军团在毙伤敌约两个团后撤退。3月中旬，红军兵分三路：左路红十五军团向岢岚、岚县方向，3月底红二十八军也东渡黄河，加入左路军行动；中路红三十军活动于石楼、中阳等地；右路红一军团和红十五军团的八十一师向右，突破汾河堡垒线，包围霍县、赵城、浮山、洪洞等城，攻占侯马。4月，又攻占襄陵、史村、汾城，全军团扩军约5000人，筹了不少款子，充实了军费。4月中旬，蒋介石10个师分别由潼关、正太路等进入山西，阎锡山调集5个师又2个旅，分路向红军进攻；陕西境内的东北军和第十七路军部队在蒋介石驱使下企图沿河北上卡住黄河渡口。形势对红军不利，毛泽东下令回师陕北。5月3日和4日，红一军团在清水关、永和关、延水关渡口西渡黄河。

抗日先锋军东征75天，共歼阎锡山部1.7万余人，筹款40万元，扩充新兵7000人左右，迫使阎锡山把伸入陕北绥德、米脂的4个旅调回山西，减轻了对陕北的压力，中国共产党和红军把抗日大旗插到黄河以东，推动了华北以至全国的抗日高潮。

东征结束，由毛泽东主持，红一方面军从5月13日起，在延川县大相寺召开了团以上干部会议，总结东征和动员西征。总结东征时，会议肯定了东征作战的成绩和重要意义，同时也指出了有不少经验教训。其中，着重批评了红军中的本位主义和自由主义错误倾向。会上，毛泽东点名批评了红一军团在汾河流域扩大红军较多后，军委曾要红一军团从中拨出部分兵员给红十五军团，红一军团复电请求免拨，这就是本位主义的表现。此事源于林彪。听了毛泽东的批评，聂荣臻作为政治委员，承担责任，作了检讨。他说："我知道这对全军也有很大的教

红一军团与红十五军团部分领导人合影。右起：邓小平、徐海东、陈光、聂荣臻、程子华、杨尚昆、罗瑞卿、王首道

育意义。所以，应该接受批评，我也作了自我批评。”①

不久，中央任命林彪为红军大学校长，左权代理军团长的职务。聂荣臻召开了欢送林彪的大会。至此，林彪、聂荣臻共同领导红一军团的历史结束了。他们在最艰难的岁月领导红一军团，把这支队伍培养成主力军团之一，打了许多胜仗，在战争史上留下了辉煌的篇章。黄陂、草台岗大捷、强渡乌江和大渡河、飞夺泸定桥、突破天险腊子口等战斗成为脍炙人口的美谈，家喻户晓，名扬世界。

1936年5月18日，一军团奉命西征。西征的目的起初仍是扩大根据地，扩大红军。为西征组成了西方野战军，由彭德怀任司令员兼政治委员，统一指挥红一军团与红十五军团和红八十一师、红二十八军，分成左右两路军向西进发。沿途对聂荣臻和许多指战员来说并不陌生，长征的最后行程便是这一带。但心境此时和彼时大不一样了。每日黄昏，聂荣臻骑在马上，看那起伏的土山、荒凉的草原、倏忽出没的羚羊、稀稀落落的村落，征途是艰苦的，但他怀着一定要争取西征胜利的心情一路向西。

6月1日，到达曲子镇附近。曲子镇是庆阳通往宁夏的要隘。当红军向这里前进时，马鸿逵部骑兵旅旅长冶成章率领300个骑兵进了曲子镇，被红军先头部队二团包围住了。

二团很快在曲子镇东南角打开突破口，下午3时开始攻城，经半小时激战即占领东南角及街道，两个半尖刀连沿街直逼西北角。进攻的势头眼看要席卷全城

①《聂荣臻回忆录》，解放军出版社1986年版，第315页。

时，冶成章带着他的全部人马光着膀子举着马刀反击过来，二团虽然人多但展不开，又没有巷战的经验，竟被冶成章逼退到南门一带。

从俘虏的口供里聂荣臻得知，这个冶成章绰号叫“野骡子”，是马鸿逵部的一员骁将，性情暴躁，打仗剽悍，在马家军里颇有些名气。

这个小镇子，到底值不值得打？有人提出绕道而过的方案。“打不下来就算了，部队可以继续前进。”聂荣臻当即否定了这种意见。他说：“不行！这一仗不能消灭‘野骡子’，我们到西边就威风大减，马家那些家伙就要欺负你。你连‘野骡子’都收拾不了，还有什么搞头啊！对于西征，这一仗很重要，一定要打好！”

他到了二团指挥所。侦察科长苏静后来回忆说：“二团的部队被‘野骡子’逼出来时，我在城东南角突破口下面，看到聂政委上来了，离突破口不到百米。”

聂荣臻仔细地研究地形。曲子镇，方圆不过1公里左右，筑有土围墙，墙高2丈，厚6尺，四角有碉堡。这样狭窄的地面上，一个团的兵力根本展不开，反而对敌人有利。看完地形，他指示二团团长梁兴初：进去的部队不能多，只要一个连，这边打，那边掩护，互相交叉前进。

按照他的部署，二团改变了战术，一个连先攻进去，果然进展顺利，其他部队随后跟进。同时，担任助攻的五团也攻破了西北角。两个团相互配合，到黄昏时分把守敌大部歼灭，晚上10时许，活捉负了伤的“野骡子”，结束战斗。

环县曲子镇的战斗，打出了西征军的威风，打响了西征的第一炮。这一仗的规模不大，但拔了个硬钉子。整个西征中，他与代理军团长左权相互配合，对于几个主要战斗的指挥都显示出他们的果断。聂荣臻抓了西征军的政治思想工作，抓了对东北军的统一战线工作，在作战上也用了不少心力。

初战获胜，影响到全局。

旌旗西指，红一军团向庆阳挺进。聂荣臻和左权都换了坐骑。聂荣臻西征时骑一头黑骡子，白尾巴根、白蹄、白顶门，人称这种坐骑为骏马，是打曲子镇时从马鸿逵的旅长冶成章那里缴的，正好缴到一对，他和左权各骑一匹。

驻庆阳的马鸿宾6个营和1个骑兵团，驰援曲子镇。6月3日，在曲子镇以南的阜城附近与红一军团部队遭遇，红一军团部队实行坚决的进攻，马鸿宾骑兵望风而逃，剩下的步兵6个营被击溃，红军俘马鸿宾部1100多人，军威大振。红一军团继续向西，一直到陕甘边、正宁以北地区。敌人根本不敢照面，红军如入无人之境，先后占据木钵、环县、洪德等城镇。与此同时，红十五军团等部向安边、定边地区进军，也取得了许多胜利。

7月下旬，西方野战军遵照军委指示，进入休整备战状态。

红一军团在预旺堡整训期间，聂荣臻与离别近5年之久的妻子张瑞华团聚了。

“荣臻是那样瘦。以前在天津、上海时还好一点，现在又瘦又黄。经常打仗，前有阻拦，后有追兵，天上有飞机，不可能长得很壮实。”张瑞华这样回忆当时见到的丈夫。可她当时并不知道，这一带是苦水区，水看上去很清亮，但不能喝，喝了就拉稀，这也是聂荣臻当时显得特别消瘦的重要原因。

聂荣臻（左三）、左权（左一）等红军部分将领合影

张瑞华是由保安转来的。她一到，聂荣臻的警卫员忙了一阵。聂荣臻原来住正房，与左权住在一个房间。现在，需要把勤务员住的小小的西厢房腾出来。

张瑞华走进了这幢土坯小屋。它实在太小了，只有正常房间的 1/3 大，进了门槛就是炕。西北的秋天已有凉意，但小土屋里却是暖融融的。

久别重逢，他们有多少话要说。但聂荣臻忙着开会，布置练兵，与人谈话，稍得空闲，才坐在土炕上，与妻子倾谈别情。

他问起张瑞华从上海一路辗转到陕北的情形，问起经常思念的女儿，问起留在上海坚持白区斗争的老战友们的今昔。自长征以来，一切音讯都断绝了。他思念妻子，思念女儿，思念战友。他多少次拿出小女儿的唯一的照片，小照上染着他的汗渍。

张瑞华告诉他，红军东征，消息传到上海，组织上送她到了天津，等着第二次东征。没有等到，她又由天津转到陕西澄城，在澄城教了两个月的书，然后女扮男装，化装成东北军军官的勤务兵，才穿过东北军防区，到达保安。

她怀着兴奋和欣慰的心情，告诉聂她到安塞时见到了叶剑英，到达中共中央所在地保安见到了邓颖超，然后见到了毛泽东。毛泽东对她说："荣臻同志是好同志，他工作很认真，为人很正派，对党很忠诚。"

她又谈起寄养在上海的女儿。因为她无法又工作又带孩子，聂力 4 岁时便寄养在一位工人家了。对于孩子的寄养，聂荣臻很谅解。他从皮包里拿出珍藏着的女儿照片。张瑞华默默地凝视着那张小照：小聂力站在公园的草坪上，带着稚气的眼神望着前方。这张照片，使她想起聂荣臻赴苏区后她和女儿在上海时的艰辛，想起了仍在白区生活的女儿。她想：夫妻团圆了，家庭仍是“缺圆”。她流下了眼泪。

听完她的诉说，聂荣臻也断断续续地讲述了近五年的离别之情。张瑞华永远忘不了那间两张八仙桌大的西厢房，这间小厢房里溢出了那样多的融融暖意，直到她步入晚年时还能清楚地描绘出小房间的样子和简陋的摆设。她怎能忘怀呢？！想当初聂荣臻从上海离开时，虽然嘴上没说，但她知道，他是抱着“不一定见面”的心情离别的。五年啊，有多少革命志士捐躯沙场，这个团圆多么不易呵！

她在预旺堡只住了三四天，聂荣臻受命率部接应红二、四方面军，她便返回保安。

“三四天，很快就过去了。有什么悲欢离合？习惯了。在残酷的环境中搞习惯了。无所谓悲欢，无所谓离合。离就离，合就合。离了就走，合了就一道生活。”步入暮年的张瑞华还洋溢着当年女战士的血性，这样说。

第二十二章　参与指挥山城堡战役

8 月下旬，红一军团和红十五军团由预旺堡、同心城、黑城镇地区出发南下，策应二、四方面军北上。8 月 26 日，聂荣臻奉命率第一师主力、骑兵第二团组成的特别支队，作为先遣队向静宁、会宁方向进军，9 月 14 日占领将台堡，18 日占领界石铺。10 月 2 日，红十五军团第七十三师攻占会宁，6 日，聂荣臻也率部到达会宁。10 月 9 日，一、四方面军的先头部队在会宁会师。10 月 22 日，二方面军到达将台堡，与红一军团部队会师。四方面军的右翼两万多人从甘肃靖远渡过黄河向西去了，这便是后来的西路军。至此，红军三大主力会师，全部结束长征。不计西路军在内，红军共三万余人。

蒋介石对红军三大主力会师十分惊恐，随即调集一军、三军、三十七军，东北军的六十七军、骑兵军共 5 个军的兵力，分四路追击正向海原、打拉池地区转移的红军，想趁红军立足未稳又十分疲劳之际一举歼灭。

红军的作战方针是：逐次转移，诱敌深入，尔后在预定的有利地区集中优势兵力，给敌人主力胡宗南第一军的 4 个师以歼灭性打击；对敌毛炳文的第三十七军和王均的第三军，相机予以打击；对东北军的王以哲部继续执行统一战线的方针。

当红军逐次转移到环县，隐蔽在山城堡附近时，敌人判断红军已向盐池方向撤退，第一军孤军深入，其主力两个师趋盐池，第七十八师于 20 日进占山城堡，企图从两翼合围红军。在这一态势下，东北军六十七军由预旺堡地区东进策应胡部。敌人没有发现隐蔽在山城堡南北地区的红军，打一场歼灭战的机会终于到来了。

这一仗便是历史上著名的山城堡战役。

当时，与尾追之敌进行一次决战，意义是十分重大的。给蒋介石嫡系胡宗南部以打击，在战役上说击败气焰嚣张的追敌，有利于取得主动；从战略上说，给整个敌军以震慑，可以显示出红军的强大。当时，数十万东北军在中国共产党统一战线政策的感召下，对内战十分反感，一心想着打回老家去，红军如能对蒋介石嫡系部队给予一个重大打击，对东北军将是极大的鼓舞。

彭德怀确定的山城堡战役的部署是：敌人一进山城堡，红一军团为主攻部队，由南面向山城堡进攻，红十五军团从东北面向山城堡西北方向进攻，以截断敌退路，四方面军的第三十一军从北面向山城堡进攻。

11 月下旬的山城堡地区，已经大雪纷飞，而四方面军的指战员还穿着单衣。他们长途跋涉，胡宗南部一直尾追不舍，虽然会师后有一方面军殿后掩护，也还是没有缓过气来。而一方面军自 10 月 9 日会师以来，即担负着掩护任务，转战一个多月，也十分疲劳。整个部队全都面临缺粮的困难。那么多部队都挤在陕甘边地区，而这里土地贫瘠，补给十分困难。陇东地区水比油还要贵，山沟里的水又苦又涩不能饮用，当地老百姓靠窖雨水过活，部队只好饮用山水，许多人患浮肿病、拉肚子。部队就是在这样的条件下投入具有历史意义的战斗的。

天快黑了，五架双翅膀的飞机还在空中转。左权、聂荣臻组织红一军团的师、团指挥员隐蔽接近到山城堡南面的山下观察地形。敌人扼守的山头上，修起了许多工事，摆着对空联络的标记，成群的士兵在山头上来回走动。看完地形，天已经黑了。这一夜天显得特别暗，没有月亮，没有星光，部队摸索着运动。

红一军团的部队已经上去了，但其他部队没有按预定计划到达指定位置或发起进攻。

红一军团内部也有不同意见，有人对聂荣臻说：“敌人已经把野战工事搞好了，打还是不打？”

面对这种情况，聂荣臻急了，态度坚决地说：“部队都已经展开了，怎么还考虑打不打呢？好打也要打，不好打也要打。至于说到敌人抢修了一些野战工事，这是部队野战时驻下后的常规。没有听说一个部队驻在一个地方不构筑工事而能安心睡觉的，这种野战工事都比较简单。”还有位部队领导人从前沿打电话向聂荣臻报告，也说不能打。聂荣臻对着话筒说：“部队都展开了，你还讲不能打，怎么不能打？我们单独打，把西征、东征扩大的部队作为代价，来打这个战役。”大家统一了思想，下定决心打。接着聂荣臻打电话给彭德怀。聂荣臻说：“我们的部队不仅展开了，而且已经打响了。如果决心再动摇，即使本来是胜仗也会打成败仗的。”彭德怀十分果断：“坚决要打，无论如何要打，不能动摇。”彭德怀当即打电话给有关部队的领导人，要他们坚决与红一军团统一行动。

聂荣臻的决断，成了决定这一重要战役的重要因素。这一仗，充分地体现出聂荣臻坚强的组织纪律观念和指挥上的果断精神。对已经定下来的决心毫不动摇，这是他一贯的品格。彭德怀的周密部署和在关键时刻支持了聂荣臻，对于取得战役胜利起了决定性的作用。

聂荣臻可谓身经百战了，有些仗在他的记忆中模糊了，但这一仗的情景他一直未能忘怀。1980 年 8 月 15 日上午，在海风吹拂的北戴河海滨，他激情满怀地回忆那场厮杀时说："那野战工事有什么？我们是相当英勇哩！一个团政委叫陈雄，带着一排人一下冲下去，遇上地堡，就用手榴弹一个一个炸。四个堡垒拿下来了，敌人就溃下去了。陈雄壮烈牺牲！天是黑的，什么也看不见，不分敌我，就靠摸摸帽子来识别呀！只要摸摸头上有个圆巴巴（反动派的帽徽），就一刀砍下去。枪也不能打，就拿着手榴弹在那里砸头，都混到一起了，混战在一起。"

敌人开始拼命顽抗。几分钟后便向后溃逃。红一军团全面追击，不给敌人喘息机会。他们横冲直撞，插到敌人当中去，跑到敌人前头去。胡宗南的精锐第七十八师被冲垮了。经过一夜多激战，第七十八师二三二旅全部及二三四旅的两个团被歼灭。胡宗南部向盐池方向进攻的两个师也被红二十八军击溃。

山城堡战役的胜利，迫使蒋介石停止了对红军的追击，打破了他对陕北根据地的进攻计划；也更坚定了东北军要求团结抗日的信念。不久，"西安事变"发生，促进了抗日民族统一战线的形成。山城堡战役因此成为结束第二次国内革命战争的最后一仗。

风华篇（1937—1949年）

第二十三章　在洛川会议上

1937年7月，当“卢沟桥事变”的消息8日晨飞传到陕北黄土高原的时候，聂荣臻热血沸腾，激情难平。

“卢沟桥事变”翌日，中共中央向全国发出抗日通电。同一天，红军将领致电蒋介石，表示全体红军将士愿“为国效命，与敌周旋，以达保土卫国之目的”。在前方战局瞬息万变的日子里，聂荣臻心急如焚地等候着国共两党谈判的结果，并根据中共中央的指示，在云阳一带积极组织部队争分夺秒地练兵，随时准备开赴前线，驱逐强虏。一直到8月中下旬，国民党政府在日军大举进攻上海，其统治中心南京受到威胁的情况下，才被迫改变了在人事安排及军事指挥机构设置等问题上对红军改编采取的刁难态度，同意红军主力改编为国民革命军第八路军，设立总指挥部，开赴华北战场，与日军作战。

8月19日，聂荣臻接到前敌总指挥部通知，毛泽东从延安来电，一军团作为红军抗日先遣兵团，由陈光、罗荣桓率领，率先行动，同时通知他和刘伯承、邓小平前往洛川参加中央政治局扩大会议，研究红军出师抗日的有关问题。聂荣臻当即与代理军团长陈光部署部队行动事宜。8月22日，红一军团离开三原地区，作为红军先遣队向山西进发。

部署完后，聂荣臻马不停蹄地赶到了洛川。毛泽东、周恩来等中央领导人及其他人员分乘大卡车，从距洛川90公里的延安来到了洛川。聂荣臻与中央领导人见面，感到分外亲切。他意想不到的是，张瑞华也从延安“抗大”搭乘卡车来到了洛川。

一年前，张瑞华到达陕北以后，聂荣臻因处于战争环境，军务繁忙，与妻子很少见面，连写信也很少。张瑞华对丈夫是理解的。有一次，她写信给聂荣臻，倾诉思念之情，还半开玩笑地写道：“大禹治水三过家门而不入。荣臻，你现在也成了大禹啦……”此信被一军团一位参谋误认为是公函，拆开一看，才知道拆错了，赶紧报告教育科长孙毅。孙毅连忙嘱咐参谋：“快把信封好交给政委，信的内容可别乱传！”当时聂荣臻实在太忙，匆匆看了信，竟没有察觉。此次洛川相会，是张瑞华到陕北后与聂荣臻第二次见面。看来这还是组织上有意安排的。

因为洛川会议一结束，聂荣臻就要领兵出征，为国为民赴汤蹈火去了。

在洛川县冯家沟村举行的洛川会议，是一次十分重要的会议。聂荣臻在会上听取了毛泽东关于军事问题和国共两党关系问题的报告、张闻天关于形势和任务问题的报告，以及周恩来的重要发言，参与讨论通过了《关于目前形势与党的任务的决定》和《抗日救国十大纲领》。聂荣臻后来回忆说："召开洛川会议，主席的意图是要解决作战方面的战略方针问题。就是要打山地游击战。主席强调对日本帝国主义，我们不能轻视它，也不能够用打国民党的办法，那不行，子弹缺乏，武器很少，打了这一仗，打不了下一仗怎么办？所以硬拼硬打是不行的，同时那样子也不能发动群众，不能建立根据地，不能扩充我们自己的队伍。主席呀，他是看到后头那一层，就是日本人败了以后，我们要转入进攻，所以要独立自主，要建立根据地，扩大武装。会上有些不同的意见，就是以游击战为主还是以运动战为主的问题。我发言是赞成主席的意见，赞成山地游击战，着重要独立自主。"

抗战初期的聂荣臻

聂荣臻的回忆是准确的。从中央档案馆保存的洛川会议记录上查到，聂荣臻作了如下发言："1. 军队出动与战略问题：现在我们是整个阵线之一部，另外同日本作战，应时时顾到我们不要吃亏，因此战略上采取山地游击战，基本上要有独立自主，否则在军事上、政治上都可能发生问题。出动兵力为着很快地创造根据地，力量更大，影响更大，以前线的力量来争取条件，也是可以的；2. 游击支队问题：大的游击队……小的游击队繁殖，应尽量与东北及其他地方的游击队打通，并派人去。现在干部对游击战争，独立的工作（能力）比以前差，在敌人后方的基础还是靠当地；3. 外交问题：我们有许多关系，应进一步派人去工作，做军队中的政治军事工作；4. 财政问题：各方面的经费都不够，以前是从地方筹粮，现在出动，再等是不可能也不应当的，开始应争取人民，不要侵犯其利益。战斗员生活上应同蒋介石士兵平等，否则工作不好做，并且给敌人以挑拨间隙。现在应多想点办法，如国际方面，募捐是可以的。"聂荣臻的发言，是对毛泽东提出的战略方针的坚决支持，也是他日后创建抗日根据地的思想基础。

经过讨论，大家统一到毛泽东提出的作战方针上来了。后来，毛泽东根据各方面的意见和实际情况，将抗日战争的战略方针归纳为："基本的是游击战，但不放松有利条件下的运动战。”[①]

洛川会议一扫聂荣臻心头因前方战局混乱带来的愁云，思想豁然开朗。自“西安事变”之后，国共两党合作抗日已经成为不可抗拒的历史潮流。要进入抗日战争了，仗究竟怎样打？这是聂荣臻时刻思考的问题。洛川会议解决了这个问题。他明确认识到，出征之后的中心任务就是建立抗日根据地，坚持独立自主的游击战争，实行持久抗战。

8 月 25 日，中央革命军事委员会正式下达了命令：红军改编为国民革命军第八路军，下辖第一一五、一二〇、一二九共三个师。第一一五师由原红一军团、红十五军团和七十四师（留陕北）组成，林彪为师长，聂荣臻被任命为副师长。10 月，八路军恢复政治委员制度后，聂荣臻被任命为师政委。

8 月 29 日，中央军委决定成立前方分会（后称华北军分会）。聂荣臻任该会委员。

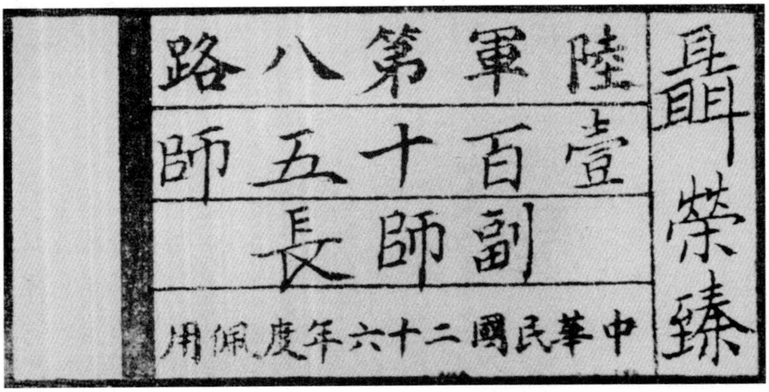

聂荣臻任八路军第一一五师副师长所佩戴的胸章

不久，聂荣臻接到了蒋介石签署的委任状，心中感慨万千。对于与蒋介石及其国民党军队恶战多年的聂荣臻来说，接受这一纸委任，不能不说是极富戏剧性的。蒋介石发动“四一二”反革命政变之后，聂荣臻像所有坚定的共产党人一样，视蒋介石为头号大敌。现在，蒋介石表示愿意抗日，国共两党再度合作，他才给八路军将领们发委任状。这是中国共产党为建立抗日民族统一战线而进行长期努力的结果。国民党当局的政策转变，对于抗日战争的兴起有着重要的意义。当然，聂荣臻也注意到，蒋介石完全是为形势所迫，才不得不暂时放弃执行了长达十年之久的血淋淋的“剿共”方针的。

洛川会议结束后，聂荣臻与林彪坐上卡车，向西安进发了。他们准备在西安换乘火车追赶第一一五师已出征的部队。谁知，遇上北方秋季大雨，道路泥泞不堪，卡车多次陷入泥坑之中，聂荣臻等将领不得不下车搬石垫路，冒雨推车，弄得泥水满身，疲惫不堪。

① 《毛泽东选集》，第 2 卷，人民出版社 1991 年版，第 441 页。

车过陕西黄陵县名叫中部的地方，稍事休息。此处有中华民族的祖先轩辕黄帝的陵寝。此时，雨势减弱，变为如丝如缕的雨帘，笼罩着耸立在苍茫荒凉的黄土地上的小山包，以及那历尽沧桑的古亭、石拱门和老柏树林。聂荣臻凝望着绵绵秋雨中的黄帝陵，神情肃穆。在这国家危亡的紧急关头，他从心底里向民族祖先发出决心以身报国的铮铮誓言！

卡车行至宜君县附近，再次陷入泥坑中，车轮打滑，无法前进。为了争取时间赶路，聂荣臻和林彪只好改乘马匹，带上警卫人员先行出发。他们赶到西安城外，找个地方换上干净衣服，才进城找到了八路军办事处。

去往前方的军队领导人分为两批从西安出发，林彪先走，聂荣臻按周恩来的意见暂留两天，分析研究前线形势、面临的困难和统一战线工作中应该注意的问题。聂荣臻同周恩来出席了国民党西安行营主任蒋鼎文举行的便宴，然后一起乘坐蒋鼎文派出的专列，前往太原。

听到黄河的涛声了！聂荣臻的心里不由得一阵激动。在潼关换乘木船，渡过雨中的激流。在风陵渡等待他们的是阎锡山派来的小火车。上车后，他听到日军疯狂地沿平绥、同蒲线两侧进攻，国民党七八十万守军有的一触即溃、有的不战自退的消息，心情格外沉重。日军轻取平津之后，气焰更为嚣张，以约 30 万兵力，兵分三路，沿平绥、平汉、津浦铁路长驱直入，妄图“速战速决”，三个月内灭亡中国。华北处于危急之中！

仅有两节车厢的小火车沿着窄轨铁路，驰向战云密布的前方。聂荣臻和周恩来坐在车厢内的小凳上，促膝倾谈。第一一五师按原定的任务，是开赴晋、察、冀、绥四省交界地区开展游击战争，向沿着三条铁路线进攻的日本侵略军进行侧击，以配合国民党军队的作战行动。由于国民党军队纷纷败北，八路军必须有单独应付战局的准备。

“荣臻同志，你有什么打算呢？”周恩来用深邃的目光望着聂荣臻，亲切地问道。

聂荣臻沉吟片刻，胸有成竹地指着摊放在小桌子上的一份简易地图说：“我师先按预定计划开进，但应做好单独进行游击战争的准备。从地图上看，晋、察、冀、绥四省交界地区山岭起伏，地形不错，适合于开展游击战争。不过，我们不能过分依赖地形，得把力量放在发动群众上，才能坚持游击战争。”

“你的想法很好嘛，我很赞同。”

“恩来同志，我在洛川会议上讲过，部队的枪支、弹药、给养是个大问题。眼看天气就要冷了，大家还穿着单衣、草鞋。我想，得抓紧时间解决部队过冬的问题。”

“解决这些问题，关键仍然是发动群众。”周恩来打了个手势，强调说，“有了群众的支援，一切问题都比较好办了。”

小火车到达侯马车站。一一五师第二梯队——师直属队和徐海东率领的三四四旅正好行军抵达侯马。聂荣臻在这里赶上了部队，便与准备到太原同国民党第二战区司令长官阎锡山联系的周恩来分了手。聂荣臻得知日军正兵分两路向太原推进，20余万蒋阎军节节败退。这时，林彪已经带着第一梯队——陈光率领的三四三旅先行出发了。第二梯队的干部战士，一个个都恨不得插翅飞到前线。遗憾的是天公不作美，连降暴雨，同蒲路被洪水冲断，致使部队行动受阻。由于晋北战局吃紧，阎锡山处于不打一仗就不好交代，打又没有把握的尴尬境地。他希望八路军早点开上去，将日军顶住。聂荣臻便要部队抢修被洪水冲坏的铁路，赶赴平型关一带阻滞日军进攻。

聂荣臻率领部队于9月中旬到达太原。次日离开时，太原各界代表、人民群众和东北流亡学生自动聚集在车站，含着热泪高唱抗日歌曲，赠送各种慰问品，热烈欢送他们开赴战场。此情此景，自然令聂荣臻和他的将士们为之动情、振奋。

然而，当他们在原平车站下车时，见到的却是令人触目惊心的场景。诚如爱国民主人士李公朴先生所说的，国民党军队的溃兵“展开长途竞逃的奇观”——当兵的用步枪挑着抢来的包裹、鸡鸭，当官的坐着轿子，赶着驮有箱笼的牲口，争先恐后、慌不择路地溃逃。

“真是兵败如山倒啊！”聂荣臻果断而又愤然地说道，“不能让他们影响我们的行军速度和士气，部队立即改变原定经代县沿大路向平型关的行军路线，绕向五台的山间小路前进！”

通往五台的山间小道上，铺满苍黄的落叶。聂荣臻率领他的人马踏入这秋色凝重、草木萧瑟的世界，无疑给山野带来了活力。山道上，一丛丛绚丽的红叶，像是战士们热情的火焰。

聂荣臻的部队是在中秋节时到达五台的。五台山送给他们的见面礼，却是一场带有寒意的大雨。看着足蹬草鞋、身穿单军衣的战士们在大雨里坚持行军，爱兵如子的聂荣臻怎不为之心疼呢？但军情紧急，只有冒雨赶路。告别五台，穿过龙泉关，于9月23日到达平型关东南的下关、上寨一线。聂荣臻觉得这里地形良好，是进行游击战争的好地方，特别是龙泉关到上寨之间的上下古道，山路陡峭，地势险峻。他对身边的干部说：这里只有靠人的两条腿才能行动自如，骑兵活动都很困难，汽车、坦克等摩托化装备以及大炮等重武器根本无法运动。日本人有两条腿，我们也有两条腿，而且是经过长征锻炼的铁脚板，怕它什么？中央确定我们在这里进行游击战，我是充满信心的！大家的回答当然也是肯定的。

第二十四章　平型关大捷

9月中旬，阎锡山要求八路军帮助防守平型关，阻止日军南进。周恩来、彭德怀同意了阎的要求。23日，八路军总部命令第一一五师侧击向平型关前进的日军。

当天，聂荣臻率部赶到上寨，与林彪带领的第一梯队会合了。在上寨师部门口的土场上，聂荣臻和林彪各自端着饭碗，蹲在地上边吃饭边交谈。聂荣臻讲了第二梯队行军的情况，并急切地询问前线的敌情。林彪告诉聂荣臻，国民党第六集团军原来要求第一一五师增援灵丘正面作战，为此，他亲自乘军用卡车到距日军仅 5 公里的灵丘城，侦察敌情，了解友军情况，还看了平型关一带的地形。今天，接到总部命令，在平型关侧击日军。现在，友军不战自退，纷纷撤至平型关以南，灵丘城今天已告失守。阎锡山来电说，日军将于近日大举进攻平型关。林彪提出，可以考虑利用平型关以北险要的地形打一仗。

饭后，林彪在油灯下摊开地图，同师参谋长周昆、作战科长王秉璋把平型关周围的地形和初步的作战设想逐一作了说明，征询聂荣臻的意见：这一仗打不打？

聂荣臻考虑到，当前日寇气焰嚣张，友军锐气尽失，这一仗，事关军威民心，非同小可。在洛川会议上，他虽然拥护毛泽东基本的游击战的方针，但还有不放松有利条件下的运动战这一条。因此，他果断地说："打！为什么不打呢？利用这么好的地形，居高临下，伏击气焰骄纵的敌人，这是很便宜的事嘛。现在不是打不打的问题，而是要在与日本侵略军的第一次交锋中，打出八路军的威风来，给全国人民的抗日情绪来一个振奋！"

上寨的夜，寒风刺骨。在平型关侧翼山地打一个大仗的部署，就这样决定下来，并电告了八路军总部。国民党军队方面信誓旦旦地表示要协同作战。担任平型关正面防御任务的阎锡山部队，还主动将 8 个团以上兵力的"平型关出击计划"交给了一一五师，以示"精诚合作"。

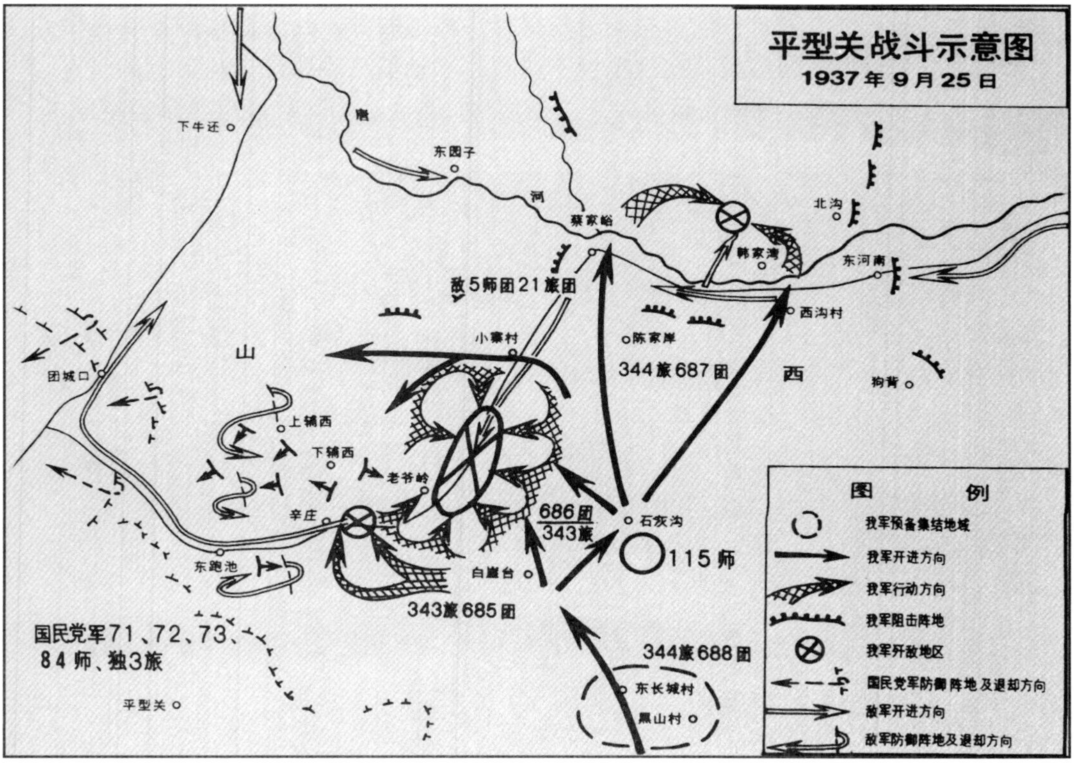

9月24日，一一五师在上寨镇小学校的土坪上召开了营以上干部战斗动员大会。

在干部会上，林彪宣布了作战部署：独立团、骑兵营绕到平型关东北截断敌人交通线，阻止敌人增援；以三四三旅两个团为主攻，三四四旅一个团到平型关北面断敌退路，一个团作师的预备队。攻击部队全部在平型关东侧山地设伏，准备给敌人以猛烈打击。

聂荣臻进行了政治动员，强调了为什么要打这一仗，为什么必须打好这一仗的问题。他的语气是坚定有力的：这一仗必须打胜！在“恐日病”和“亡国论”到处流行的时候，党中央和全国人民都在盼望着八路军出师后的第一个捷报。中华民族正在经历着巨大的考验，我们共产党人一定要担当起救国救民的重任！聂荣臻又向团、营干部们强调，他们面对的是武器精良、训练有素的日军第五师团。板垣征四郎中将指挥的第五师团武士道精神很强，在日军中颇有名气。等待他们的，将是一场恶战，必须作好充分的准备。

与会的团、营干部，都是从长征路上走过来的钢铁好汉，听了作战部署和政治动员，群情激愤，恨不得立即杀上战场，与日本强盗决一死战。

开完会，林彪、聂荣臻又组织与会干部进行了现场勘察。

聂荣臻爬上满目秋色的山梁，但见群山之上，蜿蜒着古老雄峻的内长城，平型关坐落在群山之间。这一带山势不高，但是山连山、峰接峰，利于部队隐蔽。聂荣臻看到，从平型关山口至灵丘县东河南镇，是一条由东北向西南伸展的狭窄沟道，地势最险要的是沟道中段，长10多公里，沟深10米到100多米不等。这条峡谷古道宽不过三五米，仅容一辆卡车单行，古道两侧，是刀削似的危岩绝壁，再上面是比较平缓的沟岸。在这里埋下伏兵，不愁消灭不了进入伏击圈的日军。

察看地形归来，林彪告诉聂荣臻，据侦察员报告，日军已经进至蔡家峪以东

聂荣臻（站立者）在平型关察看地形

地区，有于明日进攻平型关的可能。他们把情况又作了一番详细的研究，随后用电话下达了出击的命令：三四三旅本晚24时出发，进入距敌预计经过的汽车路仅二三里地的白崖台一线设伏，三四四旅随后开进。

当天晚上，一一五师主力部队从上寨、下关赶到离平型关三十余里的冉庄一带，隐蔽集结，进行战斗准备，待机歼敌。天不作美，突然下起了罕见的暴雨，气温骤降，秋寒袭人。林彪、聂荣臻的作战决心毫不动摇：不能贻误来之不易的良好战机，就是天上下刀子也得出击！午夜，部队冒雨向预定地域进发。战士们既无雨衣，又无斗笠，只得任凭狂泻的暴雨湿透征衣。在风雨交加中，队伍沿着山间小径和泥泞的山沟穿行。随暴雨接踵而至的，是摄人心魄的山洪。战士们只得把枪和子弹挂在脖子上，手拉手或拽着马尾巴从齐腰甚至齐胸深的急流中蹚过去。大家的手脚都冻僵了，牙齿敲得咯咯响。作为指挥员，聂荣臻心系全师干部战士的安危，密切地关注着部队与山洪搏斗的情况。陈光的三四三旅走在前面，两个团都平安地越过一道激流，走在后面的徐海东的三四四旅只过去了一个多团，剩下的人马却被越来越汹涌的山洪挡住。有几个战士杀敌心切，急于涉过急流，被凶狂的山洪冲走，不幸遇难。

聂荣臻与林彪商量，已经过河的三四四旅一个多团按预定方案使用，没有过河的部队不再强渡，以免不必要的牺牲。林彪同意这个意见。

1937年9月25日，聂荣臻在平型关东侧一个不引人注目的山头上，和林彪一起指挥了威震中外的平型关大战。

雨过天晴，曙色初露。部队经过一夜风雨行军，按预定时间赶到了目的地。聂荣臻站在指挥阵地上，举起望远镜，纵观由平型关至东河南镇那条五公里长的沟道，但见沟道里空无一人，两侧的山崖上，凋零的树木在秋风里瑟瑟发抖，枯黄的草丛上，雨珠闪着寒光。他知道，就在沟侧潮湿冰冷的草木深处，正埋伏着几千颗愤怒的心。

在十里长沟埋伏的，是由杨得志、陈正湘率领的六八五团和由李天佑、杨勇率领的六八六团。徐海东的三四四旅六八七团，奉命隐蔽地穿过沟道通路，占领了东河南以北的高地，以便切断敌人后路。六八八团停止了强渡，作为师预备队暂未开入战地。杨成武的独立团和刘云彪的骑兵营已分别向平型关东北和以东开进，配合主力作战。

林彪单腿跪在聂荣臻身旁的草地上，也在用望远镜观察设伏的阵地和沟道通路。他俩看到部队隐蔽得不露一丝破绽，完全与山峦草木融合在一起，不由得满意地相视一笑。站在一旁的苏静不失时机地举起照相机，拍摄了这两位平型关战斗的组织者和指挥者在前沿阵地指挥的照片。

抓紧战前的空隙时间，林彪和聂荣臻对前来受领任务的六八五、六八六两个团的领导人讲明敌情：日军前梯队有几十辆卡车载着敌兵已于拂晓前通过老爷庙、关沟，估计已抵达国民党军队防守的山下。由灵丘开进的敌第二梯队现在正经蔡家峪、小寨，向老爷庙前进。六八六团负责消灭老爷庙至蔡家峪一线之敌。

聂荣臻（左三）与林彪（左一）在阵地前沿指挥平型关战斗

六八五团待六八六团打响后，即向进入伏击圈的敌人冲击。两个团配合，从首尾两端夹击敌人。聂荣臻还简明扼要地强调了一下战场注意事项。两个团的指挥员便疾速地返回阵地。

大战一触即发。激战前的战场，出奇的平静。中国有句成语，叫“请君入瓮”。日军要进至平型关前，必走这条十里长沟，而这帮凶狠暴戾、不可一世的强盗只要落入这个有几千伏兵的“巨瓮”，等待他们的将是灭顶之灾！

上午 7 时许，日军板垣师团第二十一旅团的辎重和后卫部队进入了伏击圈。100 多辆汽车载着日本兵和军用物资率先开道，200 多辆骡马大车拉着九二式步兵炮、炮弹和给养跟随其后，压阵的是骑着高头大洋马的骑兵。日本兵脚穿皮鞋，头戴钢盔，身穿黄呢大衣，毫无战斗准备。山沟里，汽车的马达声，马蹄的嘚嘚声，大车的轱辘声，响成一片。聂荣臻从望远镜里清楚地看到那些日本军官神态骄横，麻痹到了极点，连两侧的警戒都不放，他们错误地认为中国军队都是像他们遇见的那些国民党军队一样，一触即溃，做梦也没想到有一支从天而降的八路军队伍在此严阵以待。

伏击部队的报告同时汇集到师部：敌军已经全部进入伏击圈，光沟道里就挤满了 1000 多名敌人。林彪和聂荣臻立即下达了攻击命令。顿时，沉默的群山怒吼了！满贮深仇大恨的枪弹和迫击炮弹带着啸音飞向敌群，手榴弹雨点般地飞进沟道，炸得日本侵略军鬼哭狼嚎，血肉横飞。日军汽车撞汽车，人挤人，马狂奔，指挥系统一下子就被打乱了。

“敌人很顽固呵！”聂荣臻发现日军正利用汽车作掩护，进行顽抗，并且组织兵力抢占有利地形，连忙跟林彪商量说：“这块肥肉块大，不好一口吃掉，得分而食之。”

林彪回答说：“是这样。部队得冲下沟道公路，将敌人切成几段，分段吃掉它！”他们果断命令部队出击，杀入敌阵地，并指令六八六团团长李天佑派出一个营，冲过公路，抢占在设伏前因怕暴露目标而来不及占领的老爷庙制高点，以便两面夹击敌人。

山谷间骤然响起激昂的冲锋号声和惊雷般的冲杀声。八路军勇士呐喊着向敌人扑去，同敌人展开了白刃肉搏战。战斗进行得异常惨烈。聂荣臻透过望远镜看见那群经过武士道训练的日军虽然失去指挥，被分隔开来，仍然利用汽车和沟坎，进行顽抗。八路军干部战士前仆后继，以更加猛烈的攻势对付顽固到极点的敌人，连伤员也与敌军伤兵扭打在一起，互相用牙齿咬，用拳头打。六八六团副团长杨勇在激战中负了伤，仍继续指挥部队作战。六八五团一连连长曾贤生，带领战士们冲入敌群，在肉搏中壮烈牺牲。清理战场时，人们发现有位战士与敌人拼刺刀时，双方的刀同时刺入对方的胸膛，一齐倒在血泊中。由于敌人的刺刀长，八路军的刺刀短，这位无名的战士定是迎着敌人的刺刀将敌刺死的。

经过一番激战，老爷庙制高点等有利地形全被八路军占领。

中午时分，被堵截在辛庄、老爷庙、小寨村一线山谷中的 1000 多名日军全部被歼灭。八路军缴获步枪 1000 余支，机枪 20 多挺，击毁汽车 100 多辆，马车 200 多辆。板垣组织的增援部队被独立团和骑兵营阻击在灵丘以北和以东地区。独立团还在灵丘与涞源之间的腰站，击毙了增援的日军 300 余名。从另一路进攻平型关的日军惊恐万状，向原定为国民党阎锡山部队阻击阵地的东跑池方向突围。奇怪的是，原先表示要以 8 个团以上的兵力出击的国民党阎锡山部队，始终袖手旁观，按兵不动。林彪和聂荣臻曾派人前去联络，请他们协同作战，但他们仍然隔岸观火，无动于衷。林彪和聂荣臻遂令部分部队打扫战场，其余部队乘胜向东跑池之敌发起攻击。

血战后的十里长沟，日军人仰马翻，尸体狼藉。燃烧的汽车，遗弃的武器，散落的文件、作战地图、写有“武运长久”的日本军旗及各种罐头食品，满地皆是。聂荣臻走下山谷察看，发现了一个很严重的问题：八路军部队对日军的武士道精神估计不足。干部战士们仍然用国内战争时期对待白军的办法来对待日军，以为日军被击溃之后一听到“缴枪不杀，优待俘虏”的喊话就会举手投降，其实不然，反而吃了亏。有的战士去背日军的重伤兵，被一口咬掉耳朵；有的战士为躺在地上的日军包扎伤口，反被开枪打死。八路军因此付出了血的代价，教训是极其深刻的。在激战和打扫战场中牺牲的 200 多人，大多是经过长征的老战士。聂荣臻为他们的牺牲痛惜不已。他当即向打扫战场的部队下达了紧急指示：对于顽抗到底的敌人，坚决消灭！

突然，从离聂荣臻不远的一个山洞里传出几声沉闷的枪声，警卫员阮寿贤急忙拉着聂荣臻闪到隐蔽处。原来，一个日本兵钻进了山洞，不但不投降，还向外打冷枪。几个战士朝洞里射击，总也打不着他。聂荣臻气愤地说：“丢手榴弹，炸死他！”随着一颗手榴弹在洞内爆炸，山洞里终于沉默了。

听说八路军打了大胜仗，附近的老百姓欢天喜地，都自动跑来帮助搬战利品。日军的百余辆汽车和车上运载的摩托车都是崭新的，可是八路军无人会驾驶，聂荣

战斗最激烈的秃沟

臻只好以极为惋惜的心情命令部队将其烧毁。至于缴获的大量武器弹药、军需用品和战马大车全部运走了。从日军的机密文件和作战地图上，聂荣臻发现，与一一五师血战半日而败北的，原来是以武士道精神著称的板垣师团的二十一旅团。

八路军忍着饥渴和恶战之后的极度疲劳，扑向准备从东跑池突围的敌人，占领了东跑池北面和南面的制高点，使国民党军队阵地前的日军面临被歼灭的命运。两三千名日军多次反扑，均被击溃。在这关键时刻，作为友军的国民党军队理应合力围歼敌人，然而他们却躲在其阵地里，始终不露面，使八路军与日军形成对峙。更令人愤慨的是，黄昏之后，国民党军队竟主动放弃了平型关西北面的制高点团城口。林彪和聂荣臻考虑到部队已十分疲劳，敌人大队援兵将至，遂令部队撤出战斗，立即转移。

首战平型关，威名天下扬！平型关大捷，震惊中外。这是八路军出师华北前线的首战，也是中国抗战以来打的第一个大胜仗。在“抗战必亡”的谬论甚嚣尘上之时，这一仗一下子就粉碎了“日本皇军不可战胜”的神话，打出了中华民族的志气，提高了共产党和八路军的声威，大大增强了全国人民抗战的决心和信心。而它在军事上的重要意义是，部分地破坏了日军的作战计划，迟滞了日军的进攻，使慌乱败退的国民党军队得到喘息的机会，战线渐趋稳定。聂荣臻对这次大捷留下了难以磨灭的印象。1987 年，他年事已高，还欣然命笔，感慨赋诗：“集师上寨运良筹，敢举烽烟解国忧，潇潇夜雨洗兵马，殷殷热血固金瓯。东渡黄河第一战，威扫敌倭青史流。常抚皓首忆旧事，夜眺燕北几春秋！”[①]

部队从平型关下来之后，即往五台方向转移。战士们虽然疲惫至极，心情却异常兴奋。他们穿着缴获来的日军衣服和皮鞋，扛着崭新的日本三八大盖枪，一个个神采飞扬。行军途中小憩，聂荣臻与战士们围坐在一起，品尝着日本罐头、饼干等战利品，谈笑风生。

山西五台城边，有个风景秀丽的小山村——河东村，成了一一五师师部的所

①《将帅诗词选》，辽宁出版社 1987 年版，第 81 页。

在地。聂荣臻住在小学教员王希禹的家中。乡亲们知道八路军旗开得胜，纷纷赶来慰问。聂荣臻笑脸相迎，热情接待，向大家介绍了平型关大捷的战斗经过和辉煌战果，极大地鼓舞了五台人民。

八路军前方总部就住在离河东村不远的南茹村。聂荣臻与林彪一起赶到南茹村，向总部汇报平型关大战的情况。朱德兴奋地拉着他们的手说："你们打得好，打得好啊！出师第一仗就击破了'皇军'不可战胜的神话，'恐日病'和'亡国论'都是错误的。"9 月 26 日，毛泽东致电朱德、彭德怀："庆祝我军的第一个胜利。"同时指出：八路军要"向恒山山脉及其东、西、北三方向突击，展开敌人侧面游击战争的计划，暂时当无执行的条件，要待敌人更深入，后方更空虚时才能执行。"9 月 30 日，林彪、聂荣臻致电毛泽东、朱德、彭德怀，总结平型关战斗获胜的主要原因是：集中使用兵力和采取了突然袭击的作战方式①。

第二十五章　五台受命

聂荣臻、林彪在八路军总部时，左权参谋长拿出几份毛泽东发来的电报给他们看。其中三份电报给了聂荣臻以深刻印象。9 月 21 日的电报中说："今日红军在决战问题上不起任何决定作用，而有一种自己的拿手好戏，在这种拿手戏中一定能起决定作用，这就是真正独立自主的山地游击战（不是运动战）。"9 月 24 日的电报中说，"山西地方党目前应以全力布置恒山、五台、管涔三大山脉之游击战争，而重点在五台山脉"。在 9 月 25 日的电报中强调："整个华北工作，应以游击战争为唯一方向。一切工作，例如民运、统一战线等，应环绕于游击战争。华北正规战如失败，我们不负责任。但游击战争如失败，我们需负严重的责任。"

聂荣臻看了这些重要电报，知道毛泽东坚持洛川会议确定的战略方针是坚定不移的，他就怕前方将领在执行这个方针时走了样。其实，聂荣臻对创建敌后抗日根据地也是早有考虑的。平型关战斗前，一一五师就派师政治部主任罗荣桓率政治部机关和骑兵营等部队，翻越山西、河北交界的崇山峻岭，东进阜平，在冀西山区发动和组织群众了。

9 月 30 日，聂荣臻和林彪向毛泽东等建议，以一一五师独立团到涞源、灵丘地区活动；以一部到大营、代县一线活动；以一部东进曲阳、行唐等地平汉路两侧活动；由师直属队率领部分兵力到阜平地区创建抗日根据地。10 月 20 日，毛泽东致电周恩来、朱德、彭德怀、任弼时，指出：敌占太原后，战局将起极大极快之变化，第一一五师等部及八路军总部有被敌隔断的危险。因此，拟作以下部署：留一一五师独立团在恒山、五台山地区坚持游击战争，一一五师主力转移到汾河以西吕梁山脉；总部应转移至孝义、灵石地区。据此，八路军总部当即决定，聂荣臻留守五台山地区，创建晋察冀抗日根据地。

① 林彪、聂荣臻给"朱彭并告毛主席"的电报，1937 年 9 月 30 日。原件存于中央档案馆。

初到晋察冀边区的聂荣臻

因为师部离总部很近，聂荣臻担负这一重任是在五台南茹村由朱德、彭德怀、任弼时等当面告诉他的。受命以后的当天晚上，聂荣臻难以入睡。他在红军时期抽过烟，抽得不多，说戒就戒了，现在，又摸出了那久违的烟斗，久久地望着眼前缭绕的烟雾沉思。

多年来，他一直在中共中央和毛泽东身边工作。可是这次要孤悬敌后，独当一面了。聂荣臻当然知道自己任重如山，非同一般。但是，留给他的部队，只有师独立团、骑兵营、八路军总部特务团一部，加上各地方工作团，也不过3000人。在晋、察、冀三省交界这样一个广阔的地区，面对着四周强大的敌人，这点力量是很单薄的。必须使部队有一个很大的发展才行。而要扩大部队打开局面，又必须有一定的干部。当前最主要的问题还是缺乏干部啊！

第二天，他来到总部，希望总部帮助解决干部奇缺的问题。左权说：是不是把唐延杰调去当晋察冀军区参谋长，他在总部先当作战处长，现在是副官长。聂荣臻说：唐延杰我认识，他原是安源的矿工，大革命时还是我分配他去独立团当的兵，以后在红二十八军当参谋长，这个人可以。左权很快把唐延杰叫来，告诉他要担负新的任务。唐延杰说：我胜任不了参谋长的职务。聂荣臻说：怎么胜任不了，你过去当过军参谋长，现在缺人，先干起来再说吧！参谋长有了，聂荣臻又提出缺政治部主任。任弼时、邓小平告诉他，是不是把舒同调去担任此职，他现在是总政治部秘书长，字写得很好，曾被毛泽东誉为马背书法家，目前正率工作团在五台、定襄一带开展工作。聂荣臻满口答应。以后几经磋商，又把总政治部青年科科长王宗槐等人调来开展筹备工作。

10月中旬，娘子关告急。22日，一一五师主力随总部离开五台南下。在此之前，师进行了“分家”工作，别的都好办，在分干部问题上难免有些争执，因为都缺干部。但大家还是顾大局的，聂荣臻采取了回避办法，由政治部主任罗荣桓全权负责。

“你来分好，你公平。”聂荣臻对罗荣桓说，“哪些人走，哪些人留下来，你有决定权，我不争一个人。”

罗荣桓对聂荣臻创建晋察冀抗日根据地的工作非常支持，亲自挑选了一些人留下来。像搞后勤工作的查国桢，搞卫生工作的叶青山；政治部留下了潘自力、余光文；司令部留下了刘彬、黄鹏、刘显宜、路遐、李廷赞等。人数虽少，但一个个都很得力。他还留下了师随营学校。师教导大队队长孙毅自告奋勇要求留下办学，培养干部。聂荣臻对这一切深感满意。

集合号响了，一一五师主力部队整装出发。聂荣臻与许多一起从长征路上冲杀过来的将士们依依惜别，充满感情地目送着南下的队伍消失在群山之中。

从此，聂荣臻和留下的人员被隔绝在敌后。刚分家，人手极少，机关干部们开玩笑说：要问司令部有多少人，一盆菜就够吃了，一条炕就够睡了。

不久，从各个渠道来到军区的干部逐渐多起来，开饭时摆出的菜盆子也慢慢多了。

八路军总部准备移往晋东南前，总政治部副主任邓小平特地与聂荣臻一起到五台县政府去，介绍他与阎锡山任命的山西第一行政公署主任兼五台县县长宋劭文认识。邓小平对聂荣臻说：宋劭文的公开身份是阎锡山点头的山西“牺盟会”成员，实际上是中共地下党员。邓小平对宋劭文说：“总部就要南进了，聂荣臻同志将负责在这个地区组建晋察冀军区。今后你同他发生党的关系，由他直接领导。”

聂荣臻对宋劭文的第一个印象是稳重干练，诚恳热情。宋劭文对聂荣臻说：“阎锡山至今还不清楚我是干什么的。”聂荣臻说：“你要利用和阎锡山的密切关系，尽量推动他守土抗战，开展我们的统一战线工作。”几天之后，阎锡山给宋劭文送来了第一行政公署及五台县的印信、电台、密码。因为他看到太原快保不住了，在撤往临汾之前赶紧把那些东西发给宋劭文，说不定会在敌后为他支撑出个局面来。那部经过修理才能使用的电台以及发给宋劭文的活动经费，在晋察冀根据地初创时期发挥了不小的作用。

深秋时节来临，五台山区有时细雨霏霏，有时大雪纷飞，天气一天冷似一天，花草枯萎，树木凋零。只有青松翠柏，仍傲然挺立在山坡上，显出勃勃生机。聂荣臻生平酷爱松柏。每当他在野外漫步，看着那一片片的松柏，他决心以松柏斗严寒的气概去面对当前的众多困难。

总部南下不久，娘子关失守，忻口、太原危殆，晋察冀边区已完全孤悬敌后。聂荣臻和他的战友们几乎天天研究，在这种艰难处境中，究竟应该怎样开展工作。他们围着火盆，用小油灯照着地图，商谈着创建晋察冀抗日根据地的各种问题。

聂荣臻认为：兵力太少，这是最大的问题。他说：“要创建根据地，必须首先发展武装。没有武装，一切都谈不上。现在我们只有用滚雪球的办法来发展。你们看这三千多人滚雪球怎么个滚法？”舒同说：“9月间，我带工作团在五台、定襄一带做发动群众的工作，王逸群、洪水、罗亦经等同志在繁峙一带发动群众，看到这里的老百姓抗战热情很高，牺盟会做了很多工作，有些地方还有党的基层组织，只要有支主力部队作骨干，就可以开展游击战争。”聂荣臻说：“赵尔陆同志不是率领总部特务团直属队和部分部队留下了吗？就让他在那里开辟冀晋边界地区的工作好了。杨成武同志的独立团已经在北部地区收复了广灵、灵丘、浑源、蔚县、易县等地，可以作为一坨坨，开辟冀察边界地区的工作。罗荣桓同志告诉我，他在阜平等地活动时，阜平还成立了战地动员委员会，由王平同志任主任，这里已经有了初步基础，同样可以成为一坨坨。我们可以把这三大块先定下来，开展工作。”他接着说：“听左权同志说，总部已派周建屏、刘道生同志率领一支小部队，到平山、寿阳一线平汉路和正太路交界地区活动，工作很有起色，将来也可能成为一坨坨。我们滚雪球就先这样滚吧。”经过反复商议，大家都同意聂荣臻的意见。

物资奇缺是晋察冀边区面临的又一大困难。有次讨论这个问题时，特意把宋劭文也请来。查国桢说：“眼下五台山地区简直已是严冬季节，可我们的战士还穿着单衣、草鞋，吃饭也是个大问题，怎么办呢？这些事在中央苏区都是依靠各级苏维埃发动群众解决的。现在是不是请地方政府想想办法帮助一下？”宋劭文介绍了眼前的困难：国民党军队撤退时，抢了老百姓许多粮食、衣物，还拉了大批驴骡和民夫运东西，可是他们却把武器弹药扔掉了。他表示：“对于八路军的困难，我们还是要发动群众帮助解决的，但困难很大，得要时间。”聂荣臻说：“我们经过市镇，市镇是萧条的，走进县城，县城是空虚的，留下的多是些老头老太太。但是，要解决物资方面的困难，需要发动群众；要补充兵员，扩大武装，也离不开群众。所以，如何发动群众，就成为我们创建根据地成败的关键。”宋劭文说：“要发动群众，要有正确的政策，还要组织政府去执行政策。现在除了五台和盂县两个县政府由我和胡仁奎负责以外，其他的县政府都没有了，下面的各级政府更是五花八门，什么都有。”聂荣臻笑着说：“对，要发动群众，一靠政策，二靠政府，三还要靠我们艰苦细致的工作。你刚才说，国民党军队沿途丢掉许多武器弹药，这是个重要情况，要扩大武装，就离不开武器弹药，可以动员群众把它们收集起来。”经过讨论，大家认识统一了，创造根据地的关键是要扩大武装和发动群众。

唐延杰参谋长有一次提出：“进行游击战，我们是熟悉的，过去同国民党打了许多年的游击战，但现在敌人变了，作战方法也应该有所变化。”聂荣臻点点头说：“对，应该变。从平型关战斗看，日本军队的战斗力要比国民党军队强得多，武器装备也好得多。我们进行游击战，一般不能正面强攻，日军总是要出来的，我们可以打伏击战，打它个措手不及，打了就跑。”唐延杰补充说：“就是说我们要多打小的胜仗，积小胜为大胜。”聂荣臻说：“日军还有个根本弱点是兵力太少，它不得不大量组织伪军。伪军战斗力不强，在日军兵力很少时，我们也可以攻打一些据点，使他们日夜不得安宁。”

在筹备晋察冀军区期间，聂荣臻和他的战友们还讨论了许多问题。例如，怎么执行好抗日民族统一战线政策、“减租减息，合理负担”政策，以利于广泛发动群众，团结更多的人共同抗日；如何对付良莠参差为数众多的杂色武装，既要团结他们抗日，又要同他们的消极面作斗争，进而使之改造成为真正的抗日武装；如何组建各级政府以及成立统一的边区政府；在创建根据地中如何正确看待地形与群众的条件，避免把目光局限于地形方面；如何建立有效的边区经济体系，使根据地得到强有力的物质支持，等等。大家在讨论中各抒己见，最后形成统一认识。

在这期间，聂荣臻向大家强调得最多的，还是创建晋察冀抗日民主根据地的重大意义。他说："受命之初，我首先考虑的是，必须使每个留下来的同志懂得党中央决策的意义……这个地区的战略位置非常重要。它位于平汉、平绥、正太、同蒲四条铁路之间。如果我们在这里成功地创建一块抗日根据地，就会像一把尖刀插入敌人的心脏，直接威胁北平、天津、保定、石家庄、太原、张家口等敌人的战略要点。"聂荣臻认为，只有使指战员们深刻地理解以上重大意义，才能使大家有创建根据地的百折不挠的精神。他后来总结这一阶段的活动时说："在五台山区这一阶段的反复讨论和思考，使我和同志们鼓起斗争的勇气，树立了胜利的信心。"

根据北方局关于立即筹备建立晋察冀边区政府，并准备公开军区司令部的指示，1937年11月7日，晋察冀军区在五台县石嘴的普济寺宣告成立。庆祝大会的会场上出现了一片彩蝶般翻飞的小纸旗。父老乡亲们头一回听到聂荣臻浓重的四川口音的讲话。他首先宣布中共中央军委的命令：军区由他任司令员兼政委，唐延杰任参谋长，舒同任政治部主任，查国桢任供给部长，叶青山任卫生部长。接着，他又发表了热情洋溢的讲话，动员大家共同抗日。人们以热烈而又新奇的目光注视着这位高高的个儿，风纪扣扣得很紧，既威严又和蔼，被称为"聂司令员"的38岁的八路军将领，兴奋地交头接耳，大家被他充满抗日激情的讲话深深地打动了。晋察冀军区的醒目匾额挂在了普济寺的大门口，五台县城大街小巷到处张贴出军区成立的布告。人们奔走相告，无不为之雀跃。

11月8日，聂荣臻接到毛泽东关于军事部署的电报："阎将无力再过分干涉八路军之地方工作，故八路军将成为全山西游击战争之主体。应该在统一战线之原则下，放手发动群众，扩大自己，征集给养，收编散兵……不靠国民党发饷，而靠自己筹集供给之。"这使他感到，前一段大家讨论后采取的措施是正确的，是符合中央的意图的。

11月13日，经八路军总部批准，聂荣臻发布了成立四个军分区的命令：第一军分区，司令员杨成武，政治委员邓华；第二军分区，司令员兼政治委员赵尔陆；第三军分区，司令员兼政治委员王平（后陈漫远为司令员）；第四军分区，司令员周建屏，政委刘道生。

太原失守后，中央北方局派了大批知识分子干部跋山涉水来到五台山，其中有参加革命较早而年仅25岁的黄敬、邓拓等。聂荣臻热烈欢迎他们，说："毛主席告诉我们华北以国民党为主体的正规战争已告结束，以八路军为主体的游击战争转入了主导地位。敌后的斗争将是长期的、艰苦的，要有啃树皮吃野菜的决心，你们得有这个思想准备哟！"

才华横溢的邓拓告诉聂荣臻，他在来五台山之前，已经学会了识别和采集多种野菜，为的是日后困难时能借以充饥。聂荣臻用赞赏的目光望着邓拓，高兴地开了个玩笑：“好呵，五台山欢迎你这样的野菜书生。”说得大伙儿全乐了。

时过不久，宋劭文找到聂荣臻说，阎锡山来了电报，大发雷霆，说他在五台县河边村的家被八路军抄了，让宋劭文赶紧去调查处理，并向八路军提出抗议。经过调查，发现是八路军的民运工作人员带着区里的干部干的。

聂荣臻听了很生气，背着手在屋子里走过来走过去，狠狠地把民运工作负责人批评了一通，并把他撤了职。

这件事使聂荣臻感到，红军虽然改编为八路军，可是不少人的思想还没有转变过来，必须引起高度重视，加强教育。果然，后来接到越来越多的报告，诸如发生了“打土豪”的事。聂荣臻要舒同负责立即开展抗日民族统一战线的教育，他说：“通知他们立刻停止这种盲目的做法，否则将会削弱抗日营垒的社会基础，扩大敌人的力量，使我们吃大亏。适应新的历史条件，最大限度地把全民族以及一切赞成抗日的各阶级、各阶层团结起来共同抗日，是当务之急。告诉那些头脑发热帮倒忙的同志们：不管是地主还是富农，只要他愿意抗日，我们都要团结。”一个月以后，聂荣臻在向毛泽东的报告中提到，“各地的地方工作有过‘左’的现象，不利于抗日统一战线，正在纠正中”。①

经过教育以后，原先摩拳擦掌的人都能闻过即改，抄家游斗土豪的行为被制止住了。那些原先疑虑重重，甚至想逃往敌占区的地主、富农纷纷表示：“多谢共产党、聂司令的大恩大德！我们一定抗日，有钱出钱，有力出力。”

农历十月，五台山顶峰已积下皑皑白雪。为了认真贯彻执行抗日民族统一战线政策，团结五台山僧众一致抗日，聂荣臻带人专程上山，到寺庙集中的台怀镇看望出家人。

对佛教、寺庙、僧侣，聂荣臻并不简单化地以“封建迷信”一语斥之。军区驻于佛教圣地，聂荣臻要求机关、部队都要爱护寺庙文物古迹，不干涉僧侣们正常的宗教活动。这一明智之举，使五台山僧众对共产党、八路军疑惧皆消，刮目相看。此时的五台山共有汉、蒙、藏、满等各族僧人1700余人，如果发动得好，这也是一支抗日力量。

五台山上，云雾缭绕。五台山佛教僧会会长、大法师然秀，闻知聂荣臻司令员亲自来看望出家人，特地组织了寺庙乐队欢迎。12个僧人披着袈裟，分站两行，钹箫笙笛齐鸣，皮鼓小锣轻敲，其音幽雅动人，使人犹如步入仙境。聂荣臻高兴地说：“真想不到，在这偏僻的山乡，在这四面被敌人包围的境地，还能听到如此幽雅的音乐。”然秀双手合十，笑着说：“庙堂音乐，源远流长。贫僧命众小僧吹奏佛曲，以表示我们五台山僧人对八路军的热烈欢迎，阿弥陀佛！”

聂荣臻亲临五台山寺庙，宣传中国共产党的宗教政策和抗日救国纲领，宣布八路军保护寺庙文物，态度亲切热情，令佛门众弟子深受感动。然秀当即代表五

① 1938年1月2日，聂荣臻给毛泽东的报告。原件存于中央档案馆。

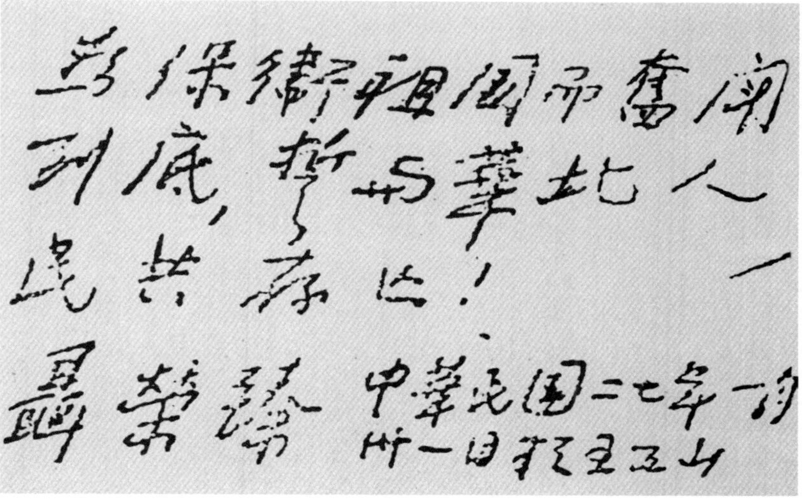

聂荣臻挥笔写下的誓言

台山僧众表示：“出家人慈悲为怀。吾等出家不出国，保不住国家，佛教、寺庙何存！抗日救亡，僧众有责！”不久，在当地抗日政府的帮助下，五台山寺庙成立了由青年僧人组成的抗日自卫队，参加了站岗放哨，练兵习武以及打击日伪军的活动。

“为保卫祖国而奋斗到底，誓与华北人民共存亡！”聂荣臻在五台山挥笔疾书，写下了他发自内心的誓言，也是对全体坚持敌后斗争的将士们的勉励。形势的发展是异常迅猛的。聂荣臻看准了日军正集中力量长驱直入，后方相当空虚，便利用这个有利时机，指挥部队大刀阔斧地开创抗日根据地。时隔不久，摆到聂荣臻案头的不再是令人忧心的报告，而是边区各地打开局面的捷报。日军发出惊呼：“五台山岳地带为共产军在山西蠢动之策源地，更为向山西、绥远、京津诸地方实行赤化工作之根源。”①

第二十六章　建立政权——创建根据地的重要一环

1938 年，日本帝国主义忙于侵占徐州、武汉、广州等地，沿平汉路、粤汉路等向中国的腹地进犯，并千方百计地对国民党以战迫降，妄图短期内灭亡中国。中共中央和毛泽东决定，趁此机会，在敌后放手发动群众，开展游击战争，开辟根据地。聂荣臻首先注意开辟北岳区，作为晋察冀根据地的“心脏”。

有一天，参谋长唐延杰见聂荣臻望着地图沉思，便问：“司令员，您在想什么？”聂荣臻回答：“我在想，晋察冀的党政军领导机关究竟放在什么地方好。五台这个地方地形虽然好，但自从敌人占了同蒲路，太原失守以后，此地已经孤立。而且这里是阎锡山的老家，还留下了他的一个师，说是友军，实际上常跟我

① 1938 年 10 月 5 日，北平汉奸报《正报》载日本同盟社 4 日电讯。

们闹摩擦，阎锡山是不愿看到我们在这里发展的。五台群众也太少，不能光靠和尚、喇嘛进行抗日。人口密集的是平汉路两侧，特别是冀中平原地区，所以我们的领导机关得往前靠。我看阜平这个地方不错，位置适中。平型关战斗时，我曾到过阜平以西的下庄、龙泉关、上寨等地，那里地形险峻，敌人的机械化部队展不开，骑兵也很难活动，在那里打游击战对我们很有利。所以我当时就说，'这是条游击队之路'。在阜平，如遇到敌人大的进攻，我们可以往西靠，与他周旋。你们看呢？”唐延杰、舒同等人都表示赞成。

经过几天的准备，报经八路军总部批准以后，聂荣臻率领军区领导机关向阜平出发了。1937 年 11 月 18 日下午，他们抵达阜平城。

1937 年 11 月，聂荣臻率部到阜平

建立全边区统一政权的问题，已经提上了日程。聂荣臻深知，国民党的旧政权垮了，只有建立起新的抗日民主政权，才能安定人心，如同树起一面大旗，使人民群众和各种抗日力量团聚在这面大旗之下。因此，到达阜平城的当晚，聂荣臻即与宋劭文、盂县县长胡仁奎以及冀、察两省的有关人员，就成立全区的政权机构问题，一直商量到下半夜。聂荣臻说：上个月 20 日，刘少奇给我发来指示，要求立即筹备成立晋察冀边区政府。他接着说：只有有了抗日政府，制定了有利于抗日的各项正确政策，才能发动群众抗日，稳定社会秩序，改善人民生活。同时，部队要补给、扩充，急需解决财政问题，这都需要有一个统一的政府进行领导和组织。11 月上旬，聂荣臻将这些意见报告给中共中央和八路军总部，得到

了中央和总部的肯定。

12 月 17 日，聂荣臻接到毛泽东来电："必须坚持抗日民族统一战线的政策……尤其荣臻所在之晋东北地区，事同一律，不应立异，一切须取得阎之同意。"聂荣臻知道宋劭文跟阎锡山能说得上话，就让他要求阎锡山批准成立边区临时政府。宋劭文同阎锡山打交道是比较顺利的，过去曾从阎锡山那儿先后弄到了 30 万元的经费，交给聂荣臻充作军区初创时的活动经费，还报请阎锡山批准，从五台山镇海寺章嘉活佛的卫队那儿借出 500 余支枪，交给军区部队使用。可是关于成立边区临时政府的事，宋劭文连着打了 7 份电报，阎锡山都不答复，宋劭文着急了，不知什么地方出了问题！

这时，胡仁奎从盂县来看望宋劭文，谈起了这事。胡仁奎问宋劭文的电文是怎么写的，宋劭文说全是跟阎锡山讲成立边区临时政府对抗战有利的道理。胡仁奎笑道："那样写不行！应该写明这样做对阎锡山有利才行。他关心的是扩大他的实力，不是什么抗战不抗战的问题。"

胡仁奎和宋劭文一样，表面上是国民党的官儿，实际上也是中共地下党员、山西牺牲救国同盟会的成员。

宋劭文按胡仁奎的建议，再次给阎锡山发电，大讲成立边区政府对山西如何有利，可以把山西的势力扩展到察哈尔和河北省去。电报发出不久，阎锡山就复电了，除了表示同意成立边区临时政府之外，还说已经电告国民党中央政府行政院备案。

聂荣臻在给总部和北方局的报告中说，阎锡山 12 月 4 日给宋劭文复电，内称"在敌人包围中自行树立政权于敌后，对整个收复失地不无裨益……兹奉军委会（指蒋介石主持的国民政府军事委员会）办事处电开：马支[①]电诵悉，所请成立晋察冀边区行政委员会及该会组织人选均照准，晋察冀边区着归阎司令长官指挥……今电令该部分别通知各委员一体遵照，并即日召集组织成立"。成立晋察冀边区政府就这样取得了合法地位。5 日，阜平城里正式挂起了"晋察冀边区军政民代表大会筹备处"的牌子。此后，聂荣臻与筹备处成员商定，派人分头到各地联络。联络工作很顺利，因为大家都不甘心当亡国奴，听说由共产党领导的八路军要在敌后成立抗日政府，都很拥护，在不到一个月的时间里，晋察冀地区有 39 个县表示愿意参加军政民代表大会。

1938 年 1 月 10 日，是阜平山城有史以来最为盛大的节日——晋察冀边区军政民代表大会在这里隆重开幕。聂荣臻作为 149 位代表中的一员，与各抗日党派、各抗日阶层和团体的代表、少数民族的代表以及来自五台山的和尚、喇嘛代表欢聚一堂。山城的街上，熙熙攘攘，热闹非凡，最引人注目的当推那些身披大红袈裟的五台山僧侣。

聂荣臻双手合十接见来自佛教圣地的出家人代表。他始料不及的是，会议之初，审查与会代表资格的时候，对五台山僧侣的代表权问题竟然出现了分歧意

① 指 1 月 21 日至 12 月 4 日。

见。有人提出，出家人只能烧香拜佛，不必吸收他们参政。参加筹备工作的黄敬、邓拓列举五台山僧人手持刀枪放哨，为过往的抗日部队提供食宿等抗日行动，说明这些出家人不但慈悲为怀，而且忧国忧民，难能可贵，岂能轻视他们。最后，聂荣臻到会表示："和尚和喇嘛也是中国人，他们虽然出了家，但并没有出国。在民族革命统一战线之中，我们应该和各民族各阶层紧紧地携手，共同抗日。我们不能因为和尚和喇嘛的宗教信仰，把他们排斥在抗日的门外。"

聂荣臻一席话，说得大家口服心服，一致同意爱国僧侣作为正式代表出席边区军政民代表大会。消息传到五台山，僧侣们极为感动，还有一些年轻僧人参加了抗日部队。新华社为此发了快讯，宣布佛教名山五台山寺庙的出家人也投身抗日，其响亮口号是：我们出了家，但没有出国！这一消息在全国宗教界引起了强烈的反响。

代表会议共开了 6 天，开得很成功。在大会上，聂荣臻、刘奠基、吕正操、李杰庸、孙志远、张苏、娄凝先等人当选为边区政府委员，宋劭文、胡仁奎分任正副主任委员。聂荣臻在会上发表了激动人心的演说。大会在 1 月 14 日通过的宣言中说："为着创立与巩固晋察冀抗日根据地，保持华北游击战争；为着统一与整理晋察冀边区内军事、财政、经济以及一切行政机构，保证持久的必然胜利；为着打击汉奸政权，团结一切抗日力量，争取徘徊歧途的动摇分子，晋察冀边区有成立临时政权的必要。"大会还通过了政治、军事、财政、经济、文化教育、群众运动、妇女运动 7 个决议案，使晋察冀的各项工作有了初步的行动准则。稍后，新成立的晋察冀边区政府——临时行政委员会又先后拟定了边区政府组织法、优待抗日军人家属暂行办法、减租减息单行条例、区村镇公所组织法及区村镇长选举法等法律、法令。3 月 20 日，边区政府宣布成立晋察冀边区银行，发行边区货币，这在日后的经济斗争中发挥了重要作用。

"老乡政府在阜平成立了！"边区的老百姓奔走相告，把抗日的人民政府看做自己真正的靠山。

可是成立边区政府这件大好事，却遭到王明的反对。王明以中共中央长江局的名义来电，说晋察冀这样做会"刺激"国民党，对全国统一战线的工作将发生不良影响。聂荣臻气愤地对宋劭文说："你看，蒋介石、阎锡山都批准了，他却反对，真是岂有此理！"

聂荣臻致电八路军总部领导人朱德等，旗帜鲜明地指出：如按王明意见行事，我们当放弃独立自主方针，这正符合阎锡山的要求。这样，我们"便（要）为他人作嫁衣裳"[①]，望中央早作指示。后来，当他知道王明的错误观点受到了中共中央的批评，高兴地对宋劭文说："我们做对了，大胆地干吧。"

边区政府的成立，为放手发动群众创造了更为有利的条件。聂荣臻要政府以抗日为号召，坚决推行减租减息政策，作为发动群众的头等大事，并以此来激励

---

① 聂荣臻 1938 年 2 月 1 日致朱德等的电报。

聂荣臻与边区政府委员们合影。前排左起：聂荣臻、宋劭文、程子华、彭真、吕正操，后排右三为张苏

广大群众勇敢地参加游击队、义勇军，帮助军队维持地方秩序，积极推动各种救亡运动。这些都取得了很大的成绩。政府还制定了关于各群众组织组成和活动的规章制度，从而大大地推动了各群众组织的组成规模和发展速度。一时工、农、商、妇女、青年等组织在各地纷纷成立，许多地方还组织了儿童团。到 3 月份，工人、农民、妇女、青年组织都召开了各县和全边区的代表大会，成立了各种领导机构。其中农民救国会的会员达 57 万多人。聂荣臻看到这一切自然很高兴。后来他说："在群众抗日积极性的不断提高之下，群众组织的普遍建立与发展，一般民众武装的成长与壮大，群众对于战争的积极援助与英勇的配合行动，日益活跃地成为边区抗日不可制服的力量。这样就造成了一个基本的群众条件。这一条件的具备，就使我们晋察冀边区确定地从一个游击区变成了一个巩固的抗日根据地了。"①

聂荣臻在重视政权建设的同时，也高度重视党的建设。早在筹建晋察冀军区期间，中共中央北方局和八路军总部都明确指示，留在敌后的党政军机关单位，只要在聂荣臻工作范围内的，都由他领导。聂荣臻到阜平时，黄敬任中共晋察冀省委书记。他向聂荣臻汇报了省委的工作：在"七七事变"前的白色恐怖下，河

①《聂荣臻军事文选》，解放军出版社 1992 年版，第 64 页。

1938 年 11 月，晋察冀边区的领导核心中共中央北方局成立。图为分局委员合影，左起：程子华、彭真（分局书记）、关向应、聂荣臻

北地下党组织受到极大的破坏，但仍有许多共产党员在各地自发地坚持斗争，抗战爆发后，他们积极组织抗日武装，纷纷来找省委联系，省委还办了党校，轮训党员，办了农民和妇女干部训练班，并正同各地党组织积极联系，以便把党员组织起来，推动各项抗日工作。聂荣臻听着这位年轻的省委书记的汇报，在短期内做了这么多的工作，不断点头，表示满意，并鼓励他继续努力。

1938 年 2 月，彭真到达晋察冀，代表北方局领导晋察冀边区的工作。3 月 26 日，中共中央决定：彭真以北方局的名义，协同聂荣臻指导晋察冀、平汉路东，以及平、津两地党的工作。彭真曾任北方局组织部长，政策水平高，思维敏捷。由他来主持晋察冀党的工作，聂荣臻自然很高兴。同年 11 月，中共中央政治局决定：以彭真为书记，聂荣臻、关向应、程子华为委员，组成中央晋察冀分局。以后，中央晋察冀分局改名为中央北方分局，成员没有变动。直到 1941 年 1 月彭真回延安准备参加中共七大，又改为晋察冀分局，由聂荣臻代理分局书记。彭真与聂荣臻一直配合得很好。边区成立中共领导机关，认真地贯彻了中共中央的路线、方针和各项政策，统一领导党、政、军各方面的工作，对晋察冀边区的发展和巩固起了决定性的作用。

第二十七章 扩大武装力量

聂荣臻在抓紧党、政建设的同时，狠抓了抗日武装力量的建设。

1937 年 11 月到达阜平后，聂荣臻对唐延杰说：“在五台时，我向总部报告，将杨成武的独立第一团扩编为独立第一师，下面成立三个团，先把架子搭起来，干部配备好，兵员和装备可以慢慢充实，得到了总部和毛主席的批准。独立师成立后，动员群众参军，收编杂色武装，收集枪支弹药，部队得以迅速壮大。现在抗战局面发展很快，杨成武、邓华他们先走了一步，是不是另外三个军分区也改称师，下面各成立三个团，除一分区的一、二、三团外，以下依次编为四至十二团。以适应形势发展的需要。”

“我看可以。”唐延杰作了肯定的回答。

“那就立即向军委、总部发电，同时把军区的实力和平汉路两侧的斗争情况等也报告一下。”

报告送出后没几天，中央军委和总部复电指出：“为避免目标（太大），晋察冀军区之第一独立师改为第一支队外，其余各分区准备所编组之三个师……现即改为支队，每支队以三至四个大队（大队即团）。”[①] 聂荣臻接到复电后，于 12 月 12 日遵照军委的指示发布了军区部队整编的命令。

收编杂色武装，也是晋察冀武装力量发展的一个方面。

“司令遍天下，主任赛牛毛哟！”聂荣臻后来回忆说，“几个人，几条枪聚在一起，就可以自称司令。特别是河北省，杂色武装较多，察哈尔也有一些，冀西和冀中地区，杂色武装就更多一些，仅北平到保定的铁路两侧，就有十股较大的杂牌军队……我还在五台的时候，就开始同这些杂色武装打交道了。”

北岳区以及整个晋察冀众多的杂色武装，是在日军侵入华北，国民党军队弃地南逃，旧政府官吏作鸟兽散的无政府状态下出现的。不言而喻，聂荣臻遇到了一个在特定的历史条件下出现的政策性很强的复杂问题。开头他所持的态度就是十分谨慎的。他说：“对怎样处理杂色武装的问题，我是考虑了很久的。对于抗日志士和人民群众组织的土生土长的抗日游击队伍，吸收他们参加八路军，这是没有问题的。但是，对那些打着抗日招牌，祸害百姓，勾结敌人，趁着混乱局势要捞一把的杂七杂八的武装，我们就要保持警惕，采取适当的方式，逐步加以解决。”

聂荣臻经过反复调查分析，逐步弄清了那些自封的“司令”“主任”“大队长”们的真面目，发现这些杂色武装中，有确实以抗日为主旨的部队，也有既抗日又打家劫舍的乌合之众，甚至还有假抗日、真反共，稍有风吹草动就可能倒向日军的危险分子。但是，他认为，大部分杂色武装是可以改造好的，在民族生死存亡的关头，稍有国家民族观念的人，决不忍心荼毒人民，即使是纪律很坏的杂牌队伍，它的大部分成员也来自贫苦的劳动人民，完全可以争取的。他在边区军政民代表大会闭幕时的讲演中特地指出：“对一般土匪武装应当以抗日为出发点来争取他们……希望诸位代表对此深刻地加以考虑，设法加强其政治教育。如果这些部队仍是有土匪和汉奸行为不能转变时，那我们只好对他们严加取缔。这种办法，并不是我们愿意自相残杀，因为在抗日的阶段里是需要坚决的良好的武装

① 毛泽东、周恩来、彭德怀给聂荣臻的复电，1937 年 12 月 6 日。

部队，并不需要那些土匪式的武装部队的。”

晋察冀军区部队在敌后屡屡旗开得胜，使聂荣臻和他麾下的将士威名远扬。诚如爱国民主人士李公朴先生所说，“英勇的指挥者聂荣臻将军”签署的军区“核桃大小字的布告”，居然贴到了“恶魔和无耻的走狗所盘踞的北平城内外”，使“敌伪汉奸倒抽了一口冷气”。晋察冀军区的成就，使真正抗日的游击武装迅速参加八路军队伍；使其他杂色武装的首领们不得不考虑如何与之打交道。后者大多慑于共产党、八路军的声威，同时也怕被人吞并，想借八路军的名义保存和扩大自己的势力，纷纷找上门来，请求八路军收编、加委。

早在 1937 年 11 月 14 日，聂荣臻就向总部和中央发电报告说，收编溃兵问题大有希望，散在晋察冀军区范围内的散兵约有万人可以收编。“因八路军在全国之政治地位和他们之孤立，均有极大可能归我们收编，但最感困难者，我处干部过于缺乏，（收编的各部）至低限度亦须三四人，能充任政治主任者去工作方可应付，否则此争取仍是空言。”

在根据地初创时期，聂荣臻向中央和总部的汇报中，此种内容的电报还有不少：“王天存部四百人自愿加入我军，同意杨（成武）邓（华）编法。”“汤恩伯失联络之别动队及天镇逃出之保安队，人枪约三百，均在阳原及其以南地区，已与杨（成武）团联络，可能收编。”“收容各处之溃兵及失联络部队共数起，数目四千以上。”电报中提到的王天存，原是国民党军的骑兵连长，他拉起的队伍名曰“察南抗日别动队”，实际上也干了些草寇勾当，被老百姓称为“黑马队”。为了争取、改造这支队伍，同时也表示对王天存本人的信任与重视，聂荣臻批准了杨成武和邓华的改编方案，将王天存部编入独立第一师第二团，王天存担任团长，让参加过长征的原团长黄寿发改任副团长。

1938 年八九月间，聂荣臻指示军区有关部队，争取伪军满城石振声部、保定李允声部、徐水“警防队”共 1600 余人及伪冀东保安队近 1200 人起义，都获成功，并分别改编为人民抗日军和游击军，李允声、王溥分别为这两支部队的司令。聂荣臻对王溥的印象很好，他说：“王溥是拥护党的抗日主张的，他的表现一直不错，军区要求怎么干，他就怎么干。可惜的是，他缺乏进行游击战争的经验。1940 年冬季大‘扫荡’的时候，由于不会打游击，结果，陷到敌人的包围圈里，突围的时候，光荣牺牲了。对他的死，我是很悲痛的。”与此同时，他也下令惩办了一批彻底堕落为土匪和汉奸的首恶分子，解决了他们的土匪汉奸队伍。对于那些已经收编，但仍然本性不改的头目，聂荣臻始终头脑清醒，有所警惕：“不要以为你委他个司令，他就听你的话，没有这回事。”“他在那个地方，比如孟阁臣、赵玉昆在他的地盘里头，他有自己的势力。”聂荣臻在与杂色武装打交道的过程中，得出一条经验：少数本质不好的头头往往很难改造过来，至少在短期内不可能得到明显的改造。但聂荣臻还是从抗日统一战线的大局出发，采取这样的态度：只要这些头头不反对抗日，不叛变投敌，就不动他们。一时改造不过来，继续做艰苦细致的工作，耐心等待。实在顽固不化、抗拒改造的就坚决处置。孟阁臣和赵玉昆就是这方面的突出例子。

1939年初，标榜抗日的“七路军”司令孟阁臣有投向日军的活动，聂荣臻要杨成武立即采取紧急措施。孟阁臣一向把共产党、八路军对他的耐心教育，认为是要吃掉他的部队，所以把边区政府派去的人监视起来。他带部队在地方上为非作歹，群众深受其害，早就纷纷要求予以惩处了。杨成武提出借开会的机会，把孟阁臣扣下，聂荣臻没有同意：“这个办法不行。孟阁臣是个很狡猾的家伙，扣他一个人，掌握不住他的部队，搞不好容易出大乱子。要等他毫无准备的时候，把他的部队包围起来，一个袭击就解决了。”杨成武按此指示，经过准备，集中了3个团的兵力，出其不意地把孟阁臣的部队包围了。孟阁臣当即被俘，他的部队绝大部分成员经过教育后成为真正的抗日战士。

1月8日，聂荣臻发布了将孟阁臣撤职逮捕的命令。孟阁臣被押送到军区，聂荣臻与他谈话，希望他认罪悔改，弃旧图新。但孟阁臣极不老实，表面上痛哭流涕，口口声声要改邪归正，没有几天，便越狱潜逃，很快被抓了回来，经边区政府审讯后处决。聂荣臻说：“抗日战争中，我们一直强调少捕人、少杀人，但是，对这种不杀不足以平民愤的危险人物，决不能心慈手软。”

抗战开始后，赵玉昆趁混乱局面拉起了一支队伍，自称“十路军”，自封司令，在易县地区活动。1939年2月，“十路军”正式编入一分区建制。不久，聂荣臻指示将“十路军”与“七路军”留下的部队共六七千人合编为五支队，委任赵玉昆任支队司令，派共产党员王道邦任支队政委，意在团结赵坚持抗日。1940年3月，赵玉昆率部叛变投敌，在投敌前将派去的一些干部和共产党员活埋，王道邦也险遭不测。但是，由于党在五支队进行了坚强的政治工作，五支队绝大部分干部战士还是有觉悟的，所以赵玉昆只带走了少数亲信。他投敌后，任易县伪警备团长兼特务部长，作恶多端，直到新中国成立以后，才在北京被捕伏法。

国民抗日军是一支活跃在北平西山的1000余人的抗日队伍。其成员主要是东北流亡学生、平郊农民群众、冀东保安队逃出来的士兵，以及这支队伍砸开北平第二监狱营救出来的共产党员。这支队伍是中共北平市委组织的。由于青年学生和地下党员不懂军事，就同部分旧军人结合在一起。赵同在国民党部队待过，懂得点军事，成了这支部队的司令。国民抗日军因为在战斗中消灭了60多名日本侵略军，并奇迹般地用步枪击落了一架敌机，使全北平为之轰动。后来，这支队伍离开西山进入妙峰山以西山区，由于缺乏过冬的被服、医药用品和弹药，处境十分困难。

聂荣臻在报经八路军总部同意后，以朱德总司令等名义修书一封，送交国民抗日军表示慰问，宣传中共的统一战线政策，介绍八路军抗战情况，并郑重地提出，如果他们愿意联合作战，八路军表示热烈欢迎。

此信犹如一石击起千重浪，使国民抗日军上上下下为之沸腾。共产党员韩庄事后说：“每个人都兴奋着，热血沸腾着，好像有了八路军就有了靠山了，有了八路军就能把日本鬼子吃了似的……，充分表现了全体指战员对于八路军的仰慕，是自觉的、自发的内心流露。”司令赵同及一些行为不端的人却存有戒心与疑虑。但是，鉴于队伍内部要求与八路军会合的呼声太高，加之日军又在策划新的进攻，赵同只好同意与八路军接触、会合，联合作战。国民抗日军在共产党员的推动下，经过聂荣臻和军区其他领导人的教育帮助，1937 年 12 月编为晋察冀军区第五支队。先后在五支队任领导工作的共产党员有王远音、汪之力、陈大凡、高鹏、史进前、王建中、纪亭榭等。后来除了赵同因个人野心未能实现而离队外，第五支队在平西地区积极抗日。1938 年 8 月，五支队编为一分区三团，在抗日战争中屡立战功。

发展抗日武装，聂荣臻更加重视发动群众参加八路军。他在《抗日模范根据地晋察冀边区》一书中说：为了完成在敌后开展大规模游击战争的战略任务，“我们首先集中力量，进行发展武装和巩固部队的工作。我们用了全力，广泛地发动群众的武装，普遍组织游击队、义勇军……并紧紧抓住了群众抗战的热情，使他们踊跃地加入军队，发动胜利的游击战争”。“这些群众团体，自他们建立之日起，即以扩大武装作为中心工作之一。仅农民救国会在成立以后不久的时间内所发动的武装来说，已达 1.5 万余人；工人救国会并且单独组织了工人游击队。”还有“阜平营”“回民支队”等，不一而足。他对四分区平山青年组成的“平山团”，大加赞扬。1939 年 5 月他曾发布通令，嘉勉平山团作战英勇，屡立战功，是“捍卫民族、捍卫边区和捍卫家乡的优秀的平山子弟兵”，号召全边区青年向平山团学习。

缺乏干部，是晋察冀初创时期的最大困难。聂荣臻对培养干部的工作一直抓得很紧。1937 年 12 月，他以一一五师教导营为基础，在阜平成立了军政干部学校，任命热心于教育事业的孙毅为校长。曾在红军中担任师政治委员的郑维山，1938 年年初一到晋察冀，就被派到军政干校当主任教员。这所速成性质的学校，学制每期只有 3 个月，一年内培养了 1400 多名干部。1939 年 2 月，抗日军政大学第二分校由校长陈伯钧率领教职员和学员 2000 多人来到冀中，聂荣臻热情欢迎和多方关怀。一个月后，军区部队进行整编，聂荣臻指示成立军区教导团，由唐延杰兼团长，郑维山任政治委员，专门培养连排干部。抗大二分校、军政干部学校和军区教导团，为晋察冀军区培养了大批干部，满足了各方面的需要。

在敌后，聂荣臻深感困难的另一个问题是武器弹药的严重短缺。面对现实，他要求各部队发动群众，收集散在民间的各种枪支弹药，以应急需。1938 年 5 月，他指示在五台县西会村成立了军区的第一个枪械修造所，修造步枪、手榴弹，复装子弹[①]等。11 月初，鉴于武器弹药方面的困难越来越大，他曾向总部和中央报告：“偌大的部队全无接济，特别是弹药的补充，这是十分重要的问题……八路军抗战至今，装备上无丝毫改进，我们不应长以默言。我固非唯武器论者，但处于现代战争，不能完全否认现代应有的装备。不可忘记，我们曾经被堡垒屈

① 复装子弹，即利用旧子弹壳改造成的步、机枪子弹。

聂荣臻（右二）一贯重视培养人才，早在 1937 年 12 月，他即命令成立军政学校。1938 年夏，他出席在五台举行的军政学校第二期毕业典礼。这是他与校长孙毅（左二）等合影

服过，日寇正利用过去国民党对我之办法，今天由于他兵力问题，还不是那样普遍，但将来是可能发展。并且当与敌人进行较大或长久性的战斗时，因为装备问题使我无还手之余地。甚至战斗（只能得到）部分的胜利，而不能扩展应有之战果。这些困苦当然不能全部解除，但我们应当有必要之要求，更换一部分太坏的步枪，增多自动火器……”①

很明显，聂荣臻是希望中央向国民党当局交涉，给八路军解决些困难。但事实与他的愿望相反，这个报告没有任何结果。于是，在他的授意下，1939 年 4 月，军区军事工业部成立了，刘再生、杨成分别被任命为部长和政治委员。不久，聂荣臻指示军事工业部对军工厂进行整编。其方针是：集中领导，分散经营，就地取材，小型配套。后来，该部发展成拥有 6 个修械厂，1000 多名工人的军工生产部门，能修枪械、制造黑色火药和手榴弹，在一定程度上缓解了边区武器弹药紧缺的困难。

抗战开始不久，晋察冀部队在敌后就有了迅猛发展，由于新成员大量涌入，加上统一战线的新环境，致使纪律涣散等各种不良倾向开始出现，部队的中共党员人数也太少。长期担任政治委员的聂荣臻敏锐地看到了这个苗头，知道这是革命军队的致命伤。于是，1937 年 12 月 25 日，在百忙中他主持了军区第一次政治工作会议。军区的政工干部欢聚一堂，刚率部到达平汉路西的吕正操和孙志远也参加了会议，大家对加强部队政治工作的问题进行了热烈讨论。聂荣臻在讲

① 聂荣臻给朱德、彭德怀、毛泽东的电报，1938 年 11 月 2 日。

话中，要求各部队必须下大力气整顿组织纪律、作风方面存在的问题，要用红军的优良传统和制度来教育和约束部队，清除腐败不良分子。这次会议以后，部队在整顿和训练中建立了人民军队的各种制度，党组织也得到了发展和巩固。到1938 年 1 月，全军区发展中共党员 4800 多名，党员在连队中的比例逐渐达到20%至 35%。同时，清除了混入军队的各种不良分子 1300 多人，纯洁了内部。大多数部队面目一新，大大提高了战斗力。

第二十八章　开辟冀中、冀东根据地

聂荣臻到阜平以后，除了筹备成立边区政府外，多次找人了解冀中的情况，为开辟冀中根据地作准备。冀中党组织的基础好，村庄稠密，人口多，物产丰富，文化也比较发达，是发展抗日武装力量和建立根据地的好地方。早在 1937 年 9 月 30 日，他和林彪就向毛泽东等报告："平汉、津浦两路之间，（系）地广人多区域……扩红（即发展抗日武装）上，能在该区域内（工作）一礼拜，当胜在山地数礼拜。"

经过了解，中共地下党员、原东北军第五十三军六九一团团长吕正操，遵照中共北方局的指示，率部于 1937 年 10 月 11 日在梅花镇英勇抗击进犯日军后挥师北上，在晋县小樵镇举行抗日誓师大会，改称人民自卫军，积极开展抗日游击战争，打了一些胜仗，部队发展很快。此外，中共中央北方局还派了红军干部孟庆山在保定失守以前到达冀中，在保属省委领导下与侯玉田通过开办游击干部训练班，动员群众参军等，领导组建了一支武装游击队。同时，还有定县、无极、藁城等地方党也组织成立了第五、第八游击支队等人民武装和救国会等抗日组织，正在积极开展抗日活动。聂荣臻认为，冀中的抗日局面很好，大有可为。

11 月初，聂荣臻派孙志远携带密码到达冀中，与人民自卫军及保属省委取得联系，要他们努力发动群众，积极开展抗日游击战争。不久，吕正操、孙志远来电，要求上级帮助对部队进行整训，以学习红军的好传统、好作风，使这支来自东北军的部队得到彻底的改造。聂荣臻认为这个想法很好。他在报经毛泽东、朱德、彭德怀等同意后，要吕正操部开赴平汉路西进行整训。

初冬的阜平，天寒地冻。在聂荣臻的司令部里，身穿军服、戴着人民自卫军臂章的吕正操，心头却洋溢着难以抑制的激动和兴奋。他后来回忆说："我跟孙志远到阜平，初次见聂司令员。他给我的第一个印象是军容严整，正正规规，显得很严肃，但是对同志却很亲切，使人感觉见到的是一位忠厚长者。我们部队旧的习气多，见到红军——当时我们习惯地这样称呼八路军——这么正规，精神为之一振。聂司令员特地安排唐延杰、我和孙志远与他住在一起，同睡在一条炕上。这样我们就朝夕相处，随时交谈。他详细地询问了冀中的情况。我还向他讲了我的经历，在东北军的情况，以及和张学良的关系。我特别提到，自己虽然是北方局在东北军中发展的共产党员，但在旧军队中待久了，对革命部队的许多东

聂荣臻（左）与吕正操合影

西感到生疏，请聂司令员多多帮助。他亲切地鼓励我说：‘你带领部队在冀中抗日，很短的时间里就和地方党的同志在冀中开创了一个新的局面，梅花镇阻击日军、挥师北上、小樵镇誓师、打开高阳城等，这第一步就搞得很好嘛！特别是冀中那个地方是平原地区，这个意义就更大了。’”

吕正操很快把聂荣臻看作自己的师长，有事就向他请示。每逢夜幕降临，聂荣臻处理完一天繁忙的军务，就和吕正操聊天，讲笑话，交流情况。聂荣臻还把长征时保存下来的一双袜子送给了吕正操。吕正操立即珍藏起来，并表示由衷的感谢。

聂荣臻对吕正操的印象也很好。12月14日，他在给“毛周朱彭任”的报告中说：吕正操率领到路西的部队“约二千三四百人，步枪约一千二百支”，还有轻重机枪60多挺，各种炮16门，骑兵一个连，“在谈话中，我对吕的感觉很好，政治上开明，对党的工作、部队的改造、群众工作等都很注意，该部党员甚多……原即有组织，最近由地方党介绍了一批党员进去，此部队的成分和质量均好”。报告最后建议，在延安受训的河北省籍干部，最好能尽快调回，以帮助吕部开展工作。可以看出，聂荣臻把吕正操部看成是开辟冀中的最重要力量。吕正操本人深有体会地对人说：“对聂司令的道德风尚我一直是很敬佩的，因为从他身上反映出了共产党的领导作风，所以我佩服他，感谢他。”“聂司令对冀中的工作是十分关怀的。只是我找他要干部，他却没有满足我的要求。”事隔50年之后，吕正操回忆说：“我在路西对他说，人民自卫军中不少人有极端自由主义和游击习气，要改造部队没有红军干部不行。我跟他要，第一次给连级干部。我回冀中后还向他要干部，要不到，我和孙志远同志一急之下就打电报抗议。1938年3月，我和鲁贲到军区汇报工作，他把我说了一顿：要干部，就要干部，你抗什么议？缺少干部确实是当时的大问题。后来，聂司令把王平同志派来当冀中军区政治委员，再后来又派孙毅来当冀中军区参谋长。他们为冀中抗战作出了重要贡献，对我的帮助也很大。”

吕正操对聂荣臻最钦佩的事情之一，是“肃清托派”时很讲政策，实事求是，关心和爱护干部。1938 年，曾任人民自卫军政治部主任的李晓初，因其兄被定为“托匪”，军区接到上级命令，把李晓初也抓起来，经审问定为“托派分子”并被错误地枪决（此案直至 50 年后才平反）。因李晓初事件而受牵连的干部达 100 多人，聂荣臻处理时很慎重，除了少数几个人留下审查以外，大部分人被送到延安请中央审查。中央否定了这些人是“托派分子”，使他们重又回到部队工作，从而保护了绝大多数干部。李晓初是吕正操的入党介绍人，吕正操也担心受到牵连。有次他到路西开会，聂荣臻与他谈话，说到李晓初案件时，聂荣臻说，曾问过李晓初，为什么“托派分子”名单中没有吕正操？李晓初说：吕正操这个人太精明了，没敢暴露给他。接着，聂荣臻态度明朗地说：“李晓初是你的入党介绍人，他是党组织派去的，你是你，他是他，跟你没有关系，不会因为这件事使你受到牵连，党是信任你的。受牵连的都是冀中的干部，我相信他们绝大多数是好人，所以把他们送到延安去审查，以免冤枉好人。”

人民自卫军在阜平整训的时候，有一天，聂荣臻突然盯着吕正操衣袖上的臂章问道：“你们戴这个红五星干什么？”那臂章是长方形的，白底蓝边，上面写着“人民自卫军”5 个蓝字，中间是一颗红五星。

吕正操解释：“脱离五十三军的时候，大家觉得戴的臂章应该有别于国民党旧军队，要有倾向于红军的革命标志，使人民群众对我们能有焕然一新的看法，当然要有这么个红五星啦。这颗红五星对六九一团的官兵起了很好的鼓舞作用。”

聂荣臻点点头说：“出发点很好，道理是这样，但是这样做不利于和国民党搞统一战线共同抗日。”他指了指自己军帽上的国民党青天白日帽徽，又说：“为了抗日的大局，连我都得忍痛把戴了多年的红五星摘下来了！”

在吕正操和孙志远的陪同下，聂荣臻接见了参加整训的人民自卫军营以上干部。他说：“同志们，人民自卫军挥戈北上和在冀中的战斗，我已经向党中央和八路军总部作了报告，毛泽东主席知道了，很高兴。同志们以后有机会去延安，一定会见到毛主席！”人民自卫军的干部们大受鼓舞。

聂荣臻对人民自卫军的关怀是多方面的。他不但从政治上关心他们，亲自给干部们讲解中共的统一战线政策和如何进行游击战争的问题，还派军区组织部长王宗槐带着军区慰问团前往整训驻地慰问。

吕正操和孙志远参加了军区政工会议，会议专题讨论了冀中区的工作。聂荣臻很有气势地用手在地图上画了个大圈，对吕正操和孙志远说：“经八路军总部和党中央批准，你们就在平津路、平汉路、津浦路之间，南边以滏阳河为界，搞冀中根据地吧！”“开展平原游击战争，困难确实更多一些。过去，由于我们党的根据地大多建在大山之中，主要强调山地游击战争，现在看来，开展敌后游击战争，主要还是在山地，但也可以在平原地区进行，只要有了人民群众的支持，不论是山地还是平原，我们都可以牢牢站住脚。”

“是这样。”吕正操充满信心地说，“冀中平原大得很！日本侵略军兵力不足，根本没法控制这么大的地方，有了群众的支持，我们到处可以走来走去，活动余地是很广阔的。”

“你们的实践是有深远意义的，这是我们党在平原上开创的第一个根据地，你们成功了，对于全国其他平原地区的抗战，将提供很有价值的经验……冀中下一步的工作安排是：肃清反动势力，改造杂色武装，有计划地扩大武装力量和根据地，发展群众组织，逐步建立和完善抗日政权，整顿社会秩序，安定人民生活。”

根据聂荣臻提议，经过晋察冀边区军政民代表大会民主选举，吕正操和孙志远被推举为人数仅有 9 人的边区政府委员。聂荣臻对吕正操及冀中的重视，于此可见一斑。

吕正操返回冀中之前，为落实晋察冀边区军政民代表大会的决定，聂荣臻与他商谈筹建边区银行的问题。吕正操说：“安国商人为成立汉奸组织‘维持会’而筹集的三万元被我没收了，还没有动用，可以拿它作为筹建边区银行的基金。”聂荣臻听了很高兴，同意吕正操的提议。1938 年 3 月，边区银行成立，原六九一团军需官关学文被任命为边区银行总行经理。

军号响了。在路西整训了一个多月的人民自卫军，建立了具有红军优良传统的政治工作制度，明确了创建冀中平原抗日根据地的指导思想和坚定信心。聂荣臻与百感交集的吕正操握别，用充满期望的目光欢送他走上新的征程。

送走吕正操部不久，聂荣臻亲自到完县、唐县一带靠近平汉路西侧的丘陵地区，观察平汉路东冀中平原的情况。事后他向总部建议：“河北平原村庄极稠极大，树木亦多，敌人固然随处可到，但我亦可随处活动，且村庄树木（多），极易隐蔽……我已有相当根据地之基础，平汉路东西也能有好的配合，当敌人进攻时仍可（相互）支持。”说明平原适合开展游击战，希望多派些党政军领导干部去，以加强那里的工作。客观情况的发展，完全证实了聂荣臻的上述论断。4 月，中共中央正式发布了《平原游击战争的指示》，要求在河北、山东平原地区认真开展游击战争。

人民自卫军返回冀中，利用日军兵力少而分散的弱点，迅速收编或歼灭了十多股土匪武装及部分伪军、伪组织，以后又北上到北平、天津、保定之间的三角地区开展工作。与此同时，于 1937 年 12 月成立的由孟庆山任司令员的河北游击军很快发展到万余人，并取得了许多胜利。1938 年 4 月，人民自卫军与河北游击军并肩战斗，共同粉碎了日军对冀中地区发动的春季“扫荡”，使冀中越来越成为一块欣欣向荣的抗日根据地。5 月，中共中央和八路军总部根据聂荣臻反映的情况，命令人民自卫军与河北游击军合编为八路军第三纵队，成立冀中军区，吕正操任司令员、孟庆山任副司令员，总兵力达 6 万余人。第三纵队在聂荣臻的领导指挥下，长期坚持了冀中平原的游击战争，并与北岳、冀东、平北等根据地互为依托，为晋察冀抗日根据地的巩固和发展作出了重要的贡献。

由于冀中根据地特别重要，根据中共北方局指示，1938 年 1 月，鲁贲到冀中任冀中省委书记；4 月，冀中成立区党委，黄敬任书记。在这里，他们全面领导了党政军各项工作，对加强冀中的抗日斗争作出了重要贡献。尤其是黄敬，在贯彻中共的各项方针政策、团结知识分子等方面的贡献更为突出。

接着，聂荣臻在相当长的一段时间内，又将工作重点和注意力集中到了冀东地区。

1938 年 2 月 9 日，毛泽东发出了“关于建立冀东抗日根据地的指示”。聂荣臻接到指示后，反复思考，认为冀东地区非常重要，它是日军入侵华北的陆路咽喉，而且沦陷早，在那里建立根据地，斗争定会很激烈。毛泽东要求派有独立应付新环境能力的干部去，而且要带一支精干部队。谁去好呢？他拿着电报问唐延杰。唐延杰说，毛主席不是要你定吗？不过，我看还是从一分区派人去好，因为独立团发展快，红军骨干比较多，基础也好。聂荣臻以商量的口吻说：你看邓华去怎么样？这个同志我了解，是一军团的老同志，打仗行，政策水平也可以，比较稳当。唐延杰点头赞同。于是，聂荣臻给邓华打电话，要他立即到阜平来。一见面，聂荣臻便说：“根据毛主席的指示，你要带一个团立即去冀东开辟根据地。据河北省委前两天派李楚离同志来介绍，冀东地方党正在积极准备组织冀东群众武装抗日起义，迫切需要主力部队前去撑腰。现在冀西、冀中、平西革命的游击战争发展很快，对冀东人民的影响是很大的。特别是冀中，因为紧靠冀东，影响更大。就冀东的群众基础而言，也并不比冀中和冀西差，这个地区早就有我党领导的工人运动，在遵化、玉田一带农村，也有我们党长期工作的基础。日本帝国主义侵占华北以来，冀东地区是最受害的，那里的群众受压迫最深，对亡国的苦难尝够了。目前地方党的同志在群众中进行了深入的发动工作，基本群众已被我们掌握起来了。因此，在冀东建立根据地，开展游击战争，是很有条件的。你们的责任很重，要足够地估计到日本侵略军在冀东搞了那么久，决不会轻易让你们在那里立足。因此，你们到冀东以后，要紧紧地依靠地方党，发动群众，把游击战争开展起来。”

邓华聚精会神地听着。他见聂荣臻以询问的目光注视着自己，就问道：“开辟根据地，担子不轻，不过请首长相信，我坚决执行，但要注意哪些关键问题呢？”聂荣臻说：“关键是要在那里牢牢地站住脚跟，打出一个好的局面来。不能到了那里，扩充一些部队，抓一把就走。‘抓一把’，是抓不到东西的，也是同我们建立根据地的意图相违背的。至于部队的名称，军区已经研究过了，就叫邓华支队。”唐延杰补充说：“你们可以先北上平西地区，再转向平北，开向冀东，逐步前进，这一带敌人力量较弱，开展工作容易些。”聂荣臻说：“这个部署是经过我们研究的，比较妥当。”

邓华受领任务后，回到一分区立即率领约一个团的部队出发，一路打了一些小的战斗，进展顺利。他 3 月中旬向聂荣臻报告说：一个月来在五支队和其他游击武装配合下，先后开辟了涞水、房山、良乡、宛平、昌平等地区的工作，消灭了多股地主土匪武装，摧毁了一些伪军、伪组织，占领了不少据点，还建立了 3 个联合县政府及一批人民自卫队武装。聂荣臻很高兴，认为邓华开脚的第一步是成功的。他立即把邓华的报告转报给八路军总部。

4 月下旬，八路军总部命雁北地区的一二〇师宋时轮支队开赴平西，与邓华支队会合。宋、邓支队会合后，于 4 月 27 日被总部正式命名为八路军第四纵队，宋时轮任司令员，邓华任政治委员。5 月 20 日，聂荣臻电令第四纵队应乘徐州会战，“敌后空虚，尚不能转移力量对付我们时，（速向冀东开进）立稳自己足跟，迅速创造根据地”。6 月 12 日及 22 日，聂荣臻再次电令第四纵队：“为执行创造新的（冀东抗日）根据地之任务，宋、邓纵队应乘敌空虚迅速开往冀东，首先袭取兴隆。以该处为中心，现决定分两路进攻，宋支队进袭密云以东平谷、三河、蓟县，并相机进占各县城，邓支队进逼兴隆成功后，继续向东南地区发展。”“你们现既到达兴隆县，就应在此地开始创造根据地的工作……你们似宜依靠雾灵山向四周发展。”此后，第四纵队连克昌平、延庆、永宁、四海、兴隆等城镇，使冀东人民深受鼓舞。

1938 年 7 月 6 日，在冀东地方党的领导下，以四纵队为坚强后盾，冀东爆发了有 20 万群众参加的人民武装抗日大起义，丰润、滦县、迁安、蓟县、遵化、昌黎、乐亭等县群众纷纷揭竿而起，其声势之壮，规模之大，一时震动了全国，风闻于世界。8 月，第四纵队与李运昌率领的冀东起义部队于遵化县铁厂镇会师，成立冀察热辽军区，部队扩大到 10 万多人。聂荣臻对此极为振奋。8 月 4 日，他向中央北方局书记刘少奇建议，第四纵队应在现有地区以“立定足跟为原则，因为在敌人的深后方发展游击战争，没有根据地是困难的。所以必须向蓟（县）、平（谷）、密（云）加紧工作，逐渐向东南发展”。8 月 13 日，毛泽东、王稼祥、刘少奇联名复电：“宋邓纵队主力在现地区平谷、蓟县、密云一带加紧工作，站稳脚跟，再逐渐向东南发展的方针是好的。”①

但到 9 月中旬，传出了日军将大举围攻冀东的消息，冀东的某些领导人对这个形势估计得过于严重，认为平原不好坚持游击战争，起义部队成分又很复杂，因此，匆匆作出了把部队带到平西整训的决定。10 月 11 日，聂荣臻致电四纵队，要他们克服困难，坚持在冀热边地区立足，不宜回平西。中央和北方局也致电阻拦。但四纵队领导人决定，仍率部与起义武装共 5 万余人以及大批地方干部，于 10 月中旬向白河以西地区撤退。由于方针不对，组织工作不得力，途中又不断遭敌袭击，起义部队的许多人员不愿远离家乡，自动离队，到白河以西时，只剩下 2000 余人，四纵队也遭受不小损失。10 月下旬，起义领导人中共冀热边特委书记李运昌、中共党员华北人民武装自卫委员会负责人李楚离、中共京东特委书记胡锡奎研究了面临的严峻形势，决定停止西撤，率部分部队返回冀东。途中又受重大损失，到达迁安地区时只剩下 100 多人，与四纵队留下的 300 余人会合。到年底，部队发展到 1000 余人，坚持了冀东地区的斗争。对于四纵队开辟冀东地区的胜利与反复，1938 年 11 月 25 日毛泽东等中共中央领导人曾有如下一段评语：“宋邓支队深入冀东，苦战数月，配合并促成地方党所领导的

①《毛泽东年谱》中卷，人民出版社、中央文献出版社 1993 年版，第 86 页。

冀东起义，建立了冀东游击区，取得了成绩。但是由于没有尽可能地保持和发展这一胜利，以致退出原地区，军队及群众武装受到相当大的损失。”[①] 聂荣臻认为，这个结论是极为正确的。1939 年 1 月，他在晋察冀边区党委和晋察冀军区联合会议上讲话并指出：“这次挺进冀东给我们的教训是，创造新的根据地不是容易的，是长期性的，不是一下子就可以干好的事情，特别是不能有‘抓一把’就走的思想，而要着眼于在激烈的斗争中建立根据地。基于这样的认识，我们在冀东还需要认真执行这个任务，继续完成这个任务。”

1939 年 2 月，根据中央指示，成立了以萧克为司令员兼政治委员的冀热察挺进军，重新组织力量进军冀东。坚持冀东斗争的部队在李运昌、李楚离等人领导下，积极发动群众，打击敌人。到 1940 年，冀东终于成为一个拥有 560 万人口的冀热辽抗日根据地。它的发展巩固，像刺向日军咽喉地带的一把尖刀，而且为日后收复热河、解放东北准备了突击力量和前进基地。

在开辟冀中、冀东根据地的过程中，聂荣臻还命所部逐步开辟了平西、平北根据地。北岳、冀中、冀东、平西、平北根据地的建成，使晋察冀抗日根据地形成了完整的体系。

第二十九章　三次出击平汉路

晋察冀军区成立后，不断发展中的八路军主力部队、游击队以及各种抗日武装，在人民群众的支援下，到处袭扰敌人的铁路、公路交通线和沿线据点，使日军越来越感受到了来自侧后的威胁。因此，1937 年 11 月 24 日，也就是聂荣臻率领军区领导机关到达阜平的第六天，日军就以两万之众的兵力，沿平绥、平汉、正太、同蒲四条铁路干线，分八路围攻刚成立的晋察冀军区。日军来势汹汹，各地纷纷告急。

面对猖獗进犯的日本侵略军，聂荣臻镇定自若。其实，大家心里都清楚，军区新组建的部队，除了一部分老的骨干力量外，大多数还没有作战经验，形势是相当严峻的。11 月 23 日，反围攻作战开始的前一天，聂荣臻给“毛朱彭任周”及各军分区领导人的电文中，对敌情作出了如下判断：

> 因敌深入我境，后方联络线延长，八路军不断的袭扰，晋察冀义军纷起，声势颇大，故敌有肃清联络线，巩固后路之必要。因此敌人可能向我晋察冀区开始进攻，在东面首先占满（城）、完（县）、唐（县）、曲（阳）、行（唐）、灵（寿）、平（山）等县，逐我进山区，离平汉路。西面有进攻五台、盂县，分为据点之企图。

---

①《毛泽东年谱》中卷，人民出版社、中央文献出版社 1993 年版，第 97 页。

这个敌情判断完全正确。

聂荣臻抓住日军地形生疏，有不少伪军参战，不敢贸然深入我腹地的弱点，把有基础有经验的部队部署在机动位置上，相机打击敌人，更多的则是以大量新组建的游击武装对敌人进行伏击、侧击、夜袭，使趾高气扬的“大日本皇军”疲惫至极、狼狈不堪。反敌围攻历时一个月。在一二〇师、一二九师部分部队的配合下，毙伤日伪军2000余人，敌被迫放弃晋察冀根据地边缘地带的几座县城，惨败回巢。边区部队带着大量战利品，在父老兄弟姐妹们的欢呼声中凯旋。阜平一位年逾古稀、银须飘飘的老人兴奋得接连饮下三大碗家酿的枣酒，朗声大笑道：“聂司令员的部队，全是天兵天将，没有打不赢的仗……”

聂荣臻本人对军区成立后的首次反围攻倒有一个实事求是、恰如其分的分析。美国记者哈里森·福尔曼后来曾在延安采访了聂荣臻，并忠实地记下了聂荣臻的一段谈话：

“在一开头，我们对这样犀利的装备着现代武器如坦克、大炮及飞机的敌人，没有作战的经验。”聂荣臻当他迈着大步，走上走下的时候这样说。“在他方面，日本人以前也从来没有遇到一个像我们一样精于游击战术的敌人。为应付我们在他们后方的日在增强中的威胁，他们用了他们传统的正面进击，借用陆地与空间的轰炸，意欲占领我们已经占领的一个据点，开始移动军队，向我们进攻。当他们占领了这地方，他们认为战争已告结束。不过

1937年11月下旬，2万多日伪军首次对晋察冀根据地发动“八路围攻”。这是聂荣臻（左）在“反围攻”指挥阵地上

我们只是撤离这一据点，以便包抄过去，进袭他们的后方。几乎时常是我们用切断他们和他们的根据地的交通线来强迫他们退走。”

首次反围攻作战的胜利，极大地鼓舞了边区军民的斗志。八路军总部也来电赞扬：“晋察冀边区游击战发展胜利，威胁日寇后方，使日寇不得不改变占领太原后一直向风陵渡、军渡进兵。现晋察冀游击战已有很多成功，局部引起日作战计划变更，保卫了晋南、晋西，给友军以休整机会。”①

1938 年 1 月 31 日，正是农历大年初一。按照习惯，这一天大家互祝新年，晋察冀军区司令部也显得非常热闹。

这个春节，聂荣臻过得相当愉快：一是根据地的各项工作正在逐步走上正轨；二是接待（美国军事观察员）卡尔逊来访获得了成功，通过第一个进入根据地的外国人赞赏的目光，从另一个侧面印证了敌后抗日根据地的创建和发展的方向是正确的；三是他的妻子张瑞华居然奇迹般地在除夕的前两天从延安赶到阜平，与他过了个团圆年。如果说还有什么美中不足的话，应该如张瑞华日后回忆时所说：“他又想起了丢失在上海找不回来的独生女儿。我也心疼，说有团圆，也有缺圆呵！他还替我惋惜，因为这次我从延安分配到晋察冀工作时，我把多年的重要纪念品和全部家当，都放在中央给的那匹骡子上，结果过封锁线时误入敌区，紧急撤退时骡子跑丢了，那些珍贵的纪念品也就全没了。”

张瑞华是一位有高度自觉性的共产党员，她知道聂荣臻重任在肩，所以仅在司令部住了两天，就毅然告别了夫妻久别重逢后的温馨生活，搬到她新的工作单位中共晋察冀省委组织部去住了。

聂荣臻确实太忙。大年初一的晚上，大家都沉浸在节日的欢乐中，聂荣臻却把唐延杰拉到一边说：“让他们热闹去吧，我们到作战室研究一下出击平汉路的计划。”

原来，29 日晚上总部来了训令，为配合国民党军的正面战场，拖住津浦路沿线之敌不使其向南进攻，要晋察冀军区在平汉路方面主动出击。接到命令后虽然制订了初步作战计划，但聂荣臻心里还是不踏实，于是他和唐延杰以及几位作战参谋又在作战室里度过了这个美好的夜晚。

聂荣臻提出，这次作战，要由三分区唱主角，出动主力和游击部队向保定至新乐段平汉路出击；一、二、四分区则都选定适当目标，作钳制性进攻。按照聂荣臻的意图，一个比较完善的作战部署计划，于 2 月 3 日同时上报总部和下达给了各军分区。

为使作战计划得以顺利实施，聂荣臻、唐延杰于 2 月 6 日率领司令部几位参谋，深入到进攻重点地段完县、唐县地区，侦察敌情，直接指挥有关部队的作战行动。

2 月 9 日夜，各军分区按计划出击。第三军分区在冀中人民自卫军的配合下，很快攻占定县、望都县城以及清风店、方顺桥等车站，并一度袭入保定、满

① 1937 年 12 月，八路军总部对晋察冀工作的指示。

城城关。第四军分区攻占新乐县城，一度袭入井陉矿区。第一、第二军分区也按计划分别袭击了浑源、忻口、原平、崞县、代县等城镇日伪军据点。以上作战共毙伤日伪军740多人，争取一部分伪军反正，捣毁大批敌伪维持会，捕获大批汉奸，缴获武器弹药一部，烧毁车站6个，破坏铁路50多公里，使平汉路一度中断。冀中部队攻克新镇、霸县、永清等城镇，游击活动深入到大清河以北地区。

敌人被这突如其来的袭击，打得晕头转向，惊恐不安。

对这次进攻战斗，朱德、彭德怀根据聂荣臻的报告，于2月11日致电蒋介石，作了如下叙述：

> 我陈漫远（第三军分区司令）指挥之支队，一部向定州猛攻，与守敌三百余人激战三小时，敌不支退守县府，利用房屋死守顽抗，我以洋油用水龙注射（即火烧），一时火势猛烈，守敌与房屋同烬，至（九日）二十四时全城为我军占领，灰（十日）晨三时许，正定方向援敌赶到，分乘汽车二十余辆、装甲车数辆，我预先有准备，战约一小时被我全部击溃，援敌伤亡百余，缴获步枪四十余支，轻机关枪五挺……该支队另一部攻击清风店车站，守敌约百余人固守车站坚固房，我将预带之洋油用水龙注射，以数包手榴弹掷入，火势猛烈，守敌大部与房屋化为灰烬，小部企图突围，被我击毙，缴步枪十余支。该支队另一部攻击望都，守敌百余人依城顽抗，我军奋不顾身蜂拥扒城，将该敌全部歼灭，缴步枪八十余支，轻机关枪六挺……周建屏（第四军分区司令）所率支队，一部进攻新乐城，守敌约百余人，据城顽抗，我军数度冲锋，始攀城而入，将守敌全部歼灭，其宣抚之日军官十余人被打死，敌之一排兵被我纵火烧死，计缴获步枪八十余支，轻机关枪六挺，战马二十余匹……十日晨四时许，由正定方面来火车二列，满载援军，被我预伏部队截获，当即翻车一列，敌跌死跌伤不少，同时我以手榴弹猛烈投掷，大部被我解决……此役缴获步枪一百余支，轻机关枪十余挺，子弹数十箱，其他军用品不少，俘敌伤兵十余人。敌之后列车遭我猛烈射击，即未下车向南退回。①

聂荣臻2月12日在给总部并北方局的报告中说："平汉线日军被我袭击后，极为恐慌，被我破坏之铁轨与电线，至今未动修。昨派往望都之侦察汇报，该城时起谣风，一日数惊，日兵守工事里不敢出来。"

捷报传出，总部朱、彭的贺电马上就飞到了聂荣臻手中，紧接着，毛泽东的嘉勉电也到了：

> 聂、杨、邓、周、刘、陈、王②：

---

① 1938年2月11日，朱德、彭德怀致周恩来、叶剑英转蒋介石电。

② 即聂荣臻、杨成武、邓华、周建屏、刘道生、陈漫远、王平。

你们九号晚英勇的模范的袭击，九日晚给日寇以大的杀伤与威胁，占领许多要点，毁坏交通铁路，夺取敌人武器辎重，这一伟大胜利，是有很大的战略和政治意义。这一胜利，大大地配合东线友军抗战，大大地兴奋了广大的抗战军民，大大地打击了敌人和汉奸，提高了你们的作战信心与战术。这一胜利是由于总司令部、军区司令部正确领导，你们的机动果敢的指挥，和全体干部战士英勇参战，和地方抗战团体与民众的帮助之下取得的。望你们继续这一胜利的精神与经验，再接再厉地为争取新的伟大的胜利而斗争。我们已在盼望你们胜利的捷报，号召广大军民学习和发扬你们的精神与行动，争取抗战的新的转机与胜利。特此电贺。①

晋察冀军区首次出击平汉路，使敌人大为震惊。日军为了保护其后方和交通线的安全，由高碑店到石家庄调集兵力 1.2 万余人，在飞机配合下从 3 月 4 日起，沿平汉线分四路向阜平、涞源地区发动了报复性进攻。接到报告后，晋察冀军区司令部立即召开了作战会议。唐延杰扼要讲解了易县、满城、完县、唐县、曲阳四路敌人进攻的情况。聂荣臻说："这次敌人兵力集中，炮火猛烈，还有飞机、骑兵配合，我们正面硬拼是不行的，还得用游击战对付。"大家都同意聂荣臻的决心。于是，不要与敌人硬拼，着重袭击敌人侧后及交通运输线的命令传向各个军分区。

3 月 7 日上午，一架敌机突然飞临阜平上空。当哨兵鸣枪报警，人们纷纷往简易的交通壕和防空洞跑的时候，敌机已经俯冲下来了。由于特务事先告密，所以敌机一来就对准军区司令部和政治部的两座院子狂轰滥炸。

敌机临空时，聂荣臻不得不中断了正在召开的作战会议，在警卫班的护卫下，和参谋长、作战科长等人冲向司令部后院的交通壕和防空洞。那儿最大的一个洞，是警卫班特地为聂荣臻等军区领导人挖的。

幸亏聂荣臻有先见之明，一到阜平就通知机关、部队赶挖防空洞和交通壕，否则这回空袭恐怕要伤亡惨重了。但是，机关和直属队还是牺牲了几位忠于职守的人员。这是军区成立以来机关第一次遭受损失，聂荣臻心情十分沉痛。

3 月 8 日凌晨，侦察员报告：日军已经到了距阜平 20 多里外的王快镇，有数千人，还有骑兵配合，正向阜平扑来。聂荣臻和几位负责人稍作研究，即令军区机关和边区政府趁当时天还未亮，火速向五台方向转移。当天，他们强行军到了龙泉关，第二天便回到军区的诞生地五台山。军区司令部的新址选在五台山南坡下的金刚库。

这次在阜平地区的反击战只进行了 7 天。按照聂荣臻原定的部署，待敌深入后，军区各支队及游击队在敌之侧后及交通线上猛烈袭击。敌后方损失颇重，首尾不能兼顾，极感恐慌，遂于 10 日开始撤退。退却中因受八路军袭击，不敢稍

① 见北京军区历史档案第 9 册，第 3 页。

停，行动慎重，极力夺占路旁高地，并在重要村庄构筑工事，队伍分三四路跑步退却，恐中埋伏，后面的掩护队更是不断盲目射击为自己壮胆。敌人让汽车守候在曲阳、完县、唐县各地，退却部队一到，立即登车驰奔。阜平之敌亦于 10 日夜间慌忙退却 60 公里，登车后复以骑兵掩护而去。八路军缴获手榴弹、子弹数十箱。

4 月下旬，大批日军再次沿津浦路南下，会攻徐州。聂荣臻得知平汉路北段各点的日军向北平集中，估计也是为了转向津浦路，去参加徐州之战的。为钳制日军，支援国民党军正面战场，他作出了第二次破击平汉路北段的部署：令第一军分区部队破袭保定以北平汉路；第三军分区部队袭击保定，破坏保定以南铁路；冀中部队和各地方部队配合这次破袭行动。自 4 月 28 日至 5 月 14 日，各部队出色地完成了任务，连续破坏铁路 170 多里，使平汉线 3 天不能通车。攻占涞水的部队沿平汉线向北推进，争取了 2400 多名伪军反正，扩大了八路军在这一地区的影响。进攻保定的部队，两次夜袭，一度攻入保定南关，引起日军恐慌。聂荣臻对这次行动是满意的，在总结此役时说："致令敌人不得不以大的兵力增援到保定、定县、石家庄一带，以维持其交通，我则达到了钳制大量敌军之目的。"①

两个月以后，抗战一周年纪念日到了。早在 6 月 20 日，根据总部关于纪念抗战一周年，向敌进攻与示威的命令，聂荣臻发布了《电令军区各部向敌进攻的部署》。部署规定：第一、第二军分区在一二〇师一部配合下破击平绥路，以第五支队逼近北平，袭击平西；第三军分区与冀中部队配合"破坏新乐至保定之交通外，主要的是向保定之敌进攻"；以第四军分区为主破击正太路。按照部署，晋察冀军区各部于 7 月 6 日深夜至 8 日，采取了协调一致的突然袭击行动。

聂荣臻指挥作战有个信条，就是一旦下了决心，就决不动摇，但同时又放手让下属各级指挥员，按前线实际情况，机断行事。因此"七七"这一天，尽管前方战况激烈，弹火纷飞，他却泰然地在军区司令部所在地金刚库，出席了在古佛寺召开的"边区各界纪念抗战一周年暨追悼阵亡将士大会"。正当他在台上讲话，号召向阵亡将士学习，将抗战进行到底之时，突然下起了雨，2000 多人的会场顿时有些混乱，坐在两边的自卫队员、妇救会员和儿童团员们纷纷跑到场边上的房屋里避雨，只有坐在正中的部队岿然不动。聂荣臻原来站在搭着席子和篷布的台上，是淋不到雨的，此时他干脆跳到台下，并且将军帽扯下来抓在手里，在雨中继续发表慷慨激昂、振奋人心的演讲。于是，避雨的人们陆续又走回会场，"誓死抗战到底"的口号声此起彼伏，夏日的豪雨也成了誓师抗日的鼓点。

7 月 7 日、8 日两天，军区司令部作战室电话铃声不断，捷报频传。第一、第二军分区报告：7 日凌晨 3 时，第五支队按计划突然袭击了北平西北郊的石景山发电厂，用手榴弹和炸药炸毁了石景山发电厂的两座大锅炉和一个火车头，使北平城内断电，一片漆黑，日军紧闭四门不敢出战，直到天亮才派兵出城，我军与之激战，又歼敌不少；一部攻入北水泉敌坚固堡垒，激战至天明始退出战斗；

---

①《聂荣臻军事文选》，解放军出版社 1992 年版，第 70 页。

一部占领桃花堡；一部在广灵、西合营、暖泉一线与敌激战，击毁汽车十余辆，缴获极多；一部在九宫口等地与敌步、炮兵激战，将敌击溃。

平汉线方面，八路军袭击易县县城并占领大部，两天后方退至城外，破坏了附近的铁路线，缴获极多。另一路袭击保定，将南、北两关占领。保定至定县间的一段铁路被拆毁，敌军车一列出轨，车头被炸毁。徐水、满城也遭到八路军袭击，90多名伪军连同他们的大队长，一齐被俘。

正太线方面，八路军一部曾袭占平山县城北门。一部在正定附近诱敌出城，予以伏击，敌惨败而归。八路军一部还攻入新乐及长寿车站。

三天中，来自四面八方的捷报，使聂荣臻感到振奋。唐延杰向他报告，这次出击，共歼敌1400多人，俘伪军130多人，缴获各种枪300余支（挺），还有大量的军需物品。聂荣臻高兴地说："看来这次我们取得了预定的结果。"

晋察冀军区三次大规模出击平汉、平绥等敌后交通线，以及宋邓纵队挺进冀东，使日军感到极大的威胁。北平敌伪《正报》在10月16日的通讯中这样写道："数月来中国共产匪军，即所谓朱德麾下之第八路军，乘日军大举围攻武汉之际，肆意猖獗于晋北、察南、冀东诸地……惟查彼等匪军之总巢穴，乃在山西省北部高峰之五台山附近，上述各地皆属支蔓。不图近日益居心不逞，意图扰乱内长城线，威胁京师，日军坐视不忍，遂决心分兵围剿，开始犁庭扫穴工作。"

第三十章　日军"北围五台"的破产

1938年9月，日本华北方面军司令官杉山元，根据大本营"中攻武汉，南取广州，北围五台"的作战计划，调集3个师团、3个旅团等共5万兵力，从9月20日起，兵分25路，从四面八方开始向五台山区发动进攻。敌人这次出动的部队，几乎是清一色的日军，进攻的目标是晋察冀边区党、政、军领导机关驻地和八路军控制的县城，其作战方针是分进合击，多路"围攻"，步步为营。

聂荣臻与他的助手们及时研究了敌人"围攻"的特点，制订了各部队反围攻应采取的作战原则和计划。边区军民已经有了近一年反"围攻"的锻炼，对于粉碎敌人新的围攻，他是充满信心的。

一天，金刚库上空突然出现一架日军侦察机。这使聂荣臻警觉起来，他下令军区机关及直属单位立即转移。果然不久，日军轰炸机飞临上空，进行狂轰滥炸。原来金刚库有个汉奸，在天津某电话局当局长，他了解八路军在金刚库的住处，向敌人告了密。那次如果不及时转移，军区机关可能会遭受损失。

五台自然是这次日军进攻重点之一。在第一阶段日军出动的十路进攻部队中，有四路是以五台为目标分进合击的。二分区主力四团、五团、六团和地方部队进行了顽强阻击，使日军受重大损失。

聂荣臻率军区领导机关转移到耿镇与石嘴附近的一条山沟里，正值敌独立第四混成旅团大队长清水正夫率部在飞机掩护下进攻五台县东南的柏兰镇。这个清水大队长是个气焰极为嚣张的法西斯分子，一再扬言要“荡平”五台山，发誓要带兵“胜利”地开进五台县城。为了防止敌人逼近首脑机关，聂荣臻要唐延杰参谋长立即指挥二分区的部队和军区学兵营掩护机关和后方人员撤退。

唐延杰指挥部队在牛道岭袭击了敌人。据一位老参谋回忆说：“我们事先知道日军从牛道岭的山上下来，在山下的下耿家庄镇过夜。参谋长让部队避开敌人，在夜间悄悄地上山占据有利地形。9 月 29 日清晨，敌人正在集结准备出发，参谋长下令主动袭击敌人，他亲自带一个警卫连冲下去，敌人猝不及防，一下子被击毙了不少人。当时并不知道清水大队长也被打死了。这一仗打得好，但是时机不对，不应该主动进攻敌人，而应该避敌锐气，与敌周旋。结果，敌人武士道精神十足，立即组织反扑，攻上山来，掷弹筒、机关枪全干上了，我们遭到了不小的损失，伤亡了几十个学兵营的干部，参谋长也负了伤。”

好在唐延杰参谋长虽然负了重伤，并无生命危险，还能打电话向聂荣臻报告战斗情况和伤亡人数。聂荣臻一听牺牲了那么多宝贵的干部，一反常态地变得急躁起来：“你——伤口疼不疼？”

“疼！”

“疼！我还要找你算账呢！”

聂荣臻很少发脾气，这是少见的一次。后来，当扎着绷带的参谋长出现在聂荣臻的面前时，这位平素儒雅温和的将军突然背着手，低着头，闷不出声地快步走来走去，房间里的空气陡然凝固了，参谋人员和警卫人员都躲到屋外。聂荣臻走着走着，突然在唐延杰面前停住，猛地抬起头说：“我就这么点宝贝干部，一下子叫你给损失了不少！战机掌握得不对不说，你一个军区参谋长，高级指挥员，不是连排干部，随便离开指挥位置，带人冲杀，只图一时痛快！你要是战死了，敌人轻易地搞掉我们一个高级干部，我怎么向中央和总部交代？怎么对得起你老兄？嗯？！”

雨过天晴。聂荣臻发过火之后，重归平静，他对挨批评的同志不抱成见，见面还是跟往常一样。他也知道，唐延杰完成掩护任务心切，主动袭敌的出发点是好的，自己对他的批评虽然正确，态度上似乎有些过火，但是事后他没有向参谋长再作解释。这次战斗击毙日军清水大队长之事，他是 20 天后从敌人的报纸上得知的。聂荣臻在偶然得到的日本《福冈日日新闻》报纸上，看到 10 月 6 日日本同盟社的一条电讯，说：“山西肃清战中著有赫赫武勋的清水大佐战死……而在这些将校的死亡之外，其兵士死伤的人数，更不在少数。”那张报上还刊登了日军抬着装有清水尸体的棺材进五台县城的照片。聂荣臻立即将这个情况向总部作了报告。

聂荣臻一边带领军区机关向蛟潭庄转移，一边指挥全区的反“扫荡”斗争。五万多敌军压境，陆续侵占了边区全部重要城镇，情况是空前严重的。中共晋察冀分局发出号召，要求全边区人民紧急动员起来，配合部队作战，将日军赶出边区。9 月 30 日，聂荣臻在一天之内连续向总部和中央发出两份电文，如实反映了困难的局面与要求："我已无绝对把握击溃敌人一面，如勉强行之，将造成更不利之势，而以三万之众束缚于大荒山地，无食无住，且不能周旋。""五台很有可能失守，请速令一二九师及一二〇师徐旅给我配合，若五台失守仍须积极配合我作战，否则我将处于最不利之地位。"

党中央和八路军总部领导人以焦急的心情，密切关注着晋察冀的反"扫荡"斗争。10月2日，毛泽东、朱德、彭德怀等致电聂荣臻：根据敌人的进攻特点，应"相当地集中主力，于我有利的各种条件（敌人弱，地形有利）方面准备待机"；"以小部队与敌进行极不规则的小战，迟阻和疲惫敌人，以相当有利（力）部队转入敌之后方交通线，打击敌之运输"；"如敌无弱可乘，不便我主力集中打击或消灭敌时，待敌人进至利害循环变换线，即将主力转至敌后方，仍以小部队分途逐渐引敌深入，使敌疲惫、疏忽、扑空，待敌转移方向或退却时，给敌以突然的袭击或追击。"在这份电报中，总部还令第一二九师破坏正太路，积极尾击由正太路北进之敌。令一二〇师的三五八、三五九旅采取有力措施配合晋察冀军区作战。这份电报来得很及时，对这次反围攻作战的胜利，起了重要的指导作用。

承认敌人的优势和自己的劣势，不但敢于正视它，而且坚决贯彻上级指示，勇于扭转它，这是一种实事求是的指挥员的风度。聂荣臻正是这样。他临危不乱，一方面及时向上级反映情况，请求帮助，另一方面沉着地指挥军区部队调整部署，部分部队采用游击战术，与敌周旋，主力部队则跳出合围圈，在敌供应线侧翼打敌运输队及掩护部队，大量破坏道路、桥梁。有时候，在战斗最关键、最惨烈的时候，聂荣臻不得不向自己的爱将们下达死命令。在阜平东西庄大战中，敌人来势极猛，一分区、三分区主力及冀中独立旅一部共10个团与敌人血战。在战斗最关键的时候，聂荣臻甚至与团长们直接通了电话。一次，他给三团团长纪亭榭打电话说："纪亭榭！我告诉你，几十万边区票子还没运出去，你一定要顶住！我给你下个死命令——你一定要做到人在阵地在。听清了吗！"纪亭榭义无反顾："好！我和我们三团全体人员一定按司令员命令做到人在阵地在！"这是一次硬仗。八路军参战部队共消灭日军1000多人，但这是以自己伤亡400多人、中毒700多人的沉重代价换来的。针对日军施放催泪性毒气弹的残暴行径，聂荣臻立即总结中毒部队的防毒经验，以急电传达至各个部队。战后，聂荣臻嘉奖了各参战团队。他亲自打电话表扬三团打得好，并派邓拓前去慰问三团。

10月下旬，整个战局果如中央所料，起了很大的变化。进入山地的日军十分疲惫，八路军却愈战愈勇。聂荣臻令各分区集结主力，予敌以狠狠打击。在一二〇师三五八旅、三五九旅配合下，军区部队在各地主动出击，重创日军。其中在高洪口战斗中，军区部队与三五八旅配合，歼灭了日军蚋野大队长以下500余人。至11月7日，历时48天的反敌多路"围攻"的战斗胜利结束，日军被毙伤5200多名，其"北围五台"的幻梦彻底破灭，最后不得不狼狈逃窜。

作为"北围五台"计划的组成部分，从11月起，日伪军先后以2万多兵力，对冀中根据地发动了5次"围攻"。冀中军民在贺龙、关向应等率领的一二〇师主力部队强有力的支持下，歼灭了大量敌人，粉碎了敌人的“围攻”计划，迫使日伪军转入以保守城镇据点为目的的防御状态。贺龙率一二〇师主力进入冀中后，还收编和改造了大量杂色武装，对巩固和加强冀中根据地起了重要作用。聂荣臻为此十分欣慰。

聂荣臻在蛟潭庄留影

边区党政军首脑机关在反“围攻”的炮火中，安全地转移到了平山县蛟潭庄一带。

反“围攻”胜利以后，聂荣臻根据历次作战情况，总结出了游击战的五条重要经验。他说：处在敌人远后方被包围的部队，要取得胜利，必须发现和制造敌人的弱点。一年来的经验告诉我们，敌人的弱点是能够找到的，然后用游击战术去打击它。

第一，敌人作战离不开交通线，一旦离开，运输联络就十分困难。特别是深入山地之后，辎重过多，行动滞笨。此次进攻五台，就用了近 1000 匹牲口，每日行军不过 10 余里，便于袭击。这次除五台外，在定县、曲阳间，党城、王快间，晋察冀部队沿交通线各歼敌 300 余，缴获很多。

第二，敌人占据某一据点之后，如果后方交通线被切断或破坏，据点中的敌人立即孤立，非败退即被消灭。此次收复阜平、王快，就都是敌人因交通线被破坏而不得不弃城逃窜。

第三，敌人因地形不熟，害怕夜间战斗。八路军组织夜袭，一般都能成功。

第四，在山地，敌机械化武器大多失去作用，大部队在山沟里无法展开，小部队不敢轻易深入。八路军在山地却可以经常举行袭击或伏击。

第五，敌人在受到严重损失后，为维护其所谓“皇军的威严”，事后总要行报复性进攻，已成规律。八路军可据此伏击歼敌。

这次反“围攻”的胜利，意味着晋察冀边区已成为敌后巩固的抗日根据地了。

第三十一章　抗日模范根据地（一）

晋察冀抗日根据地在敌后不但站稳了脚跟，而且在强敌“围攻”中不断发展壮大，受到了中共中央和八路军总部的高度重视。

中共六届六中全会主席团，1938 年 10 月 5 日在致聂荣臻等人的慰问电中称：你们“已经创造晋察冀边区成为敌后模范的抗日根据地及统一战线的模范区。这些都在华北抗战中已经和将要尽其极重大的战略作用，而且你们的经验将成为全党全国在抗战中最有价值的指南”。充分肯定了晋察冀边区各方面的斗争成就，这是晋察冀被称为抗日模范根据地的最早由来。

早在 1938 年 3 月 29 日，毛泽东在陕北公学的演讲中，就称赞过晋察冀所取得的成就：“如李白所说，‘大块假我以文章’，岂只大块地方可以做文章吗？……一一五师副师长聂荣臻现在五台山造成一个抗日根据地，在平汉、平绥之间大唱其戏。一边喊：‘打倒王克敏’[①]，一边喊：‘活捉聂荣臻’，打了好多回合，日本人打不过，便烧了老百姓好多房子。也好，烧了房子他自己也不能去，老百姓又好去当游击队。于是男女老少，全体动员，自卫军、少先队，又办学校，训练干部。几十个县城没有官了，于是建立抗日政府，且向热河打去……我们要在各地建立五台山，人山，各种根据地。”

11 月，聂荣臻就晋察冀创建一年来的斗争情况，向中共中央写了一份详尽、系统的报告。毛泽东看后认为很有意义，要聂荣臻补充修改后出版。补充后的报告共十万余字。1939 年 3 月 18 日，毛泽东接到补充报告后，复信聂荣臻：“荣臻同志：你著的书及送我的一本照片，还有你的信，均收到。这些都是十分宝贵的东西。书准备在延安、重庆两处出版，（我与王主任[②]各作一序），照片正传观各同志。望努力奋斗，加深研究，写出更多的新作品。”同一天，毛泽东还致电八路军前方总部、一一五师、一二〇师、一二九师等单位，说“这本书对外对内意义甚大”。毛泽东用他那流畅有力的笔触将书名定为《抗日模范根据地晋察冀边区》，并在序言中指出：

> 晋察冀边区是华北抗战的堡垒……聂荣臻同志的这个小册子，有凭有据地述说了该区一年半如何实行三民主义与如何坚持游击战争的经验，不但足以击破汉奸及其应声虫们的胡说，而且足以为各地如何实行三民主义，如何唤起民众以密切配合抗战的模范。谓予不信，视此小册。

朱德和王稼祥也写了序言。朱德写道：

> 晋察冀边区的创造、巩固与发展，对于我国的抗战，有着重大而深远的意义：首先它给全国军民以坚持敌后抗战之信心与模范的榜样；同时它给日寇以无穷的打击与深痛的隐忧；再有，它给汉奸伪组织予以无情的扑灭与摧毁，使丧心病狂之败类不无顾忌，使敌后伪政权难以组成，及无法巩固其统

① 王克敏，大汉奸，当时在北平任伪中华民国临时政府委员会委员长。
② 王主任，即王稼祥，当时任中央军委副主席兼总政治部主任。

治；还有，它也给全世界先进人士以正确的启示，在国际人士面前宣告：中华民族是不可侮的，因而增强了我国之外援。凡此种种，它起着在今天配合全国军民之英勇战斗，去停止敌之进攻；在将来配合全国主力之出击，成为反攻敌人之最前线的有力阵地之伟大作用。

从毛泽东和朱德的序言中不难看出，中央和八路军总部对聂荣臻开辟晋察冀抗日根据地的工作是充分肯定的。但是，聂荣臻的头脑十分清醒，他认为，中共中央和毛泽东等人的这些话，并不等于说边区的工作就没有缺点了，已经尽善尽美了，相反，还必须加强一系列的工作，才能使晋察冀根据地得到巩固和发展，经得起更为残酷的考验。

由聂荣臻署名的《抗日模范根据地晋冀察边区》一书，1939 年 5 月在延安、重庆两地公开发行，成为第一本系统介绍八路军坚持敌后抗战的专著。引起了国内外的广泛关注，扩大了共产党、八路军的影响。

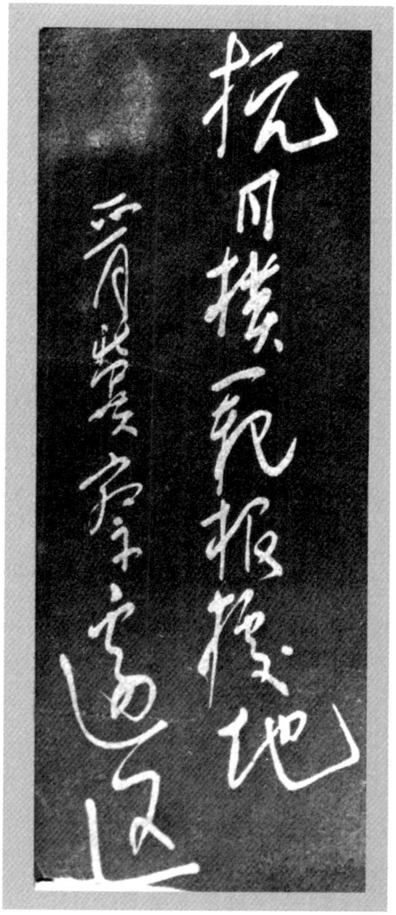

毛泽东为聂荣臻书题写的书名《抗日模范根据地晋冀察边区》

晋察冀被誉为抗日模范根据地不是偶然的。从聂荣臻率领 3000 人的武装留在五台山起，中共中央就在密切地注视着他们的行动，看他们在华北日军的腹心地区究竟能不能站住脚，能不能坚持下去。如果能够坚持下去，那就证明八路军其他部队也能够这样做。这就可以使毛泽东关于抗日战争的一系列战略构想成为现实。如关于开展独立自主的抗日游击战争，充分发动和组织群众，在打击日本帝国主义的同时，不断壮大革命群众和人民军队的力量，为争取抗日战争的胜利，以及抗战胜利后的革命斗争奠定基础。

实践证明，在近两年的时间内，晋察冀不仅在军事上取得了一系列胜利，在敌后站住了脚，而且全面地创造性地执行了中共中央有关抗日的各项方针政策，充分发动了群众，使八路军的军事斗争得到了群众的广泛支持，不断发展壮大，使日本侵略军深陷于人民战争的汪洋大海之中。

晋察冀边区在彭真、聂荣臻、宋劭文等人的领导下，从一开始就很重视根据地的全面建设。除大力加强主力军、地方武装和民兵的建设外，还特别重视党的建设。聂荣臻和彭真都认为，要建设好根据地，首先必须要加强党的各级领导。

这是根据地得以巩固扩大的根本保证。在1938年4月中共晋察冀边区第一次代表大会上，聂荣臻要求无论是地方党组织还是部队党组织，都要真正起战斗堡垒作用，领导和教育群众坚决贯彻中国共产党的抗日民族统一战线的各项方针、政策，团结起来坚持抗日斗争。此后，中共晋察冀分局对下属各级组织，主要是基层组织进行了整顿。基础好的党组织，着重加强教育，提高党员觉悟。党员数量少的地区和单位，大力吸收抗日活动中的先进分子入党。在北方分局领导下，除了成立党校，还大量举办了各级党组织的训练班，轮训党的干部。在党员觉悟普遍提高的基础上，逐步把表现不好或不起作用的党员清除出党。这就从政治上、思想上和组织上提高了党的质量，使党的领导和核心作用大为增强。平、津两市中共党的工作，抗战开始后一度比较沉寂。1942年晋察冀分局成立了城市工作委员会，由刘仁任书记。随后党的工作逐步恢复，从秘密宣传、提高人民抗日觉悟，到提供情报、输送知识分子及各类人才、购买紧缺物资等多方面，有力地配合了晋察冀根据地的抗日斗争，作出了重要贡献。加强党组织建设的工作，主要是由北方分局书记彭真领导的。但聂荣臻在这方面也尽了心力。到1941年1月，彭真奉命去延安，由聂荣臻任北方分局代理书记。1942年7月1日，为纪念中国共产党成立21周年和贯彻延安整风运动的精神，聂荣臻在《晋察冀日报》上发表了《全面开展整顿三风的学习与检查》的文章，并在军区和分局、北岳区党委机关党员大会上，作了关于加强党性锻炼的长篇报告。7月4日，毛泽东致电聂荣臻，指出："你七月一日的文章已全部收齐看到，即付解放日报发表。此文号召整风学习，纠正整风中的偏向，并指出边区学习的特点，对整风开展有很大作用。但有一点请你注意者，不要把三风分为某些是下级多些，某些是上级多些。"此次整风"主要与首先的对象是高中两级干部，特别是高级干部"。遵照毛泽东的指示，聂荣臻抓紧了对中高级干部的整风学习，使党风有了好转，这对加强党的领导，克服1942年面临的严重困难及以后的斗争起了良好作用。

为了建立既是抗日又是民主的根据地，边区广泛地开展了民主政治运动，进行区、村政权民主选举，逐步加强和改造了基层政权。聂荣臻经常与宋劭文等研究，确定改造原来的旧政权首先要发动群众。群众发动起来后，用各种办法检举基层政权中的不良分子，把压迫人民或不为人民办事的人都清除出去，然后选举能代表基本群众利益的人出来掌握政权。各地还实行各级人民代表会议制度，改革了政权机构。代表由村民大会选举产生。农民群众文盲多，投票选举颇为不便，他们就创造了在当时是极为民主的"豆选"办法。就是候选人每人背后放一只碗，选民想选谁就往谁的碗里放颗豆子，最后以豆子的多少来确定选举结果。每当聂荣臻与别人谈起这些时，总是极为兴奋，直到晚年他对此还津津乐道。这样选出的代表或干部，大多能真正做到为人民谋利益，得到群众的拥护。这样当家做主的民主权利，是晋察冀人民祖祖辈辈从未有过的，从而极大地激发了人民群众的抗日积极性。

为了充分发动群众，党和政府领导群众贯彻减租减息政策，并将这个运动普及到边区各地。1938年2月9日，边区政府即颁布了《晋察冀边区减租

聂荣臻（左）高度重视政权建设工作，他与边区政府主席宋劭文正在深入交谈问题

减息单行条例》，规定地主之土地收入，一律照原租额减收百分之二十五；债主之利息收入，一律不准超过一分（即百分之十）。此外，额外附加一律废除，高利贷一律禁止。1939年1月，聂荣臻在中共晋察冀分局第二次代表大会上作报告时又强调，要保障人民已得的利益，各地必须彻底实行减租减息政策。他明确指出，要从政治上压倒和在经济上削弱封建势力，这是根本措施。由于党、政府和农会在群众中的工作日益深入，基本群众的阶级觉悟和政治地位大为提高，减租减息形成了广泛的自觉性的群众斗争。他们大量揭露了顽固不化的地主分子、汉奸特务分子和违背统一战线及政府政策、法令的违法犯罪分子。减租减息政策的贯彻，大大减轻了封建剥削对贫苦农民的压力，在一定程度上改善了人民的生活，使人民有了新的生机，从而对发动群众起了关键作用。但有的地方也出现了政策界限不清的做法。聂荣臻发现后及时向干部们指出："我们是要吃牛肉还是要喝牛奶的问题。吃牛肉一下把地主、富农的财产全没收，不是很痛快吗？但这样做，只能是帮敌人的忙，会把地主、富农都赶到敌人那边去，又将形成中央苏区时'赤白对立'的现象，危及到我们抗日统一战线的工作。我们认真搞减租减息，只要地主、富农执行政府规定的政策，就团结他们一道抗日。这是挤'牛奶'的办法，慢慢挤，细水长流。"聂荣臻的举例生动鲜明、通俗易懂，很快被广大干部群众接受。至于减租减息的具体做法，聂荣臻常说："宋劭文同志做了大量工作，他有细致的计算办法，能得到农民和地主的普遍接受。"晋察冀边区减租减息政策的正确贯彻，使群众得到了看得见、摸得着的利益，抗日积极性大为提

高。人们常常称赞晋察冀的群众发动得好，发动得成功。其实，奥秘就在于两项工作做得好：一是减租减息，使贫苦农民从经济上得到利益；一是实行民主，使他们在政治上得到自由。

群众在民主讨论选举政府的问题

晋察冀孤悬敌后，几乎得不到任何物资接济，因此聂荣臻非常重视组织军民生产。在他的倡导下，边区政府一开始就鼓励群众发展生产，植树造林，兴修水利，改良耕作方法，开垦荒地，多打粮食，支持抗日，改善生活。到1939年，又颁发了《奖励生产事业条例》和《垦修滩荒办法》，号召平原地区少种棉花，以防被敌人掠夺利用，要求各地多种粮食，发展手工业，尽量自织土布，以满足军需民用。有的地方还号召一人养只鸡，一户养头猪。早在1938年初，边区便开始组织合作经济，建立各种合作社，群众自愿集资合股，实行民主管理。当时，合作社主要经营消费品和组织运输。1939年春，边区政府颁布了《合作社暂行规程》，使合作社经济进一步健全发展。群众性的互助合作经济，便利了农民的生产和交换，减少了奸商和高利贷的盘剥，而且有利于进行有组织的对敌经济斗争。

晋察冀边区还逐步加强了财政建设，健全了财政制度，保障了军需民用。根据地的军政费用，主要来源于"合理负担"、田赋和税收。聂荣臻说：由于我们的部队和干部，大多来自劳动人民，从朴素的阶级感情出发，一开始他们就提出，抗战的财政都要由有钱的地主、富农或工商业主负担。这样做显然不符合抗日民族统一战线的总方针。所以，根据中央的指示精神，我们提出了合理负担的办法。怎么个合理法，都是宋劭文领导边区政府摸索研究出来的。他懂经济，又很钻研，工作很细，提出的办法得到边区广大群众的拥护和支持。

晋察冀合理负担的办法，开始时不分贫富，按每户全部收入折米计算，农户平均每人收入小米一石四斗以下的免征救国公粮，一石五斗至二石的征收3%；二石一斗至三石者征收5%；以后每加一石增1%，直增到20%为止。经营工商业的，按同样的比例缴纳现金或实物。后来，觉得免征点稍高，负担面窄了些，对统一战线不利，便降低了免征点，使负担面扩大到边区总户数的 60%左右。“救国公粮”由村政府征收、支付和保管。这样，村村有粮站、村村有仓库，可以到处取给，不误需用，还节省运输，减少了损失。部队、政府机关用粮，由政府按月按定量发给粮票，保障了供给。采取这些措施以后，边区财政逐步走上轨道。聂荣臻曾不无自豪地说：自古以来，就有“兵马未动，粮草先行”的说法，我们在抗日战争时就不存在“粮草先行”的问题，部队基本上是走到哪里，便可以就地取得“粮草”供应。

聂荣臻在唐县和家庄植树造林

晋察冀在发动群众进行政治、经济等各项斗争中，还大力加强了对群众组织的领导。根据地的工人、农民、青年、妇女和儿童，都广泛地组织起来，使他们在抗日斗争中发挥更大的作用。农会吸收和依靠贫雇农，并以贫雇农中的积极分子为骨干，团结广大农民，以各种方式支持抗日战争，这是八路军最可靠的群众基础。边区青年在各条战线上是最活跃的力量，是党和军队的重要后备军。中共各级组织特别注意了对“青年抗日先锋队”的领导，通过这个半武装性的群众组织，使广大青年在对敌斗争和各项工作中发挥了有力的作用。聂荣臻说：抗战时晋察冀的群众组织得很好，社会秩序井然，真可以说是做到了“夜不闭户，路不拾遗”的程度。只要在边区，我们走到哪里都非常安全。事实也确实如此。聂荣臻经常到各军分区检查工作，或到北方分局开会，有的相距百里以上，他都是只带一名警卫员，一人一匹马，说走就走。有时在老乡家吃饭或过宿，都受到热情接待，安全得很。

聂荣臻还十分重视边区人民的政治文化教育。他支持宋劭文和主管文化教育的边区政府委员娄凝先等，普遍发展了小学、中学和冬学、夜校，村村办有“扫盲班”，帮助不识字的农民学文化。文化教育活动，不仅遍及边区各地，还发展到一些游击区和敌占区。到 1939 年底，据不完全统计，北岳区和冀中区共办有 7000 多所小学，7 所联合中学，中小学生达三四十万人。晋察冀还创办了华北联合大学和抗战建国学院两所高等院校，培养了大批各类干部。边区军民文化水平的普遍提高，对建设边区、保卫边区产生了积极影响。

1940 年 8 月，在彭真主持和聂荣臻的参与下，对晋察冀推行的各项方针政

聂荣臻到第四军分区检阅部队

策，进行了全面系统的研究总结，制定了《中共中央北方分局关于晋察冀边区目前施政纲领》。因为该纲领恰恰是20条，所以称为《双十纲领》。这个纲领被延安《新中华报》称为“它是抗日民族统一战线的、新民主主义的施政纲领，是最适合目前抗日需要的”。纲领受到晋察冀各阶级、各阶层的热烈欢迎。它使边区建设取得了进一步的成就，使根据地日趋巩固，对游击战争的坚持和发展起了重大作用。

根据地火热的斗争生活，给了当时任抗大二分校大队政治委员的傅崇碧以深刻的印象。他后来回忆说：

1940年8月，聂荣臻参与制定了边区政府的《双十纲领》

1938年秋天，我从抗大来到了晋察冀边区。我们首先到了蛟潭庄、城南庄等地。以后又到了根据地其他地区，亲眼看到和亲身体会到了模范抗日根据地的大好形势。我们每到一处，都强烈地感受到当地的人民群众对共产党是那么的拥护，对日本侵略者是那么的仇恨。我们看到有许多老人和儿童在村里站岗放哨，组织得非常好。边区的人民群众真正是被发动起来了。我们到这里后还碰上了赶集市，这是我们来之前所没有想到的。赶集的人成千上万，熙熙攘攘很是热闹。集市上吃的、穿的、日用的，什么东西都有。可以看出，根据地的生产是抓得很不错的。更令人惊叹的是当地群众对敌人竟没有一点害怕的样子，完全像是生活在一个和平、安全的环境中。只要敌人或敌机一来，放哨的人就会敲钟。听到钟声，人们就极有秩序地分散、隐蔽起来。对于我们初到晋察冀的人来说，那里真是一派欣欣向荣的景象。我来到晋察冀边区不久，就参加了陈庄战斗。这次战斗虽然粉碎了敌人的进攻，但是有许多村庄都被敌人烧光了。我看到老百姓一不害怕、二不悲观，很快就在废墟上建起了自己的房屋。晋察冀边区的文化生活也很丰富，搞得非常活跃。我记得1939年冬，贺龙率一二〇师要回晋绥去，军区为他们组织了演出、篮球比赛等文体活动。文工团、体工队、各军分区的领导人及军区的干部们都参加了各项活动。快过年时，乡村里到处都可以看到跳秧歌舞、踩高跷和唱戏的人们。在敌后根据地文化生活开展得这么好，的确是不多见的。在晋察冀边区，报纸从来没有间断过，我们天天都有报纸看。敌人来“扫荡”时，印刷机用牲口驮着走，走到哪里在哪里印报，然后再通过民兵把报纸分送出去。根据地对培养干部非常重视。部队连以上干部都要在抗大二分校进行训练，民兵队长都必须在学校接受半年时间的训练，学习怎样埋地雷，怎样打游击战等。边区还办了党校，专门学习党的政策、法纪等。对这一点聂司令员抓得很紧，他经常到学校或教导团讲话，鼓励大家好好学习。在根据地，军民关系是非常融洽的。当地群众抗日救国的热情很高，信心很足。那时，军工厂做地雷缺铁，群众知道了就把庙里的大铁钟拿来烧化了做地雷。在老百姓家的门窗上，到处可见挂着的手榴弹、地雷，敌人害怕极了。再有就是群众家家户户挖地道，和敌人展开地道战。军民关系很密切，吃在一起，住在一起，共同抗日，那种军民团结打击敌人的气氛是令人难忘的。

晋察冀抗日根据地的光辉成就，特别是在实行民主政治、改善人民生活方面的突出成就，与国民党统治区形成鲜明的对照。在国民党统治区，人民的负担不仅没有减轻，而且苛捐杂税愈益繁重，人民不堪重负。国民党军队依靠“抓壮丁”的办法，把老百姓绳捆索绑地驱上前线。因此，从大后方来到敌后根据地，如同发现了一个新天地。对晋察冀尤其赞美不已。著名爱国民主人士李公朴先生，曾在晋察冀作了6个多月的考察，在15个县、500多个村庄进行了调查访问，后来写了一本影响颇大的书：《华北敌后——晋察冀》。他在书中热情地呼喊道："抗日民主之花开遍了华北！""华北是我们的！中华民族是不可征服的！"他称晋察冀为："模范的抗日根据地。模范的抗日民主、抗日民族统一战线的晋察冀边区，象征着中华民族解放的胜利，象征着新中国光明灿烂的前景。它的名字深深地铭刻在人们心头的深处，激荡着每一个爱国者，每一个有志气的中国人，特别是鼓舞着年轻一代的希望和向往。"最后，他大声赞美道："晋察冀边区是新中国的雏型！"

第三十二章　抗日模范根据地（二）

在晋察冀抗日根据地，文化工作也有蓬勃的发展。由于聂荣臻的一贯重视和大力支持，晋察冀建立了一支无限忠于革命事业而又人数众多的文化工作队伍。他们与人民生活、战斗在一起，充分发挥了打击敌人、鼓舞人民的战斗作用。

说到文化工作，聂荣臻从红军时期起就十分重视。1933 年在中央苏区，他曾参加《庐山之雪》《杀上庐山》等话剧的演出。他还利用战斗间歇，亲自编写了反映南昌起义的四幕话剧《南昌起义》。[①]

抗战初期，聂荣臻对平型关战斗中沙飞冒着生命危险拍摄的照片赞不绝口。当这位上海来的摄影记者向他提出，希望留在一一五师工作时，聂荣臻满口答应。以后他亲自批准在晋察冀军区政治部设立新闻摄影科，任命沙飞为科长。1939 年元旦，军区在蛟潭庄举办了一次摄影展览，轰动了整个山村，部队的干部战士看，附近村子的老乡也来看，热闹非凡。聂荣臻尽管事前已经过目，也挤在人群里再次欣赏。聂荣臻自己就是个摄影爱好者。1936 年，他曾用任弼时送给他的照相机，在西安附近拍了不少照片。现在，他对沙飞、罗光达说：照片形象鲜明，真实生动，战士和老乡们容易看懂，不识字的人也能看懂，是一种很好的宣传教育工具，要是能放大，群众看得更清楚，那就更好了。他还规定，今后军区的重要活动，都要通知摄影记者参加。后来看到沙飞等用自制的土放大机放大的照片时，聂荣臻高兴地说：共产党、八路军做什么事都有个从无到有，从小到大，从不太好到比较好的过程。[②] 对此给予了充分的肯定，使沙飞、罗光达极为感动。1942 年 7 月，《晋察冀画报》创刊。7 月 7 日聂荣臻为创刊号题词：

> 五年的抗战，晋察冀的人们究竟做了些什么？一切活生生的事实，都显露在这小小的画刊里。它告诉了全国同胞，他们在敌后是如何地坚决英勇保卫着自己的祖国；同时也告诉了全世界的正义人士，他们在东方在如何的艰难困苦中抵抗着日本强盗！

---

① 潘振武：《战歌春秋》，解放军出版社 1984 年版，第 56 页。

② 罗光达回忆文章，1984 年《中国摄影》双月刊，中国摄影出版社 1989 年 9 月第 5 期。

这本创刊号，根据聂荣臻的指示，用铜版纸印刷，文字说明用中英文对照，画面用简单的彩色套印，令人耳目一新。在当时的艰苦条件下，能做到这样，实属不易。更为可贵的是，众多的新闻摄影工作者，用生命和血汗的代价，深入前线、深入群众，拍下了数以千计珍贵的历史镜头，成为晋察冀军民进行抗日战争的最形象生动的历史见证。所有这一切，都是和聂荣臻的支持分不开的，因为他把摄影工作也看作对敌斗争的一种锐利武器。

在聂荣臻的关怀下，1937年12月11日，《抗敌报》和“抗敌剧社”在同一天成立。此后，西北战地服务团、华北联大文工团、联大文艺学院、鲁迅艺术学院、八路军前线记者团等文艺、新闻团体来到边区，以及边区自行成立的各种文艺单位，都受到他的热情支持和欢迎，大批从事文化工作的青年知识分子受到他的关怀和爱护。

1940年，聂荣臻与八路军前线记者团合影

《抗敌报》最初是油印的，以后逐步发展成石印、铅印的报纸。印数也由开始时的几百、几千份，发展到几万份。1940年11月7日，《抗敌报》改名为《晋察冀日报》，它积极宣传共产党、八路军坚持抗日的方针政策，准确、迅速、及时地报道边区军民火热的斗争生活，成为深受大众喜爱而又具有权威性的报纸，为根据地的创立、巩固和发展作出了重要贡献。聂荣臻格外喜欢这份散发着油墨香味的报纸，也格外喜欢辛勤办报的邓拓和那些年轻有为的编辑、印刷工人及发行人员。他说：“邓拓办报是有功的。大批革命的新闻工作者在异常艰苦的环境中进行了大量的工作。《晋察冀日报》社的邓拓，就是其中最杰出

的一个。他领导的《晋察冀日报》社，在反‘扫荡’期间，经常是一面打游击，一面工作。整个报社精干得很，就是那么几头骡子，驮着轻便的印刷器材，编辑记者们背着轻便电台。邓拓带领大家，一手拿枪，一手拿笔，与敌周旋。”因此，他送给邓拓一匹好马。报社凡有重要社论赶着发表，起草后哪怕是深更半夜，邓拓也要单身匹马赶到司令部来，请聂荣臻审阅。《抗敌报》《救国报》《抗敌三日刊》等陆续印发到边区各地，敌人却始终找不到这些“游击报社”的踪影。

边区还办有理论刊物《新长城》，综合性的文化杂志《学习半月刊》，文学艺术刊物《诗建设》《山》《鼓》《文艺通讯》等。它们像一支支犀利的投枪和匕首，刺向敌伪的反动宣传和腐朽的文化，也刺向反抗战、反团结、反进步的扒手们。聂荣臻等边区党政军领导人，成了广大文化工作者最坚强的后盾。

“抗敌剧社”在阜平成立时，最初称晋察冀军区政治部宣传队，队长是杨克武，演出一些红军舞蹈，抗战歌曲等比较简单的节目，以配合作战和发动群众等中心任务。后来从城市来了一批知识分子，刘佳、胡可、杜烽等，演出的节目就丰富一些了。1939 年初开始有了女演员胡朋、陈剑戈、陈群等，演出的水平更进了一步，可以演出多幕话剧了。

“我们的革命根据地不仅在政治上是最光明的地方，在文化上也应该是最先进的地方。”聂荣臻常对政治部主任舒同和宣传部长潘自力说：“我们要有力地抵制敌伪腐朽文化，使扼杀进步文化的国民党统治区相形见绌。咱们边区汇集了众多有志有为的文化战士，尤其是平津地区来的大批优秀的知识青年。我们应该很好地发挥他们的作用，同时也帮助他们，使他们在斗争中锻炼成长。”

对于文艺节目的演出，聂荣臻尤为重视。“抗敌剧社”演出的《松花江上》《张家店》《美人计》《顺民》《林中口哨》及舒同主任亲自编写的《警觉》等戏剧，演出水平虽然不很高，但聂荣臻一有空就去看，看后有时还要作指示。总部学兵队戏剧组带来的戏剧《顺民》，是崔嵬在大后方写的，某些情节不大符合敌后斗争的实际与需要，聂荣臻认真地提出了商榷意见：“剧中的老大爷遭日本兵毒打，儿媳妇被强奸，猛醒后放火烧掉自家的房屋去抗日——这个抗日愿望很好，但是房子却烧得不对头喽！敌后要建立我们的根据地，有时敌人‘扫荡’，我们号召群众坚壁清野，为的是不给敌人留下粮食和物品，迫使敌人不得不退出根据地。至于房子，还得留下，敌人走了，我们回来还得住呀，老百姓也是不赞成‘焦土抗战’的嘛。所以说，艺术要符合斗争需要……”有时候，他看到一个好戏，总是高兴得连声说：“演得好，演得好！你们应该下到分区去巡回演出，让下面的同志也一饱眼福，既受教育，又得到娱乐。”

1941 年 1 月 26 日除夕之夜，聂荣臻工作到下半夜两三点。大年初一早上，天刚亮，他就被抗敌剧社儿童舞蹈队来拜年的小兵们给叫醒了，起床一看，只见剧社的宣海池、田华、华江等一群长得十分可爱的十岁左右的小孩，穿着聂荣臻批准发放的干部军服、吊兜儿马裤，显出俊秀模样，正舞着霸王鞭，唱着歌儿向他拜年。聂荣臻高兴得一个劲儿地说："谢谢你们，谢谢同志们给我拜年……"

"聂司令员，我们还没有吃早饭呢！"宣海池一副天真可爱的样子，脆生生地嚷了起来。聂荣臻哈哈笑了，向正围观的管理科人员说："好啊，快给他们煮饺子呀！"

能在司令员身边吃到一顿平时极难吃到的饺子，对这些文艺小兵来说，简直是最高的奖赏和享受。孩子们高兴得就像小喜鹊一样，叽叽喳喳地叫了起来。他们吃饺子的时候，聂荣臻在一边端详着，叉腰欣赏着孩子们那种可爱的吃相，流露出满心的喜悦。他拿起电话告诉政治部："小鬼队拜年，要好好招待！"结果，小兵们转了一大圈拜完年，吃饱喝足之外，衣袋里还胀鼓鼓地塞满了花生和红枣，欢天喜地、蹦蹦跳跳地带回去分给比他们年长的队员们。

聂荣臻对军队的文艺工作者总是给予厚爱的，无怪乎人们常说抗敌剧社的文艺兵是"军区之骄子"了。抗敌剧社和华北联大文工团、西北战地服务团联合演出苏联话剧《母亲》，他观看后接见了剧组，称赞他们演了一出有很大教育意义的戏剧，并说武装斗争与文化建设是不能对立的，文化加军事加政治就等于革命军队的战斗力。① 会餐的时候，他特地向导演崔嵬、丁里、胡苏、汪洋、饰演主角的胡朋以及所有的演职员敬酒，表示感谢，并检讨说对大家关心不够，使文艺工作者们深受感动。

1940 年 11 月，聂荣臻在边区第一届艺术节上对文艺工作者讲话："文化加军事加政治就等于革命军队的战斗力。"

①《晋察冀日报》1941 年 1 月 22 日。

聂荣臻关心文艺工作者，还表现在对他们的严格要求上。考虑到剧社社员要演出，下部队时要做政治鼓动工作，所以他批准文艺工作者穿干部服，留头发，不必像普通战士那样一律剃光头。但是不允许他们生活散漫，作风疲沓。有时看到个别的剧社人员衣冠不整，军容风纪不好，他会叫住这种人，严肃地说："你们剧社是培养政治工作干部的地方，各方面都要做出好榜样嘛。"

聂荣臻非常爱惜文艺骨干。他对抗敌剧社的人才保留作了几条严格的规定：第一，剧社里凡是有文艺才华，作出过贡献的人员要调出去，都得经过他批准。第二，剧社的女演员太少，即使是符合婚姻恋爱条件的老红军团职干部，也不许到那儿找对象。培养一个女演员不容易，都找跑了，生儿育女改行去了，她的艺术生命终止了不说，剧社还怎么演出？剧社内部目前也不允许互相谈恋爱，何时开禁，以后视情况再定。第三，创作和演出的节目一般由剧社自己定，顶多宣传部审查一下就行，他不去干涉，叫别人也不要一味指责。

正是因为有了聂荣臻的几条规定，才使抗敌剧社保持稳定，涌现出了一大批当时和后来都闻名于全军乃至全国的剧作家、导演和演员。进城后，聂荣臻曾欣慰地对担任北京电影制片厂厂长的汪洋说："那时我就想到要保留你们这些艺术人才了。现在看来，都留下来了。"汪洋感慨地点了点头，眼前又浮现出在晋察冀时那难忘的一幕：军区政治部调汪洋到冀东工作，忘了向聂荣臻报告，聂荣臻发觉后命令立即追回。宣传部长潘自力急得连警卫员都来不及带，骑着快马，满头大汗地追上了走到半路的汪洋，心急火燎地喊着："聂司令员不同意你调走，赶快回去换人！"

1941 年 7 月 5 日的边区第二届艺术节大会上，聂荣臻再次指出：各艺术团体在文艺运动中都作出了很大的贡献。我军的传统是"把艺术当做政治工作的武器"，"需要战斗力就一定需要文化"[①]，军队要用这个武器来提高战斗力。艺术要大众化，也要提高，不要因有某些缺点而否定一切。艺术工作是需要经过 10 年、20 年长期努力才能有成就的，有些艺术工作者不安心艺术工作是不对的。

不难想象，聂荣臻对文艺工作的这些指示，对边区各文艺团体所起的鼓舞和教育作用是多么巨大。众多的文艺工作者，依据边区无比丰富的斗争生活，创造出了大量的戏剧、音乐、诗歌、文学、美术作品，又极大地鼓舞了人民群众的抗战热情。

1942 年，晋察冀边区的斗争进入极端艰难困苦的时期。这年的 1 月 15 日，聂荣臻在平山县寨北村出席了晋察冀分局高干会议。会议期间，冀中区党委书记黄敬等人向聂荣臻提出，大家从战斗的第一线到分局和军区来开会，希望能看到一些水平较高的演出，譬如曹禺的话剧《日出》，请聂荣臻问问抗敌剧社，能不能满足大家的要求。聂荣臻马上把剧社社长汪洋和指导员刘肖芜找来，转达了这一意见，并说："我们大多数同志都是农民出身，只了解地主，不了解资本家，

---

①《晋察冀日报》1941 年 7 月 16 日。

对半封建半殖民地的城市情况更不熟悉，看一看《日出》这个戏有好处。”

刘肖芜问：“司令员给几天做准备？”

“三天。”聂荣臻平静地回答。

“天哪！”汪洋和刘肖芜全都愣住了，这是个大戏，而且连剧本都还没有，更不用说排练、服装、布景、道具了。坐在聂荣臻身旁的吕正操鼓励说：“没关系，你们就是拿着剧本在台上念，我们也看！”

既然聂司令员说了话，那么，这无疑是一场需要打赢的战斗。汪洋和刘肖芜返回剧社，连夜进行紧急动员，并从联大的沙可夫那儿找来了剧本。就这样，他们三天三夜不睡觉，只在排练的间隙才打个盹儿，硬是把戏给排出来了。于是，奇迹出现了——抗敌剧社仅用三天时间，就把大型话剧《日出》搬上舞台，献给了边区的领导者们和全体军民。

雪花飘飘，天寒地冻。搭在雪地里的帐篷舞台，四周挖着一条燃着炭火的土沟，以便为穿着单薄衣服和旗袍的演员驱寒。聂荣臻兴致勃勃地坐在台下，边烤火边朝准备演出的演员们喊道：“加炭火呀！喝酒哇！”1940年就任政治部代主任的朱良才赶紧给演员们发酒，好让每个人呷上几口酒，脱去披着的棉衣上台。虽然演出服装是麻袋布和纱布所做的，剧中的沙发是驴驮子翻过来塞上背包改装的，布景也是土法上马搞出来的，但是演出却很成功。三个多小时的演出，使身处敌后的人们大开眼界，热烈的掌声在冬夜的原野里经久不息。演出结束之后，聂荣臻特地走上台向演员们表示感谢，还称赞饰演“小东西”的年轻女演员方碧演得好。方碧幸福地望着慈父般的司令员，眨了眨美丽的大眼睛，甜甜地笑了。

聂荣臻没有想到，这竟是这位既会演戏又能写剧本的年轻女战士留给他的最后一个微笑。方碧是两个月后与剧社的战友们深入到游击区和敌占区宣传演出，在山西崞县神岗头遇敌牺牲的。当时，负伤的还有杜烽和演《母亲》的主角胡朋等五六个人。才华横溢的编剧崔品之被俘，后来宁死不屈，也牺牲了。方碧生前喜爱梨花，她牺牲的时候正是梨花盛开的时节，战友们含泪把她埋在神岗头的梨树下，并在灵寿与平山交界处的两界峰为她召开了追悼会。消息传到军区，聂荣臻痛惜不已，特地发出唁电，以示哀悼。他还指示说：“赶快把负伤的同志送回来治疗。被俘的同志，我们再困难，也要用金子设法把他们换回来！”实际上被俘的文艺工作者大多宁死不屈，几乎没有生还的。

1942年5月，毛泽东在延安文艺座谈会上发表了重要讲话，号召广大文艺工作者为工农兵服务，为革命斗争事业服务，深入生活，深入斗争实践，为创造更多更好的文艺作品而努力。这一讲话，在晋察冀文艺工作者中引起了巨大反响。两个多月以后，晋察冀军区召开文艺工作座谈会。8月6日，聂荣臻到会作了重要讲话。他根据毛主席的“讲话”精神，结合晋察冀的斗争实际情况，指出：我军从红军时期起，就重视文艺工作，即使在艰苦的长征当中，仍然在战斗间歇，组织大家唱歌跳舞。一、四方面军会合后，张国焘曾污蔑这样做是“商女不知亡国恨”。可后来他却成了叛徒。八路军继承了红军的光荣传统，蓬蓬勃勃地开展文

1983 年 5 月，聂荣臻在家中和原晋察冀军区的部分文艺工作者合影

艺工作，极大地鼓舞了广大指战员的斗志，使革命文艺成为强有力的武器，这是值得我们夸耀与骄傲的。尽管我们在军事装备上低劣，比不上强大的敌人和其他军队。但在文化武器这个方面，我们的“装备”是并不落后的，这是我们的优点和特点。聂荣臻说到这里，与会的文艺工作者十分激动，报以热烈的掌声。

聂荣臻接着说，希望大家认识文艺工作在革命斗争中的重要地位，安心和热爱文艺工作，力争成为戏剧家、音乐家、美术家、文学家。最后他鼓励文艺工作者们说：“伟大的作品将来一定要产生，而且一定会产生在前线，产生在堡垒附近。”①

晋察冀的文艺工作者没有辜负党和人民的重托。在战火纷飞的年代，他们确实做到了以革命文化这个锐利的武器，打击敌人，团结、教育人民，为争取抗日战争的胜利作出了重要贡献，不少人为此负伤流血，甚至献出了宝贵的生命，人民将永远怀念他们！

第三十三章　外国人眼中的神秘国土

八路军挺进敌后，以劣势装备，与强大的日军作战，居然取得了像平型关战斗那样的胜利，而且这种胜利的趋势还在继续发展。这引起了许多外国人的浓厚兴趣，想弄清其中的奥秘。40 岁出头的美国情报军官、海军陆战队上尉埃文斯·卡尔逊就是其中的一个。

卡尔逊是在美国女记者艾格尼丝·史沫特莱的鼓动下决定前往晋察冀的。

---

①《聂荣臻军事文选》，解放军出版社 1992 年版，第 206 页。

卡尔逊于1937年12月中旬，来到当时位于山西省洪洞县的八路军总部。他在会见朱德时提出，要求到五台山地区去参观访问。朱德回答说：五台山区已经完全被日本人包围，他们正在沿着五台山区周围的四条铁路线，以两万多兵力分八路围攻聂荣臻所部，去那里很危险。卡尔逊说："然而，这恰恰是我要求去的原因，因为我想看看八路军是如何作战的。到五台去必须至少两次通过敌人的封锁线，这就增加了看到作战行动的可能性。"朱德理解一个军人想看到作战行动的要求，表示愿意提供协助。

后来经毛泽东同意，1937年12月26日，卡尔逊由著名作家、此行作为他的翻译的周立波陪同，跟随一支40多人的护送部队从山西洪洞县出发了。一路上经过安泽、沁县、武乡、和顺、东冶头等地，从娘子关附近越过正太路，进入晋察冀边区。

1938年1月29日傍晚，卡尔逊进入阜平。聂荣臻和军政学校的学员前来迎接。大家都想看看第一个来到的外国人，老乡们也来了不少。卡尔逊说："打仗以来，还没有外国人进入过这一地区，人民很愿意展示他们的成就。一批穿黑长袍的商人在我们经过时向我们行礼，脸上洋溢着善意。紧挨着他们的是穿着棉裤和胸前开口的黑色短棉衣的农民。他们怀着不加掩饰的好奇心观看这个有一副红面孔、穿一双粗陋的鞋子的'洋鬼子'。妇女协会的人举着写有'欢迎美国朋友'的三角小纸旗。"

当天晚上，聂荣臻请卡尔逊吃饭。卡尔逊说："当晚在晚餐时，我会见了边区政府的官员，有机会审度这些远在日本人背后维护中国主权的人们。聂虽然不承认，但他是这一切的首脑和推动力。他长相不那么引人，但眼睛充满了智慧，嘴上的线条显现坚强的决心。他曾在法国学习过三年，像许多法国官员那样把军帽戴得稍歪一点。"

周立波则是这样描写当时的聂荣臻的：

> 在工作这样开展的愉快的环境之下，聂荣臻同志显得比以前年轻，一点也看不出他有三十九岁的模样……他斯文稳重，但他款待客人的早餐，却带着军队的简单和粗豪的样式，也有点四川菜肴的口味。他是四川人。
>
> 这位长征过来的将领，现在成了边区青年信赖的一个对象。他每次演说的前后和中间，群众常常报以热烈的鼓掌。随着边区的日益扩大与巩固，这位精明能干的南方人，就日益博得北方军民热烈的敬爱，而他也更加谨慎，更加尽力于边区民族统一战线的确立。①

在一个朔风呼啸、天寒地冻的夜晚，聂荣臻在他那间挂满作战地图、生着火炉的办公室里，用阜平特产的糖果、梨、枣、花生和他自己特有的微笑，接待

①《周立波文集》(4)，上海文艺出版社1984年版，第76页。

这位远道而来的宾客。聂荣臻亲自提着马灯，站在凳上或炕上，指着墙上的五万分之一或十万分之一的地图，用洪亮的声音向卡尔逊讲述晋察冀的敌我态势。图上插着许多红色和白色的三角形小纸旗。从图上可以看出，在每一面小白旗的周围，几乎都被许多小红旗包围着。卡尔逊是位训练有素的军官，当然清楚这意味着什么。聂荣臻接着讲述他作战的三重任务：防止敌人占领这一地区；骚扰敌人的交通线；逐步把影响和控制扩大到邻近的还没有建立起抗日政权的地区。聂荣臻继续对卡尔逊说："敌人在华北的兵力非常空虚，如果我们的武器装备好一点，把敌人赶出河北去并不是难事。"

卡尔逊说："我正要问你，枪械和弹药怎样补充的呢？"

"很困难。我们正在收集国民党撤走时抛弃的枪支。河北农民大抵有枪，那是抗日战争前为抵御盗匪而自卫用的。最近，因为不堪敌人的压迫，农民纷纷拿出自己的武器，组织游击队，但供不应求。我们这个区域有 1000 多万人口，兵员补充不成问题，困难的就是枪支弹药。"

"能够从敌人那里缴获来补充吗？"

"缴获了一些，但不十分多。敌人因为不懂中国话，怕做俘虏，不肯缴枪，有时宁可人枪俱毁。现在不同一点了，我们的部队学了几句日语口号，使敌人知道我们不杀俘虏，他们也就不像以前那样顽抗了。"

"最近高阳有个日军分队长投降过来了。"在座的司令部一位参谋补充说。

"是的，最近在高阳有个日军分队长自动投降过来了。问他为什么过来？他说他觉悟了，打中国人民是错误的。"

"你们相信他的话吗？"

"我们考虑过，如果他是个坏蛋，他到了我们这里是决不能活动的，因为中国人民都痛恨日本侵略军。据这个日本人说，他们那里自战争开始以来已经征兵 11 次了，华北的日军都很疲倦，而且都想家。"

"日军正在大量组织汉奸部队，用中国人来打中国人。对此，阁下怎么看？"

"华北的汉奸也很恐慌，'中华民国临时政府'这个汉奸组织已经成立很久，但能组织起来的正规伪军很少。华北的'顺民'实在少。最近日军正在搜罗大烟鬼、地痞流氓充当伪军。又在极力收编土匪。由这些人组织起来的军队，你想我们会害怕吗？"

卡尔逊频频点头。他说："来这里经过贵军第一二九师师部时，我曾分析过，几个世纪以来，日本人还没有遭受过大的失败。这次可是不同了，它正在遭受从来没有的危机。'卢沟桥事件'爆发时，日军在满洲有 30 万，在华北是 20 万，上海只有 5 万，它是想用阴谋手段，使中国不战而降。但几个月来没有达到目的，只好在满洲、华北增兵至 100 万，而且正在动员第二个 100 万。开始时他们用于中国的是战斗力较弱的部队，但当山西的战事久拖不决，而且攻陷南京，中国仍继续抗战时，他们就不得不动员那些留着以防范更强大的敌人的第一级兵了。"

聂荣臻（左三）向卡尔逊（右二）介绍情况

“日军的兵还分为几级？”聂荣臻问。

“是的。据我了解，第一级兵是 30 岁以下的青年人，第二级是 35 岁左右的，第三级是 35 岁至 45 岁的人。”

“与中国比，日本虽强但人口少，兵力不足是它侵略中国的最大弱点。”

“是这样。请问聂将军，要是日本派 10 万精兵来攻打你们，你可以支持吗？”

“我们可以保持华北。不但是我这样认为，而且我们的每个战士和游击队员都这样认为，都有很高的信心。因为在人民群众的广泛支持下，我们每天都有小的胜利。事实告诉人们，日军不是不可战胜的。他派 10 万兵力来进攻我们，我们也有击退他的办法。不但要击退，还要扩大我们的区域。敌人不是几次要想占领紫荆关，以扼住我们向东北方向发展的道路吗！但直到现在，紫荆关仍在我们手里。”聂荣臻接着说，“现在天气太冷，我们衣着单薄的部队难以到察哈尔北部去活动。涞源以北，是恒山山脉的大雪山，气候奇冷，我们在那一边活动的部队，许多人冻坏了脚。等到春天天气转暖，我们在察哈尔的活动会有大的开展。到了青纱帐起的时候，我们要在整个华北燃起激烈的抗日的火焰。”

“什么叫青纱帐？”

“到了夏天，田野里的庄稼长高了，就可以掩护我们军队的行动。这就叫青纱帐。”周立波不待聂荣臻开口，就直接用英语回答了卡尔逊的提问。聂荣臻点点头。卡尔逊赞许地点头微笑着。

话题又转到了后勤供应和军官补充等问题上。聂荣臻说：“我正在考虑军区要办军工厂，自己解决武器弹药问题。生产一些子弹、手榴弹、地雷、步枪、手枪等，技术上并不太复杂。设备、人才、原材料相信都会慢慢解决的。”“至于军官，我们这里叫干部，来源确实是个大问题，部队在不断发展，最难办的是缺干部，到处来向我要，我向哪里要？这次从延安来了些干部，一路上的困难，你们是经历过的。不过，军区最近刚成立了一所军政学校，干部也自己培养，还可以从优秀士兵中选拔。”说到这里，聂荣臻显得非常兴奋。周立波后来写道：

在许多新的设施中，他最得意的，是创建军政学校。

“想不到在这里还会办学校。”他这样地说。他是个很持重的人，说这句话时，却快活得像个孩子一样，跳跃起来。对于军事家，这的确是一种巨大的快事。他学到的一切，他们在十年艰苦斗争中经过的一切，通过这学校，可以传给华北许多爱国的青年与志士，使他们在中华民族解放运动中，得尽最大的心力。“聚天下英才而教育之”，实在是以天下为心的英雄的乐事。

“而那时候，”旁边有人插嘴说，“我们觉得一切都没有把握，聂司令的组织能力真不小，不久，一切都有了头绪。”

接着聂荣臻又向卡尔逊介绍了边区临时政府、各种抗日救国的群众组织、边区法院、边区邮局、军区办的《抗敌报》、“抗敌剧社”，以及还准备成立的“边区银行”、发行边区货币等设想。说这些的时候，聂荣臻如数家珍。整个晚上的谈话，聂荣臻的精辟分析，极富感染力的自豪感和自信心，卡尔逊听得津津有味，通过周立波的翻译，不时“OK，OK”地边说边笑边翘大拇指。

卡尔逊后来说：“这些计划如果实现，势必使侵略者头疼。我怀疑这些计划在多大程度上得以实行。六个月之后我再次访问聂时，亲眼看到这些计划并非纸上谈兵。”

夜很深很深了，谈兴正浓的双方都不得不把话题停住。聂荣臻叫警卫员提着马灯送客人回住所休息。

第二天，聂荣臻和宋劭文陪同卡尔逊先到军政学校参观，在校长孙毅陪同下检阅了学员队伍，然后上五台山观光，令卡尔逊大开眼界。他们下山抵达活佛住的镇海寺时，天色已晚。聂荣臻回忆说：“他在活佛住的地方住了一晚，吃了一顿饭，招待很好。哎呀，你别看那地方，好多都是洋式的，用的东西都是从上海搬来的。”卡尔逊则说：“我们对这里的豪华表示公开的惊讶时，聂和宋（劭文）出声地笑了。在我们到达以前，他们小心地向我们保密，我们的反应使他们像两个孩子似的开心。那夜，我们睡在铺着上等席子的炕上，盖着凫绒毛的被子和整洁的被单。外边，微风吹过松树林沙沙作响。这可能是战争吗？”

卡尔逊来到阜平后的第三天，春节到了。他不但会见了聂荣臻，参观了设在寺庙里的军政学校等单位，还过了一个既有中国民间特色又有抗日根据地特点的新年，大有如愿以偿、心满意足之感。他恋恋不舍地告别聂荣臻，告别阜平，西行过五台，穿过同蒲路，寻访贺龙的部队去了。

在晋察冀，卡尔逊了解到日军烧杀淫掠、无恶不作的种种罪行，还看到了自卫队员积极主动地配合八路军作战，儿童团员查路条，农民冒着生命危险送鸡毛信，通报敌情等许多中国人民英勇抗日的故事。最令他感动的是，八路军顽强抗战的精神。他对周立波说：“我到五台来，看到了八路军和游击队员的一个特点。无论他们的衣服怎样褴褛，脸色怎样苍白，他们的枪总擦得很亮。这个证明了他们常常使用枪，而且爱惜枪。”卡尔逊在晋察冀的所见所闻，给他上了很生动的一课，他带着心满意足的心情结束了这次不平凡的旅程。

1938 年 7 月，卡尔逊又来了。这回陪同他来的是毛泽东亲自指派的刘白羽、汪洋和戏剧家欧阳山尊等人。“他来了两次，这是个有心人哪。”聂荣臻说，“头一次他是怀疑，所以他回去，第二次又来了，看看我们究竟站得住脚站不住脚。他看到我们搞了这么长时间，没有遇到什么严重情况。我又跟他谈到怎么打仗，战斗经过的情况啊，他感兴趣。他说：第一次世界大战我也参加过，就守在壕沟里头打枪，你打过来我打过去，一点味道都没有，你们这个好，一方面打，一方面考虑问题、分析情况，这样好，这倒有味道。”

聂荣臻和彭真、宋劭文一起来到卡尔逊的下榻之处看望他并与其谈话。卡尔逊写道：

> 傍晚，聂来谈。他，也显出了过去五个月的活动的艰辛。他瘦削的脸更瘦了，眼睛蒙上了忧伤。肩负着人民生存的重任，是会使有感情的人有这种改变的。
>
> 不过，他甚至比我一月份在阜平见到他时更有信心了，这期间有了许多成就。日本人洗劫并烧毁了阜平，但他们几次要进入五台高原的企图被粉碎了。临时政府的控制力量已经延伸到河北省的中部，一支远征军实际上已到了北平的北边和东边地区，在那儿日本人的统治据认为是强有力的。
>
> 在建立社会的、经济的和政治的秩序以增进人民的福利，增强他们抵御侵略的力量方面的发展是很杰出的。这个被隔离的区域已经成为新中国的试管……虽然聂不认为是他的功绩，但他的思想、精神和动力是这个政策的核心。

把晋察冀十分贴切地称为“新中国的试管”的卡尔逊还注意到，聂荣臻在阜平就计划筹建的边区银行和一个枪械修理所都已经建起来了。边区银行建立后，在货币斗争中打了个漂亮的胜仗，把各种伪钞统统挤出边区。至于一个枪械修理所制造的手榴弹，卡尔逊说，“是土豆捣碎机型的，似乎在中国军队里是标准的，同德国或捷克斯洛伐克的制品同样有效力”。步枪呢，“又重又笨拙”，但是“有效射程是 150 米，对山区的游击队来说是足够了”，卡尔逊这样说。

卡尔逊不是共产主义者，但他是位有经验、有正义感的职业军官，他对晋察冀的评价是客观公正的。他从一个侧面证实了聂荣臻开创晋察冀抗日根据地的成功经验，反映了游击战争只有在得到人民广泛支持的正义战争中才能成功的伟大真理。

第三十四章　国际友人在晋察冀

晋察冀抗日根据地在敌后极其艰苦的条件下成长壮大，引起了国际友人的极大关注。其中，最有名的当数伟大的国际主义战士诺尔曼·白求恩。他是共产党

1938年6月，聂荣臻在军区司令部所在地五台山金刚库村热烈欢迎白求恩。右起：白求恩、聂荣臻、董越千

员，著名的胸外科专家，作为加拿大和美国援华医疗队队长来到延安。

“中国有一部很著名的古典小说，叫做《水浒传》。《水浒传》写了鲁智深大闹五台山的故事，五台山就在晋察冀。”1938年3月底，毛泽东在延安对要求前往晋察冀的白求恩风趣地说：“五台山，前有鲁智深，今有聂荣臻。聂荣臻就是新的鲁智深。”

1938年6月17日，白求恩来到了晋察冀军区司令部的驻地金刚库。

对白求恩的到来，聂荣臻特别高兴和重视。他亲自将白求恩迎进司令部，安排他住在离自己的卧室很近的一间屋子里，同时交代副官长刘显宜：每顿饭都让伙房给白求恩另外炒菜。

聂荣臻与白求恩热烈地交谈。他先是通过翻译董越千与白求恩谈话，后来有时干脆用英语，甚至用法语直接与白求恩对话。聂荣臻聘请白求恩为军区卫生顾问，白求恩非常愉快地答应了，但却谢绝了对他生活上的特殊照顾。1940年2月，聂荣臻在八路军总部汇报军区工作时，专门提到了白求恩：“他爱护伤员，真是无微不至。在生活上他和我们一样，他放弃了每月600元美金的薪水，我们发给他的钱也都用在伤病员身上了。我们给他找一个会烤面包的厨师，他还和我吵了一次架。他说自己是一个八路军战士，要与八路军过同样的生活。”[①]

白求恩在晋察冀工作是极为高兴的，他给友人写信说：

我被作为一个“国王式”的同志优待，充满了一切可能的热情和礼貌。我真幸运，能生活和工作在对共产主义理想言行一致的人们中间。

---

① 1940年2月28日，聂荣臻在八路军总部直属队干部会议上的报告《晋察冀边区工作的经验》。

关于聂荣臻与白求恩交往中的一些生活细节，纪亭榭的回忆中有这么几段既生动又感人的描述：

> 我在二道河战斗中负了伤，聂司令要我在司令部养伤，伙食上也交代副官长给我特殊照顾。他和白求恩同我一起吃饭，让白求恩吃大米、白面，有时煎个鸡蛋或炖碗肉，叫我也跟着吃，他自己却吃小米饭，配咸菜。白求恩和我问他，他说他爱吃小米、咸菜。那咸菜是他自己掏钱买的——当时他的津贴费虽说是五块钱，实际上因为经费困难常常只发一块钱，就是这样他还不同意用公家菜金给他买咸菜。后来我追问刘显宜，刘只好说实话："就那么点大米、白面、鸡蛋和肉，司令员让专门为白求恩同志和你做的。"这下子，我坚决不吃好饭菜了。后来白求恩发现，也不吃了。
>
> 我脖子上的枪伤老化脓，白求恩说："开刀吧。"我说："麻药少，不上麻药开着又疼。""不疼，你咬着牙！上麻药对伤口愈合不利，你挺着开，开完敷点药，好得快。"这倒不错，省点麻药给别的伤员。我就在卫生队长王志远那儿消了消毒，正要开，聂司令来了："怎么？没有麻药？"王志远和我把白求恩的话意说了一下，聂司令不吭声了，站在一边看着。王志远一刀没开下去，他心软。我充好汉："三国时代关公刮骨疗毒还在下棋，我这一点算什么？开呀！"王一刀又下去，我全身的汗"哗"地下来了。"没事儿，开狠一点！"就这么笑呵呵地直到开完，聂司令半笑不笑地扔下一句话："英雄主义！"走了。看样子，高兴的成分多。他那句话，好的是表扬，说我是英雄；不足的，说我逞英雄。后来我的伤口好得快，白求恩满意地对聂司令说："纪，好样的！"聂司令对我说："好吧，你和我陪白求恩同志上五台山台怀镇玩玩去。"这是对我的奖赏。

那是个艳阳天，纪亭榭带着警卫员策马开道，聂荣臻与白求恩骑着马在后边缓缓前行。路过一村，碰上查路条的儿童团员，旁边还坐着一位纳鞋底的老大娘。那孩子将红缨枪一横："过来，拿路条！"纪亭榭跳下马："嗬，你好厉害！"警卫员说："聂司令员来了，你别查路条了。"儿童团员严肃地说："不管什么司令员，不查都不行！"正好，聂荣臻来到跟前，听到这话，欣慰地扭头对白求恩说："好！有这么些儿童团，我们就放心了！"那位老大娘认出是聂荣臻，连忙过来含着笑对儿童团员说："真是聂司令来啦！快敬礼！"聂荣臻跳下马，慈爱地抚摸着孩子的头："好样的！"白求恩也用英语称赞了几句，跷起了大拇指。

聂荣臻和白求恩受到了五台山佛教救国同盟会爱国僧侣们的热烈欢迎。

聂荣臻发现白求恩是一位很有头脑、责任心很强、有坚定信念并且极有个性的人。事隔不久，白求恩通过对晋察冀医疗现状的考察，提出了要建一所正规的模范医院的要求。聂荣臻虽然觉得建立正规医院为时过早不符合现实情况，但也考虑到白求恩对游击战争环境的特点还了解不够，而了解客观事物要有个过程。

1938年9月，聂荣臻出席了模范医院的落成典礼。左起：聂荣臻（三）、邓拓（四）、白求恩（五）、宋劭文（六），右一为军区卫生部长叶青山

于是他把军区卫生部长叶青山、供给部长查国桢带到白求恩面前，下令他们想方设法，协助白求恩把模范医院建起来。白求恩开始了他废寝忘食的筹建工作。

两个月以后，模范医院在松岩口村落成了。看到模范医院里那些土洋结合、在根据地首屈一指的医疗器械和种种设施，聂荣臻在喜悦之余，不禁想起三个月前，红军时期就担任过军长的老战友、第四军分区司令员周建屏，因为受边区医疗条件的限制，竟被病魔夺去了生命。现在白求恩大夫来了，军区的医疗现状大大改观，该有多少干部战士免遭死神的威胁啊！他陪同白求恩出席了9月15日在松岩口召开的盛况空前的模范医院落成典礼。聂荣臻在庆典上宣布白求恩任医院院长。

事情果然不出聂荣臻所料，模范医院刚落成五天，就传来了日军多路围攻晋察冀边区的消息。不久，模范医院毁于战火之中。白求恩接受了这个深刻的教训，设计出一种名叫“卢沟桥”的药驮子，用几匹牲口，驮上药品和手术器械，实际上是个流动医院。在战争环境中，“卢沟桥”为及时救治大量的伤病员，发挥了重要作用。聂荣臻很欣赏“卢沟桥”，深感白求恩是位既忠于革命事业又富有创造精神的共产党人。

1939年新年伊始，聂荣臻设便宴款待白求恩。白求恩先是对日寇焚毁松岩口模范医院的罪恶行径表示愤恨，继而面有愧色地说：“我过去不了解游击战争的特点，也低估了法西斯强盗的残暴。目前要在敌后建设正规化的医院，这种想法是不全面的。现在我要搞流动医疗队，哪里有伤员，就到哪里去！”聂荣臻频频点头，表示完全赞成。

听说冀中和冀东的八路军正在浴血苦战，白求恩一再要求带医疗队前往。聂荣臻同意他到冀中去，并送给他一匹刚刚缴获的大洋马和被击落的敌机飞行员穿的皮夹克，叮咛他现在天寒地冻，要多加保重。聂荣臻接着对白求恩说，冀东你不能去，因为那里的环境太危险，我们要对你的安全负责。白求恩耸耸肩，去了冀中。

白求恩在冀中工作了四个月以后回到平汉路西，在唐县和家庄出席了军区纪念七一的党员大会。聂荣臻邀请他在主席台前排就座，白求恩高兴中显得激动。过后不几天，他对聂荣臻说，准备到 11 月份回国一趟，以便向欧美各国人民宣传八路军英勇抗日的业绩，争取更多的国际援助，多筹集些资金，购买药品和医疗器械，1940 年夏天再回来。聂荣臻表示理解他的想法，后来中共中央也复电同意。

此后，白求恩即致力于编写教材和到各地巡视医疗卫生单位，传授知识，检查工作。10 月下旬，传来了日军两万人多路围攻北岳区的消息。白求恩立即赶赴涞源县摩天岭前线。11 月 12 日下午，聂荣臻正在翻阅电报，突然接到电话报告："白求恩大夫逝世了！""什么，什么，你再说一遍！""白求恩大夫不幸于今天凌晨 5 时多逝世了。"说话的是白求恩的陪同翻译郎林，他在电话里已泣不成声。聂荣臻开始是愣神，慢慢地放下电话，一仰身倒在了床上，顿时泪流满面。他本想立即赶到黄石口村去，无奈日军正调兵遣将，从四面八方向八路军主力所在地合围，作为司令员，需要指挥部队立即转移到合围圈外，免遭大的损失。

两天后，白求恩的遗书、遗物送到了聂荣臻的手里。

亲爱的聂司令员：

今天我感觉非常不好——也许我会和你永别了！请你给蒂姆·布克[①]写一封信……用同样的内容写给国际援华委员会和加拿大民主和平同盟。告诉他们我在这里十分快乐，我唯一的希望就是能够多有贡献。

也写信给白劳德[②]，并寄上一把日本指挥刀和一把中国大砍刀，报告他我在这边工作的情形。

……

每年要买二百五十磅奎宁和三百磅铁剂，专为治疗疟疾病患者和极大数目的贫血病者。千万不要再往保定、平津一带去购买药品，因为那边的价钱比沪港贵两倍。

……

告诉加拿大和美国共产党，我唯一的希望是能够多有贡献。

最近两年是我生平最愉快、最有意义的时日，感觉遗憾的就是稍嫌孤闷一点……

我不能再写下去了！

---

① 当时的加拿大共产党总书记。

② 当时的美国共产党总书记。

让我把千百倍的谢忱送给你，和其余千百万亲爱的同志！[1]

捧着白求恩的遗书，聂荣臻几乎是目不转睛地一个字一个字地读完了这封信。在这封短短的信里，白求恩两次写了“我唯一的希望是能够多有贡献”，这是多么宝贵的共产主义者的高尚情操啊！聂荣臻越看越激动，热泪止不住地涌流，手也在不停地颤动。看到白求恩留下的行军床和皮鞋等遗物，又听来人说：“聂司令员，这是白求恩大夫送给你的纪念品。”聂荣臻使劲地咬着嘴唇、低着头，半天没说出话来。

白求恩是在10月初，为一分区甘河净后方医院一名患头部蜂窝组织炎的伤员动手术时，由于掏取碎骨，左手中指被碎骨刺破，受到了致命的感染。紧接着他又参加了雁宿崖歼灭战和黄土岭围攻战，在炮火中为大量伤员做手术。病情发作后，他带着高烧和疼痛，冒着增援日军步步逼近的危险，仍然奋不顾身地抢救着刚刚负重伤的伤员，直到战斗结束，他才下了战场。当他的陪同人员发现他的病情严重，用担架抬着他向军区急送时，已经来不及了。这位加拿大人民的优秀儿子，伟大的国际主义战士，中国人民、中国共产党人的伟大朋友，在送往军区的途中，于1939年11月12日凌晨5时20分，在唐县黄石口村停止了呼吸。噩耗传开，边区军民，特别是他救治过的伤病员都失声痛哭。

日军在黄土岭遭到惨败后，更加疯狂地对边区进行“扫荡”，情况非常紧张。尽管这样，聂荣臻仍然决定为白求恩举行殡殓典礼。11月17日，寒风哀号，聂荣臻赶到黄石口村，跳下马，便走向停放在打麦场中间一个蒙着白布的台子上的白求恩遗体。当他一眼看到那张原先非常熟悉，现在却因颧骨高耸、两腮下陷、脸无血色、胡须杂乱而略显陌生的脸时，他的心不由得一阵阵发疼。他用手轻轻摘下军帽，露出满头短发，满脸哀痛地在白求恩大夫的遗体旁肃立默哀。摄影记者拍了一张聂荣臻肃立在白求恩那颗伟大的头颅旁边的照片，留下了珍贵的历史镜头。边区军民的代表排着长队，迈着沉重的脚步从白求恩大夫的遗体旁边走过，向他作最后的告别。

日军向军区司令部驻地一带进逼的情报不断报来，殡殓典礼结束后，当晚8时，白求恩的遗体被秘密掩埋在曲阳县于家寨西南的狼山沟门。为了防止前来“扫荡”的敌人破坏，乡亲们特地用犁将那块地犁了一遍，进行了伪装。

为了反“扫荡”、防空袭，聂荣臻率军区机关直属队离开和家庄向西转移。在转移途中，他收到了中共中央悼念白求恩的唁电。唁电在高度评价了白求恩崇高的国际主义精神之后，发出号召：“白求恩同志这种国际主义的精神值得中国共产党全体党员学习，值得中华民国全国人民的尊敬，今闻逝世，谨致哀诚。”聂荣臻还得知，八路军总部分别致电加拿大共产党中央委员会、加拿大和美国援华委员会慰问白求恩大夫家属，同时通令全军沉痛哀悼白求恩。延安各界还于

① 《白求恩传略》，福建人民出版社1984年版，第276页。

12 月 1 日召开了追悼白求恩的大会，毛泽东为白求恩写了挽联，数日后还写了著名的《纪念白求恩》，这篇文章成为中国共产党和中国人民宝贵的精神财富。

1940 年 1 月 5 日，聂荣臻出席了在唐县军城召开的悼念白求恩大夫的万人大会。白求恩大夫的遗体被移至军城厚葬。在悼念大会上，聂荣臻用略带哽咽的声音，宣读了将白求恩大夫称为“伯琴”的祭文：

> 聂荣臻谨率晋察冀军区全体指战员悼于加拿大医学家伯琴同志之灵前，曰：呜呼！伯琴，以天赋之英才，造医学之极峰，抱高尚远大之理想，献身革命。高爵不足羁其鸿志，厚禄不足系其雄心，誓讨佛朗哥之不义，投身西班牙之战争。地中海边，波涛未平；太平洋上，烽火方殷。君不辞劳，万里长征，深入敌后，赞助吾军。寒衣土布之服，饥餐粗粝之粮，救死枪林之下，扶伤炮火之场，运斧神于轮匠，奏刀妙于庖丁。无轻伤不速愈，虽重创而皆生。日劳病榻之间，夜书膏火之旁。行遇路人之疾，止予治疗之方。医术精于华佗，精神比于墨翟。非热爱乎人类，谁曾至于此极。革命未竟，英雄先亡。噩耗传来，云胡不伤。为君执绋，送葬军城，临穴涕泣，不知所云。①

宣读完这字字泣血、句句含情的祭文，聂荣臻号召边区医务工作者向白求恩学习，宣布将军区卫生学校改名为白求恩学校，附属医院改名为白求恩国际和平医院，并为修建白求恩墓和纪念碑奠基。

6 月 21 日，刚从晋东南回到晋察冀的聂荣臻，又直奔唐县军城，为白求恩陵墓落成典礼揭幕。所有这一切，无不寄托着聂荣臻对一位伟大共产主义战士的无限哀思。

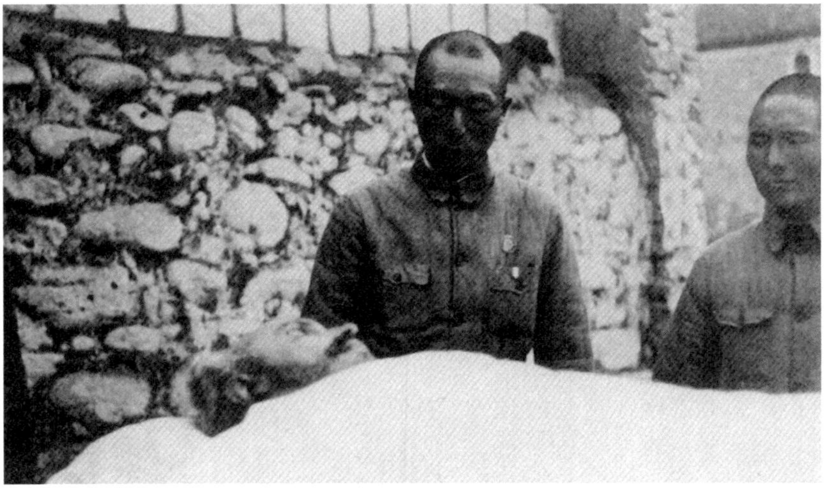

聂荣臻向白求恩遗体告别

① 《白求恩在唐县》，河北人民出版社 1990 年版，第 170 页。

柯棣华向白求恩墓敬献花圈

白求恩逝世后不久，又一位崇高的国际主义战士、印度援华医疗队的柯棣华大夫，于1940年4月来到了晋察冀边区。他处处以白求恩为榜样，在晋察冀大地上战斗了两年零八个月，并在边区最困难的日子——1942年7月加入了中国共产党。聂荣臻对柯棣华也关怀备至。同年8月，柯棣华的妻子郭庆兰生下了一个儿子，夫妻俩要求聂荣臻为孩子取名。聂荣臻略加思索后说："为了纪念中印两国人民的友谊，就取名叫'印华'吧。"柯棣华夫妇非常高兴。

黎明前的黑夜即将逝去。晋察冀军民即将度过最困难的1942年。向"敌后之敌后"挺进的捷报频传，聂荣臻心情格外舒畅。然而，军区白求恩卫生学校的一个紧急报告，使他的满心喜悦，顿时荡然无存……

白求恩卫生学校附设的国际和平医院院长柯棣华大夫，于1942年12月9日早晨6时15分癫痫病再次发作，心脏停止跳动，经抢救无效，不幸逝世！

聂荣臻将柯棣华不幸逝世的噩耗报告给中共中央。

柯棣华逝世以后，聂荣臻写了《哀悼柯棣华大夫》的署名文章。他说：白求恩大夫逝世后，正当大家盼望后继有人时，柯棣华大夫来了，"全军上下无不以得见白求恩第二为极大之欣慰……然而现在柯棣华大夫竟又不幸突罹癫痫之症，弃我们而长逝！嗟乎！天下竟有如此偶然重叠之惨痛！……他完全把中国人民的解放事业看成和印度人民的解放事业一样，而贡献了他的全部心力。他和我们过着一样的简单朴素、紧张战斗的生活。两年多的时间，他努力于工作，始终是那样勤奋而刻苦，他拒绝特殊的待遇，不计较个人的享受，朝夕专心致志的唯有工作和学习……"①

12月17日，晋察冀军区在葛公村召开了追悼大会。

12月30日，延安也召开了追悼大会，在会上宣读了毛泽东12月29日为悼念柯棣华而写的悼词：

---

①《晋察冀日报》1943年1月10日。

印度友人柯棣华大夫，远道来华，援助抗日，在延安、华北工作五年之久，医治伤员，积劳病逝，全军失一臂助，民族失一友人。柯棣华大夫的国际主义精神，是我们永远不应该忘记的。

白求恩、柯棣华，是国际友人在晋察冀边区援助中国人民抗日斗争的两个最光辉的名字。为了永远纪念这两位伟大的国际主义战士，新中国成立以后，聂荣臻报请中共中央同意，在石家庄重新修建了他们的陵墓。用聂荣臻的话来说是，白求恩、柯棣华“用自己的生命和光辉业绩所树起的丰碑，将永远矗立在中国人民的心头，万古长存！”“永志不忘，永为楷模！”

到晋察冀来帮助中国人民抗日斗争的国际友人还有许多。1941 年 12 月太平洋战争爆发后，聂荣臻致电中共中央、军委：已与平津美、英等国使领馆及燕京大学、协和医学院等取得联系，争取他们的人员向边区撤退或到边区工作，决心利用时机开展国际统一战线的工作[①]。1942 年 3 月初，正当聂荣臻与全体官兵们为坚持根据地的斗争而束紧腰带、节衣缩食的时候，国际反法西斯友人、英国物理学家、北平燕京大学教授班威廉夫妇，导师林迈可夫妇，北平电灯公司工程师布朗基斯等，冲破敌人封锁，经平西辗转来到寨北。此外还有美国花旗银行的经理赫鲁，以及南斯拉夫、荷兰、法国、奥地利等一些国家的专家和商人来到边区。这是继卡尔逊、白求恩、柯棣华、英国驻华参赞司品烈、美联社记者赫乔治、奥地利医生傅莱等之后，又一批来到边区的外国朋友。聂荣臻本着国际反法西斯统一战线的原则，召开大会，热烈地欢迎他们，并且力所能及地在生活上予以照顾。聂荣臻把自己的房子让出来，叫人把墙壁糊上白纸，门口挂上挡蚊蝇的帘子，请班威廉夫妇搬了进去。他得知一位姓冯的管理员曾在北平学过做面包，就派他为外国友人做面包。他怕给外国友人吃的饭菜不小心让坏人下了毒，特地叫警卫员魏清章找作战科长唐永健借来一双银筷，事先在每盘菜肴里都进行了测试。在条件艰苦的岁月中，在被敌人围困的山沟里，聂荣臻为外国客人准备的欢迎宴会，使他们大吃一惊。班威廉和夫人克兰尔后来在《新西行漫记》一书中写道：

上文说起我们隆重的行程，在走进聂将军的餐室时，才达到了最高峰。的确，我们连连擦了几下眼睛，疑惑我们的眼睛发花，看错了吧？因为在一张大菜桌上，雪白的台布上面，安设着十六个座位，完全是西式大菜格局，一件刀叉都不缺，有许多花样的冷盘，尤其是一大盘色拉，是用火腿、鸭丁、蛋块、番茄等做的，使我们馋涎欲滴，真是久违了。再有牛奶、牛油、面包土司，加上白糖的上好咖啡，各色的鱼，煎的煮的，还有苹果、梨、橘子，还有好大好富丽的冰镇大蛋糕。

我们是在做梦吗？这里真是游击军营吗？这种种使我们回想到过去在北

① 1941 年 12 月 15 日，聂荣臻致中共中央、军委的电报。

1942 年夏，聂荣臻与部分国际友人合影。左起：林迈可夫人、聂荣臻、程子华、班维廉夫人、林迈可（燕京大学教师）、班维廉（燕京大学教授），右起第三人为张瑞华、第五人为吕正操

平时候快乐的野餐会中的光景，而眼前这许多长官也很像我们当时学校里的许多同事，绝对不是日本人口中所称的一群“土匪”。聂将军本人给我们的印象，也是近乎大学校长那种儒雅态度，不是我们想象中的一位游击战术大战略家的模样。

这样的欢迎宴会，绝不是铺张浪费讲排场，而是为了向外国友人表示边区军民的友谊。晋察冀曾被外国友人卡尔逊称为“新中国的试管”，被爱国民主人士李公朴看作新中国的“雏型”，某种场合讲究一些，也是必要的。当然，这样丰盛的宴会也仅此一次。后来，班威廉夫妇及林迈可夫妇等人也跟边区军民一块儿过起了清苦的日子，只不过聂荣臻对他们的照顾多一些就是了。他们对聂荣臻所给予的关心照顾十分感激，更是废寝忘食地工作，为军区培养出了许多优秀的无

1942 年 6 月，美国花旗银行北平分行经理赫鲁来边区考察。左起：程子华、聂荣臻、赫鲁、萧克

线电等方面的专业人才，在对敌斗争中起了不小的作用。后来大多数外国朋友经延安转道回国，或去了他们希望去的地方。他们在世界各地盛赞晋察冀人民英勇抗日的斗争业绩，也称赞聂荣臻这位五台山“今日鲁智深”的所作所为，在国际上引起了良好反响。

第三十五章 “名将之花”的凋谢

从1938年11月起，晋察冀根据地进入巩固发展的时期。各军分区捷报频传，聂荣臻非常高兴。1939年元旦，他在《抗敌报》上发表新年题词，号召根据地军民“以新的战斗精神，粉碎敌人一切进攻计划，迎接1939年新的伟大胜利”。2月8日，他在向各军分区发出“对敌估计及我们今后的对策”中指出：敌人“扫荡”的特点是在各处“扩大据点，使之连接成线，由点线向‘面’的方面扩张”。在战术上多以攻为守。同时极力建立伪组织，压迫和争取民众，破坏我政权及财政措施。据此，我们的总任务是巩固现有阵地，坚持游击战争。平汉路以西的部队，应积极打击各个小据点向外扩张的敌人，出没于平汉、正太路上，配合冀中与晋东南的斗争。冀中部队应先打击孤军突出的敌人，使之不能连接成线，孤立它的点，对工事薄弱的敌人据点，要坚决攻占。接着，他又根据总部发布的整军训令，制订了整编计划，逐步加强主力团和大队的建设训练，以适应游击战与运动战相结合的需要。到1939年底，全区主力部队编成31个团，加16个地区队，总兵力达12.7万余人。

冀东也捷报频传。1939年4月下旬，包森支队生擒了日本天皇裕仁的表弟、日军宪兵队长赤本大佐。接着，冀东抗日部队以2000余人的兵力，粉碎了2万多日伪军的夏季大“扫荡”。喜讯传来，聂荣臻为冀东部队的胜利而高兴。

1939年5月，一分区部队胜利地进行了著名的大龙华战斗，歼灭日军一一〇师团一四〇联队第三大队400余人。被俘的日本军官穴田叹道：“这样的仗，你们一年只要打三四次，日本就会垮台。”这次战斗，日军据点里一批极为重要的机密文件被八路军缴获。杨成武立即派专人将这些重要文件送到和家庄。文件共50多册，其中有日军华北方面军司令部颁发的《关于剿匪与警备的指针》《关于使用特种器材（毒气）之参考》和一一〇师团司令部颁发的《对山区方面匪团封锁计划》等机密要件。日文里夹杂着好多汉字，聂荣臻不用别人翻译，大体上能看懂这些文件的意思，那上面很详尽地载明了敌人对付八路军的计划，这对于研究敌人，确定斗争对策是很有参考价值的。聂荣臻高兴极了，打电话对杨成武说：“你们缴获的这批文件，比缴获敌人几百支枪、几十门炮的胜利还大！”军区司令部1939年5月24日和25日《阵中日记》记载：“收到一分区送来大批缴获敌人文件。”“日文翻译台湾人刘同志来此翻译。”这批文件赶译出来之后，聂荣臻写了一份说明，让宋时轮带到延安，送交中共中央。毛泽东后来对聂荣臻说，他看到送去的这些敌军文件，觉得非常重要，中央制定的对敌作战的一些方

聂荣臻（右）与贺龙在欢迎大会上合影

针原则，有的就是据此而定的。

金秋10月，晋察冀军区司令部所在地和家庄喜气洋洋，充满节日的气氛。10月7日，军区机关组织了盛大的欢迎会，欢迎贺龙、关向应、甘泗琪等率一二〇师由冀中转移到冀西，欢迎罗瑞卿副校长率八路军抗日军政大学师生、成仿吾率华北联合大学师生由延安来到晋察冀边区。

欢迎会前，聂荣臻、彭真与贺龙、关向应、甘泗琪、罗瑞卿、成仿吾等人热烈握手，互致问候。聂荣臻要副官长刘显宜晚饭时多准备了几个菜，算是一次欢迎宴会了。席间，聂荣臻笑着对贺龙说："贺老总，祝贺一二〇师前几天在陈庄打了个大胜仗，水原少将被打得落花流水，几天歼灭日伪军1200多人，那才叫痛快呢！"

"还不是你的情报及时，要不，我们还不知道水原这家伙要经过陈庄。再说，你们四分区的部队和津南自卫军在这次围歼战中也出了很大的力。否则这块硬骨头一时也难以啃下来。当然，这五天虽然紧张，但确实真叫人痛快。"贺龙回答着。

"你们去年奉命东进，今年1月到达冀中，战斗了8个月，帮助巩固了冀中区，整训了三纵队的部队，你们还大量收编了杂色武装，进一步消除了冀中的隐患，真得感谢你们哟。"

关向应说："我们在8个月中，部队由6000多人扩大到2万多人，也有很大的收获。根据中央军委的指示，日军有渡过黄河入侵陕甘宁的可能，阎锡山闹摩擦的活动也越来越升级，所以我们要回到晋绥去，对付来自这两方面的压力。"

聂荣臻点头说："阎锡山实在不像话，看到我们在敌后有了成就，总是不痛快。他的白志沂保安师，在雁北地区也蠢蠢欲动，我们已告诉当地党政军干部要有所警惕。"

话题转到了抗大和联大3000多名学员来到边区的事上。聂荣臻对罗瑞卿、成仿吾说："缺少干部曾是我们根据地初创时期的最大困难，四面八方来向我要干部，我哪儿来这么多干部，实在没有办法，只好把老一点的警卫员、战士，甚至是饲养员、炊事员也派去当干部，以解燃眉之急啊。以后孙胡子（孙毅）办了个军政学校，才算缓解了部分困难。但至今，无论是军队还是地方，缺干部还是个大问题。你们的到来，肯定是大受欢迎的。”

彭真说：“北方分局已经决定，要开一次党的组织工作会议。根据中央上个月的指示，晋察冀今后要用一切努力巩固党、巩固军区，与敌人进行长期的艰苦斗争。我们边区现在已经有党员 17 万多人。中央的指示是正确的及时的，当前党的中心工作是巩固，不是发展，尤其要注意干部质量的改善。这个会上，还要研究如何庆祝军区成立两周年的问题。到时候请诸位参加。”在座的人都点头同意。

夜幕降临。7 时整，欢迎大会正式开始。聂荣臻、贺龙、甘泗琪、罗瑞卿先后在会上讲话。贺龙在讲话时高声地说：“今天我们在这里开会，将来我们要到鸭绿江边开一个更大的晚会！”台下响起了暴风雨般的掌声。

陈庄大捷后，晋察冀军区的部队也憋足了一股劲，想打个痛快的大胜仗。而在日军方面，也发誓要对北岳区进行冬季大“扫荡”，以报陈庄的一箭之仇。

10 月下旬，聂荣臻等在阜平青山口参加北方分局召开的组织工作会议。30 日晚上，杨成武急步来到聂荣臻住的房间里，把刚刚接到的一份情报向聂荣臻作了报告：坐镇张家口的日军独立混成第二旅团旅团长阿部规秀中将，派辻村宪吉大佐率日军第一大队和伪军共 1000 多人进驻涞源城后，将在近日分三路向一分区进行“扫荡”。其中东路的敌人全是日军，由辻村宪吉大佐亲自率领，计 1 个大队、1 个炮兵中队和 1 个机枪中队共 600 多人，有经白石口、鼻子岭向银坊镇袭击的迹象。

“聂司令员，让我们打个伏击战吧！”杨成武激动的脸被马灯的光映得通红，用带有闽西口音的普通话说道。

聂荣臻思考了一会儿后问道：“情报可靠吗？”[①]

杨成武告诉聂荣臻，情报是涞源伪维持会和敌宪兵队里的内线，通过分区涞源情报站送出来的，是经过与有关情报核实过的，应该说是比较准确的。他还说，从涞源到银坊的路上，是连绵险峻的大山，长城就横在涞源南面的奇峰峡谷之间。出涞源城，进入长城的白石口，再往南到雁宿崖和银坊，这中间只有一条山路可走，两面都是光秃陡峭的山石，是个打伏击的好地方。涞源敌人如果孤军深入，我们就可以集中力量歼灭它。聂荣臻听完，表示同意打这一仗。他让杨成武把彭真、贺龙、关向应请来，进一步征求了他们的意见。几位领导人一致同意打个歼灭战，重点消灭东路进犯的敌人，用胜利来庆祝军区成立两周年。

“成武，会议你不要参加了，立刻赶回去组织指挥这个战斗。”聂荣臻当即命令道。杨成武在归途上先到涞源白石口一带细致地勘察了地形，并构思了作战方案，然后返回南管头一分区司令部。11 月 2 日，他将作战方案报给聂荣臻。聂荣臻批准以一分区的一团、三团和三分区的二团共三个主力团设下伏兵，以约 6000 人对 600 人的绝对优势兵力，对付辻村宪吉大佐率领的这路敌人；以曾雍雅支队诱敌进入伏击圈；另以部分兵力和地方游击队去钳制堵截另两路敌人。聂

---

① 杨成武：《敌后抗战》，解放军文艺出版社 1985 年版，第 163 页。

荣臻要求杨成武随时报告战斗进程，他说：“我不离开电话机，彭真、贺龙、关向应同志都很关心这场战斗。”

11 月 3 日晨 7 时许，聂荣臻接到报告，部队同三路敌人都先后交了火，东路敌人被素有“狼诱子”之称的曾雍雅支队成功地牵着鼻子引进了雁宿崖一带极为狭窄的山沟里，现在疲困不堪，毫无戒备，正在河滩上休息。聂荣臻兴奋地说：“成武，一定要抓住这个有利战机，争取全歼这路敌人！”

雁宿崖的战斗打响了。当那群瓮中之鳖被两侧山崖上射来的交叉火力压住时，立即夺取了两个山头作困兽之斗。战斗进行得异常激烈。上午 10 时许，聂荣臻为了加强钳制力量，阻止走马驿敌人东进，使东面主力部队得以顺利解决战斗，下达了补充命令：军区教导团、三分区随营学校两个队、七一五团二营立即出发，钳制企图东进增援之敌。

下午，杨成武报告，雁宿崖的敌人遭我严密包围和沉重打击之后，正据守仅剩的两个阵地顽抗。聂荣臻感到胜利有望了，当即命令发起全面攻击。在传说中杨家将抗击强敌的古战场上，八路军与日本侵略者杀得天昏地暗，战事最为激烈的时候，双方短兵相接，展开白刃格斗。聂荣臻端坐在电话机旁，仿佛能听到远方战地传来的八路军战士英勇的呐喊声，日军歇斯底里的呀呀怪叫声，以及刺刀与枪托互相撞击发出的杂乱声响。战至下午 5 时，敌人被全部歼灭，缴获了大量枪炮、弹药、骡马，只有 10 余名敌人趁着天色昏暗溜了出去。打扫战场的时候，一分区部队缴获了一件衣襟里绣有“辻村宪吉”四个字的日军将佐级呢大衣，虽然认不出满地的敌尸中哪一具是辻村大佐，但据此判断辻村已被击毙，向军区作了报告。当天军区司令部的《阵中日记》有“将敌全部歼灭并毙敌炮兵大佐 1 名、步兵大队长辻村大佐 1 名，俘日军 6 名”的记录。但是后来据说有人在日方的报纸上看到有辻村宪吉大佐在别的场合出现的报道。这样，辻村是否被击毙便成了一个谜。所以聂荣臻后来撰写回忆录时，就没有提辻村是否被击毙这个有争议的问题。杨成武将军在他的回忆录《敌后抗战》中也很客观地写道：

> 可惜，我们在打扫战场时没找到辻村宪吉大佐的尸体，所以并不能确定这家伙是死是活。不过，辻村宪吉的部队是覆没了，其余两路敌人当夜仓皇逃回涞源城。

其实，辻村死没死并不是什么太大的问题，重要的是由于他那支耀武扬威的部队全军覆没，深深戳伤和激怒了他的上司阿部规秀中将，因而使聂荣臻和他的部队钓到了一条特大的“鱼”。

雁宿崖战斗，聂荣臻整整在电话机旁守了一昼夜。战斗结束后，他顾不上休息，一边下达参战部队立即撤离战场，隐蔽于适当位置，准备再战的指示，一边考虑新的战斗部署，做好迎接更大规模战斗的准备。他像一个经验丰富的猎手，在与日军打交道的两年多时间里，已经摸到了敌人的一条规律：一旦吃亏，肯定报复，而且失败得越惨，报复得愈凶。

独立混成第二旅团，是日军的精锐部队，52岁的旅团长阿部规秀，在日本军界被捧为精通“山地战”的“名将之花”。聂荣臻研究过这个人，阿部擅长运用“新战术”，头脑灵活，指挥果断。但是他最致命的弱点是骄纵成性，暴戾自负。日军中的旅团长一般由少将出任，中将够得上荣膺师团长之职了。阿部规秀是上个月才被晋升为中将军衔的。可想而知，辻村宪吉大队全军覆灭，肯定要使刚刚晋衔不久、扬扬自得的阿部规秀感到脸面无光。但是无论聂荣臻也好，杨成武也好，都想不到此人急于报复，竟到了不顾一切地亲自出马深入根据地腹地的地步。

应该承认，日军对阿部规秀行踪的保密工作是做得很好的。聂荣臻根据一分区的情报，只知道日军是11月4日凌晨分乘90多辆卡车从张家口急驰涞源的，共1500多人，均属独立混成第二旅团。其中有中熊直正中佐率领的二大队，绿川纯治大佐率领的三大队，堤纠中佐率领的四大队。聂荣臻听了杨成武的汇报，满心喜欢。因为他早先得到情报，日军在易县、满城、完县、唐县大量集结，原计划是与涞源之敌配合，以一分区为目标，南北对进，以求消灭八路军主力部队、首脑机关和后方基地的。现在南面之敌未动，阿部就亲自率部孤军深入了。于是聂荣臻在电话里对杨成武说，同意你的判断：日军进行的是报复性“扫荡”，可能沿着辻村宪吉走过的路线，进至银坊，然后或西攻走马驿，或东扑黄土岭，寻找我主力决战，以报一箭之仇。这可是机会难得啊，你告诉全体指战员，要拿出今年5月打大龙华战斗的顽强精神，力争全歼这股敌人。

阿部规秀狂妄自大，根本就看不起八路军。他在临行前的一封家信中这样写道：

> ……爸爸从今天起去南方战斗！回来的日子是十一月十三、四日，虽然不是什么大战斗，但也将是一场相当的战斗。八时三十分乘汽车向涞源城出发了！我们打仗的时候是最悠闲而且最有趣的，支那已经逐渐衰弱下去了，再使一把劲就会投降，……圣战还要继续，我们必须战斗。那么再见。

阿部规秀没有想到，这封信竟成了他的遗书，后来发表在日本的《朝日新闻》上。

聂荣臻回到和家庄的司令部里调兵遣将。他在电话里告诉杨成武：为了保证战斗的胜利，除了原有的一分区一团、三团，三分区二团，曾雍雅支队外，令第二十五团和分区炮兵营迫击炮连也作投入战斗的准备，令二十团、二十六团、二十四团钳制易县、满城、徐水等地的敌人。贺龙同志已命令一二〇师特务团从神南北上，归你指挥。聂荣臻最后加重语气说：“彭真、贺龙、关向应三位同志都支持我们打一个更大的歼灭战。你们应以小部兵力在白石口一带迎击敌人，把敌军引向银坊，让他们扑空，然后隐蔽起来，让敌人寻找你们决战。你们在银坊北面示以疑兵，诱敌东进，等他们进到黄土岭地区后，你们再利用有利地形集中兵力歼灭他。”

杨成武受命后，进行了周密的战斗部署。部队传达了聂荣臻关于“打一个更大的歼灭战”的指示，士气高昂。

军区司令部沉浸在一片激战前的紧张和兴奋的气氛中。作战科的参谋们在《阵中日记》中详细地记录着敌情、军区发出的战斗命令及参战部队的兵力部署等情况。11月5日，日军向白石口前进，曾雍雅支队再次诱敌成功，敌追至银坊，未见八路军主力，遂焚烧民房发泄兽性。11月6日晚间，敌人终于进入黄土岭一带，聂荣臻立即命令杨成武指挥各部队乘着夜色展开，在敌人毫无察觉的情况下，完成了对敌人的包围。

黄土岭是太行山北部群山中的一个峡谷，但比雁宿崖那条山谷要开阔得多。1939年11月7日，一场惊天地泣鬼神的战斗在这里发生，才使这个普普通通的地方闻名天下。

> 黄土岭上庄子之敌今日拂晓向东进攻被我一团击退。现二、三、特务团已都进到指定位置向敌攻击，各团间在火线上均取到联络。敌被我紧密包围在上庄子及以西地区，敌冲锋数次均未逞。

11月7日的《阵中日记》作了如上的记载。聂荣臻事隔50年之后回忆这个载入史册的战斗时，印象最深的是当时战斗一打响，首先就把敌人的电台打掉了，使他们失去了与外界的联系。

日军受到突然的打击，就像受伤的野兽那样拼命挣扎，不顾死活地抢占了几个山头企图冲出包围圈。可想而知，既然是阿部规秀中将也被围困在里头，其武士道精神十足的精锐部队肯定是要疯狂地掩护这个大头目突围的。而八路军在取得雁宿崖歼灭战的胜利之后，愈战愈勇，当然不会让好不容易才网到的大“鱼”溜掉。因此，战斗进行得十分惨烈。聂荣臻要求杨成武调整战斗部署，缩小包围圈，无论哪个方向，都不能让敌人冲出去。杨成武的头脑反应很快，立即向战场发出指示，并且把分区炮兵营的迫击炮连也调了上去，配属给一团。炮兵连上去后，恰好一团团长陈正湘在望远镜里发现黄土岭东一座独立家屋门外，站着一群穿黄呢子大衣的日军军官，便把目标指示给炮兵连连长杨九秤。曾在延安前线记者团当过记者的一团一营教育干事魏巍，目睹了炮击场面。他在《黄土岭战斗日记》里写道：

> 大家正在为我们的迫击炮手叫好，看见上庄子附近的一座独立家屋走出几个人来，在那里指指划划，很像是一群指挥官的样子。一个同志说：“我们的迫击炮，要是能朝那里楔它几炮才好呢！”说话之间，有几发炮弹就接二连三地在那里爆炸了。浓烟过后，倒下了好几具尸体，其余的都跑到房子里去了。

另一位亲眼看到这个场面的是独立家屋的女主人梁金花。她后来对人们介绍说：洋鬼子们把我们18个人关在东边那座小屋里。嘿，咱们八路军长着“千里眼”，早就瞅准了他们。“呜——呜——”接连打来了炮弹，第四颗炮弹就把老洋鬼子打倒了。当场打死他们 12 个人，还有两头毛驴，一条洋狗。我们 18 个老百姓连一根汗毛也没伤着，八路军真是神炮手啊！

当时，聂荣臻与参战部队并不知道阿部规秀中将也陷入了重围，更不知道阿部被击毙的消息。日本陆军省后来发表的关于阿部战死的“详报”写道：

> 这个地形是华北很少见的山地，差不多是没有道路的。中将以下的将士们完全徒步，辛勤跋涉……七日向易县上庄子前进的时候，敌利用优势的地形，继续顽强的抵抗，中将果敢地到一线，观察地形敌情，飞来了敌人迫击炮弹，在距中将数步的地方爆炸，碎片打中中将的左腹及两腿等数处，中了致命的伤，遂与世长辞了。

当晚，惊恐万状的残敌组织了十几次冲锋突围，均未得逞。8 日上午，敌机空投了新的指挥官。聂荣臻从各个方面送来的情报得知四面八方的敌人都赶来解围，正在对八路军形成一个巨大的包围圈，便当机立断地通知杨成武：我军已歼灭日军 900 多名，取得了重大胜利，虽说残敌尚未消灭，但为避免陷入增援敌人的重围，此时不可恋战，应立即离开战场，跳到外线去。

阿部规秀中将被击毙在黄土岭的确实消息，聂荣臻是从敌人的电台广播中得知的，他高兴极了。很快，毛泽东也从延安发来电报查证此事，并要“总部向各方公布，广为宣传”。

击毙日军中将级高级指挥官，这在华北战场上是第一次，在中国人民的抗战史上，也是第一次。敌华北方面军司令官多田骏写了“名将之花凋谢在太行山上”的悼词。《朝日新闻》调子低沉地说，“中将级指挥官阵亡，皇军成立以来，未曾有过”，“护国之花凋谢了”。阿部规秀这朵浸满法西斯军国主义毒液的恶花被八路军英豪们埋葬在黄土岭，使日本朝野为之震惊。他的骨灰送回东京时，“帝都降半旗致哀”，“以高龄的柴大将为首，杉山大将、东防司令官稻叶中将、代理陆军大

阿部中將 壯烈な戰死
察南山地帶の敵を掃蕩
通整理

当时日本报纸刊登的阿部规秀被击毙的消息

臣中村以下各位将领到车站持吊旗致哀。爱妇、国妇等团体和很多遗族前往迎接”。

雁宿崖、黄土岭两次歼灭战共歼日军1500多人，边区军民无不拍手称快，受到极大鼓舞。消息传到全国各地，人们无不称颂八路军的丰功伟绩。

那几天，聂荣臻接到了一封又一封来自中共中央、八路军总部和全国各地的友军、抗日团体、著名人士的贺电。躲在大后方的国民党中央政府中一些污蔑八路军“游而不击”的人，此时噤若寒蝉。蒋介石面对铁的事实，也发来了嘉奖电：

> 朱总司令：据敌皓日（十九日）播音，敌辻村部队本月江日（三日）向冀西涞源进犯……支日（四日）阿部中将率部驰援，复陷我重围，阿部中将当场毙命等语。足见我官兵杀敌英勇，殊堪奖慰。希饬将上项战斗经过及出力官兵详查具报，以凭奖赏，为要。中正（二十八年十二月）

1940年1月21日，聂荣臻通报表扬了一分区炮兵连。嘉奖令中说：“查在黄土岭战斗中，我第一军分区炮兵连充分发挥了炮兵的作用，给予敌人以极大的杀伤和威胁，以准确的射击命中敌酋，使敌失指挥与掌握，致全线动摇而陷于极端混乱状态中，并密切配合我之步兵获得黄土岭的胜利。”[①]

敌人在雁宿崖、黄土岭遭受重创后，即从11月20日起，以两万兵力，由各据点出动，四面八方向阜平合击，编队之间缩小距离，便于互相支援，并以飞机和猛烈炮火开道，迅速开进，力求围歼八路军主力部队和领率机关。26日即占领阜平，所到之处，疯狂地大肆烧杀和破坏八路军后方设施。聂荣臻摸透了敌人的报复心理，即以小部队和游击队灵活地与敌周旋，而将主力转向兵力空虚的各敌占据点附近，并尽量破坏日军后方交通线。多田骏一看形势不妙，下令日军迅速撤退，于30日退出阜平，并于12月8日结束“扫荡”。聂荣臻命各部乘敌人回师归巢之机，加紧袭击，又歼灭了大量日军。这次冬季反“扫荡”历时43天，共歼灭日军3600多人，缴获大量武器弹药。

1939年即将过去，在漫天飞舞的雪花中，边区各界发来大量祝贺函电，祝贺晋察冀军区冬季反“扫荡”战役取得胜利，盛赞聂荣臻将军指挥有方，屡建奇功。聂荣臻在《抗敌报》上复信指出，晋察冀成为敌后抗战的坚固长城，是“全边区父老和子弟兵的血肉所创造出来的”。“子弟兵”这个词，是聂荣臻在本年5月嘉勉平山团的通知中首次提出的，经《抗敌报》公布后，很快就被人们接受并广泛应用。军区创办的《抗敌三日刊》，后来也改名为《子弟兵》。

12月30日，毛泽东和王稼祥给聂荣臻等发来嘉奖电：

> 二十七日电悉，中央各同志闻之极慰，望坚持奋斗，百折不回，再接再厉，保存此全国光荣、全党光荣的根据地。祝你们健康。

①《聂荣臻军事文选》，解放军出版社1992年版，第103页。

聂荣臻和杨成武检阅、慰问参战部队

反“扫荡”结束后，聂荣臻率直属队又返回和家庄。

冬季反“扫荡”取得的重大胜利，使军区司令部所在地和家庄的军民沉浸在一片欢乐之中。聂荣臻当然也很高兴，然而，一想到毛泽东、王稼祥关于“望坚持奋斗……保存此全国光荣、全党光荣的根据地”的电报指示，他感到责任重大，心中有些不安。这次虽然取得很大的胜利，但也暴露出许多不容忽视的弱点：一是这次作战中，敌人采取所谓“牛刀子战术”，事前找准目标，轻装奔袭八路军的后方机关，大肆烧杀，使八路军在物资方面遭受重大损失。二是大部分后方机关庞大，缺乏反“扫荡”的准备和预案，满足处于地形良好、敌人不易发现的山沟之中，或处于军区腹地，以为敌人难以到达。这是敌人“牛刀子战术”得逞的重要原因。三是部队之间在作战中的密切协同也不够好，特别是地方部队配合主力部队作战，大部分做得较差，否则可以消灭更多的敌人。近来又发现日军在“扫荡”冀中的同时，在北岳区周围大量修路，预示着可能有新的“扫荡”。想到这些，聂荣臻便对参谋长聂鹤亭说：“我们现在要发个通知，叫各分区一是将主力集结于机动位置，抓紧协同作战的训练，特别是要整训地方部队，使它们今后能更好地配合主力作战；二是要积极破坏敌人的修路计划；三是各级后方机关一定要大量精简，机构庞大，行动滞笨，一定会受损失的。还要通知各后勤机关，在 3 月份之前，一定要把单衣发下去，同时把棉衣收起来，药品、粮食等也要做好反‘扫荡’的准备。”聂鹤亭按指示分头办理。聂荣臻于 1940 年 1 月 1 日发布了《为巩固根据地的指示》；1 月 13 日又给八路军总部和毛泽东等人写了《冬季战役经过及经验教训》的报告。①

第三十六章　在百团大战中

1939 年的最后一天傍晚，聂鹤亭参谋长匆匆将毛泽东的一份电报交到聂荣臻

①《聂荣臻军事文选》，解放军出版社 1992 年版，第 103 页。

手里。聂荣臻一看，内容是关于“晋西事变”及八路军部署方面的问题。其中提到，“目前整个形势，阎以全力进攻晋西南，准备得手之后，转攻晋西北，隔断华北与边区以及华北各个区域的联系。为此目的，中央军正在晋东南发动并准备随时增加晋西南的战争”。“贺、关即出发到晋西北指挥战争，愈快愈好。”“原在（晋察冀）军区周围所有阎之旧势力，均由聂即行（有）计划地扫光。”看完电报，聂荣臻沉思了一会儿，对聂鹤亭说：这份电报请彭真同志也看一下。看来八路军与国民党反共顽固派的斗争必然会进一步加剧，我们要做好支援晋东南反顽斗争的准备。至于军区本身，自从今年连续消灭了张荫梧、白志沂、杨澄源、金宪章部以后，境内顽军已完全扫光，如再有来犯者，就按中央指示，坚决把他们消灭。

果然不出中央所料，国民党顽军第三十九集团军总司令石友三和第九十七军军长朱怀冰部的反共摩擦活动，不顾八路军方面苦口婆心地一再劝告，日益变本加厉。1939 年，朱怀冰率部北上，在冀西地区不断向八路军有关部队进攻，受到打击后仍不听刘伯承的劝告，在武涉公路南、漳河北地区包围压迫八路军小部队。石友三自 1939 年起，在河北省南部和山东省西南部地区，专门联合日军进攻八路军，摧残抗日民主政权，屠杀共产党员和进步分子。

1940 年 1 月，晋察冀军区遵照中共中央和八路军总部的指示，关于反对国民党反共顽固派的斗争，主要进行了以下四项工作：一是于 1 月 12 日，冀中军区与晋冀豫军区所属的冀南军区配合，一举将盘踞在束鹿、宁晋、赞皇地区，自 1938 年起就勾结日军、宣传反共、屠杀共产党员、削弱抗日力量的顽军河北别动总队第四纵队司令侯如墉、河北民军乔明礼部 3200 多人歼灭，剪除了一方之害；二是于 1 月 24 日，由一分区第一团、四分区第五团、冀中军区警备旅（共两个团）组成了“南下支队”，准备开赴晋东南；三是冀中军区部队于 1 月 30 日组成了南进支队，由程子华率领开赴冀南，参加反击顽军石友三部的挑衅活动；四是在全边区掀起了“反投降、反顽固”的群众运动。

1 月底 2 月初，由陈正湘任司令员、刘道生任政治委员的南下支队已经整装待发。聂鹤亭请示何时行动，聂荣臻当即决定：冀中警备旅可经石家庄以南地区，越平汉路直插晋东南；一团和五团会合后由他自己率领，趁农历年关敌人警备松懈的时机穿越正太路。后来聂荣臻回忆说：

> 因为我自被留在五台以来，还没到总部去过，也有些事情要去汇报。吕正操同志也想到总部看看，我们就趁这个机会，与支援部队一起去了。出发的时候，罗瑞卿同志带着抗大总校要到晋东南去，我们就一起同行。

1940 年 2 月 7 日，正是旧历大年三十。在夜幕掩护下，聂荣臻率领着几千人的队伍，寂静而又迅速地在微水附近越过正太路。经过几天急行军，经昔阳、和顺、辽县，到达八路军总部所在地武乡县王家峪。见到了朱德、彭德怀、刘伯承、邓小平、杨尚昆等人，受到了热情接待。老战友们久别重逢，又处在过年的节日气氛中，大家分外高兴。

朱德对晋察冀军区来的部队很满意，对聂荣臻赞扬说：这些部队服装整洁，步伐整齐，显得很精神。“南下支队”只在总部停留了两三天，立即开赴前线。聂荣臻特地向“南下支队”的指挥员们交代说：“这次是配合兄弟部队被迫进行自卫反击作战，一定要听从指挥，勇敢坚决地完成任务。这一带‘红枪会’很多，他们多数是受国民党顽固派欺骗的。你们一方面要对他们提高警惕，一方面要争取他们。我们当前的敌人是日本帝国主义，是专门破坏抗战、制造摩擦的国民党反动派朱怀冰。”

聂荣臻没有随“南下支队”到前线。他留下来向八路军总部汇报工作。

2 月 28 日，总部召开了直属队干部会议，聂荣臻在会上介绍了晋察冀根据地的经验。这篇讲话，发表在 1940 年 7 月的八路军《军政杂志》上。

会后，聂荣臻到一二九师师部所在地桐峪镇做客，住了几天。

3 月 5 日至 8 日，一二九师进行了“磁（县）、武（安）、涉（县）战役”，取得了歼灭朱怀冰部三个师一万余人的重大胜利，连朱怀冰的参谋长、司令部人员甚至他的家眷都被八路军俘虏，只有朱怀冰本人带了少数人员侥幸逃脱。

完成了反顽作战任务，“南下支队”回来了，左权一直在前线部署和指挥作战，也满怀着胜利的喜悦从前线回来了。聂荣臻这时才见到他，两位老战友的手紧握在一起，久久地摇个不停。为了庆祝胜利，聂荣臻和彭德怀、刘伯承、杨尚昆、左权等一起，检阅了参加反顽战役的胜利之师，其中包括“南下支队”。

以后聂荣臻又在八路军总部和一二九师师部住了一段时间，详细汇报或介绍了晋察冀军区的情况和问题。

4 月下旬，朱德奉命离开总部赴延安后，有一次彭德怀、左权和聂荣臻商谈问题，彭德怀提出，要对正太路进行一次大规模的破袭战。聂荣臻表示赞同。彭德怀

1940 年，聂荣臻（右六）和邓小平（右三）、刘伯承（右四）、朱德（右五）、罗瑞卿（右九）、陈正湘（右一）在王家峪

当即要左权去一二九师征求刘伯承、邓小平的意见。左权回来说，刘、邓也完全同意。正太路破袭战的问题就这样定下来了。这就是著名的“百团大战”的由来。

聂荣臻在 1981 年回忆说：“在总部，谈了一些问题，要打正太路，百团大战就是那个时候决定的……他们（指彭德怀等）提出来要把正太路搞掉，把两个区打成一片。我说，这当然是好事情，但是，把正太路完全占领，或者都扒除光，那个时候是不可能的。占领既不可能，摧毁呀，或者炸断，按敌人当时的技术，很快就能修起来……我说破坏可以，破袭战在游击战争中是经常搞的。要破坏，我们就分段，把娘子关的一些桥梁炸掉。后头，发展成所谓‘百团大战’。”

5 月 20 日，聂荣臻率“南下支队”离开八路军总部，仍经微水附近穿越正太路，于 6 月 4 日回到和家庄。

在离和家庄不远，有个叫娘子神的村庄，村里有个天主教堂，时常传出悠长的钟声。7 月中旬，晋察冀军区就在这个天主教堂里召开了一次高干会议，总结工作，确定新的斗争任务。17 日、18 日，聂荣臻在会上作了“关于军事问题的报告”。他在报告中，讲到了将对正太路进行破袭战，以便打破敌人的“囚笼政策”。参加会议的高级干部们听到这里，个个屏息凝神，知道这预示着一项新的战役性作战任务将要落到与会者的肩上。

果然，7 月 22 日，聂荣臻就接到了八路军总部下达的关于大举破击正太路等交通线的《战役预备命令》。命令提到：“为打击敌之‘囚笼政策’……决定趁目前青纱帐与雨季时节，敌对晋察冀、晋西北及晋东南‘扫荡’较为缓和，正太路沿线较为空虚的有利时机，大举破击正太路。”接到命令后，聂荣臻对聂鹤亭和副参谋长唐延杰说：“总部的命令已经规定得很清楚，你们就据此拟订部署计划，立即下发，要各部做好准备。”聂鹤亭、唐延杰忙了个通宵，把计划制订出来，第二天经聂荣臻同意后，军区就发出了“关于进行正太战役部署的命令”。此后又连续接到总部关于“正太战役中之侦察重点与注意事项”“正太战役政治工作指示”。8 月 8 日，又接到了“战役行动命令”。总部的命令规定：“聂集团主力约十个团，破坏平定（平定不含）东至石家庄段正太线。破坏重点应在娘子关至平定段。对北宁线、德州以北之津浦线、德石路、沧石路、沧保路，特别是对元氏以北至卢沟桥段之平汉线，应同时分派足够部队宽正面的袭击破袭之。”

接到行动命令之后，军区召开了主攻兵团首长会议。参加会议的除了军区领导人以外，还有一分区的司令员兼政委杨成武、二分区的司令员郭天民、四分区的司令员熊伯涛、政委刘道生等。在这个会上，经大家反复讨论后，聂荣臻宣布军区 7 月 23 日的命令作某些修改，破击正太路的具体部署如下：中央纵队是主攻方向，由杨成武指挥第二、第三、第十六团担负微水至娘子关段破击任务；右纵队由郭天民、刘道生指挥第五、第十九团，破击娘子关至乱柳段；左纵队由熊伯涛指挥军区特务团、警备第二团，以及由军区骑兵第一团、行（唐）灵（寿）游击支队、四分区骑兵连组成的独立支队、井（陉）获（鹿）支队，破击微水到上安段。另外还有一个预备队，总兵力十个团多点，符合总部规定。其余部队对

1940 年 8 月 15 日，聂荣臻在平山吊儿村召开“百团大战”主攻兵团首长会议，图为（左起）：舒同、聂荣臻、杨成武、聂鹤亭在会议期间合影

平汉、北宁、津浦、沧石、平古等铁路、公路进行破击。聂荣臻接着说，遵照总部的规定，大家一定要注意：一是特别重视侦察工作，立即派出人员，侦察敌情地形，只有知己知彼，才能百战不殆；二是部队开进和一切行动要秘密迅速，请政治部通知各级政府密切配合部队的行动；三是尽可能争取时间，组织部队进行爆破铁路、桥梁、敌人据点等的训练；四是战役发起时间统一于 8 月 20 日 22 时，到时一齐动作，大家一定要切实执行，这点暂时只有到会的人知道，不准下达。其他的后勤保障、战场救护等工作都按原定计划办。

开完主攻兵团首长会议，8 月 15 日聂荣臻就出发去前方了。

聂荣臻从和家庄出发时，换了一匹大白马，它有一个怪名字叫“蛇脑壳”。“蛇脑壳”是匹很好的走马，骑起来非常稳当，跟坐轿差不多。可一路上，老天爷不作美，没日没夜地下雨，聂荣臻和出征的将士们来了个“官兵一致”：一律淋成了“落汤鸡”。但下雨也有好处，掩护了部队的开进行动。

在正太战役开始的前一天，聂荣臻带着一个精干的指挥班子赶到了前线，作战指挥所设在辛庄附近一个叫大小理岩的地方，后来转移到洪河漕。这两个地方都是小山村，仅有 10 来户人家，吃水很困难，地下打不出水来，只能在院里挖个大坑，把冬雪夏雨储存起来，盖上木板，作为饮用水。聂荣臻就住在这里，指挥晋察冀部队进行正太路破击战。

到了前线，为了进一步了解敌情，聂荣臻派参谋长聂鹤亭带着侦察科长罗文坊及几位侦察、作战、通信参谋，抵近敌人进行侦察。应该说，军区司令部侦察科平时对正太路、平汉路、同蒲路沿线的敌情都是了解得比较清楚的，但是对这次正太战役的进攻重点之一的井陉煤矿，却了解甚少。聂鹤亭、罗文坊等人全部化装成当地老百姓，接近矿区的外围，然后由罗文坊带上几名侦察员，在矿区地下党的接应下进入矿区侦察，对守矿的日军、伪军和矿警的兵力分布与活动规律等情况，都基本摸清了。与此同时，一分区的杨成武带着三团团长邱蔚及几名侦察员也穿上便衣，在暮色中匍匐前进，一直爬到矿区边上查明了地形，才安全地撤回。左、右两个纵队事前也对敌情进行了仔细侦察。

聂荣臻根据侦察得来的第一手敌情材料，研究后定下了决心。他派聂鹤亭和罗文坊在井陉地区最高的大台顶上按原定部署对各纵队进行具体指挥，因为在大台顶上，东面可监视微水等地，西面能观察阳泉及娘子关的情况，而井陉煤矿就在它的脚下，更是一览无余。

发动攻击的那一天，天又下起了雨，部队冒雨穿过山间小路，在黄昏前秘密运动到敌人鼻子底下。由于行动隐蔽，群众密切地配合部队封锁消息，敌人仍然蒙在鼓里，毫无察觉。

20 日晚，正太路全线在 22 时准时发起攻击。聂荣臻两手叉腰，站在指挥部门外，兴奋地看着眼前的战争场景：一颗颗红色信号弹腾空而起，与正太路沿线的弹火相交织，各路突击英豪争先恐后地扑向敌人的车站和据点。惊天动地的爆炸声、激昂的冲锋号声和爆竹般的机枪声，组成了一曲雄壮的战斗交响乐。

站在聂荣臻身后的几位年轻参谋，激动得不住地说："太美了！太好看了！""我们参军以来，还没见过这样红火的战斗场面呢！"聂荣臻高兴地掏出大烟斗，头也不回地向身后的警卫人员说："洋火。"他是想叫警卫员拿火柴来点烟，谁知作战科 18 岁的参谋杨火跳出来答了一声："到！"聂荣臻先是一愣，随即笑了："唉，我是要点烟的洋火，谁叫你杨火呢！"

各路纵队的战况不断报来，聂荣臻进了屋，一边听汇报，一边下达新的指示。

中央纵队重点进攻井陉煤矿，仗打得相当激烈。一分区三团的三个营分头攻打新矿、老矿和贾庄炮楼。无畏的勇士们高举铡刀奋力劈开已被我内应切断了电源的电网，抱着炸药包旋风般地冲向敌人吐着火舌的大碉堡。激战一夜之后，攻占了新矿，随后贾庄炮楼也拿了下来，全歼了守敌。但是岗头老矿的守敌非常顽强，残暴地施放毒气，致使三营在连克三座碉堡之后，攻击受阻。

右路纵队重点进攻的天险娘子关，是冀、晋两省交界的咽喉。日军依据险峻的山谷，在国民党军队构筑的工事上，加修了四个大堡垒，易守难攻。在关下的村里还驻守着一部分伪军。战斗开始的当夜，战士们潜入娘子关村，解决了村里的伪军，然后依托村庄，前仆后继，向据险顽抗的日军进行仰攻。黎明时分，八路军胜利的旗帜终于插上娘子关头，被日本侵略军铁蹄践踏了三年的娘子关地区的同胞，激动得流出了热泪。

左路纵队攻击井陉以东靠近石家庄的两个铁路据点，敌人凭借坚固的工事据守，不易攻下。为避免过大伤亡，最后放弃了攻占计划。

激战的第二夜，聂荣臻通知罗文坊立即从大台顶返回指挥所，对他说："阳泉那儿的铁桥没有炸掉，你赶快去五团，亲自指挥炸桥。你不但要完成任务，而且要设法将大桥被炸的镜头抢拍下来。"摄影科长沙飞赶紧将一架照相机递给了罗文坊。罗文坊凌晨赶到了五团，立即组织再次炸桥。他带领工兵潜到了离桥三四十米的一个小窑洞里，待到工兵把炸药装好后，他忙喊："炸！"工兵一通电，一声巨响，大桥被炸成了两段。罗文坊被震得头部碰在洞顶上，起了个大包，他顾不得疼痛，冲出洞口对准被炸毁的桥梁按下了照相机的快门。敌机赶到大桥上空护桥，但桥已炸断，敌机只能低空盘旋，望桥兴叹，徒唤奈何了。罗文坊回来汇报的时候，聂荣臻非常高兴，夸奖说："不错！任务完成得很好！"

正太线作战20天，晋察冀军区参战部队消灭日伪军900多名，攻克据点17处，破坏铁路60多里，桥梁18座，并且缴获大批枪支弹药，其中有火炮5门。在晋察冀军区和一二九师两支部队联合打击下，正太路全线曾一度瘫痪。

一分区部队从井陉新矿撤走之前，盘踞在岗头老矿的敌人向新矿猛烈炮击，井陉煤矿火车站日方副站长加藤清利夫妇在炮击中先后身亡，遗留下两个小女孩，被三团的战士冒着危险抢救了出来。前线部队请示聂荣臻如何处理这两个孩子？聂荣臻回答：立即把她们送到指挥所来。

放下电话，聂荣臻心潮难平。他身经百战，耳闻目睹了多少红军和八路军官兵奋不顾身地从战火中抢救弱女孤儿的事，可这回三团抢救的，却是侵略中国的日本人的遗孤。他知道，日本法西斯分子在这场野蛮的侵略战争中，为了使中国亡国灭种，令人发指地残杀了多少无辜的中国孩子，而现在，他们的孩子却安安静静地躺在八路军战士的怀中，这是何等鲜明的对比！

两个日本孩子是由参战部队的四位干部战士和两位民兵先护送到四分区战地动员委员会，再由战委会派专人用箩筐挑着送到聂荣臻的前线指挥所的。聂荣臻和聂鹤亭吃完晚饭，正在一群背着手枪的参谋和警卫人员的陪伴下，在指挥所门外散步，来人报告："奉命护送两个日本小孩到指挥部来，交给首长。"聂荣臻亲切地说："辛苦啦，快放下箩筐休息休息。"

聂荣臻亲切地、慈爱地抚摸着这两个无辜的异国小客人。人们都知道，聂荣臻最喜欢孩子，只要一有空，就要逗逗老百姓家的孩子。这体现了他对人民深深的爱，也许，还寄托着他对自己失散多年的独生女儿聂力无限深情的思念。

两个日本孩子仍然分坐在两个箩筐里。那个大的五六岁，剪着短发，穿着长条纹花衣裳，显得相当清秀。小的女孩还在襁褓之中，脚跟被炸伤，身上穿的也是小花衣。

聂荣臻看到箩筐里各放着几个雪花梨，还放着为孩子赶苍蝇的苍蝇拍子，很感兴趣地问道："孩子送来之前，在你们那儿是怎样安排饮食的？"来人回答："我们四分区政治部的袁心纯副主任规定，按团职干部负重伤的伙食标准特别照顾，供给奶粉、罐头、白糖、水果。我们用西瓜蘸白糖，一口一口地喂这个小姑娘。按规定，这是参加过红军的干部负伤后才能享受的最高待遇。有的老百姓不理解，骂我们用好东西喂东洋崽子，袁副主任还特地召开区长和村干部会，讲优待这两个孩子的革命人道主义道理呢。"

"嗯，做得对！"聂荣臻满意地点了点头，逗着两个小女孩。但是，他并不知道，精心照料和护送日本孩子的民兵，其母是瞎子，日本人并不饶她，被抓住后用刺刀活活捅死了。而那位半夜还打着手电为日本孩子查铺，送走孩子前还叮嘱一路上要注意赶苍蝇的袁心纯副主任，后来竟被日军用马刀砍了头！

聂荣臻和聂鹤亭用小刀削雪花梨喂那个小姑娘。小姑娘听不懂中国话，只是瞪着一双乌溜溜的可爱的大眼睛，望望聂荣臻和聂鹤亭，又皱起小眉头看了看聂荣臻手中削好的雪花梨，也不伸手去接。聂荣臻笑了，明白了孩子的意思，赶紧用水冲洗干净，小姑娘这才高兴地接过去吃了起来。聂荣臻又疼爱地抱起那个正在熟睡的小女孩，交代警卫员赶紧抱到村里，设法找正在哺乳期的妇女，给孩子喂奶，还要军区的医生为小女孩治伤。那个大女孩则一直跟在聂荣臻身边，常常用小手拽着聂荣臻的马裤腿，走到哪里跟到哪里。聂荣臻还和小姑娘在指挥所外的土场上合了个影，这张照片后来成了珍贵的历史见证。人们从他处理这件事情的过程中，充分看到一个无产阶级政治家的宽广胸怀和革命人道主义精神。聂荣臻在他的回忆录中比较详细地写到了这件事：

> 当时，我的想法是，孩子是无罪的，应当很好地安置她们。至于究竟怎样办，我考虑，或是由我把她们养起来，或是把她们送回去。我想，如果养起来，激烈的战事不知何时结束，边区的环境不仅艰苦，而且敌人“扫荡”频繁，部队经常转移，照顾两个小孩子，将有不少困难。再说，两个孤苦伶仃的孩子留在异国他乡，大的五六岁了，已经开始懂事，留下来她很可能会伤感的。她们失去了父母，只剩姐妹二人，不在本国的土地上，将来也会给她们造成痛苦。送回去，爸爸妈妈虽然死了，她们家里总还会有亲戚朋友可以照应吧，想来想去，我决定还是把她们送回去……我们共产党领导的八路军，实行革命的人道主义，对被俘士兵我们绝不伤害，对日本人民我们不仅不伤害，还要尽最大力量给予爱护和照顾。

聂荣臻找了最可靠的老乡，帮忙把两名日本孤儿送往石家庄的日军兵营。他把本应给独生女儿聂力的深沉的父爱，给了这两个战火中的敌国遗孤。为了防止孩子在半路上饥饿啼哭，他特地准备了各种食品。孩子上路前，他依依不舍地挨个抱起来，摸摸头，以示祝福。那个小的女孩合着睫毛长长的眼睛，甜甜地睡着了。小姑娘似乎明白要与眼前这个个儿高高的、和善亲切的人分离，所以小眉头皱着，神情有些忧郁。聂荣臻拍了拍用两个箩筐挑着孩子的老乡，说：“老乡，请把这两个孩子送到敌人那里去吧。”说完，他郑重地交给那位老乡一封亲笔信，信没有封口，信上写道：

> 日本军官长、士兵诸君：
>
> 日阀横暴，侵我中华，战争延绵于兹四年矣。中日两国人民死伤残废者不知凡几，辗转流离者又不知凡几。此种惨痛事件，其责任应完全由日阀负之。
>
> 此次我军进击正太线，收复东王舍，带来日本弱女二人。其母不幸死于炮火中，其父于矿井着火时受重伤，经我救治无效，不幸殒命。余此伶仃孤苦之幼女，一女仅五六龄，一女尚在襁褓中，彷徨无依，情殊可悯。经我收容抚育后，兹特着人送还，请转交其亲属抚养，幸勿使彼辈无辜孤女沦落异

域，葬身沟壑而后已。

中日两国人民本无仇怨，不图日阀专政，逞其凶毒，内则横征暴敛，外则制造战争。致使日本人民起居不安，生活困难，背井离乡，触冒烽火，寡人之妻，孤人之子，独人父母。对于中国和平居民，则更肆行烧杀淫掠，惨无人道，死伤流亡，痛剧创深。此实中日两大民族空前之浩劫，日阀之万恶罪行也。

但中国人民决不以日本士兵及人民为仇敌，所以坚持抗战，誓死抗日者，迫于日阀侵略而自卫耳。而侵略中国亦非日本士兵及人民之志愿，亦不过为日阀胁从耳。为今之计，中日两国之士兵及人民应携起手来，立即反对与消灭此种罪恶战争，打倒日本军阀财阀，以争取两大民族真正的解放自由与幸福。否则中国人民固将更增艰苦，而君辈前途将亦不堪设想矣。

我八路军本国际主义之精神，至仁至义，有始有终，必当为中华民族之生存与人类之永久和平而奋斗到底，必当与野蛮横暴之日阀血战到底。深望君等幡然觉醒，与中国士兵人民齐心合力，共谋解放，则日本幸甚，中国亦幸甚。①

专此即颂

安好

聂荣臻

八月二十二日

石家庄日军收到这两个小孩之后，回信表示感谢。事隔40年后的1980年，《解放军报》上发表了姚远方写的《日本小姑娘，你在哪里？》的报道，日本《读卖新闻》社奇迹般地找到了当年的日本小姑娘——美穗子，她住在日本国九州的宫崎县都城市，这才知道那个小的女孩在送回石家庄后，死在医院里了。美穗子后来回到了日本，现在已是三个孩子的妈妈。聂荣臻元帅和他的部队当年曾经从战火中救出了她幼小的生命。所以，美穗子1980年秋应聂荣臻邀请来华访问时，眼含热泪，以额触聂荣臻那双温暖的大手，表达她深深的感激之情。美穗子说，一些日本旧军人知道了这件事的来龙去脉之后，非常感动和惭愧，更加认识到了侵华战争的罪恶。聂荣臻回答说："让我们化干戈为玉帛吧！日本民族是勤劳智慧的民族，愿中日两国人民世世代代友好下去，永不兵戎相见。"

正太战役结束后，八路军总部命令各军区部队进入大破袭战的第二阶段，给晋察冀军区的任务是破击涞源、灵丘境内的公路，夺取这两座县城。聂荣臻与前线指挥所人员制定了涞灵战役的作战方案，之后参战部队即向预定地区转移，聂荣臻也带着指挥所人员撤离了井陉前线，返回和家庄。

参加涞灵战役的主要是一分区和五分区的部队，由杨成武和邓华指挥。为配

①《聂荣臻军事文选》，解放军出版社1992年版，第139页。

1940 年 8 月百团大战中，八路军救出了日本小姑娘美穗子。图为聂荣臻和八路军战士正在喂她吃饭

左图：聂荣臻请老乡挑担子把美穗子送到石家庄日本兵营。右图：聂荣臻领着即将离别的小美穗子

合涞灵战役的作战行动，冀中军区组织了任（丘）河（间）大（城）肃（宁）战役，各地区还继续发动一系列对铁路、公路的破袭战。根据报来的敌情，聂荣臻事先已经考虑到了涞灵战役的难度很大，因为当正太路炮火纷飞之时，涞灵地区守敌如惊弓之鸟，加强了戒备，各据点都增加了兵力，加固工事，储备粮弹，严加警戒，大大减少了我军突袭成功的可能性。

夜色降临了，明净的秋月照着和家庄的司令部大院，也照着涞灵地区高高山岭上蜿蜒曲折的古长城。在和家庄与古长城之间的天空中飞翔着无数看不见的无线电波，那是聂荣臻与在烽火台上指挥涞灵战役中第一阶段战斗的杨成武、邓华等进行着频繁的无线电联络。1940 年 9 月 22 日 20 时，涞灵战役的第一阶段作战从涞源战斗开始。激战一夜，一团攻占了城关的东、西、南三面。因考虑到攻击涞源及其他外围各据点的兵力过于分散，聂荣臻复电同意杨成武的意见，改变部署，只留一支部队监视城内敌人，先集中兵力扫除周围各据点，而后再攻涞源城。改变部署后，一团和二团各一部奋勇杀入三甲村敌据点，全歼守敌日伪军 80 余人。三团则与东团堡敌据点的日军士官生组成的井田部队（教导大队）170 多人，展开了血战。参战部队在敌人的枪弹和毒气下，伤亡很大，经几度苦战，反复冲杀，终于消灭了敌人。敌井田大队长等 27 名日军军官、士官见大势已去，遂引火自焚。一贯以凶狠、顽固、武士道精神十足著称的东团堡日军士官教导大队被八路军全歼，使华北日本侵略军大为震惊。涞源日军警备司令小柴俊男中佐特作《东团堡警备队长恨歌》，内有“惨复天地炮声震，团堡一战太凄惨”，“一死遗憾不能歼灭八路军，呜呼团堡”等字句，并刻于石碑之上。这是日本侵略军痛剧创深的哀鸣。

在涞灵战役的第二阶段里，邓华指挥左翼部队 4 个团、1 个支队又 2 个营的兵力，向灵丘、浑源、广灵地区出击。南坡头一仗，全歼守敌日军 70 余人，仗打得十分干脆漂亮。

涞灵战役进行了 18 天，于 10 月 10 日结束，共歼日伪军 1100 余名，缴获大批枪支弹药，八路军也有较大伤亡。聂荣臻根据敌人动向，判断日军可能趁八路军主力在灵丘、浑源、广灵地区作战之机，乘虚而入，向边区大举“扫荡”，遂令参战部队撤出战斗，立即转移至适当位置休整备战。

“百团大战”历时 3 个半月，各战区军民共毙伤俘日伪军 4.4 万余人。晋察冀参战部队先后达 39 个团，毙伤日伪军 8700 余人，俘日军 88 人、伪军 830 人。聂荣臻在答《抗敌报》记者问时指出，“百团大战”是一个主动的进攻战役，使日军在华北的主要铁路、公路受到广泛破坏，井陉煤矿被彻底破坏，沉重打击了日军的“囚笼政策”“治安肃正”“以战养战”等阴谋计划。敌华北方面军在其作战记录中也承认：“此次袭击，完全出乎我军意料之外，损失甚大，需要长时期和巨款方能恢复。”

聂荣臻认为：“百团大战”，“战果是巨大的，总的来说是应该肯定的。但是，胜利之中也有比较大的欠缺和问题……主要是引起了日本侵略军对我们力量的重新估

“百团大战”第二阶段我军占领东团堡后，战士们在古长城上欢呼胜利

计，使敌人集中力量来搞我们。同时，使得蒋介石增加了对我们的警惕……蒋介石很惊慌。他一直有这样一个心理——害怕我们在敌后扩大力量。在他看来，我们的发展，就是对他的威胁。……在战役的第二阶段，讲扩大战果，有时就忘记了在敌后作战的方针，只顾去死啃敌人的坚固据点，我们因此不得不付出了比较大的代价”。①

第三十七章　1941 年秋季反“扫荡”战役（一）

早在涞灵战役还没有结束的时候，聂荣臻就估计到日军在“百团大战”中吃了大亏，肯定会来报复的。为此，从 1940 年 10 月 13 日起，他就接连通知各部要做好反“扫荡”的准备。果然不出所料，11 月 9 日起，日军以 3 万多兵力分 13 路“扫荡”北岳区。这次冬季反“扫荡”历时 55 天，以歼敌近 5000 人而胜利结束。12 月 18 日，聂荣臻在《晋察冀日报》上发表了长篇署名文章：《彻底粉碎敌寇“扫荡”，永远保卫晋察冀边区》。他在文章中总结了这次反“扫荡”作战的经验教训，还十分痛惜地哀悼游击军司令王溥在作战中英勇牺牲。

对于晋察冀军区这次冬季反“扫荡”，八路军总部给予了高度评价，在嘉奖令中赞扬，“指挥机关高度发扬了领导战争的艺术”，全体指战员“都是足称敌后抗战的优良模范”。②

---

①《聂荣臻回忆录》，解放军出版社 1986 年版，第 508 页。

②《晋察冀日报》1941 年 1 月 23 日。

冬季反“扫荡”的胜利，使边区军民在欢乐中进入1941年。

在新的一年中，聂荣臻肩上的担子更重了。1月下旬，彭真奉命赴延安参加中共七大，中共中央决定由聂荣臻代理北方分局书记。正像人们所赞誉的那样，聂荣臻与彭真在边区的工作中配合默契，互相之间情同手足。聂荣臻原以为彭真去延安开完七大就会回来的，谁知七大迟迟未开，彭真久久不归。于是，他这个分局书记便一直“代”了下去。

1941年1月，“皖南事变”的消息传来，聂荣臻十分震惊与愤慨，立即与晋察冀其他高级将领一起，通电抗议国民党当局，向中共中央请缨驰援新四军。他还对《晋察冀日报》记者发表谈话，对反动派制造“皖南事变”表示强烈抗议。他的谈话发表之后，根据地军民“反分裂，反投降”的浪潮顿时席卷了春寒料峭的晋察冀边区。

5月，根据总部命令，聂荣臻部署军区部队对正太路、石德路以及石家庄以北的平汉路进行了广泛的交通破袭战。一个多月中作战480多次，歼日伪军5300多人。

1941年秋季，晋察冀的北岳、平西地区经历了一次规模最大的反“扫荡”战役。聂荣臻率领边区军民，历经两个多月英勇巧妙、艰苦卓绝的奋战，挫败了日军阴谋，谱写了晋察冀反“扫荡”斗争史上最光辉的篇章。

事前，敌我双方对这次作战行动都进行了紧张周密的准备和部署。

日军指挥这次作战的是刚接任华北方面军司令官的冈村宁次大将。他在此前不久，以5个师团的兵力，用“铁脚闪击”战术，将山西省中条山地区国民党守军25万人打得落花流水，因此正踌躇满志。这次冈村宁次调集5个师团、6个旅团的大部加上部分伪军共7万余人，对北岳区进行空前规模的“扫荡”，并制定了比中条山战役更为严密的以“铁壁合围”为核心，以所谓“梳篦式清剿”“马蹄形堡垒线”“鱼鳞式包围阵”等各种“扫荡”形式相配合的战役计划。他并且规定，要对根据地实行“烧光、杀光、抢光”的“三光政策”。这个双手沾满朝鲜人民和中国人民鲜血的刽子手，满以为这么一来，可以一举“歼灭五台山的共产军”，解除后顾之忧，使华北成为日军发动大东亚战争的“兵站基地”，掠夺当地的人力物力资源，为其北上侵略苏联或南下发动太平洋战争服务。由于动用了空前的兵力来进行“扫荡”，冈村宁次把这次行动称为“百万大战”，意在报复八路军的“百团大战”。①

聂荣臻于7月上旬就发现了日军大“扫荡”的征候。7月10日，他向军区部队通报：日军强行在冀晋边地区修筑公路和碉堡，逐步进逼，意在分割封锁我军。对此要组织部队主动向敌运输线和修路筑堡部队进攻，以挫败其阴谋。7月14日，他明确向总部报告，发现日军两个师团沿平汉线北调，一部沿德石路西调，并反复“扫荡”平汉路两侧地区，估计不久将对北岳区进行大规模“扫荡”，

①《聂荣臻军事文选》，解放军出版社1992年版，第158页。

以求华北“明朗化”，军区正积极做各种准备。

聂荣臻为这次反“扫荡”制定的作战方针是:“积蓄基干兵团，扩大游击活动，相机拔除敌深入我内线之据点，彻底破坏其公路，平毁其封锁沟，增加敌‘扫荡’的困难，奠定我反‘扫荡’的胜利基础。”7月22日，他发布了军区关于准备秋季反“扫荡”的作战训令。训令指出：这次敌人“扫荡”，兵力必大，时间必长，可能用“步步推进，分区清剿”的办法，斗争将特别残酷。接着又接连发布了反“扫荡”政治工作指示，侦察、通信、供给、坚壁清野等具体指示。命冀中加强“青纱帐”攻势，以分散敌兵力。各分区组织武装宣传队，加强反“扫荡”宣传，严格盘查可疑分子，打击敌特活动。

7月26日，为了检查反“扫荡”的准备工作和更准确地了解情况，聂荣臻率司令部一行80余人离开吊儿村北上，来到三分区。

8月1日，聂荣臻出席了三分区在范家庄举行的“八一”庆祝会及“抗战烈士纪念塔”落成典礼。3日，他在接见三分区连以上干部时，再三强调要做好反“扫荡”的准备工作。8月14日，聂荣臻在神南镇得知日军的大“扫荡”已经开始。西线共有2万多兵力，北面向上寨、下关，中间向高洪口、耿镇等地，南面自娘子关、盂县向上社、活川口等地，共分十路，对二分区进行分进合击、“铁壁合围”。另派出约1500人的部队轻装奔袭漫山、蛟潭庄等根据地后方机关。不久，又传来东线由石家庄、新乐、定县等地的万余敌人，在向平汉路东冀中七分区“扫荡”后，突然调头向平汉路西进攻。北线敌几千人从灵丘等地指向上寨、下关。聂荣臻审视着地图上小白旗的移动点，对重新任参谋长的唐延杰说：“敌人的这一招够狠毒的，想先将我二分区主力消灭，西可彻底切断冀晋边，把我们与晋西北割裂开，南可切断我与晋冀鲁豫的联系，平汉路西进和北部南进之敌，意在钳制我军，与进攻二分区之敌遥相呼应。小股敌人奔袭我后方机关，意在造成我后方混乱。这些步骤，都是为使我不能集中力量，对付西南面之敌。好在我们已事先发了‘训令’，各部已有所准备。为今之计，要赶快通知萧锋率五团，与萧文玖率领的四团配合，同侵袭之敌保持接触，不断袭扰打击，不使其阴谋得逞。这几天进攻二

1941年8月1日，聂荣臻到唐县时向刚落成的烈士塔献花

分区的敌人，反复合击我主力 3 个团，我们应该以小部队在合击圈内用游击战与敌人周旋，主力应立即跳出合围圈，极力避免与敌人决战。”18 日、20 日，上述两个命令分别发出。各部接到命令，部队分散，机动灵活，利用有利地形，穿插自如，使冈村宁次合围消灭八路军部分主力于古长城脚下的阴谋破了产。而日军自己的部队反而疲惫不堪，纷纷扑空，那些士兵一个个累得气喘吁吁，横七竖八地躺满了长城脚下的坡地。

接着，日军进行了第二步计划。从 8 月 23 日开始，出动 7 万多兵力，向平西及北岳地区四面八方全面进攻，用的仍然是分进合击、“铁壁合围”结合清剿的战术。聂荣臻 8 月 23 日在娘子神发布命令：要求各分区主力按地区适当分散（基本上以营为单位），适时转移和隐蔽，极力避免与敌决战，以保存有生力量。另以主力一部配合地方武装开展广泛的游击战，在敌人周围，积极组织阻击、伏击，随时随地一有机会就袭扰敌人。破击敌人的交通供应线，打击其运输供应部队，迟滞消耗敌人，掩护机关和部队转移。这一阶段到 8 月 28 日，日军仍然找不到八路军主力，反而被游击战搞得精疲力竭，惊恐不安，只能向老百姓发泄兽性，到处搞“三光政策”。

8 月 29 日起，恼羞成怒的冈村大将孤注一掷，使出了撒手锏：以重兵将晋察冀抗日根据地的中心区域，以阜平为中心，从四面八方铁桶般团团围住，利用伪军、汉奸和密探将“聂总部”可能突围的每一条大道和小路都查明、堵死，然后步步为营，分进合击，在每一条山沟里采取纵队行进，纵队下又分横队行进的办法，逐渐缩小包围圈，企图将聂荣臻和他的指挥机关一网打尽。这一行动是这次“铁壁合围”战的核心。

日军的第一步计划成功了——聂荣臻和晋察冀党政军首脑机关全部陷入了重围。

反“扫荡”一开始，聂荣臻没有离开中心区，只是在 8 月 23 日命一分区的一团，调来掩护军区指挥机关，这一方面是指挥全局的需要，一方面也是为了吸引日军，好让军区的主力和各分区部队跳到外线。直到 8 月底，当日军把主要兵力指向中心区的时候，他才率领军区机关由娘子神向阜平方向转移，准备突围。

8 月 27 日，军区突围队伍到达阜平的马驹石，没有发现敌情，就在村子内外宿营。聂荣臻在村子东北角一间屋里与唐延杰等人看着作战地图，研究敌情和突围路线，突然传来敌机的声音。侦察科长罗文坊急喊一声：“司令员！敌机要轰炸了，快到外面去隐蔽！”聂荣臻立即跑到屋外的小树林里，卧倒在一个土坎边。天空中，四架日本飞机轮番着俯冲轰炸，弹片在聂荣臻上空横飞，炸起的瓦片、泥土落满他的全身。

敌机飞走了。聂荣臻赶紧从地上爬起来，了解伤亡情况。这一次空袭，军区机关突围队伍被炸死 5 个人，炸伤 6 个人。司令部副官长刘显宜负了重伤，两块弹片分别打入他的脊椎和肺部，引起肺内大量出血。聂荣臻闻讯赶去看望时，他仍然躺在弹坑里，胸前的军衣都被鲜血浸透了，医务人员正在抢救、包扎。聂荣臻指示卫生部长游胜华，要想尽一切办法抢救副官长。“我们现在不能走。摸不清敌情，乱走更危险。”聂荣臻对唐延杰说。他俩商量后，决定在马驹石附近先隐蔽起来。作战科的唐永健在马驹石附近一条窄窄的河沟里，找到了一个比较宽敞的地方，将地图钉在席子上，搞了个简易的野战作战室，聂荣臻一看，还挺满意：“嗯，咱们就住在这儿吧。”此时，冈村宁次搞了许多诸如伪装撤退、空投假命令的鬼把戏，说日军已从东西两面急进，即要向阜平奇袭，并故意将位于阜平以南的兵力分开一部分，开个口子，企图制造种种错觉，迷惑聂荣臻，使其自投罗网，聚而歼之。聂荣臻计划南渡沙河，跳到敌人包围圈的外面。在马驹石的河沟里住了三天之后，于8月31日夜率队涉过沙河。刚过了河，却意外地遇上被沙河以南的日军逼回的晋察冀分局和北岳区党委机关的突围队伍，才知道日军在那一线也设置了包围圈。聂荣臻决定再度折回沙河北。队伍刚刚到达沙河北的雷堡村，又碰上转移到这里的边区政府机关。就这样，原本计划分散行动的边区党政军首脑机关，又都聚到一起来了。光是军区机关突围，就已经不容易，现在又加上党政机关，形成了这么一支庞大的突围队伍，在日军眼皮底下，目标太大，行动迟缓，打又打不得，走又走不成，情况就格外严峻了。雷堡村的里里外外，气氛异常紧张，人们把全部希望都寄托在聂荣臻的身上。聂荣臻此时格外沉着冷静。怎么办？怎么把这上万名大部为非武装的人员带出重围呢？他忽然想起了被他称之为“游击队之路”的上下古道，盘算着向那里转移，以便利用险要地形与敌周旋。

一份向总部和延安报告危急情况的急电，从雷堡村发了出去。可是，未等聂荣臻得到回电，四架敌机就顺着沙河突然低空飞临雷堡村，俯冲投下一颗颗炸弹。军区通信营教导员当场牺牲，地方党政部门也有一些伤亡。好在时间不长，突然乌云密布，天色昏暗。日本飞机见暴雨将至，只好爬高，悻悻离去。

两次挨炸，使聂荣臻警惕起来：敌人对我们的行踪为什么捕捉得这么准呢？忽然，他从司令部几部电台的电键声中，悟出了暴露目标的原因。聂荣臻想：“问题就可能出在这几部电台上。我们刚刚到一个地方，架起天线一叫，敌人根据交叉点（即无线电测向）就可以测定我们的位置。”想到这里，便立刻命令电台停止跟外界联系。

黄昏前，聂荣臻想出了一个将计就计的办法。他让侦察科长罗文坊带一个小分队和一部电台，到雷堡东边的台峪把电台架起来，仍用军区的呼号，不断和各方面联系。

罗文坊接受了这个艰巨的任务，当晚就带着一支50多人的小分队出发了。突围队伍因弄不清周围敌情，不敢轻举妄动，当晚在雷堡村宿营。第二天，罗文坊在台峪用电台迷惑敌人成功了，日军的飞机开始轮番轰炸台峪，各路敌军也以进攻作战队形，分七路向台峪进逼。聂荣臻在日军距他仅隔一个山头的地方，在夜幕掩护下带领队伍穿插出去，一夜走了40公里路，到达了阜平西北方的丁家庄，在那儿休息吃饭。在丁家庄，奉命来保卫边区党政军首脑机关转移的一分区一团也赶到了。

一团将士听说他们敬爱的聂司令员和边区党政军首脑机关遇险，恨不得立即插翅飞到聂荣臻身边。经过强行军，他们赶到了丁家庄，向聂荣臻报到。

参谋长唐延杰的头都急得快炸裂了，聂荣臻则要冷静得多。他知道这种时候，指挥员的任何惊慌或急躁的表现，都将造成不堪设想的后果。当然，他的内心也不免有些紧张着急。他后来回忆说："在那里我们打电话，敌人也在打电话。两下里只隔着一个山头。""那一次我七天七夜没有合眼。"身经百战的聂荣臻，还是头一回面临如此险恶的斗争局面。此时，他考虑的不是自己的安危，而是如何保护边区的党政军首脑机关，保护这许许多多忠于人民、坚决抗日的男女老少。他让一团采取加强保护的措施。一团政委陈海涵、副团长宋玉琳、团参谋长晨光立即将团部侦察连、特务连和炮兵连合编为一个营，与原先的三个营分别在前后左右保护突围队伍。正在军区养病的原一团团长陈正湘富有实战经验，协助唐延杰进行指挥。鉴于情况危急、任务特殊，他对一团下了死命令："前卫不管碰到什么情况，什么敌人，坚决打，杀开一条血路！后卫不管碰到什么情况，什么敌人，坚决顶住，死也不能让敌人靠近突围队伍！"

侦察员报告，日军从涞源、倒马关下来，正向聂荣臻带领的突围队伍扑来，军区司令部作战参谋也向宋玉琳证实了这个情况。宋玉琳当即命令红军时期就在一军团以作战勇敢著称而深受聂荣臻赞赏的一营营长李德才，带人跑步堵住北面之敌。所幸的是一营没有与敌人接触，使大部队的行动得以继续隐蔽行进。宋玉琳自己则寸步不离聂荣臻，护卫聂荣臻乘夜色转移。

9 月 2 日清晨，突围队伍进入一条狭长隐蔽的山沟，到达一个叫常家渠的小山村。这个村有二三十户人家，七八十口人。村民们以为是来了日军，都逃到山里去躲藏。直到中午时分，他们发现整个沟谷都住满了八路军和地方抗日干部，这才返回各家的小草房里，为子弟兵和党政干部们送水送饭。

聂荣臻一路上是拄着棍子在山路上行走的，他虽然风尘仆仆，却顾不得休息，马上带人仔细察看这一带的地形。但见山沟两侧的黄山梁和大西梁等山峰高插入云，山沟极为狭窄。秋天的山野沟谷里，草深树密，敌人飞机要侦察和轰炸都很困难。在常家渠的南侧，虽然紧邻着阜平到五台的东西大道，但村子隐蔽在山沟里，四周山山相连，道路不熟的人很难进来。在敌人追兵逼近的危急关头，万把人的突围队伍能神不知鬼不觉地钻进这么一个令敌人料想不到的藏身之处，实在是太不容易了！

作战科的几位参谋悄悄地爬上山头，发现山下公路上，日军正在频繁地巡逻。他们向聂荣臻作了报告。聂荣臻说："敌人虽然在台峪造成错觉，罗文坊小分队也已经平安地甩掉了敌人，但情况仍然是很严重的。我们依然没有跳出针对我们的大约有两万敌军的合击包围圈。这外面公路上的敌人离常家渠仅十里路。再说，这万把人在山沟沟里的吃饭也是个大问题。我们不能久拖不动，还是得想尽办法突围。眼下为了不再暴露目标，要命令各单位都注意隐蔽，一律不准烧火做饭，所有的电台继续停止对外联络，不管外台如何呼叫，都不准回答。每一个人的行动，都要对这上万人负责！”

常家渠虽然偏僻，几乎与世隔绝，但是抗日政府的工作做得扎实，在这里打下了很好的群众基础。有的乡亲也知道有一位曾经在阜平城关住过的聂荣臻司令员，现在来到了常家渠。他们热情地把凡是能吃的东西都拿了出来：地里的白薯、村头的南瓜、树上的山果、坛中的腌菜……可是，上万张嘴，每个人只嚼那么一点点，很快就没了。于是，乡亲们又把地里正在生长的玉米棒子和树上的生核桃采来，让大家充饥。因为怕暴露目标，不能生火，所以聂荣臻也跟大家一样，啃生玉米棒子。一团的战士吃生核桃吃得嘴巴和两手乌黑，消化功能也出了问题。尽管如此，大家还是非常感激常家渠乡亲的无私支援。聂荣臻特地交代，各单位都要给乡亲们留下足够的粮票，以便反“扫荡”结束后，由抗日政府归还这些粮食。就在这山沟里，聂荣臻于9月4日发布训令：要求军区各部“巩固模范的群众纪律，在任何的困难下，必须保持八路军的光荣传统，才能得到群众配合”[①]，粉碎敌人“扫荡”。

队伍在常家渠一带的山沟里隐蔽了三天，连续几天几夜没合眼的聂荣臻在一间草房里好不容易才睡了一会儿觉。日军虽然暂时未进常家渠山沟，但是飞机却时常飞临上空侦察。只要山头上的防空哨兵一吹哨子，所有的人就都隐蔽不动，所以日军仍然毫无察觉。山下的日军窜来窜去，有时他们派出的小股搜索部队就在山沟外头，离一团前卫营派出的尖兵距离很近，随时都可能发生战斗，那情形是相当惊险的。突围队伍里很多人又累又饿又病，连聂荣臻身边的作战科八九个人也病得只剩下三个人尚能带病坚持值班。在这样极其艰难困苦的场合，人们坚信只要有聂荣臻司令员在，就有胜利的希望。但是，也有极个别思想不坚定的人，在关键时刻发生了动摇。

在一间低矮的草房里，聂荣臻坐在炕上，正和宋劭文研究突围的问题，一团政治处主任史进前跑来报告情况，聂荣臻心疼地看着他黄瘦的脸庞，说：“先别忙汇报事情，这儿还有老乡送来的一个小饼，你把它吃了再说吧。”

这真是莫大的享受！饥肠辘辘的史进前坐在门槛上，狼吞虎咽地吃了起来。

“什么事？”聂荣臻看着他吃完，才温和地问道。

史进前抹抹嘴巴说：“昨晚担任后卫的三营一个卫生班长发生动摇，组织两个战士逃跑，准备跑回家去，都追回来了。在这么关键的时刻逃跑，万一跑到敌人那里去，将会威胁整个军区、边区政府机关和突围队伍的安全，带来不可估量的重大损失。我们决定把这个卫生班长毙了，团里让我来向您请示。”

“噢，是这样。”聂荣臻仍然坐在炕上，沉思着说道，“你们的意见是要枪毙？”

“对！我们是光荣部队，出这种事，还了得？！”

聂荣臻又沉默了好一会儿，还是重复同样意思的话：“团里的意见是处决？”

“是这样。我们要执行最严肃的纪律。”史进前坚决地说，“开枪会暴露目标，

---

①《晋察冀日报》1941年9月14日。

我们准备用……”

史进前没把话说完。他已经看出，聂荣臻的心情很复杂。

沉默了好久，聂荣臻才说：大敌当前，有少数人动摇，主要是教育问题，先把逃亡的人看押起来，以后再说。史进前深感聂荣臻处理事情是那样慎重，深受教育。

经过与有关领导人慎重研究，聂荣臻决定：为使今后的行动轻便灵活，部队进一步轻装，跳出包围圈以后，除分局、边区政府与北岳区党委等主要领导人随军区指挥机关一起行动外，其余人员向几个不同的方向分散行动。军区机关仍按原来的计划，转向四分区西部滹沱河两岸地区机动。

9月5日下午，侦察员报告，沟外大路上的敌人空出了一个口子。黄昏时分，聂荣臻下令立即突围。他穿着缴获来的灰黄色日本风衣，拄着枣木棍子，在军区警卫排的簇拥下，徒步走在一团前卫部队后面。不料，他们只走了五六里路，便发现由阜平来的日军正顺着大道向西开进，为避免与日军遭遇，聂荣臻马上命令部队返回常家渠，继续隐蔽。

9月6日黄昏，聂荣臻率队再度出发。眼看着就要突围出去了，侦察员匆匆赶来，向聂荣臻报告说，由阜平向西运动的敌人不走了，都宿营在大道上的安子岭、东西下关、大教场一线的村庄，把准备穿插过去的突围路线堵住了。聂荣臻说：“队伍停下，叫陈正湘上来。”

走在后面的陈正湘快步赶了上来，聂荣臻有些忧虑地征求意见说：“你看怎么办？敌人又堵住了。”

陈正湘回答说：“没关系，我们还回去，回去再说。”

回到常家渠，聂荣臻让秘书科把那个干电池收音机送来，打算了解一下这几天的新闻。刚打开收音机，就听到日伪军的电台正在得意扬扬地广播一则有关他及军区机关的消息：

“聂总部”的电台，已被“英武皇空军”的勇士炸毁了。今天已是第三天听不到“聂总部”的电台出现了。聂荣臻已阵亡……

听到这里，聂荣臻轻蔑地一笑！

一轮明月挂在夜空，时不时地被满天的云彩遮住，使得山野沟谷里一片朦胧。趁着夜色，聂荣臻率领突围队伍第三次向常家渠西南边的口子运动。在这之前，他得到报告：通往龙泉关方向有一个小小的口子，敌人白天来，晚上就撤了。他决定在敌人的合击圈未完全合拢之前，冒险跳出去。

这是9月7日的晚上，一个胜利和失败，生存与死亡都可能出现的月夜。聂荣臻从前两次突围失败的教训中，总结出了一条相当重要的经验教训：“在敌人合击的时候，跳出合击圈的时机要恰到好处，不能早，也不能迟。过早了，敌人会改变计划向我们新的活动地域合击，等于没有摆脱敌人的合围。过迟了，会被敌人包围住，脱不了身。一般情况是，选择敌人合击圈已经形成而又未合拢的时机，才能恰好跳出去。这时，敌人改变部署已经来不及，我们却能插向敌后，袭扰敌人的交通线，重新展开攻势。”

俗话说，无三不成礼。想不到，聂荣臻的突围竟应了这句话。第三次突围成功了！在朦胧的月光中，上万人从那个令人难忘的口子逐一闪过，跳出了日军在阜平至五台一线苦心设置的大包围圈，分散向各个方向转移了。

第三十八章 1941 年秋季反“扫荡”战役（二）

这次突围成功，聂荣臻和军区机关并没有完全脱离危险，在二分区那儿还有日军最后一道封锁线。当他们走到漫山一带时，奉命来接他们的四分区五团三营为了保卫军区机关，在李家庄与日军发生激战，以重大伤亡的代价堵住了敌人。在四面皆敌的情况下，虽然电台停止发报，但是聂荣臻得益于平时架设的电话“飞线”，很快与二分区司令员郭天民联系上了。郭天民及时赶来，建议聂荣臻走一条平时只有胆大的侦察员才敢走的羊肠小道。二分区的部队作好了掩护的部署，让军区机关再次跳出敌人的包围圈。那天晚上对聂荣臻来说，也是一次难忘的历险：山路极为崎岖，能见度不好，五六匹驮着弹药物资的牲口相继跌下山沟摔死。每个人都走得战战兢兢，随时都有掉入崖底粉身碎骨的可能。聂荣臻和大家一样，摸黑爬山，历尽艰险，7 公里多的山路，整整走了一宿。直到天大亮，队伍才下了山。

总算摆脱了敌人！聂荣臻心里一阵喜悦。然而他并没有松一口气，而是带着队伍继续强行军，穿过蛟潭庄，飞越东文峪，最后来到平山的薛家河，住在一座教堂里。来到薛家河的这天下午，适逢天上日食。聂荣臻和大家一起，高高兴兴地仰头看日食奇观。9 月 10 日，聂荣臻还在回味日军所谓“聂荣臻已阵亡”那句谣言的用意，挥笔写了《誓死驱逐日寇出边区》的署名文章。文章历数了日军在这次“扫荡”中实行“三光政策”的种种暴行后指出，“谓我已阵亡……窥其用意，似乎要借此以动摇我军士气，其实这是可笑而无力的”。为了表示与日军血战到底的决心，他在文章的最后写道：“我们全边区的子弟兵，哪怕就是战到最后一兵一弹，誓死必将日本法西斯强盗驱逐出边区！”① 写完文章，聂荣臻感到轻松了许多。但正在这时，他接到报告：华北联合大学的成仿吾校长带着全校师生正在滹沱河北面，有跳入漫山敌包围圈的危险。聂荣臻立即手书命令一份：

成校长：

立即带队向河南边转移。

聂荣臻

---

①《晋察冀日报》1941 年 9 月 30 日。

传令者将此命令揣入怀中，策马飞驰而去。没想到，传令者回来报告说，成仿吾听了该校一个姓李的军事处长出的坏主意，怕师生太疲劳，不愿回来，认为漫山山大，在那儿安全。但实际上，联大师生在滹沱河北边住的二十几个村庄，已经被日军发现并有立即陷入重围的危险。"联大"作战科长张西帆要军区传令者火速飞报聂司令员，设法把成仿吾救出来。

接到这个报告，聂荣臻拿起电话，直接找三分区政委王平，要王平赶快派人把成仿吾他们接出来！王平知道情况严重，马上率领唐子安支队等部队赶到漫山，硬是将成仿吾接了出来。王平又向聂荣臻报告："我们已经把成仿吾和他的妻子、儿女及180多人都接了回来。"聂荣臻后来向中央建议："联大"共有4000多人，过于庞大，在战争环境中容易吃亏，应予精简。中央采纳了这个意见，将"联大"精简为1000多人，其余人员全部分配到各单位。正好，各地都缺干部，来了个皆大欢喜。

司令部的电台奉聂荣臻之命又恢复对延安、总部以及各分区的联系。聂荣臻这才知道，在那些非常的日子里，因为延安电台呼叫不到他，加之敌台造谣他已阵亡，所以中央很焦急，总部也很着急。延安派了一个电台主任带着密码，前来晋察冀寻找军区电台。中央还命令八路军总部，指示晋冀鲁豫、晋西北方面火速支援晋察冀。当然，现在聂荣臻和军区机关既然已经奇迹般地脱险，"扫荡"的日军也开始撤退，敌情趋于缓和，中央和总部也就放心了，增援的行动也就停止了。

"你们看，滹沱河两岸，稻子长得多好呵，真是晋察冀的乌克兰！"到达薛家河的第二天，聂荣臻带着陈正湘和宋玉琳爬上山头，指着山下金浪滚滚的庄稼说。接着他又说，"侦察员报告，敌人要来抢粮，你们打它一仗，把乡亲们的劳动成果保护好，别让敌人抢了去！"一团奉命，作了布置，几天后把出来抢粮的敌人打得狼狈逃窜。这之后，聂荣臻用他深情、赞许的目光，送别了胜利完成保卫军区机关任务的一团指战员返回一分区。

9月15日，聂荣臻发出了反"扫荡"第二阶段作战指示。指出：敌人"以大兵力寻求我主力决战，连续合击，均归失败。经战月余，敌主力之大部已分途先后撤去"。但仍有两万余主力留在管头、和家庄、阜平、陈庄、上寨、下关、耿镇、石咀、洪子店、上社、下站等我根据地的腹心地区，辗转进行所谓"剔抉""清剿"。聂荣臻确定的作战方针是：一面集结主力，以适当兵力打击敌人运输部队，歼灭其搜剿部队；一面以相当兵力采取更大的分散，求得尽量控制地区，打击汉奸、伪政权；各地区队、游击队应以积极动作，掩护群众秋收。在边区军民的积极打击下，日军伤亡日增，困难日多，自9月26日起，不得不开始从晋察冀腹心地区撤退。日军使用了"合击"、"杀回马枪"、前后互相掩护交叉退却等措施进行撤退，但仍受到八路军的重大打击，伤亡惨重。历时66天的北岳、平西地区的秋季反"扫荡"，以歼敌5500多人，敌狼狈撤回而告结束。华北敌酋冈村宁次大将10月20日在北平不得不对记者承认："华北治安的恢复困难，要想很快消灭共匪是不容易的。""共匪像老鼠，皇军犹如狮子，狮子力量虽然大，但不能捕鼠，要找猫来才行，这猫即是民众。”①

“他所谓的‘猫’即是汉奸组织，以华制华那一套。”在反“扫荡”总结会上，聂荣臻针锋相对地说，“但我们说他找的不是猫而是狗——汉奸走狗。狗是永远不能捕捉老鼠的！”

聂荣臻深知，击败冈村宁次的“百万大战”，军区也付出了沉重的代价。这次艰苦卓绝的反“扫荡”，军区部队伤亡了近2000人，在牺牲的烈士中，有毛泽东夫人杨开慧的侄女杨展，有回民支队司令马本斋的母亲白老太太，还有完成掩护突围任务后舍身跳崖的“狼牙山五壮士”中的马保玉、胡德林、胡福才……10月18日，聂荣臻发布训令，号召全区军民学习五壮士英勇顽强的战斗精神和崇高的民族气节，并决定送带伤归来的葛振林和宋学义入“抗大”二分校学习深造。后来，他还亲自为“狼牙山五壮士纪念碑”题词：

视死如归本革命军人应有精神
宁死不屈乃燕赵英雄光荣传统

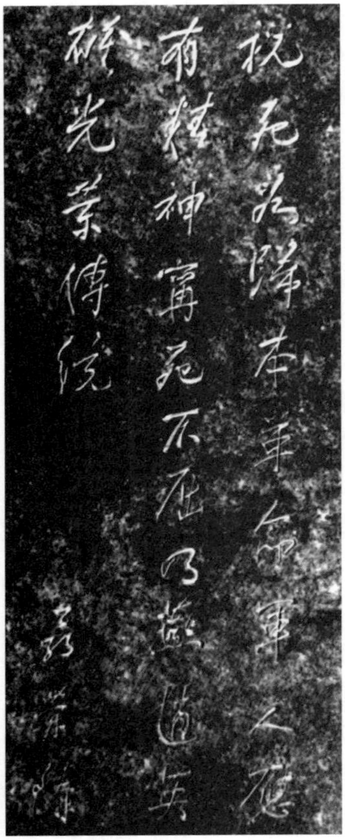

聂荣臻为“狼牙山五壮士”纪念碑题写的碑文

反“扫荡”结束后，军区司令部又回到平山，驻到了离吊儿村不远的寨北。经过一场斗争风雨的洗礼，聂荣臻见到曾经舍生忘死将敌人引向台峪的罗文坊，显得更为亲切，高兴地问道：“哎，你会不会踢足球？”罗文坊回答：“会呀。”“能不能组织一次足球赛看一看？经过两个多月的浴血苦战，让大家轻松轻松。”“行！机关里知识分子多，还有电台人员，我知道有不少人会踢足球。”于是，在寨北村外一块收割过庄稼的地里，一场别开生面的足球赛，把上至聂荣臻，下至炊事员、饲养员乃至寨北村的小孩，全都吸引住了。哨声、笑声、掌声，一阵高过一阵，似乎成了庆祝反“扫荡”胜利的爆竹。

夜深了，聂荣臻仍毫无倦意，在油灯下伏案疾书。他深切地关怀着转移时在马驹石被炸伤的副官长刘显宜。刘显宜负伤后，聂荣臻特地让卫生部长游胜华请柯棣华大夫随担架护理了两个月。他写道：

显宜同志：

因为全军许多事务依赖着你，当你负了伤，等于打断了我们一只手！昨

---

①《聂荣臻军事文选》，解放军出版社1992年版，第162页。

得游部长报告及你的来信，知道你的伤日渐有好色，甚以为慰！虽处战争环境，但尚有好的条件给你医治。在游部长附近有柯棣华等同志的看护之下，只要你静心的休养，一定很短的时期就会痊愈的！部队事情我们已找萧子久代替你，一切事情你都可不要挂心，望你好好休养，祝你早日痊愈！

致以

敬礼！

聂荣臻

（十月）二十九日夜

这封信很快送到刘显宜手中。在这艰苦的战争岁月里，聂荣臻对一名做行政工作的副官长体现出来的生死与共、情同手足的深情厚谊，使看完信的刘显宜感动得孩子般地哭出了声。刘显宜将这封充满革命情谊的信件一直珍藏在身边。35 年之后，刘显宜逝世了，医生才从他遗体中取出了在马驹石被炸时穿进体内的两块弹片。43 年之后，刘显宜的夫人得知聂荣臻在写回忆录，又将这封珍贵的信呈送给聂荣臻。

为配合对北岳、平西地区的大“扫荡”，1941 年日军在冀中、冀东和平北地区，结合“治安强化运动”，也采取了若干重大军事行动。

在冀中，主要是推行“蚕食”政策，重点是大清河以北地区，尤其是处于平津保三角地区之间的冀中十分区。1941 年初起，冀中大城、青县、交河、献县、高阳、新安、清苑、张登、藁城、无极、宁晋等地区军民展开了顽强的反“蚕食”斗争，在你来我往的反复争夺中，他们运用地雷战、地道战、麻雀战等多种人民战争的作战形式，歼灭了许多日伪军，但冀中总的形势日趋严峻。

即便如此，为了支援北岳区的秋季反“扫荡”，冀中军民仍展开了声势浩大的交通破击战。从 9 月开始到 12 月结束，3 个月累计动员群众 40 多万人次，在武装部队的掩护下，破坏铁路 30 多公里，公路 360 多公里，多次炸毁日军的军运火车、铁甲车、汽车等，还平毁封锁沟 100 多公里，摧毁碉堡 37 座，收割电线 1.8 万多公斤，给了日军以沉重打击，有力地配合了北岳、平西地区的秋季反“扫荡”斗争。1941 年，冀中部队作战 1100 多次，毙伤俘日伪军 1.4 万多人，缴获大批武器装备。但这一年冀中根据地日益缩小，敌人的碉堡、封锁沟密度不断增多的趋势未能制止，困难越来越大。

1941 年 5 月底至 7 月下旬，日伪军出动 4 万多人对冀东进行大“扫荡”。冀东军民艰苦转战，主力未受大的损失，并歼敌 1000 多人，但人民群众遭受重大损失。8 月起，中共冀东区委分会根据中共晋察冀分局和晋察冀军区的指示，以主力两个团挺进热南，开辟了大片地区。11 月起，日军组织了 4 万多“治安军”开进冀东，妄图以这些伪军接替日军统治冀东。冀东军分区随即组织了粉碎“治安军”的战役，至 1942 年 2 月，接连打了许多胜仗，歼敌数千人，缴获大批武器弹药，“治安军”溃不成军，迫使日军又将主力第二十七师团调回冀东。1942

年4月以后，冀东八路军屡挫日军“扫荡”并击毙日军佐佐木、高宁麻二大佐等高级军官多人，聂荣臻特于8月通令嘉奖。

几乎与北岳、平西地区的秋季反“扫荡”同时，平北抗日根据地也经历了艰苦的反“扫荡”斗争，以劣势兵力巧妙地与1万多日伪军激战两个月，共歼敌2700余人，粉碎了敌人的“扫荡”计划。

1941年2月4日，平北冀热察挺进军第十团团长白乙化在冀热边与日军激战中牺牲。1942年2月17日，冀东军分区副司令员包森，在遵化县野瓠山战斗中英勇牺牲。聂荣臻痛惜不已。

总之，1941年整个晋察冀边区军民经受了严峻的考验，虽然损失很大，但也给了日军以沉重的打击，根据地在人民战争的战火中坚持了下来，有些地方并有所发展。

第三十九章　向“敌后之敌后”挺进（一）

1941年的秋季大“扫荡”，北岳、平西根据地这两块硬骨头冈村宁次没有能啃下来，但在极力破坏根据地方面，在增修新的堡垒、封锁沟、封锁墙方面，他却是取得了一定成绩的。也就是说，通过“扫荡”，日军在推行“治安强化运动”方面取得了进展。这给晋察冀军区带来了越来越大的困难。

聂荣臻对反“扫荡”的胜利，一面感到高兴，一面保持着清醒的头脑。他交代唐延杰：军区对这次反“扫荡”，已经有了个初步总结，也已经有了部队伤亡的统计数字，但要尽快统计各方面遭受的损失，还要发动大家进一步总结经验教训。

经过近两个月搜集的统计资料，唐延杰报告的数字是惊人的：北岳区人民群众死伤4500多人，青壮年被抓走2万多人，房屋被烧毁15万间以上，损失粮食近5800万斤，大片庄稼被毁，被抢走和毁坏的农具23万余件，抢走牲畜家禽8万多头只；敌人新修碉堡113个，公路530多公里，挖封锁沟158公里；在冀晋边界地区制造了大片无人区；北岳、平西根据地的面积缩小了4000多平方公里。

聂荣臻听着这些数字，紧皱双眉，背着手不断地来回踱步，半晌，慢吞吞地说：“这损失是够大的，也就是说，冈村宁次在‘三光政策’以及结合‘扫荡’推行‘治安强化运动’方面，还是有所收获的。今后我们的困难会更大，日子将更不好过。”过了一阵子又问：“大家认为主要有些什么教训呢？”

“各级领导机关过于臃肿庞大；地方人民武装的领导机构不健全，在这次反‘扫荡’中指挥不够得力；人民武装迫切需要的地雷、手榴弹等没有可靠的供应渠道，不能满足对敌斗争的需要；军工厂过于集中，受到了较大损失；对制高点、制高区缺乏一套有效的控制办法；还有些长途电话线架设得不够隐蔽，遭到破坏，使军区难以及时全面地掌握敌我情况；特别是敌人结合‘扫荡’，大力推行‘治安强化运动’，设置了许多封锁线，在军事上经济上对我们威胁都很大，大家都表示担心。”唐延杰回答说。

“这是哪些人的看法？”

“司令部作战参谋们集体研究的意见。”

“嗯，有道理。对敌人搞封锁线的问题，这次反‘扫荡’以前，我们早已觉察，几次通知各部要想方设法平毁敌人的封锁沟、墙，过去取得了许多成绩。这次反‘扫荡’以后，从 11 月中旬起，经过一个多月大规模的破袭战，又取得了不少成绩。但是我们夜间破，他白天修，看来收效不大，还得想新的办法。”

唐延杰点头表示同意。

晋察冀边区军民在艰难困苦中迎来了 1942 年。1 月中旬，为了冲破错综复杂的困难局面，晋察冀分局在平山县寨北村召开了由军分区以上领导干部参加的高干会议。聂荣臻在会上指出：总的形势对我们有利，去年 12 月太平洋战争爆发，国际反法西斯阵线最终成立，日军战线拉长，困难定会更多，向华北再大量增兵的可能性减少了。但日本侵略者也肯定要作最后挣扎，会加紧对敌占区的统治，加紧对边区的封锁、“扫荡”“蚕食”与掠夺。敌人在战术上基本还是强调高度分散配备。即第一线据点大多由战斗力较强的日军守备；其后的堡垒、据点大多由伪军守备。初步统计，在边区已有敌占据点与堡垒 1600 多处，比第二次国内革命战争时期国民党在中央苏区构筑的堡垒密度还要大。敌人的分割政策还在继续，由沟到墙，由一道沟到纵深的几道沟，在晋察冀与晋冀鲁豫、晋西北之间，在冀中平原与北岳山区之间，以至边区内的各县之间，都在挖沟垒墙，加紧封锁，掠夺物资[①]。

实际情况确实如此。以晋察冀的心脏北岳区为例，敌人在秋季大“扫荡”中打通了由易县经涞源到灵丘的公路，以图割断北岳区与平西、平北地区的联系。在同蒲路东侧的冀晋边地区，南起盂县，北至台怀设立了一道封锁线，大肆制造无人区，意在割断晋察冀与其他战略区的联系。在平汉路西侧，沿易县、满城、完县、唐县、曲阳、行唐、灵寿延伸到正太路北侧的平山、娘子关，设立一道封锁线，意在切断北岳山区与冀中平原等根据地的联系。在冀中、冀东等地，情况也大体如此。各区的困难日甚一日。总之，日军的堡垒线向根据地内部步步推进，根据地已日渐缩小，这种情况不能不引起人们的严重忧虑。

聂荣臻在这次会上针对上述情况指出：以地方武装为主，不断开展广泛的游击战，“配合政治攻势，瓦解和消灭伪军与伪组织，相机收复一些地区”。“由于敌之侧后存在着大的空隙，因此在封锁沟外的活动可能收到大的效果。”[②]

聂荣臻在回忆录里说：“到‘敌后之敌后’，有个发展过程。开始，还是处于有行动但不是很自觉的状态。1942 年 1 月，在晋察冀分局召开的军分区以上干部会议上……就已经有了到敌后之敌后去的初步想法，只是那时的说法是‘到敌人侧后去开展游击战争’。”

1941 年 12 月中旬，根据中共中央和八路军总政治部的指示，聂荣臻发布了

---

①《聂荣臻军事文选》，解放军出版社 1992 年版，第 172、173 页。

②《聂荣臻军事文选》，解放军出版社 1992 年版，第 173 页。

开展对敌政治攻势的训令。各部按训令要求，派出 30 多个武装宣传队，在人民群众的密切配合下，深入敌占区，历时 40 天，散发宣传品 130 多万件，召开伪军和伪组织座谈会 250 多次，产生了重要影响。1942 年 1 月寨北村高干会议后的 3 月间，他又发布了第二期政治攻势的训令。训令要求各部像上次宣传攻势那样，派出武装工作队，深入日军占领区，散发宣传品，召开群众大会，还可以继续利用关系，召开伪军、伪政权组织人员及其家属的座谈会，宣传太平洋战争爆发后，日军陷于孤立必败的境地，晓以中华民族不屈不挠抵抗外侵的历史传统，以动员敌占区人民，和被胁从的伪军政人员，发扬爱国主义精神，同仇敌忾，帮助边区军民的对敌斗争。

这两次政治攻势，声势浩大，拉开了向“敌后之敌后”挺进的序幕。各部先后派出由几十名到上百名武装人员组成的武装工作队 60 多支，在人民群众的帮助掩护下，顺利越过敌人的封锁线，携带数以百万计的宣传品，针对不同对象进行工作。如对日军的宣传品，都是由“在华日本人反战同盟晋察冀支部（由日军被俘人员中的进步分子组成）”“华北朝鲜独立同盟边区分盟”“朝鲜义勇军”的成员设计拟制的。他们深知日军内情，宣传品内容丰富多彩，针对性强。如传单先说一些贺年、祝贺樱花节的话，然后再说别的道理，慰问袋除宣传品以外，还装有日本国内的招生广告、“通行证”、边区产的土特产品等。宣传品是用日文写的，日军都看得懂。他们有的还成功地在堡垒附近与日军进行了樱花节联欢会。所有这些，都不同程度地引起了日军士兵及一些下层军官的思乡厌战情绪。对伪军政人员，武工队通过关系，召开多种形式的座谈会，或用喊话筒对伪军据点喊话，告诉宣传品放在什么地方，要他们去取。大部分伪军政人员不敢反抗，有的伪军还与工作队员对话对歌，叫今后多告诉他们一些好消息。特别是武装工作队召开的伪军政人员家属座谈会，气氛活跃。他们对日军必败，伪军政人员应及早弃暗投明的道理听得都很入耳。有些敢于顽抗的伪军政人员，武工队坚决予以镇压。聂荣臻在一张针对伪军政人员的布告中提出了这样的号召：“审时度势，幡然悔悟，举义反正，为国杀敌，以赎前愆”，并警告，执迷不悟者，定当国法从事。这样的布告，竟然贴到了石家庄日伪军的碉堡底下。对人民群众的宣传形式更是活泼多样。随队行动的文艺工作者，向群众演出了短小精悍的话剧、活报剧、快板、歌曲、大鼓、花鼓等节目，揭露日军暴行，宣传根据地军民的抗日事迹，使敌占区人民群众受到极大振奋。日伪军则随着政治攻势的深入越来越惶恐不安。

聂荣臻听到不断传来八路军武工队开展政治攻势的胜利简报，深感到“敌后之敌后”去活动，是打破敌人封锁、“蚕食”政策的有效方法。因此，1942 年 5 月，他在转发八路军总部关于《反蚕食斗争指示的训令》中进一步明确提出：“各地正规军，特别是平原地区，必须以三分之一或二分之一的正规军队，以连营为单位，分散到各县去活动，到敌后去活动，其余正规部队，应相对集中整训，轮番调换。”①

① 1942 年 5 月 15 日，聂荣臻转发八路军总部的训令。

正当到“敌后之敌后”这一新的战略方针逐步展开的时候，敌酋冈村宁次又集中兵力，向冀东和冀中区展开了大规模的“扫荡”。

从 4 月初起，5 万多日伪军开始“扫荡”冀东抗日根据地。这一“扫荡”，历时两个月，烧毁村庄 1000 多个，制造了多起惨案，被杀害的群众和被抓走的青壮年各两万多人。冀东军分区政治部主任刘诚光等在反“扫荡”中壮烈牺牲。反“扫荡”开始，冀东军分区请示，鉴于日军使用的兵力很大，军区主力部队拟转移到热河南部山区，以暂避敌人锋芒，减少损失。聂荣臻复电：“窥其企图，似有先摧毁我平原地区之工作基础，控制平原而后转向山区。……为反敌清剿，坚持冀东基本区工作，除同意将主力暂时转入山区，并开展山区工作外，更须组织几个精干支队（以二三百人为一支队），配合各地方武装，采取积极灵活的出击动作，打击分散搜剿之敌……以控制地区。”[①] 这种实事求是的处置，使冀东部队主力在这次反“扫荡”中未受大的损失。此后，日伪军制造了以热河南部为主的“千里无人区”。在总面积 3 万平方公里（含部分平北地区）约 100 万人口的地区内，以 10 万日伪军进行统治，分为由他们严密控制的“人圈”、准许耕种但不准居住、不准耕种也不准居住的三种地带。日伪军在第三种地带反复“扫荡”搜捕，见人就杀。其目的是造成所谓“绝缘带”，以割断八路军与人民群众的联系。面对这种严重局面，冀东八路军在中国共产党的领导和人民群众支持下，深入无人区，多次歼灭小股日伪军。如冀东军分区政治部主任李中权，就曾率两个连在黄厂沟消灭日军一个中队。日伪军在“人圈”和无人区的暴行，惨绝人寰，被害死亡的群众达 20 万人，其残酷程度不亚于南京大屠杀。

紧接着，冈村宁次指挥五万多日军，在伪军配合下，对冀中军区进行大“扫荡”，冀中地区军民奋起反“扫荡”。因为“扫荡”和反“扫荡”是从 5 月 1 日开始的，所以又称为“五一”反“扫荡”。

早从 1941 年起，敌人就不断“蚕食”冀中根据地，用的同样是建立封锁线，以堡垒推进逐步“蚕食”的办法。在“五一”反“扫荡”前约一年的时间里，冀中根据地的面积和人口减少了约 2/3。

针对太平洋战争爆发后的新形势和冀中面临的困难局面，八路军总部曾于 1941 年 12 月 12 日发布“坚持冀中的战略指示”，指出：为支持太平洋战争，日军有大规模“扫荡”晋察冀，特别是“扫荡”冀中区之极大可能。聂荣臻在此之前于 11 月 13 日，分析秋季反“扫荡”后的形势时指出：敌人扬言要再次对北岳区进行大“扫荡”，这是不大可能的。但对分区“扫荡”时有可能，特别是冀中。接到总部指示后，他于 12 月 17 日电示各分区，要严密侦察敌情，准备反“扫荡”。1942 年 1 月 4 日，他根据各方面情况，又电示各兵团领导人，敌人决心分割、封锁冀中，冀中要积极准备反“扫荡”反封锁，路西部队要大力钳制敌人，以配合冀中的斗争。1 月 28 日，他再次致电各兵团领导人：敌人扬言要对北岳

① 1942 年 4 月 5 日，聂荣臻“关于坚持冀东基本区工作”对李运昌等人的指示。

区大“扫荡”，有三种可能，其中之一的可能是“声东击西”，“扫荡”冀中。4月下旬，他在讨论加强人民武装建设的会议上再次强调，冀中要认真组织开展地道战，以对付敌人的“扫荡”。但由于种种原因，冀中区在历时两个月的“五一”反“扫荡”中虽然取得了歼敌1万多人的胜利，但冀中地区还是遭受了重大损失：部队减员达46%以上，特别是干部伤亡很大，内有团职以上干部19人牺牲；人民群众被捕被杀达5万多人，还伤亡了大批地方干部；被毁被抢的物资难以计数。未受损失的主力部队绝大部分撤到了平汉路西。冀中根据地一部分变成敌占区，大部分变成游击区。

这次“扫荡”，日军采取了“稳扎稳打”的办法，由北向南，由东向西，在边缘区形成包围，反复“扫荡”，建立据点，逐步推进。五万多日军大部用做封锁部队，形成所谓“铁环阵”；一部分作为“扫荡”部队，利用优势装备如飞机、坦克等，和在平原地区运动方便的有利条件，逐村逐片“扫荡”，哪里枪响，就蜂拥向哪里合围。聂荣臻说，当时“冀中区的边缘地带战火纷飞，而腹心地区却异常平静。这就是敌人的所谓‘诱导圈’”[①]。

在冀中反“扫荡”过程中，聂荣臻始终密切注视着斗争进程。5月15日，他命令一、三、四军分区和军区教导团全力破击石家庄以北的平汉线，要各地区队深入敌占区，摧毁伪军伪组织，平毁封锁沟、墙，以支援冀中反“扫荡”斗争。6月2日，他致电吕正操等人，指出敌人在冀中中心区外围“扫荡”，用意是驱使我军返回中心区，然后用重兵合击，我军应该迅速分散活动，跳出合围圈。6月10日，他又以北方分局的名义致电冀中区党委：冀中是华北的主要产棉区，日军为了掠夺资源，确保华北，封锁北岳区，必将对冀中反复“扫荡”。但它兵力不足，我们只要改变领导方式与活动方式，使武装斗争与各种斗争相结合，安定群众情绪，积蓄力量，以待时机，冀中是可以坚持游击战争的。6月28日，聂荣臻发布命令：“为保存主力，等待时机，特将七、九、十分区之主力转移北岳区。”命令规定：七分区的十七团、三十六区队及行唐、灵寿、慈峪地区的部队由郑维山、吴西统一指挥；九分区的十八、二十四团由黄永胜、王平、詹才芳统一指挥；十分区直属队由一分区首长指挥。这些临时措施，体现了聂荣臻依托山地坚持平原的军事思想，对冀中反封锁、反“蚕食”、坚持平原游击战起了积极作用。6月下旬，他向总部报告了冀中反“扫荡”的经过与经验教训。认为主要的教训是：对敌人进攻的严重性认识不足；部队拥挤于中心区，没有适时分散；没有广泛地开展地道战。在回忆录中，他补充的主要教训还有，主力部队撤出冀中后，没有作出再及时返回冀中坚持斗争的打算和部署，所以“扫荡”后敌人大部分撤走了，留下部分日军率伪军残酷迫害当地各种抗日力量，我们没有回去，延缓了冀中区的恢复时间。

冀中“五一”反“扫荡”的曲折历程和所遭受的巨大损失，牵动着晋察冀边

---

①《聂荣臻回忆录》，解放军出版社1986年版，第532页。

区广大军民的心。在军区司令部里，这种气氛就更为强烈，每当听到某地某部遭受了多大的损失，某位领导干部牺牲了，大家的心头都像铅一样的沉重。当参谋长唐延杰或作战参谋向聂荣臻汇报这方面的消息时，他和大家一样，感情总是受到强烈的震撼。特别是听到团以上干部牺牲的消息，其中包括八分区司令员常德善、政治委员王远音同时牺牲的消息时，以爱部下著称的聂荣臻，更是十分沉痛和悲愤。

第四十章　向“敌后之敌后”挺进（二）

冀中区所受的重大损失，促使聂荣臻更加坚定了向“敌后之敌后”挺进的决心。1942 年 9 月中旬，他在晋察冀边区党政军高级干部会议（寨北会议）上指出：“太平洋战争爆发后，日寇对敌后的进攻，日益严重。日寇已确定把华北作为‘大东亚战争的兵站基地’，具有确保华北的决心。所以日寇虽然不能解决中国问题，但认为必须解决华北问题。九个月来……对华北各抗日根据地反复长期的‘扫荡’、‘蚕食’与‘清剿’，都说明了敌人的企图。”聂荣臻接着分析了“蚕食”、“分割”、封锁与“扫荡”的关系。他说：“我们不应该把反‘分割’、反封锁与反‘扫荡’割裂开来看。敌之封锁、‘分割’，把我们区域划成许多小块，即是为着便利于‘扫荡’、‘清剿’，在一定的区域内彻底摧毁我们的下层基础，以达到其所谓‘扫马粪驱苍蝇’的目的。”聂荣臻针对有些干部战士不重视反“蚕食”斗争问题，指出：“其实，反‘扫荡’虽苦，但时间不长，而‘蚕食’的危害性却更大。‘蚕食’易于使我们麻痹与疏忽，以致‘蚕食’到我们的要害。”[①] 因此他得出的结论是：我们的主要任务仍然是积极地开展游击战争，而且着重是到敌人后方去开展游击战争，从而更明确地提出了向“敌后之敌后”挺进的斗争方针。他说：“今后对于干部配备，对军队组织等问题，都要把是否能真正开展游击战争作为主要因素，深加考虑。对于新老干部都要重新具体地教育与指导。不敢深入敌之侧后去活动的干部，应即撤换。必须把游击战争开展到敌人后方去。到‘敌后之敌后’去，正规军要这样做，地方军更要这样做。如果我们不到敌后去开展斗争，还到哪里去开展呢？一切强调敌后据点、公路的稠密，堡垒、沟墙的封锁等困难而不敢积极去活动，或不设法配备干部组织部队去活动，都是不对的。”[②] 他在回忆录里说：“这个期间，我一直在考虑，敌人进来了，我们的根据地日益缩小，单靠反‘扫荡’、反封锁、反‘蚕食’斗争总是处于被动地位，已不能解决问题。而且，我们一些同志对敌人‘蚕食’进攻的严重性……感到无所谓；有的则在敌人推行的‘堡垒政策’面前，感到束手无策。这样下去是很危险的。究竟怎么办？经过反复考虑，我感到只有向‘敌后之敌后’发展，才有出路。就

①《聂荣臻军事文选》，解放军出版社 1992 年版，第 212 页。
②《聂荣臻军事文选》，解放军出版社 1992 年版，第 213 页。

是说，敌进我进，你朝我这里来，我就到你那里去，我们钻到你后面去活动，搞得你不得安宁。这是接受了内战时期根据地斗争的经验提出来的。第五次反‘围剿’时，‘左’倾路线的领导人曾提出‘以堡垒对堡垒’的主张，把自己缩到了一个小圈子里，导致了反‘围剿’斗争的失败。我们不能一退再退，也不能固守一点，只有到敌后之敌后去，文章才能做活。我们本来就处于敌后，到‘敌后之敌后’是指到边区根据地周围敌人统治下的地区去活动。到‘敌后之敌后’不怕站不住，我们是在自己的国土上战斗，有群众的地方就可以站住脚，也不必担心没粮食吃。”① 这段话，是对他这次讲话的重要脚注和他下定到“敌后之敌后”去的决心的最好说明。聂荣臻在这次高干会议上的报告，成为晋察冀军区武装力量开展向“敌后之敌后”挺进的动员令。会议以后，各地区都掀起了对敌斗争的新高潮。

首先是在北岳区，各军分区都明确划分了到敌后活动的地域，派出主力部队的三分之一到二分之一的力量，组成身着便服有地方干部参加的多支武装工作队，分散穿越敌人封锁线，到指定地区活动。当时敌人的封锁沟已加宽到 4 至 9 米，深达 5 至 6 米，有的沟里引进了水或埋设了地雷，不少地方还砌了高达 7 至 10 米的封锁墙。堡垒的密度也有较大的增加，以北岳区周围为例，有些地方 4 平方公里之中即筑有 20 多座堡垒，有的一个村庄就有十几座堡垒。日伪军沿沟、墙日夜巡逻，一有情况立即报警，堡垒中的敌人彼此呼应，组织力量堵截或合击。

要到敌后去，首先要过封锁线这一关。在人民群众的帮助下，北岳区部队对日军的活动规律和封锁线的情况摸得一清二楚。群众为部队引路，准备了各种越过沟、墙的工具，如梯子、绳索等，有时还制造一些假情况，把敌人引开。在强大的政治攻势下，有的伪军对八路军过封锁线睁只眼闭只眼，还有些起了协助作用。所以到 9 月底前后，各分区的敌后武工队都顺利越过封锁线。

到了敌后，关键是要能站住脚。封锁线外的群众，特别是刚被“蚕食”村庄的群众，饱受敌人压榨欺凌。他们见到自己的队伍又回来了，都非常高兴，想方设法掩护武工队的活动，这是部队能站住脚的主要因素。根据聂荣臻的指示，武工队站住脚以后，着重做伪军、伪政权组织的工作，宣传太平洋战争爆发后的形势，宣传中国必胜、日本必败的道理。一般伪军政人员，大多能接受武工队的宣传。但也有少数死心塌地的汉奸、特务分子，武工队在依靠群众、了解情况的基础上予以坚决镇压。敌人在新“蚕食”的村庄，设立了情报员、联络员，作为公开的耳目，对武工队开展工作很不利。武工队采取争取与打击相结合的办法，迫使他们给敌人送假情报。有条件的地方，派可靠人员充当情报员、联络员，反而把敌人的各种情报搞来了。1942 年 12 月，聂荣臻还指示北岳区部队发起“宣传突击周”。一周之内，逮捕了 6000 多名伪组织成员，使伪军政人员惊恐不已。

当敌人发现八路军大批武工队突破封锁线并在各村庄积极活动的情况，就从各据点拼凑几十人到二三百人的“讨伐队”，进行奔袭合击。武工队一般采取分

---

①《聂荣臻回忆录》，解放军出版社 1986 年版，第 545、546 页。

1942 年秋，聂荣臻向部队动员，到“敌后之敌后”去

散隐蔽、灵活转移的办法，使敌人经常扑空。条件有利时，就反袭击“讨伐队”，使其损兵折将而败归。

正当八路军向敌后顺利挺进时，日伪军对北岳区的“扫荡”突然停止。聂荣臻思索着敌人的用意，得出的结论是企图吸引武工队返回北岳区。他决心不为所动，继续组织力量向“敌后之敌后”挺进，并于 10 月 10 日将此决心报告给八路军总部。

敌人一计不成，又生一计，重新沿已有的封锁线，积极筑堡，向北岳区“蚕食”推进，企图沿北岳区四周建立第二道封锁线。北岳区各军分区根据聂荣臻的指示，主力部队与地方武装相配合，沿封锁线两侧积极开展交通破袭战，使敌人疲惫不堪，建立第二道封锁线的计划大多落了空。从 1943 年 1 月中旬起，敌人再次改变部署，集中较大兵力与人力、物力，沿平汉路西侧封锁线积极筑堡，向北岳区东部边沿平原地区推进。聂荣臻于 2 月 3 日对此发布训令指出：敌人这种“蚕食”方式的改变，旨在彻底切断北岳山区根据地与冀中平原我方尚存力量之间的联系。各部队要分配作战活动区，控制制高点，于正面打击“蚕食”推进之敌；另以一部兵力挺进到敌封锁线后方进行积极的游击战；在可能被分割、封锁的地区，预先拟订打击敌人的方案，以保护我方的人力物力资源不被敌人利用。经过 20 多天 50 多次的战斗，敌人的阴谋又告破产，被迫再次改变作战部署。敌组织较大的兵力，突然奔袭“扫荡”某一地区，将八路军主力驱赶走，随后驱迫大量民工，携带物资器材，在日伪军威逼和警戒下，突击筑堡，企图站稳脚跟，再向四周“蚕食”。这就是所谓“跃进蚕食”。2 月 21 日，聂荣臻就此指示各军分区：对“跃进蚕食”之敌，我方初期应以小部队、地方武装，在敌周围袭扰，迫使其分散兵力，然后以适当兵力驱散和抢救民工，破坏物资器材，使敌人无法挖沟、筑堡。在敌人兵力分散时，八路军集结主力，打击敌人的弱点。在地形有利的地区，要构筑工事，组织顽强防御，以尽量杀伤和迟滞“跃进蚕食”的敌人，并尽量组织夜袭，以疲惫敌人。由于八路军是内线作战，敌人孤军突出，再加民工都是被强迫来的中国人，他们大多积极配合八路军，一打就散，甚至不打自散，任意抛弃物资器材或主动交给八路军。有的地方，一次被驱散的民工达 1 万多人。这样，“跃进蚕食”的敌人就失败得更惨。

这种你来我往的斗争，其结果，正如聂荣臻所指出的那样，日军的根本弱点是兵力不足，所以经常处于被动挨打的境地，八路军则越来越主动，迫使敌人放弃了许多村庄。到 1943 年春末夏初，北岳各军分区共恢复和新建了 1600 多个村政权，使许多地方成为根据地或游击区。

贯彻向“敌后之敌后”挺进的方针，对冀中区、冀东区也产生了非常积极的影响。

寨北会议以后，冀中区从“五一”反“扫荡”后的极度困难中逐渐恢复。他们遵照向“敌后之敌后”挺进的指示精神，组织了许多支小规模的武装工作队，深入敌人统治的村庄，开展政治攻势。并利用平原上的青纱帐作掩护，以四通八达的地道作依托，日益公开频繁地开展游击战，以各种方式打击敌人，摧毁伪政权，积极进行反“清剿”斗争。在半年多的时间里，歼日伪军近 4000 人，而且其中一半是日军。在冀中 4/5 的地区，八路军开辟了许多小块的游击根据地和游击区。至 1943 年 5 月，冀中恢复村政权达 3500 多个。八路军的小部队和地方党政干部，已经在那里可以开展各种活动，许多工作渗透到伪军伪组织内部，取得了越来越多的主动权，使日本侵略军在冀中重又陷入中国人民游击战争的汪洋大海之中。

冀东部队向“敌后之敌后”挺进，一方面是组织力量，继续开辟热河南部地

民兵和群众在平毁碉堡

区，与敌人的“千里无人区”阴谋作斗争，日益向东北方向发展，威胁到日伪满洲国的边沿地区，使敌人感受到了越来越大的压力；另一方面组织多支武工队，重返冀东腹地丰润、迁安、滦县等地，开展“复仇”作战、反“清剿”、恢复基本区等一系列斗争，取得了许多胜利，开辟了滦河东和北宁路南两大块平原游击根据地，使冀东区出现了新的大好形势。到 1943 年 3 月，冀东军分区扩大为冀热边区，下辖五个专署，基本上扭转了困难局面。聂荣臻对冀东取得的胜利很高兴。1943 年 8 月 2 日，他在与冀东军区政治委员李楚离谈话时指出：“去年 9 月以来……冀东向外伸展，开拓广大回旋地区的任务业已完成，……目前必须立即开始进行巩固工作。以巩固为重，在巩固中向东北伸展。今年夏秋之际，应大力恢复平原，并在山地打下基础，求得山地与平原工作相衔接。”“特委在领导上，必须在中共北方局与分局的原则指示下，保持高度的主动性……才能正确地及时地指导冀东的斗争。”[①] 根据聂荣臻和军区政治部的指示，1943 年，冀东进行了以密切军政、军民、官兵关系和树立抗战必胜信心为主要内容的政治整军运动。同时，利用战斗间隙，各部抓紧了以射击、投弹、刺杀为主要内容的军事训练活动。这些对提高冀东八路军的军政素质起了重要作用。

聂荣臻在回忆录里说：“经过向‘敌后之敌后’挺进，在短短半年多的时间，晋察冀地区就出现了‘敌进我进’的新局面，敌人的‘蚕食’推进计划被制止住了。”“晋察冀根据地关于向‘敌后之敌后’挺进的方针，是一个重大的战略决策，对打破敌人封锁、‘蚕食’，变被动为主动，恢复根据地，起了决定性的作用。对于这一方针，党中央和毛泽东同志是很赞同的。党中央制定的‘敌进我进’到‘敌后之敌后’去的方针，就是总结了包括晋察冀在内的各抗日根据地的斗争经验而提出来的。”[②]

第四十一章　情满边区

聂荣臻在晋察冀边区六年，几乎踏遍了北岳区的山山水水。每到一地，他和部下们对人民群众总是倾之以同胞情、阶级爱，处处体现出共产党、八路军全心全意为人民服务的崇高精神。因而，他们也获得了广大人民群众的衷心拥戴。聂荣臻在回忆录里说：“在抗日战争中，尽管我们处在敌人的封锁包围之中，甚至我们的司令部距敌人不过几十华里，尽管有许多战火纷飞的场面，但是，我们却有一种安全感。在群众的海洋里，安全得很啊！有一段时间，军区领导机关驻在唐县和家庄，中央分局在阜平易家庄，我每次去开会的时候，只带一个警卫员，我们一人一匹马，一天就跑到了。一路上毫无危险，走到哪里，哪里的老百姓都给我们烧水、指路，照顾得十分周到。八路军英勇抗击侵略者，保护了人民，人

①《晋察冀抗日根据地》（大事记），中央党史出版社 1991 年版，第 222 页。

②《聂荣臻回忆录》，解放军出版社 1986 年版，第 549、551 页。

民同样尽心尽力地保护我们。”

聂荣臻走到哪里，就在哪里以火一样的热情温暖着当地群众的心。

1937 年 11 月他从五台出发，到达的第一个驻地就是河北省阜平县城。小小的阜平城，坐落在冀西山区的沙河畔，是那么不起眼，那么一贫如洗，就像一个纯朴无邪的苦孩子，被群山爱怜地紧紧搂抱在怀里。河北当地有句俗话说：“平山不平，阜平不富。”然而，聂荣臻在寻找新的军区所在地时，一下就看中了阜平。他说，这里地形好，指挥位置适中，有群众基础。在战争年代血与火的考验中，聂荣臻与这里的人民群众结下了最深厚的感情，使他难以忘怀。

11 月 18 日的下午，衣衫褴褛的阜平百姓聚集在坑坑洼洼的街道上，用甜蜜的笑脸和甜蜜的红枣，迎接军容严整的聂荣臻将军率领的八路军。聂荣臻和八路军将士们也以充满阶级感情的微笑和招手，亲切地对待那些在凄风苦雨中度日如年的苦难乡亲。后来，他在一次干部会上用深沉的语调说：“的确阜平是穷，好多百姓吃树叶度日。阜平那种穷的印象，使我对阜平人民产生了一种强烈的同情心，常常想着如何去改善他们的生活，减轻他们的负担。”1938 年 3 月 7 日，在敌机轰炸阜平时，聂荣臻在跑向防空洞的危急时刻，还不忘将三个惊慌失措、无处躲藏的老乡拉进防空洞，炸弹随即在他们不远处爆炸。一位满头银发的老大娘，事后逢人便说：“要不是聂司令，我这把老骨头恐怕这次就完了。”两天后聂荣臻率军区机关撤离阜平。他在百忙中布置尽可能地疏散群众，使他们免遭日军蹂躏。所以 3 月 9 日日军进占的阜平，是一座空城。以后聂荣臻多次到过阜平，在那里战斗和生活。日军在围攻或“扫荡”北岳区时，也多次以阜平为中心，但每次占领的几乎都是空城。

聂荣臻对阜平人民一往情深。事隔半个世纪，1986 年 4 月，晋察冀军区老文艺战士、著名电影演员田华准备到阜平看望老区人民，行前去看望聂荣臻元帅。87 岁高龄的聂荣臻谈起阜平，一下子就动了感情，他说：“四川江津是我的第一故乡，阜平是我的第二故乡，过去我想回去看看我的第二故乡，但总是没有时间。进城后，太忙。‘文化大革命’期间，流放在邯郸的时候，我想去。叫秘书准备了一辆吉普车，准备沿京广线西侧北上，最后一站是阜平，去看看战争年代同生死共患难的父老乡亲。但不久得了重病，不得不回京治病，错过了这次良机。现在有时间了，可腿脚不行了！非常遗憾，非常对不起他们，非常想去看望他们。我从心里一直没有忘记他们，无时无刻不在想念着他们……”

田华到阜平把这些话一传达，阜平的干部、群众个个热泪盈眶，感动极了。田华返回北京后，将在阜平各地拍的照片送给聂荣臻看。聂荣臻非常高兴，边看边说，老区变了，但看来还有许多困难。他嘱咐秘书，告诉河北省领导，请他们设法尽快解决偏远山乡群众的温饱问题。

聂荣臻第一次撤离阜平，两天后来到金刚库。这是一个被庙宇建筑群簇拥着的秀丽山村。村前，清水河里流淌着清澈见底的溪水。村后，古松坡上升腾着雾霭。若从空中俯瞰，金刚库四周的山野和田园里，繁星般撒满了台麓寺、古佛寺、普济寺、南山寺、镇海寺、海慧庵等古刹的佛殿僧舍。聂司令员要住到金刚库来的好消息，村自卫队、妇救会、儿童团以及全村的父老乡亲无不奔走相告，大家欢天喜地，热情相迎。

聂荣臻在金刚库

司令部设在紧靠山脚的一座庭院里，聂荣臻特地交代司令部的人员要爱护老百姓家里的东西。有的人满不在乎，认为这家主人是国民党的人，弄坏了他的东西没什么事，受到了聂荣臻的严肃批评。聂荣臻还通知住在古佛寺的军政学校、住在海慧庵的军区抗敌报社、住在南山寺的两个团以及住台麓寺的边区政府、住普济寺的边区银行等单位，都要注意执行中国共产党的宗教政策，不得干扰僧侣们正常的宗教活动，更不允许破坏寺庙设施；同时，还要讲究方式方法，向僧众宣传抗日救国的道理。凡是要求下属做到的，聂荣臻更是处处作表率。4月16日，五台山的佛教救国同盟会召开成立大会，聂荣臻特地前往参加，对团结出家人一起抗日起了重要作用。

金刚库的盛夏，天气清凉宜人。中午，人们可以跳到清水河里洗澡。晚上可就得盖上棉被睡觉了——五台山确实是个清凉的避暑胜地。聂荣臻虽然每天都是眼睛一睁，忙到熄灯，有时甚至通宵达旦工作，但生活上还是挺讲究整洁的。他要求机关和部队在条件许可的情况下，都要把自身的卫生搞好，把周围的环境搞得整洁干净。他穿着洗得干干净净的旧衬衣和马裤，剃着光头——他要求干部战士一律剃光头，这是从便于抢救治疗头部战伤来考虑的——显得干练有神，很有军人气概。有时组织文娱活动，偌大的土场上从司令员到每一个士兵，一色光头，在晚霞里闪闪发亮，看上去倒也挺整齐划一，令人耳目一新。“人最怕懒虫。搞得脏乱不堪，看不得！”他在饭后散步时，经常对身边的干部这样说。他爱洗澡，一有空，就跳进清水河流经山坳的无人处，惬意地洗去一天的疲劳。聂荣臻非常喜欢清水河，他的战马常在这儿饮水，他也常在河滩上边散步边思考根据地的各项大事。一名摄影记者为他在清水河畔照了张相：相片上的聂荣臻一身戎装，打着绑腿，双手撑着一根细长的白木手杖，神态显得那么悠闲、轻松、自然。有一天金刚库突下暴雨，一连好些天清水河洪水泛滥，乡亲们无法像往日那样过河上山打柴、种地。聂荣臻找群众漫谈时，进一步了解到，乡亲们早就希望能在河上建座桥。聂荣臻向部队发出建桥的号召，不到一个月，一座宽约 4 米、长约 30 米的五孔土木结构桥就建成了。这座崭新的桥就像架在人民心头的彩虹。

司令部驻在金刚库，金刚库村的自卫队在军事训练方面理所当然应该是先进的，否则便是军队的失职。聂荣臻是这样想的。他把手持土枪、鬼头刀为他和司令部站岗放哨的村自卫队的骨干请来吃饭。“聂司令员亲自为我斟酒，菜是装在一种粗笨的瓷碗里的，司令员老把好一点的菜推到我们面前。”金刚库的老自卫队员回忆道。吃完饭，聂荣臻告诉自卫队的领头人：“我派人帮助你们进行训练，你们可得为军区所在地，也为整个边区争光啊！”“司令员请放心吧，咱们不是孬种！”自卫队的领导人有些地方听不懂聂荣臻的口音，是通过司令部的一位科长翻译后才拍着胸脯表态的。果然，在全边区的自卫队操练比赛中，金刚库夺得了第一名。“司令员好高兴哟！领着人在村口迎接我们回来，我一声口令：‘向左——看！’所有得胜归来的自卫队员都用力摆头向司令员行注目礼，司令员高兴地拍起手来。军区给自卫队送了一面‘优胜红旗’的锦旗。”由于金刚库自卫队的工作做得好，聂荣臻还命令司令部拨十几支步枪给自卫队，勉励他们做到生产、杀敌两不误。

聂荣臻看到金刚库没有一所学校，深为失学的孩子们担忧。这么小年纪，不上学，许多儿童团员查路条很认真，但不认识字怎么行。于是他命令部队从所住的牛王庙里腾出几间房子，办了个小学校，让适龄儿童大多上了学。1988 年 6 月 4 日，金刚库的老自卫队员回忆说：“他还叫我们和儿童团员们唱歌咧！我们唱《莲花落》。‘我们都是模范村的穷朋友，采着花儿开，一枝莲花落……’儿童团唱的啥呢？‘威风凛凛是哪个，朱德、毛泽东！’聂司令听得高兴极了，把孩子们的肩膀拍个不停。”

1938 年 9 月，敌人以金刚库等地为目标，重兵合围五台山区。聂荣臻决定率部转移时，临行前亲自找村干部、中共党员、积极分子谈话，讲解了敌情，要他们发动群众坚壁清野，进行疏散，以减少损失，这使大家非常感动。

在向蛟潭庄转移途中，聂荣臻还深深地感激那个十几户人家的小山村里的乡亲，如果不是他们把家里的粮食和地里的玉米全部无私地献出来，那么在那儿住了三四天的二百多人的转移队伍非饿毙在山野里不可。“必须把粮食送还乡亲们。”聂荣臻在告别小山村之前对宋劭文说。这件事促使他想出一个好办法：为乡亲们赶制并发放边区粮票。每一斤粮票可换一斤小米，不需再交粮款，这样，反“扫荡”结束后，边区各级政府就可以按粮票把粮食如数发还给乡亲们。宋劭文对这个主意大加赞赏，认为这样做能有效地解决边区部队战时的给养问题。晋察冀的粮票，从此开始在边区内流通。

蛟潭庄是一个位于狭长山沟尽头的山村，因有一口传说中蛟龙出没的深潭而得名。乡亲们扶老携幼，迎接聂荣臻将军的到来。蛟潭庄人为他们这个美丽山村能被聂荣臻选中，作为军区司令部的驻地而大为自豪。

在蛟潭庄，聂荣臻一如既往，处处关心当地人民群众的疾苦。很快，军民结成了鱼水感情。1939 年来到了。聂荣臻率领司令部、政治部、供给部人员，挨家去看望了驻有部队的房东，向他们祝贺新年。新年过后不久，春节又到了。聂荣臻要政治部动员部队为群众写春联。于是，许多写有“福禄寿喜”“五谷丰登”“风调雨顺”等吉祥字样的大红纸，几乎贴满了蛟潭庄家家户户的门上。春节那一天，聂荣臻和张瑞华一起去给群众拜年。许多群众感慨地说：“共产党、八路军真好，我们在八路军来以前见到的官和兵都是吹胡子瞪眼，横征暴敛，要这要那。现在像聂司令员这样的大官，亲自来给我们拜年，过去哪朝哪代见过！”

1939 年 3 月，聂荣臻依依不舍地告别了蛟潭庄的乡亲，为了尽可能靠近前线，于 5 月份来到了唐县和家庄，在这里住了将近两年。

和家庄是个颇有神奇色彩的山村。村东有块三面环山的高地，宛如一把太师椅端放在青山绿水之间。乡亲们传说这是块宝地。聂荣臻来到之前，和家庄一户姓史的富有人家在“太师椅”上刚建造了七间新房，还没有往里搬家。经过协商，聂荣臻和他的司令部搬进了这座新房。

聂荣臻刚到和家庄的时候，除了村干部外，乡亲们并不知道是他和军区司令部机关进驻。为了保密，司令部对外叫“大队部”。在电话联络中，和家庄成了“大理村”，而对聂荣臻则称呼为“三〇一”。乡亲们有目共睹的是，这支被他们称为“红军”的队伍军纪严明，秋毫无犯。部队一进村，就帮助乡亲们挑水扫地，医病治伤，还办起了夜校，教乡亲们识字唱歌，通天河畔飞扬着雄壮的抗日战歌。部队住的房子，里里外外打扫得干干净净。聂荣臻叫司令部副官长刘显宜组织部队建起了洗澡堂和厕所，讲文明、讲卫生。后来，乡亲们才知道是威名赫赫的聂荣臻将军和他的司令部住在他们村，那个高兴和自豪劲儿呀，就别提了。可是，一有外村来的亲戚打听这儿住的是谁，他们马上反问：“你问这个干吗？”保密工作做得可认真哩。

1939 年，正是敌后抗日根据地在巩固中求发展的一年。聂荣臻等领导人在关注巩固发展根据地的同时，也不忘关心和家庄一带乡亲们的生活和生产情况。司令部的干部都知道，聂荣臻和他们说话，一般都比较严肃，不苟言笑，可他只要和乡亲们一接触，马上就显得那么笑容可掬，那么和蔼可亲。他在路上遇到儿童团员向他敬礼，都要勒住他那匹大黑马的缰绳，向孩子们还礼，有时还跳下马抚摸着孩子们的头，勉励他们几句。他一有空就去看望村里驻有部队的房东们，问寒问暖，还不定期请房东们吃饭。有一回晚饭后，聂荣臻和参谋长孙毅散步时，发现全村最穷的史国泉一家四口人住在一个自挖的土洞里。他的眼眶湿润了，掏出一些钱送给史国泉，还请村长设法帮助解决贫困户的生活问题。村里一位德高望重的老人感叹地说：“好在是共产党，要是国民党，看到这种穷得钻土洞的人，还不早用棍子把他打跑了！聂司令员好啊！八路军好啊！”

这年春天，和家庄一带天旱无雨，庄稼生长受影响，聂荣臻显得忧心忡忡。每天清早和傍晚，总要到附近高坡上去看看天色，看有没有朝霞或晚霞。“晚霞晴，朝霞雨。”这种预报天气的土办法，是劳动人民从长期生活实践中总结出来的。聂荣臻这种根据霞光看天气的习惯一直保持到晚年。有一回半夜下了雨，天未明他就高兴地披衣起床，跑到庄稼地里看看雨下没下透，小麦和玉米长高了多少，那种神态完全像一个痴痴地盼着自己种的庄稼喜获丰收的农民。也许谁也想不到，这位叱咤风云的将军，在那烽烟四起的战争年代，竟还喂了几只奶羊。无奈，他实在太忙，只好请通信员帮他出去放养。他太喜欢那几只羊了，每天早晨羊出圈他去看看，傍晚羊回来他也去看看，抚摸着羊，和放羊的战士聊有关羊的事儿。每天清晨，警卫员总是给他端来大半碗羊奶，让他喝下。他不无得意地对卫生部的游胜华说：“你们也来喝喝羊奶吧。羊奶营养丰富。将来我这奶羊生小羊后，送给你们一人一只。”

到了夏天，晋察冀边区各地又暴雨成灾。在冀中地区，日军乘机将永定河、子牙河、大清河、滹沱河决口 182 处，受淹农田 1500 多万亩，受灾地区达 30 余县。北岳区 14 个县受灾，死亡 4500 多人，成为河北省数十年来未有的大水灾。军区司令部所在的唐县军城地区也遭到洪灾袭击。通天河沿岸十几个村庄全部被冲。和家庄虽然安然无恙，聂荣臻却忧心不减，因为边区军民的生活发生了很大的困难。7 月 26 日、8 月 1 日，聂荣臻两次发表谈话，号召军民发扬同甘苦、共患难、共存亡的精神，战胜水灾，坚持抗战。他曾亲自带领郑维山的教导团，与干部、学员一起参加救灾活动。然而，比洪水更凶狂的是乘边区遭水灾之机出动“扫荡”的日本侵略军，以及掀起反共逆流的国民党顽固派。

聂荣臻为指挥被敌人重点“扫荡”的一分区进行雨季战斗，离开和家庄，冒雨深入前线。

晋察冀这艘用边区军民的血肉建造起来的航船，在聂荣臻等人的领导下，终于战胜了特大洪水和敌人造成的双重困难，乘风破浪地向着胜利前进！

平时，聂荣臻总是教育部属要关心群众的疾苦。他曾指示供给部：任何人不得以他的名义到村里要任何东西。他教育部队要爱惜驻地的一草一木，不拿群众一针一线。1939 年冬，敌人进行大“扫荡”，已经到了离和家庄仅 6.5 公里的娘子神，司令部人员大部已经撤退，聂荣臻却还在与村支部书记史洪福研究组织群众转移的问题。警卫员阮寿贤几次催促他快点离开，他说：“不让群众转移好，我走了也不安心。”最后，他确定留下警卫排掩护群众，才撤离了和家庄。1941 年秋季反“扫荡”开始，聂荣臻率部经过娘子神的时候，特地去看望了和家庄的父老乡亲。这是他最后一次到和家庄，此后，再也没有回到这令他魂牵梦绕的地方。聂荣臻住过的那几间房屋，相当长一段时间群众舍不得打开，盼望他能再回来居住。直到后来三分区司令部进驻和家庄时，乡亲们才打开那些紧闭的门窗。

“那一阵子我们村有的地方简直像共产主义社会了！”50 年后，一位和家庄当年的村干部充满感情地说：“那时候，聂帅带的部队纪律真好，全村秩序那是没说的，真正做到了路不拾遗，夜不闭户，人人一心只想着抗日，民兵们在聂帅身边也显得特别有精神呢。敌人‘扫荡’了 43 天，全村乡亲没有一个动摇的！现在我们把聂帅在和家庄的事儿，不断地跟子孙们讲呀，讲呀……”

聂荣臻对人民群众这样关怀、爱护，对跟随他征战多年的老部下，也是无微不至地关心。他在和家庄得知，战功卓著的骑兵团长刘云彪，患了严重的肺结核，担心他在后方医院不大安全，特地安排他到和家庄来疗养。聂荣臻把自己的山羊奶送给刘云彪喝，以增加营养，还想方设法为他搞药品。由于当时尚无治疗肺结核的特效药，刘云彪于 1942 年 4 月在寨北逝世了。聂荣臻深感哀痛。为此，他一再要求部属在艰苦的斗争环境中讲究卫生、预防疾病，也要求卫生部在力所能及的情况下，做好机关和部队的卫生防疫工作。

王宗槐跟着聂荣臻刚离开蛟潭庄，就由肠胃型感冒转成了伤寒。部队正在转移，医疗条件差，聂荣臻关切地对他说：“王宗槐，你的脸色很不好，你到后方医院养病去吧。我这里有七盒‘赫尔斯保命’，你拿去用。”王宗槐用微微颤抖的手接过药品，也接过了司令员对部属的一片爱心。在向后方医院转移的途中，他靠这七盒药稳定了病情。可是到了完县神南村之后，他的病情突然危重起来，整天发高烧，头发全部掉落，时常神志不清。聂荣臻刚到达阜平城南庄，听了卫生部长叶青山的汇报，心情沉重地交代说：“王宗槐很危险，你们要尽力抢救，马上通知骑兵团派人到北平买药。如果他去世了，你们一定把他送到城南庄来安葬。”后来，骑兵团奉命火速从北平买来一种叫“福白龙”的复方奎宁制剂，医生冒险对着王宗槐的静脉接连注射了两支，这才抢救了他的生命。王宗槐病愈后在和家庄见到聂荣臻，百感交集，激动万分。

1940 年冬季反“扫荡”战斗结束，聂荣臻和司令部机关、直属队在平山县的吊儿村住了下来。人们发现聂荣臻一到吃饭的时候，就沉默寡言，有时还明显地流露出哀伤的神情。原来，长期为他和司令部领导人做饭的老炊事员不久前病逝了。这位炊事员是个老红军，一贯任劳任怨。聂荣臻不忍心看着他年纪这样大了还为自己做饭，同时也考虑到他的资历和贡献，准备提拔他当司令部管理科副科长。他却摆了摆皮肤粗糙的大手谢绝了：“我还是煮我的饭吧，要那个官职干什么！”直到临死之前，他还为聂荣臻做了最后一顿软米饭。因为他知道聂荣臻牙齿不好，不喜欢吃硬米饭和其他硬的东西。现在他永远离去了，看着他留下的锅碗瓢盆，想起他的音容笑貌，怎不叫聂荣臻这位重感情的将军伤感呢？

1941 年秋季反“扫荡”前，聂荣臻率部离开吊儿村，几经周转，住到了平山县的寨北村。在寨北，聂荣臻仍然像在别处一样关心着驻地的人民群众。1942 年春，北岳区大旱，群众闹春荒，加上敌人封锁和掠夺，困难越来越大，到处缺粮，许多群众被迫捋树叶、剥树皮度日。聂荣臻指示军区政治部发出训令，要求部队不要在村庄附近采摘已经被老百姓当作主食的杨树叶和榆树叶，宁可饿肚子，也不要与民争食。广大群众深受感动，纷纷要求军区收回这个训令。在边区财政会议上，聂荣臻发言时讲到，部队给养困难，但是，人民群众的生活更困难，为了渡过难关，部队要想方设法减轻人民的负担。讲到这里，他想起老百姓三五成群捋树叶、剥树皮带回家充饥的情景，想起了被饥饿折磨得面黄肌瘦的孩子，搀扶着身体虚弱的老人出外讨饭的场面，禁不住泪水夺眶而出，再也讲不下去了。许多地方干部见状也感动得流了泪，会场里一片哽咽声。

困难是严重的，而且日甚一日。与饥荒接踵而至的，是疫病的蔓延流行。在极为艰苦的岁月里，聂荣臻和晋察冀的其他领导人密切配合，认真贯彻执行中共中央的指示，号召边区军民咬紧牙关，克服困难，冲破黎明前的黑暗，开展轰轰烈烈的大生产运动。聂荣臻身先士卒，堪称表率。他穿着带补丁、但却洗得干干净净的旧军服，有一回在大会上作报告，讲着讲着，忍不住在身上使劲搔了几下。有的干部战士在台下交头接耳，说司令员身上也有“抗战虫”光临了。所谓“抗战虫”，即抗日将士身上的虱子。聂荣臻叫司令部的人员养猪、种菜，自己也养了两只奶羊和四只来杭鸡，反“扫荡”时就放在筐里驮在骡背上跟着行军。房东霍延龄的二女儿翠婷得了天花，病得厉害，聂荣臻天天让翠婷喝他的奶羊产的羊奶调理身体。

养羊、喂鸡，与房东大爷大妈聊庄稼人的事……，这一切，与一位叱咤风云的将军下达命令，指挥作战，检阅部队，形成了多么鲜明、多么不协调的对比！这在八路军以外的其他军队的将军们看来，简直是不可想象的。然而，这就是聂荣臻！这就是一位在艰苦的环境中，与老百姓同舟共济、生死与共的八路军将领！难怪寨北村的老人在数十年之后谈起他来，仍然异口同声地说：“聂司令员是有菩萨心肠的人！”

军区部队在相当长的一段时间里，是以喂马的黑豆为主食的。开饭的时候，有人戏称自己成了专吃马料的“第二骑兵团”。吃黑豆，很难消化，不少人因此得了消化不良症甚至严重的胃病。为了生存与斗争，有的部队时常越过封锁线，到交通沟外甚至冀中平原上背粮、背布，一旦与敌遭遇，就且打且走，许多干部战士为此流血牺牲。背回来的布匹上常常溅有血迹，吃饭的时候，有时会吃到弹片甚至子弹头。当聂荣臻端起饭碗的时候，想到这是烈士用生命换来的，往往吃不下去，把饭量减少到最低的程度。他的伙食是简单得不能再简单了。但是，当他听说一分区一团有个重机枪班长，个头极大，在部队粮食标准大大减少之后，饿得扛不动重机枪时，他破例地批准这个班长吃双份口粮。他让有关部门关照在抗大二分校、陆军中学和抗大二分校附中学习训练的学员，保证他们每人每天有三钱油三钱盐的定量。听潘自力报告说，抗敌剧社的田华、张华和华江等“小鬼队”的孩子吃黑豆，还挖野菜，采老乡一般不吃的杏树叶充饥，他心疼地连声说：“不能让孩子们吃这些东西，剧社的粮食定量不减，不能减！”

1942 年初夏，一个从晋东南飞来的噩耗，给了聂荣臻极为沉重的打击——八路军前方指挥部参谋长左权在反“扫荡”中壮烈牺牲！这是八路军在抗日战争中牺牲的最高军事指挥官。

聂荣臻对这位多年朝夕相处的老战友的牺牲，悲愤不已，欲哭无泪，遂作《祭左权同志》一文：

我素以铁石心肠自诩，然而今天，毕竟好似无数针尖深深刺入我的心头！这就是我们的老战友，八路军的名将——左权同志战死在太行山上！

当噩耗传来，同座者均相对默然，在我则无限的回忆，思念，伴着悲伤……

平型关大捷后，聚会五台，重订部署，匆匆离别。从此你在南，我在北，各自战斗在太行的两端。前年与必之（吕正操）南下，始因你率二纵队于南路未晤为憾。幸在我北返前，你仓促归来，畅谈甚快。检讨了抗日的战术，交流了各方的经验。相约收集整理我们几年来为民族的一切贡献。哪知这次的把晤，竟为最后的一面！

……

左权同志！你十多年的战场生活，只在今天你才离开了前线！你对民族对革命已经尽忠尽职，至仁至义，还留给我们的是革命长途的艰巨与同僚的寂寞！

我毕竟是铁石心肠，只知道有你的血迹，不知道有我的泪痕！我们当踏着你的光荣血迹前进，直到最后的胜利！

仇恨永远在我们的心头，血债没有丝毫折扣！

太行山、五台山上千千万万的战友一致高呼着：左权同志精神不死！

太行山、五台山上千千万万的战友齐举拳头向你宣誓着：我们一定要报仇！①

第四十二章　出席首届边区参议会

1941 年秋季反“扫荡”胜利后，聂荣臻率军区机关住在平山县的寨北村。时间长了，日军得到了情报，经常来空袭。这危及聂荣臻和军区机关的安全。为了避免不必要的损失，聂荣臻有时住到离寨北村不远的名叫主投沟的幽静隐蔽的小山村里。他的房东崔大爷一家善良热情，与聂荣臻、张瑞华关系很好。每逢处理完军机要事，聂荣臻总要帮房东干干活，打打水，掰掰玉米棒子，抱抱孩子。见乡亲们用牛犁地，他在地里跟来跟去，总也看不厌，看到最后说：“这样耕田太落后，将来我们要搞机械化。”他还向房东家的大儿子崔秀描述革命胜利之后用拖拉机耕田的美景。

可是，日子长了，日军又得到了情报。一天，让房东担惊受怕的事发生了。那是个晌午时分，聂荣臻忙完他的事，又在帮忙打水。当他挑着水走到房东家的门外，正坐在石头上歇息。突然，空中响起刺耳的敌机怪叫声和炸弹投向地面的

①《晋察冀日报》1942 年 7 月 3 日。1984 年聂荣臻审定原稿时，个别地方文字上作了订正。

“嘶嘶”声。说时迟、那时快，人们还没有完全反应过来，炸弹就“咣咣咣”地在村里爆炸了。大家为聂荣臻的安全担心。硝烟一散，就纷纷找他。聂荣臻安然无恙。原来在离房东崔大爷家100米处的小溪旁，有一个口外小里面大的小山洞。洞口只容一人的身子钻入，洞内可容四五个人。聂荣臻刚到主投沟的时候，晚饭后散步时就与警卫排的同志选中了这个天然的防空洞。这次敌机在特务的密报下实施突然袭击，其行动之诡秘，目标之准确，攻击之凶猛，险些使聂荣臻遭受意外。幸好敌机临空投弹时，他的贴身警卫员拉着他，以极快的速度钻入那个天然防空洞，才幸免于难。

一场虚惊过去，主投沟又恢复了平静。敌人以为此次空袭肯定得手了，所以过后再也没有来骚扰，使聂荣臻得以轻松愉快地在寨北和军民们欢庆了1943年的元旦。元旦这天，司令部和政治部开了个新年联欢晚会。由于度过了1942年最艰难的岁月，向“敌后之敌后挺进”的捷报一个接一个地传来，所以晚会上大家特别高兴，官兵同乐，笑语喧天。聂荣臻还参加了引人入胜的新年游艺活动。他悠闲地将两手交叉在胸前，凑到一堆花花绿绿的小纸条前，兴致勃勃地和大家一起猜谜语。他的目光落在一张写着“张良吹散三千兵——打一人名”的红色纸条上，微皱眉头思索着。可是还没等他猜出来，站在他身后的政治部代主任朱良才已经惊喜地抢先叫道：“是萧（箫）克同志！”不错，谜底正是军区新任副司令员萧（箫）克。众人纷纷点头称是。

谁知道聂荣臻却连连摆手：“不对，不对！”朱良才愕然：“为什么？”聂荣臻一本正经，慢悠悠地说：“不是只叫猜人名吗？猜出‘萧克’是对的，加上‘同志’就错了。”话音刚落，人们一阵哄笑。聂荣臻正在兴头上，来了灵感，也出一个谜语：宝剑不出鞘——打晋察冀一地名。大伙儿抓耳挠腮，百思不得其解，民兵作战科长张西帆拉长声音叫了起来：“龙——泉——关！”

“哎！对了。到底是从联大出来的，那墨水没有白喝。”聂荣臻满意而又快活地说道。大伙儿乐了，有人当场冲着张西帆开玩笑：“‘墨水瓶儿！’”游艺场上，一片欢腾。

元旦刚过，从平西传来又一曲悲壮的战歌——平西七团在斋堂以西地区抗击千余敌军进犯时，涌现出一个“狼牙山五壮士”式的英雄群体。聂荣臻异常感动，1月5日通令予以表彰。通令说：“上月二十五日平西张坊、斋堂、南窖等地敌千余进犯，内（日军）一路四百余经东西马各庄二十七日向曹八沟（板城东北）前进，我七团已事先占领阵地，待敌距我百余公尺处即以密集火力予以猛袭，后敌整队反扑，遂进入白刃战斗，该团副排长李进山率一个班掩护主力撤退，除伤亡外仅余五人，退至一绝地，弹药已尽，敌兵又至。该副排长遂决定跳崖，未及跳下即中弹阵亡，其余战士四人即遵从副排长号召，由二十余丈高崖跳下，全部壮烈牺牲。在他们身上，体现了中国共产党领导的人民军队的优秀品质，体现了中华民族的英雄气概，我们要继承下去，发扬光大。”对于狼牙山五壮士和曹八沟五壮士，聂荣臻都给予了高度评价。

1943 年 1 月 15 日，聂荣臻出席了在阜平温塘召开的边区首届参议会。温塘是城南庄附近的一个自然村，因此处有温泉而得名。为了召开这个会议，经聂荣臻和宋劭文批准，白求恩陵墓的设计者、毕业于东北大学建筑系的军队干部张维进行了精心设计，绘制了大礼堂的图纸，然后，由有关部门进行了相当长时间的营建。同时落成的还有军区司令部准备迁入的石造房屋，以及 25 个坚固隐蔽的防空洞。在敌人骑快马仅需两天就能到达的山里，人们为这一历史性的盛会做了充分的准备。

聂荣臻在边区参议会上

聂荣臻和宋劭文等一起，会前高兴地接见了来自边区各地、各阶层、各党派的 288 名代表。这些代表中有不少人是冒着生命危险从冀中和冀东等地穿越敌人封锁线赶来的。在大会正式开始之前，聂荣臻邀请与会代表参加了阅兵典礼。为了防止暴露目标遭到空袭，阅兵式在晨光熹微之时，在通往城南庄的杨树林边一片开阔地上举行。盛大的阅兵式，使代表们，特别是来自敌占区和五台山寺庙的代表大开眼界，异常振奋。大礼堂里电灯通明，炭火熊熊，挂有 100 面献给大会的锦旗更是光彩夺目。聂荣臻为大会的题词，是一副气壮山河的对联，也高悬在会场上：

我们屹立在五台山、太行山、恒山、燕山，旌旗指向长白山
我们驰骋在滹沱河、永定河、潮河、滦河，凯歌高奏鸭绿江

聂荣臻代表中共晋察冀分局和晋察冀军区，向端坐在铺着草席的泥制长凳上

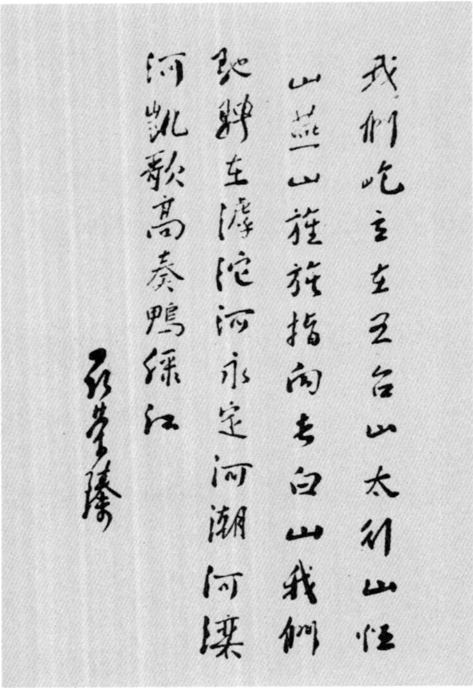

1943 年 1 月聂荣臻为边区参议会题写的对联

的代表们汇报了军事方面的情况。他说：五年来，我军作战 1.4 万多次，歼日伪军 17 万多人，内有俘虏投诚的伪军 3.9 万多人。我军伤亡 6 万多人。到 1942 年底，日军共在边区建碉堡 3300 多个，筑公路 1.3 万多公里，挖封锁沟 3900 多公里，垒封锁墙 450 公里。他指出，八路军的胜利是在古今中外从未有过的严峻形势下取得的。

会议期间，聂荣臻接到报告：敌千余人已渡过沙河，似有向温塘进袭的迹象。尽管此次参议会召开的时间、地点都是保密的，就连参加会议的代表事先也只通知到某县某地报到，然后被集中领到温塘来，但聂荣臻仍担心消息泄露出去，引来日军的进攻。为了避免发生突然情况时代表们遭到不必要的损失，聂荣臻与宋劭文商量后，向代表们通报了敌情，希望代表们预先做好思想准备。他表示，即使敌人进攻，久经战火考验的子弟兵也一定能堵住敌人，保证代表们有充裕的时间转移到安全地区。

参议会期间，抗敌剧社和其他文艺团体为代表们演出了四台精彩的文艺节目，使代表们大开眼界，聂荣臻也非常高兴。

敌情终于辨明了，沙河的敌军已经移向南面，他们企图在那儿建一道新的封锁线。聂荣臻告诉与会代表，日军仍然被蒙在鼓里，不知道温塘正在召开这样重要的、大型的会议，代表们尽可以安心继续讨论，不必担心。

会议开了 7 天，选举成仿吾为边区参议会议长，于力为副议长，推选宋劭文为边区政府主任委员、胡仁奎为副主任委员、王斐然为高等法院院长。聂荣臻仍被选为边区政府委员。大会还通过了边区行政委员会五年来的工作报告，《双十纲领》《政府组织法》《参议会组织法》《租佃债息条例》《统一累进税则》《婚姻条例》《抗战勤务条例》等 14 项重要的法令和法规。

这次参议会，是晋察冀边区史上民主建政的重要里程碑。它标志着在中国共产党的正确领导下，中国人民无论多么艰难困苦，都有能力在敌后生存下来、战胜敌人，并建立起一个真正由人民群众当家做主的统一战线性质的抗日民主政权。

有幸被邀请列席边区参议会，目睹了这个敌后盛会全过程的外国友人，是班威廉夫妇和林迈可夫妇。他们惊叹，“在晋察冀的群山之中已经造成了一个奇迹……造成了极大的功绩，这个功绩可以说是在近代史中民主政治的建设上一个

边区参议会选出的边区政府委员合影。右二为聂荣臻，右三为边区政府主任宋劭文，左三为边区参议会议长成仿吾

前所未见的极重大的试验”。

边区参议会结束不久，军区机关由寨北村移驻到了温塘。

温塘这个小山村，坐落在胭脂河畔，每到春天，鸟语花香，小桥流水，树影婆娑，令人心旷神怡。当聂荣臻稍闲时，便漫步春野，常常驻足河畔，伫立山头，久久不肯离去。这位“燕赵诗社”的发起人，颇有诗人气质的将军，此时胸中该是诗情万缕、激情涌动吧！陈毅在 1948 年 11 月写给他的赠诗，成了他在胭脂河畔战斗生活的真实写照：

十年驻马胭脂河，
抗日反顽除万恶，
我来共话艰难时，
人民事业壮北岳。

有时鞍马劳顿，聂荣臻便到温塘的泉水中一洗疲劳。温泉源于崇生寺内，年代已久，两个石砌的大池里烟笼雾罩，那热气腾腾的泉水，从吐水口里喷入浴池内，再泻入冰雪消融的河中，轻轻流淌，声如琴瑟，河面上烟雾茫茫，好像披了一层淡淡的轻纱，使人似入仙境一般。能到温泉洗一次澡，简直是一种莫大的享受。解放战争时期，毛泽东住在城南庄，接受聂荣臻的建议，也到温塘来洗过澡。

“司令员的老伴骑着骡子也来了。”乡亲们兴奋地说着。张瑞华是分局的干部科长，她不住在温塘，住在分局的新驻地易家庄，只是在偶尔来看望聂荣臻时，顺便到温塘洗洗澡。她还是老脾气，没有司令夫人的架子，在易家庄什么都干，乡亲们待她也特别好。在温塘短暂的两个月里，聂荣臻多次到易家庄开会，与那里的乡亲也结下了深厚的情谊。有一天，一个瘦得皮包骨头的妇女抱着一个小孩，到温塘来要饭，恰好被去洗澡的聂荣臻发现了，与往常一样，对于劳动人民的苦难总是给以深深的同情，交代刚出院的副官长刘显宜："设法查明她的来历。只要不是敌探，就帮她在村里找个住处，司令部负责养着。现在正是青黄不接的时候，等割麦子以后再送她们回去。"刘显宜自然照办。经查，这个妇女确实是出来度春荒的，部队帮她作了适当的生活安顿。

聂荣臻很喜欢温塘。然而，残酷的斗争现实，却使他不得不很快地告别这个泉温水热乡亲心更热的村庄。那是 5 月 1 日，正是聂荣臻发出春季反"扫荡"训令的一天，六架敌机从正东方向飞来，炸掉了那座开过边区参议会的大礼堂，幸好当时没有人在里头开会，所以没有伤亡。一周之后的一个清晨，敌机又来轰炸，此次只炸死了一只鸡。不料，9 时左右，敌机再次出现，猛烈轰炸几个防空洞的入口。聂荣臻和萧克、唐延杰、邓华等人正在开会，赶快钻进防空洞，军帽都被炸弹的冲击波冲掉了。聂荣臻所在的洞顶中了三颗炸弹，两个洞口都被炸中，幸好没被炸塌、堵死。他异常镇定，一声不吭。在敌机爬高准备再次俯冲的间隙，他平静地对班威廉夫妇等说："没关系，别害怕，他炸不塌。"

班威廉夫妇目睹了聂荣臻在这种危险时刻显现出来的镇定自若的风度。他俩后来写道：

> 当日机倾其全力向某一个防空壕的入口猛烈投弹轰炸的时候，军区各支军队的许多主要长官们，都被关闭在这个防空壕里。聂将军本人分开了两条腿，张大了嘴，是在默默地数着爆炸的次数：一、二、三……十……二十……三十……，防空壕仍然没有受到严重的损害；这么许多次数的爆炸，既然不能炸毁那个防空壕，那么即使敌机把六架飞机所载的全数炸弹都投向该壕，它也应该受得住；事实上确乎不曾被炸毁，可是也危险得很了。在入口近处及入口内部爆炸的炸弹，一共达七十五枚之多，而它们都是一百磅以上的炸弹。聂将军当夜就把司令部移到另一个村落去。

这次轰炸，是敌人春季"扫荡"的组成部分，日寇妄图一举摧毁八路军指挥机关和消灭八路军领导人。但由于有坚固的防空工事，其阴谋未能得逞。自 4 月 19 日起，日军出动 9000 人，伪军 3000 人，对北岳区发动又一次大"扫荡"。其意图是想乘八路军大批主力深入敌后的时机，再来一次突击。可聂荣臻根据情报，洞察了敌人企图，早于 4 月 11 日发布训令：敌人的"扫荡"即将来临，在反"扫荡"中控制制高点有最重要的意义，因此各级领导要熟悉地形，尽快构筑必要的工事，并进行演习。19 日，日军"扫荡"开始，21 日聂荣臻发布命令：敌这次"扫荡"的重点是第四军分区，二分区为钳制方向，两区要密切配合进行反“扫荡”。5月1日他在训令中又指出：敌人在四分区“扫荡”的特点是由南而北，在汉奸指引下，轻装奔袭我指挥和后方机关，挖掘“坚壁”物资。行动秘密，迂回合击，合击不成，即分成百余人一股分区“清剿”。搜山时由牲口在前面踩地雷，足见地雷对敌人的肉体与精神都是大的打击，要领导军民全面开展地雷战。我军还应正面与纵深全面警戒，完善通信联络。机关力求轻装，并有防袭击的作战预案。部队要不分昼夜，袭扰驻剿之敌，还要加强对群众的教育，以防被敌利用。

根据地军民的地雷战确实厉害。在这次反“扫荡”中，涌现了不少民兵爆炸英雄，李勇是其中突出的典型人物。他率领阜平五丈湾民兵游击小组，巧布地雷阵，炸死日军36人，迫使700多敌人不敢走大道，沿河滩涉水逃跑。聂荣臻得知此事后非常高兴，随即通令嘉奖了李勇。作家邵子南战时与李勇的爆炸组生活战斗在一起，事后写了《李勇大摆地雷阵》一书，生动而真实地反映了当时的场景。

5月16日聂荣臻指出：敌在这次“扫荡”中处处显出兵力不足，我军应组织适当兵力，对敌反包围，力争多消灭敌人。5月18日，北岳区春季反“扫荡”结束，一个月中歼敌1700多人。

5月初，军区司令部搬到了一个富有诗意名字的村庄——花山。那是一个只有十几户人家的小山村。温塘被炸后，聂荣臻原想将司令部搬到城南庄去，但听说军区工兵营已经在花山修建了一个很好的防空洞，于是决定搬到那里去。

那时正是春深似海的时节，花山村前面的山溪，流水潺潺，绿得叫人心醉。村后陡峭险峻的山崖上，山花怒放，那争奇斗艳的花儿犹如朵朵彩云，令聂荣臻不禁感叹“花山”这个名字起得何等准确。

在紧靠陡壁的山下柿子林里，离防空洞不远的地方，赶建了三间土坯房，一间作为聂荣臻的办公室兼卧室，紧挨着的两间是司令部的作战室。离聂荣臻的住处三四十步远的地方，修建了五间土坯房，分别住着萧克、唐延杰和作战科的人员。其他科的人员则分居在别处。

到达花山的第二天晚饭后，聂荣臻在村里挨家挨户看望乡亲。他了解到村里有几户人家困难得揭不开锅，可是在每家的地下都埋着一水缸公粮——乡亲们宁肯挨饿，也不愿去动用那些准备上交的公粮。有一家人还因为吃了野菜中毒，全都病倒在炕上。聂荣臻的心被强烈地震撼了。他把司令部管理科的人员找来，让他们给断了粮的乡亲们送去粮食，以救燃眉之急，还叫卫生所的医生张业胜赶快去抢救吃野菜中毒的那户老乡。

第四十三章　回延安

1943年初夏，一个令人义愤填膺的消息烧灼着聂荣臻和晋察冀边区军民的心：国民党反共顽固派以60万兵力图谋进攻陕甘宁边区，发动第三次反共高潮。7月15日，在花山北面树林里召开了边区“制止内战，挽救危亡大会”。会上，聂荣臻面对参加会议的万名军民，慷慨陈词，号召边区军民动员起来，为保卫陕甘宁边区而斗争。8 月 1 日，聂荣臻又在军区直属队庆祝建军节的集会上指出：在抗战即将胜利的前夜，中国的大地主、大资产阶级想独吞抗战胜利果实，我们必须“谨防扒手”，决不能再让其重演“四一二”政变故伎。

为了应付敌后斗争持续紧张和经济上日益困难的局面，1943 年 6 月，聂荣臻发布了“关于精简机关及直属队的命令”。总的精神是：精简机关，减少非战斗人员，精减下来的人适合作战的充实战斗连队，要求达到战斗人员占 73.79%，非战斗人员占 26.21%。同时聂荣臻致电八路军参谋长叶剑英，建议将编余人员送往延安学习或另行分配工作。毛泽东 8 月 5 日致电聂荣臻，非常赞同他的这一决策，并说：“毫无疑义，你们应实行精简，在这个政策上迟疑不决，就将遇到不可克服的困难……目前你们应即决心减去三万，只留五万……如果明年更困难，再准备从五万中减一万。”同一天，毛泽东又致电聂荣臻：

> 吕（正操）部六千西移不变，另从北岳区调四千西移，冀中将来需要时从北岳区调去。你们要下决心减去三万人，否则民困军疲，将来很危险，只要能保存三万精兵（包括游击队）就是了不起的成绩。中央已决定你来参加七大，望迅作布置早日动身。

毛泽东在电文中提到的“西移”，指的是调晋察冀 7 个团去晋绥军区。晋察冀军区遵照中央的指示，经过多次精简，总兵力已由原来的 12 万人降至 8 万人，现在中央又要求再减去 3 万人。至于要聂荣臻到延安参加中共“七大”，对他来说，能有机会回一趟延安，见见久违了的毛泽东主席、周恩来副主席和各位中央领导人，当面聆听他们的指示，自然是一大快事。

“你们给我拿烟袋来。”聂荣臻一高兴，就想抽烟。他抽旱烟，他的警卫员则随随便便地当着他的面，从他的抽屉里拿出纸烟来抽。一位从下面部队来的领导干部不解地问聂荣臻：“他们怎么这样随便呀？我们在你面前可是不叫坐不敢坐的。”聂荣臻风趣地回答：“我的命都在他们手里，自己的同志，朝夕相处，应该随便点。”

聂荣臻要走的消息，是严格保密的，只有极少数人知道。知道内情的人，都不免担心：司令员走了以后，晋察冀军区的工作怎么开展？以往反“扫荡”时，哪怕情况再危急，只要说一声“三〇一”在，人心就稳住了。长期以来，聂荣臻被人们看作晋察冀党政军的主要领导核心。他走了，留下的领导人自然感到肩头的担子重了。

8 月 12 日，中央政治局指示：聂荣臻为中央晋察冀分局书记，程子华、刘澜涛为副书记。聂荣臻去延安期间，由程子华代理分局书记、军区政委，萧克代理军区司令员。夏日炎炎，聂荣臻紧张而又有条不紊地做着临行前的移交和准备工作。因为萧克得了急性肺炎，发高烧，起不了床，得把他抬到柿子树下来，才能开会，所以聂荣臻只能主要向程子华移交，介绍了军区全面的情况。在交代工作时，聂荣臻着重讲了毛泽东8月12日的电报指示。聂荣臻说："毛主席在那份电报中批评我们晋察冀，在拥政爱民和推广'吴满有方法'方面工作做得不好。说我们'军队干部对党政民的一种骄气、傲气必须深刻检讨，开展自我批评，才能使军队与党政民打成一片更好地对付敌人'。关于'吴满有方法'，毛主席指出，'就是劳动互助，深耕，多锄草，多施肥，多开荒'。毛主席的指示很对。所出现的问题，首先我要负责，希望留下的同志注意纠正这方面存在的问题，把拥政爱民工作持久地开展下去，不宜搞突击；至于生产方面，我们贯彻时要注意，华北的某些地方不宜开荒，否则水土流失，会带来新的问题。"在谈到干部问题时，聂荣臻说："绝大部分干部都是很好和比较好的。有些干部有毛病，要抓紧教育。干部问题是关键问题，要抓住不放。"

使聂荣臻忧心如焚的，是萧克发高烧的病因为没有特效药，病情越来越严重了。他把分局城工部长刘仁找来，说："你无论如何，下死命令，也要叫咱们的关系从北平买些退烧的特效药来！"后来，地下党的同志冒着生命危险，从北平搞出了一些特效药，设法送到了花山，这才挽救了萧克的生命。

8月27日，聂荣臻告别花山，告别军区机关和分局、边区政府的主要领导人，和吕正操率领的赴陕甘宁边区的一支部队一起出发了。与他同赴延安的有边区新增补的中共七大代表：边区行政委员会副主任胡仁奎、北岳区党委的郑天翔、军区组织部长王宗槐、张瑞华，还有程世才、刘杰、张晓东、赵汉、王凤斋等人，此外还有卫生所所长陈连生及三名警卫员。聂荣臻满以为到延安去开完中共七大，不久就会回来的。军区和分局、边区政府的主要领导人都没有远送，因为连他们也没有料到，聂荣臻这一去不是两个月，而是整整两年。

决定赴延安以后，作战科按聂荣臻的要求赶制了一份准备带到延安给中央首长看的敌我态势图，并且选定了赴延安的路线。从花山出发到延安，要通过敌人几道封锁线，随时都有被敌人发现而遭受袭击的危险。抗大二分校一批干部赴延安过同蒲路时，就遭到敌人袭击，伤亡了不少人员。作战科选择的路线，是从正太和同蒲两条铁路线中间的大山中穿过，这样走，可能会出乎敌人意料。聂荣臻同意了这条行军路线。为了便于在多山的地区行军，聂荣臻的警卫员特地将他的一匹大走马与罗文坊的大走骡对换，那匹大走骡是从军区骑兵团调来的，爬起山来相当利索。这样，聂荣臻在赴延安的长途行军中，既有一匹红毛白顶门的好马，又有一匹大走骡，行动就方便多了。

行军不几天，据侦察报告，聂荣臻西进行动似已为敌人察觉！

当然，日军并不知道西进者为何人，只知道有八路军部队往西开拔。如果一旦发现是如此高级的八路军将领要过铁路，那么，冈村宁次是会不惜血本，调动大军来围追堵截的。

毛泽东在聂荣臻动身之前，曾电示他要带上一支有足够人数的护卫部队，以保证路上安全。现在，与聂荣臻一起准备通过敌人封锁线的，有吕正操率领的两个团，还有二分区司令员郭天民带的护送部队，共有数千人，在地面战斗中是不容易吃亏的。

聂荣臻与吕正操商量之后，决定从代县到阳明堡之间穿越同蒲路。西进路上，行军队伍通过之处，是惨遭敌人“杀光、抢光、烧光”的无人区，但见残墙断垣，土地荒芜，坟包累累，惨不忍睹。聂荣臻听说过无人区的惨状，但从未亲眼看见过。此时此刻，他的心情是多么沉痛和愤怒。二分区成立以来，就是敌人围攻、“扫荡”的重点地区之一。他们历经艰辛，英勇顽强地与敌人斗争，经常付出沉痛的代价，歼灭了大量日伪军，一次次粉碎敌人的图谋，在同蒲路方向屏障了边区党政军领导机关的安全，配合了其他分区的作战行动。现在看到无人区的惨状，更增添了聂荣臻对二分区指战员、党政领导和人民群众的崇敬心情。他在见到郭天民和其他二分区领导人时，用紧紧的握手表示敬意和慰问。

在郭天民的陪同下，聂荣臻到达了龙王堂。在这个多次被敌人的铁蹄践踏的山村里，聂荣臻被安排住在一间未被烧掉的小房子里。为了迎接军区首长的到来，二分区四区队区队长曾美想方设法搞了个土豆炖羊肉来招待司令员。聂荣臻和大家席地而坐，边吃边谈。他向曾美详细了解部队的被装、伙食、医疗等方面的情况。当他听说由于敌人封锁，粮食很缺乏，干部战士们只能吃野菜拌黑豆时，他心疼地沉默了，曾美好心为他准备的饭菜他怎么也吃不下去。

“毛主席号召我们自力更生，开展大生产，这是我们克服困难的根本办法。现在是如此，将来也是如此。”聂荣臻沉思片刻，放下碗筷亲切地对郭天民和曾美说，“应该告诉战士们，现在胜利在望，可是还有许多困难，要靠大家一齐动手克服。你们虽处游击区，战斗也比较频繁，但是只要妥善安排，也能搞些生产，解决生活困难问题。你们这一带羊毛很多，能不能搞点编织，以解决过冬的问题？”

郭天民和曾美大受启发，连连点头。后来，他们的生产搞得热火朝天，不仅解决了过冬的服装问题，还大大改善了伙食和医疗条件。毛泽东在《游击区也能够进行生产》的文章中，表扬了二分区大搞生产，自力更生解决困难的精神。

日军独立混成第三旅团就住在离龙王堂不远的崞县。此地不可久留。聂荣臻一行从龙王堂出发西行，沿紫荆山小路下山，顺着大山深沟到达皇家庄，穿过庄稼地到达滹沱河畔，利用黄昏渡过了河。聂荣臻位于两个团部队的中间，骑着大红马从阳明堡与崞县王董堡之间穿过了敌人封锁线。曾美的四区队严阵以待，在两侧监视着敌人。曾美指着东北方向的一片庄稼地，向聂荣臻介绍说：“司令员，你还记得火烧阳明堡日军飞机场的事吧？就在那儿，现在成了一片庄稼地了。”聂荣臻回答：“记得，是陈锡联那个团打的。”

当天晚上，护送聂荣臻的部队与阳明堡的敌人发生了一场小规模的战斗。但是，敌人并未发现有八路军的大部队通过封锁线，更不知道是聂荣臻从这儿路过。午夜之后，聂荣臻与行军队伍到达炭峪，晋绥二分区派出的接应部队已恭候多时了。郭天民、曾美敬重地以军礼向聂荣臻告别。聂荣臻再次与他们紧紧地握手，以示感谢。

过了同蒲路，就进入晋绥军区。此时贺龙、关向应已去延安。留下的领导人搞了个四菜一汤来为聂荣臻洗尘。聂荣臻在一二〇师驻地休息了两天，并于 9 月 12 日致电萧克、程子华：过同蒲路时听部队汇报，铁路沿线日军已囤积了大批粮食，但兵力不多，据此推测，敌人又开始准备“扫荡”，而且“扫荡”的时间可能比以往长，应按这个特点作好反“扫荡”与保卫秋收的准备。

告别晋绥军区的领导人，聂荣臻与行军队伍沿着一条羊肠小道，向一座叫黄草梁的高峰进发。聂荣臻和普通战士一样，徒步登山。他的一匹马和一匹骡驮着他和张瑞华的军被、冬夏军服及两箱带给中央的贵重药品。五六个交通员则用缴获的日本牛皮背包背着送往延安的法币。黄草梁的半山腰，玉带般地缭绕着白云，聂荣臻沿着陡峭的山路攀缘，最后竟行走在云彩上面了。爬上山顶之后，地势反而显得较为平坦，他回头望着黄草梁上云中走马的情景，一种人在画中游的新奇之感油然而生。有人对聂荣臻说，今天是农历八月十五中秋节咧！聂荣臻高兴地说：“想不到咱们在黄草梁上过八月节！”

在这只有几户山民的大山上，拿什么东西来过中秋节呢？炊事员何万里颇有点秘招，变戏法似的找到了一点莜麦面饼和山药蛋。聂荣臻边吃边赞叹：“比月饼还好！”

一轮璧玉般的圆月，将清辉洒满了黄草梁。或坐，或立，或卧的八路军指战员们沐浴在如银似水的月光之中。聂荣臻和他麾下的将士们在一瞬之间，仿佛远离了血与火的战场，置身于人间仙境，许多人都被这高山之巅的中秋夜景迷住了。聂荣臻和张瑞华并肩站着，双双仰头望着明月，默默无语。是啊，每逢佳节倍思亲，他俩又思念起丢失在上海茫茫人海中的独生女儿来了……

第四十四章 在延安的日子

路过晋绥区，吕正操和他率领的部队留下了。10 月上旬，风尘仆仆的聂荣臻像一个远道归家的游子，以激动而又兴奋的心情，一头扑进中共中央所在地——延安的怀抱里。他用热烈的目光，深情地注视着宝塔山、延河水和河谷两旁黄土山崖上的一排排窑洞。他被安排住在杨家岭的一座窑洞里。

毛泽东等中共中央领导人在枣园接见了在敌后苦斗了六年的聂荣臻。毛泽东一边猛抽他的“老刀牌”香烟，一边风趣地说：“我们大闹五台山的‘鲁智深’回来喽！”闻者皆开怀畅笑。此时，六年前受命率队奔赴抗日前线的各路大军的负责人，又在延安欢聚一堂，大家都格外兴奋。聂荣臻向毛泽东等中央领导人初步汇报了晋察冀各方面的工作，听取了中央领导人的有关指示。几天之后，他在重庆《群众》杂志上发表了《论敌后抗战》的文章。文章是以他原来写的《敌后六年之一得》改写的。文内提到：抗战六年，共作战 1.74 万次，毙伤和俘虏敌伪 23.5 万人，我方伤亡 6.4 万人。“一点一滴的胜利都是从一点一滴的流血斗争中得来的。”这一段话，欢乐与艰辛兼而有之。文章在经验部分增加了一条：要有赏罚严明的制度，虚心检讨成功与失败的原因。

12月中旬，聂荣臻接到晋察冀军区汇报，历时三个月的反“扫荡”结束。“烽火连三月”，敌人“扫荡”的时间果然如聂荣臻所估计的那样，是几年来最长的一次。军区部队虽然歼敌1万余人，并开辟和恢复了村政权1000多个，取得重大胜利。但是，军区直属队在敌人合击的时候，也受到了一些损失。聂荣臻的一个箱子也丢失了。这只箱子，差不多是聂荣臻唯一的家当，从长征开始，他就带在身边。箱子里保存的全是些有意义的纪念品，有在红一军团工作期间保存的整编材料和统计，有报道周文雍和陈铁军被杀害消息的那张剪报，还有他1919年赴法国勤工俭学时的护照。那个护照上有沿途所经国家的签证，以及后来他去比利时、德国、苏联直到回国的签证，聂荣臻是把它作为周游列国的纪念品保存下来的。不论是在白区工作的时候，还是到中央根据地以后，他一直珍藏着，即使长征路上那么艰苦，也没舍得把它丢掉。这次却统统丢失了，聂荣臻一再扼腕叹息。

但是，他更为遗憾和沉痛的是军区直属队的一些人员在这次反“扫荡”中牺牲了。获悉军区为牺牲的人员召开追悼会，特地发去了唁电。

1944年元旦、春节期间的延安，披着洁白素雅的雪装。1月7日晚，聂荣臻与周恩来、叶剑英、黄华一起，踏雪前去参加送别班威廉和克兰尔夫妇的晚餐会。班威廉夫妇是两三个月前从晋察冀到延安来的，他们准备从延安到重庆，然后回英国去。班威廉夫妇后来对此次与聂荣臻的话别，有一段观察很细致的描述：

> 在这次晚餐席上，周恩来谈笑风生，讲了很多话，他殷勤劝我们喝一种特别的梨酒，他自己也喝了许多。聂荣臻将军则心绪阴沉，貌多思索。我们只觉得他们两位同样在真诚地担心着我们的安全，只是两人的反应不同。
>
> 当他们快要离席的时候，周恩来的话越说越多了，但他绝不提到我们南行的事，也不提到重庆为何不打电报来的话。至于聂荣臻将军，则真的忧容满面。他在河北向我们道别时是很快乐的，因为他知道我们会再碰见他，这一次他似乎觉得我们不会再见他了。我们以最热烈的声调喊着：“在北平再见！”也引不起他一丝笑容。他将我们的手紧握在他的双手里，异常激动地说：“再会！愿上帝保佑你们！”

聂荣臻是个重感情而又性格内向的人，要与如此亲密的外国朋友分别——很可能是永别的感情是凝重的，他担心他们一路上的安危。

聂荣臻到达延安之后就参加了整风，而不是一下子就参加中共七大。1944年1月上旬，他三次向中共中央书记处汇报了晋察冀的工作。据此，由任弼时、王若飞起草经毛泽东修改，发布了《中央对晋察冀分局干部扩大会议的指示》。指出：“六年来，分局同志及晋察冀全体干部党员和在边区的八路军指战员，与人民群众相结合，创造和坚持了晋察冀民主抗日根据地，是执行了中央的路线和所给予的任务，工作是有很大成绩的。”同时指出，在坚持持久抗战，准备与敌人熬时间方面，“还有若干不够的地方，需要我们加以去充实与改进”。“我们在思想上，还要有在最困难局面下和敌人熬时间的准备。这就需要我们避免轻敌速胜观念，要更加依靠群众，与群众打成一片。”[①]

在延安整风中，对6年来晋察冀的工作是肯定的，但是也提出种种批评意见。主要是批评聂荣臻有“轻敌速胜观念”。

聂荣臻1981年回忆说，当时，我强调过这样的意思：战争不会拖得很久了，胜利的曙光就在前头。这个说法，不是没有根据的。因为，历史上大规模的战争，一般都超不过四年。一场战争要牵扯到各个方面的条件，不会拖得太久。日本帝国主义发动侵华战争，到1943年整整6年了。从华北战场看，它已明显地显露出衰败的迹象。它还能再拖几年呢？1943年初，我们宣传过一个口号，叫作：“迅速打败希特勒，1943年打败日本。”当然，这个口号先是根据中共中央1942年“七七宣言”的精神提出来的。后来由于欧美迟迟不开辟第二战场，打败希特勒的时间推迟了，中央也改变了这个口号。但从华北的实际情况看，提出这样的口号，还是有一定道理的，不单单是为了鼓劲，还有一个准备下一步的问题。胜利了怎么办？不能措手不及呀！有的同志批评说这是“轻敌速胜观念”。什么“轻敌速胜观念”，6个多年头的战争，已经是相当持久了，哪里还谈得上“速胜”！

聂荣臻虽然受到非议，但仍然坚持这个观点。1944年8月，当他会见美军观察组的时候，也谈论起是否胜利在望的问题。美军观察组负责人戴维·包瑞德是这样描述聂荣臻的：“他相当客观地描述了他所负责的军队和地区，一点也不讲他自己，但是对国民党过多地使用了宣传性的生硬的语言。他看上去既像一位普通战士，又像一位彬彬有礼、举止威严的人，具有经常参加社交活动者所具有的严谨作风。”

“包瑞德上校，”聂荣臻望着这位戴着船形帽的胖乎乎的美军校官，从容不迫地说道，“从1941年日军偷袭珍珠港发动太平洋战争算起，已经快3年了；如果从卢沟桥事变算起，日军在中国打仗已经有7年了。他们漂洋过海，在异国作战，困难是很多的，从各方面看，已经非常吃力了。在希特勒快要灭亡的今天，难道他们还能单独坚持很久吗？”[②]

“不，将军！”包瑞德不太相信聂荣臻的话，“日军正出动几十万人，争夺从河南到广西的大陆交通线，而且进展相当顺利，特别是在东北还有约50万精锐的关东军没有使用。日本人还可以打下去，战争还要再拖一段比较长的时间。难道不是这样吗？”

然而，后来的事实证明了聂荣臻的看法是正确的，美军观察组的估计错了。不到一年，1945年5月，德国法西斯政府宣布无条件投降；8月，日本帝国主义宣布投降。

在延安整风期间，聂荣臻参加了高干会议，讨论党的历史问题。在高干会议

---

① 1944年1月11日，中央书记处的指示。

②《聂荣臻回忆录》，解放军出版社1986年版，第557页。

1944 年 8 月，聂荣臻（前排右三）、陈毅（前排右五）、杨尚昆（前排右八）与美军观察组合影

上，他作了《晋察冀军区六年来的工作简报》的报告，系统地总结了经验教训。而 3 个月以后，在远离延安的晋察冀，也召开了长达 80 多天的晋察冀分局高干会议。这个会议全面研究总结了晋察冀过去的各项工作，还是有成绩有收获的。但是会议开着开着，发展到针对聂荣臻进行点名批评，提出了诸如“试行志愿义务兵役制不对”“演出《跟着聂司令员前进》是搞个人突出”“晋察冀的军事路线有问题，有轻敌速胜观念”等批评。发扬民主对领导人提意见，无可非议，但后来历史的发展，证明聂荣臻是正确的。

1944 年晋察冀高干会议上的不正确的做法，自然引起了干部之间的争论。这种争论，也带到了参加延安整风运动的晋察冀干部之间。在杨家岭，聂荣臻把原一分区三团团长纪亭榭找来边喝茶边谈心。聂荣臻既严肃又温和地对纪亭榭说：“找你来谈，是提醒你在整风中要冷静。你那天在会上骂人是不对的。凡事应该摆事实讲道理嘛！”

绰号“纪大炮”的纪亭榭心直口快地说：“骂人不对，我承认。可是个别人采取攻击你的办法，在那儿活动要参加七大，打个人的小算盘，这对吗？这个会我还得参加，还得辩论，要不没真理！”

聂荣臻端起茶杯，定神望了望漂浮在杯里的茶叶，深沉地说道：“晋察冀的工作，我的工作，并不是没有缺点和问题的，应该允许人家提出批评嘛。即使有些意见提得不够准确，供我们参考也是很好的。同志之间意见不一致，可以通过讨论来解决，应该讲究方式方法。意见实在统一不了，可以让实践来证明谁是谁非。”

中央及时地发现了晋察冀分局高干会议的问题。毛泽东和刘少奇都作了指示，认为这个会议应该开，但是对某些问题处理过火了，不是那么实事求是，有些事情一时搞不清楚，留待将来再说。

“聂老总胸怀很宽广，度量大。”当时任四分区三十五团政委的傅崇碧后来说，

“他从延安回来后，对那些提过他意见的人依然如故，仍然重用。”后来，错误批判过聂荣臻的人，有的也深刻认识了自己的错误。

尽管发生了一些不愉快的事，聂荣臻仍然对晋察冀的军民倾注着深深的爱。离开晋察冀愈久，他思念愈切，尤其是他的司令部住过的地方，更是令他魂牵梦绕。他特地从延安到洛河川去住了几天，视察、看望调到那儿进行生产的晋察冀的部队，看看他们打的窑洞，做的肥皂和养的猪。从晋察冀来的人到杨家岭看望他，不管男女老幼，他都非常欢迎和高兴。有的干部带着夫人和抱着怀里的婴儿来看望他，他高兴极了，把孩子抱过去掂一掂，亲一亲。

他还想念着抗敌剧社的队员们。他到延安时，特地把剧社创作的作品带到延安，推荐给延安的文艺团体演出，又把在延安看到的苏联话剧《俄罗斯人》《前线》的剧本要来，让人带回晋察冀，供抗敌剧社排练。每逢夜深人静，他躺在窑洞里，一颗心总要飞越万水千山，回到那块他曾经战斗过六年、被他称为“第二个故乡”的晋察冀。

由于他一直担任着晋察冀根据地的领导工作，分局、军区和边区政府所处理的重大问题，一般都向他报告。后来，因为他离开的时间较长，所以晋察冀的工作，就靠留在那里的领导人处理了。1944 年 9 月 19 日，聂荣臻与前来延安的萧克经过研究，并报经中央批准后，发布了成立冀察、冀晋、冀中、冀热辽四个二级军区的命令。

延安最有色彩的夜生活，当推在枣园举行的舞会，聂荣臻与中央领导人及各位高级将领一样，少不了要在枣园的灯光下翩翩起舞。聂荣臻极少喝酒，然而，1944 年庆祝十月革命节时，他居然开怀畅饮，喝醉了。这次喝酒，醉的人很多，连毛泽东、周恩来都醉了。这是聂荣臻一生少有的两次醉酒之一，还有一次是进城后在苏联大使馆的宴会上。

1945 年 5 月，中共中央提出了“削弱日伪，发展我军，缩小敌占区，扩大解放区”的指导方针。晋察冀军区坚决贯彻了这一方针，从 5 月中旬开始，先后在察南、雁北、冀中、热河、辽西等地对日伪军发起了攻势作战。至 7 月，共歼灭日伪军 2 万余人，扩大解放区 21.1 万多平方公里，人口增至 2500 万人，把敌人进一步压缩到了铁路沿线及其两侧地区及少数重要城镇。胜利的消息不断传来，聂荣臻非常高兴，频致祝贺，使他在中共第七次全国代表大会上更显活跃。

1945 年 4 月至 6 月，聂荣臻出席了中国共产党第七次全国代表大会，并当选为中央委员。5 月 9 日，他在大会上作了《晋察冀党在执行人民战争路线中的经验教训》的发言[①]，指出：“晋察冀是执行了毛主席的人民战争路线的”，这是“由于主力部队与地方游击队、自卫军的结合，由于我们和人民利益的一致，特别是因为我们与长期处在民族斗争第一线和有悠久民族斗争历史的晋察冀人民融合在一起的结果”。中共七大结束不久，党内开了个华北问题座谈会，聂荣臻出

① 原件存于中央档案馆。

1945 年党的七大会议期间聂荣臻（右一）和毛泽东（右三）、刘少奇（右二）、朱德（左一）等在一起

1945 年 5 月 9 日，聂荣臻在七大第八次全体会议上作《晋察冀党在执行人民战争路线中的经验教训》的发言

席了这个会议。华北会议的议题，是总结华北敌后抗战的经验教训，到后来，发展成对彭德怀的批判，主要是“百团大战”的问题。聂荣臻也受到了批评，并且作了检讨发言。但是，他对批判彭德怀的过火行为是有看法的。他认为整风的“重点应该是分清路线是非，至于每个同志在作战指挥或具体工作上有什么错误，有什么问题，那是次要的，同路线问题不能混为一谈，解决的方式也不能一样”。

中国共产党第七次全国代表大会，是一次团结的大会、胜利的大会。聂荣臻经历了会议中和会议前后党内广泛开展的批评和自我批评，受到了深刻的教育。他认为，尽管整风审干中出现过偏差，尽管华北会议开得过分了些，但通过这一过程，使党的干部特别是高级干部，提高了马列主义水平，分清了路线是非，使全党在毛泽东思想的基础上达到了空前的团结，迎来了抗日战争的胜利，也为解放战争的胜利奠定了基础。

8 月 8 日苏联对日宣战的喜讯传来，所有的中央领导人和高级将领们，全都狂喜地握手互致祝贺，准备团结起来向日本侵略者发动最后一战。聂荣臻 8 月

10日与萧克、刘澜涛致电晋察冀分局，命令全区部队立即向平津等大城市进军，接受日伪军投降，如遇抵抗，应进攻歼敌。并命令冀热辽抽主力几个团由李运昌率领向辽宁进军，尽早与苏联红军会师。

8月15日，日本法西斯政府宣布无条件投降。中国人民抗日民族解放战争至此获得了最后胜利。延安宝塔山下，延河两岸，一片欢腾。聂荣臻望着载歌载舞庆祝胜利的延安军民，感慨万千，归心似箭。

第四十五章　回到晋察冀

抗日战争胜利后，毛泽东要聂荣臻尽快回到晋察冀主持工作。1945年8月20日，中共中央决定将中共晋察冀分局改称晋察冀中央局。8月23日，他列席了中央政治局扩大会议。26日政治局又开了一次会。这两次会议的基本精神是：（1）国民党反共本质不会变，全党全军必须有所警惕，但由于国际国内各种因素的制约，中国会出现暂时的和平局面，会议提出了“和平、民主、团结”的口号，并决定毛泽东、周恩来去重庆进行和平谈判；（2）放弃占领大城市，力争占领中小城市和乡村；（3）东北四省先派干部去，因受中苏条约影响，部队是否去视情况发展再定，当前要建立强大的热河基地。9月，中央决定全力争取东北。对争取占有东北这个大局，聂荣臻早在七大听毛泽东作会议总结时，就有深刻的印象。毛泽东当时说：“东北四省极重要，有可能在我们的领导下。有了东北四省，我们即有了胜利的基础。现在我们的根据地还不巩固，没有基础，有了东北，即有了巩固的基础。”[①] 聂荣臻坚决服从中央要他回晋察冀工作的决定，而且决心贯彻中央决定，尤其是着眼在占有东北这个大局。

1945年8月26日，晋察冀军区的《阵中日记》记载：中央聂电，据报张家口已经解放，详细情况请告，并请查张家口机场在何处，是否为我们控制，此间有飞机一架可利用飞至张家口。军区对聂荣臻电报很快作了答复：在灵丘修建一个临时机场，可供飞机降落。并告知了地空联络的标记和信号。

9月9日，一架美军C-46型飞机从延安机场起飞。西北黄土高原秋高气爽，晴空万里。飞机的发动机轰隆隆地响着，在四周山峦上响起回声。聂荣臻坐在飞机上，从舷窗向下瞭望。那熟悉的边塞山城，那巍峨的宝塔山，那弯弯的延水河，那陕北高原所特有的雄浑景色，全都迅速地向后退去，变小、变淡。

那架飞机是前不久飞到延安的，为的是到晋察冀接美国飞行员。太平洋战争爆发后，美国空军对日作战，一些飞机被击落，跳伞的飞行员落到了各个解放区。聂荣臻曾对美军观察组的成员说过：“你们的人降落在离开铁路5公里到10公里的地方就安全了，只要说清是美国人，会得到保护的。”从那以后，一些美军飞行员散落到晋察冀。现在，聂荣臻正好搭乘接他们的飞机返回。

---

①《毛泽东年谱》中卷，人民出版社、中央文献出版社1993年版，第601页。

和他同乘一架飞机回晋察冀的有刘澜涛、萧克、罗瑞卿、郑维山、李一氓，还有日本共产党主席冈野进（野板参三）等。郑维山第一次乘飞机，聂荣臻提醒他系好安全带。

飞机的飞行高度只有三千多米，能够看清地面的村庄小路。当飞临太行山空域时，颠簸得十分厉害。郑维山完全昏了过去，要不是聂荣臻提醒他系好安全带，非从椅子上跌落下来不可。

解放战争初期的聂荣臻

眼看就要飞回晋察冀投入新的战斗了，聂荣臻的心情有欣慰，也有忧虑。

1944 年 7 月 1 日，中共中央发布《关于整训军队的指示》。指示指出："要担负最后驱逐日寇出大城市与交通要道，并对付可能的突然事变，非有一倍至数倍于现有的军事力量不能胜任。"可晋察冀的某些人，在此之后，却仍在批判"轻敌速胜观念"。后来虽说晋察冀的总兵力已经发展到上百个团，但大多是抗战胜利前夕突击组建的部队，战斗力一般较差。如果 1944 年时，就按照中共中央的指示加强主力，注意发展部队，加以武装和训练，那抗战胜利时，部队的战斗力就可能是另一种情况。华东、太行就抓住了那个宝贵的时机。在延安时，聂荣臻和刘伯承、邓小平、陈毅交谈过。华东、太行那里已经在收拢和集结主力部队，准备迎接新的形势了。

聂荣臻后来说：你不做准备，日本投降了怎么办？那时我们在延安经常谈这个问题。真正打仗还在后头。日本投降以后，因为国民党那么多的军队根本没有怎么用，在财政上、武器上，美国人大力帮助他。而那个时候，我们是相反的，跟形势是相反的，部队分散，没有补充，所以后头打绥远就没有把握，日本投降以后就措手不及，没有多少准备。

在这山雨欲来风满楼的新的历史关头，聂荣臻在飞机上思索着。他俯瞰着长城内外的壮丽山河，不能不感到肩上责任的沉重。

在飞机即将降落的灵丘机场上，跑道两端早已铺上作为记号的宽幅白布，各摆成一个英文"V"字，尖端指向跑道。跑道边上还烧了一堆火，为的是便于飞机降落。

飞机盘旋之后开始下降，跑道清晰地映入视野。机轮在跑道上触地了，飞机重重地一震，于是，聂荣臻那颗炽热的心，也重重地落在了他告别了两年的晋察冀的土地上。

聂荣臻下飞机后，与前来欢迎的人热情握手，互致问候，还在飞机旁与被营救的美军飞行员合了影。然后骑马到了涞源，接着乘汽车到下花园，再乘火车直奔张家口。到达张家口时，已是薄暮时分。古老的山城沐浴在一片夕阳的斜晖中。

一到张家口，聂荣臻就住在东山坡原日军根本博司令部所在地。这里是一片日式的房子，平房，小院，推拉式的门窗，院落之间被整齐的道路隔开。每个院里都有树木，在习习的秋风里摇曳着，迎接新的主人。

聂荣臻在这个小院子里开始了繁忙的工作。中共中央决定他任晋察冀中央局书记，并继续担任晋察冀军区司令员兼政治委员。萧克任副司令员，刘澜涛、罗瑞卿任副政委，唐延杰任参谋长，朱良才任政治部主任。

晋察冀是连接陕甘宁、晋绥、晋冀鲁豫与东北地区的重要枢纽，是避免解放区战场被国民党军东西、南北分割的重要战场之一。所以中共中央在1945年9月19日发布的指示中指出："完全保障察哈尔全境、绥远大部、山西北部及河北一部，使之成为以张家口为中心的基本战略根据地之一。"

那时，边区周围的形势是相当严峻的。蒋介石为发动反革命内战作准备，从9月到11月，国民党军在美国帮助下，用军舰和飞机把6个军、17个师，共15万军队运到华北，在日伪军配合下占领了北平、天津、石家庄、保定、山海关等重要城镇，成立了"北平行营"。在张家口西面，第二战区阎锡山部占领了大同、太原，第十二战区傅作义部占领了归绥、绥东、绥南。这样，以张家口为中心的晋察冀周围就有国民党军队43万之众，边区正面临着东西两面遭夹击，与西北、东北战略区的联系被切断的危险。

与此同时，国民党还拼命向东北运兵，与中国共产党争夺东北。1945年9月19日，中共中央发布了《关于向北发展，向南防御的战略方针和部署的指示》。

面对晋察冀的态势，和中共中央、中央军委的一系列指示精神，聂荣臻采取

1945年在张家口留影。左起：萧克、聂荣臻、马歇尔、贺龙

了如下步骤：

第一，在全面内战爆发的前夕，中央的战略方针是：先把东北拿下来，作为我们巩固的根据地和可靠的后方基地。国民党的战略重点，也是抢先占领东北。在这种形势下，中共中央从各解放区抽调部队，向东北挺进。山东解放区，罗荣桓统率的7个师6万人跨海北进。新四军由黄克诚率领第三师3万人从陆上千里进军。8月12日，中共中央指示晋察冀分局，“我晋冀、平北、冀东三区部队务速分兵北进，迎接外蒙军及红军”。[①] 晋察冀与东北毗邻，所调部队自然应当先期到达。身在延安的聂荣臻随即命冀热辽军区抽调8个团又1个营，共1.3万多人，外加2500名地方干部，由冀热辽军区司令员兼政治委员李运昌率领出关，协同东北抗日联军，配合苏军对日作战。9月10日，聂荣臻到达晋察冀的第二天，又发布了“冀热辽部队进驻承德、赤峰及山海关至沈阳线”的命令。至9月底，在兄弟军区部队到来之前，李运昌等就率部配合苏军解放了辽宁、热河全省以及吉林、黑龙江的西部地区，接管了这些地区的城市，初步建立起人民政权，部队迅速扩展到10万多人，组成10个步兵旅、2个炮兵旅和若干独立团。后来李运昌返回热河的时候，只带回3个步兵旅和1个野炮团，把大约5万人交给了东北民主联军。

第二，10月2日在张家口召开干部会议，统一思想。当时在干部中的思想偏差主要表现为：一是因为蒋介石抢夺胜利果实，气愤急躁；二是认为和平已经到来，盲目乐观。聂荣臻在会上讲了话。他说：“反和平的反民主的势力正在积极地向我进攻，我们必须为和平民主而战斗，大地主大资产阶级要夺回中国人民在政治上经济上的既得利益，我们必须为巩固我们的胜利而战斗。因此，一切盲目乐观心理，……天下从此便可太平的心理，是不对的。我们目前正处在历史的最紧要的关头，……我们必须坚决地进入斗争中去，以不懈怠的继续斗争，来巩固与扩大我们的胜利。”这次会议，是对晋察冀党政军民的思想动员。

第三，在军队部署上，因接收和占领大城市已不可能，遂将力量转向解放中小城镇。8月至10月，先后解放60多座中小城镇，歼灭日伪军3万多人。

第四，遵照中共中央9月21日关于编组野战军、以适应高度机动作战的指示，集中整编部队。这是他在延安一直到归途中萦绕于怀的最为重大的课题。在很短的时间内，他把冀察、冀中、冀晋、冀热辽军区的主力部队各编2个纵队，共8个纵队、23个旅，约20万人，分属第一野战军和第二野战军。第一野战军下辖4个纵队，由他直接统辖，西出绥远反击傅作义的进犯；第二野战军，下辖4个纵队，加上准备进入东北而留在热河地区的晋冀鲁豫第一纵队，共5个纵队，着重向北作战，以确保华北与东北战略区的陆上通路。他还将冀中、冀晋、冀察、冀热辽军区的地方部队编成独立团或县大队共10万多人，负责各所在地区的作战。

---

①《毛泽东年谱》下卷，人民出版社、中央文献出版社1993年版，第3页。

1945年9月，聂荣臻在张家口庆祝抗战胜利大会上的讲话

这一切都进行得迅速而有效。但新整编的部队不少指战员还穿着便衣，缺乏训练，武器庞杂不一。三纵队司令员杨成武回忆说：数百股游击队从冀中平原上集中起来了，他们甩掉头上的白毛巾，丢下自行车，走入了长长的队列，在进军途中改换了军装，补充了轻重机枪和迫击炮，以营或连为单位按口径调整了步枪，通过教育批评了家庭地域观念和游击习气，树立了不怕远征、不怕进山、不怕吃苦的思想。

在战略转变的历史时刻，把这样一支部队上升为主力部队，需要花很多气力。那一阵子，聂荣臻忙得不可开交。他对指挥员要求尤其严格。在一次远征作战中，有两个旅的主官留在根据地，叫副职率领部队上前线，他对这种不尽职守的行为毫不客气，批准了对这两个主官的处分。尽管他们都是老红军，过去立过不少战功，但聂荣臻没有留一点情面，向游击习气浓厚的干部敲了警钟。

第四十六章　出征绥远

1945年9月11日，聂荣臻回到晋察冀的第三天，接到中央军委关于“各战略区粉碎蒋军进攻的部署”的电报。电报说：“绥远傅作义部夺我归绥、武川、陶林、丰镇、集宁五城后，于六日又夺我兴和，逼近天镇、柴沟堡，有向张家口进攻模样。”“我必须立即组织察、绥战役，消灭傅作义部，解放绥远，收复归绥。”“晋察冀军区必须立即集结二万五千以上兵力……协同晋绥军区转向傅顽进攻。”规定整个战役由聂荣臻统一指挥。

聂荣臻当即决定，晋察冀抽调 3 个纵队出征绥远，与晋绥军区的 5 个旅，共 15 个旅 5.3 万人执行战役任务。傅作义的兵力约 4.7 万人，连同杂牌部队和大同阎锡山的部队共约 9.7 万人。在兵力上晋察冀与晋绥两军区不占优势。

10 月 15 日，聂荣臻发布了绥远战役命令，随即率部西进。18 日、19 日各部队展开了进攻：冀察纵队取隆盛庄；冀中纵队取张皋镇、三水岭、官村；冀晋纵队一路向聚乐堡，一路向红砂坝、丰镇。很快攻占上述各点。与此同时，晋绥军区部队占领了凉城、新堂、陶林等地，向卓资山疾进。

在两个军区部队的联合进攻下，傅作义急忙收缩，采取“一触即退”的战法，迅速向大本营归绥集中。由于傅部撤退迅速，晋察冀与晋绥作战部队未能将敌人的退路切断，聚而歼之。敌人集中重兵于坚城之内，造成攻坚上的巨大困难。

10 月 22 日，在集宁的敌三十五军军部和一〇一师成了孤军。傅作义起家的老本钱便是三十五军，这是当年张学良给他的番号。而三十五军的主力又是一〇一师。如果把这股力量消灭掉，将是对傅作义的沉重打击。聂荣臻抓住了这个战机，当即决定以冀察、冀中两个纵队聚歼该敌，令冀察纵队立即进占集宁以西的十八台，切断敌人退路；令冀中纵队占领集宁以南的榆树湾、脑包山，从南、西南对集宁发起进攻。23 日，冀中纵队占领了榆树湾、脑包山，击溃一〇一师的一个团，并以一部兵力前出到集宁以西。敌三十五军军部和一〇一师乘夜弃城西逃。24 日，晋察冀军区部队占领集宁。25 日，晋绥军区独立第一旅曾将集宁逃敌堵截在魁盛庄西北，但因后续部队未及时赶到，敌我兵力过于悬殊，经激战，敌人还是逃跑了。

10 月 25 日，晋绥部队在卓资山打了一个漂亮仗，全歼敌新编第二十六师 4000 余人。聂荣臻立即发布命令，号召晋察冀军区部队向兄弟部队学习。

20 日，聂荣臻的指挥所前移至隆盛庄。26 日，他与晋绥野战军司令员贺龙相会。他们一起到了卓资山。两区部队会合了。27 日，中央军委在给聂、贺的电报中强调：“此次作战，必须达成歼灭傅顽主力之目的，应将我主力运动到傅顽阵地背后去，由西向东打，方可聚歼。”据此，聂荣臻与贺龙、李井泉一起确定了下一步的作战部署：针对敌人约六个师撤进归绥，决定先肃清外围，合围归绥，再行攻城；另派一部分兵力趋向包头，切断傅部西逃之路，孤立归绥。

10 月底，两区部队完成了对归绥的合围。11 月中旬，晋绥两个旅、冀察纵队一个旅开始攻打包头。

聂荣臻在陶卜齐设立了指挥所，指挥攻城作战。归绥守敌六个师 2.4 万多人，粮弹储备充足，决心固守。而聂荣臻所部全属初建，没有大兵团作战和攻坚的经验，又缺乏大炮，屯兵坚城之下，陷于僵持局面。不久，又从西线报来战况：攻击包头受挫，宁夏马鸿逵的一个骑兵师前出到临河，逼近包头。在这种情况下，11 月 13 日他从陶卜齐绕到归绥城西与贺龙、李井泉会晤，再次商议下一步的决策。

聂荣臻和贺龙感到：我军兵力在归绥、包头虽略占优势，但劳师远征，供应困难，难为久计，且两区再要增兵都有很大困难，严冬即至，带来了更多不便，能拿下包头再回师归绥当然最好，否则不宜久滞坚城之下。他们决定由贺龙、李井泉率晋绥部队西进增援包头，晋察冀部队继续围困归绥。以上部署向中央军委作了报告。中央军委 11 月 16 日回电，令聂荣臻率晋察冀部队与晋绥部队一同西进，在归绥只留少数部队控制要点，作弹性围困。如果包头不能迅速攻占，晋绥部队西进消灭马鸿逵援兵，夺取五原、临河、陕坝；晋察冀部队主力控制包头至归绥中间地区，隔断归绥、包头敌人的联系，相机攻取包头，引敌出来，求得野战；晋绥部队完成任务后，留一部分部队控制五原、临河、陕坝，主力回师东进，与晋察冀部队再攻归绥。

这是一个倾全力取包头而置归绥于不顾的方案。聂荣臻对这一方案的能否成功颇为担心，于 11 月 17 日实事求是地向中央军委提出如下建议：

> 第一，如果晋察冀部队主力西进，围城部队即转为劣势，而敌人必然乘机反击。“因傅顽以主力固守绥城，并非单纯防守，而系取积极防御，连续主动的出击，企图寻求机会对我各个击破。……如我围城部队转为劣势，敌必集中力量向我反击，则全部战局有恶化的危险。”
>
> 第二，如以全部主力西进，去夺取五原、临河、陕坝，这样，就分为归绥、包头、河套三个战场，相距八百余里，势必兵力分散，三处力量皆弱，难以相互策应。
>
> 第三，绥远地区并非根据地，没有巩固的后方补给线，粮食、弹药无法迅速前运，伤员后送也是个大问题。

因此，他主张打几仗再看情况，必要时结束绥远战役。中央军委 11 月 22 日复电，仍主张聂部主力西进，集中力量攻取包头。但又指出，“我们对于前方情况不了解”，希聂、贺根据前方实际情况处置。此后，直到 12 月上旬，晋察冀、晋绥部队在归绥、包头都曾采取围城打援的办法，击退了归绥出击的骑兵第四师；包头方向击退了马鸿逵部骑兵第十师的增援，但歼敌不多。此时严冬已至，部队困难日多。于是，经中央军委同意后，聂荣臻于 12 月 13 日下达了结束绥远战役的命令。

绥远战役历时近两个月，收复了绥远的广大地区，消灭了傅作义部队 1.2 万余人，但没有达到消灭傅作义部主力，解放绥远，收复归绥的预期目的。

12 月 11 日，聂荣臻在向中央军委的报告中说：“未完成绥远战役任务是应当很好检讨总结，以作今后的经验教训。”同时他又客观地提到，此次晋察冀参加绥远战役的只有 5 个老团，有的部队 70%以上是 1945 年的新兵，未经任何训练。“在技术兵种方面，原炮兵营去延安未返，工兵营所余不及 50 人。今后部队在思想上、政治上、战术上进行整训，力求提高，是迫不及待的。”

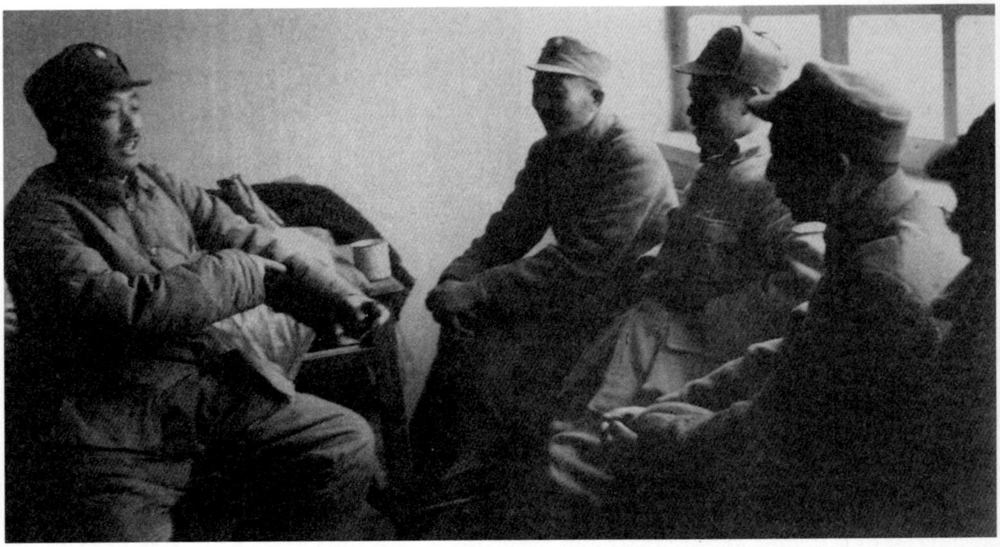

为反击傅作义部在西线的进犯，聂荣臻（右二）与贺龙（左一）指挥晋察冀、晋绥军区部队进行绥远战役，50 天歼敌 1.2 万人

以今天的眼光看，绥远战役是从民族战争到阶级战争、从游击战到运动战转变期间的一个战役。晋察冀部队仓促编为野战军，长途远征，各方面尚不适应。从指挥上说，未在野战中歼敌主力，致使敌撤入城垣固守，由于部队重武器缺乏，当时确实不具备攻城条件。聂荣臻断然停止西进，免得部队陷于被动。多年来他为自己总结出一条经验：没有把握的仗，你不要勉强去打；抓鸡不成，不要把米也蚀掉了。

绥远战役结束，聂荣臻回到了张家口。1946 年 1 月，与他阔别了 14 年的女儿聂力来到了张家口，这给他带来了天伦之乐。1938 年，周恩来曾委托上海地下党找过聂力，终于找到了，但孩子怕被骗卖，说："爸爸妈妈找我，叫他们自己来接。别人不行。别人接我，我不跟他去。"结果没有成行。抗战胜利以后国共两党进行和平谈判时，周恩来又委托上海中共组织寻找聂力。

一天，北平军调处通知聂荣臻，他的女儿找到了，已经到了北平。聂荣臻立即把这个消息告诉张瑞华。张瑞华是在前不久，步行一个多月，才从延安到达张家口的。他们为全家即将团圆而高兴。

这时，在北平的聂力也陶醉在幸福里。长期的离别，她已经想象不出父亲是什么样子，即使母亲，印象也十分模糊了。领导北平军事调处执行部的叶剑英拿给聂力一张照片，对她说："这就是你爸爸，你拿着这个，到张家口去，看谁像他，你就叫他爸爸。"

不久，赵尔陆带着聂力来到张家口。她把照片拿出来给父母看，聂荣臻和她开玩笑说："你对对，像不像啊？"聂力只会说上海话，听不懂聂荣臻四川口音的普通话。聂荣臻也不懂她的话。好在张瑞华在上海待得久，权当父女之间的翻译。当聂荣臻问起聂力这些年的情形时，女儿说，抚养她的是位工人。她只读过几年小学，后来便做工了。与女儿团聚，聂荣臻很高兴，常忙里偷闲，亲自教女儿学文化。聂力后来上了晋察冀的子弟学校，进城后上了八一中学，20 世纪 50 年代到苏联留学，毕业回国后一直从事国防科研工作。

第四十七章　停战期间的整编复员

1946 年 1 月 5 日，国共两党达成了停止国内军事冲突的初步协议，1 月 10 日正式签署协议，毛泽东、蒋介石同时分别向各自部队下达了停止国内军事冲突的命令，规定停战令 1 月 13 日午夜生效。聂荣臻坐镇张家口，指挥各部队击退国民党军队力图多占地盘的进攻。

2 月 1 日，中共中央下达了关于目前形势和任务的指示："重庆政治协商会议，经激烈争论之后，已获得重大结果……这是中国民主革命一次伟大的胜利。从此中国即走上和平民主建设的新阶段。"2 月 14 日，中共中央指示各地进行整编军队的准备工作。3 月 6 日，聂荣臻接到中央指示："无论将来情况如何，我们均须精兵简政……如何实行精简，应速决定方针。我们意见，第一期精简三分之一，并于三个月内完成……第二期再精简三分之一。"①3 月 15 日中央又指示："除东北及热河外，各地第一期复员整军（即精兵简政包括党政军民学所有脱离生产人员在内），不论时局变化如何，均应力争完成，以裁减老弱及无职务、无武器人员，合并机关，减少单位，充实部队，减少财政支出，利于作长期打算为目标。中央希望第一期复员三分之一左右，时间三个月左右完成，由各地自己做成计划（此计划须能适应和平、战争两种环境），电告中央批准即可执行。"②

2 月，晋察冀中央局发布《关于编制人数的规定》：全区共编 22.5 万人，其中野战军 15 万人，地方军 7.5 万人。3 月 1 日，晋察冀中央局根据中共中央指示精神，又发布《关于复员工作的决定》。据此，聂荣臻组织精简整编，野战军由 9 个纵队减为 4 个，地方军增加约 5 万余人，编为 6 个军区、21 个军分区、13 个独立旅，总计复员约 10 万人。

聂荣臻在主持这项工作中，由于受和平思想影响较大，因此晋察冀复员人数较多，时间也较快，比起其他各区要突出一些。精简整编是中央的精神，本身并没有错，精简了机关，充实了战斗部队。问题是复员人数多了些，影响到晋察冀部队的战斗力和尔后的作战。

当年的张家口卫戍司令员郑维山在回忆录《从华北到西北》一书里写道：

> 我认为，第一期复员三分之一，步子似乎大了些（第二期还要精简三分

①《中共中央文件选集》第 16 册，中央档案馆编印，第 86 页。
②《中共中央文件选集》第 16 册，中央档案馆编印，第 92 页。

之一），而且光靠“裁减老弱”等项又不可能达到三分之一，势必要大伤军队的筋骨方能完成。

在复员问题上，晋察冀却是一个例外。它不仅如数复员了三分之一，伤了部队的元气……，复员整军后，野战军缩编为四个纵队，除第一纵队外，每纵队两个旅。[①]

当年的冀热辽军区司令员李运昌也回忆说：和平民主新阶段，对内战的危险估计不够。为此我给聂司令写了封信：减这么多人不行，国民党没有诚意。这影响了以后的战争进程。那一段有点失误。对解放战争初期作战不利，拳头不硬。

对于这个问题，聂荣臻思想上是有矛盾的。一方面，他看到了紧迫的战争趋势，号召全区指战员“坚决打击挑起内战的祸首”。另一方面，在谈到精简整编时，他又说和平是大势所趋，要把人员减下来，并把亲手组建起来的野战纵队砍去五个。

作战处长唐永健回忆说：是大打，还是和平？当时甘英等人由北平回到张家口，聂老总同他们谈话。他们提出意见，说北平国民党到处抓兵，补充军队，但在路上看到我军成批复员，这样合算吗？聂老总当时回答：大势所趋，非要和平。后来我也问过他，他说：“我也有矛盾，一面担心内战再起，一面又看到中央的决心很大……国民党军无法打下去。美国也不支持他打下去。那就按中央的决心办吧。”

停战令下达以后，国民党军队在晋察冀各地大肆进行“蚕食”解放区的活动。聂荣臻领导边区军民积极进行反“蚕食”斗争，取得了许多胜利。1月13日停战令生效后，傅作义部4000多人违约抢占集宁，晋绥军区一个团、晋察冀军区一个旅零一个团配合作战，于18日夺回集宁，俘2000多人。当晋绥和晋察冀两军区部队攻城时，17日傅作义向北平军调部告急。军调部国民党中校林光军、美军上校莱克于当天来到张家口，要求去集宁视察。聂荣臻以集宁属晋绥军区管辖，须经联系才能去为理由，拖延时间，同时通报攻集宁部队尽快攻城。军调部人员只得约定18日再去。待他们18日到达集宁时，晋绥和晋察冀军区攻城部队已于当天收复集宁，并于2个小时前将战场打扫完毕。傅作义侵占集宁的图谋落了空。2月，国民党军1个师进犯平泉以南地区，被冀热辽军区4个旅包围，歼1300多人。要不是军调部的干预，本可全歼这个师。冀中解放区是国民党军“蚕食”的重点。冀中军民5月初在泊镇歼敌1100多人。5月下旬，又在胜芳保卫战中歼敌1500多人。聂荣臻为此专门写了《胜芳保卫战的经验总结》。

在这期间，聂荣臻还根据中共中央指示，组织边区军民进行练兵、减租、土地改革和生产活动。2至4月的政治练兵，提高了广大指战员全心全意为人民服务的思想觉悟，提高了战胜敌人的信心和决心。在进行了射击、投弹、刺杀技术训练

① 郑维山：《从华北到西北》，解放军出版社1985年版，第19、20页。

和班、排战术战斗教练后，部队军事素养普遍得到了提高。土改和生产活动的开展，改善了边区人民群众的生活，提高了阶级觉悟，激发了支援革命战争的热情。

第四十八章　从大同集宁之战到撤离张家口

1946 年 6 月 26 日，全面内战爆发。当天，聂荣臻与萧克、刘澜涛、罗瑞卿一起，提出了晋察冀、晋绥、晋冀鲁豫三大战略区集中力量先打下山西，使三区连成一片的建议。为此，晋察冀拟采取“西攻东防”的作战方针。两天后中央复电：“你们的战略意见是正确的。国民党大打后，你们的基本任务是保卫地方与夺取三路（平绥、同蒲、平汉路）四城（大同、太原、石家庄、保定），首先是打下平汉路和石家庄、保定。”[①] 聂荣臻提出，如无晋冀鲁豫的配合，执行中央的指示是困难的，建议先用半月时间，与晋绥配合打下大同。中央复电同意。看来，聂荣臻是考虑到平汉路和平津唐两线敌人共有 8 个军、21 个师、5 个总队，而山西太原以北地区敌人只有 2 个军、7 个师，显然要弱得多。7 月，为孤立大同，晋察冀与晋绥军区配合进行了晋北战役。晋察冀军区部队在 40 多天中解放了山阴、繁峙、原平、五台、定襄等城镇，歼敌 8000 多人，基本实现了预期目的。晋北战役后，接着与晋绥军区组织了大同、集宁战役。

8 月 2 日，聂荣臻到阳高主持了大同战役作战会议。根据大同敌兵力不强，但城防坚固的特点，确定以 5 个旅围攻大同，先在外围各个歼敌，与围城同时，另部署 4 个旅打傅作义可能的增援，并组成前线指挥部，由晋绥野战军副司令员张宗逊任司令员、晋察冀军区副政委罗瑞卿任政委、第三纵队司令员杨成武任副司令员。7 月 31 日战役开始。大同城坚，对此估计不足，未能按计划攻克。9 月 2 日，傅作义 3 个师增援大同，这本在我意料之中。傅部进到集宁，被包围。在敌人即将被歼时，傅作义又派一个师增援集宁。由于前线指挥员指挥不当，不是集中全力先吃掉敌人 3 个师，而是掉头打敌人增援的一个师，兵力调整又组织不当，致使敌 4 个师会合，失去了歼敌良机。后来，聂荣臻在回忆录里总结教训时说：“发起大同战役，有考虑不当之处。因为，大同敌人的兵力虽不雄厚，而城防设施是颇为坚固的。当时，我军既没有重武器配备，又缺乏攻坚战经验，哪里有把握攻下大同？”[②] 在这种情况下，13 日部队撤离集宁，16 日撤围大同，加上 8 月 28 日放弃承德，至此，张家口东西两面受敌，形成被动态势。聂荣臻权衡利弊，认为我军一向以歼敌有生力量为主，不在一城一地的得失，决心能守则守，必要时主动放弃张家口。

关于撤出张家口的考虑，要追溯到绥远战役之后。那时，聂荣臻认为，未能消灭傅作义部主力，造成张家口两面受敌，总的形势不利。鉴于这种情况，他

①《毛泽东年谱》下卷，人民出版社、中央文献出版社 1993 年版，第 100 页。
②《聂荣臻回忆录》，解放军出版社 1986 年版，第 631 页。

开始从张家口大量往北岳山区转移作战物资，光 105 口径榴弹炮的炮弹就有几万发。解放战争中二野、三野把 105 炮的炮弹打光了，这批弹药起了重要的支援作用。绥远战役结束，离撤出张家口还有近一年的时间，即使在那个时候，聂荣臻已经预见到迟早要撤出张家口。因而搬运许多笨重物资从容不迫，重要的机器全运进山里，负责搬运工作的是察哈尔省主席张苏。自 1946 年 7 月起，就往涞源山区疏散人口。

9 月份的一天，晋察冀军区作战科长杨尚德乘一架美国飞机由北平飞回张家口。杨尚德在北平军调部跟随叶剑英工作。对他的突然而至，聂荣臻感到诧异，问：

“你怎么回来了？”

“送情报。”

“情报在哪里？”

杨尚德从口袋里拿出一包顶球牌香烟，从里边抽出一支，从两头掰开，里边包着的是一张纸条，上面写满了蝇头小楷。杨尚德汇报说：这是打入国民党第十一战区地下工作人员提供的敌人进攻张家口的作战命令。字迹太小，聂荣臻看不清，马上派人整理出来，他看过后，又叫杨尚德作了详细汇报，在座的有罗瑞卿、萧克、刘澜涛、赵尔陆、耿飚。

敌人进攻张家口的部署是：东面，李文兵团第十六军、第五十三军沿平绥铁路向怀来进攻；十三军从承德到丰宁（大阁）、沽源作为配合；九十四军在北平作为预备队。西面，傅作义三十五军的三个师、新编骑兵第四师、暂编第三十八师集结于大同集宁一线。东西两面的敌军协同抢占张家口。

从北平地下工作系统送来的这个情报和军区掌握的敌情动态，全都证实了张家口的形势是严峻的。

对于坚守还是放弃张家口的问题，即使是在高级干部中，意见分歧也很大。大体是三种意见：一是认为守不住，弄不好可能被迫撤退，那损失就大了；一种认为西有晋绥军区和第三纵队等部队，东有冀热辽军区和第二纵队等部队，可以守住；更多的人是舍不得丢失张家口，这是抗日大反攻以来我军攻占的唯一的大城市，怎么能舍得放弃呢？在那些日子里，来找聂荣臻的领导干部很多，有军队的也有地方的，众说纷纭。聂荣臻胸有成竹，对来找的人反复说明，我们要实事求是，能守住最好，实在守不住就要做放弃张家口的准备。

为了统一思想，聂荣臻主持召开了晋察冀中央局会议。萧克、刘澜涛、罗瑞卿等中央局多数领导人，都同意聂荣臻的意见，必要时应该放弃张家口。中央局经过热烈讨论，作出了准备放弃张家口的决定。

9 月 15 日，聂荣臻在晋察冀中央局干部大会上作了《不计一城一地得失，力争战胜敌人》[①] 的报告，指出：东线我军放弃承德，西线撤围大同，张家口两面受敌态势形成。“在万一不利的情况下，不作孤注一掷……比如张家口这个大城市，

① 《聂荣臻军事文选》，解放军出版社 1992 年版，第 250 页。

是压在我们肩上的大包袱，并非绝对不能放弃，但决不能轻易放弃。”针对敌人兵力不足的特点，“我们的战略方针是以大兵团的运动战为主，战役指导上是以速决战、歼灭战为原则”。9月16日，聂荣臻、萧克、刘澜涛、罗瑞卿，向中央军委报告了弃守张家口的问题，提出“坚守张家口或主动撤离张家口的两种方针……拟在敌人进攻时只进行掩护战斗，不作坚守”。18日中央军委复电：在保卫察哈尔的口号下，集中主力在适当地区歼灭进攻之敌一部，“以歼灭敌有生力量为主，不以保守个别地方为主，使主力行动自如”[①]，同时秘密疏散张家口的机关和物资。

9月20日，聂荣臻发布了《关于保卫张家口战役部署的命令》。命令规定：以八个旅置于怀来、延庆地区，为主要防御方向，争取在运动中歼敌一两个团，再扩大战果。另一个纵队（欠一个旅）部署于西线柴沟堡地区，配合天镇、阳高地区的晋绥部队，防范傅作义、阎锡山部的进犯。另外，以六个旅在平汉线北段实施进攻，作为钳制方向。在平汉线北段指挥作战的是杨成武和王平。

聂荣臻判断，东面是敌人的主攻方向，故把兵力重点放在东面，投入这一战场的有第一纵队的第一、二、三旅，第二纵队的第四、五旅，第三纵队的第七旅，第四纵队的第十旅和独立第五旅，还动员了大量的民兵参战；并以萧克为司令员、罗瑞卿为政治委员，组成野战军指挥机关，直接到前线指挥作战，力争在撤离张家口之前，更多地歼灭敌人。当时担任二纵队五旅旅长的萧文玖回忆道：聂荣臻司令到二纵队时曾对部队干部动员说：“来者不善，善者不来，你们必须在这里准备打恶仗，打大仗，顶住敌人的一切进攻，以保卫张家口。”

他还命令冀热辽军区的部队钳制敌人的第十三军，冀察军区地方部队全面开展游击战，配合主力作战。

9月29日，张家口东面的战斗打响，敌人四个师的兵力开始向怀来地区进攻。战至10月2日，敌进占东、西花园等地。3日，李文投进第二梯队两个师企图突破火烧营阵地、夺取怀来，受挫后撤回东、西花园等地。蒋介石亲自派他的参谋总长陈诚到南口部署从侧面迂回怀来。7日，敌人第九十四军以2个师从怀来东南方向迂回。野战军司令部识破敌人企图，以第一纵队全部和另外2个旅、1个团在马刨泉地区设伏。对于这一地区，聂荣臻除在春天时带领作战处长实地勘察外，战前曾带领郭天民等纵队领导看过地形，作过具体部署。他一直到晚年还能清晰地记得那里的地形地貌。“作为防御，那不是很好的地形吗？在那里筑点工事，打击他呀！”他这样描述了那个预设阵地。在这里基本上消灭了全部美式机械化装备的敌人1个团。接着，在南石岭、镇边城又打两仗，共歼敌1600余人。至此，粉碎了敌人迂回怀来的企图。在东线共消灭敌人1万多人，把敌人6个师挡住了。

在平汉路北段，杨成武、王平指挥6个旅连克4座县城，控制了125公里铁路，攻占沿线全部车站，歼敌8300多人。他们采取野战军与地方部队、民兵相

①《毛泽东年谱》下卷，人民出版社、中央文献出版社1993年版，第135页。

配合，先对保定南北的平汉路进行大破袭，使平汉路被截断。同时集中优势兵力，对平汉路两侧及敌兵力薄弱的据点出击，歼敌几十、几百到上千人，频频得手。平汉路北段战役的胜利，被延安《解放日报》誉为“南北两捷”的一捷，与华东人民解放军“七战七捷”联系在一起。

倘若在张家口北面不突然出现傅作义的部队，聂荣臻是可以完全实现其利用保卫张家口作钓饵，更多地歼灭敌人有生力量的战役目的的。

当李文兵团在东线受阻，蒋介石玩弄了一个“以利诱之”的惯伎，下令把张家口划归第十二战区，这样就大大刺激了傅作义的积极性。于是，他调集两万兵力避开西线晋察冀部队设防地区，从集宁向东穿过几百里草原，突然出现在张家口北面的张北地区，于 10 月 8 日占领大清沟、张北。对于敌人的这一偷袭，情报部门也没能发现。司令部二局局长彭富九对于没有破译傅作义偷袭张北的行动一直不释于怀，北平和平解放后，他找到原来傅作义的办公室主任，作了详细的了解，从中得知：傅作义怕失密，内部没有用蒋介石统一的密码，他自己另有一套，蒋的电报正规，而傅的电报故意搞得颠来倒去，把时间和签名插在电文里边，致使破译十分困难。彭富九还了解到：傅作义没有破译机构，但架了几部电台测向，听无线电的方向和声音大小，以此得知解放军在张家口西南面有主力，而在张北方向空虚。应该说，聂荣臻在张北方向是个失着，他只部署了一个团在万全地区警戒，要张北的地方部队“注意西面敌骑兵之扰乱”。后来，聂荣臻检讨说：“我们对傅作义经丰镇、大同、阳高东进策应怀来是有准备的，但对他从集宁、尚义直插张北估计不足。”[①] 因此，使得东线的歼敌计划没有全部实现。傅作义的偷袭，比起李文来要高出一筹。

当时，置于西线的部队一时调不到北线，在张北阻敌的只是少数的地方部队，而傅作义又以骑兵为主，行动迅速。

这天，张家口上空有六架敌机轰炸、扫射。聂荣臻在东山坡司令部的坑道里指挥战斗。敌人的突然袭击并没有引起他的失措。

他打电话给张家口卫戍区司令员郑维山作了应急布置。

郑维山回忆当时的情景时说：

傅作义乘我张家口西北方向空虚，用少数部队朝兴和方向佯动，调集主力步骑两万余众，先头于 10 月 8 日占我南壕堑（尚义）、大清沟。在张北担任警戒的第七军分区部队，误以为是小股敌人窜扰，即派骑兵两个团绕路出发，围歼该敌，张北只留一个连驻守。同日，敌两千余骑（兵）乘虚直插张北，使张家口的形势顿时紧张起来。此时，正好我派警卫团团长李金石带一个营前去张北警戒，以防小股敌人袭扰，不想一到竟发现敌人主力，便同七分区部队一起拼死奋战。我得知此情况，又派警卫团主力急速奔赴张北。但

①《聂荣臻回忆录》，解放军出版社 1986 年版，第 639 页。

由于沿途遭到敌机轰炸、扫射而迟滞了时间，到达张北时，敌大部队已陆续到达，与敌激战后被迫撤退。形势更加严重了。聂总命我立即派参加集宁战役刚刚归建的教导旅，火速赶往张北与张家口之间的狼窝沟一线抗击敌人，掩护领导机关转移。

蒋介石下令10月11日攻占张家口。截至10日晚，聂荣臻还在张家口。

各级政府、机关、工厂以及部队留守处最后转移。这一夜星光灿烂，敌人的轰炸机“嗡嗡”了一天，天黑前飞走了，空气骤然沉寂下来。大路上的汽车为数不多，更多的是大车和毛驴驮子，载运着票子、布匹、药品、盐巴、罐头，比较笨重的物资早就转移到北岳山区，现在载运的多是生活用品。

晚上八九点钟的样子，一辆吉普车从东山坡司令部大院开出，驶上宣化大道。

聂荣臻撤出张家口的那天晚上，一轮明月悬在天上，好似也有送别之情。各机关部队都安全撤完了，只留教导旅在最后阻击敌人，聂荣臻才在明亮的月色中，告别了这座塞外山城。

他走后不久，从司令部大院开出一辆卡车。押车的是作战处长唐永健。车上有一部综合电台，伴着这部电台的是台长马萍。这辆车后面留下了洒满月光的空寂的大院。对于聂荣臻这么晚才撤退，很多人不放心，不断打电话询问、催促。

郑维山指挥教导旅抗击着傅作义部队的进攻。11日9时，傅作义集中4个师的兵力倾全力向狼窝沟阵地进攻，教导旅与敌激战终日，在完成任务后，当晚撤出阵地。他们是最后离开张家口的部队。

傅作义部占领张家口，蒋介石兴高采烈，下令第二天召开伪国民大会，通过伪宪法。国民党宣传机构叫嚣：“共军已总崩溃”，“可在三个月至五个月内完成以军事解决问题”。可聂荣臻却说：对于张家口及其附近地区的各种建筑设施，例如下花园发电厂、张家口飞机场等，告诉部队不要破坏，一来还有人民群众，二来撤出来只是暂时的，用不了多久红旗就会重新飘扬在大境门的城楼上。

不过，下花园的发电厂还是被破坏了。当年察哈尔省主席张苏回忆说：“我和省委的牛树材到下花园，看见下花园发电厂被破坏，那是工人搞的。因为工人思想不通，他们不愿留给敌人。”山城突然之间灯火全部熄灭。

敌人在进攻张家口的同时，以10万兵力向冀东解放区进攻。冀热辽军区组织部队进行了70多天的防御战，歼敌7000多人，还占领了冀东不少县城。在撤出张家口以后，聂荣臻考虑到，当时东北民主联军在敌人重兵的压迫下，退到南满、北满，沈阳、四平、长春、吉林等城市及广大地区被敌人占领，财源和兵源都发生了困难，加上承德、张家口先后被敌占领，冀察热辽地区与晋察冀的联系实际上已被隔断。在这种形势下，他主动向中共中央建议，把冀察热辽军区划归东北民主联军。1947年3月，中共中央批准了这一建议。这样，就为东北民主联军的发展及满足财政需求，提供了一个十分重要的基地。

10月22日，晋察冀中央局召开了涞源会议。在撤出张家口之前，虽然作出了撤出张家口的决定，但有些人在认识上并没有完全解决问题，在感情上更是转不过弯来。有人说："我们艰苦奋斗抗战八年，钻了八年山沟，刚进张家口一年多点儿，为什么又把它让给敌人了？"还有人事后诸葛亮，对于弃守张家口说长道短，大发议论。

聂荣臻主持了这次会议，并在会上作了重要讲话。他具体分析了当时张家口的形势，指出敌人集中那么多兵力，东西夹击，敌强我弱，即使付出大的代价也还是守不住。如果硬守的话，势必造成要守守不住，要走走不脱，那个后果将是十分严峻的。我们主动撤离，就摆脱了被动，争取了主动，取得了行动自由，可以在运动中消灭敌人，使战争形势逐渐向有利于我们的方向转化，达到最后完全主动。他最后说："从战争的全局来看，从敌强我弱的形势来看，我们应该审时度势，着眼于未来，不计较一城一地的得失，应以歼灭敌人的有生力量为目标。可许多同志看不到这一点。把丢掉张家口看得过重。实际上，我们暂时地放弃张家口……没有什么了不得！当年的日本侵略者，也是横行霸道，不可一世，我们同它较量了八年，结果怎么样呢，还不是我们胜利了吗？蒋介石也不例外，反动势力终究是要失败的，这是历史的必然，不可抗拒。"

萧克后来说："放弃张家口，中央局开会表决，我首先表示同意。党内的思想工作难做，有人战略眼光差，就事论事。因为放弃了平绥线，才能到平汉线上打击敌人的弱点。我和聂荣臻同志是看到了这一点的。这是个正确的措施。"

通过这次会议，大家提高了认识，总结了经验教训，澄清了糊涂观念，克服了悲观失望情绪，树立了战胜敌人的信心。

会议还作出了《关于张垣失守后的形势与任务的决定》。这个决定，根据聂荣臻在会议上的讲话精神，强调指出：只要我们按照中央指示，进一步团结群众，发动群众，动员一切力量来坚持长期自卫战争，坚持运动战、歼灭战的方针，更加主动地大量歼灭敌人有生力量，就能从根本上转变晋察冀地区的军事形势。同时对放弃张家口的教训也作了检讨：开始时，对国内和平估计过高，战争准备不足；平绥、平汉线的作战，未能发展成战役胜利；对傅作义部经张北迂回张家口的主要进攻方向判断错误。

涞源会议之后，逐渐统一了大家的思想，消除了张家口撤退后的埋怨情绪，士气又重新振奋起来。与此同时，又大力加强了野战军的建设，动员了三四万群众参军，补充了野战军，各纵队由原来的两个旅增加为三个旅。这时，一纵队归还晋冀鲁豫军区建制，晋察冀野战军辖二、三、四纵队，萧克任司令员，罗瑞卿任政治委员，耿飚任参谋长，潘自力任政治部主任。大家一心为转变晋察冀的战局而努力。

第四十九章　你打你的，我打我的

敌人侵占张家口后，晋察冀主力转移至平汉线北段寻机歼敌，平绥线上战事暂告沉寂。此后，敌主力南下，接连向根据地进攻，为了保卫根据地，聂荣臻挥师反击，在保定南北地区形成角逐局面。经过涞源会议后，全区党的思想渐趋统一，部队士气日渐高涨，在运用运动战、歼灭战的战法上，也渐渐得手。因此，在1946年11月至1947年1月的保定南北诸战役中，晋察冀军区部队共毙伤俘敌两万多人，整建制地全歼敌八个团又四个营，初步显示了在与美式机械化装备敌人作战中的威力，但在总体上我军还没有完全取得主动。

11月2日，易（县）涞（水）战役开始。国民党军美式机械化部队九十四军一二一师由涞水西犯易县，第三纵队及独立第四、第八旅将敌诱至南北桥头西侧地区，突然发起攻击，一举歼灭敌人一个团又一个营。

11月中旬，敌五十三军在平汉路上维护交通线，敌九十四军进攻易县，企图占领易县、西出紫荆关，与察南国民党军相互配合，分割晋察冀根据地。为打击敌人的嚣张气焰，在涞源会议后，聂荣臻指挥野战军主力进行还击，第二、三、四纵队和独立第一旅在门墩山、二十里铺、刘家沟地区向敌九十四军四个团发起进攻，由于没有切断敌人退路，未能全歼。是役，歼国民党军美式机械化部队2400多人，迫使敌人撤回涿县、定兴。

12月16日敌人再犯易县：九十四军由北面的高碑店、涞水出动；五十三军和暂编第二总队由南面的保定出动，策应九十四军。12月19日，五十三军一三〇师的两个团进至满城地区。聂荣臻命令杨成武统一指挥第三纵队、第四纵队及独立第七旅、独立第八旅，歼灭敌五十三军的一个团和第二总队的两个团大部，敌人进攻的计划又告落空。

此后，聂荣臻挥师南下，扫除保定以南守备薄弱的敌军据点。1947年1月20日至28日，四纵队等部队主动出击，攻克平汉路望都、王京、完县、新乐等据点，歼敌8000多人，受到军委表扬，称“你们（晋察冀军区）已在平汉线取得主动”。

国民党军乘晋察冀军区主力南移，2月6日，其九十四军和十六军二十二师向易县进攻，五十三军在徐水、固城一线策应。聂荣臻命三纵队主动撤离易县，命二纵队出击徐水，迫使五十三军和二十二师东移，从而孤立了进至易县姚村地区的第九十四军，出现了歼灭大股敌军的战机，聂荣臻命令杨成武统一指挥第三纵队、第四纵队，迅速北进。晋察冀部队5个旅，包围了姚村地区的九十四军军部和它率领的5个团，兵力是3∶1，占绝对优势。当要发起总攻时，突然误传姚村敌人突围东逃。四纵队和三纵队七旅自行分路实施追击，结果贻误了战机。接着，敌援兵赶到姚村附近，部队不得不被迫撤出战斗。晋察冀军区二局局长彭富九回忆这次战斗时说：

> 姚村战斗，电话上报告，敌人跑了。聂司令员问我，我说，敌人肯定没跑，敌人的电台还在工作，正在发出“SOS”紧急呼救信号，向北平求援：“姚村被围，火速增援，非常危险！”但前面部队都去追“逃敌”去了，天快亮了，已经追出去很远。为这个，二局的同志火了，因为在空中抓住敌人一个情报很不容易。

一个打大歼灭战的机会眼睁睁地失去了。究其原因，主观上，部队指战员对大兵团作战还生疏；客观上敌人各部相距太近，机械化部队增援又快，战机稍纵即逝。失去这次歼灭战的机会是十分可惜的。参加姚村战斗的两个纵队的指挥员杨成武、胡耀邦（四纵队政委），一直到几十年后相遇时，谈起那次战斗，还感到惋惜。

当野战军主力在保定南北作战期间，冀东、热东、冀西、察北及冀中、冀晋等地的地方武装，积极向敌人兵力薄弱的地区挺进，收复了广大地区。其中冀热察军区根据坚持运动战、歼灭战的精神，以独立第五旅在赵川堡基本歼灭傅作义部五十三军一〇一师的一个团。聂荣臻以晋察冀中央局的名义发电报予以鼓励。以后他们又在崇礼、独石口、平定堡打了几个歼灭战，每次歼敌1000到2000人。1947年4月25日得到中央军委的赞扬。

1947年3月底，晋察冀中央局在聂荣臻主持下，在安国召开了扩大会议。会议的中心议题是，贯彻中共中央2月1日发出的《迎接中国革命的新高潮》的指示，认真检查晋察冀在军事斗争、土地改革和生产三大任务方面存在的问题，研究了今后的斗争方针。聂荣臻在会上提出：土改方面必须继续放手发动群众，认真复查，关键是要使无地、少地农民真正做到"耕者有其田"，同时要纠正侵犯中农利益的行为。还没有实行土地改革的地方，坚决发动群众进行土改。武装斗争与土地改革是密切相连的，只有搞好土改，才能充分发动群众，发展生产，支持战争。会后，聂荣臻还主持召开了军区参谋会议和政治工作会议，着重解决改进军政、军民关系的措施，建立和恢复军队的中共各级委员会，加强党对军队的领导。安国会议还着重讨论了中共中央、中央军委对晋察冀作战指导方针方面的几个重要指示，总结了前一阶段对敌作战的经验教训，肯定了胜利，分析了胜利不足的原因，决心实行大踏步的进退，主动向敌人守备薄弱的点线出击，求得调动敌人，集中优势兵力，在运动战中各个歼灭敌人。安国会议决定，下一步集中兵力打正太路，把晋察冀和晋冀鲁豫连成一片，同时扫清石家庄外围的敌人，把石家庄孤立起来。为完成此项任务，要求全部主力都开上去，即使敌人占了城南庄，我方也不管它。中央局和军区领导人一致认为，这一仗打好了，晋察冀部队就可以调动敌人，争得主动。

安国会议，与半年前召开的涞源会议，都有重大意义。涞源会议统一了领导思想；安国会议，在作战指导思想上，又有了进一步提高。聂荣臻抓住这两个转折时刻，用毛泽东打运动战的思想武装各级指挥员，开创新局面。正是安国会议所明确的作战指导思想，带来了正太战役、青沧战役以及尔后的清风店战役、石家庄战役的胜利，使晋察冀军区从战略上扭转了被动局面，把主动权牢牢地掌握在自己手中。

1947年4月，聂荣臻避开敌人30个师麇集的平津保三角地区，率部向敌人兵力薄弱、分散的正太路出击了。

整个正太战役，分两步进行：第一步扫清石家庄外围几个县的敌人，同时吸引北敌南援，争取在运动中歼灭之；第二步如北敌不敢南援，则达到孤立石家庄的目的后，主力西转，沿正太路进击。[①]

聂荣臻对这一战役的基本设想是：石家庄周围与正太路沿线敌人分属两个系统。前者属孙连仲管辖，后者属阎锡山管辖，受到攻击时，他们不会互相支援。而且结合部又是他们的弱点，从这里开刀是比较容易得手的。阎锡山部的战斗力较弱，横扫正太路比硬啃平汉路也要容易得多。

在部队出动之前，聂荣臻组织团以上指挥员和参谋人员到预定战场进行侦察。4 月 3 日、4 日，部队向集结地域开进：二纵队、三纵队开赴石家庄以北，四纵队开赴石家庄以南。10 日，四纵队在冀中军区配合下攻克栾城；12 日，二纵队、三纵队攻克正定，基本上完成了第一阶段的作战计划。15 日，毛泽东来电："第一期作战胜利歼敌万余，攻克数城甚慰，全军将士应予传令奖励。"[②]

平津保地区的敌人没有直接南下增援，而是从 4 月 14 日起，以第九十四军、十六军、九十二军的共 4 个师兵力，进攻大清河以北地区，企图迫使晋察冀野战军回援根据地。聂荣臻说：这是敌人"围魏救赵"的把戏，我们不要理他。遂命令孙毅、林铁指挥冀中军区部队，在民兵配合下，与敌人周旋，丝毫不为所动。

当敌人在大清河北步步进逼的时候，聂荣臻毅然挥师西进。4 月 22 日，毛泽东来电称许："你们现已取得主动权，如敌南援，你们不去理他，仍然集中全

1947 年 4 月，聂荣臻（中）在前线指挥正太路战役。左为萧克、右为杨成武

① 《聂荣臻军事文选》，解放军出版社 1992 年版，第 255 页。
② 《毛泽东年谱》，人民出版社、中央文献出版社 1993 年版，第 182 页。

力完成正太战役，使敌完全陷入被动，这是很正确的方针。正太战役完成后，应完全不被敌之动作所迷惑，选择敌之薄弱部分主动地歼击之，选击何部那时再定。这即是先打弱的，后打强的，你打你的，我打我的（各打各的）政策，亦即完全主动作战政策。”[①]

正太路东起石家庄，西抵太原，全长249公里，横贯太行山脉。这条铁路线上有天险娘子关，有煤城阳泉和井陉。二纵队负责阳泉以西，三纵队负责阳泉以东，四纵队是预备队。

部队是秘密开进的。星夜，二纵队、三纵队沿滹沱河两岸，顺着蜿蜒的小路悄悄西进。聂荣臻同萧克策马扬鞭，随着三纵队一起行动。这一带地形他并不陌生，“百团大战”时他曾在正太路指挥部队与日军作战。

聂荣臻在井陉城外设下指挥所。井陉，出现在他的望远镜里。它还是老样子：西南面是高高的雪花山，可以俯瞰井陉；外壕、鹿砦、碉堡等工事，拱卫着井陉城和矿区，整个矿区笼罩在烟霭中。

战役进展顺利。4月16日，三纵队激战14个小时攻克井陉城和煤矿区。25日，攻克被阎锡山称为东方要塞的天险娘子关。尔后，直逼阳泉。与此同时，二纵队攻占获鹿，继占盂县，迂回寿阳。

面对凌厉攻势，阎锡山急派第三十三军七十一师，暂编第四十六师增援阳泉。为歼灭敌人有生力量，聂荣臻下令所部放手让阎锡山援军进入阳泉，使阳泉总兵力达1.1万多人，而阳泉以西的寿阳附近阎锡山还集结了七十一师一个团，暂编四十九师等部1.2万人。二、三纵队实施正面进攻和断敌退路，第四纵队从井陉地区西进加入战斗，三个纵队密切配合，于5月2日、3日把阳泉、寿阳之敌大部歼灭。至此，正太战役胜利结束，共歼敌3.5万多人，控制东自获鹿西迄榆次约180公里的正太路，解放沿线7座城镇，使晋察冀与晋冀鲁豫两大解放区连成一片，孤立了石家庄敌人，达到了战役预期目的。

进攻大清河北的敌人，在冀中军区部队和民兵的阻击下，除十六军一个团空运至石家庄外，其余部队还在保定附近徘徊，妄图调动聂荣臻主力北援根据地的计划全部落空。

正当正太战役展开的时候，4月26日刘少奇、朱德率领中央工作委员会来到晋察冀阜平城南庄。聂荣臻因为前方战事正酣，没有能亲自迎接中央工委的领导人。直到5月3日，正太战役行将结束，他才赶到平山县封城，会见了刘少奇、朱德。中央工委的到来，加强了对晋察冀各项工作的领导和支持。聂荣臻向刘少奇、朱德等汇报了工作，并分别在封城召开纵队、旅、团级干部会议，听取大家意见，研究下一步的作战计划。以后又开了几次中央局会议，聂荣臻对军区过去工作中的失误，再次作了检讨总结，然后在会上表示，依据“先打弱的，后打强的”原则，并遵照中央指示，配合东北解放军的夏季攻势，拖住关内敌人，

---

①《毛泽东年谱》，人民出版社、中央文献出版社1993年版，第184页。

决定先取青（县）沧（县），再战保（定）北。

随后，在朱德指导下，聂荣臻与军区其他领导人一起，拟订了青沧、保北两个战役的作战方案，部队就向东挺进了。聂荣臻陪同朱德到冀中前线指挥作战。

6 月 1 日，朱德、聂荣臻从封城去冀中，随行的有耿飚以及作战处长唐永健等人。他们一行人开头住在任丘的一个村子，后来住到白洋淀西南的同口镇，指挥青沧以及保北战役。

在去冀中的一个多月中，聂荣臻与朱德多次促膝长谈，从全国的解放战争形势到晋察冀解放战争初期作战的经验教训。朱德还专门讲了新成立的野战军领导机构，力求精简，只管带兵作战和部队训练工作；另外组建后勤司令部，专管后勤保障，这样能提高效率。聂荣臻完全同意朱德的意见。朱德长期担任人民军队的总司令，军事上有丰富经验和真知灼见，为人热情宽厚，又比聂荣臻大 13 岁，聂荣臻把朱德看作尊敬的领导、长者和良师益友。在冀中军区干部会议上，朱德讲了打歼灭战的原则：（1）集中兵力，主动作战。所谓主动就是让敌就我，而我不就敌。我能调动敌人，而不受敌人调动。（2）打敌之侧背，包围歼灭敌人。打侧背须要胆大，要练出"欲打"敌人跑不了，"欲退"敌人追不上的本领。要发扬迅速、秘密、坚决的红军传统。（3）利用有利地形，把敌人消灭掉。这些原则，恰恰是晋察冀在正太路战役以前，许多重要的战役、战斗没有能打成歼灭战的重要原因。聂荣臻听后深受教育，感到很亲切，决心在今后指挥作战中努力贯彻。

完成正太战役后，聂荣臻心情比较舒畅。一段时间以来，他实在太紧张了。集宁失利，撤离张家口，他的压力很大。保定南北频繁的战斗，他枕戈待旦。此刻，他终于从被动的局面中挣脱出来了。在指挥作战间隙，他还陪同朱德游览美丽的白洋淀，有时还乘兴打打猎。

正太战役以后，经中央工委提议，中央军委批准，于 5 月下旬，晋察冀部队再次进行整编，成立了晋察冀野战军领导机关。杨得志任司令员，罗瑞卿、杨成

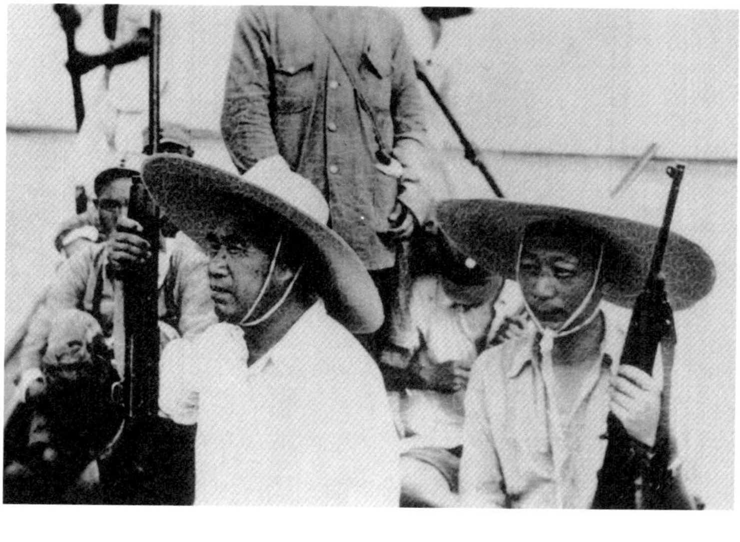

1947 年夏，聂荣臻（左）同朱德赴冀中前线指挥青沧战役。图为他与朱德路经白洋淀

武分别任第一、第二政委，耿飚任参谋长，潘自力任政治部主任。下辖第二纵队（陈正湘、李志民）、第三纵队（郑维山、胡耀邦）、第四纵队（曾思玉、王昭），成立了炮兵旅（高存信），地方军区有冀中军区（孙毅、林铁）、冀晋军区（唐延杰、王平）、察哈尔军区（萧文玖任副司令员、刘杰任政委）。朱德分别与野战军主要领导人谈了话，要求在保北战役后野战军全部领导人到职。还成立了晋察冀军区后勤司令部，赵尔陆任司令员，黄敬任政治委员。

青沧战役是在6月12日夜间打响的。按预定计划，在新成立的野战军领导人的直接指挥下，二纵队和渤海军区的部队攻击沧县，三纵队攻击青县、唐官屯，四纵队攻击兴济、姚官屯等地。战役仅进行了四天，在冀中军区、察哈尔军区和渤海军区地方部队的配合下，歼灭河北省保安第六、第八总队全部，第三总队大部，共1.3万余人，解放沧县、青县、永清3座县城，控制津浦铁路陈官屯车站以南80公里，从而威慑天津，震动北平，迫使原拟增援东北的平津之敌不敢出关，支援了东北解放军。

紧接着的保北战役，于6月25日晚打响：第二纵队包围徐水，第三纵队包围固城。二纵队仅用一昼夜攻克徐水，全歼十六军的三二五团，接着三纵队拿下固城，全歼九十四军一二一师的主力三六二团，并歼灭敌援兵2000多人，是役，12天内共歼敌8270名。

聂荣臻实行大踏步进退、自己选择战场迫敌就范，改变了过去那种被动的局面，从而掌握了战争的主动权。正太、青沧、保北三战三捷，就是战局转变的明显标志。

打完保北战役，聂荣臻回到阜平。

第五十章　清风店歼灭战

聂荣臻返回冀西，到上碑镇再次见到了刘少奇。当时，刘少奇在上碑镇养病。他们交谈了关于土改工作的意见。这个谈话是应聂荣臻的要求安排的。在这次谈话以后，晋察冀地区土改工作中纠正了一些“左”的做法。

还是中央工委初到晋察冀时，有人对晋察冀的土改工作进行了批评，认为手软，对地主打击不力，后来在土改会议上又批评聂荣臻右倾。从此以后，就搞所谓“村村点火，户户冒烟”，肉体上消灭地主，经济上消灭富农，到处“搬石头”、挖浮财等。这种“左”的倾向虽然时间不长，但在晋察冀却造成了很大的影响。聂荣臻就这个问题，向刘少奇谈了自己的意见。

聂荣臻一向注意防止土改工作中“左”的倾向。日本投降后不久，在张家口搞土改，由晋察冀中央局秘书长姚依林分管这项工作。那时聂荣臻就在一次会议上说过：这个问题我们从反面有很多教训，吃了亏的，是“左”的问题。聂荣臻所说的“左”的问题，是指第二次国内革命战争王明路线时期，在苏区一度发生的土地政策“左”的倾向。聂荣臻主张在根据地平分土地，然后经过复查，根据情况“抽肥补瘦，抽多补少”，使广大贫下中农得到实惠，以调动他们支援革命战争的积极性。他说，解放战争时期搞土地改革，目的是消灭地主阶级，消灭它什么？消灭它的剥削，不是消灭肉体。平分土地，地主、富农都一样，该分多少就分多少。使他们都变成劳动者，有什么不好呢？为什么把地主、富农都赶到国民党那边去呢？肉体上消灭地主，经济上消灭富农，这是绝对错误的。

聂荣臻对刘少奇说：最近有人在晋察冀土改工作中宣传过“左”的口号，所谓“村村点火，户户冒烟”，一个消灭地主，一个挖浮财。这样做的地方死了不少人，等于是把地主、富农往敌人那里推。我们的区域总要同外边往来。强调挖浮财，就会侵犯工商业者的利益。在战争时期，像药品等许多商品还要靠商人从敌占区搞来。

刘少奇表示完全同意聂荣臻的意见。这次谈话后，晋察冀某些地区土改工作中一些过“左”的做法，基本上得到了纠正。

1947 年 10 月 17 日，聂荣臻正在阜平史家寨出席边区土地会议，忽然接到二局从安国发来一份敌情通报，称：石家庄敌第三军军长罗历戎 16 日率该军主力赴保北战场，企图南北夹击保北晋察冀野战军。

在这以前，晋察冀野战军二纵队猛攻徐水，诱敌增援，第三、第四纵队在徐水以北地区，准备在运动中歼灭第九十四军或十六军。可是，敌人一下子在徐水东北地区集中了 5 个师，猬集一团，以 2 个纵队对 5 个师，形成对峙。

为打破僵局，晋察冀野战军主力西移，打算到易县、满城地区，诱敌西进，待敌分散时歼其一部。但能不能达到目的，还很难预料。聂荣臻事后说：“谁知正在这个节骨眼上，蒋介石飞到北平帮了我们的忙。”蒋介石以为晋察冀部队陷入被动，脱不了身，就叫孙连仲命令石家庄第三军军长罗历戎率主力北上，从南北两面夹击晋察冀野战军。

当年的二局局长彭富九说：我们有一天截获了孙连仲给罗历戎的电报，要罗北上，带一个半师，一个师留在石家庄。收到电报时，敌人已经过了滹沱河，我把敌人的原电文报给聂司令，并转给野战军司令部。

聂荣臻收到电报，及时转发给野战军司令部，叫野司领导人立即相机处置。① 当时罗瑞卿在史家寨开土地会议，杨得志、杨成武、耿飚、潘自力在前线。

杨成武回忆说：“10 月 17 日，吃过晚饭，我们离开了野司驻地容城东马村，指向平汉路，照直向西。河北大平原的晚秋黄昏，阵雨初霁，清风送爽。刚刚收起青纱帐的庄稼地里，洒满金色的余晖。空气里含着浓重的秋露，湿润着战士们的征衣。战士们一队队、一行行，迈着齐刷刷的步伐，向西向西。路面软软的，走起来似有弹性。再没有比这个时候行军更使人感到舒适了。不知不觉中，我们已经走出十几里。忽然，一阵急骤的马蹄声，转眼之间一匹快马跑到我们跟前，原来是骑兵通信员。他递给我们一份电报，聂荣臻司令员刚刚拍来的敌情通报。

①《聂荣臻军事文选》，解放军出版社 1992 年版，第 265 页。

电报说，石家庄的第三军军长率领第三军军部、第七师和第十六军六十六团在16日已经渡过滹沱河北犯，17日可进到新乐地区，估计18日可抵定县，19日可达方顺桥。保定之敌刘化南部准备向南接应罗历戎。”①

接到电报，杨得志、杨成武、耿飚立即下马，在路边摊开作战地图，用石头压住四角，仔细研究情况。他们当机立断：以野战军主力南下歼灭罗历戎。主力不再向西，而是向南，用遭遇战的形式把敌人歼灭。以一部分部队在徐水以北阻敌南下，配合主力在保南的行动。

聂荣臻收到了野战军司令部发来南下歼敌的电报，立即回电：“南下打敌如时间仓促，可先派一个团急进至望都以南阻击，主力亦须急进，勿失良机。已令冀晋、冀中用一切努力滞阻该敌。”②野司来的电报上还写着，用七个旅兵力南下歼灭第三军，留四个旅在北线阻击。对在北面留下四个旅，有的人觉得多了，以为留一个旅就行，但聂荣臻说：“一个旅不行。这是平原地区，不是个山口子，到处都要用兵，到了紧迫的时候，敌人也可能来个反包围。为了歼灭由石家庄北进的敌人，必须坚决把企图由保北南下的敌人堵住，才能保证消灭第三军的主力。野司的部署是适宜的，就不要变动他们的决心了。”

他同意了野战军的作战部署，立即发布命令，命独立第八旅和冀中、冀晋军区的部队，以及该地区的民兵，死死拖住北进的第三军，既迟滞其前进，又要阻止其后退，防止他们缩回石家庄，为聚歼这股敌人创造有利条件。他又要正在参加土地会议的冀晋军区政委王平，立即赶赴前线，全力组织地方部队迟滞第三军北上的行动，因为这是为野战军赢得时间，取得战役胜利的关键措施之一。王平飞马赶往前线。第一匹马跑了50多公里累死了，又换了一匹马才赶到野战军司令部。地方军的阻击很有成效，从新乐到定县约25公里的路程，罗历戎用了一昼夜多的时间才到达。

各部队接到命令后迅速向南疾进。第三军已经离清风店约45公里，而野战军还在徐水地区，相距120多公里，必须用比敌人快近两倍的速度强行军，在一昼夜内到达清风店地区。部队昼夜兼程，连吃饭都是边走边吃。次日一早，部队进入高阳以南的老解放区时，群众已把早餐摆在街头，把饭送到战士的手上。冀中人民为这次战役动员了9.8万民兵和民工，3400多辆大车，1万副担架，这几乎是在一夜之间聚集起来的，充分显示了晋察冀老解放区人民群众的觉悟和人民战争的威力。各部队终于提前到达目的地，19日中午在清风店地区把第三军挡住了。首先接敌的二纵队四旅等部队立即向敌人开火，把敌人抓住，后续部队源源而至。罗历戎仓促令部队转入防御。19日晚上，晋察冀野战军已经把敌人包围在清风店一带20多个村子里。

20日拂晓，野战军各部向各敌占据点发起进攻。一经接触，罗历戎就把部队收缩到南合营、高家佐、东西同房等几个村子里，构筑工事，固守待援。20

---

① 杨成武：《战华北》，人民出版社1986年版，第71、72页。

②《聂荣臻军事文选》，解放军出版社1992年版，第266页。

日的进攻进展不大。因为敌人以西南合村为核心，形成了梅花形防御体系。20 日晚上，野战军领导人研究决定，将敌分割，各个歼灭。21 日凌晨，第十旅集中 35 门大炮，对南合营猛烈轰击，将敌人前沿工事全部摧毁，然后在炮火掩护下向敌人冲锋，40 分钟解决战斗。其余各部也采用这个办法，逐个攻占敌人据点。第四旅和第六旅 21 日晨开始进攻罗历戎军部所在地西南合村。敌人守得很顽固，到当天晚上 19 时才突破其前沿阵地，并将西南合村团团包围。21 日白天，敌机不断前来助战，被击落、击伤各 1 架，飞行员被俘 6 人。22 日凌晨，野战军发起总攻，一举突破敌人各阵地，冲进敌第三军军部。

罗历戎曾发出了“SOS”的信号，这是国际通用的求救信号。彭富九收听到了这个信号，立即带上警卫员到了唐河南岸的野司指挥部。在一家老百姓的炕上，他找到了杨得志，杨得志正在裁旧报纸糊信封。眼看战斗快结束了，杨得志显得很平静地说：

“老彭，你来了！好，这次你们情报保障得好。”

“我要到罗历戎住的村子里搜集密码。”

“还有零星敌人。”

“要去早点去，去晚了会烧掉。”

“那好，派个排跟你去。”

彭富九去了，确有打冷枪的，他从俘虏队伍里查出译电员。开头译电员说把密码烧了，彭富九吓唬他：“你说烧，我就枪毙你。”译电员这才从屋子顶棚上把密电码拿出来。

彭富九又回到野司。杨得志送他一支手枪、一支卡宾枪、一件敌人的军大衣。

战至 22 日中午 11 时左右，把敌人全部消灭，活捉了第三军军长罗历戎、副军长杨光钰、第七师师长李用章等。清风店一仗，罗历戎的第三军主力 1.3 万余人，全部被歼，无一漏网。

清风店战役取得重大胜利后，中共中央致电祝贺。朱德当即赋《贺晋察冀军区歼蒋第三军》诗一首：

南合村中晓日斜，
频呼救命望京华。
为援保定三军灭，
错渡滹沱九月槎。
卸甲咸云归故里，
离营从此不闻笳。
请看塞上深秋月，
朗照边区胜利花。[①]

---

①《朱德传》，人民出版社、中央文献出版社 1993 年版，第 576 页。

1947年10月，聂荣臻（右四）在清风店战役前线司令部接见刚被俘的国民党第三军军长罗历戎（左一）。右一萧克、右五杨得志、右六耿飚、右七罗瑞卿

聂荣臻也于当天赶到前线指挥部向部队表示了祝贺。

刚刚被俘的罗历戎，自称是聂荣臻的学生，要求见见老师。聂荣臻在黄埔军校时兼任政治教官，经常为学员上课。

聂荣臻在北祝村前线指挥部接见了罗历戎。在座的有军区和野司的一些领导人。罗历戎由杨成武引进屋，聂荣臻和罗历戎握过手，请他坐在对面。罗历戎表示很惭愧，后悔不该走上反人民反革命的道路。聂荣臻鼓励他努力学习，改造自己，悔过自新。随后问了他一些关于石家庄的情况，罗作了回答，与野战军情报部门掌握的情况差不多。罗历戎后来确实真诚悔过，弃旧图新，新中国成立后当了全国政协委员。

清风店战役，连同北线共歼敌1.8万余人。这个战役，对扭转华北战局起了关键性的作用，并有力地配合了东北解放军的秋季攻势。

第五十一章　攻克石家庄

敌第三军主力在清风店被歼灭后，为解放石家庄铺平了道路。

1947年10月22日，聂荣臻与萧克、罗瑞卿等人在史家寨边区土地会议上得知敌第三军主力被歼，聂荣臻提出，现在石家庄敌人已经孤立，四周几乎全是解放区，可以乘胜解放石家庄。大家都表示同意。于是，聂、萧、刘（澜涛）、罗联名向中央军委、中央工作委员会发报请示。电报说："敌第三军军部直属队，率第七师全部及第二十二师之第六十六团（共4个团及1个军部和1个师部）在定县、望都之间被我包围，经两昼夜激战，已于今晨被我全部歼灭（内第三军军长罗历戎已被活捉）。现石门仅有3个正规团及一部杂牌军，我拟乘胜夺取石门（即石家庄）。军委是否批准此方针，请即复。不管怎样，提议太行准许以有力部队抓住元氏敌人，以减弱石门防御力量。我们拟乘大会空隙到前线一行，并与野战军首长商讨下一步行动计划。”[①] 到清风店后，他们又与杨得志、杨成武、耿飚等人谈了乘胜夺取石家庄的意见，野战军领导人也都表示同意。

刘少奇和朱德接到报告后，同意乘胜攻打石家庄，认为：石家庄没有城墙，守军只有三个团，周围有 20 公里长的战线，第三军正、副军长被俘，内部动摇，情况也容易了解，乘胜进攻，有可能打开，即使打不开，如能诱使第十六军等部南援，在石家庄、保定之间将其消灭，也是十分有利的。于是，他们致电中央军委，报告了此事。朱德还表示拟即去晋察冀野战军司令部，同时将中央工委的意见转告了聂荣臻等。23 日中午，由毛泽东拟稿的中央军委回电说：“清风店大歼灭战胜利，对于你区战斗作风之进一步转变有巨大意义。目前如北面敌南下，则歼灭其一部，北面敌停顿，则我军应于现地休息十天左右，整顿队势，恢复疲劳，侦察石门，完成打石门之一切准备。然后，不但集中主力九个旅，而且要集中几个地方旅，以攻石门打援兵姿态实行打石门。”[②]

石家庄虽然已经孤立，也没有城墙，但仍然是个硬钉子。守敌约有 2.4 万人，设防极其坚固。国民党军队为保住这个战略重点，自 1945 年 8 月底抢占石家庄以后，便在日本侵略军已修工事的基础上，不断加修加固防御工事。据悉，石家庄设有三道防线：市外围有 30 公里长的外市沟，市区周围有 15 公里长的内市沟，市区内有核心工事。内外市沟深和宽都在 8 至 7 米之间。市内外各个村庄和重要街巷都有铁丝网和钢筋水泥工事，大小碉堡共 6000 多个，碉堡之间有交通壕和地道相互联通。环市还修有 20 多公里长的铁路，铁甲列车昼夜巡逻。另外还有大量的鹿砦、电网和布雷区。国民党曾经吹嘘：“凭石家庄的工事，国军可坐守三年。”“没有飞机大炮，共军休想拿下石家庄。”

石家庄设防坚固的情况，从清风店战役缴获的《石家庄半永久防御工事，兵力部署和火力配系要图》上，从俘虏的口供中，石家庄地下党送出的情报中，以及临战前的侦察中，都得到了证实。

聂荣臻认为石家庄虽然设防坚固，但仍有取胜的把握。他说：“我们也知道石家庄是设防城市，可是设防再坚固，也要兵来守，兵不多是不行的，再说即使打不下来，也没有什么危险，四周都是解放区。何况不论从兵力上、士气上看，打下的可能性很大，所以决心打石家庄是对的”[③]，“石家庄敌人设防的坚固，引起了我们的重视。我们要求前线野战军领导同志认真研究对策，避免形成久攻不克的局面。”[④]

朱德、聂荣臻指示杨得志 10 月 25 日召开旅以上干部会议，具体研究攻打石家庄的战斗方案。朱德于 10 月 31 日出席了会议。在会上，朱德与野战军领导人杨得志等研究确定了攻打石家庄的部署：鉴于石家庄地处平原，解放军没有坦克、飞机掩护，很难靠近，确定以阵地战的进攻战术为主，用地道作业接近堡

①《聂荣臻军事文选》，解放军出版社 1992 年版，第 267 页。

②《毛泽东年谱》下卷，人民出版社、中央文献出版社 1993 年版，第 247 页。

③《聂荣臻军事文选》，解放军出版社 1992 年版，第 271 页。

④《聂荣臻回忆录》，解放军出版社 1986 年版，第 665 页。

垒，用炸药爆破，加以炮击，各个摧毁，逐步推进。朱德并提出以“勇敢加技术”攻打石家庄的口号。朱德的号召，传达到全体指战员，成了强有力的动员令，对指导解放石家庄，起了重大作用。11 月 1 日，聂荣臻发布了“配合石家庄战役给各军区的指示”。指示要求各军区：“我野战军决于六日开始发动攻石门战役，如保北敌南援，则先歼援敌，不南援，则力争攻下石门。”为贯彻毛泽东不但集中主力九个旅，而且要集中几个地方旅实行攻打石家庄的要求，聂荣臻在“指示”中，命冀中军区副司令员周彪统一指挥冀中独立第七、第八旅、第十一军分区及太行部队的作战行动。命冀晋军区司令员唐延杰率独立第一、第二旅，到石家庄前线后直接归野战军司令部统一指挥。命冀中其他地方部队在大清河南北阻击敌人，并破坏平汉路。命察哈尔地方部队威胁北平，在保定北、涿县南不断破击平汉路。命保定南各县民兵于战役开始后随时阻滞敌人南下。11 月 5 日，聂荣臻与野战军司令员杨得志通了电话，指示打石家庄要力求速决，但指挥上不要太急，入城后部队要坚决执行党的城市政策。又说：要反复向部队讲清楚，战斗会是相当艰苦的。还嘱咐杨得志和罗瑞卿、杨成武、耿飚、潘自力等指挥员注意自己的安全，说：“你们习惯于靠前指挥，这我不反对，但是一定要注意安全。”①

在完成了一系列准备工作后，11 月 6 日，石家庄战役开始。

前线指挥部决定：首先打下石家庄北面的大郭村飞机场和制高点云盘山，然后炮击发电厂，切断市内电源，断绝敌人的空中支援，以震慑敌人。冀晋军区部队负责攻占飞机场，第四纵队第十旅在政委傅崇碧率领下攻占云盘山，接着炮击发电厂。两天内按预定计划取得胜利，为解放石家庄奠定了基础。

四面围攻的部队都用土工作业的办法，利用夜幕，掘壕前进。敌人在地面上看不到解放军的行动，等到发现时，解放军已迫近敌人的跟前。这种方法，解决了大平原上接近敌人和隐蔽兵力的难题。8 日黄昏，解放军对外市沟发起攻击，激战一夜，三纵队、四纵队、冀中军区、冀晋军区的部队奋不顾身，以压倒敌人的英雄气概，突破外市沟，准备向内市沟推进。

聂荣臻得知消息，知道已经胜利在望。于是，8 日晋察冀中央局发布了《必须尽力保护石家庄不受破坏的指示》。指示指出：“石家庄攻下后，即属人民所有，必须尽力保护其不受破坏。”为此决定，各部动员石家庄附近几县群众，在石家庄市秩序建立之前不要进城。进入市区参战的民工担架，应很好组织，教育他们不要有破坏行为，大家保护自己的城市。军队也进行同样的教育。违犯纪律者，不论军民一律处分。战斗未解决前，按作战分界线划分，由进攻部队最高军政首长为军管负责人，在辖区有权禁止及处分一切有破坏行为的个人和单位，如有破坏而没有制止的，唯该区的负责人是问。石家庄解放后，将尽快派党政负责人入城，所有物资接收、反革命分子处理及群众工作等，都由他们负责。部队及其他机关不得越权。与此同时，朱德也电话告知野战军领导人：入城后部队要严

① 杨得志：《横戈马上》，解放军文艺出版社 1984 年版，第 351 页。

守“三大纪律八项注意”，并规定两条纪律：一是民兵不入城，二是野战军不住城。由于这样三令五申，部队进入石家庄后纪律很好，证明解放军不但能打下大城市，而且能管好大城市。

突破内市沟以后，在市区巷战中，实行破墙穿院的战术，避免了在市街上做直线运动，很快逼近了敌人的核心工事。战士打得十分英勇，小股猛烈穿插，往往突然出现在敌人面前，使之猝不及防。甚至发生了敌人的最高指挥官第三军三十二师师长刘英正在他的指挥所调整部署时，突然被俘虏的戏剧性故事。市区战斗十分顺利，至12日攻克石家庄，全歼守敌2.4万人。

解放石家庄，受到中共中央的祝贺。朱德致电聂荣臻转晋察冀军区全体指战员予以嘉勉。嘉勉电称：“仅经一周作战，解放石门，歼灭守敌，这是很大的胜利，也是夺取大城市之创例，特嘉奖全军。”[①] 朱德还即兴赋诗一首：

石门封锁太行山，勇士掀开指顾间。
尽灭全师收重镇，不教胡马返秦关。
攻坚战术开新面，久困人民动笑颜。
我党英雄真辈出，从兹不虑鬓毛斑。[②]

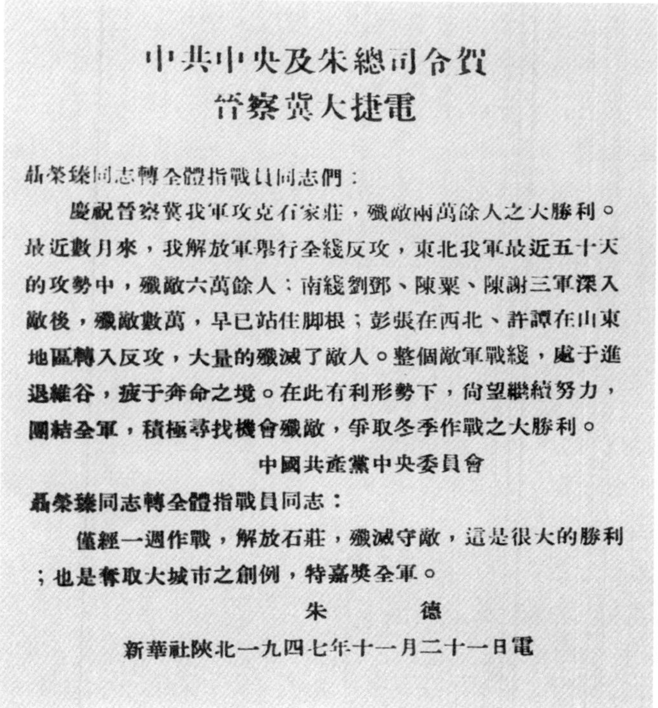
中共中央及朱總司令賀
晉察冀大捷電

聶榮臻同志轉全體指戰員同志們：

慶祝晉察冀我軍攻克石家莊，殲敵兩萬餘人之大勝利。最近數月來，我解放軍舉行全綫反攻，東北我軍最近五十天的攻勢中，殲敵六萬餘人；南綫劉鄧、陳粟、陳謝三軍深入敵後，殲敵數萬，早已站住脚根；彭張在西北、許譚在山東地區轉入反攻，大量的殲滅了敵人。整個敵軍戰綫，處于進退維谷，瀕于奔命之境。在此有利形勢下，尚望繼續努力，團結全軍，積極尋找機會殲敵，爭取冬季作戰之大勝利。

中國共產黨中央委員會

聶榮臻同志轉全體指戰員同志：

僅經一週作戰，解放石莊，殲滅守敵，這是很大的勝利；也是奪取大城市之創例，特嘉獎全軍。

朱　德

新華社陝北一九四七年十一月二十一日電

朱德总司令电贺晋察冀野战军攻克石家庄大捷

①《朱德选集》，人民出版社1983年版，第212页。
②《朱德年谱》，人民出版社1986年版，第305页。

由于石家庄的解放，晋冀鲁豫和晋察冀两大解放区完全连成一片，对此后的华北战局产生了举足轻重的影响。

石家庄战役结束后，在晋县召开了野战军团以上干部会议，聂荣臻在会上讲了话。他强调了运动战的实质，“军事上就是要动，用动造成变化，再从变化中找机会歼灭敌人”。[①]会上宣布了新建 3 个纵队：第一、第六、第七纵队。第六纵队为野战纵队。这样，晋察冀军区便有了 4 个野战纵队、2 个地方纵队。会上对下一步的北线作战进行了研究和准备。

石家庄解放，大大震动了国民党统治集团。蒋介石飞到北平，撤销了孙连仲保定绥靖公署主任的职务，撤销保定、张垣两个绥靖公署，成立华北“剿匪”总司令部，任命傅作义为总司令。

傅作义将正规军编为三个机动兵团：平汉兵团、津浦兵团、平绥兵团，实行“机动防御”，以主力对主力，以集中对集中。他在记者招待会上宣称，要变被动为主动，反守为攻。

聂荣臻面对傅作义这个老对手，继续展开攻势。为了支援东北解放军的冬季攻势，打击傅作义的嚣张气焰，12 月 27 日，聂荣臻命令发动破击平汉路北段战役。野战军着重破击保定以北的平汉路，同时以部分兵力破击平绥路和津浦路，诱敌分散兵力。聂荣臻这样做，果然调动了敌人。

敌第三十五军等部南下增援大清河以西地区。三纵队急攻涞水，三十五军军长鲁英麐率新编三十二师和一〇一师两个团乘车星夜北援涞水，这便出现了新的战机。三纵队集中主力包围敌新编三十二师于庄町，二纵队对进至高洛、吴村地区的一〇一师进行钳制性进攻。经过激战，在一纵队的配合下，三纵队将新编三十二师基本歼灭，二纵队重创一〇一师，共歼敌 7000 多人，敌军长鲁英麐被迫自杀，少将参谋长田世举、新编三十二师少将师长李铭鼎等多名高级军官被击毙。傅作义自称一〇一师为“一块金子”，新编三十二师为“一块银子”，但都没有逃脱惨败的命运。这一仗，对新上台的傅作义是当头一棒。整个平汉路北段战役，持续将近一个月，共歼敌 1.4 万人。

平汉路北段战役结束后，1948 年 1 月 10 日、31 日中央军委先后指示晋察冀野战军大举破击平绥路。2 月 22 日，聂荣臻向中央军委写报告（在报告上署名的还有萧克、赵尔陆、杨得志、罗瑞卿、杨成武），在分析了平津保地区的敌情后提出，拟以第二、三、四纵队向察南；第一、六纵队向绥东敌兵力薄弱的地区进攻，诱敌分散兵力，在运动中歼灭敌人。如敌主力不分散，则在察南、绥东地区放手进攻。为配合东北解放军行动，战役拟于 3 月中旬后开始。[②]23 日，军委复电同意。3 月 20 日至 4 月 9 日，进行了察南、绥东战役，共歼国民党军 1.8 万余人，解放了 1.3 万平方公里的地区，控制了平绥铁路 400 多公里，张家口、大同遂处于解放

①《聂荣臻军事文选》，解放军出版社 1992 年版，第 270 页。
②《聂荣臻军事文选》，解放军出版社 1992 年版，第 383 页。

军的直接威胁之下，使傅作义增加了西顾之忧，无法抽调兵力出关增援东北。

5 月 9 日，遵照中共中央指示，晋察冀中央局和晋冀鲁豫中央局合并，建立华北局，两大军区合并为华北军区，聂荣臻任华北军区司令员、华北局第三书记。军区其他领导人为：政治委员薄一波，副司令员徐向前、滕代远、萧克，参谋长赵尔陆，政治部主任罗瑞卿。军区下辖两个兵团：第一兵团由华北军区副司令员徐向前兼司令员、政治委员；第二兵团杨得志为司令员，政治委员罗瑞卿。8 月上旬成立第三兵团，司令员杨成武，政治委员李井泉。当时总兵力为 11 个纵队、32 个旅（其中 2 个炮兵旅），共 46 万人。

为配合东北野战军作战，聂荣臻遵照中央军委指示，于五六月间命第二兵团以大部兵力挺进热西、冀东；命冀热察军区配合二兵团越过北平到张家口段铁路（该区独立第五师于 5 月 28 日攻克延庆）；命杨成武率四个纵队进攻保北地区敌人。两个多月中，两处作战，共歼敌 2.8 万人。6 月，聂荣臻与政委薄一波发布了晋中战役指示，由徐向前指挥一兵团等部队在晋中进攻阎锡山部。为配合一兵团作战，聂荣臻命北岳军区副司令萧文玖统一指挥北岳、太行军区的有关部队，组成萧文玖集团参战。晋中战役，历时 40 天，歼敌 10 万。这时，华北形势大好，纵横驰骋，所向皆捷，倘能集中部队，是可以打大仗的。但在全国的棋盘上毛泽东另有考虑，这就使聂荣臻不可能收拢五指，形势需要他做全国棋盘上的配角。

第五十二章　毛泽东来到城南庄

1948 年 4 月上旬，聂荣臻收到晋绥军区来电，称中共中央机关和毛泽东主席要来晋察冀。聂荣臻当即和在城南庄的刘澜涛、蔡树藩、黄敬、许建国等中央局领导人研究接待问题。

自解放战争开始直到胡宗南进攻延安，毛泽东一直坚持不离开陕北。他率领着一个小小的指挥机构转战于陕北黄土高原，指挥全国的解放战争，并与胡宗南的几十万大军周旋。直到陕北局势完全好转以后，他才取道晋绥前来晋察冀解放区，把大本营放到华北地区。

聂荣臻派晋察冀中央局副秘书长周荣鑫等赶到五台去接毛泽东等中央领导人。他把自己住的两间房子腾出来，作为毛泽东的下榻之处。他搬到隔壁一间较小的房子，作战科搬出了小院。其他几排房子安排周恩来、任弼时、陆定一、胡乔木等人居住。

毛泽东一行于 4 月 13 日傍晚来到城南庄。这天城南庄戒严，老百姓不懂戒严的严肃含义，越是不让出门越好奇，他们跑到房子顶上去看，那些平房差不多全都成了看台。

毛泽东乘坐的是中吉普。在离城南庄五六里远的地方，聂荣臻迎到毛泽东的车队。他把毛泽东、周恩来、任弼时迎进小院。毛泽东和江青住进他腾出来的两间房子。任弼时和周恩来住前面的一排，一个在左，一个在右。再往前面的一排，一边的四间住胡乔木、陆定一、陈伯达、叶子龙，另一边的房子是会议室。这三排房子用围墙围成一个院子，后面依托着小山，从毛泽东的那排房子向后走，出后院门便是防空洞。防空洞筑在山坡上，土质甚好，相当牢固，至今还保持着原来完好的样子。小院前门外是一条公路，公路边上栽种着一些白杨树。小院距城南庄还有一段距离，虽然简陋，但不失幽静清雅。

毛泽东在这个田园式的小院里住了下来。第三天，聂荣臻请毛、周、任等人吃了顿饭，有蛋、有肉，还有本地土产枣酒。大家都很尽兴，张瑞华劝他们不要喝醉了。

毛泽东一向是夜间办公的，晚饭是他的早饭，早饭反倒成了他的晚饭。毛泽东睡眠一向不好。聂荣臻当时有气管炎，天微微亮时就咳嗽，只要听他一咳，身边的工作人员便知道他起床了。毛泽东住进小院后，为了保证他的睡眠，早晨再也听不到聂荣臻咳嗽了。一清早，他到外边去度过这段时光。他还派了个警卫员用长竿子驱赶树上的麻雀，不让它们惊扰毛泽东的睡眠。

周恩来和任弼时在城南庄住了十多天就去西柏坡了。

毛泽东和聂荣臻每天都有接触，经常谈些问题，回忆往事。聂荣臻自 1931 年底到长征结束，一直与毛泽东在一起，共同度过了那段最艰苦的岁月。1943 年至 1945 年，他又在延安住了一段时间。他们有许多能够共同回忆的历史和需要共同研究的问题。一次，他们兴致极浓，作了彻夜长谈。毛泽东谈自陕北到晋察冀的沿路景观，谈党的政策，谈历史上执行政策方面的经验教训，谈在中央苏区时的“左”的错误路线给革命造成的损失。毛泽东还特别称赞了晋察冀的群众，说一过龙泉关，群众格外热情，简直就像当年到了江西兴国一样，群众都是笑逐颜开。聂荣臻谈建立抗日根据地时如何接受了历史教训，认真执行了中国共产党的抗日民族统一战线政策，广泛地团结了各阶层的群众，避免了重犯历史上的错误。他们交谈了土改工作的问题。聂荣臻汇报了晋察冀土改运动的情况，谈了在土改问题上有人批评他右倾，谈了某些“左”的错误做法，谈了土改工作中“抽肥补瘦，抽多补少”等平分土地的解决办法。毛泽东完全同意他的意见。

到午夜时，毛泽东谈兴犹浓，并叫聂荣臻搞点酒来。他们两个慢斟细酌，侃侃而谈。最后，毛泽东谈到关于解放战争的想法，说：抗日战争打日本是要持久的，解放战争打蒋介石不能拖得太久，越快越好。第一步先解决东北、华北。为了引开国民党军的力量，去年已让刘邓大军挺进大别山，下一步拟让陈（毅）粟（裕）大军的一部打过长江去。再下一步，就是彻底解放全中国的问题。华北除抽调部分兵力增援西北、西南外，其余部队仍留在华北地区，准备在华北搞两三个兵团。那时候，因为华北大部分地区已经解放了，敌人只固守着几个城市，部队建制用不着那么大，待解决了东北敌人后再解放华北剩下的城市。他们的这次谈话，一直持续到东方出现曙色的时刻。

4 月 30 日，粟裕来到城南庄。毛泽东是从来不走出门槛迎接党内同志的，这次却破例地到院子里热烈地与粟裕握手。他们阔别多年，如今粟裕同陈毅一起，已经成为支撑华东的栋梁，成了一员举世皆知的名将。粟裕到了城南庄，向毛泽东面陈大军打过长江去，没有根据地，暂时缺乏群众支持的不利因素，谈了可能达不到调动敌人主力过江的目的，还谈了在长江以北、黄河以南作战消灭敌人有生力量，减轻大别山压力的设想。聂荣臻听了粟裕的意见，也向毛泽东提出在江北作战的建议。毛泽东改变了原拟过江的方案。这便是不久之后粟裕回到前线指挥发起豫东战役，在中原野战军配合下，消灭区寿年兵团，支持刘邓大军逐鹿中原的背景。聂荣臻感到，毛泽东正是全盛年华，文韬武略，举世无双，又能采纳正确的意见，真是运筹帷幄、决胜千里的英明统帅。

聂荣臻希望毛泽东在城南庄把身体保养好。毛泽东很长一段时间身体欠佳，加上转战陕北劳碌过度，没有恢复过来。当时的作战处长唐永健回忆说：那时，城南庄没有什么好吃的，毛泽东喜欢吃鱼，警卫排就到小河里去捞，河水没及脚面，鱼只有指头大小，把一个坑洼的水掏干，才能捉到一些。但是，炊事员把小鱼油煎红烧，香味扑鼻，毛泽东吃得很香。

聂荣臻向部属交代，要注意保密，毛泽东丢掉的废纸一定要烧掉。但那秘密是保不住的。毛泽东到城南庄的第二天，出去散步，碰到一位老农民在田边干活，毛泽东便和那位老农民聊起来了。结果消息传开了。毛泽东几次去几里外的温塘洗澡，总是有许多人围着看，警卫人员要把人们挡开，但毛泽东总是不让。所以，对于毛泽东的保卫工作，聂荣臻格外小心，务必设法做到万无一失。他非常崇敬毛泽东，知道在领袖的安全问题上自己肩上的分量。

但问题还是发生了，一次敌机轰炸了城南庄。

聂荣臻当时的秘书范济生回忆说：一天早饭时，冀晋军区电话报告，有六架国民党飞机，沿阜平西大庄大道飞往阜平城上空，现拐向史家寨。我接完电话马上报告了聂总，聂总要我保持与冀晋军区的联系。我刚回到房间，冀晋军区又电告，六架飞机转向南飞。再报聂总后，时间不长，就听到敌机声。一架野马式战斗机飞临我们驻地城南庄上空，对着城南庄到易家庄之间几个驴驮子扫射。聂总得知敌机转向我们驻地方向飞来，随即到院中观察。敌机一到，聂总就去动员毛主席进防空洞。毛主席工作了一夜，刚刚上床休息，不肯去。敌机对驴驮子一扫射，聂总急了，要我搬来行军床，要几个人用担架把毛主席抬到防空洞去。毛主席见此情景，说“自己走，自己走”。这时，先来的那架战斗机刚走，又来了一架 B-25 轻型轰炸机。聂总等人陪同毛主席刚到防空洞时，敌机就投下了第一枚炸弹。我到防空洞时，看到聂总、赵尔陆用身体挡着毛主席，毛主席从他们两人之间向外看。听不到敌机声了，聂总要我向冀晋军区了解敌机活动情况，得知敌机确已全部飞走，聂总才请毛主席回房休息。这次敌机共投了 4 枚杀伤弹，其中 1 枚落在聂总住房前面（毛主席曾在此房住了几天），1 枚落在营门前没有爆炸，聂总曾要工兵来把炸弹拆走。饭后，毛主席出去散步，见到没响的炸弹，蹲在旁边观看。聂总在院中见此情况，急步跑到毛主席跟前，拉起毛主席就走，一边走，一边说“不能在这里看”。我从未见过聂总急成那个样子。聂总扯得快，毛主席也没争，但莫名其妙。毛主席走后，聂总要我再催工兵来拆走。炸弹拆走后，聂总才放心了。

事后查明，军区司令部小伙房的司务长刘从文是个特务，他向敌人告了密，引起这次轰炸。轰炸未达到目的，敌人的特务机关又叫刘从文在饭里放毒。但聂荣臻和毛泽东的保卫人员防范甚严。

聂荣臻早就作了布置，配专人为毛泽东做饭，外人不得参与。唐永健后来回忆说：“当时没有对毒物的化验手段，聂帅就叫用银筷子先试食品有没有毒。而且，毛泽东、聂荣臻吃的是一种饭菜，聂荣臻先吃，毛泽东后吃，即使有毒，这道关也挡住了。”刘从文无从下手，只好作罢。解放后从大同接收的敌人档案里，查清了事情的真相，特务分子刘从文和领导他的孟宪德，经法院审讯后受到应得的惩处。①

敌机轰炸以后，聂荣臻感到城南庄不安全，几天后，劝毛泽东转移到相距几里远，抗日战争时晋察冀司令部住过的花山村。花山村夹在两个相邻的山峰之间，敌机难以轰炸扫射。毛泽东搬到那里不久，聂荣臻也离开城南庄，去了前线。

毛泽东在花山村没有住多久，便去西柏坡与其他中央领导人会合，投入到指挥决定中国命运的战略决战的紧张工作中去了。

第五十三章　配合辽沈决战

1948 年秋，中国人民的解放战争进入战略决战阶段。毛泽东把战略决战的突破口选在东北，把华北置于战略配合的地位，即全力控制关内敌军，不使其出关，以支援东北夺取辽沈战役的胜利。

当时东北的形势是，毛泽东命令东北野战军主力自长春南下锦州，封闭东北大门，在东北境内把敌人消灭。东北野战军主力南下锦州，当然会受到平津、沈阳国民党军两头的压力。于是，拖住平津傅作义主力，便成了东北决战的关键问题之一。五六月间，聂荣臻遵照中央军委指示，组织热西、冀东战役和保北战役，就是为了这个目的。

1948 年 7 月，林彪致电中共中央，要求华北派部队打大同，分散傅作义的主力，以便他率东北野战军主力南下。

8 月 2 日，聂荣臻对杨成武说：“毛主席找我们去一起谈，任务是准备配合东北作战。东北部队要攻打锦州，先准备打锦西、沈阳增援的敌人。毛主席考虑要华北军区部队配合东北作战，把华北的敌人拖住，不让他们出关，否则东北作

① 见北京军区关于刘从文等特务案的全宗档案。

战会受影响。你指挥的部队组成第三兵团。具体情况我们到西柏坡去谈。”

8月3日，聂荣臻和杨成武一起，策马沿滹沱河北上，到了中共中央所在地西柏坡。

聂荣臻和杨成武先见到周恩来，然后见到毛泽东、刘少奇、朱德和任弼时。毛泽东把中央关于发起辽沈决战的两份电报交给他们看。在简陋的房间里，中共中央五位书记向聂荣臻和杨成武下达了进军绥远的任务。

毛泽东站起来，伸出两个指头，操着浓重的湖南口音说：晋察冀野战军六个纵队，现在改组为华北军区二、三两个兵团。以第三纵队、第四纵队和二纵队的一个旅，组成第二兵团，以第一纵队、第二纵队的两个旅、第六纵队组成第三兵团，并统一指挥晋绥的第八纵队、内蒙古的两个骑兵师以及晋西地区的地方部队，由杨成武任司令员，李天焕任副政治委员。毛泽东点了一支烟，深深地吸了一口，接着说：第三兵团准备进军绥远，开辟新的战场，配合东北野战军的作战行动。绥远为傅作义所必救，你们把傅作义部的主力拖住在平绥线，调动他们向归绥转移，使华北的敌人不出关、少出关。与此同时，第二兵团则出击冀东，以一部在承德、北平线配合东北野战军作战，另以一部在北平至张家口地区行动，配合你们三兵团在绥远作战。徐向前、周士第的一兵团仍在山西作战，对付阎锡山。这样，就可以保证东北野战军作战的胜利。

聂荣臻觉得，毛泽东高屋建瓴，深谋远虑，确实是一位杰出的战略家。

接着，毛泽东要杨成武对进军绥远的困难应有足够估计，说：“你搞不到粮食，就站不住脚……你们到绥远要站住脚，就得准备饿三天肚子，吃两天草啊。”①

出师绥远的任务决定下来了。聂荣臻和杨成武当夜又商量了三兵团政治委员的人选：杨成武建议由晋绥军区政治委员李井泉担任，聂荣臻也觉得这个人选好。次日，他们向中央提出建议，毛泽东当即表示同意。

为了出师绥远，解决粮食困难，毛泽东指示拨给三兵团十万银元。

四天以后，聂荣臻亲自到狼牙山东麓的远台村，参加三兵团团以上干部出征绥远的动员会，为会议作了国内外形势和三兵团进军绥远配合东北野战军作战的动员报告。他说：“关于华北的发展趋势，除太原外，目前最具有决定意义的就是北线，我们要在那里想办法。消灭北线之敌是东北与华北的共同任务，二兵团打到冀东去就是为了配合东北。现在不是敌人向我根据地进攻的问题，而是我们要到敌人的线上作战的问题。二兵团到冀东一打，傅作义立刻把兵调过去，我们在保北一打，他又马上把兵调回来，狼狈不堪。有人称傅作义为‘调兵司令’。现在傅部老巢空虚，根据军委指示，三兵团要排除一切困难，坚决抄掉他的老巢，给他以重大威胁。解放绥远，使华北与东北连成一片，对解放全国有战略意义。”②

9月5日，三兵团及其配属部队分别从易县、涞源出发，9月25日前按预定

---

① 杨成武：《战华北》，人民出版社1986年版，第131页。

②《聂荣臻军事文选》，解放军出版社1992年版，第290页。

计划攻占隆盛庄、丰镇、集宁、新堂、凉城、和林等城，主力直逼归绥城下。三兵团的突然行动，出乎傅作义的意料，连美联社也称之为“绞杀性的进攻”。傅作义急令第三十五军、暂编第四军、新编骑兵第四师等 10 个师的兵力向西驰援。这样一来，张家口敌军空虚，第二兵团即向平张线出击，配合三兵团的行动。傅作义怕张家口有失，又急调三十五军东赴张家口。解放军攻其必救，傅系主力就这样被牵过来、扯过去，把他的嫡系部队粘住在平绥线上。傅作义确实像聂荣臻所说的那样，成为“调兵司令”了，处处被动挨打。第三兵团在绥远作战两个月，歼敌 1 万多人，解放了绥远广大地区，起到了战略钳制作用。

为配合三兵团的行动，聂荣臻命冀热察军区部队向宣化、张家口进逼。该区部队 9 至 10 月间歼敌 3000 余人，俘虏少将游击司令 1 名。察北骑兵攻克商都、化德、尚义、宝昌几个县城。这些也有力地牵制了傅作义部队的行动。

东北野战军在这段时间里，展开了大规模的作战行动，辽沈战役于 9 月 12 日开始，首先以 5 个纵队进攻北宁线，10 月 15 日攻占锦州，切断了国民党军关内关外的联系，取得了关键性的胜利。在锦州之敌连连告急的时候，傅作义仅能从他统辖的 60 万大军中抽调出 5 个师的兵力运往葫芦岛。

就在东北的国民党军危若累卵时，10 月下旬，蒋介石与傅作义密谋搞了一个异想天开的军事行动——偷袭石家庄。

对于这个行动，傅作义极为保密，没有使用电台，只用文件传递命令。但还是被识破了。

在傅作义司令部有一个刻蜡版的人，凡是不发电报的文件均由他刻印下发。他叫甘霖。当时，他在敌人营区里默默地干活，没人知道他的来历。这天，他突然接到一份文件，上面写的是：九十四军和新编骑兵第四师为先头部队，配属汽车 500 辆，装载大量炸药，其后是骑兵第十二旅，暂编第三十二师，总共为两个军的兵力，由涿县等地经保定南下，偷袭石家庄。这是一个十分重要的情报。他刻完这份命令，便搭车到徐水，从徐水县政府给华北军区挂电话。当时，军区司令部在平山县孙庄，接电话的是作战处长唐永健。甘霖后来改名换姓，到天津从事地下工作去了。新中国成立以后，甘霖曾担任过国际关系学院院长。

唐永健立即向聂荣臻报告。

同时，北平《益世报》采访部主任刘时平（中共党员）从傅作义的亲信鄂友三那里也听到了这个消息。经核实后，刘与《平明日报》采编部主任李炳泉（中共党员），共同向北平地下党负责人之一的崔月犁作了汇报。崔冒险通过北平地下电台向中共华北局城工部部长刘仁报告。刘仁立即向组织上汇报。两个情报都证实了这次偷袭行动。

聂荣臻与政委薄一波都在司令部，他们全都感到情况严重，不远处就是中共中央所在地西柏坡。敌人的阴谋严重地威胁着党中央的安全，眼看敌人大部队乘汽车而来，而自身却无兵可调，三兵团远在绥远，二兵团远在平绥线一带，远水难解近渴。敌人的行动是很快的，25 日其先头部队已经过涿县南下。

聂荣臻立即将这个紧急情报报告给周恩来，并遵照周恩来的指示，与薄一波研究后，确定了以下几项应急措施：

调冀中七纵队统一指挥地方军和民兵迅速沿平汉路两侧布防，力争把敌人挡在滹沱河以北，如果让敌人越过滹沱河，就无险可守；

发动民兵和地方部队破路、敷设地雷、设置路障，以配合部队阻击，使敌人的摩托化部队不能快速行动；

组织游击队打敌人的骑兵；

调距离最近的第二兵团三纵队由平绥线矾山堡地区兼程南下。

唐永健当场奉命起草命令，聂荣臻阅后签发。命令发了，聂荣臻还是不放心，直接与三纵队司令员郑维山通了电话，要郑维山将部队行动的情况随时向他报告。

当时，军政大学设在石家庄，校长是叶剑英，聂荣臻请萧克向叶剑英转达了自己的意见：把学员组织起来，应付情况。

聂荣臻还作了主力赶不到的阻敌准备：万一主力赶不到，就在正定附近蓄水，抬高滹沱河水位，阻滞敌人前进。

聂荣臻的秘书范济生说：当时情况十分紧急，聂总和我轮流守电话机，白天晚上，吃饭也不离开。前方不断报告紧急情况。当时叶总在石家庄军政大学，叶、聂商量如何把学员武装起来开到滹沱河桥头担任守备。两位老总在电话上经常联系。聂总和周恩来副主席也不断地通话，直接报告情况。民兵很快把公路破坏了，并不断袭扰阻击，敌人的行动迟缓了。几天后，敌人骑兵先头部队才进抵唐河，遭到我军强有力的阻击，打得很激烈，敌人的锋芒受挫。当时军区机关只有一个警卫营担任警卫，手头再没有其他部队可用。在座的赵尔陆、蔡树藩异口同声地说：“我们就带警卫营打游击。”可见当时情况如何紧急。

老根据地的游击小组对敌骑兵的袭扰取得了出奇制胜的效果。每个小组人数并不多，在离公路不远的村头大树上放上一挺机枪，敌人要进村饮马，靠近村头时突然开火，敌人猝不及防，马也惊了，人也惊了，便一溜烟跑了。这个办法使敌人的骑兵部队吃了很大苦头。

第三纵队接到命令后，兼程南下。杨得志、罗瑞卿还派四纵队尾随三纵队南下。敌人不断地进行空中袭扰，部队完全不顾轰炸扫射，经过三天艰苦的强行军，赶了200多公里路，最后把身上的东西，除武器弹药外，全部丢光，终于先敌赶到完县附近地区。敌人见解放军主力已到，惧怕被歼，急急忙忙地向保定撤退了，偷袭石家庄的阴谋宣告破产。

同时，毛泽东接到报告后，亲自拟写了《动员一切力量歼灭可能向石家庄进扰之敌》的广播稿，10月26日由新华社公开播出。稿中称：“此间党政军各首长已向保石线及其两侧各县发出命令，限于三日内动员一切民兵及地方武装，准备好一切可用的武器，以利作战，尤其注重打骑兵的方法。闻蒋、傅进扰石家庄一带的兵力，除九十四军外，尚有新骑四师及骑十二旅，并附属爆破队及汽车百余辆，企图捣毁我后方机关、仓库、学校、发电厂、建筑物。据悉，该敌准备于二十七日集中保定，二十八日开始由保定南进。进扰部队匪首有九十四军军长郑挺锋，新编骑四师师长刘春芳，骑十二旅旅长鄂友三。此间首长们指示地方各界切勿惊慌，只要大家事前有充分准备，就有办法避开其破坏，诱敌深入，聚而歼之。”

新华社的电讯公开播出后，着实使傅作义和行进中执行偷袭任务的指挥官们大吃一惊，如此机密的军事行动，共产党怎么一清二楚？顿时疑虑重重。毛泽东这巧妙的一着，对粉碎蒋介石、傅作义偷袭石家庄的阴谋，也起了极其重要的作用。

后来刘伯承对陶汉章谈及傅作义偷袭石家庄的行动时，说过这样一句话：“聂荣臻耍空城计。”事实上这出空城计的主角是毛泽东。

在华北部队的有力钳制下，傅系、蒋系的60万部队不得不滞留于华北。东北的辽沈战役历时52天，胜利结束。

第五十四章　和平解放北平

人民解放战争进行到1948年11月，形势起了重大变化。华东解放军9月解放济南，拉开了解放军与国民党军战略决战的序幕。东北解放军11月2日结束辽沈战役，解放了全东北。中原解放军继解放开封、郑州之后，11月6日与华东解放军共同发起淮海战役。西北解放军在陕西中部地区连续发动三次攻势，把胡宗南的“机动防御”打得无法机动。加上华北解放军取得的一系列重大胜利，国民党军在7月至11月的五个月时间里，丧失了100万人，总兵力由1946年发动内战时的430万人降为290万人；解放军则由120万人增至300万人。也就是说，解放军从质量到数量都居于优势。

华北解放军自1948年秋季攻势以后，傅作义已完全处于被动防守状态。他所指挥的12个军、52个师，已被限制在滦县、唐山、天津、北平、张家口、柴沟堡等北宁、平绥铁路沿线及附近地区。东北全境解放、淮海前线解放军取得节节胜利，已经使傅作义在南、北两面失去依托，战略上处于孤立无援的境地。

辽沈战役胜利已成定局的时候，毛泽东就在酝酿东北野战军和华北军区部队配合进行平津战役的问题。

11月中旬，毛泽东命令东北野战军秘密迅速入关。为了不使敌人南逃，毛泽东又命令华北第三兵团撤围归绥，用突然的动作包围张家口，以抓住傅系主力。抓住傅系，也就拖住了蒋系，因为傅作义是不会不管他的嫡系部队而率蒋系南逃的。11月27日，中央军委发布了《关于歼灭平、津、唐（山）、张（家口）之敌的部署》。平津战役随即开始。聂荣臻与杨得志、罗瑞卿、杨成武等兵团领导人分手时，要他们坚决按中央军委的部署行动。华北军区第三兵团11月30日攻占柴沟堡、万全，完成对张家口的包围；第二兵团于12月8日将傅部主力第三十五军包围于新保安。毛泽东的这一着棋，为抑留华北敌人不使其逃跑，并为掩护东北解放军入关争取了时间。12月11日，毛泽东在关于平津战役作战方针的指示中，充分肯定了华北军区部队包围新保安和张家口的战略意义。平津战役这篇大文章，正是从西线做起的。

1949 年 1 月 10 日，中共中央决定以林彪、罗荣桓、聂荣臻组成平津战役总前委，统一领导与指挥东北野战军与华北军区部队并肩作战。

在此之前，聂荣臻于 12 月 21 日晚到达孟家楼，与林彪和罗荣桓见了面。

林彪和他身边工作人员所住的小院，是河北农家普普通通的院落。两边厢房住着参谋、秘书和警卫人员，南边三间正房，东边是林彪的住室，西屋是挂满了地图的作战室。正房的前面，又是一个小院，但没有厢房，只有低矮破旧的门楼。正是在这样一所简陋的农舍里，林彪、罗荣桓、聂荣臻指挥百万大军进行了伟大的平津战役。如今，它依然保持着原来的样子。

聂荣臻到孟家楼不久，见东北野战军二局的工作较弱，向林彪提出，将华北军区的二局调来加强东北军区二局，并入东北二局的共 200 多人，由局长彭富九率领，分乘三辆大卡车至平津前线指挥部。

聂荣臻还提议调城工部长刘仁到孟家楼，加强对解放北平秘密工作的领导。刘仁率几名助手及译电员、报务员辗转而至，与聂荣臻同住一个村庄。他通过自己的电台，与北平地下党保持着密切的联系。刘仁负责北平地下党的工作，工作做得十分深入，甚至做进傅作义的家中。傅作义的女儿、地下党员傅冬菊原是天津《大公报》记者，受中共地下党派遣回到北平，她及时地向党反映情况，为和

平津战役前线指挥部领导合影。左起：黄克诚、谭政、聂荣臻、萧华、罗荣桓、刘亚楼、高岗、林彪

1949 年 1 月，林彪（中）、罗荣桓（右）、聂荣臻在平津战役指挥部研究工作

平解放北平立下了功劳。聂荣臻年近九旬时，还念念不忘傅冬菊的贡献，一次看到她时，特意提起此事。

聂荣臻刚到孟家楼，12 月 22 日华北第二兵团进攻新保安。他与林、罗在指挥部紧张地注视着战况的进展。战斗是极为激烈的。解放军攻城开始前，对新保安猛烈炮击，5 分钟内打了 8000 多发炮弹，小小的新保安笼罩在一片火海之中。解放军将士从刚炸开的城墙缺口处攻入城内，敌人抵抗得也很顽强，几乎是逐街逐屋抗争。经 11 个小时激战，终于全歼敌三十五军 1.9 万人，军长郭景云与他的前任一样，被迫自杀。战事告捷，消息传来，指挥部一片欢腾。聂荣臻情不自禁地说："打得好，打得好，真痛快！"新保安解放，张家口守敌惊恐万状，奉傅作义"相机突围，向绥远撤退"之命，23 日，十一兵团司令孙兰峰率部突围。他采取了向西南方向佯动，实则向东北突围等狡诈办法。但华北第三兵团，在东北野战军第四纵队，北岳军区部队，内蒙古、察北骑兵部队的配合下，将数万敌军严密包围在名叫朝天洼的一条山沟里，经过各部勇猛穿插，激战一天多，张家口守敌 1 个兵团部、1 个军部、5 个师、2 个骑兵旅、2 个保安团共 5.4 万余人全部被歼，俘一〇五军军长袁庆荣，只有孙兰峰率少数卫士漏网逃跑。消息传来，聂荣臻心情无比激动。他关于"用不了多久红旗就会重新飘扬在大境门城楼上"的预言，经过两年后终于实现了。这两仗不仅彻底切断了傅作义部的西逃之路，而且把他起家的老本以及后来的资本，几乎全部搞光了。这对傅作义的打击是极其沉重的。因此，聂荣臻反复思考着一个问题，如果东面堵住了敌人的退路，能不能争取和平解放北平？①

他之所以这样想，一来因为北平是国内外驰名的文化古都，一旦毁于炮火，

①《聂荣臻回忆录》，解放军出版社 1986 年版，第 705 页。

损失太大；二是他在西柏坡与毛泽东等中央领导人接触中，就曾议论过新中国成立之后，拟建都北平，自然应该使北平的损失越小越好；再说，“不战而屈人之兵”，不正是《孙子兵法》的要义之一吗！在他考虑这个问题的过程中，刘仁不断从傅冬菊那里得到情报说：傅作义近来思想苦闷，在“逃”与“和”的问题上，态度彷徨，犹豫不决。于是，更坚定了聂荣臻和平解放北平的信心。他的想法得到罗荣桓的支持，而林彪只是淡淡地说：想法好，但恐怕是幻想。

关于和谈问题，在聂荣臻赴孟家楼途中时，傅方代表崔载之、李炳泉就曾出城与东北野战军代表接触谈判。聂荣臻到达孟家楼的次日，刘亚楼又与崔、李在八里庄谈了一个上午。华北军区、平津前线指挥部都与傅方代表接触了，但当时还是立足于消灭敌人的，中央军委也是这个精神。

聂荣臻在回忆录里说：

> 现在，傅作义将军赖以起家的王牌第三十五军已经被我军歼灭了，这对傅作义的打击和震撼是极不寻常的。如果我军再把天津攻下来，彻底打掉他逃跑的幻想，逼着他走上谈判的道路，我认为，和平解放北平的前景是存在的，而且时机越来越成熟了。①

1 月 8 日，林彪、聂荣臻给中央军委的报告中说：“张（东荪）、周（北峰）昨晚抵此。我们商定，今晨由聂先去找张谈，获得傅的态度，请示中央决策后，林再出面作出具体答复。”聂荣臻于当天上午乘车来到八里庄，先后与傅方代表燕京大学教授、民盟北平负责人张东荪，华北“剿总”少将地政处长周北峰面谈。张东荪说，傅要他谈清以下几点：一是平、津、塘和绥远一起解决；二是平津以后能有其他党派的报刊存在；三是政府中要有进步人士参加；四是军队不要用投降或在城内缴枪的方式解决，可调到城外用整编的方式解决。如同意这些条件，由双方拟定具体办法。聂荣臻听完这些意见后，要他们休息，并约定次日再谈。

当天下午，林彪、聂荣臻将谈判情况上报中央军委。中央军委于 1 月 9 日凌晨复电，除了第一条平津问题先解决，再解决塘沽、绥远问题以外，其余各条原则同意。

1 月 9 日，遵照军委指示，林彪、聂荣臻等一起从孟家楼来到八里庄，同周北峰、张东荪会谈。周北峰除先转达了傅作义的上述四点外还提出：“新保安、张家口作战中被俘人员要一律释放，宽大处理，不作战俘看待。对军队的行政文职人员和工勤人员给予生活出路。对傅部所属军政人员过去的罪行，不予追究，由傅负责。”林彪作了如下回答：所有军队一律解放军化，所有地方一律解放区化。按照这一总的原则，首先解决平津两市的问题：由傅作义将军下令把军队调出平、津两城，开赴指定地点，采用整编方式，改编为人民解放军。对傅作义不

---

①《聂荣臻回忆录》，解放军出版社 1986 年版，第 705 页。

作战犯对待，保全他的私有财产，并在政治上给他一定的地位；新保安、张家口的被俘人员一律释放；对傅作义的部属参加起义人员一律不咎既往，凡愿参加工作的，都可留下安排适当的工作；愿还乡的，发足路费，填发证明，资遣返乡，并通知地方政府不予歧视。

聂荣臻着重讲了当前的形势与傅作义的出路问题。他说：傅作义将军除了按此办法解决平津的国民党军队还有可能为人民做件好事外，别无出路，希望傅作义将军早下决心。

林、聂的讲话，周北峰、张东荪听后，非常高兴，连连称赞：把驻守平、津的国民党军队全部调出城外，开到指定地点，按解放军的编制、制度改编为人民解放军，这个办法好，也是傅将军的意思，他一定能够接受。

这样双方的意见渐趋一致，谈判暂时休息。以后又谈了一次，形成一个《谈判记录》。遵照中央军委指示，在谈判中还特别说明1月13日以前，天津守军必须出城接受改编，并把这一天作为傅方答复的最后时限。在《谈判记录》上专门写了这一条。《谈判记录》由周北峰带回北平城。

1月13日，傅作义的全权代表邓宝珊以及周北峰来到五里桥。第二天，聂荣臻与邓宝珊、周北峰进行会谈。由唐永健作记录。唐永健以前在榆林地区与邓有过接触，所以聂荣臻要他一起来。聂荣臻对邓的到来首先表示欢迎，接着开门见山地说："上次谈判中规定13日为答复的最后期限，因傅方一再拖延时间，玩弄花招，今天我军已开始进攻天津，这次再谈就不包括天津了。对天津因战争所遭受的损害，应由傅方完全负责。对北平应照原改编方案，迅速提出具体实施步骤。"这次谈判，对方的态度有了新的变化，邓宝珊提出所谓过渡时期，军队的改编用人民和平军名义，解放军让出南苑机场和成立联合政府，傅作义拟将华北全部担子交邓宝珊负责等条件，都被聂荣臻一一拒绝。聂荣臻强调：部队开出城外在指定地点改编，以免北平再遭炮火的毁坏，是再好不过的办法了。邓宝珊问："你们要打天津了？"聂荣臻说："我们已经下达命令了。"邓宝珊对固守天津非常自信，认为解放军不可能在短期内攻克天津。据说傅作义对固守天津也非常自信，并对警备司令陈长捷曾有过指示："你们打好仗，就好办，要能打才能和。"

邓宝珊说："天津恐怕30天你们也打不下来。"聂荣臻说："对天津，傅作义只有下令停止抵抗，放下武器，否则我们非打下来不可。"

这次谈判，没有结果而散。

这次谈判一结束，聂荣臻在向军委的报告中，再次明确提出："如能够攻下天津，有迫使傅就范，争取北平不战解决可能。"①

天津战役开始了。聂荣臻在驻地收听天津广播电台广播，只听里面在喊："林彪将军注意，炮火很激烈，老百姓伤亡很多，请停止战斗，重新谈判。"15日，东北野战军攻克天津，共歼敌13万人。

---

①《聂荣臻军事文选》，解放军出版社1992年版，第311页。

对于天津这个砝码，傅作义是十分看重的。他1927年在直奉战争中守涿州一举成名，解放战争初期从解放军手里夺取过归绥、张家口等重要城镇，现在努力抓住天津这个砝码，一直到最后一瞬。打下天津后，梁必业与陈长捷有这样两句对话：

“我们都把你们包围了，你们怎么不往海上撤？”

“大哥不让撤。”

“我们都打进来了，你们为什么不突围？”

“大哥让再看一看。”

“大哥”——傅作义也。

守过涿州的傅作义万万没有料到天津只守了29个小时。这实在对他是个震动。打下天津的第二天，即1月16日，林彪、罗荣桓、聂荣臻从宋庄来到五里桥，与邓宝珊等人再次会谈。林彪首先指出：“现在整个形势都对我们有利，死守北平是不可能的。但为保障北平居民及城市不受损害，我们仍希望和平解决，但不可再拖时间。”林彪还提出了以下条件：（1）限傅部一个军1月21日先开至北平城外15到30公里的地区，其他部队再陆续开出；（2）在德胜门设立开出傅方部队的联合指挥所；（3）这一行动实现后，我方可派军政负责人入城。邓宝珊表示，完全可以照办。邓宝珊提出了三点要求：（1）派代表与他一起入城。林、罗、聂当即答应派东北野战军作战处长苏静与邓同去。（2）试探傅作义的去向。林、罗、聂表示，只要傅能真正站到人民方面来，以赎前衍，我们是不会亏待他的。（3）再次询问他能否接替傅作义的担子。林、罗、聂答复，希望傅作义继续办理北平和平解放事宜。这次谈话，因为中央军委1月16日指示，对傅方提出的解放军数日内暂缓入城，以及由双方组织联合委员会接管北平的要求，“你们不要正面拒绝”，所以林、罗、聂态度比较和缓，谈判气氛比较融洽。以致由毛泽东亲自起草，以林、罗名义给傅作义的措辞强硬的通牒，究竟交不交给邓宝珊，林、罗、聂产生了踌躇，最后还是由聂荣臻将通牒交给了邓宝珊。这次会谈，顺利地达成了北平和平解放的初步协议。随即派苏静等人同邓宝珊入城，以后又派东北野战军政治部副主任陶铸等人入城谈判。1月21日，正式签署了《关于和平解决北平问题的协议》。1月22日起至31日，傅作义部的两个兵团部、8个军部、25个师共25万人全部开出北平城，接受改编，北平宣告和平解放。整个平津战役，共歼灭和改编国民党军52万人。

聂荣臻在回忆录里说：平津战役，“在党中央毛泽东同志的直接指挥下，以军事打击和政治争取并举，赢得了最后胜利”。[①] 聂荣臻在争取和平解放北平方面，认真贯彻中共中央、中央军委和毛泽东的意图，尽心尽力，作出了重要贡献。

---

①《聂荣臻回忆录》，解放军出版社1986年版，第709页。

劲松篇（1949—1992年）

第五十五章　在繁忙的日子里

1949年1月31日，人民解放军进驻北平，北平宣告和平解放，平津战役胜利结束。

部队入城的时间本来定在1月29日，恰巧这天是中国人民的传统节日——春节。为了让在战争的炮火声中度过了许多不眠之夜的北平人民群众安安静静、痛痛快快地过个旧历年，聂荣臻提议将人民解放军进城的日期推迟两天，即1月31日入城。

聂荣臻、林彪、罗荣桓于2月1日进城，住在北京饭店。心情难以平静的聂荣臻，想到应该举行一个入城式，以扩大人民解放军的影响，为北平增添胜利的气氛。于是，他向林彪、罗荣桓提出了建议。

聂荣臻的建议得到了林彪、罗荣桓的赞同，并获得中共中央批准。

2月3日，聂荣臻和林彪、罗荣桓、彭真、叶剑英等以及北平联合办事处的全体委员，在前门箭楼上检阅了参加入城式的部队。入城式盛况空前。中国人民解放军的装甲车队、炮兵车队、坦克部队、摩托化部队、骑兵方队、步兵方队等以其强大、威武的英姿通过了前门。全城二百多万群众出来夹道欢迎。人们挥动着彩旗，高呼口号，欢声笑语响彻北平上空。入城式历时八个小时。

这一天，平津卫戍司令部宣告成立，聂荣臻兼任司令员，薄一波兼任政委。为了确保人民的安宁，保护人民的生命财产，当天，聂荣臻、薄一波签发了《平津卫戍司令部布告》。布告中明确指出：一切反共、反人民、反民主的反革命党派，均属非法组织，要立即解散，停止一切活动；一切残余敌军、散兵游勇、土匪武装，应立即向警备司令部、公安局缴械投诚；收缴所有国民党政府文武官吏、保甲人员的枪支及其他民间枪支。布告还明确规定，严禁破坏工厂、仓库、公共建筑、交通设施以及抢劫、偷盗、放火、暗害、造谣等一切破坏活动。布告要求中国人民解放军全体军政人员，严格遵守人民政府法令，遵守“三大纪律八项注意”和有关的入城守则。

3月5日至3月13日，中国共产党在河北省平山县西柏坡召开第七届中央委员会第二次全体会议。聂荣臻出席了会议。会上，毛泽东作重要报告，提出了促进革命迅速取得全国胜利和组织这个胜利的各项方针。其中，特别指出在辽沈、淮海、平津三大战役以后，国民党军队的主力已被消灭，今后解决剩下的100多万国民党军队的方式，不外天津、北平、绥远三种。报告还指出，人民解放军永远是一个战斗队，同时又是一个工作队。聂荣臻在会上发言，表示完全拥护毛泽东的报告，认为这个报告是新民主主义中国的建国大纲。另外，他强调指出：平、津两市的“解放热”要冷下来，迅速整编部队，发动群众，恢复秩序和生产，为新中国定都北平扎实细致地做好各项工作。

3月25日，中共中央、中央军委总部从西柏坡迁至北平。聂荣臻和叶剑英组织了在西苑机场举行的阅兵式。他们陪同毛泽东、朱德、刘少奇、周恩来、任弼时等检阅了部队。

此后，聂荣臻身上的担子不断加重，直到身兼六职——人民解放军副总参谋长、中共中央华北局第三书记、华北军区司令员、平津卫戍司令员，1949年9月又接替叶剑英担任了北平市市长、北平市军事管制委员会主任。用聂荣臻自己的话说，从1949年进入北平以后到1953年抗美援朝战争结束，是他一生中最为紧张繁忙的时期。

新中国定都北平，作为华北军区司令员兼平津卫戍司令员的聂荣臻，深知肩上担子的分量。他不顾劳累，展开了紧张的工作。

他抓的第一项工作就是迅速改编傅作义的20万起义部队。

这是一项政策性很强的工作。按照《关于和平解决北平问题的协议》，北平城内的傅作义部队，于1月22日陆续开赴城外指定地点候编。傅作义出城的部队达20多万人，仅吃饭就是个大问题。原想将他们开至冀东、平北，但由于这两处缺粮，所以只得将他们开到通县以东的香河、三河，北平南面的黄村以及平汉线和津浦线之间地区。

2月9日、17日、20日，林、罗、聂先后向中央军委报告了情况，并请示关于改编傅作义部队的办法。具体方案是：傅方总部及兵团部、军部一律撤销，以师为单位改编为人民解放军独立师。士兵分别编入人民解放军各部队。对军官愿意回家者：（1）按各级原薪发3个月饷。（2）发给由北平至上海或其他地区同等路程的车票、船票费（包括家属）。（3）除不准带走武器及公家物资外，私人财物准予全部带走。（4）按工作与职务需要，准予带一两名护兵同走。（5）家居解放区回家后可分得应得的一份土地，如本人系地主家庭，其土地财产不管已分或未分，均按土地法大纲第八条的规定处理，只要今后遵守政府法令，不咎既往。军官不愿回家的分别送学校学习，或经集训后担任与解放军职务相应的副职。军官家属与解放军随军家属同等待遇。技术人员直接编入解放军任职。[①] 军委复电同意。

2月1日，解放军方面和傅作义方面组成了联合办事处，其主要任务是办理

---

① 1949年2月9日、17日、20日，林彪、罗荣桓、聂荣臻《关于改编傅作义部之办法》向军委的请示，原件存于中央档案馆。

聂荣臻（左）、林彪（中）、罗荣桓（右）在前门箭楼上阅兵

傅作义所属部队的改编和对傅部军政官员的安置，以及各部队、机关、厂矿、企业等完整的移交。

此后林彪、罗荣桓忙于别的事情，有关傅部改编的工作，主要由聂荣臻负责组织实施。他对此抓得很紧，要求各级领导坚决按军委指示精神办。由于政策得当、工作细致，改编工作从2月份开始，很快就圆满结束了。联合办事处还为此举行了部队指挥权的移交仪式。聂荣臻、叶剑英、罗荣桓、林彪、薄一波等都讲了话，傅作义也讲了话。这项工作的完成，使傅作义部队获得了新生，成为人民解放军的组成部分。

其次是剿灭土匪。华北解放前夕，国民党有意识地在各地潜伏下大批土匪。在解放战争过程中，特别是1948年以后，有些国民党军的溃散人员沦为土匪，有些则是历史遗留下来的惯匪，总计约3万人。基本情况是解放较晚的地区大股土匪较多，有的多达上千、数千人。而在平津附近以及太原、新乡、安阳等地，小股土匪较多，有的只有十余、数十人，最大的也只有几百人。他们行踪诡秘、出没无常，经常拦路抢劫，袭击基层政权，杀害革命干部。由于土匪滋扰，给人民群众的生活带来了危害，使人民群众失去了安全感。很明显，如果不把这些土匪基本剿灭，要想定都北平就会缺乏安定的社会保障条件。

聂荣臻很重视剿匪工作。1949年4月，他要华北军区发布剿匪工作指示，要求军队克服对土匪的麻痹轻敌思想。5月，又指示军区召开剿匪工作会议，制定剿匪方针：在依靠与发动群众的基础上，以政治攻势争取瓦解成股土匪；发动和组织群众与军事清剿相结合，而以发动群众为基本环节，摧毁土匪的社会基础；对土匪根据“首恶者必办，胁从者不问，立功者受奖”的原则，宽大与镇压相结合，以达到瓦解、分化、争取的目的。6月，聂荣臻又直接发布指示指出：剿匪绝不是单纯依靠军事力量所能完成的任务，必须从发动群众着眼，做到人人肃匪，村村防匪，军队与政府、民兵密切协同，才能彻底肃清匪患；剿匪要有灵通而确切的情报；剿匪兵力不宜太大，否则容易暴露目标，行动也慢，应以小部队，在确切的情报保障下轻装奔袭。如能做到这些，就会收到好的效果。[①]

在做了大量艰苦细致的工作之后，经过华北军民一年的努力，各地共剿灭土匪2.9万多人，匪患基本肃清。华北地区社会治安秩序明显好转，为新中国定都北平提供了可靠的社会安全保障条件。

1949年6月，聂荣臻搬进中南海春藕斋（后迁到居仁堂）办公，协助兼总参谋长的周恩来主持总参谋部的日常工作。10月19日，中央人民政府人民革命军事委员会成立，徐向前任总参谋长，聂荣臻任副总参谋长。因徐向前病休，实际上仍由聂荣臻主持总参谋部工作，后任代理总参谋长，直到1954年11月为止。在新中国成立前后，总参谋部一直协助中共中央和中央军委领导部署全军的作战和军队的各项工作。

1949年4月21日，毛泽东、朱德发布了《向全国进军的命令》。当时，总参谋部的第一项任务就是按照中共中央、中央军委的决定，组织好消灭约120万国民党军残余部队的作战部署。

1949年3月至12月，第一野战军向西北进军，歼灭和改编国民党军30万人，解放了西北全境。8月至10月，第三野战军进行了福州、漳厦战役，歼国民党军8万人，华东沿海大陆全部解放。在华中、华南、西南地区，蒋介石的部署是：以华中军政长官公署长官白崇禧、华南军政长官公署长官余汉谋等部，扼守中南地区；以川陕甘边“绥靖公署”主任胡宗南、川湘鄂“绥靖公署”主任宋希濂等部，扼守西南地区。他们遥相呼应，总兵力达90多万人。对这两股敌人，毛泽东都要求采取大迂回的动作解决，即先完成包围，然后再实行围歼的方针。9月上中旬，毛泽东以军委名义致电第四、第二野战军，要求他们先以一部解决广东余汉谋部，以一部迅速进入广西，抄白崇禧的后路，包括切断白崇禧向云南、贵州的退路，不要在湖南地区与白部主力纠缠，以迫使白崇禧退到广西与我军决战而歼灭之。对猬集四川地区的敌人，也是以重兵先占领重庆以西地区，完成包围，然后再往东打。聂荣臻认为，这种关起门来打狗的办法，在人民解放军已占绝对优势的战略追击阶段，无疑是极其高明的。9月、10月，人民解放军在湖南衡阳地区进行了衡宝战役，歼灭白崇禧主力一部。10月，进行了广东战役，歼灭余汉谋部主力。11月、12月，解放了贵阳、重庆，进行了成都、广西战役，歼灭宋希濂、胡宗南部和白崇禧部主力。这几个战役，使国民党军90多万人几乎全部被歼，只有很少部分逃到海南岛和越南。8月，国民党长沙“绥靖公署”主任程潜、第一兵团司令官陈明仁率部起义。12月，国民党云南省主席卢汉、西康省主席刘文辉，以及西南军政长官“绥靖公署”副长官邓锡侯、潘文华等先后宣布起义。到1950年3月，在滇南和西昌战役以后，除西藏地区以外，中国

① 1949年6月11日，聂荣臻对华北部队发布的剿匪工作指示。

1949年5月，聂荣臻司令员给平津卫戍区部队讲话

大陆已全部解放。5月，第三、第四野战军先后解放万山群岛、舟山群岛和海南岛。至此，除台湾、澎湖、金门、马祖等少数岛屿尚待解放以外，已胜利完成了解放战争后期作战的任务。

此外，总参谋部还遵照中共中央、中央军委的指示，组织解放军39个军140多个师约150万人的兵力，对国民党遗留下来的数以百万计的土匪进行了清剿。这些土匪中，有被打散了的残部占山为王的，也有几年甚至几十年的惯匪武装。由于各部认真执行了广泛发动群众、军事打击与政治瓦解相结合，以及首恶必办、胁从不问、立功受奖等方针政策，并普遍结合土改等民主改革运动进行剿匪。经过一年左右的努力，取得了巨大的成效，匪患基本肃清，为后来抗美援朝战争安定后方打下了基础。

1950年6月，聂荣臻在全国政协一届二次会议上作军事报告时指出：渡江以后，人民解放军解放了除西藏、台湾、金门等以外的全部国土，歼灭国民党正规军183万人，非正规军和土匪98万人，取得了重大胜利。

1949年9月8日，由毛泽东草拟的新华社电讯宣布："北平市市长兼北平市军事管制委员会主任叶剑英将军奉命赴两广工作，担任中共华南分局第一书记及广东军区司令员兼政治委员。为此，中国人民革命军事委员会任命聂荣臻将军继任北平市市长兼北平军事管制委员会主任。"

当时，聂荣臻花费精力最多的是北平的社会治安。因为这是直接关系到人民、中共中央的安全和定都北平的关键问题。部队虽然进驻北平，但治安情况仍不能忽视。北平是和平解放的大城市，这里不仅集结了华北各地的一些反动残余势力，而且东北解放后，许多国民党特务、党团骨干和地主、恶霸、流氓头子等流亡到北平，加上社会上还流散着数万名散兵游勇。北平群众形容那时是：特务多，散兵游勇多，抢匪多，小偷多，银元贩子多。仅1949年3月，就接连发生103起案件。可见，当时的社会秩序是比较混乱的。

聂荣臻指示平津卫戍部队，立即组织收容散兵游勇。1949年6月，平津两地共收容国民党军流散官兵3.7万多人，解决了社会治安中的一大隐患。

打击敌特的问题，北平市军事管制委员会也给予了高度的重视。军管会在一

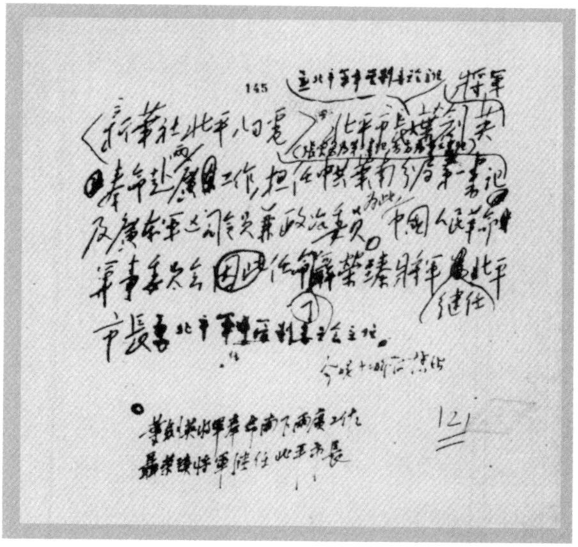

毛泽东起草的任命聂荣臻为北京市市长的电文

个关于严防敌特活动的紧急通知中指出：敌伪在离开北平时，对特务组织曾有周密布置。他们以各种名目，混入各单位、部门、行业，进行暗杀、破坏、造谣等活动。通知要求各单位提高警惕，并对原有人员严密注意，慎重审查。夜晚，凡解放军工作人员，没有必要的事，切勿外出，以防不测。

那时候，北平虽有 200 多万人口，但天一擦黑儿，街上几乎没有什么行人，家家门户紧闭。有一天晚上，聂荣臻的警卫员坐着轿车去取药。车刚刚开到北海北门桥头，不知从哪儿窜出来一个黑衣骑车人挡住了小车前行的道路，汽车不得不放慢了速度。就在这时，突然“叭”的一声枪响，一颗子弹打在汽车后座的玻璃上。这是一支无声手枪，声音很小。射击者击中了汽车后，迅速钻进附近的胡同，消失在黑暗中。前面那个挡道的骑车人看见射击者跑了，也很快骑着车溜掉了。

司机和警卫员急忙下车查看，幸亏子弹没有穿透玻璃，只留下一个乳白色的凹坑。如果子弹射进来，将会打中坐在后座的警卫员身上。司机和警卫员没敢多停留，很快离开了此地。

这次枪击事件发生不久，又有一辆与聂荣臻的墨绿色皮尔卡轿车一模一样的车也挨了枪击，时间也是在傍晚。那辆车是从聂荣臻住处出来后，在老地方挨了一枪的。这次子弹是打在钢板上。北海北门桥头一带，小胡同多，地形复杂，打黑枪的特务始终没有被抓住。

据 1948 年敌机轰炸城南庄毛泽东住地案件的主犯刘从文交代，他曾向特务头子报告过华北军区首长的住址，以及聂荣臻汽车的颜色。特务头子指示他设法搞清聂荣臻汽车的牌号。特务分子的阴谋没有得逞。

聂荣臻要求公安部门、卫戍部队加紧工作，发动人民群众，与危害社会治安秩序的种种反革命势力以及流氓小偷等作斗争，以力争社会治安状况迅速好转。经过军队与人民群众的努力，在新中国成立时，北平已经基本上恢复了正常秩序。旧北平时期隐藏下来的万余名特务分子、反动党团骨干等，除逮捕了一批和有极少数潜逃外，大部分向军管会和人民政府自首，基本瓦解了北平的特务组织，使北平市的安全有了保证。

在打击敌特分子的同时，聂荣臻还指示卫戍区组织军人纠察队，经常巡逻在大街小巷，对社会上的偷盗、乞丐、流氓滋事以及吸毒、赌博等有碍社会治安的各种现象进行纠察检查，予以打击。聂荣臻还专门从军区随营学校中挑选了一批文化程度高、会讲英语的师生组成特别纠察队。他们身着黄色土布军装，在外国人活动的公共场所进行纠察。有些外国人过去对中国人傲慢惯了，以为这些军人是“土包子”，满不在乎。但这些纠察队员个个彬彬有礼，他们用一口流利的英语对外国人违反中国政府法令的行为进行严厉的批评教育，对个别违法严重、不服从纠察的则予以拘留。这一下把外国人给镇住了。直到晚年，聂荣臻在谈起这些事的时候，总是哈哈大笑，称赞这些年轻人为中国人民扬了国威。

北平社会秩序的迅速好转，为新中国的定都，提供了重要的社会保障条件。

1949 年 8 月，新中国即将诞生。中共中央决定在开国大典这个神圣的日子里，组织隆重的阅兵式和群众集会，以示庆祝。中央军委指定聂荣臻为开国大典的阅兵总指挥。9 月中旬，他又被各界公推为中华人民共和国成立庆祝大会筹备委员会主任。为了组织好开国大典的阅兵式，聂荣臻对阅兵的每项工作都作了周密的布置。

聂荣臻从华北军区部队抽调了步兵、骑兵、坦克兵、炮兵各一个师参加阅兵，还抽调了空军飞机、海空军部队代表、民兵参加阅兵。在一个多月的时间里，聂荣臻多次主持会议，检查落实有关开国大典及阅兵的工作。他要求参加阅兵的部队要抓紧时间，严格训练，高标准、高水平完成任务。聂荣臻想得很细，对各阅兵方队如何组成，装甲车、坦克、汽车如何同步行进，有的车辆万一出现故障时如何补救，飞机何时飞越天安门广场，晚上怎么放焰火等，都作了周到细致的安排。

聂荣臻还就开国大典时的防空问题作了重点布置。这也是他最为关注的一件事。

在解放战争即将取得全面胜利的时候，国民党空军的空袭也日益频繁起来。人民群众经常处于被空袭的危险和惊扰之中。针对这一情况，中央军委早在 1948 年 8 月 9 日，就提出了对城市要地实行“积极防空”的方针。1949 年 4 月聂荣臻兼任平津卫戍区防空司令员后，对防空工作一直抓得很紧。他清楚地记得，北平南苑机场被东北野战军第三纵队第七师占领后，国民党空军于 1949 年 5 月 4 日从青岛出动 6 架 B-24 型轰炸机飞到南苑上空，扔下了 30 枚炸弹，毁伤飞机 4 架，烧毁房屋 196 间，死伤 24 人。经历了这一惨痛教训，8 月 15 日，军委航空局根据中央军委的指示，在南苑机场组建了一支具有作战能力的飞行中队，担负保卫北平的防空任务。开国大典的时间定在 10 月 1 日下午 3 时，也是出于防空袭的需要。聂荣臻向参加大典的部队全体人员发出了一道命令，如遇空

聂荣臻出席中国人民政治协商会议第一届全国委员会会议

袭，要原地不动，天上下刀子也不能动，保持原队形。游行群众也事先被告知，遇有空袭不要乱跑，听指挥。对受阅骑兵方队的1978匹战马，则采取了必要的措施。如果这些马匹乱蹿起来，后果将是不堪设想的。

1949年10月1日，开国大典按照预定的方案进行得很顺利。毛泽东等中央领导人和社会各界人士都非常满意。也就是从这天起，北平改称北京。

11月20日至22日，北京市召开了第二届第一次各界人民代表会议。会上聂荣臻被选为北京市市长，成为北京市第一任民选的市长。聂荣臻并没有因为兼职过多而放松对北京市的领导。他不仅坚持出席北京市的各种重要会议，并经常对干部说，我们要诚心诚意地倾听人民群众的意见，全心全意地为人民服务。政府的工作不是凭我们的主观想象去办事情，而是根据人民的需要，根据大多数人民的最高利益办事情。凡是人民需要的，我们在今天又可能做到的，就应该马上去做。

就在聂荣臻当选为市长的11月21日，北京市第二届第一次各界人民代表会议通过了关于封闭妓院的决议。决议规定，将"集中所有妓院老板、领家、鸨儿等加以审讯和处理，并集中妓女加以训练，改造其思想，医治其性病，有家可归者送其回家，有结婚对象者助其结婚，无家可归、无偶可配者，组织学艺，从事生产"。决议指出："没收妓院财产，以作为救济妓女之用。"[1] 聂荣臻对这件事极为重视。他认为这是共产党向旧社会丑恶现象宣战的大事，是对我们的执政能力和能否取信于民的考验。于是，当天就和彭真发布了封闭妓院的命令。由北京市公安局局长具体负责，组织北京市公安局、民政局、卫生局、市法院、市妇联出动干部和人民警察2400余人，全市统一行动，在12小时内就封闭了北京市所有

① 1949年11月21日，北京市第二届第一次各界人民代表会议通过的《关于封闭妓院的决议》，原件存于北京市档案馆。

1949 年 10 月 1 日，聂荣臻（左）任阅兵总指挥。这是他陪同朱德总司令在开国大典上阅兵

的 224 家妓院。400 多名妓院老鸨和领家被集中管训，要他们作出保证，今后不再从事这种非法勾当。1200 多名妓女则被收容到 8 个教养院改造思想，学习技术，帮助她们另谋生活出路。妓院被封闭，千年污垢短期内得以消除，北京市民无不拍手称快。社会各界人士也都对共产党、人民政府的这一举措表示钦佩。

毛泽东得知这个消息后，高兴地对聂荣臻说："你们这个决议很好，是办了件大好事。"

北京市第二届第一次各界人民代表会议在通过关于封闭妓院决议的同时，还通过了《关于统一征收营利事业所得税和营业税提案》《关于开办业余补习学校的决议》《关于救济失业员工问题的决议》等多项决议、提案。虽然当时北京市的社会治安已比较稳定，物价也趋于平稳，人民群众的吃穿问题得到了基本解决，但在其他方面亟待解决的问题还很多，很繁杂。聂荣臻对于彻底改变这个当时只有 707 平方公里、200 多万人口的古都的旧貌，把它逐步改变成名副其实的新中国的首都，是充满了信心的。他无论大事小事，只要是有利于人民的事都尽力去做。

1949 年冬天，北京下了一场罕见的大雪，大街小巷全被冰雪覆盖，一时间，交通事故迭起，给人民群众生活造成了诸多不便。北京市人民政府召开紧急会议，专门讨论和布置扫雪工作。

聂荣臻决定出动军队，参加扫雪。很快，军队和地方共同努力，路上的积雪被铲除一空，交通事故也很快降了下来，北京市的群众无不交口称赞。

聂荣臻常把自己比作人民的勤务员。他在与干部谈话中曾举例说：在部队中修个厕所，好像是小事情。不过，假如没有这个厕所，随地便溺，不但有碍卫生，恐怕也会在群众中造成不好的影响。这事情还小吗？这是关系群众的事，是大事情。聂荣臻还谈到像水、电、下水道等方面的建设。他说，这些都与人民群众生活密切相关，没有一件不是大事情。所以，我们都要很好地计划，有组织有检查地认真抓好，要反对官僚主义。

那时的北京还是个市政设施非常落后的城市。许多街道、胡同垃圾堆成山。这些垃圾大部分是在围城期间形成的，有些甚至堆放了几百年。这些垃圾不仅污染环境，影响市容，有些还把街道、胡同口都堵住了。粪便也随处可见，不少居民区空气污浊。在叶剑英任市长时，市人民政府就决心整顿环境，成立了清运垃圾总会，并在各个区设立了分会。聂荣臻上任后，继续动员部队、机关、街道居民等共同清理垃圾。全市军民齐动员，人人起来清垃圾，就连许多学生也参加了清运垃圾的活动。仅 1949 年一年，北京市就清除垃圾粪便 60 多万吨，使环境得到了初步改观。[①] 再就是城市的污水排放系统落后，许多地方仍是明沟排污。这里蚊蝇成群，臭气熏天，严重威胁着附近居民的生活和健康。当时，北京市因臭、脏而闻名的臭水明沟就有八条。城南的龙须沟就是其中的一条。对此，作家老舍先生曾在他的作品中作了生动深刻的描写。那时，聂荣臻尽管公务繁忙，还是亲自筹划北京市的给水、排水工程。他带领各级领导人和工程技术人员，实地调查研究，制订治理方案。1950 年，在他的领导下，北京市人民政府克服了多种困难，对全市 22 个下水道系统中的 6 个排水系统工程进行了治理整顿，其中包括龙须沟由明沟改为暗沟的工程，使城市环境得到了明显改善。

聂荣臻（右三）视察北京市政建设

①《当代中国的北京》，中国社会科学出版社 1989 年版，第 68 页。

聂荣臻在北京郊区视察农田基本建设

聂荣臻真正把自己看成是人民的勤务员，对人民群众的态度和蔼可亲。一天，他坐车上班途经地安门，有个小女孩正低着头歪歪扭扭地骑着车，听见汽车喇叭响，惊慌失措地迎着汽车而来。司机一个急刹车停在原地，自行车却撞到了聂荣臻的车上。女孩没有受伤，只是汽车的车身被撞坏了一点。附近的交通警察赶快跑来，从车号知道是撞上了中央首长的车。交通警察很紧张，严厉地训斥了那个女孩。为了首长的安全，交通警察示意让聂荣臻的汽车先走。

这时，聂荣臻却走下汽车，和蔼地对不知所措的小女孩说："这点事不算什么，你不要害怕，赶快上学去吧。"并叫交通警察原谅了小女孩，并对小女孩的父亲说："告诉她好好学习。"

聂荣臻临走还叮嘱女孩的父亲，无论如何不要责怪孩子。聂荣臻的车子走远了，隐没在大街的尽头。交通警察回过头告诉女孩的父亲，这是首长的车子。那位父亲吃了一惊，禁不住感叹地说："还是人民政府好啊！"

1950 年 1 月 31 日，《人民日报》发表了聂荣臻《纪念北京解放一周年》的文章。他在文章中指出：一年来，我们建立了北京市人民政府，恢复了生产及教育文化事业；收容散兵游勇，消灭了妓院，解救妓女 1200 多人，逮捕抢劫犯 370 多人，捕获与改造小偷 2100 多人，维护了社会治安；废除了帝国主义在中国的一切特权；在郊区土改中，4.6 万农民分得了土地。但是，在现代化建设方面困难还很多，有待努力。聂荣臻在文章中还提出了"变消费城市为生产城市"的要求。

1951 年初，聂荣臻由于军队工作过于繁重，没有精力再兼管北京市市长的工作，便向中共中央提出辞去该职务。1 月 30 日，中央批准了他的请求。2 月 28 日，北京市第三届第一次各界人民代表会议选举彭真继任北京市市长。

聂荣臻在北京市市长的岗位上虽然只有短暂的一年半时间，但他对北京市的工作却一往情深。在辞去市长职务后，仍时常关怀着北京市的建设和市民生活。

直到 92 岁高龄时，他还专门找北京市负责人谈话，请他们注意多修建地下铁道，说："地铁平时可以缓解地面交通拥挤，战时可用做人民防空。"

在那繁忙的日子里，聂荣臻就是这样以高尚的革命情操和对人民、对工作极端负责的精神，行使着党和人民赋予他的权力。

第五十六章　为了军队的正规化现代化建设

随着战事的减少，中国人民解放军进入现代化建设的新阶段。毛泽东和中央军委适时提出了军队正规化、现代化的任务。

1949 年 10 月 20 日，中央人民政府人民革命军事委员会召开第一次会议，毛泽东主席主持了会议。聂荣臻副总参谋长在会上就目前军事情况作了报告。会议讨论了关于中国人民解放军继续向全国尚未解放地区进军和进一步向诸军兵种合成军队发展的建军方针。新中国成立之初，解放军正处在由战争状态转入和平状态的过渡时期，思想上、组织体制上、技术装备上以及部队作风上都存在着一系列复杂问题。要精简整编，要组建新的军种、兵种，要创办各类军事院校，要改善武器装备，要拟定条令、条例等。这些任务如何具体组织执行，大部分落到了聂荣臻的肩上。

聂荣臻自从到居仁堂办公以来，早上 8 时必定迈进居仁堂的大门。他的办公室在居仁堂东边，中间是会议室，西边是作战室，四周挂满了军用地图。聂荣臻进了大门以后总是直奔作战室，先听取值班参谋的作战情况报告。有些问题当场解决，诸如一般性的战报、电报、文件、电话记录之类，在他职权范围内的立即提出意见，及时处理。如果没有特殊情况，随后他就来到自己的办公室。这时，办公室主任安东已经提前半小时把当天需要处理的文电一一整理好，分门别类放在案头。聂荣臻看电报很快，一大叠电报很快就处理完了。接着，按照日程安排召开由总参各部负责人参加的碰头会议或者是召开由京内军队各大单位负责人参加的联席会议。

召开联席会议，是聂荣臻日常处理工作的主要方式。把总政、总后和各军、兵种的主要负责人全召集来，当面了解情况，拍板解决问题，很见成效。当时，中南海总机很熟悉聂荣臻办公室的声音，每次工作人员通知开联席会议，都是简单的十个字："政（总政）、后（总后）、空（军）、海（军）、炮（兵）、装（甲兵）、工（程兵）、公（安军）、防（空军）、铁（道兵）。"总机也不多问，很快，十个大单位就全通知到了。

另一种会是由总参机关各部门领导人参加的碰头会议。由于已成惯例，不用通知，一上班各部部长就都聚到聂荣臻的办公室碰头。

聂荣臻认为，用碰头会议和联席会议的方法解决问题这种形式好，各部的领导干部也都愿意这么办。大家把情况凑在一起，共同提出解决办法，研究确定之后，就分头执行。这样，问题处理得快，效率高，减少和避免了文牍主义和"踢皮球”的现象。通过这种办法，加强了与各部门领导的直接联系，大家可以经常通气。那个时候公文很少，有问题大多在会上解决。聂荣臻要求参加会议的人必须熟悉情况，能够负责，一问三不知可不行。由于后勤财务和军械部门的业务工作涉及有关武器装备、物资供应等方面的数目字比较复杂，所以准许他们带两个助手参加会议。别的部门，都是掌握情况、熟悉情况的领导干部参加会议。那时，曾任军委办公厅副主任的唐永健，在笔记本里记下了几次联席会议的有关情况：

> 1951 年 7 月 9 日，研究编制问题。
>
> 聂荣臻指示：编制要合乎我们的（军工）生产条件，应该根据战争需要和生产条件进行讨论。
>
> 出席会议的有：朱德、陈锡联、许光达、刘亚楼、杨立三、吕正操、徐立清、王诤、萧克、李迎希、刘志坚、洪学智，还有苏联顾问尼哥尔斯基。
>
> 聂荣臻在会上说，这个编制已经讨论了三次，大家基本满意。朝鲜战场的经验证明，以现有装备是不能彻底打败美帝国主义的。我们提出现代化的口号，其物质基础是新的装备。搞新装备是困难的，但困难必须克服。

聂荣臻工作很有条理，十分细心，忙中不乱。一次会见苏联贵宾，军乐团列队欢迎。因为军乐团当时没有迎宾礼服，有人设计了一种领章，缀在领子上。聂荣臻一眼就看见乐团人员领子上的装饰图案，马上严肃地批评：“谁让你们钉的？领章图案我都不能做主，快取下来。”这时，苏联贵宾还没到，避免了一次不好的影响。

聂荣臻对协助他工作的总长办公室的一班人员很满意。当时那么忙，却很少出差错。办公室主任安东是红军时期的干部，1955 年被授予少将军衔。他的办公室挨着聂荣臻的办公室，用一面屏风遮住。有事聂荣臻就按电铃叫他，总是随叫随到。聂荣臻习惯把要处理的问题写在小纸条上，一个小条写一个问题，交给安东去办。安东谨慎小心，从不马虎，件件事都有着落，聂荣臻很赞赏他的办事能力。

总长办公室还有三个年轻秘书负责机要工作。有时，聂荣臻从作战室出来路过机要室，也跟三个秘书开开玩笑。

有一天中午，三个年轻人都歪在沙发上睡着了。聂荣臻按电铃要处理电报，按了几次，他们也没醒。等了一会儿，聂荣臻看看还是没动静，就走到机要室诙谐地喊起来：“下雨喽！下雨喽！”几个秘书一听聂荣臻在喊他们，都很不好意思地爬起来，赶忙接过电报处理。聂荣臻没有批评他们。也难怪，他们这些天，天天忙到深夜。

在聂荣臻身边工作有一个特点，要掌握各种知识，加大信息量。他不爱讲话，交代一件事一般不讲前因后果，以后安东也形成了这个习惯。办公室的三个年轻人就有意识地阅读聂荣臻看过的重要文件，慢慢搞清了哪些是重点，哪些不是重点。以后，连聂荣臻脑子里正在想什么事，他们也摸得八九不离十了。

聂荣臻担任代总长后，工作千头万绪，难免出点问题。有一次，因为一份电报没有送给毛泽东看，就以军委名义批发了。毛泽东知道后，把聂荣臻叫去严厉地说："以后不能越权，凡是以军委名义发的电报，一律先送给我看以后再发。"聂荣臻没有吭声。

后来，工作人员在翻查前一时期的电报时，发现毛泽东批评的那份电报是军委办公厅主任张经武以军委名义下发的，而不是聂荣臻批发的。聂荣臻为人厚道，受了领导批评，从不推到下边。张经武批发的那封电报内容，是关于军队编制方面的。他批准撤销一个机构。事后，张经武得知事情真相，十分感激聂荣臻。他说："聂总真好，真是个好领导。"

那时，部队刚从山沟进城，遇到的新问题很多，中共中央曾多次发出通知：为了把一切必须和可能集中的权力集中于中央，要求建立严格的报告制度。在这方面，聂荣臻做得很好。

聂荣臻要求身边的工作人员当天的事情要当天处理完，不许过夜，尤其是呈送毛泽东的电报，一定要尽快译出来。他还要求办公室建立催办制度，上午交代的事情，一般下午要催一催，看办的结果怎么样，要求及时向他报告。

新中国成立初期，总参谋部的工作极为繁忙。聂荣臻的工作不分上下班，中午从不回家，和衣在办公室的床上歇一会儿后，又继续工作。他经常夜间去毛泽东、周恩来那里开会，直到早上天亮时才回来，随便吃几口饭，打一会儿瞌睡，8点钟又准时上班了。总干部管理部副部长赖传珠摸到了聂荣臻的规律，知道其他时间聂荣臻很忙，难以找到，早上这一会儿工夫准在补觉，就专门在早晨打电话请示工作。以后，聂荣臻的秘书范济生想出了一个主意，接了一个并联分机。在聂荣臻休息时，由秘书先接电话，问清事由，如不是万分紧急的事，就不去打扰聂荣臻宝贵的休息时间。

那个时候，每逢周末中南海都要举办舞会，许多领导干部常去跳舞。聂荣臻虽然也喜欢跳舞，却极少去。因为他实在太忙，没时间去。偶尔因工作出席一场文艺晚会，秘书拿着文件追到会场，少不了要签发几份文电。

多年来，聂荣臻养成了一个习惯，凡是条件允许，睡觉前他总要在澡盆里泡上15分钟。过去傅连暲曾告诫过聂荣臻，过热和过凉的水温刺激对他的身体都不利。所以，每次洗澡，聂荣臻都将水温调试在40摄氏度左右，让身体全部浸泡在水中。这样，既解除了疲劳，又利于健康。一天晚上，天气燥热，闷得透不过气来，聂荣臻刚刚坐进澡盆里，正想痛痛快快洗个澡，电话铃响了，是毛泽东叫他去开会。他二话没说，从澡盆里跳出来，穿上衣服，直奔毛泽东的住处。

20世纪50年代初，中国人民解放军从陆军单一军种走向诸军兵种合成的现代化建军道路。聂荣臻主持总参谋部工作以后，在中共中央、中央军委和毛泽东的关怀下，在周恩来的直接领导下，部队进行了一系列正规化、现代化建设。

1950年3月10日，聂荣臻就军事机关及学校建设问题等给毛泽东写报告：（一）继续加强海、空军司令部建设，筹建炮兵、装甲兵、工程兵司令部，并提出军兵种领导人选建议；（二）总参除加强作战、情报部外，组建通信部、军训部、军校部；（三）总后勤部与华北军区后勤部分开，组建军需、军械、财务、运输、卫生部；（四）筹建总干部管理部；（五）加强航空、防空、测绘、机要学校、军医大学，筹建炮兵、工兵学校；（六）筹建陆军大学（军事学院），使之成为建设正规化国防军的培训中心，深造高级军事干部，请刘伯承主持。[①]

以上建议很快得到了毛泽东等中央领导人的批准，陆续组织实施。

当时，总参机关是战争年代延续下来的，人数很少。随着军队建设的不断深入，总参机构不健全的弊病逐渐显示出来。尽管聂荣臻建议新设了通信部、军训部、军校部，但是总参机关没有专管军务和动员的部门，这对部队的现代化、正规化建设以及将来过渡到义务兵役制等都是个大问题。他在参考了苏军总参谋部的编制后，提出了尽快组建军务部的方案，获得批准。

一年多的时间里，聂荣臻除了健全总参各部外，还抓了军兵种建设。在人民解放军的序列里，又增加了炮兵、装甲兵、工程兵、防空部队、公安部队等新的军兵种。

在正规化、现代化建设方面，聂荣臻还狠抓了军队的编制、装备工作。新中国成立初期，人民解放军的武器装备型号杂乱，虽然也有一些武器修配厂和弹药生产厂，但要保障部队武器装备的零配件和弹药供应却极其困难。为此，他在1950年5月召开的参谋会议上提出，今后各种枪炮要以步兵师为单位逐步统一口径，以便组织零配件和弹药生产。编制上，步兵以师为基本单位，直接受大军区供应及指挥，使师一级能单独作战，也可以进行联合兵种作战。[②]有解放台湾和剿匪任务的步兵师、团，分别编配炮兵营、连。大口径火炮编成独立的炮兵师、团，属各大军区，作战需要时可配属到有关的步兵部队。经过一段时间的努力，各单位按此原则进行整编，使人民解放军武器装备和编制上的杂乱状况有了较大的改观。聂荣臻还非常重视充分发挥技术装备的优势。1952年8月，他在主持研究铁道兵编制问题的会议上说：拟议中的铁道兵师的编制人数由6000多人增加到1.2万多人，增加的人数太多，说明我们对使用技术装备的重要性还认识不足，只想依赖人力的优势去完成任务，今后应该改变这种思想。

军队现代化建设很重要的一条，是军官军政素质的提高。在聂荣臻的建议下，新建了某些军事院校。各军区也都筹办了步兵学校或高级步兵学校，用于培养初、中级军政干部。南京成立了军事学院和总高级步兵学校，培养高、中级军政干部。这些院校由军委统一规定教学内容和计划。军事学院战役系的学员，由52名将军组成，如后来担任总参谋长的杨得志、担任国防部部长的秦基伟和担任国防大学校长、军委副主席的张震，都是那个班的学员。

除了组建各类专业人才的军事院校外，聂荣臻对全军的文化教育也极为关心。他在全国政协一届二次会议上的军事报告中曾提出，人民解放军今后要努力

---

①《聂荣臻军事文选》，解放军出版社1992年版，第318页。

②《聂荣臻军事文选》，解放军出版社1992年版，第329页。

1959 年 4 月，聂荣臻（左四）与陈赓（右二）视察南京军事学院

提高文化水平。

当时部队的主要成分是翻身农民，干部战士大部分是文盲。聂荣臻清醒地认识到，这是建设现代化军队的一大障碍，必须下大力开展群众性的扫盲工作。他提出在三年之内，改变部队中的文盲和半文盲状态，使全体战士达到高小毕业的程度。从 1950 年起，军队各大单位都办起了文化补习学校或补习班，有的单位还办了速成中学或小学，部队招收了一批知识青年到营、连当文化教员，全军掀起了向文化大进军的高潮。1952 年，石家庄第二高级步兵学校文化教员常青以高度为工农兵服务的精神，创造了"常青速成写作教学法"，取得优异成绩，聂荣臻以华北军区司令员名义，通令嘉奖并给予记特等功和晋级奖励，号召全军向常青学习。部队战士们经过三年的文化学习普遍达到了高小以上文化程度，有些达到中学或更高的程度，为掌握现代化技术装备和开展军事科学研究打下了良好的基础。

在逐步开展各军、兵种以及院校建设的同时，精简整编也在同步进行。

1950 年，解放战争后期作战任务的完成使人民解放军的建设进入了一个新时期。550 万步兵显得过于庞大。根据毛泽东和中共中央的指示，军委和各大军区协商，最后确定军队保留总人数为 400 万人，以便省下经费来加强海军、空军和技术兵种的建设。①

一次裁军 150 万，这是中国人民解放军建军史上的第一次。为了领导全国大规模的复员工作，由中央军委、政务院共同组成了中央复员委员会，周恩来任主任，聂荣臻任副主任。中央复员委员会拟定了复员工作大纲，以中央军委主席和政务院总理的名义颁布了复员工作条例。地方各级也成立了复员委员会，具体负责复员战士的安置工作。

这次大规模复员的原则是：干部不复员；对每一个复员战士，务使各得其所，尽量做到让人人满意。

①《聂荣臻军事文选》，解放军出版社 1992 年版，第 341 页。

在全军参谋会议上，聂荣臻就复员工作进行了动员，希望各单位切实重视，把复员工作当作大事来抓，要做好复员战士的思想工作，切实注意解决他们的实际困难。聂荣臻提出，在复员工作中既要防止完全从政治出发，把老战士都留下来，又要防止完全从精壮出发，把久经战火考验的老战士都复员。要求保持新老成分的适当比例，以保持部队的战斗力。

1950 年 5 月，聂荣臻主持全军参谋长会议，研究军队精简整编。第一排右第六人起依次为：聂荣臻、周恩来、毛泽东、朱德

全国性的大规模复员工作是很复杂的。一方面是复员军人和部队的关系，另一方面是军队和地方的关系。在这些问题上，聂荣臻看得很远，想得很细。他特别强调，这不仅仅是一百多万军人复员的问题，如果做得不好，就要影响社会的安定。他在复员工作会议上说：不久以前，由于河北遵化对残疾军人问题处理不当，结果造成荣誉退伍军人和地方对立起来。一百多万人回到农村，生活不安定，对社会秩序的影响是不堪设想的。搞不好的话，还会使青年人对参军服兵役寒心，直接影响到部队的巩固和国防军的建设。这个工作是麻烦的，但这是历史给我们的麻烦，这个任务必须负担起来，不应该怕麻烦，必须努力把工作做好。国民党军队的兵员来源靠的是抓壮丁，打完仗，推出军队完事。这些人为生活所迫，就去抢老百姓，到工厂、商店要钱，成为社会上的破坏力量。而人民解放军是人民的子弟兵，只要工作做到家，复员战士就会成为建设国家的积极力量。过去天下是他们打的，现在还需要他们来建设。聂荣臻反复说明，战士复员不是军队不要他们，而是需要在新的条件下去发挥他们的作用。离开部队以前，一定要开好欢送会。在评功、入

党、入团等问题上优先考虑复员军人，给他们以政治上的荣誉感，一定要使他们积极愉快地走上新的岗位。在物质上要给以一定的报偿，发给一定数量的小米和布匹作为安家费用。有病有伤的要给予治疗，临走没完全治好的要给他们带上药品。

这次复员工作地方政府配合得很好，许多地方政府的工作人员敲锣打鼓到部队驻地去欢迎，详细地向复员战士介绍当地有关生产、治安、民兵等情况，把复员战士当作可信赖的骨干使用，甚至连帮助他们找对象的问题也想到了。如此细致地做工作，使复员军人减少了顾虑。

战争时期，都是战斗减员，极少有复员。在一些复员军人心中，对于离开部队是有很多想法的。现在地方政府把复员战士当骨干使用，优先安置，把他们作为有功之臣厚待，使复员军人们很感动。毛泽东曾经说过，我们不能像国民党那样过河拆桥。参加新中国工作的原国民党人士也很激动，他们搞过多少次复员，从没有见过这样的处理。傅作义和张治中曾对比国民党军队和共产党军队的复员工作，感叹地说：同样是复员，这样大的差别，国民党怎么会不垮，共产党怎么能不胜。

曾经在中央复员委员会任秘书长的雷英夫说："那时工作效率很高，各军区和地方复员委员会的电报，一般几个钟头就处理完了。重要的问题请示聂总，他马上就抓，或作新的指示，或留待晚上请周总理审定，当天晚上就发走了，从不过夜。"

聂荣臻和各级复员委员会做了一系列工作，使复员军人高高兴兴，没有复员的军人也高高兴兴。地方青年一看，复员军人回乡这么光荣，也踊跃报名参军。许多老人说："过去国民党用抓、买的方法搜罗壮丁，造成社会动荡不安。而现在自愿送孩子参军，还这么难，比选个女婿还难。"

聂荣臻在全国民政工作会议上作的《关于军队整编复员工作的报告》中指出：在复员工作上不搞一刀切，要针对各地的不同情况区别处理，有的地区灾荒严重，有些新解放区还有土匪，社会秩序不安定，有些解放战士觉悟程度还不高，平时表现不好，这些暂时都可以不复员，以减少地方负担。在老区，有些解放战士没分到土地，无家可归，也可以暂不复员。他特别指出，在西北地广人稀的地方，可以把全部复员军人组织起来，集体转业到生产战线上去，把复员经费转成生产经费，东北也准备这样做。今天我们的困难是条件不许可我们把几百万人完全集体转业，大部分还是分散回乡生产。过去开垦是失败的，政府未用很大的财政和技术来支持。现在我们采用集体转业的形式，用很好的干部去带。开垦和移民同时进行，是能够实现这个计划的。

1952 年 1 月，聂荣臻向毛泽东和中共中央提出了关于抽调 40 万解放军集体转业的建议。21 个师的 21 万战士分别奔赴铁路、水利、林业、建筑等环境条件较为艰苦的岗位。19 个师改编为屯垦部队[①]，在北大荒、新疆的土地上，洒下了他

①《聂荣臻军事文选》，解放军出版社 1992 年版，第 362 页。

们辛勤的汗水，使荒无人烟的原野变成了富饶的粮仓。如今，他们中间不少人，还战斗在祖国的边疆。他们为祖国的建设和农垦事业，作出了不可磨灭的贡献。

经过这次大规模的精简整编，全军总定额有了很大的压缩。聂荣臻在回忆录中满怀深情地说："我军广大指战员，南征北战，战争刚刚结束，就置个人和家庭的困难于不顾，立即投入艰苦的生产劳动，为医治多年的战争创伤，渡过经济难关，流下了大量汗水。他们这种崇高的爱国主义精神，至今回忆起来，仍使我们感动不已。"由于部队和地方的高度重视，100 多万人的复员工作进展顺利，没有出现大的问题。它的成功经验，对 33 年后的百万大裁军仍有一定的借鉴作用。

1952 年 8 月 4 日，聂荣臻向毛泽东和中共中央提交了《关于由民兵制过渡到义务兵役制方案的报告》。报告中提出，民兵在革命战争年代发挥了重要作用，今后仍将发挥重要作用。拟在已有民兵 1800 万人的基础上，按农村总人口的适当比例实行普遍民兵制，并在县一级建立基干民兵团，加强组织训练，为逐步过渡到义务兵役制奠定基础。[①] 建议获得批准。12 月 11 日，军委和政务院联合颁发了《中华人民共和国民兵组织暂行条例》。

1953 年 12 月，聂荣臻在全国军事系统党的高级干部会议上作了《关于组织编制问题的总结》报告，主要内容是：确定了全军总定额 350 万人；各军兵种人员比例暂时维持现状，将来随国家生产发展而变化；各大军区保留的干部名额从本军区的总员额里挤占；步兵师的编制经过朝鲜战场的检验，是适宜的，不应变动；公安部队是人民军队不可缺少的组成部分；各兵种指挥机构统称部，不设政治部；还有关于海防、边防的责任区分等问题。[②]

从 1950 年起，聂荣臻要总参谋部抓各种条令条例的制定，当年就搞出了暂行的步兵操典，虽然很不完备，但新中国成立以后，总算有了一个比较适合人民解放军传统和现状的全军统一的操典。总参还组织班子编写内务、队列、纪律条令，一年以后颁布了这三个条令的草案，在全军试行。这些条令、条例的制定与实施，对人民解放军现代化正规化建设起了重要作用。

第五十七章　力促绥远方式的实现

聂荣臻认真执行毛泽东在中共七届二中全会上的指示，与薄一波等人一起，为绥远方式的胜利做了大量工作。

所谓"绥远方式"，就是指人民解放军有意保存一部分国民党军队，原封不动，或者大体上不动，争取这部分军队在政治上与人民解放军能基本保持一致，以便集中力量首先解决国民党残余军队的主要部分。这一做法，在人民解放军已经取得战略决战胜利的当时，是完全可能的，也是十分有利的。

---

①《聂荣臻军事文选》，解放军出版社 1992 年版，第 371 页。

②《聂荣臻军事文选》，解放军出版社 1992 年版，第 378 页。

早在争取和平解放北平的进程中，聂荣臻于 1949 年 1 月 16 日对邓宝珊说："我方对解决绥远问题的初步设想，准备采取一种更为和缓的方式，留待下一步再解决。"[①] 罗荣桓也向邓宝珊表示：绥远的问题，待党中央指示以后再谈。如果北平的和平解放能顺利完成，使中国数百年古都的文物能够完全归到人民手中，绥远的问题就好谈了。罗荣桓还对邓宝珊说："毛主席说，将采取一种更和缓的方式。我们叫它做'绥远方式'。"[②] 聂荣臻让邓宝珊回去后，将这一意见转告给傅作义。邓宝珊当时是国民党华北"剿总"副总司令兼晋陕绥边区司令，绥远有他一份，听了自然高兴，就满口答应。

通过多次会谈，双方终于达成了和平解放北平的协议，这就为绥远方式的成功奠定了基础。

2 月 1 日，林彪、罗荣桓、聂荣臻进入北平以后，遵照中央指示，2 月 2 日在《人民日报》（北平版）发表了一条消息，在叙述北平谈判的过程时，公布了 1 月 16 日给傅作义的公函。公函中历数傅作义在抗战胜利后执行蒋介石的内战政策和《戡乱命令》，进行反共反人民活动，进攻华北解放区，敦促他放下武器，接受和平改编，同时讲了傅作义将军接受了人民解放军的指示，使北平得以和平解放。傅作义看到报纸后思想苦闷，情绪低沉。这件事情的原委是这样的：1949 年 1 月 14 日，聂荣臻在与傅作义的全权代表邓宝珊等谈话时，根据中共中央的指示，采取了强硬态度，严正谴责傅作义对和平解决平津问题一再拖延，傅方对此应负全部责任，并表明解放军攻打天津的决心。第二天接到军委来电说：要将"一个正式文件"（即 2 月 2 日《人民日报》发表的消息）交邓宝珊带回去，并指出，这"是准备于必要时公开发表的"。这就是 1 月 16 日聂荣臻交给邓宝珊的那份公函（即"通牒"）。林彪、罗荣桓、聂荣臻走后，邓宝珊看了（没有封口）表情惊讶，觉得很为难。周北峰等人向邓宝珊建议："傅个人英雄主义甚浓，通牒以暂不交为好。"因此，交"通牒"一事就这样被拖延下来了。以后，中央军委从人民的利益和大局出发，于 1 月 20 日、29 日两次来电指示：为了争取政治上的主动，顺应北平人心所向，使傅作义在群众中完全陷于孤立，促使他彻底改变反动立场，在政治上、军事上都真正站到人民方面来，"通牒"以公开发表为好。于是，1 月 31 日新华社播发了"通牒"全文，2 月 2 日《人民日报》发表了消息。

傅作义对和平解决绥远问题是有贡献的。1 月 28 日，董其武所部与解放军绥蒙军区部队在陶卜齐曾发生武装冲突，董部被消灭一个团。傅深恐再生事端，一再要求尽快解决绥远问题。考虑到傅作义如果情绪消沉，对推行"北平方式"、和平解决绥远问题，以及统一战线工作都有不利影响，因此，林、罗、聂决定与傅面谈。2 月 4 日，林彪、罗荣桓、聂荣臻将拟谈的内容报告了中央军委。2 月 5 日，毛泽东对谈话内容作了批示。2 月 8 日，林彪、聂荣臻、叶剑英、陶铸、

---

①《绥远和平解放大事记》，第 13 页。

②《傅作义生平》，文史资料出版社 1985 年版，第 319 页。

苏静、南汉宸在北京饭店宴请傅作义。席间，林彪首先向傅作义表明了态度：“北平和平解决，避免了人民生命财产的损失。使文化古都未遭受破坏，避免了双方官兵的伤亡，替国内树立了北平方式的新榜样。”“傅作义将军对北平和平解放是有贡献的。”“我党愿意与一切党外真愿为人民服务的人合作。共产党人绝不采取党员包办方式，而是采取党员与非党员合作的政策。共产党对一切对革命事业有贡献的人，绝不亏待他。”林彪还告诉傅作义：今后并愿吸收他做工作，例如参加华北或将来的联合政府工作，等等。听了林彪的话，傅作义一再表示，他的行为不是为了个人，是以人民利益为重的，南京曾几次派飞机来接他，他都没走。此时，聂荣臻又进一步向傅作义解释了共产党的民主政策：“我们的民主是对百分之九十的人民主，而对百分之十的反动阶级、反动分子，则实行专政，而不可对一切人实行民主，但我们的民主是代表绝大多数人的。”① 在座的叶剑英对傅作义愿意积极帮助解放军接管北平的态度，表示了钦佩之意。他们边吃边谈，气氛极为融洽。邓宝珊高兴地说：“我们的心与你们完全一样，只不过我们不是共产党员而已。”这次宴请后，傅作义的情绪有所好转。

2 月 11 日，傅作义在家中回请了林彪、聂荣臻、叶剑英等人。为了稳定傅作义的情绪，这次对绥远问题只作了一般交谈。

通过双方互相宴请，感情上有了进一步的沟通，这无疑对解决绥远问题起了促进作用。

2 月 19 日，林彪、罗荣桓、聂荣臻就解决归绥、大同、榆林三处问题向中央军委建议：将在绥远的傅作义部改编为一个军（以后实际上改编成一个兵团），由人民解放军派出各级政治工作人员，其部队、干部及眷属与解放军同类人员同等待遇。建议得到中央军委批准。

2 月 22 日，毛泽东在西柏坡接见傅作义、邓宝珊将军时，提出绥远问题可以用“绥远方式”解决。当傅作义询问什么叫“绥远方式”时，毛泽东解释说：就是不用打仗来解决绥远问题。解放军与董其武部队之间先划条和平线，互不侵犯，把铁路接通，贸易搞起来，然后看董其武将军认为方便的时候宣布起义。毛泽东为绥远问题的暂时划界分治，定了基调。

3 月，中共中央决定贺龙、李井泉参与绥远问题谈判。3 月 23 日，林彪、贺龙、聂荣臻、李井泉、陶铸约请傅作义、邓宝珊、周北峰到北京饭店协商解决绥远问题。会上，解放军方面表示，遵照中共中央决定，绥远暂时维持现状，并组织小型委员会，具体协商划界、交通、金融、贸易等问题。傅作义方面表示同意。经商定，解放军方面代表为李井泉、张友渔、潘纪文；傅作义方面代表为王克俊、周北峰、阎又文。不久，林彪、贺龙、李井泉等因另有任务，会谈由聂荣臻、薄一波负责。

3 月下旬至 4 月上旬，双方代表作了几次反复协商，互有让步，解放军则作

---

① 林、聂关于与傅谈话内容向中央军委的报告（1949 年 2 月 12 日），原件存于军委档案馆。

了多方面的让步。3月27、29日，聂荣臻、薄一波在给中共中央的报告中两次提到："关于划界，经我方让步，商定自武川北之乌兰花（四子王旗）、陶卜齐、白塔……直到托县清水河之间的喇嘛湾，划一界线，停止冲突……喇嘛湾一地，傅方颇有不愿放弃之意，我们意见，如傅方坚不让步，我方可以不要。"关于交通，平绥路在统一管理的原则下，傅方的运费可斟酌减免，如有盈余，还可按里程比例分给傅方红利。双方自由贸易，可互免出入口税，互设贸易机构，但严禁违禁品（如鸦片烟）贸易。在金融方面，为照顾傅方，人民银行准备酌量收兑傅方的金元券。关于派联络机构，解放军方面提出设到师以上部队，傅方坚持不接受，于是作了让步，拟只在归绥设联络处。国民党派遣到董其武部的特务分子由傅方送走等。以后按照这个方案，在文字上几经斟酌，达成绥远分治协议。经毛泽东批准后，6月8日双方在《绥远和平协议》上签字，协议生效。

在双方协商期间，人民解放军于4月20日开始对封建军阀阎锡山的老巢太原，发起第二阶段总攻。24日凌晨5时，1300多门火炮齐轰太原城。上午10时，总攻结束，歼灭阎锡山部8.4万人，太原宣告解放。此时，地处平绥、同蒲两条铁路干线交会处的晋北重镇大同，虽然早已是一座孤城，但固守在城里的国民党军正在加固工事，负隅顽抗。他们凭借较强的实力和坚固的工事，妄图与城外的解放军部队抗衡。针对大同国民党军的情况，城外的解放军部队在聂荣臻、薄一波的直接领导下，坚决按照中央军委对大同实行"围而不打"的战略方针，对城内国民党军展开了强大的政治攻势。4月29日，大同城内国民党军派代表与解放军正式谈判。这一天，守城的国民党军1.3万人放下武器，接受和平改编，大同获得解放。接着，5月5日，解放军又乘势攻占了安阳，歼国民党军1.5万余人。当天下午，新乡国民党军2万余人被迫全部投诚。至此，华北地区全部解放。在当时情况下解放军这样做，应该说是作了很大让步的。正因为如此，在解放军部队中有些同志产生了急躁情绪，认为"绥远方式"吃亏，又太麻烦，太不干脆。聂荣臻、薄一波根据中央意图，一再要求解放军方面的代表一定要耐心会谈，能让步的地方可以让步，力求"绥远方式"取得胜利。4月18日，聂荣臻在华北军区直属队团以上干部会议上的讲话中指出：绥远谈判问题上的急躁情绪，是与中共七届二中全会的精神不一致的。"不明了这样的斗争方式，更便于集中力量解决主要敌人……这不是由于我们力量小，而正是由于我们的力量已是强大的。"

绥远和平协议达成以后，斗争并没有结束。国民党当局千方百计诱迫董其武率部西撤，以便继续控制。董其武进行了抵制。但董其武的部下，情况很复杂，有的坚持顽固立场，有的受阎锡山拉拢，进行破坏，使协议的执行遇到了很大的困难。预定6月底公布协议的计划未能实现，按预定日期进驻归绥的解放军代表被阻挡而折返。在这种情况下，傅作义于7月14日给毛泽东写了封长信，提出了解决绥远问题的意见。7月16日，毛泽东在聂荣臻、薄一波陪同下，接见了傅作义、邓宝珊。毛泽东表示傅作义的意见很中肯，就按傅的意见办。7月18日，解放军方面派出的工作委员会抵达归绥，但受到董其武某些部属的百般抵制，个别工作人员甚至还因遭受特务分子的袭击而牺牲，根本无法开展工作，协议只是一纸空文。至 7 月 24 日，工作委员会的大部分人员被迫撤出归绥。与此同时，董其武部有些小部队也不断向解放军防区袭击骚扰。对此，聂荣臻、薄一波于 7 月 30 日电示绥远军区司令员姚喆等人，解放军宜一方面提高警惕，如敌来袭，坚决还击，并记录在案；另一方面又要忍耐，不要主动出击，尽量避免事端，以利于和平解决绥远问题。

鉴于阻力大、困难多，毛泽东决心让傅作义出面解决绥远问题。毛泽东说："绥远起义后，不用军管方式，可设军政委员会，由宜生先生（指傅作义）任主席。"[①]按照毛泽东的指示，很快宣布成立了绥远军政委员会，傅作义为主任，邓宝珊与解放军代表高克林为副主任。聂荣臻遵照毛泽东的意图，对傅作义的归绥之行作了精心安排。他专门指示华北军区拨了一列铁甲列车，内挂一节软卧车厢，并派一个营的兵力护卫。薄一波也亲自打电话通知人民银行行长南汉宸，拨出现大洋 15 万元，作为傅作义此行的活动经费。傅作义也从他原来部队积蓄的奋斗基金里拿出现大洋 5 万元，将这 20 万元带到绥远，准备慰问那里的部队官兵。8 月 20 日，中共绥蒙区委城工部部长潘纪文代表华北局、华北人民政府，陪同傅作义、邓宝珊等起程赴归绥。那天，聂荣臻和薄一波亲自到西直门车站送行。

傅作义到达绥远后，与邓宝珊、董其武等一起进行了一系列工作，终于使绥远和平起义逐步成为现实。傅作义 9 月 11 日致电聂荣臻、薄一波，对绥远起义的准备情况进行了详细说明。他在电报中这样说："经连日分别传见说明，军政干部对中共领导及人民政府各项政策，均表拥护，尤其对毛主席敬仰崇拜之热忱，出乎一般意想之外。"电报中提出了要团结大多数，肃清特务分子，妥慎处理纪律不好的单位，逐渐教育整编军队等四项原则，并对董其武发表起义通电的步骤等提出了具体的意见。[②]薄一波将傅作义的电文和以聂荣臻、薄一波名义发出的复电稿一并转呈毛泽东。毛泽东亲自作了修改，批准了复电稿，充分肯定了傅作义的意见。9 月 19 日，董其武、孙兰峰将军等 39 人联名通电毛泽东、朱德、聂荣臻、薄一波，宣布率全体官兵 6.5 万人起义。绥远终于和平解放。20 日，毛泽东和朱德，聂荣臻和薄一波，分别致电董其武将军等人，予以慰勉和祝贺。

"绥远方式"的胜利，具有重要意义。对于绥远问题，毛泽东很重视，半年内七次会见了傅作义。中共中央、中央军委对绥远国民党军的宽大政策和耐心等待，对以后一些城镇的和平解放及众多国民党将领的起义等都产生了直接或间接的影响。聂荣臻和薄一波在和平解放绥远的复杂过程中，认真贯彻了中共中央和毛泽东的意图，为"绥远方式"这一战略方针在绥远地区的胜利实施，作出了重要贡献。

---

①《傅作义传略》，中国青年出版社 1990 年版，第 274 页。

②《傅作义传略》，中国青年出版社 1990 年版，第 280 页。

第五十八章　工作重点转向抗美援朝

1950 年 6 月 25 日，朝鲜战争爆发。两天后，美国总统杜鲁门公然宣布，已派美军武装入侵朝鲜，同时命令美国第七舰队驶入台湾海峡，侵占中国领土台湾。在这关系到朝鲜民主主义人民共和国生死存亡和中国人民命运的历史关头，经毛泽东提议，7 月 7 日和 10 日，由周恩来主持召开了中央军委会议，讨论在朝鲜战争形势下的国防问题。聂荣臻出席了这两次会议。7 月 13 日，中央军委作出《关于保卫东北边防的决定》。作为代总参谋长的聂荣臻，为贯彻中央军委的指示，迅速落实组建东北边防军的任务，通知中南军区以第十五兵团部为基础，组建第十三兵团部，率第三十八、三十九、四十军于 8 月上旬到达东北地区，与已在那里的第四十二军集结待命。8 月 5 日，聂荣臻电令第十三兵团司令员兼政治委员邓华："本月内完成一切准备，待命出动作战。"但由于准备工作艰巨复杂，过于急迫，难以按时完成。于是，他在帮助中南军区为第十三兵团调配干部、补充兵员和武器弹药、落实铁路前运计划等工作的同时，于 8 月 18 日再次电令邓华："请加紧督促，务于 9 月 30 日以前完成一切准备工作。"第十三兵团按时完成了集结待机的任务。东北边防军（除第十三兵团 4 个军，配属 3 个炮兵师，1 个高炮团，1 个工兵团，共 25 万余人）的迅速组建和做好入朝参战准备，为志愿军取得第一次战役的胜利奠定了基础。

8 月 1 日，东北军区向总参谋部请示，可否派部分高炮部队到鸭绿江大桥朝鲜一侧布防，以保护这座大桥。聂荣臻认为，鸭绿江大桥是中朝两国之间唯一的重要通道，一旦被切断，后果不堪设想。8 月 2 日，他向毛泽东、周恩来报告：关于东北军区请示的问题，"经研究后，感到还是派出为好，……因为鸭绿江的桥梁对我来说是必须保护的"。4 日，毛泽东批准了这个报告。此后，经征得朝鲜方面同意，东北军区部队对鸭绿江大桥采取了严密的保护措施。战争进程中，美军飞机昼夜对这座大桥狂轰滥炸。聂荣臻一再指示部队设法保护好大桥。后来部队创造性地架设了一座与鸭绿江大桥并行的水下桥，桥身隐藏在水面下，空中侦察不易发现，可以保障通行。水面桥炸断了能很快修复，水下桥则始终未被炸断过。中朝之间的这条通道一直没有被切断，这对抗美援朝战争的胜利起了重要作用。

8 月下旬，聂荣臻看到美国积极调兵遣将，预感到战局可能很快逆转，一旦中国被迫军事卷入，光靠东北边防军的兵力是远远不够的。于是，他在请示毛泽东同意后，命第九和第十九兵团做准备，到山海关以内地区集结，必要时支援东北边防军作战。①

毛泽东和中央军委的预见是完全正确的。9 月 15 日，美军在仁川登陆后，接着大举北进，向中国边境压来，迫使中国进行抗美援朝战争。

但在当时，对中国是否出兵朝鲜问题，党内是有不同意见的。有的人认为我

①《当代中国的抗美援朝战争》，中国社会科学出版社 1990 年版，第 429 页。

们打了这么多年仗，迫切需要休养生息，中华人民共和国成立才一年，各方面物质条件还很差，不到万不得已，最好不打这一仗。聂荣臻也有些担心，认为“国内革命战争刚刚结束，困难很多。部队嘛，兵员不少……是充实的，但武器弹药怎么办？对付现代化战争，坦克、飞机、炮兵几乎什么都没有，基本上还是小米加步枪，弹药都困难呀”。当时，毛泽东对出不出兵问题考虑了很久。最后，终于在朝鲜劳动党和朝鲜政府的一再请求下，从维护中朝两国人民的利益、维护亚洲和世界和平的根本立场出发，毅然下定了决心。10月上旬，中共中央政治局再次召开会议，研究出兵朝鲜的问题。聂荣臻列席了会议。会上，毛泽东表示：大家摆的困难都有理由，但朝鲜处于危急时刻，我们站在旁边看，不论怎样说，心里也难过。就这样，中共中央决定派中国人民志愿军入朝参战。聂荣臻历来组织观念很强，既然中央已作出决定，他就全身心地投入抗美援朝战争。

10月2日凌晨，总参谋部接到情报，南朝鲜军于10月1日越过三八线。后又得知，10月7日美国侵略军不顾中国方面的一再警告，也大举越过三八线。聂荣臻将情报及时报告给了中央军委。10月8日，毛泽东正式发布了《给中国人民志愿军的命令》。命令指出：“为了援助朝鲜人民解放战争，反对美帝国主义的进攻，借以保卫朝鲜人民、中国人民及东方各国人民的利益，着中国人民志愿军迅即向朝鲜境内出动，协同朝鲜同志向侵略者作战并争取光荣的胜利。”同时，任命彭德怀为中国人民志愿军司令员兼政治委员。10月19日，中国人民志愿军开赴朝鲜参战。

志愿军出国作战以后，总参谋部的工作重点转向抗美援朝战争。当时的总参谋部，还是战争年代的那个小班子，主要是作战部、情报部、机要局等，人员很少，但很精干。紧张激烈的抗美援朝战争，使本来就极为繁忙的聂荣臻，更感到工作千头万绪，难以应付。这时，他想到了毛泽东。

毛泽东极富领导艺术，又是个哲学家，有一套抓主要矛盾的工作方法。有一天，聂荣臻来到毛泽东的办公室，提出了这个问题：“这样多职务，怎么搞呀？”毛泽东干脆地对聂荣臻说：“你主要抓总参谋部的工作，抓抗美援朝。其余的事，你不要管。”

聂荣臻心里有了底，他毫不犹豫地把主要精力放在了抗美援朝战争上。华北军区、卫戍区的大部分工作，都交给别人去做了。

聂荣臻在中央军委的直接领导下，担负起组织志愿军出国作战的任务。其中包括极其复杂庞大的后勤保障工作。从志愿军编组、训练、集结、运送武器装备、后勤供应到军工生产、伤病员安置、兵员补充等，他都亲自过问，并与总后勤部和其他有关部门一起组织实施。

在朝鲜战争中，总参谋部经常根据前线的情况，提出作战方面的意见，上报中央军委和毛泽东。毛泽东对聂荣臻代拟的作战电稿，看得很细、很慎重，经他修改批准后，发到前方。

毛泽东的卫士长李银桥回忆说：那一段时间，聂荣臻来毛主席这里的次数最多。他们一个是军委主席，一个是代总参谋长，经常见面，直到朝鲜战争结束。

聂荣臻在战争年代养成的习惯是晚上睡觉，早晨早起办事情，除了敌人“扫荡”时例外，每天的事情都是这样处理的。然而，毛泽东在战争期间养成的习惯是夜间工作，白天睡觉。那时，有关作战方面的事情，都由聂荣臻送给毛泽东看。聂荣臻为了适应毛泽东的习惯，白天办公，晚上去毛泽东处请示汇报。毛泽东同意了，就定下来。

聂荣臻常说，朝鲜战争时军情紧急啊，有时候，毛主席忙了个通宵，正在睡觉，我总不忍心打扰他，好让他恢复精力。但有些事很急，我又不得不去把他叫醒。周总理的习惯是每天起床后先要到卫生间去，有些急事，我也不得不到卫生间去找他。

1950 年 10 月 25 日至 11 月 5 日，按照中央军委的部署，在彭德怀司令员的直接指挥下，志愿军以运动战为主要的作战形式，进行了第一次战役，歼敌 1.5 万人，把所谓“联合国军”打退到清川江以南，稳住了战局。聂荣臻深为初战胜利而振奋。他高兴地说：“心里有了底了。”

10 月 27 日，聂荣臻向毛泽东报告，为增强志愿军兵力，拟组织第九兵团入朝，干粮、棉衣等军需品正紧急补充，铁路运输计划也已经与滕代远商妥。毛泽东当天就批准了这个报告。11 月 7 日，第九兵团由司令员兼政治委员宋时轮率领进入朝鲜，担负东线作战的任务。这对志愿军取得第二次战役的胜利起了重要作用。

第二次战役于 11 月 25 日至 12 月 24 日进行。这次战役，志愿军共歼敌 3.6 万人，将敌人击退到三八线以南地区，取得了更加辉煌的胜利。在第二次战役发起之前，聂荣臻看到彭德怀报来的采取内线作战、诱敌深入、各个歼灭敌人的作战方案，认为非常正确，立即转报了毛泽东。毛泽东批准了这一作战部署。

11 月 26 日，也就是第二次战役发起后的第二天，聂荣臻向毛泽东报告：根据彭德怀等前线将领的意见，建议从关内国防军和公安部队中，用自动报名参加志愿军的方式，动员一批有作战经验的老战士补充前线部队，以保持前线部队的战斗力，对国内部队也是一次有力的抗美援朝的政治动员。[①] 毛泽东第二天就予以批准。经过一个多月的动员，12 万名兵员被补入部队。其中有 4 万多人是打过仗的老兵。这些兵员，分别编成 32 个补训团零 8 个独立营，于 1951 年 3 月补充到了前线各部队。

12 月 31 日至 1951 年 1 月 8 日，志愿军以大规模进攻的态势，在朝鲜人民军配合下，进行了第三次战役。此役歼敌 1.9 万余人，解放了汉城，将“联合国军”打退到三七线附近地区。发起这次战役之前，彭德怀、邓华根据毛泽东指示，于 12 月 15 日上报了向三八线以南挺进的作战计划。聂荣臻于接到这个计划后的第二天，附上自己的意见转报毛泽东。聂荣臻认为，敌人可以在三八线附近集结 13 至 16 个师，志愿军是 6 个军部 18 个师，兵力上不占绝对优势，因此建议推迟这次进攻战

① 《聂荣臻军事文选》，解放军出版社 1992 年版，第 347 页。

役，使志愿军得以休整补充，待 1951 年 2 月第十九兵团入朝，即可集中 3 个兵团的优势兵力发动进攻。19 日，彭德怀也致电中央军委，建议志愿军的总体作战部署应立足于做艰苦、长期的打算。毛泽东复电认为这些意见是正确的，但为粉碎敌人“整军再战”的图谋和配合中国政府在联合国的政治斗争，仍应于年底发动进攻战役。中央决心已定，聂荣臻立即组织兵员和物资的前送工作，以保障前方作战需要。12 月 27 日，他在答复彭德怀的电报中说：杨得志兵团正在现地补充武器和新兵，加紧训练，待命开进；另编组了第二十三兵团，不久即可入朝；空军已派小组到朝鲜调查机场情况，准备入朝参战；动员的老兵正加紧前运，补充志愿军。

第三次战役取得了预期的胜利，但志愿军已疲惫不堪，补给困难的弱点也暴露了出来。敌人抓住这一弱点，1 月下旬发动了大规模进攻。于是，志愿军与朝鲜人民军于 1951 年 1 月 25 日至 4 月 21 日进行了第四次战役，顽强抗击美军和南朝鲜军的进攻，并进行了横城反击战，取得歼敌 7.8 万余人的重大胜利。

2 月 7 日，中央军委鉴于朝鲜战争已经出现了长期化的态势，决定从国内抽调部队，轮番到朝鲜战场作战。为了贯彻这一决定和支援志愿军进行第四次战役，聂荣臻加紧组织第三、第十九兵团入朝参战。2 月 15 日，以杨得志为司令员、李志民为政治委员的第十九兵团进入朝鲜。3 月 18 日，以王近山副司令员率领的第三兵团进入朝鲜。这两个兵团及 12 万兵员的入朝参战，有力地加强了志愿军的作战力量。

4 月 22 日至 6 月 10 日，志愿军与朝鲜人民军配合，进行了第五次战役，共歼敌 8.2 万人，粉碎了美军企图在朝鲜半岛蜂腰部大规模登陆、然后南北夹击的阴谋。

6 月 13 日，聂荣臻向毛泽东报告，为了恢复经第五次战役后的第三、第十九兵团的战斗力，建议这两个兵团各整编为两个军，各腾出一个军的架子回国接收补充的部队[①]。14 日毛泽东批示：“照办。望加速进行，争取于 6 月底调配完毕。”但由于当时一些特殊原因，总参谋部于 7 月上旬，仅为两个兵团补兵 4.7 万人。接着，聂荣臻又组织了以杨成武为司令员、张南生为政治委员的第二十兵团的入朝参战工作。这些生力军的到达，增强了志愿军的战斗力。第五次战役结束后，美军于 6 月 30 日发表声明，说是奉美国政府之命，愿意同中国人民志愿军和朝鲜人民军进行停战谈判。7 月 1 日，金日成、彭德怀发表声明，同意停战谈判。此后，朝鲜战争即进入相持阶段。

第五十九章　一切为了前线的胜利

抗美援朝战争中，大量的工作是后勤保障。聂荣臻说：“严格地说，我们是从抗美援朝战争中，才充分认识到后勤工作在现代战争中的重要性的。”[②] 第五次

---

①《聂荣臻军事文选》，解放军出版社 1992 年版，第 353 页。

②《聂荣臻回忆录》，解放军出版社 1986 年版，第 751 页。

战役前，彭德怀在志愿军党委扩大会议上也说过这样的话："如果这次打胜了，全体指战员的功劳算一半，后勤算一半。"聂荣臻每天一到办公室，后勤方面的电报几乎都是一大叠。

整个后勤工作是周恩来亲自抓的，他提出了出国作战要自力更生，立足于国内供应的方针。第一批志愿军出国时，走得非常仓促，周恩来和聂荣臻多次给总后勤部打电话，催问冬装的生产、调运情况，要保证每个出国作战的战士都有一套棉衣。

1951年1月，周恩来和聂荣臻出席了在东北军区召开的志愿军第一届后勤工作会议。这次会议主要是研究运输问题，运输已经成为直接影响战斗力的大问题。几次战役下来，敌人已摸清志愿军只能携带一个星期的粮食弹药等军需品，公开宣称志愿军只能发动"礼拜攻势"，即每次战役进攻，只能维持一个星期。于是，美军就有意拖到志愿军弹尽粮绝时再发起反攻，以造成志愿军的被动困境。后勤会议认为，当前后勤工作的关键是运输问题。针对这一情况，聂荣臻在会上说："虽然东北准备了很多物资，但运输工具既少又不好，又有飞机轰炸，运不上去"，"'小米加步枪，仓库在前方'的时代已经过去了。我们要在朝鲜打败美帝，不仅是小米加步枪，还要加很多东西，……后勤将随部队的进步而加重负担。计划性组织性要加强，没有计划、没有组织是不行的。"[①] 这次会议，对促进志愿军后勤工作向适应现代化战争的要求转变起了重要作用。

志愿军是大兵团连续作战，第三次战役以后，提出了要进行联合兵种作战的问题。战争物资消耗很大，就地补充几乎是不可能的，朝鲜北方的城镇乡村被炸成一片废墟，缴获的少量物资也往往被敌人炸掉，一切都得靠国内运去。铁道兵部领导军事运输的开始是滕代远，之后是吕正操，他们为完成军运任务做了大量的工作。3月21日，聂荣臻召开特种兵例会。他对炮兵、装甲兵、工程兵、铁道兵等兵种的领导人说：彭德怀司令员前不久回京时提出，对付高度现代化的美帝国主义军队，我们也要进行联合兵种作战。这样，后勤供应问题更复杂，各部要在月底前完成联合兵种作战及其后勤保障计划。此后，对志愿军的后勤保障工作提出了更高的要求。聂荣臻多次召集各有关部门开会，研究解决后勤保障问题。

5月19日，中央军委作出了《关于加强志愿军后方勤务工作的决定》。此后，即成立了志愿军后方勤务司令部，由志愿军副司令员洪学智兼任司令员，周纯全任政治委员，统一指挥志愿军后勤的对敌斗争和组织供应工作，实行划区供应与建制供应相结合的体制，取消兵团一级的后勤机构，加强军、师级后勤供应能力等，经过这一系列措施，使志愿军的后勤保障工作逐步好转。

7月，停战谈判开始后，美方坚持要中、朝军队自三八线后撤，企图不战而多占1.2万平方公里的土地。在遭到严正拒绝后，美方竟扬言"让炸弹、大炮和机关枪去辩论吧"，随即于8月中旬发动夏季攻势，同时发动了所谓"空中封锁交通线战役"（又称"绞杀战"）。志愿军的后勤供应问题又出现了严重困难。为

---

①《聂荣臻军事文选》，解放军出版社1992年版，第350页。

此，9 月上旬，铁道兵再次在沈阳召开了运输会议，研究对付“绞杀战”的办法。

关于这次会议，聂荣臻在 9 月 27 日给彭德怀的电报中说：自 7 月朝鲜境内山洪暴发，敌机集中轰炸以来，朝鲜境内的运输问题情况极为严重。9 月上半月的 14 天中，铁路在许多地段只能通车 3 至 5 个夜晚，且行车速度降到每小时 5 至 10 公里，电话经常不通，只能由人引导行车。朝境铁路沿线已积压空车皮、重车皮 5000 余辆，占全国铁路车皮总数的 20%，其中棚车占 60%。9 月下半月至 10 月底，需要长途运输车皮 1.2 万辆，但在最好的情况下也只能运送 6000 辆。[①] 因此，周恩来总理指示，主要运粮食、被装和油料，其他物资一律缓运。由此可见，志愿军后勤运输问题的严重性。

针对这种状况，聂荣臻向彭德怀提议：（一）增加高射炮，部署在咽喉地段，对付低空轰炸的敌机，高空敌机则由志愿军即将参战的空军飞机对付；严密搜查敌特，切断敌人在志愿军后方的地面与空中联络。（二）在咽喉地段国内将增派 5 个团的兵力和一批运输抢修器材，力争尽快全部修复被炸毁的铁路线及其桥梁、通信线路，并将行车速度每小时平均提高 10 至 15 公里。（三）为统一运输指挥，完成中朝物资的运输计划，建议成立中朝联合运输司令部，由该部统一下达命令，以减少矛盾和忙乱现象。（四）开辟新的公路，用汽车尽快倒运火车运来的物资到安全地点。（五）改善装卸办法，将待运物资分类统一包装规格和重量，以提高运输效率。（六）木材、石块、煤炭等尽量就地取材，减少运量。（七）加强军运与铁道部门的联系，协调运输计划，保证按时完成任务。[②] 这些建议大部分被采纳，志愿军广大指战员在实践中还创造了许多更为有效的好办法，粉碎了敌人的“绞杀战”。美军于 1952 年 6 月，不得不宣布放弃“绞杀战”计划。

志愿军后勤工作另一个大问题是武器弹药的供应。从 1951 年春天起，这方面的困难越来越严重。聂荣臻根据中央军委指示，多次召开会议，研究解决办法，并组织实施。如 1951 年 3 月 15 日，他专门召开兵工生产会议，提出为了满足志愿军的作战需要，国内究竟能生产什么武器弹药？要大家把家底摸清，寻找解决办法。4 月 3 日，他在研究部队编制问题的会议上提出：部队改装问题，基本上是个弹药问题。过去解放军缴获的美式装备，弹药消耗很大，而又不能大批生产，所以志愿军装备要逐步换成苏式的，从苏联购买，包括弹药。5 月份，在聂荣臻的参与领导下，总参谋部和总后勤部拟定了向苏联购买 60 个师武器装备的计划，经中央军委批准后，通过正在莫斯科进行谈判的徐向前向苏方提出订货。5 月下旬，聂荣臻在听取志愿军参谋长解方汇报时说，志愿军需要的反坦克等武器弹药，中国已向苏联订购，根据前方需要，还可以增加订购数量。7 月，他在又一次研究部队编制问题的会议上说：中国军队现实的状况是，人多武器少。在朝鲜，志愿军有约半数的人员不能上战场，这方面的困难要力求克服，而

①《聂荣臻军事文选》，解放军出版社 1992 年版，第 357 页。

②《聂荣臻军事文选》，解放军出版社 1992 年版，第 358 页。

其中的关键又是缺乏弹药。1952 年 3 月 1 日，聂荣臻在写给周恩来并毛泽东的报告中提到：根据去年 10 月美军秋季攻势时志愿军的作战消耗，加上非战斗损耗，以及必须控制的储备基数，已与洪学智一起拟订了志愿军弹药补充计划。计划提出：各种子弹，国内库存及自己生产的可以满足需要，所缺的是大量炮弹，拟用三种办法解决：1. 向苏联订货，主要是大口径炮弹，去年已提出几十万发的订货计划，拟请苏方尽快满足我们的需要。2. 火箭筒所需的弹药尽量组织国内生产解决。3. 志愿军还在使用的美式榴弹炮等火炮所需的炮弹，拟组织国内兵工厂以修理旧弹的办法解决。在这份报告中，他还结合朝鲜战场与国内需要，提出了 1952 年国内弹药生产的三条原则：（一）凡制式武器的弹药，可扩大生产，以满足各方需要，到 1953 年、1954 年再视情况缩减生产。（二）虽是制式武器的弹药，但不易长期保存的，在满足朝鲜战场需要后可酌量减产。（三）凡非制式武器的弹药，只满足朝鲜战场需要，尽量减少生产和库存。这份报告，先后获得周恩来、毛泽东批准。聂荣臻在回忆录里说：朝鲜战场“往往一次战役就要消耗很多物资，1953 年夏季攻势中，一次 20 多分钟的火力急袭，就用了弹药 1900 多吨”。①

抗美援朝战争期间，中国向朝鲜境内运送了多达 9600 多个品种的 260 多万吨物资。尽管美军占有绝对的海空军优势和火力优势，但始终未能切断志愿军的钢铁运输线、瘫痪志愿军的后勤保障工作。对此，聂荣臻认为，负责志愿军后勤工作的洪学智作出了突出贡献。他说：“志愿军后勤工作的许多重大改进，都是洪学智同志在那里具体组织实施的。”聂荣臻对杨立三也给予了高度评价。他说：“当时，总后勤部部长是杨立三同志……人很勤奋，为了把东西送上去，他想了很多办法。”②

美军实施“绞杀战”计划以后，中央军委决定志愿军空军迅即入朝参战。为弥补鸭绿江南至清川江之间的机场网的空隙，8 月 20 日，中共中央又决定，由绥远董其武部队组建的第二十三兵团，迅速入朝担负抢修机场的任务。聂荣臻为此进行了紧张的工作。8 月 29 日，他向毛泽东、周恩来报告：已对第二十三兵团的武器弹药、被装、通信器材、施工机械等作了紧急补充，共 4 万多人，拟于 8 月 31 日找师以上干部来京开会后迅即由现地出动，开进计划也已拟定。8 月 30 日，周恩来、毛泽东分别批示“同意”，“照办”。31 日，聂荣臻与薄一波、傅作义一起找第二十三兵团师以上干部谈话。聂荣臻勉励他们要齐心协力，入朝后争取出色地完成军委赋予的任务。9 月 7 日，第二十三兵团在司令员董其武、政治委员高克林率领下进入朝鲜，随即以英勇顽强不怕牺牲的精神，在敌机不断轰炸下，展开紧张的修建新机场施工作业，提前完成了南市、泰川、院里三个机场的修建任务。从 9 月 20 日起，年轻而又无比英勇的中国志愿军空军的正式参战，对粉碎敌人的“绞杀战”起了重要作用。

以美国为首的“联合国军”，自 1951 年 8 月起至 10 月下旬，先后发动了夏

①《聂荣臻回忆录》，解放军出版社 1986 年版，第 752 页。

②《聂荣臻回忆录》，解放军出版社 1986 年版，第 753 页。

季和秋季攻势。志愿军进行了顽强反击，共歼敌15.7万余人，迫使美方于10月25日恢复中断了两个多月的停战谈判。由于美军实施的“绞杀战”，志愿军粮食供应发生了困难。据此，毛泽东于10月初指示，志愿军应抽调30万人回东北地区整训。为实施这项大规模的行动，聂荣臻组织总参谋部进行了紧张的工作，与各方协调后拟订了计划。10月9日，聂荣臻在写给毛泽东的报告中说：关于“抽调部队及机关勤务人员到东北地区整训待机，以减少朝鲜前线供应需要量与运输可能性之间的矛盾问题，遵照主席指示，今日曾召集邓华、陈锡联、李涛等同志进行了具体的研究”。根据研究意见，提出以下执行方案：在前线正面留6个军作战，另留两个军作机动部队；拟将第三兵团15万人，第二十三兵团（完成机场修建任务后）3.6万人，各部队的机关人员3万人，志愿军后勤人员4.5万人，徒手的坦克和炮兵人员4000人，共26.5万人抽回东北地区整训；加上减少为这26万人提供后勤保障的人员，相当于抽调30万人回国。方案在经毛泽东、周恩来批准后，聂荣臻组织具体实施。11月30日，第二十三兵团按照计划回国，部署于河北省定县地区。同时回国的还有从志愿军其他部队中精简下来的老、弱、病、残人员。这次回国共20余万人，相对减轻了志愿军的后勤工作负担，为改善后勤供应起了良好作用。

美军在夏、秋季攻势惨败以后，不久又遭到志愿军与朝鲜人民军局部反击战的沉重打击，1952年1月下旬，竟丧心病狂地对朝鲜北方发动细菌战。2月，又对中国东北地区发动了细菌战。聂荣臻在接到前方有关细菌战的第一份报告后，立即向毛泽东、周恩来等作了汇报。此后，在中共中央、中央军委领导下，他投入了反细菌战的斗争之中。从2月起，聂荣臻就让有关部门动员了北京、天津、上海等地的科学家40多人，以后扩大到70多人，于3月上旬，奔赴朝鲜北方及中国东北地区。这70多人都是昆虫学、细菌学、流行病学、毒物化学、病理学、营养学等学科的专家。临出发前，聂荣臻同部分专家谈了话，并向中共中央建议，为鼓励科学家们的调查工作，国内由抗美援朝总会组织盛大欢送，新华社公开报道。建议获中央同意。与此同时，聂荣臻又积极组织力量，在较短的时间内筹集了大批疫苗和防毒面具，及时送到志愿军和朝鲜军民手中。他在2月28日写给周恩来并毛泽东、朱德、刘少奇等的报告中说：拟在3月上中旬前送各种细菌疫苗580万份，在此之前，已前送了大批防鼠疫、防霍乱杆菌疫苗，可以满足前方需要；另外给第一线部队筹集了20万具防毒面具，印制了大量防化学战的教材，也可很快运达前方。[①]2月29日，毛泽东对这个报告批示：“照办”。“美帝国主义细菌战调查团”在团长李德全，副团长廖承志、陈其瑗等人率领下，实地调查了近一个月，以大量无可辩驳的事实，公布了美军进行细菌战的罪行，引起了中国人民和世界各国人民的关注。许多国家纷纷起来谴责美帝国主义者的暴行。由于中朝两国军民共同努力，在全世界人民的强大舆论压力下，终于挫败了美帝国

①《聂荣臻军事文选》，解放军出版社1992年版，第365页。

主义的细菌战，中国人民志愿军和朝鲜军民终于取得了反细菌战的历史性胜利。

1952年9月，遵照毛泽东指示，聂荣臻开始组织志愿军大规模轮换入朝参战的工作。10日，发出了《关于入朝部队轮换问题给邓（华）、杨（得志）、甘（泗琪）的指示》。《指示》中说："为使国内部队获得对美帝国主义军队作战的锻炼，同时又照顾到出国较久的部队能得到必要的休整，决定选调国内部队以军为单位进行轮换。关于部队轮换计划问题，遵照主席批示，拟分两期进行。"第一期3个军，第二期7个军，共10个军互相轮换，占当时志愿军总兵力15个军的三分之二。[①]此项工作，从1952年秋开始，到1953年春结束。部队大批轮换开始后，聂荣臻于12月5日又向毛泽东、彭德怀建议：组织国内军队机关干部，分批轮换到朝鲜战场实习，使他们也得到与美军实战的锻炼。由总参谋部及各大军区司令部机关干部去朝鲜分别换回志愿军司令部及各兵团司令部机关的人员，时间约到1953年夏换完。政治工作及后勤工作干部也分批轮换，由总政治部、总后勤部分别拟出计划后实施。[②]毛泽东12月6日批示：同意这个计划。

部队和机关干部的轮换工作陆续组织实施后，为志愿军增添了活力，使作战过于疲劳的部队得到了及时休整，又使大批干部、战士得到与美军进行实战的锻炼，积累了以劣势装备与具有高度现代化装备的敌人作战的经验。这对中国人民解放军的建设产生了良好而又深远的影响。

抗美援朝战争，志愿军与朝鲜人民军经过1952年春季、夏季依托坑道工事顽强坚守防御辅以小规模的反击作战，共歼敌11.7万人。秋季，进行了全线战术反击和著名的上甘岭战役，志愿军又歼敌11万余人。1953年夏季，在大规模反击战役中，志愿军和朝鲜人民军又歼敌12.3万人。实践证明，美军在谈判桌上得不到的东西，在战场上，在英勇的中、朝两国人民军队面前，也无法得到。1953年7月27日，"联合国军"总司令、美军上将克拉克终于在朝鲜停战协定上签了字。至此，历时两年零九个月的抗美援朝战争，以中、朝两国军民取得的辉煌胜利，以美帝国主义遭受的彻底失败而告结束。多年后，克拉克在其回忆录中这样说道："在执行我政府的训令中，我获得了一项不值得羡慕的荣誉，那就是我成了历史上签订没有胜利的停战条约的第一位美国陆军司令官。"[③]

在抗美援朝的胜利果实中，也凝聚了聂荣臻的一份心血。

第六十章　累倒了

在总参谋部工作，尤其是抗美援朝期间，聂荣臻度过了一生中的繁忙时期。为了赢得抗美援朝战争的胜利，在那些日子里，聂荣臻每个星期总有三四

①《聂荣臻军事文选》，解放军出版社1992年版，第374页。

②《聂荣臻军事文选》，解放军出版社1992年版，第376页。

③《当代中国的抗美援朝战争》，中国社会科学出版社1990年版，第329页。

个晚上通宵达旦地工作。有时在毛泽东那里一谈就是一晚上，直到东方发白；有时夜里去周恩来办公室研究问题，也常常是一整夜。而聂荣臻没有白天睡觉的条件。他早上 8 点一到办公室，等着解决各种问题的干部早已坐满了。那个时候尽管很忙很累，可聂荣臻却以对党对人民高度负责的精神顽强地坚持工作。

抗美援朝初期，聂荣臻碰到星期天无急事要办，总是闭门谢客，从吃完早饭一直睡到下午四五点钟。醒来后轻松地对秘书说："这一觉又够顶一个星期了。"

没过多久，由于考虑到工作的繁重、紧张，聂荣臻提议军委和总参机关取消了星期天的公休日，唯一的补觉时间也没有了，长时间的超负荷运转使聂荣臻病倒了。

1952 年秋天，聂荣臻与不久前回国主持军委日常工作的彭德怀一同视察京郊的国防工程后，吃过午饭回到办公室，还没坐下就摔倒了。幸亏他一把抓住沙发扶手，缓冲了一下，才慢慢地躺在地上。秘书范济生赶快把他搀到床上躺下。但聂荣臻没有把这当回事。下午，他继续处理公文，可是，总感到身体轻飘飘的，怎么也站不稳。即使这样，他还是硬坚持到下班，才请来中央卫生部负责保健工作的傅连暲副部长。傅连暲为聂荣臻进行了认真的检查，确诊为脑平衡神经失调、高血压、心脏病。傅连暲要聂荣臻立即住院治疗。聂荣臻执意不肯，仍想继续坚持工作。最后，在傅连暲的再三坚持下，才达成了聂荣臻在家中绝对卧床治疗的方案。

聂荣臻病倒了。妻子张瑞华此时正在莫斯科养病，女儿聂力住校，每星期只回家一次。家中只有跟随他多年的秘书范济生和一名女护士。范济生从 1945 年起，就一直在聂荣臻身边工作，他熟知聂荣臻的个性和人品。在这之前，范济生就曾多次提醒过聂荣臻，要注意身体，注意休息，但事情终于发生了。这回，他严格按照医嘱，要求聂荣臻绝对卧床，以免再出意外。

一天，傅连暲给聂荣臻看过病后，悄悄地对范济生说："你看，聂总的身体还需要较长时间的卧床休息，这样长时间地躺在硬板床上可不行。"傅连暲用商量的口吻接着说："能不能想办法给聂总换个软床？""换软床？！"范济生心里有些犯愁。说实在的，在那个年代，领导人睡的几乎都是硬板床，到哪里去换且不说，连软床是个什么样，范济生心里也没底。不过，他理解傅连暲的好意，认为他讲的有道理。于是，范济生向傅连暲保证，一定要想办法给聂荣臻弄个软床来。

范济生一连跑了几个家具店，都没有弄到软床。最后，还是在崇文门内路东一个专门经营使馆家具的店里，买到了一张旧的席梦思床。从这以后，聂荣臻才改变了自己几十年来睡硬板床的习惯。

那些日子，聂荣臻躺在床上，每天都要阅读大量文电、资料，不时接待来访或请示、汇报工作的人员。因为他实在放心不下他的工作。

一个月后，聂荣臻自感病情有所减轻，便不顾医生的劝阻，又回到办公室继续工作了。

1952 年 10 月，朱德、彭德怀、聂荣臻等人一起，就加强军委机关建设、提高机关工作效率、建立军委例会制度，进行了反复研究，最后，决定将原来不定期的办公会议改为每周召开一次的军委例会，并于 15 日召开了第一次例会。粟裕、黄克诚、张宗逊及总政治部、总干部管理部、总后勤部、军委军训部、军委办公厅的有关负责人参加了会议。会后，聂荣臻又主持了总参各部部长参加的会议，要求各部建立健全例会办公制度，以便互相通气，协调一致，及时解决问题。聂荣臻历来对机关干部要求非常严格。11 月 1 日，在由总参各部领导人及各特种兵领导人参加的联席会议上，他提出各部门要经常与苏联顾问开座谈会，征求他们的意见，以改进工作。他告诫有关部门的领导人，既不能不听顾问们的意见，又不要完全依赖于苏联顾问。他还要求各军兵种的领导干部都要抓紧时间积极钻研技术，学习和掌握与本部门有关的业务知识。

12 月的北京，北风呼呼，寒气逼人。聂荣臻支撑着虚弱的身体坚持工作整整两个月了。那时，每当下班回到住地，细心的范济生总要用手摸摸暖气，试试热度，如果发现暖气不热，他就跑到锅炉房去告诉烧锅炉的师傅，说聂老总回来了，请把火加大一些。工作人员都知道，在寒冷的冬天，保暖对于心脏病人来说尤为重要。这年冬天，聂荣臻依旧是在紧张和繁忙中度过的。

1953 年 2 月 17 日，中央军委决定成立全军军衔实施委员会，指定聂荣臻任主任，参与领导草拟《中国人民解放军军官服役条例》。制定军官服役条例及实行军衔制，这在中国人民解放军的历史上还是第一次。它的涉及面很广，问题又非常具体，是一项复杂而细致的工作。聂荣臻为此倾注了大量的心血。

聂荣臻终于累倒了。

这年 3 月初，正当春回大地万物复苏之际，毛泽东指示聂荣臻暂时停下手中的工作，到杭州去疗养一段时间。聂荣臻理解毛泽东对他的关心和爱护，这才将手头的工作交代给黄克诚，作了他有生以来时间最长的一次休息。

陪同聂荣臻到杭州去疗养的有两个人。一个是原军委办公厅副主任唐永健，一个是傅连暲选派来的医生赵夷年。当时，唐永健正在等待上级任命新的工作职务，恰好有这么一段空闲时间。出于多方面的考虑，组织上指派他陪同聂荣臻前往杭州。唐永健瘦高个儿，人很精干，1936 年毕业于清华大学西洋文学系，不久，便投身革命。1940 年，他在晋察冀军区任作战科科长。由于文化程度高，知识面广，又懂外语，聂荣臻一遇到问题，尤其是作战方面的，总爱找唐永健商谈。聂荣臻常称赞唐永健文笔简练，起草的文电意图明确、用字精当，文电发下去后不会引起下面机关和部队的误解。这次让他陪同到杭州，是再合适不过的了。

3 月 4 日，聂荣臻与随同人员乘火车离开北京。6 日，列车快要抵达南京浦口站时，聂荣臻透过车窗，突然瞥见一些机关的屋顶上降了半旗。他意识到是斯大林逝世了。在出发前，聂荣臻就知道有关斯大林病情恶化的消息。但是 20 世纪 50 年代初期，中国的通讯设备还很落后，在列车上无法听到外面的消息，也不可能去证实这一事实。现在事实得到证实，聂荣臻的心情格外沉痛。

列车徐徐开进了浦口站。

站台上，刘伯承和几个工作人员正在那里迎候。聂荣臻刚刚迈下列车，一眼就看见刘伯承左臂上戴着的黑纱。刘伯承向他讲述了斯大林逝世的消息。说话间，刘伯承身后一位工作人员将早已准备好的黑纱，戴在了聂荣臻的左臂上。随后，一行人乘汽车来到岸边轮渡口，渡过江到了南京城。

淮海战役结束后不久，刘伯承一度担任过南京市委书记兼市长。他对这座名城很熟悉。为了让聂荣臻能有一个良好的休息环境，他特意将聂荣臻安排在城北一个招待所里，这个招待所原是加拿大驻中国的使馆，各方面的条件都很方便。

3 月的南京城，气候宜人。清新湿润的空气，使聂荣臻那操劳过度的身心稍稍得到了松弛。在南京，刘伯承等人专门陪同聂荣臻来到雨花台烈士陵园扫墓。

一个星期后，聂荣臻到了无锡，住在一幢西式结构的别墅里。这幢别墅属于曾被周恩来称之为“中国民族资本家”的“少壮派”荣毅仁的伯父。因荣家的人大部都住在原来的老院子里，别墅是空闲着的，里面家具及其摆设都完好无缺，井井有条。那时，党和国家还来不及在各地修建疗养院、招待所，组织上征得荣家人的同意，将这座别墅作为临时接待高级领导人的住所了。聂荣臻特意到离别墅不远处荣家人居住的老式大院里，参观了荣家最初起家时磨面用的石磨盘。

在这座半岛式的别墅里，聂荣臻感受到了一种特有的宁静和快慰。每天晚饭后，他可以轻松地漫步在太湖边，尽情地观赏着这里的佳景，倾听太湖水拍打石岸发出的阵阵涛声。刘伯承和夫人汪荣华等，还陪同聂荣臻一起来到了位于无锡市南端的鼋头渚。鼋头渚是因形如突入湖中的鼋头而得名，坐落在三面环水的半岛上。由于依山傍水，别具一格，被人们视为观赏太湖的佳地。在鼋头上立有一块一人多高的青灰色巨石，石的正面刻有秦敦世所写的“鼋头渚”三个大字；石的背面刻的是清末唐陀的手笔“鼋渚春涛”。聂荣臻非常欣赏“鼋渚春涛”这四个字，于是，唐永健用借来的德国莱卡照相机为聂荣臻及其他人在石刻前摄影留念。

在无锡停留了十天后，聂荣臻与刘伯承一行又到了上海。当聂荣臻看到上海已不再是几年前那个混浊不堪的“世界污水沟”，处处显露出勃勃生机时，对陈毅治理有方表示了极大的钦佩。陈毅专门安排聂荣臻住在原美国石油公司驻上海总办事处的一座小洋楼里。这里条件舒适，环境幽雅，为聂荣臻身体的康复提供

聂荣臻在上海疗养时与刘伯承、李伯钊、陈毅合影。右起：聂荣臻、刘伯承、李伯钊、陈毅

了许多便利。陈毅还和夫人张茜邀请聂荣臻到家中吃饭，叙谈。在这期间，副总参谋长粟裕、市委副书记刘晓等人，也都来看望聂荣臻。

3 月底，聂荣臻离开上海，乘火车到了杭州。尽管这段时间聂荣臻的情绪比较稳定，心情也很好，但是严重的失眠仍使他要靠药物的作用才能入睡。到杭州没几天，聂荣臻的血压突然升高，眼睛也充血红肿起来。唐永健立即打电话将这一情况报告给了陈毅。陈毅接到电话后对唐永健说，等忙过了这几天，就到杭州去看望聂荣臻。陈毅还特地向杭州卫生部门的有关负责人作了交代，要他们照顾好聂荣臻。浙江省委书记谭启龙得知这一情况，也从外地赶回杭州。由于治疗及时，病情很快得到了控制。几天后，聂荣臻的眼睛开始恢复正常，血压也稳定了。陈毅来到杭州与聂荣臻相见，两人又是一翻推心置腹的交谈。陈毅见聂荣臻的病情已经好转，气色不错，便约聂荣臻一起到西湖苏堤、白堤、玉泉、玉皇顶等著名风景区游览。他俩还一同拄着拐杖兴致勃勃地登上了避暑胜地莫干山。离开杭州之前，在陈毅的提议下，粟裕、谭启龙、李运昌、李伯钊及刘晓夫妇、吴芝圃夫妇等 20 多人和聂荣臻一起乘汽车来到了天目山一个叫老田的地方。这里生长着不少柳杉树，而这些柳杉树树龄在 1000 年以上的就有百十来棵。其中最粗的一棵树被清朝乾隆皇帝誉为“大树王”。这棵树需六人才能合抱过来。在这里，那一层层碧绿的茶园，一蓬蓬翠绿的修竹，一汩汩清亮的泉水，更显现出江南秀美的湖光山色，令人心旷神怡。聂荣臻、陈毅等人，高兴地拥在一棵千年古杉树下拍照留念。

经过一段时间的疗养，聂荣臻的身体和精神得到了一些恢复。4 月 26 日，他回到了北京。

7 月 27 日，朝鲜停战协定在板门店正式签字。至此，历时两年零九个月的抗美援朝战争胜利结束。7 月，聂荣臻又与朱德一同到北戴河海滨疗养了一段时间，于 9 月初返回北京。

疗养期间，聂荣臻一直在思考着兵役法和军官服役条例的起草方案。这两个法规草案最早是由苏联军事顾问帮助制定的。当时因为忙于抗美援朝，没有顾得过来，拖延了一段时间，待朝鲜战争的形势有所稳定后，才发现苏联顾问起草的草案有许多地方与中国军队的情况不大相符。聂荣臻参与这项工作后，对此曾做了多方面的调查研究。最后，决定由唐永健协助他完成草案的起草工作。

11 月，在连续参加了几次会议后，聂荣臻又召集各总部、各军兵种负责人，一起研究关于组织编制问题的报告提纲。在 12 月 7 日至 1954 年 1 月 26 日的全国军事系统党的高级干部会议上，聂荣臻参与了关于中国人民解放军实行军衔制、薪金制、义务兵役制等重大问题的决策，并在会上做了《关于组织编制问题的总结》报告。以后，又出席了中共七届四中全会、几次总参联席会议。不料，3 月份聂荣臻的病情出现了反复，实在难以坚持，不得不又停止了工作，到外地疗养。

1954 年 6 月上旬，聂荣臻从外地赶回北京，出席了中央人民政府委员会召开的第三十次会议。19 日，又出席了第三十二次会议。在这次会议上，聂荣臻被任命为中央人民政府人民革命军事委员会副主席。9月15日至28日，聂荣臻在全国人大第一届一次会议上，当选为人大常委会委员，又被任命为国防委员会副主席。在人大会议上，聂荣臻将兵役法草案、军官服役条例提交大会讨论。为了更好地、全面地听取各方面的意见，聂荣臻到会参加了小组讨论，并就大家提出的有关问题作了必要的说明。会议结束后，他根据各方的意见，对草案和条例作了补充修改。1955年2月7日，聂荣臻在一届人大常委第五次会议上作了《关于中华人民共和国兵役法草案》的说明，经常委会讨论修改后，兵役法草案及军官服役条例于2月15日向全国公布。

1954年11月9日，聂荣臻被免去了代理总参谋长的职务，粟裕任总参谋长。此后，聂荣臻便集中精力，领导军队的军工生产和武器装备等工作。

第六十一章　负责军工生产和军队武器装备工作

1954年10月，在中央军委第五次会议上，邓小平到会传达中共中央书记处关于军委领导人的分工问题，确定聂荣臻负责军工生产方面的工作。邓小平接着宣布：分管某项工作的军委负责人，在有关范围内，可以找任何人谈话或开会，需要什么资料或了解情况，各部门都必须提供。

1954年11月，军委决定成立总军械部。彭德怀在军委第十次会议上说：因为总军械部与总参装备计划部、国务院第二机械工业部（军事工业部）联系很多，所以分工聂荣臻统一领导和联系这几个部门的工作。进一步明确了聂荣臻不仅分工主管军工生产，而且也主管军队武器装备方面的工作。

1956年6月，聂荣臻担任国务院军工产品定型委员会主任。

彭德怀从1952年由朝鲜回国后，7月起主持军委工作。聂荣臻很尊重彭德怀，经常向他汇报请示，彭德怀也总是热情支持聂荣臻的工作。1956年黄克诚调任总参谋长以前，彭德怀有事，大多指定聂荣臻主持军委会议。在主管军工生产和军队武器装备工作中，聂荣臻也得到彭德怀的有力支持，这方面的重要报告，往往是他们两人合署上送的。

聂荣臻受命领导军工生产和军队武器装备工作，不是偶然的。他任代理总参谋长期间，就在这方面进行了许多卓有成效的工作。

抗美援朝战争中，为了保障志愿军作战的需要，1951年1月成立了军委兵工委员会，周恩来兼主任，聂荣臻、李富春任副主任。聂荣臻在繁忙的工作中，对兵工生产做了大量的规划和协调工作。同年4月，在侵朝美军对中国东北地区日益猖狂的挑衅情况下，为了加强中国航空工业的建设，政务院和人民革命军事委员会决定成立航空工业管理委员会，聂荣臻任主任、李富春任副主任。

1952年，中共中央决定，从1953年起，实施国民经济建设的第一个五年计划，要求军事工业方面，也有相应的计划。为此，聂荣臻组织各军兵种领导人讨论了原有兵工企业的调整方案，作出了《关于兵工建设问题的决定》。1952年8

月，这个方案经毛泽东、周恩来批准后开始实施。

1952 年，聂荣臻还指示总参谋部结合第二次世界大战中各国武器装备和弹药消耗情况，以及志愿军在抗美援朝战争中的武器弹药消耗情况，拟定了中国在未来反侵略战争中，对武器装备和弹药的基本数量需求指标。根据总参谋部提供的数据，聂荣臻与当时的军委军械部长陈锡联等人研究了五年兵工建设的基本要求。这个要求，把人民解放军的需要与国家具备的经济和技术条件结合起来，使有限的财力物力用在解决军队最紧迫的问题上。此后，聂荣臻主持了清理后勤库存军械问题的会议。他在会上提出，对库存军械：还可以用的保存；能修理的抓紧修理；该报毁的决心报毁；有些没有弹药的枪炮，有陈列和研究价值的用于陈列和研究，否则报毁；没有炮的炮弹把弹药倒出来利用。这些工作，要求四个月内完成。这样，到 1953 年上半年，军械库的库存得到了一次比较彻底的清理。

1952 年 11 月，聂荣臻以总参谋部的名义，上报了 1953 年至 1957 年全军所需陆军武器装备及储备武器弹药的计划。12 月，由彭德怀主持，聂荣臻、陈锡联、赵尔陆等人参加，开会审议了这个计划。会议根据当时朝鲜战争的形势和国内经济能力，以及兵工生产能力，适当压缩了轻武器及弹药的生产数量，计划原则通过，交兵工部门组织生产。

长期的革命战争实践，使聂荣臻高度重视改善军队武器装备的问题。用他的话来说："这是在为我们人民军队做'为虎添翼'的工作。"因此，接受任务以后，他就以饱满的热情，在健康还没有完全恢复的情况下，立即投入紧张的工作。

1954 年 11 月，聂荣臻两次主持会议，研究空军的武器装备问题。出席会议的有财政部长薄一波、二机部部长赵尔陆、总参装备计划部部长万毅、军械部部长陈锡联、空军副司令员王秉璋等。当时，中国空军已经装备了许多米格 -15 型歼击机，一批米格 -17 型飞机已运抵中国，正准备装备空军部队，国防工业"一五"计划中关于生产飞机的部分，也正在顺利进行，大家很受鼓舞。在会上，有人提出将歼击机发动机试制的完成时间，由原定的 1957 年第四季度提前 15 个月，到 1956 年秋季完成；活塞式教练机和歼击机的仿制生产，由原定的 1956 年 9 月提前到 1955 年 9 月完成；并且要求将米格 -15 型歼击机改为米格 -17 型歼击机，建立仿制技术基础。聂荣臻在会上肯定了大家要求搞得快点的愿望，但同时提出，要注意掌握基本技术。飞机的仿制，由米格 -15 改为米格 -17，以后不作变动为好。后来，军委决定争取到 1957 年能仿制生产出 20 架米格 -17 歼击机，并且在 6 年内，要争取每年能大批量仿制生产这种飞机。聂荣臻觉得要贯彻这个计划，必须增建新的飞机工厂。因此，1955 年 4 月，他与彭德怀联名向中共中央报告，要求筹建第二歼击机制造厂和喷气式轻型轰炸机制造厂，同时建造与这两个工厂配套的发动机和航空附件等工厂。

这个报告很快获得批准，航空工业加快了建设速度。1956年8月，米格-17飞机仿制成功，聂荣臻很高兴，赴沈阳检查仿制和试飞情况，以后又主持会议，批准定型，投入批量生产。在苏联的援助下，中国的航空工业到1958年建成了13个大型企业，其中包括两个飞机制造厂、两个航空发动机制造厂，以及与飞机制造厂配套的航空附件、仪表、电器等工厂。到1959年，已经从飞机修理发展到能成批生产活塞式教练机、运输机和喷气式歼击机，并且开始了歼六式喷气飞机的试制工作。

1955 年 1 月，聂荣臻又召集会议，研究海军五年造船计划问题。出席会议的有第一机械工业部部长黄敬、海军副司令员苏振华、罗舜初、装备计划部部长万毅等人。会议分析了海军装备和造船工业的现状。当时共有各型舰艇近 600 艘，吨位为 7 万多吨，但大多比较陈旧落后。聂荣臻在会上提出，着重对武汉、上海、安徽、广东的四个造船厂进行技术改造，使之能仿制生产鱼雷快艇、猎潜艇、潜艇、护航驱逐舰等。后来这个方案形成计划上报，也获得中央批准。1955 年，中国建成了第一艘木质鱼雷快艇。1957 年，建成了 1000 吨级中型常规鱼雷潜艇。与此同时，第一艘猎潜艇也装配制造完成。聂荣臻在向中央的报告中还提出，海军装备当时的弱项是鱼雷、舰炮、舰用雷达、声呐等，有些需要向苏联索取资料，再设厂解决，有的还有待研究，自行建厂，研制解决。到 1960 年前后，中国的造船工业相继成立了船舶科学研究所、船舶产品设计院等科研设计机构，建成了舰船、动力、水中兵器、导航仪表等 13 个大型企业，自行设计建造了反潜护卫舰和港湾扫雷艇等，为日后中国的舰船工业发展打下了基础。

陆军武器装备的发展，是聂荣臻关心的重点。对这方面的问题，他充满了紧迫感，1952 年 11 月就曾对苏联顾问说过：朝鲜战争的经验证明，只要武器弹药特别是炮弹的供应充分，我们就能够打下敌人的第一线阵地，敌方要进攻我们，就要付出很大的代价。1954 年到 1956 年，他多次召开会议研究解决陆军武器装备方面的问题。

1955 年 4 月至 6 月，他深入重庆、成都、昆明的 8 个兵工厂调查研究。聂荣臻在视察中，要求各兵工厂做到：要在保证质量的基础上求数量；搞好文明生产，严格执行各项规章制度和生产秩序；搞好协作，尽量降低成本；对各种原材料，特别是稀有金属，要加强管理，调剂余缺，用料要精打细算；加强工艺研究，发挥技术工人的作用；驻厂军代表要与工厂领导搞好团结，协商办事；加强保密、保卫工作，安全生产，特别是弹药厂，要严防事故。

西南之行回到北京以后，聂荣臻立即召开兵工生产会议。在会上，他结合调查中获得的第一手材料，要求当前兵工生产应狠抓质量和成本，要重视各种原材料的代用研究。他指出，当前各兵工厂的木材利用率只有 20%左右，子弹试射量太多，浪费太大，要切实地研究节约办法。

在军械仓库建设、常规武器试验靶场建设、地面武器的生产和储备问题、各种枪炮统一口径、大口径地面火炮及其弹药的生产问题等方面，聂荣臻都曾召开专门会议，研究解决办法。

1955 年 4 月，彭德怀、聂荣臻在联名写给中共中央的报告中，对陆军武器装备的情况作了详细汇报：到 1954 年底，兵工企业投入批量生产的有手枪、冲锋枪、步枪、马枪、轻机枪、重机枪、坦克用机枪、口径为12.7毫米的高射机枪、82毫米迫击炮、76.2毫米野战炮、122毫米榴弹炮等共11种。正在试制和即将进行试制的有120毫米迫击炮、37毫米高射炮、57毫米反坦克炮、85毫米野战炮、152毫米榴弹炮。由苏联供给技术资料，从1955年下半年开始试制的有新式冲锋枪、班用轻机枪、半自动马枪、40火箭筒、14.5毫米双联和四联装高射机枪、160毫米迫击炮等。坦克工业1957年能生产特54型坦克。生产能力，到1957年轻武器方面基本可以满足现役部队和储备100个师的需要。

报告提出，陆军武器装备薄弱的是大口径炮和弹药的生产，以及军用牵引和运输车辆的生产，建议建设或改建相应的工厂，予以解决。

这个报告经过中共中央批准，成为陆军武器装备生产研制的行动准则，大大加快了当时兵工生产的步伐。到1959年，兵器工业已经有53个直属大中型企业，不仅能生产各种制式轻武器和弹药，而且能生产大口径地面火炮和高炮、中型坦克、牵引车等重型武器装备。

1956年春，聂荣臻主要精力转到主管国防尖端武器研制方面以后，仍然时刻关心着军工生产工作。同年6月下旬，聂荣臻召集有关人员开会，研究军工生产问题。他在会上说：军工部门的生产以军为主，军品、民品结合；民用生产部门以民为主，也要生产部分军品，并为战时能迅速转入军品生产为主做好准备。这个意见获得与会人员的一致赞同。同年6月29日，他在讨论第二个五年计划内有关国防工业生产问题的军委会议上，重申了以上意见，获得会议同意。

1959年9月，新的中央军委成立。11月7日，聂荣臻在第四次军委常委会议上提出，为了加强军工生产的领导，建议成立国防工业委员会，为会议采纳。上报后，1960年1月5日，中共中央批准了这个建议，任命贺龙为国防工业委员会主任。

1956年11月，聂荣臻和彭德怀、叶剑英观看空军飞行表演

第六十二章　参与领导制定十二年科学规划

1956年10月的一天，邓小平来到聂荣臻家中。那是中国共产党第八次代表大会以后，中央研究了一些领导人的分工问题，邓小平是来征求聂荣臻的意见的。他对聂荣臻说："对你的工作安排，中央设想了三个方案：一是，中央决定调陈毅同志专搞外交，他分管的科学技术工作由你来抓；二是，彭真同志工作太忙，中央想让他免兼北京市市长，你在彭真之前当过北京市的市长，现在让你官复原职；三是，你继续主管军工生产和军队装备工作。三个方案由你选择。"聂荣臻没有过多考虑，就说："市长这个官我不想当，对科学技术工作我倒很有兴趣。我们国家太落后，也迫切需要开展这方面的工作。"聂荣臻停顿了一下，接着说："军工生产和武器装备工作，与科学技术有密切联系，可能的话，将来兼顾也可以。但还是请中央决定吧。"邓小平办事历来果断、干脆，他表示同意说："那就这样定了，我上报中央批准后任命。"

1956年11月16日，全国人大第五十一次常委会议决定，任命聂荣臻为国务院副总理，主管科学技术工作。从此，聂荣臻开始了为中国科技事业特别是国防科技事业奠基的征程。

聂荣臻这样快的定下决心来抓新中国的科学技术工作，其缘由可以上溯到他在中学读书时期。

39年前，聂荣臻来到江津中学，上的第一堂实验课，就是水在经电解后实现氢氧分离而能燃烧的现象，这简直使他为之入迷。以后经过五四运动的洗礼，他思虑着中华民族的命运。旧中国民不聊生，饿殍遍地，国力衰颓，备遭列强欺凌。比照日本和西方社会的发展，聂荣臻悟出了一条道理：欲改造封建落后的中国，走向通往现代社会的道路，只有科学救国、实业救国。因而到法国勤工俭学，试图搬回拯救祖国的法宝。然而留法勤工俭学、俄国十月革命的影响、马列主义的传播，斗争的实践使聂荣臻进一步悟出一条道理：中国只有经过社会革命，驱逐外国侵略势力、打倒军阀、建立人民民主专政，才有可能建设现代经济，发展祖国的科学和文化，建立现代国防。

1925年9月，聂荣臻从苏联回国。20多年，他在枪林弹雨中为之奋斗，迎来了一个新中国。可以说，只有到了今天，他才有可能把理想转化为现实。

聂荣臻主持科技工作的第一个重大活动，就是参与领导制定十二年科学规划。

新中国成立了，但她在经济上仍然是贫穷落后的，渴望用科学技术迅速改变自己的地位。1955年1月，毛泽东在最高国务会议上号召："我国人民应该有一个远大的规划，要在几十年内，努力改变我国在经济上和科学文化上的落后状况，迅速达到世界上的先进水平。"1956年1月14日，周恩来总理在中央召开的关于知识分子问题的会议上宣布，国务院已经着手编制1956至1967年的科学技术发展远景规划。1月20日，毛泽东到会讲话，号召全党：努力学习科学知识，同党外知识分子团结一致，为迅速赶上世界科学先进水平而奋斗。毛泽东、周恩来的讲话和号召，成为中国人民，尤其是广大知识分子，向科学技术进军的强有力的动员令。

这一年的 3 月，国务院成立了科学规划委员会。周恩来总理亲自领导这一工作，陈毅、李富春、聂荣臻负责具体的组织领导。

4 月起，科学规划委员会陆续集中了全国各地各学科、各专业的 600 多位优秀科技专家荟萃京华，着手制定新中国科技发展十二年规划。

在中国这样一个大国里，对门类众多的学科专业制定一个发展规划，是一项复杂的系统工程。领导这项工作的人，不但需要冷静的科学头脑，还要具有战略家的眼光和气魄。伟大的中国革命所造就的那些革命家、军事家，历史地成为这一任务的当然领导者。

聂荣臻回忆说，对这个规划的总的方针和要求，周恩来作了明确指示，他说："这个远景规划的出发点，是要按照需要和可能，把世界科学的最先进成就尽可能迅速地介绍到我国来，把我国科学事业方面最短缺而又最急需的门类，尽可能迅速地补足起来，根据世界科学已有的成就来安排和规划我们科学研究工作，争取在第三个五年计划期末，使我国最急需的科学部门能够接近世界先进水平。"

在十二年科学规划的讨论中，对于方针、原则问题，科技工作者们基本形成了两种不同的意见：一种是一切都靠中国自己的力量从头摸索前进；另一种是在自力更生的前提下，先学会世界上已有的科学成就，然后再在这个基础上继续前进。大多数人同意第二种意见。聂荣臻是完全支持第二种意见的，认为这是能够迎头赶上世界先进科学技术水平，而又符合多快好省精神的正确方针。

1956 年 4 月，国务院召开专门会议，深入研究制定科学规划的一些问题。在这次会议上，确定国务院科学规划委员会为常设的科学技术高级协调机构，具体组织领导全国科学技术发展的远景规划工作。陈毅副总理被任命为规划委员会主任，同年 11 月，聂荣臻接替了陈毅的这一职务。

在北京西郊宾馆，参加制定十二年科学规划的科学家和技术人员，被科学发展的美妙前景激动着。他们热烈地交谈，不时地感到一阵阵的兴奋。许多人废寝忘食，到处都充满着勃勃生机。摄影家摄下了一个历史性的镜头：周恩来、李富春、聂荣臻、宋任穷、郭沫若等与制定规划的科学家们欢聚一堂，亲切交谈，大家脸上流露出发自内心的微笑。这就是历史最好的见证。这年 10 月，在不到半年的时间里，经过 600 多名科学技术工作者的努力和部分苏联专家的帮助，基本上完成了规划的起草工作。

10 月 29 日，陈毅、李富春、聂荣臻向中共中央报告：《1956—1967 年科学技术发展远景规划纲要（草案）》（简称"十二年科学规划"）已经拟就，规划提出了国家建设所需要的 57 项重要科学技术任务和 616 个中心课题，并参照国际先进水平，结合中国实际情况，提出了解决这些中心课题的途径和措施。它给中国科技事业的发展，勾画出了一个较为清晰的轮廓。在 57 项重要科学技术任务的基础上，又提出了需要优先发展的 12 个重点：（1）原子能的和平利用；（2）

1956年，聂荣臻与周恩来等接见制定中国《1956—1967年科学技术发展远景规划纲要（草案）》的科学家们

喷气技术；（3）电子学方面的半导体、计算机、遥控技术；（4）生产自动化和精密机械、仪器仪表；（5）石油等重要资源的勘探；（6）建立中国自己的合金系统和新冶炼技术；（7）重要资源的综合利用；（8）新型动力机械和大型机械；（9）长江、黄河的综合开发；（10）农业的机械化、电气化和化学肥料；（11）几种主要疾病的防治；（12）若干重要基本理论的研究。

军工研究方面，由航空工业委员会、总参谋部装备计划部、国防工业部的有关人员参加，共同拟定了武器装备发展规划，作为十二年科学规划的组成部分。1956年3月12日，聂荣臻签发了《对十二年科学规划中国防研究项目的意见》。[①]这成为新中国第一个比较系统的武器装备发展规划。

这个武器装备发展规划初步确定的目标有：（1）在航空发展方面，提高喷气式飞机音速的倍数。研究制造射程100公里的地对空导弹，射程500至600公里的地对地导弹、空对空和空对地导弹。（2）电子科学方面，研究设计发现敌人飞机、导弹，并能引导人民解放军飞机、导弹对其拦截、阻击的设备。寻找利用电磁波的新波段，超音波的频带、热波和放射线转化为电能的设备与方法。研制能准确测定敌人炮兵阵地和军舰的设备。扩大红外线的作用距离和研制利用红外线黑夜显示目标的设备。提高雷达作用距离，缩小体积，增强干扰、抗干扰性能。

①《聂荣臻军事文选》，解放军出版社1992年版，第390页。

发展多路的、自动化的、保密性能好的通信设备。发展超小型化的通信设备。发展保障飞机全天候起降的设备。发展无线电技术侦察设备。电子计算机、电视机、雷达应用于军队指挥机构的综合研究。（3）热核子应用方面，应与原子能和平利用相结合，开展小型核弹头和用作军用动力堆等综合性研究。（4）防化和军事医学方面，进行防原子、防化学和防生物武器的研究。（5）常规武器方面，主要是进行减轻火炮、坦克等重量，提高质量、增大威力，便于运动或自行化等的研究。海军装备方面，提高舰艇航速、续航力以及水雷、舰用火炮、鱼雷威力等的研究。

由于当时水平的限制，许多研究项目，只是提出了努力方向，大多不很具体。现在回过头来看，甚至有些还是不切实际的，但总算有了一个军队武器装备发展的奋斗目标。

在聂荣臻直接领导制定部队武器装备方面的十二年规划工作中，张爱萍作为总参谋部主管武器装备计划的副总长，参与领导了这一工作。他根据彭德怀的指示，做了大量工作，成为国防科技事业发展中起关键作用的人物之一。

1956 年 12 月，中共中央批准了陈毅、李富春、聂荣臻《关于科学规划工作向中央的报告》和《1956—1967 年科学技术发展远景规划纲要（草案）》，并批准聂荣臻任科学规划委员会党组书记。中央在批语中说："中央同意国务院科学规划委员会党组 12 月 20 日报告中的意见"，十二年科学规划"是国家的重要文件，希望你们注意研究，并将意见告科学规划委员会党组"。从这时起，在这块产生了世界四大发明的中华大地上，广大科技工作者沿着十二年科学规划指引的方向，开始了追赶世界先进科学技术水平的迅跑。

此后，中国科学技术发展的速度是惊人的。1958 年 12 月，聂荣臻在全国地方科技工作会议上的讲话，以及与有关专家谈话中指出：三年前，中国在原子能、喷气技术、电子学方面还是空白，现在已经有了实验型原子反应堆和回旋加速器。导弹、火箭、电子计算机的研制进展顺利，即将开始研制人造地球卫星。1961 年 1 月，他给中共中央写了《关于 1961、1962 年科学技术工作安排的报告》。报告所附的提纲中说："预计在 1962 年可以初步实现原订的十二年规划（实现 80%左右）。"① 这是大大出乎人们意料的。经过全面检查，在十二年规划内的 57 项重点任务中，有 19%的任务已经基本达到原规划 1967 年的目标；69%的项目，已进行了大量的工作。与此同时，国防科研方面，也取得了长足的进展，尤其是在导弹、原子弹的研制方面，成就喜人。

翻阅着科学技术取得的累累硕果，聂荣臻就像当年指挥部队打了大胜仗一样的高兴。但他并没有陶醉，而是提出了新的奋斗目标。他在上述报告所附的提纲中提出：中国的科技工作，要在贯彻"发愤图强，自力更生，埋头苦干，勤俭建国"方针的前提下，必须切实为经济建设和国防建设服务。并且，同样要贯彻"调整、巩固、充实、提高"的方针，把各项科研成果真正拿到手。他还提出，

① 聂荣臻给（李）富春、（邓）小平并中央书记处的报告（1961 年 1 月 7 日）。

要以科学技术战线为主，集中力量，全国一盘棋，争取“三年突破”以导弹、原子弹为代表的国防尖端技术。中央批准了聂荣臻的请示报告。

1962年底，中央科学小组和国家科委再次组织了对十二年科学规划实施情况的全面检查。检查结果更加令人振奋，十二年科学规划的57项任务中，50项任务已经基本上达到了原规划1962年的目标，而且有些方面，提前完成了。

聂荣臻在办公室里，静静地看着中央科学小组和国家科委党组检查十二年科学规划执行情况的报告，心中涌起阵阵激情。从主持全国的国防科学研究工作和全国的科学技术工作，到现在已经七年了。在这段时间里，他对全国的科学技术和国防尖端研究的整体情况，已经谙熟于胸，对国防尖端项目中一些关键性问题，就了解得更多。不仅如此，为了熟悉国外先进科技的最新消息，他经常阅读国防科委送来的《科技动态》、新华通讯社编辑的《参考消息》。他还了解了美、苏、英、法、日、德等世界强国的科学技术动态和如何追赶他们的途径。

聂荣臻看了十二年科学规划执行情况的检查报告后，得出了初步评价：中国的科学技术水平，大体上达到了世界上先进国家20世纪50年代中期的水平，这已经是很不容易的了。可是，西方国家从40年代到60年代，又有了巨大的飞跃，工业技术和军工技术都有了极大的进展。聂荣臻想：今后十年，对中国是至关重要的十年。在这十年里，至少要在关键性的几个领域里赶上西方国家60年代的水平，并准备向70年代过渡，否则中国将落后得太远了。

1962年，在周恩来和聂荣臻主持下，国家科委组织了科学技术专家一万多人，着手制定又一个新的科学技术发展规划。许多研究机构、高等院校、企业的科学技术工作者，提供了材料和意见。1963年10月，《1963—1972年科学技术发展规划纲要》编制完毕。这个规划，给人们描绘了一幅多彩的画面和激动人心的远景。但是，三年之后的“文化大革命”撕碎了这一切，并把好不容易取得的一点科技成果，以及广大科技工作者和科技战线的各级领导干部，推入了灾难的深渊。

多少年过去了，当那喧嚣的“打倒”、“砸烂”之声终于飘然远去之后，周围又都平静下来，聂荣臻还时常想起他组织编制的那个雄心勃勃的《1963—1972年科学技术发展规划纲要》，这个规划长达96页，近5万字。聂荣臻字斟句酌地反复看了好几遍，并用铅笔改了一道，又用红蓝铅笔标明重点和再作修改。这里面寄托了他多少深情！当年这个规划所规定的在1972年以前就要实现的目标有五个：

（1）为农业增产提供各方面的技术成果，系统地解决实现农业现代化的科学技术问题。（2）重点掌握60年代的工业科学技术，为建立一个完整的现代工业体系，为发展重要的新兴工业，提高现有工业的技术水平，提供科学技术成果。（3）突破国防尖端科学技术关。（4）加速发展基础科学和技术科学，填补这方面重要的空白和薄弱部门。（5）大力培养人才，充实现代化实验设备，形成科研中心，建立一支能够独立解决中国科技问题的又红又专的科技队伍。

十二年科学规划提前五年完成，而十年规划却被延误了至少十年，多么令人痛心！想起这些，聂荣臻就深为惋惜。他觉得中国在科学技术上与国际先进水平的距离本来正在逐渐缩小，可又被无端地扩大了。他这个指挥整个科技战线的战略指挥员，正指挥部队按照预定的方案进行作战，可于胜利在望之际，却被突然地剥夺了指挥权。胜利的进军变成了退却，怎能不令他深感遗憾呢！

第六十三章 为科学研究事业奠基（一）

20 世纪 50 年代中期，中共中央、中央军委的领导人毛泽东、周恩来等，以非凡的气魄和远见卓识，作出了中国研制原子弹和导弹的重大决策。

1955 年 1 月 15 日，在中南海毛泽东主持的中共中央书记处扩大会议上，出现了这样三个人：李四光、钱三强两位科学家和当时的地质部副部长刘杰。出席会议的所有领导人，这天都成为最热心的听众。

中国核物理学家钱三强向中央领导人含笑示意后，就开始对原子武器的原理作了讲解。前一天，周恩来已经叮嘱过，要钱三强讲得详细一些，通俗一些。今天，周恩来又坐到了钱三强的旁边。重要的地方，他就要钱三强讲得仔细一点："三强，你再举个例子。"在座的人听得都很专心。毛泽东坐在钱三强的对面。聂荣臻在长条桌另一边静静地听着。

李四光让操作人员给大家演示盖革计数器探测铀矿石。当仪器在铀矿石旁发出"嘎嘎"的响声时，气氛立即活跃起来，大家都笑了。毛泽东拿着点燃的香烟，站起来说："我们国家，现在已经知道有铀矿，进一步勘探一定会找出更多的铀矿来。解放以来，我们也训练了一些人，科学研究也有了一定的基础，创造了一定的条件。过去几年其他事情很多，还来不及抓这件事。这件事总是要抓的。现在到时候了，该抓了。只要排上日程，认真抓一下，一定可以搞起来。"[①]

毛泽东说的"这件事"，就是指原子弹。毛泽东沉着坚定而又十分自信的语言，给了聂荣臻极深的印象。他像战争年代信赖毛泽东的每一个战略决策一样，深信中国一定能研制出自己的原子弹。

从这一天起，中国的核武器研制开始了艰巨而又伟大的历程。

为了加强对原子能事业的领导，这年 7 月，中共中央指定陈云、聂荣臻、薄一波组成三人小组，负责指导原子能事业的发展工作。中央在成立原子能三人小组的通知中指出：今后凡有关原子能事业，除中央指定的三人小组向中央负责对原子能工作进行指导外，其具体业务由以薄一波为主任的国务院第三办公室管理。

1956 年 3 月，彭德怀在第二次军委扩大会议上提出，中国要搞核子武器和导弹。[②]一个月以后，毛泽东在《论十大关系》中，进一步明确提出：中国"不但要有更多的飞机和大炮，而且还要有原子弹。在今天的世界上，我们要不受人家

①《当代中国的核工业》，中国社会科学出版社 1987 年版，第 14 页。
②《当代中国的国防科技事业》上卷，当代中国出版社 1992 年版，第 27 页。

欺负，就不能没有这个东西”。

当原子弹刚刚在人们的头脑里孕育蓝图的时候，研制导弹的要求不久也提出来了。1955 年 10 月，著名火箭专家钱学森冲破重重障碍，漂洋过海从美国回国。在中国国防现代化的进程中，历史赋予了他庄严的使命。

1955 年 12 月，哈尔滨军事工程学院火箭专业教授会教授任新民等，向中央军委写信，提出了在中国研制火箭武器和发展火箭技术的建议。[①] 中国的导弹研制工作，被正式提到中共中央和中央军委的议事日程上了。

1955 年冬，陈赓在哈尔滨军事工程学院设宴招待钱学森，得到中国可以进行导弹武器研究的结论后，他就为此事积极奔走。1956 年元旦，叶剑英请陈赓、钱学森等到家里吃饭，席间又说起中国自行研制导弹的问题。大家谈得很投机。临了，陈赓提议，立即去找周恩来拍板。于是，他们三人驱车直奔三座门。周恩来当时在三座门参加舞会，陈赓把正在兴头上的周恩来找出来，让钱学森给他介绍情况。叶剑英、陈赓说明来意后，周恩来很重视，对钱学森说：“你们写个报告吧！”这就是钱学森意见书的由来，也是中国导弹研究开端的重要步骤之一。

1956 年 2 月，钱学森给国务院写了关于《建立我国国防航空工业的意见》。[②] 这份意见书，进一步引起了中共中央和中央军委对发展中国导弹事业的高度重视，多次开会研究。

3 月 14 日，周恩来主持会议，听取了钱学森关于在中国发展导弹技术的设想。会议决定，成立导弹航空科学研究方面的领导机构——国防部航空工业委员会（以下简称航委），由聂荣臻任主任。4 月 13 日，国防部通知，航委正式成立，除聂荣臻外，黄克诚、赵尔陆为副主任；钱学森、安东（兼秘书长）、刘亚楼、王诤、李强、钱志道、王士光为委员。

聂荣臻受命领导科技工作和研制“两弹”的任务以后，经反复考虑，他认为首先是要组建机构和组织队伍，这是科学研究方面奠基性的工作，否则一切无从谈起。

1956 年 5 月 10 日，聂荣臻提出了《关于建立中国导弹研究工作的初步意见》报告。他在这份报告中说：第二次世界大战后，美国的陆、海、空军都已经逐步采用各种导弹作为制式装备，并且还在大力开展这方面的研究工作。英、法等国也在大力进行各种导弹的研制工作。由于喷气技术、流体力学、电子计算机等科学技术的飞速发展，可以看出，各种导弹作为军队武器装备有很广阔的前景。为适应中国国防现代化的需要，必须立即开始导弹的研制与培养干部的工作。要以最大的速度在几年内解决一种或一种以上导弹的研制问题。为此，建议在航委下面设立导弹管理局，统一管理导弹的研制工作；建立导弹研究院，以钱学森为院长，尽快开展导弹研制工作；建立自动控制、无线电定位等研究所，加速建立电子元器件研究所。

---

①《当代中国的国防科技事业》上卷，当代中国出版社 1992 年版，第 28 页。

②《当代中国的国防科技事业》上卷，当代中国出版社 1992 年版，第 29 页。

接到这个报告后，中央军委 5 月 26 日上午召开会议专题研究，出席会议的有周恩来、彭德怀、钱志道、赵尔陆、李强等，讨论进行得很热烈。周恩来在会议过程中，作了以下重要指示：（1）导弹的研究方针是先突破一点，不能等一切条件都具备了，才开始研究和生产。（2）研究导弹所需要的专家和行政干部，同意从工业部门、高等院校、科研机构和军队中抽调，由宋任穷组织一个小组，负责联系人才和收集技术资料，要说服更多的人，为研制导弹努力。军队更要起模范作用，要人要钱，首先拿出来。（3）同意组建导弹管理局，由钟夫翔任局长；同意钱学森为导弹研究院院长；局、院的副职干部由总政治部、总干部管理部配备；调人、组建机构等，由聂荣臻主持，召集有关部门开会，研究解决。（4）电子技术方面，可以先从培养人才开始，在西安设立军事通信学院。

会议讨论通过了聂荣臻的方案，周恩来和中央军委还指定聂荣臻负责落实。导弹事业的壮丽前景，使他深受鼓舞，立即着手紧张的工作。

5 月 26 日下午，聂荣臻就找中央军委办公厅主任萧向荣以及安东、薛子正开会，研究逐项落实措施。这三个人也是周恩来在会上指定帮助聂荣臻解决机构设置、抽调人员、研究机关用房等具体问题的。聂荣臻要安东尽快去找总后勤部、空军、北京军区的领导人商量，为导弹研究院寻找院址，以便开展工作。聂荣臻对安东说，要向有关领导人详细说明导弹研究工作的重要性、中央和军委领导的决心，请各单位发扬风格，把可能提供的房子让出来。

几天以后，安东汇报说，各单位领导听说要搞导弹研究，都很支持。经过协商，解放军一二四疗养院、北京军区一〇六疗养院、北京空军四六六医院可以拨出来供国防部五院（即导弹研究院）用。聂荣臻听了很高兴。这样，导弹研究院在北京西郊黄带子坟找到了第一处院址。这里虽然荒凉，但经过开拓者们的努力，现在已成为重要的航天事业研究基地之一。

5 月 29 日，聂荣臻邀请国务院秘书长习仲勋、副总参谋长兼军事工程学院院长陈赓、国家科委副主任范长江、一机部部长黄敬、中国科学院副院长张劲夫、清华大学校长蒋南翔等国务院各部委领导 33 人开会，商量为导弹研究院选调科技骨干的问题。

会议在三座门召开。聂荣臻穿一身灰色的中山装，特别精神，显得十分高兴。

这天的会本来是由周恩来主持的，因为他临时有事，便委托聂荣臻召集。聂荣臻首先讲了一下中国发展以“两弹”为主的尖端武器计划。这些话，他用的时间很短。他要做的主要文章，在下面的话里：发展尖端武器迫在眉睫，国际上的技术援助还没有落实，但中央下了决心要搞，当前急需的是各类人才，请在座各位大力支援，鼎力相助。

聂荣臻讲完以后，会场上出现了一段时间的沉默。这也给大家提供了思考的时间，人们可以在心里翻翻自己的家底。

会场上的沉默，被陈赓大将的发言打破了。他站起来明确表示，搞导弹需要集中全国的有关技术力量，才有可能进行下去。为此，哈军工将抽出六名教授支援航委。陈赓的表态，使聂荣臻非常满意，他的脸上露出了笑容。

陈赓是个性格开朗、胸怀坦荡、原则性强，在处理行政事务上非常干练的人。

陈赓表示了鲜明的态度之后，会议室里又出现了一阵沉默。后来，有人说："搞尖端武器是重要，可是，我们的科学技术人员太少。每年只给我们几个大学生。我们恨不得拿他们一个当三个用。老科学家是我们的老母鸡，大学生是新来的母鸡，我还指望他们给我下蛋呢！"会场上发出一阵笑声。聂荣臻听了这话有些不高兴，认为这是缺乏全局观念的表现，但他没有批评。因为当时国家百废待兴，各个部门都感到科技力量不够，谁也不愿主动把自己的科学家让出来，各单位把专业人才牢牢抓在手里，不敢有须臾放松。对此他是理解的。陈赓第二次站起来了，他对聂荣臻说："聂总，选调专业技术干部，我院准备再增加 3 至 4 名。"说完他就坐下了。会议室里不再有人笑。各个部委、科学院都表示尽力支持航委的工作，给航委提供用人方便。会议达到了预期目的。聂荣臻最后在讲话中还有一些感谢的言辞。

会后，包括任新民、屠守锷、梁守槃、庄逢甘等在内的数十名高级和中级科技人员，在经国务院批准后，很快到五院报到。人们从事国防科技的热情很高，把这看成是无上光荣的事业。许多人甚至连调令都没有收到，接到电话就来报到了。以后又调入了蔡金涛、黄伟禄、吴朔平、姚桐彬等专家，接收了当年分配的一百多名大学毕业生，组成了中国发展导弹事业的第一批骨干力量。聂荣臻得知后，深感欣慰。

四个多月以后，为了解决五院科技干部奇缺的困难，聂荣臻又提出建议，在军事工程学院、北京航空学院、北京工业学院组建导弹专业，在通信学院、邮电学院、交通大学、清华大学等高等院校，设置有关导弹的专业。建议得到中央批准。这为日后苏联毁约，中国坚持导弹研制工作，奠定了技术力量基础。

1956 年 7 月，经军委批准，以钟夫翔为局长的导弹管理局（国防部五局）正式成立。三个月以后，10 月 8 日以钱学森为院长的导弹研究院成立，下面设立了十个研究室。至此，中国的导弹研究事业开始起步。

12 个月以后，聂荣臻鉴于航委和五局性质相同，都是管理机构，为了加强航委的领导，减少层次，提高领导机关的工作效率，经他提议，1957 年 3 月中央军委下令，撤销五局，所属机构和人员合并到五院。

1958 年 6 月 10 日，中共中央通知，为了加强党的一元化领导，决定成立直属中央政治局的财经、政法、外事、科学、文教五个小组。聂荣臻为中央科学小组组长，组员有宋任穷、王鹤寿、韩光、张劲夫、于光远。

聂荣臻在工作实践中感到，要统一领导光有党内措施还不够，必须在行政上也采取有力措施。为此，三个月以后，他向彭德怀汇报：鉴于国防科研工作已经广泛展开，各军兵种、军事院校、军队科研机构，都在大力进行国防尖端技术和常规武器的研究工作。地方科学院的各研究所、高等院校、工业部门所属的研究机构和工厂，也都在积极配合国防科研工作，形势大好。但同时也出现了不少矛盾，主要是分工不很明确和互相协作不够。单靠航委领导，已难以胜任，建议在航委的基础上，充实力量，改组为统一领导国防科研工作的行政领导机构。彭德怀表示完全赞成，要聂荣臻代军委起草向中央的报告。

1958 年 9 月 25 日，军委给周恩来并报毛泽东、中共中央的报告，由彭德怀主持第一五七次军委会议讨论通过后上报。这个报告说："国防科学技术的研究已经掀起了一个高潮，并且获得了一定的成就。但是也出现了一些问题：有些相同的项目，几个单位都在设计和试制；各研究机构之间互通情报交流经验不够；试制赶不上设计；设计、试制和使用单位之间缺乏必要的联系等。"为了发挥各方面的积极因素，统一组织力量，把研究设计、试制和使用三方面紧密结合起来，加强组织领导、规划协调，并进行监督检查，"建议把原国防部航空工业委员会的工作范围加以扩大，改为国防部国防科学技术委员会（简称国防科委），在军委、中央科学小组领导下工作"。

10 月 16 日，中央批准了军委的报告。国防科委以聂荣臻为主任，陈赓为副主任；委员由万毅、刘亚楼、萧劲光、陈士榘、宋任穷、赵尔陆、许光达、张爱萍、张劲夫、黄克诚、钱学森等 22 人组成。

1959 年 2 月，新春伊始，聂荣臻与贺龙、叶剑英等人一起到广西的南宁视察工作。其间，国防部五部部长万毅赶到南宁，向聂荣臻汇报导弹、原子弹的研究机构及其试验基地的建设情况。聂荣臻向万毅提出，五部的工作有些与国防科委的工作重复，最好把五部与国防科委合并，便于集中统一领导，要万毅回京后向彭德怀、黄克诚转达他的意见。3 月，聂荣臻回到北京，又当面向彭德怀汇报了自己的想法。在得到彭德怀、黄克诚同意后，聂荣臻代军委起草了 4 月 20 日给中共中央的报告，经军委会议讨论同意后上报。报告中说：1958 年 3 月，经中央批准，设立了国防部五部，在军委领导下"具体考虑安排全军火箭导弹武器的技术工作，后来 5 月间又把原子弹的试验和储存工作交给这个部负责"。从一年来的工作看，五部的主要工作与国防科委的一部分工作重复。同时，这两个部的机构都不健全。"为使工作趋于统一，组织机构比较合理，经过军委会议讨论，决定将国防部五部的现有机构和成员全部合并到国防科委，并明确今后有关火箭导弹和原子能在军事上的利用两项技术的领导工作，在军委领导下统归国防科委负责。"

4 月 23 日，邓小平在这个报告上批示：拟同意，请主席（毛泽东）、刘（少奇）、周（恩来）、朱（德）、林（彪）核示后退（黄）克诚。有关的领导人都圈阅同意。

新的国防科委仍以聂荣臻为主任，除陈赓外，又增加了刘亚楼、张爱萍为副主任，五部部长万毅调任国防科委副主任。同时，总参装备计划部负责常规武器科研工作的科研处也合并到了国防科委。从此，国防科委在中共中央、国务院、中央军委领导下，对国防科技工作负全面领导责任。实践证明，这样做以后，对科技工作中的重大决策，贯彻各项方针、政策，组织各方面力量的大力协作等，都能够集中统一，迅速采取有力措施，从而加速了国防科技事业的发展。

在导弹研究机构建设方面，自 1956 年 5 月 29 日为五院选调科技骨干的会议以后，到 1957 年，聂荣臻曾先后 18 次召集各有关方面负责人参加的会议进行商讨：为五院继续选调科技骨干、党政骨干、大学毕业生；老科学家，在从事科研工作的同时，采用多种方式，培养青年科技干部；向国外派遣留学生、研究生学习深造；补充优秀的技术工人、复员战士，自办技校培养，以满足初、中级科研实验人员和技术工人的需要；选调大批优秀的转业复员军人从事后勤等科研保障工作。这些会议还研究解决了五院的机构设置、基本建设、开展大协作等一系列问题。为这些问题，他向上级请示，向下级布置的小会和个别谈话，次数就更多。

由于采取了一系列强有力的措施，在科技队伍方面，到 1961 年，五院不仅已有数以百计的科学家和研究骨干，还有大中专毕业生数千人，转业复员军人数千人。他们都是各级组织挑了又挑的优秀人才。这样一支队伍，为五院建设奠定了最重要的基础。

机构设置方面，在聂荣臻的领导关怀下，经中央或军委批准：五院最初成立了总设计师室、结构强度、空气动力、发动机、推进剂、控制系统、控制元件、无线电、计算技术、技术物理 10 个研究室。1957 年 11 月，军事电子科学研究院并入五院，与上述十个研究室合编为五院第一、第二分院。1961 年成立第三分院。1964 年成立第四分院。这四个分院，分别从事各型导弹的研制工作。

原子能研究方面，组建机构和组织队伍的工作，开始主要是国务院第三办公室负责的，聂荣臻作为原子能三人领导小组的成员之一，也给予了多方面的关心。

首先，在他参与领导起草的十二年科学规划中，把原子能研究列为第一项重点任务；在十二年国防科研规划中，提出了原子能在军事方面应用的具体目标。1956 年 11 月，原子能工业部（当时称三机部，1958 年改称二机部）成立的时候，聂荣臻主管全国科研工作，他积极支持中国科学院物理研究所参与三机部的原子能研究工作。

1956 年、1957 年，聂荣臻与陈赓多次商谈，确定在哈尔滨军事工程学院设立原子弹、导弹专业，以后报经军委批准，扩大成系，为“两弹”研究培养人才。1958 年 1 月，中央批准在中国西北地区建立 7 个原子能工厂和设计所，急需大批人才。10 天后，聂荣臻找赵尔陆、宋任穷、刘杰、安东等开会，提出请兵器工业部为原子能工业部选调一些急需的人才，以加快原子弹研制进程。

1958 年 6 月 18 日，聂荣臻召集苏振华、罗舜初、张劲夫、刘杰、钱学森、王诤、万毅、安东等开会，讨论研制导弹核潜艇的问题。聂荣臻在会上确定：由海军、一机部、二机部、五院等单位共同协商研究，提出研制核潜艇的具体方案，由航委抓总协调。方案很快提出来了，聂荣臻认为可行，即转报中央。8 月，中央批准了核潜艇研制方案。以后由于国防科研任务过于繁重，核潜艇研制暂时“下马”，只留少数人继续进行反应堆物理等方面的研究。直到 1965 年 4 月，经中央专门委员会批准重新“上马”。不久，又决定将研制工作的重点，由导弹核潜艇改为鱼雷核潜艇。聂荣臻对核潜艇的研制工作，始终予以关怀鼓励。

“文化大革命”期间，研制工作遇到了极大困难，他及时提出“只能提前，不准推后，要抓紧，要落实”的要求，并批准用中央军委“特别公函”的形式，要求有关单位的所有人员坚决保证研制工作的进行。1971 年，中国第一艘鱼雷核潜艇终于下水试航。

1958 年 9 月，苏联援建的 7000 千瓦实验性重水反应堆和 1.2 米直径的回旋加速器在北京建成，聂荣臻参与验收，并代表中方在验收合格证书上签字，随后发表了热情洋溢的讲话。此时，二机部已成立了核武器研究所，中国科学院的物理研究所已更名为原子能研究所，受二机部和中国科学院双重领导，以二机部为主。中国的核武器研制加快了步伐。

研制导弹、原子弹，要建立大型的试验基地。基地需要装备大量技术复杂、精密度要求很高的仪器设备。由于试验这两种武器的特殊要求，试验基地又必须建在没有人烟或人烟极为稀少的大漠戈壁地区。因此，建设试验基地的复杂性和艰巨性，不亚于研制“两弹”。

1958 年初，彭德怀、聂荣臻等人多次听取苏联专家关于建设试验基地方面的意见。彭德怀一度指定聂荣臻为试验基地建设的总负责人，要黄克诚协助聂荣臻做好这方面的工作。同年 1 月下旬到 4 月，聂荣臻先后四次召集由黄克诚、宋任穷、赵尔陆、刘杰、万毅、陈锡联、陈士榘以及海军、空军有关负责人参加的会议，研究综合导弹试验基地，核武器试验基地和仓库的建设问题。

会议商定了如下几点：（1）成立特种工程指挥部，由工程兵司令员陈士榘兼任司令员、政治委员，从基地选址到设计施工都由这个指挥部负责；（2）核武器试验基地和仓库设计由二机部负责，勘察、定位和施工由特种工程指挥部负责，建成后由军队领导管理；（3）综合导弹试验基地定位于甘肃酒泉东北的额济纳旗地区。以上三点，到 5 月 3 日，先后得到彭德怀、周恩来批准。6 月，中央军委决定成立导弹靶场委员会，黄克诚任主任。此后，经军委批准，以刚撤回国内的志愿军第二十兵团为基础，组建了综合导弹试验基地的各级领导和办事机构；以志愿军第十九兵团为基础，组建了核武器试验基地的各级领导和办事机构。

经过工程技术人员和参与施工的广大指战员的艰苦奋战，1960 年，综合导弹试验基地初步建成；1962 年底，核武器试验基地在新疆罗布泊西北地区初步建成。

1957 年 10 月，苏联第一颗人造地球卫星发射成功，开创了人类历史上航天事业的新纪元。1958 年 5 月，毛泽东在中共八届二次会议上提出：“我们也要搞人造卫星。”

八届二次会议结束后不久，聂荣臻就组织张劲夫、钱学森、王诤等拟制了中国发展人造卫星的初步规划。

1958 年 8 月，由聂荣臻主持起草的《十二年科学规划执行情况的检查报告》中提到：“发射人造卫星，将使尖端科学技术加速前进，开辟新的科学研究工作领域，为导弹技术动员后备力量。同时，大型的卫星上天，是洲际弹道导弹成功的公开标志，是国家科学技术水平的集中表现，是科学技术研究工作向高层空间发展不可缺少的工具。”“人造地球卫星的研究，一系列的工作将被带动起来。其中包括高能燃料、耐高温合金和精密机械加工的技术、利用能源发电的新技术、无线电电子学、应用数学、电子计算机技术等”的发展。这些话，都体现了研制人造卫星的决心。但聂荣臻又比较现实。上述报告中提到，“实施的步骤，首先发射探空火箭，开展高空物理研究工作，解决遥控、遥测和观察中的一系列问题”，再进而研制卫星及其运载工具等。

9月、12月，聂荣臻先后两次在听取张劲夫、钱学森汇报时指出：中国科学院要在研制卫星方面力争拿出一定的成果，但又要稳扎稳打，狠抓落实。同年11月，为落实卫星研制任务，中国科学院和上海市共同抽调技术力量，组建了上海机电设计院，属中国科学院和上海市双重领导。

1959年1月，邓小平指示：现在发射人造卫星与国力不相称，要调整空间研究任务。据此，中国科学院在向聂荣臻汇报后，确定了以探空火箭练兵的方针，由上海机电设计院从研制小型液体燃料火箭起步，再逐步研制人造卫星。这样，中国第一枚T-7M型探空火箭的直径只有250毫米，起飞重量190公斤，发射高度为8公里，于1960年2月首发成功。

接着就研制T-7型探空气象火箭，进展也很快。聂荣臻于1960年4月到上海，先与郭沫若到上海机电设计院看气象火箭。18日晚上，他又在张劲夫、钱学森和上海市科委主任刘述周陪同下，视察T-7型气象火箭地面系留热试车，获得成功。聂荣臻鼓励在场的科技人员继续努力，为火箭事业作出新的贡献。5个月以后，首枚T-7型火箭在安徽省某山区发射成功。

1963年，聂荣臻指示将上海机电设计院划归五院。与此同时，中国科学院为开展卫星预研工作，成立了星际航行委员会。

1964年，中国科学院生物物理研究所与上海机电设计院合作，成功发射了高度达70公里的第一枚生物探空火箭。

1965年，随着国民经济的好转和导弹、火箭技术不断取得突破，赵九章、钱学森等又先后提出研制人造卫星的建议。聂荣臻对他们的建议作了批示：请张爱萍、张劲夫等有关部门负责人座谈，“只要力量有可能，就要积极去搞”。以后国防科委按聂荣臻的意图，提出了1970年或1971年发射中国第一颗人造卫星的设想，获得中央专委批准。

1966年1月，中国科学院成立卫星设计院，开始了“东方红一号”人造卫星的论证设计工作。“文化大革命”开始后，为了减少尖端科学技术研究事业的损失，聂荣臻于1967年提议，在中国科学院卫星设计院的基础上组建空间技术研究院，获得中共中央批准。1968年2月，空间技术研究院正式成立，并列入军队编制，从而保证了卫星研制工作能基本正常进行。

1970年4月24日，重量达173公斤的“东方红一号”卫星首发成功。通过这颗卫星，歌颂毛泽东的《东方红》乐曲响彻了中国大地，也传向了世界的四面八方。

1959年12月30日，中央军委第九次常委会议讨论了国防科委关于组建无线电电子研究院、航空研究院和舰船研究院的建议。聂荣臻出席了这次会议。会议原则同意组建这三个研究院。

当时聂荣臻向国防科委领导人提出，空军飞机、海军舰艇的研制，任务很重，工作极为复杂，也需要集中力量才行。军事装备方面，几乎都离不开电子设备，这从导弹研究工作中看得很清楚。因此，在中国经济和科技力量都比较薄弱的情况下，根据五院建设的经验，应该把各有关工业部和军队的科技力量适当集中起来，形成拳头，才能使有限的人力、物力和财力充分发挥作用。根据聂荣臻的意图，经过近一年的酝酿，1960 年 10 月，张爱萍奉命召集有关部门负责人开会，研究了组建三个研究院的方案。同年 12 月 20 日，中央正式批准军委关于建立航空、舰船、无线电电子研究院的报告，由唐延杰、刘华清、孙俊人分别担任三个研究院的首任院长，建制属国防部，业务由国防科委领导。

至此，军事系统科研方面组建机构、组织队伍的主要构架已大体完成，使“两弹一星”的研究和空军、海军、无线电技术方面主要武器装备的研究，在 60 年代奠定了坚实的基础，并走上了迅速发展的道路。

第六十四章　为科学研究事业奠基（二）

聂荣臻负责领导全国科学研究工作以后，深感近代科学技术的极端复杂性，无论军队还是地方，都必须把全国的科技力量组织起来，贯彻全国一盘棋的大协作精神，才能取得积极成果。这同战争年代组织大兵团作战，集中优势兵力打歼灭战的思想是一个道理。因此，他除了军事系统而外，也十分重视地方科技方面组建机构、组织队伍的工作。

1956 年在制定十二年科学规划的过程中，对科研领导机构的设置问题，科学家们就曾经展开过争论。陈毅、李富春、聂荣臻在同年 10 月 29 日的报告中说：“关于高级协调机构问题，争论最大。在 8 月份的讨论中，少数同志曾有不同意见，但出席会议的中国科学家（包括郭沫若院长）和大多数有关单位负责干部，一致主张建立一个常设的高级协调机构。因为科学规划是全国规模的，而执行时必须分为三个系统，即（中国）科学院、高等学校、产业部门，另外还有原子能委员会和航空工业委员会。对这几个系统实施科学规划的情况，应该有一个机构经常加以监督。同时怎样使这几个系统明确分工，密切合作，协调地执行规划，是一个很重要很复杂的问题。各方面不协调，会产生有些任务落空，有些任务重复等现象，妨碍科学的发展。”

因此，聂荣臻等在报告中提出：“把科学规划委员会保留下来，并设一个精干办公机构担负上述任务，是一个比较妥当的办法。”11 月份，周恩来、邓小平等批准了陈、李、聂的报告。国务院科学规划委员会保留下来了，由聂荣臻任科学规划委员会党组书记。科学规划委员会党组的成员有：宋任穷、黄敬、赵尔陆、刘杰、张劲夫、范长江、张玺、黄松龄、于光远、谷牧。秘书长范长江、副秘书长武衡。

当时科学规划委员会的委员大多是科学家，没有专职办事机构。聂荣臻认为，这种状况难以开展工作。于是，他与张劲夫商量，调中国科学院副秘书长武衡到科学规划委员会从事专职工作。武衡调来后，经过半年多的筹建，设立了一个20多人的专职办事机构。

1957年5月12日，国务院批准科学规划委员会由聂荣臻兼任主任，郭沫若、林枫、李四光、黄敬、杨秀峰为副主任。委员106人，大部分仍是科学家。秘书长范长江，副秘书长武衡、李强、安东、姜君辰。科学规划委员会的主要任务，是对科学事业进行规划计划、组织协调、科技干部的培养分配、安排解决科学工作的保障条件和开展国际合作等。

聂荣臻主管科学规划委员会以后，不久就遇到了所谓“二黄一张”之争。

1956年1月，周恩来在《关于知识分子问题的报告》中提出：要“用极大的力量来加强中国科学院，使它成为领导全国提高科学水平、培养新生力量的火车头”。[①] 这使科学家们很受鼓舞。一时，工业部门和高等院校的专家、教授们纷纷要求调中国科学院工作。这引起了代表工业部门的国家技术委员会主任黄敬，代表高等院校的高等教育部副部长黄松龄，与当时的中国科学院副院长、党组书记张劲夫的争论。黄敬要求中国科学院将有关工农业生产的研究人员和机构划归产业部门。黄松龄则主张科学院将有关基础理论研究的人员和机构划归高等院校。

中国科学院是根据苏联的经验逐步建设加强的。当时苏联科学技术的发展与资本主义国家比，速度要快得多，其基本原因就是集中了众多的优秀科学家，集智攻关。而资本主义国家的“皇家学会”“国家科学院”等组织，只是少数知名科学家的荣誉组织，除了有时开开会，出版些刊物，授予荣誉称号等活动外，对科学研究不起直接的组织领导作用。有鉴于此，张劲夫当然要据理力争。

三方矛盾难以解决。聂荣臻要武衡了解情况，居间调停，但收效甚微。三方争论愈演愈烈，一直闹到毛泽东那里。有一次，毛泽东在见到中国科学院院长郭沫若和高等教育部部长杨秀峰时说：你们两个有意见，不要吵了，画个“三八线”嘛！

聂荣臻听说后感到问题严重，报告了周恩来，建议开会讨论解决。1957年6月，周恩来召集聂荣臻、黄敬、张劲夫、黄松龄、范长江、武衡等人开会。开始时会场沉默，谁也不讲话。周恩来要聂荣臻先讲讲。

聂荣臻在讲话中说：中国科学院这个“火车头”不能削弱，应该加强，我认为苏联组织科学院的经验是可取的，但要再调很多科学家进来，现在看不大可能，只能逐步加强。工业部门和教育部门也不应该挖科学院的墙脚。大家都不要有本位主义，现在总的说是人才太少，国防科研方面也碰到了人才奇缺的困难，为了国家和人民的利益，我们还是应该强调互相协作，充分发挥各方面的积极性为好。

---

①《周恩来选集》下卷，人民出版社1984年版，第185页。

聂荣臻讲完后，周恩来要大家发表意见。张劲夫、黄敬、黄松龄发言都表示拥护聂荣臻的意见。周恩来最后讲话说，他也同意聂荣臻的意见，大家都要克服本位主义，顾全大局，以推动中国科技事业的发展。“二黄一张”之争，至此方告结束。

几天以后，聂荣臻在科学规划委员会第四次扩大会议上讲话，进一步强调了中国在科研工作中各方面大协作的重要性。他说：“我国统一的科学研究工作系统，是由中国科学院、高等学校、中央各产业部门的研究机构和地方研究机构四个方面组成的。在这个系统中，中国科学院是全国学术领导和重点研究的中心，高等学校、中央各产业部门的研究机构（包括厂矿实验室）和地方所属的研究机构，是我国科学研究的广阔的基地。”“科学研究工作必须有适当分工，但更重要的是必须强调协作。”

对聂荣臻的这次讲话，新华社在 1957 年 6 月 13 日的电讯中说：“国务院科学规划委员会第四次扩大会议在北京举行。委员会主任聂荣臻在会上讲话：中共中央和国务院对科学界反映出来的许多重大问题已经或正在逐步解决。关于曾经在科学界引起争论的科学体制问题，广泛地征求了各方面的意见以后，大体上取得了一致的认识。”新华社通讯接着用引号引用了聂荣臻前述讲话中关于中国科研工作系统是由“四个方面组成的”那段话。

经过近两年的实践，聂荣臻深感全国科学技术工作的高度复杂性，迫切需要建立一个集中统一的强有力的组织领导机构。1958 年 10 月，他向中央建议，将国务院科学规划委员会与技术委员会合并，组成中华人民共和国科学技术委员会（简称“国家科委”）。11 月，中央批准了这个建议。国家科委由聂荣臻兼主任；副主任为韩光、刘西尧、张有萱、范长江、武衡，不久又增加了张劲夫（仍兼中国科学院的工作）。国家科委机关工作人员共 200 多人，设 16 个厅、局。

聂荣臻在与各位副主任和有关负责人研究后，确定国家科委的基本任务是：（1）深入研究科学技术方面的方针、政策，为中央决策提供依据；（2）制订和检查科学技术工作的规划、计划；（3）组织各有关单位对重大科技项目和科研任务的合作协调，鉴定和推广技术上的发明创造和科研成果；（4）加强对全国科技干部的培养和使用工作；（5）科技方面的计量、标准化工作的统一管理；（6）提供情报资料、化学试剂、仪器仪表等科研保障条件；（7）开展与外国的科技合作和交流活动。

至此，聂荣臻一人身兼中央科学小组组长、国家科委主任、国防科委主任。他在中共中央、中央军委的领导下，建立了对全国科技事业的集中统一的领导机制。实践证明，这对全国科技工作，从规划、计划的制定、报批、检查，到科研任务的确定，科研人员、物资、经费的管理分配，组织全国大协作等，决心下得快，步调一致，较大地提高了领导机关的工作效率，促进了全国科技事业的发展。

1958 年 9 月，报经中央批准后，聂荣臻在中华全国自然科学专门协会、中华全国科学技术普及协会全国代表大会上的讲话中宣布：为了更有利于实现知识分子和工农群众相结合、科学技术和生产实践相结合、普及与提高相结合的方针，决定将上述两个组织相合并，组成中华人民共和国科学技术协会（简称“科协”），统一管理全国的科学技术普及宣传工作。“科协”的成立，是加强中国科学事业统一领导的又一项重要措施。

从“二黄一张”的争论中，聂荣臻深感人才不足是阻碍中国科技事业发展的主要原因。解决的办法，除了加速培养人才外，就是组织全国大协作。也就是加强国防科研系统、中国科学院、高等院校、中央产业部门的研究机构、地方研究机构的建设与相互协作。

1957 年、1958 年，聂荣臻经常提到中国科学院的“火车头”作用问题。1957 年 2 月，他在与范长江、李强、王顺桐、蒋南翔等人谈话时说：中国科学院不能什么都搞，要有重点，要像火车头拉车厢那样带动科学事业的发展。四个月以后，他又对科学家们说：“我国有一个拥有必要的科学研究机构的国家科学院是完全正确的，是合乎世界科学发展总的趋势的。中国科学院不仅是科学家的荣誉组织和全国学术领导的中心，而且是实际从事重点科学研究工作的地方……国家必须在中国科学院所担负的重点任务上，积极予以支持。使中国科学院逐步形成一支坚强的科学队伍，使它在科学的若干主要的部门内，真正担当起突破阵地，开拓新的科学领域的任务。”在聂荣臻的大力支持下，中国科学院的研究机构与研究工作，都较快地逐步得到发展。到 1962 年，科学院的研究所由四十几个增加到一百多个，成为中国科技事业攻关的最重要的方面军之一。

对于高等院校，聂荣臻认为它不仅是培养人才的主要场所，而且也是重要的科研基地。1957 年 6 月，他在科学规划委员会第四次扩大会议的讲话中说：“高等学校的科学研究工作，必须积极提倡，大力加强。教学和科学研究同样是高等学校的基本任务，两者不可偏废。这不仅是科学研究工作本身的需要，而且是提高教学质量的基本方法。”

从 50 年代起，大批有条件的高等院校都积极承担科研任务。聂荣臻的讲话传达后，更进一步调动了高等院校参与科学研究的积极性。像北京大学、清华大学、复旦大学、兰州大学等高等院校不仅设立了核物理、放射化学、数学力学、电子技术、光学、精密仪器等新技术专业，为科研事业培养急需的人才，还承担了大量民用、军用的高精尖专业方面的研究课题，取得大批成果。

1958 年 5 月 9 日，鉴于培养科技干部的迫切需要，中国科学院向聂荣臻建议创办中国科技大学，以解决国内各大学一时还难以培养的尖端性学科的科研人员，如核子物理、超音速空气动力学、超高频技术、地球化学、高空大气物理、射线生物学、半导体技术等专业的人才。5 月 21 日，聂荣臻在给中央书记处的报告中说：“中国科学院拟办一大学，我认为是可行的。昨与恩来同志面谈时，他也很赞成。……请中央同意批准，以便立即筹备暑假招生。”6 月 2 日邓小平批示：“书记处会议批准这个报告，决定成立这个大学，校舍另议。刘（少奇）、周（恩来）、陈（云）核阅后，退荣臻办。”上述领导都圈阅同意。

聂荣臻接到批示后，要张劲夫“即办”。在聂荣臻的支持下，学校教室、实验室、运动场、宿舍等问题一一迎刃而解。当年9月，中国科技大学正式开学。这是何等高的速度！中国人民大办科学的心情是何等的急迫！

为加速培养国防科研所需的人才，1961年1月以后，中央和军委先后批准将北京航空学院、北京工业学院、哈尔滨工业大学、成都电讯工程学院、西北工业大学、南京航空学院、上海交通大学、太原机械学院、西安军事电信工程学院、南京炮兵工程学院、哈尔滨军事工程学院划归国防科委领导。1961年1月11日，聂荣臻在国防高等院校座谈会上的讲话中指出：“我们能不能培养出大量的又红又专的优秀科学技术干部，是我国发展国防工业和国防科学技术的一个根本问题，具有特别重要的战略意义。”

军队和地方的大批高等院校，积极为科技事业培养人才，参与许多科研项目的协作攻关，成为科技战线上又一个重要的方面军。

从50年代中期起，在全国全党重视科学研究工作的气氛鼓舞下，国务院各产业部门纷纷积极地组建科学研究机构。到1962年，仅北京地区，直属国务院各部委局的重点科研单位就有：钢铁、有色金属、矿山、有色冶金设计、电器、机械、农业机械化、水利水电、煤炭、石油、化学工业、建筑、建筑材料、地质、纺织、农业、林业、铁道、交通、邮电、医学等20多个研究院。

聂荣臻十分重视各产业部门的科研力量，把它看成是组织科技战线大协作的重要方面军之一。他要求各有关单位大力支持各产业部门科学研究机构的建设，使科学研究的新成果尽快应用到生产中去。他要求各产业部门的科研机构，要善于总结，把生产中的经验提高到科学理论的高度，使自己成为本专业领域内全国

1963年，聂荣臻与陈毅、郭沫若接见中国科技大学首届毕业生

科研的中心；并力所能及地参加全国重点科研任务的协作攻关活动，在作出贡献的同时，达到提高自己的目的。

对地方科研机构的作用，1957 年 6 月，聂荣臻在科学规划委员会第四次扩大会议上的讲话中说："各省、市、自治区必须重视科学技术的研究工作。在全国科学事业中，地方应密切结合本地区的经济建设和文化建设的需要开展研究工作，以充分发挥本地区科学家的作用。"

1958 年 12 月，聂荣臻赶到上海，出席全国第一次地方科学技术工作会议。他在会上的讲话中，在与科学家和科研部门领导的谈话中，反复强调全国一盘棋的思想，强调地方科研力量在完成本地区本部门的科研任务以后，要积极参加全国重大科研项目的协作攻关。例如喷气技术、空气动力学、高温合金、电子技术、高能燃料、人造卫星、若干重要的基础理论，以及在像长江三峡水利枢纽工程、黄河中上游地区水土保持等重大项目的科学研究方面，地方科研力量根据自己的特长和优势，力所能及地积极参与，但不要自己单独搞。因为这些项目不仅需要动员各门学科的力量，耗费巨大的人力物力，而且就其性质来说，不需要也不可能各地单独搞，应该全面协作才能取得成果。

从这次会议以后，进一步调动了各地方的科研力量参与全国科技事业大协作的积极性。在中国发展科学技术进程中，地方科研部门这支重要的方面军，同样也发挥了重大作用。

经过复杂艰苦而又持久的努力，从 50 年代中期起，中国的科技事业取得了巨大进展。在组建机构、组织队伍方面，到 1962 年，科研单位已由 1956 年时的 381 个发展到 1296 个；科研人员由 9000 多人发展到 9.4 万多人。以上还不包括国防系统的科研机构和科研人员。这些，都为中国科技事业的发展奠定了坚实的基础。

第六十五章　贯彻以自力更生为主的方针

聂荣臻常说：中国这么大，人口这么多，办什么事情都应该以自力更生为主，尤其是在尖端科学技术和军队的先进武器装备方面，更应该强调自力更生。因为，任何国家都不可能把最先进的技术交给中国。这方面即使用很多的钱也是买不到的，何况我们还没有这么多钱。他还说：我们不能自甘落后，中国历史上产生过许多大科学家，只是近百年来才落后了。因此，不能迷信外国，依赖外国，"以洋为贵"，应该自力更生，勇于探索。但他又认为，到了 20 世纪 50 年代，世界范围内科学技术上都在迅猛发展，中国搞闭关自守，既不应该也是行不通的。因此，他认为，在强调自力更生的前提下，要努力争取外国援助和引进先进的技术、设备以促进中国科技事业的发展。

聂荣臻在担任航委主任以后，认为确定航委的工作方针也是首要任务之一。所以在 1956 年 4 月 17 日召开的航委第一次会议上，他在传达了毛泽东、周恩来等关于中国发展航空和火箭武器的决定以后说：现在中央和军委的决心有了，我们究竟应该采取什么样的工作方针来实现中央的决心，希望大家发表意见。

因为航委的任务很明确，是领导发展航空和火箭武器的，所以大家的发言，首先集中在是先研制飞机还是先研制导弹上。与会者有些人认为，中国工业和科学技术基础薄弱，航空工业方面已经开始仿制工作，有了点头绪，而且从世界各国的技术发展史看，大多是在航空工业的基础上发展火箭事业的，所以应该先研制技术上比较容易的飞机，这样做比较稳妥。也有些人认为，应该先发展导弹，这可以体现“迎头赶上”的精神。聂荣臻听了大家的发言后提出：根据中央的方针，中国应该先集中力量研制导弹，导弹与飞机协调发展。在人力、物力、财力的分配上，先导弹，后飞机。各技术先进的国家都已经有了各种导弹，我们要“迎头赶上”，也得研制导弹。研制导弹和飞机，对中国来说都是困难的，先集中力量研制技术上更为复杂的导弹，其成果会对研制先进性能的飞机有好处；否则，只能研制性能比较落后的飞机。钱学森等一批著名导弹专家信心十足，在争取得到苏联援助后，研制出导弹是完全可能的。在聂荣臻发言后，会上的意见统一起来了。但“飞机乎？导弹乎？”的争论，在国防工业和国防科研系统一直进行了三四年。聂荣臻力排众议，坚持先研制导弹，以后中共中央和中央军委制定了“两弹（导弹、原子弹）为主，导弹第一”的方针，争论才告一段落。

在会议发言中，大家又比较多地把发展导弹事业的希望，寄托在提请苏联帮助方面。聂荣臻则说：虽然中国的技术力量和工业基础薄弱，困难很大，但从方针上说，必须主要依靠自己的力量，以自力更生为主，同时提请苏联帮助，还应该利用资本主义国家已有的科学成果。既自力更生，又力争外援，这是一个问题的两个方面，是实事求是的态度，符合辩证法的思想。

1956年1月20日，彭德怀在第五十七次军委会议上说：中国要发展导弹事业，“目前即使苏联不帮助，我们也要自己研究，苏联帮助我们，就去学习”。聂荣臻说：这是非常正确的态度。这样，会上对以自力更生为主的方针也就肯定下来了。

这次会议以后，聂荣臻在积极组建机构组织队伍的同时，着手努力争取苏联的援助。6月，他提请国务院将一部分留苏学生转学导弹和电子专业，另外争取再派400名学生去苏联学习以上专业。8月，聂荣臻对国务院副总理李富春说：“你看是不是可以向苏联政府提出导弹方面的技术援助问题，还可以提议我们派代表团去和他们谈判，你先以适当方式摸摸底吧。”李富春立即写信给苏联部长会议主席布尔加宁，提出了这个问题，并提议中国派政府代表团去苏联谈判。9月，苏联方面答复说，对中国的援助只能限于培养干部，可以提供两枚供教学用的导弹模型，派五名教授来中国讲学。再就是，可以接受50名留学生到苏联学习。理由是，搞这个必须从培养干部开始。聂荣臻看出，关于导弹技术，苏联政府是不想大力支持中国的。但答应培养干部总还是好的一步，应该积极安排。于是，告诉有关方面，努力做好留学生的选拔工作，“为了争取时间，应选拔具有一定科技水平的工程技术人员作为研究生派出”。接受导弹模型的准备工作，也要做好。还要安排好来华苏联教授的生活和工作。

聂荣臻很快就把这个情况告诉了钱学森。钱学森估计了一下，完全靠自己的力量，至少要七八年或更长的时间，才能在中国初步完成导弹的研究工作。这样一来，将大大推迟中国掌握导弹武器的时间。他也同意聂荣臻的意见，援助有限，仍应积极利用和争取。

10 月初的一天，晚饭后，天色还亮。聂荣臻像平时一样，仍旧到北海公园散步。夕阳映照在水面上的光斑，不停地跳跃着。聂荣臻背着手，在岸边寂静的小路上散步。秘书在旁边陪着他，不时看看他紧闭的嘴。平时，一边散步，秘书一边和他聊天或谈些工作上的问题。今天和平时显然不同，气氛沉闷。过了老半天，秘书听到聂荣臻自言自语地说：形势很明显，资本主义国家封锁我们，苏联不愿意全心全意支援我们，我们只有主要靠自己干，才是最根本的出路。

天渐渐黑了，聂荣臻还在散步。他每天都要走上个把小时，这是他最喜爱的运动。在过连接五龙亭的弯弯曲曲小桥的时候，他的思路基本清晰了。形势有些像他经历过的一次战斗，那是中央红军俄界会议后的第一仗，攻打天险腊子口。这一关是非过不可的。

第二天，聂荣臻召集航委的委员和导弹研究方面的专家，共同商议中国导弹武器发展中的困难和解决的办法。最后，进一步得出了这样的结论：不管苏联愿不愿意帮助，帮助有多大，中国必须主要依靠自己的力量来发展国防尖端事业。虽然，中国科学技术与工业水平很落后，但分散在全国各方面的工程技术人员和当时在资本主义国家可以争取回国的留学生、科技人员，还有相当的数量，有的曾在外国参加过火箭方面的设计工作。只要确定了正确的方针，并采取积极措施，即使没有外援，也可以独立进行研究，无非时间长一些。科学家习惯于用精密思维分析事物，钱学森推断：中国当时在空气动力学、推进机、弹体方面所掌握的理论知识，设计像美国“诚实约翰”一类的火箭是没有问题的。

“诚实约翰”是美国 20 世纪 50 年代初研制出来的近程地对地战术导弹，没有制导系统，最大射程为 37 公里。钱学森认为，中国一开始研制这类火箭，就可以把射程提高到 200 公里左右。[①] 也就是说，尽管中国的科学技术和国防工业，与发达国家比很落后，但只要认真抓，是能有所作为的。

科学家们的判断，给聂荣臻增加了很大的信心。

1956 年 10 月 8 日，对中国导弹、火箭事业来说，是个不寻常的日子。这一天，聂荣臻来到北京西郊原解放军第四六六医院的小礼堂，当时已经有 200 多人在那里就座等他。他们中在主席台上就座的有钱学森、李强、安东、钟夫翔等。台下坐着的是几十名与火箭技术有关的专家和当年暑期被分配到五院的 100 多名大学毕业生，还有少量的行政工作人员。

聂荣臻首先宣布：经过中央军委批准，国防部第五研究院正式成立，由钱学森任院长，领导大家从事火箭、导弹的研究工作；在座的各位，是中国火箭事业

---

①《聂荣臻军事文选》，解放军出版社 1992 年版，第 395 页。

的“开国元勋”；现在人手虽少，但只要大家团结一心，艰苦奋斗，中国的火箭、导弹事业，一定会有美好的前景。会场上响起了长时间的热烈掌声。聂荣臻接着说，经航委研究，五院的建院方针是：以自力更生为主，力争外援和利用资本主义国家已有的科学成果。他解释了这个方针的含义，给了与会者以深刻的印象。

接着，李强、钱学森也先后讲了话。

这次会议以后，中国在导弹、火箭的研制方面，开始了艰难而又扎实的步伐。五院的创业者们，不畏艰苦，不辞辛劳，奋发图强，勇于开拓，使各项研究工作得以迅速发展。

聂荣臻要秘书将他在五院成立大会上的讲话精神，整理成文字。10月12日，他召开航委会议，经过讨论，形成了《加强我国导弹研制工作的报告》①，于10月15日上报给周恩来、彭德怀。

聂荣臻在这份报告中说：“我们对导弹的研究制造应采取自力更生为主，力争外援和利用资本主义国家已有的科学成果为辅的方针。”报告说：钱学森认为，中国在导弹研究方面，较困难的是在自动控制的设计方面，但从国内可以找到科技人员先行研究，还可以自制一套控制设备，利用旧飞机进行试验。报告又说：以往的经验证明，只有自己积极动手，才能取得经验和成效；也只有自己先搞起来，才有可能获得国外的支援。“因此，建议请批准上述方针，一方面争取与苏联谈判，同时积极筹建此项工作（即抽调一定数量的科学技术人员，组建研究机构，进行基本建设，购置急需的仪器、设备和实物样品等。已组织专门小组进行具体规划）不宜再迟。”报告还提出了争取苏联帮助和利用资本主义国家已有科学成果的具体措施。

周恩来在接到聂荣臻报告的当天，立即批示：即送主席、刘、朱、陈、邓、德怀核阅。拟予原则同意。具体措施责成国务院办，复苏共中央信，请主席批发。刘少奇、朱德、陈云、邓小平、彭德怀都圈阅同意。毛泽东10月17日批示：照办。

一项发展中国导弹事业乃至整个科技事业的历史性方针，被确定了下来。

11月上旬，聂荣臻接连四次召开会议，研究贯彻自力更生为主方针的具体措施。在电子学方面，他提出为适应尖端技术发展的需要，要从教育、科研入手，在基础研究、元件、器件的研制上急起直追。五院要加快建设，机构设置应该集中，注意搞好内部与内部、内部与外部的协作，机构不要重复；调集技术骨干与大学生，要注意专业配套；加紧对国内外有关资料的搜集和整理研究。购买能够买到的仪器、设备、专利或样品。

1957年10月，中苏两国签订《国防新技术协定》以后，在苏联专家来华，中国从苏联获得了一批技术资料、实物样品等的新情况下，有些人自力更生的观念有所淡忘。聂荣臻不断听到反映：我们有苏联援助了，听苏联专家的，照着

①《聂荣臻军事文选》，解放军出版社1992年版，第395页。

苏联提供的路子干就是了，主张工业设备可以整套进口，科研设备也可以整套进口，何必自己再费那么大的劲去搞什么自力更生。他认为这是一种错误倾向，必须予以纠正。

《国防新技术协定》签订不到两个月，聂荣臻就对五院和国防工业部的领导人说：导弹和飞机工厂的建设，规模不宜过大。因为苏联援助的都是些较老的产品，这方面更新换代的周期很短，船大了不容易掉头。五院要集中力量消化研究已经到手的样品、资料，在这个基础上进行仿制，并且着手自己设计新型号导弹。同时，研究探索固体燃料导弹和冲压式发动机。我们的技术人员应该虚心向苏联专家学习，目的是为着培养锻炼自己的技术队伍，积累自力更生的能力。

针对有些人的依赖思想，聂荣臻在 1958 年 5 月召开的第七次航委会议上说："自力更生的方针是中央批准的，即使有苏联的帮助也不能改变，这是永久性方针。"像风洞建设，不要等靠苏联，先自己着手干。8 月，在他签发的《关于十二年科学规划执行情况给中央的报告》中，把"在自力更生的基础上，争取苏联的援助，并注意利用资本主义国家已有的科学成果"，作为五条基本经验中的第一条经验。认为这两年的实践证明，这项方针是完全正确的，促进了中国科技事业的蓬勃发展。

聂荣臻坚决贯彻以自力更生为主的方针，后来在苏联突然中断援助时，使中国得以从容处置，没有陷入完全失措的境地。

第六十六章　签订中苏国防新技术协定

1956 年 10 月以后，国际形势有了变化，苏联明显地对中国热情起来。聂荣臻感到，这是争取苏联援助的好时机。

1957 年新年伊始，苏联方面同意从留苏的理工科高年级学生中，抽出 70 多人改学导弹新技术专业，这无疑是个好消息。于是，聂荣臻与宋任穷（主管发展核工业的三机部部长，1958 年后改称二机部）联名给正在莫斯科访问的周恩来发电报，建议他向苏方提出在原子能研究方面援助中国的问题。此后，苏联在新技术援助方面，对中国的态度日益松动。

看到苏联对中国的友好态度，1957 年夏初的一天，周恩来总理刚从机场回来，聂荣臻就给他打电话。聂荣臻在电话中说：苏联现在对我们表示友好，我们是不是再提一下国防新技术援助的事？周恩来表示同意。他对聂荣臻说："你可以先找阿尔希波夫谈一谈，我们再作下一步打算。"

1957 年 6 月 18 日傍晚，一阵小雨刚刚洒过，路面湿漉漉的，聂荣臻和对外贸易部副部长李强一起，乘坐黑色吉斯型轿车，驶入东交民巷的一个院子里。住在这里的客人，是苏联驻中国经济技术总顾问阿尔希波夫。他对中国是友好的。略事寒暄，聂荣臻就向阿尔希波夫试探性地提出了在国防新技术方面请求苏联援助的意思。聂荣臻的拜访，事先并没有说明来意。但阿尔希波夫估计，一定会有什么事情，所以他保持着外交官特有的敏感，在专心地倾听着那些礼节性言辞后面的意思。阿尔希波夫目不转睛地看着聂荣臻，他听得很认真。聂荣臻说完，阿尔希波夫显得很热心，对聂荣臻说："您提出的问题我本人同意，待请示我国政府以后再予答复。"

7 月 20 日，阿尔希波夫就国防新技术援助事宜，答复了聂荣臻，说是要约定时间面谈。聂荣臻没有想到，这么快就得到了回音。按约定时间，聂荣臻又一次来到阿尔希波夫的寓所。在客厅里，两个人都显得很高兴。阿尔希波夫对聂荣臻说："元帅阁下，您上次提出的国防新技术援助的问题，我国政府对中国政府的要求表示支持。我受权宣布：苏联政府同意在适当的时候，由中国派政府代表团去苏联谈判。"总顾问的外交辞令一板一眼，在聂荣臻平静的笑容下面，是由衷的喜悦。

回到家中，聂荣臻立刻接通了周总理的电话。聂荣臻在电话中说："今天，阿尔希波夫约见了我，苏联方面答复，同意我们的要求，要我们派一个政府代表团去苏联谈判。"周恩来听了也挺高兴："这次还不错，我马上报告主席，你就着手考虑组织代表团吧！"

经过一个多月准备，去苏联谈判的各项事宜已经商定。9 月 3 日，赴苏联谈判代表团召开全体会议。聂荣臻在会上宣布：经毛泽东、周恩来等批准，代表团名称为中国政府工业代表团。由他任团长，宋任穷、陈赓任副团长，成员有钱学森、李强、刘杰、万毅、通信兵部主任王诤，二机部副部长张连奎、刘寅。此外还聘请了 21 名火箭、原子能、飞机、电子等方面的专家、教授当顾问（加上工作人员共 40 多人）。希望大家要遵守外事纪律和注意事项，力争谈判能取得圆满成功。

1957年9月7日，一架苏制伊尔-18专机从北京西郊机场起飞了。在机上，聂荣臻与钱学森议论起苏联的尔-2导弹。钱学森说，苏联的这种导弹是从德国的V-2火箭演化而来的。

聂荣臻问："造它，你有把握吗？"

钱学森说："就看这次去苏联的结果了，只要他们肯提供有关的设备和火箭样品，保证能行。"

聂荣臻沉思了一下，又问："你觉得还有什么困难吗？"

钱学森说了句轻松的比喻："不是说，困难就像老鼠，听见脚步声就……"

聂荣臻大笑起来，然后说："去年 10 月开会的时候，你说过，如果没有外援，依靠我国现有的技术力量，可以在 7 至 8 年内，研制出像美国'诚实约翰'一类无控制火箭。我把你的意见报告给总理。后来中央叫我们 7 年内搞出自己的导弹。我比较乐观，大概只用 5 年，最多 7 年就行。这次能争取到苏联的帮助，就可以提前制造出比'诚实约翰'性能更先进的火箭武器来。"

钱学森说："也许不用 5 年，在元帅领导下，大家干劲足得很哟。"

聂荣臻说："如果这样，那就是世界的一个奇迹了。"

钱学森停顿了一下，说："我有个预感，因为，我们的制度能使科研力量高度集中，意志高度统一，这比自由化的美国更适合搞火箭工程。”

聂荣臻非常赞成这句话。他的目光落在了钱学森宽阔的前额上，想起了周恩来在钱学森归国不久的嘱咐：“要好好待他，科学家是我们国家的精华，他是科学家的一个代表。”

当天下午，莫斯科时间 6 点钟，专机对准了莫斯科努契科伏国际机场的跑道，迅速降落下来，缓缓地在停机坪停下。苏联部长会议第一副主席别尔乌辛与中国驻苏大使刘晓在离飞机不远的地方，等待欢迎中国政府代表团的到来。机舱门打开了，聂荣臻站在舷梯上挥了挥手，就疾步走下舷梯。别尔乌辛及众人走上前去，与聂荣臻握手拥抱。聂荣臻在与别尔乌辛握手时，感到了一种俄罗斯式的热烈。这似乎是此行的一个好兆头。

在莫斯科，聂荣臻下榻在奥斯特洛夫斯基大街一座别墅式的小楼里。第二天，他起得很早。北京和莫斯科有 6 个小时的时差，聂荣臻平时极有规律的生活节奏被打乱了。他在院子里散步，李强也出来活动。李强对莫斯科非常熟悉。抗战爆发前，他在这里住了 6 年半。他对聂荣臻说：“聂老总啊，1925 年你从苏联回国，在莫斯科待了多少时间呀？”“我那时归国心切，在莫斯科待了十个来月。昨天坐车，我看这里变化挺大。”聂荣臻又问李强：“钱学森同志他们住的苏维埃旅馆，离这里有多远？”“苏维埃旅馆离这里还挺远的，他们那里是莫斯科市中心的正北，我们这里是西南。富春同志来谈 156 个项目时就住在那里，它的对面是个跑马场。”李强是外贸部副部长，俄文很好，又懂电子、机械，新中国成立后中国对苏联的经济、贸易、科技方面的重要谈判，差不多他都参加了。这次，他又来参加国防新技术谈判，聂荣臻很高兴。

谈判从 9 月 9 日开始，10 月 15 日签协定，共进行了 35 天。在这段时间里，中苏两国代表团人员进行了内容广泛的谈判。谈判的进展较为曲折，不过，这也正如估计的那样，苏联方面不会无保留地把一切新技术都交给中国，聂荣臻对此是有思想准备的。整个国防新技术谈判，分为若干部分：导弹、原子能、飞机及其基地建设等方面各自分头进行。每个方面，可以说是一点一点地取得进展。所幸的是，代表团各个方面的准备都比较充分，有的要求非常具体。在谈判桌上，苏联人总的来说是友好的，别尔乌辛甚至对聂荣臻说，有些项目你们提出的型号性能已经落后了，可以提出更新一些的型号。但有的技术项目也有保留，不是只给资料，就是只给样品。经过 20 多天的谈判，9 月底，双方终于达成了协定草案。

聂荣臻看了草拟的协定，心里轻松了许多。如果苏联政府能够认真地执行协定，中国在突破导弹、原子弹、现代作战飞机等尖端技术方面，就有把握得多了。聂荣臻派人立即把草案送回北京，交周恩来总理，等待中共中央、毛泽东主席审批。

紧张的谈判暂时休止，大家终于可以休息几天了。苏联政府安排中国代表团沿着伏尔加河游览参观。正值 10 月，这是领略俄罗斯迷人秋色的最好时节。

聂荣臻被安排到莫斯科郊区的一个医院里检查身体。这个医院在一片森林中，专门接待来自其他国家兄弟党的领导人到此休养和检查身体。这个地方，空气中浸润着青草的气息，白桦林密密匝匝，树叶被秋风梳理得哗哗响，太阳散发出温和的光，真是个好去处。聂荣臻很欣赏这个地方，他在这里住了10天。

聂荣臻在拜会伏罗希洛夫、别尔乌辛等苏联朋友时，分别赠送了一些中国的工艺品。苏联朋友对中国的工艺品赞不绝口。

毛泽东、周恩来对这个草案表示满意。很快，回国的人把草案和修改意见带回了莫斯科。苏联方面上送的草案也得到批准。这样，1957年10月15日，聂荣臻代表中国政府，苏联部长会议第一副主席别尔乌辛代表苏联政府，分别在协定上签了字。[①]

签字仪式在苏联国防部大楼举行。俄罗斯式的高大建筑富丽堂皇，大厅天花板垂下的许多巨形吊灯，齐放光明。出席签字仪式的中苏两国代表，都很轻松，彼此微笑，热烈握手祝贺。在签上“聂荣臻”三个字的协定中，苏联答应在原子能工业、导弹、火箭武器、航空新技术以及导弹和核试验基地建设等方面，对中国进行援助。协定的全称是《关于生产新式武器和军事技术装备以及在中国建立综合性原子能工业的协定》（简称《国防新技术协定》或《协定》）。

代表团圆满地完成了任务，16日启程回国。

《协定》是写在纸上的，要使《协定》真正落实，还得做出更多的努力。在后来的几年里，抓紧做好接受技术援助的准备工作，催促苏联政府履行协定，成了聂荣臻的一项重要工作。

总的来说，1957年、1958年两年，《协定》执行得比较顺利。苏联向中国提供了几种导弹、飞机和其他军事装备的实物样品，交付了相应的技术资料，派了有关的技术专家来华。这些专家大多态度比较友好。这对中国熟悉情况、掌握技术，是有帮助的。苏联的帮助，对中国尖端武器研制的起步工作，是有较大作用的。在导弹、火箭和作战飞机、试验基地建设等方面，使中国的研制步伐得以加快。

但聂荣臻心里非常清楚，从根本上说，不能指望苏联把最先进的东西给中国。若认为苏联会对中国无保留地支持，那是太天真了。在国防新技术产品上，聂荣臻感到，苏联总是要让中国落后它一代，甚至是两三代。这个意图，他看得十分清楚。

对苏联援助的样品，聂荣臻提醒接收部门注意，是新的还是旧的。因为，他有过这方面的教训。抗美援朝时，苏联卖给中国的装备里就有不少是第二次世界大战时的旧步枪、旧机枪、旧坦克。他们把旧坦克刷上漆，当新的运到中国。一次，聂荣臻到丰台车站接收苏联按订货合同运来的坦克，他上去一摸，发现新刷的油漆还没有干透。他对同去的苏联顾问开了个玩笑：“你这个坦克立过多少次战功呀？”弄得苏联顾问很不好意思。

在执行中苏《国防新技术协定》的过程中，苏方的一些做法使中方疑惑不解。

① 《当代中国的国防科技事业》上卷，当代中国出版社1992年版，第28页。

一次，苏方通知，一种军事装备的实物样品已运到了绥芬河，要中方去接收。当中方做好全部准备并按时赶到预定地点时，苏方又通知说“样品还没有到”。如是者三，不免使中国的科学技术人员心生疑窦。

类似的情况都汇报给了聂荣臻。聂荣臻反复思考着这些问题，不禁回想起往事。1945 年，日本宣告无条件投降后，日军在蒙古储存的大批武器弹药，以及驻蒙日军被解除的武器装备都存在蒙古，装满了许多仓库。这批武器对华北解放军来说，是可以使部队装备获得不小改观的。蒙古人民共和国部长会议主席乔巴山到了张北，有帮助我们的意思。乔巴山要见聂荣臻，主动约了两次，聂荣臻才由张家口到了张北。可到了那里，乔巴山又不见，等了一个晚上。第二天，聂荣臻就走了。他很清楚，乔巴山是在等苏联方面的指示，苏方不点头，乔巴山是不敢做主的。这些装备，后来被蒙方付之一炬，中国一颗子弹也没要到。当时这样做，苏联是做给蒋介石看的。在接受苏联援助的过程中，这些往事不断出现在聂荣臻的头脑中，和眼前发生的事形成某种联系。

1958 年 7 月 31 日至 8 月 3 日，赫鲁晓夫到中国访问。访问期间，要中方回答不久前苏方提出的关于中苏建立联合舰队与长波电台的建议。这项建议，有损中国主权，理所当然地被中国严正拒绝。

建立联合舰队，实际上就是允许苏联军舰不经过交涉就能使用中国的港口。苏联领导人的要求，没有得到满足，那种悻悻不快的心情，使中苏两国间的关系很快出现了变化。

首先表现出来的是，苏联对待中印边界纠纷的立场。1959 年 3 月，西藏上层反动集团发动武装叛乱，企图把西藏从中国分裂出去。此后，中印关系紧张起来。苏联领导集团不顾中国提供的事实和提出的劝告，授权塔斯社，于 9 月 9 日公开发表关于中印边界事件的声明，有意偏袒印度，把中苏分歧公之于世。

1959 年 6 月 20 日，苏共中央致函中共中央，借口当时苏联与美国等西方国家正在日内瓦谈判关于禁止核武器试验的协议，怕西方国家获悉他们正在新技术方面援助中国，“有可能严重地破坏社会主义国家为争取和平，缓和国际紧张局势所作的努力”。因此，信中提出，中断若干重要援助项目，两年以后看形势发展再说。其中特别提到不再提供原子弹教学模型和技术资料。从这时起，对部分项目苏联单方面终止执行《国防新技术协定》。

1959 年九十月间，赫鲁晓夫在联合国大会上的讲话，以及参加中国国庆招待会时，都影射攻击中国是所谓“好斗的公鸡”。这些都表明，苏联有意使两国两党之间的争论公开化。

这种情况愈发展，聂荣臻就愈担心苏联能否执行《国防新技术协定》。一些报告已经很明显地表明了苏联在国防尖端技术上，对中国的限制更多了，许多答应给的技术资料和样品都拖延不给。一些专家顾问的态度，也有了很大的变化。他们采取措施，对中国技术人员接触苏联技术资料严加限制，给中方科技人员的研究工作带来极大不便。

与此同时，另一个重大变化是：苏联向中国要的东西越来越多了。过去，苏方索要的多是些中医、中药、种子及农业、手工业等传统技术和资料。但从 1959 年开始，苏联大量索要工业新技术、尖端技术和中国重要资源，重大工程项目的资料。这些情况汇集到聂荣臻这里，在他心里打上了一个很大的问号。

聂荣臻认为，应该严密注意苏联方面的这种动向，他指示秘书把各个方面的情况搜集一下。很快，工业、科研、国防等有苏联援助项目的单位，都把情况报了上来。这样从全局看，形势更为明显了。聂荣臻由此已经判明，赫鲁晓夫领导集团撕毁所有协定的日子已经为期不远了。他认为事关重大，必须尽早报告中央，以便采取相应措施。

在历史重大转折的前夜，能够预见并指出这种转折变化的来临，不但需要深刻的洞察力，而且还需要丰富的经验和缜密的思维。如何做好准备，妥善处理这种转折带来的困难局面，则需要战略家的胆识和勇气。

1960 年 1 月，在上海举行的中共中央政治局扩大会议上，聂荣臻将中苏经济援助与科学技术协作方面的变化和趋势，先报告了毛泽东主席与周恩来总理，之后又在会上就此作了发言。他在发言中提出，苏联很有可能在不长的时间内终止与中国的协议。他说：米格 -21 飞机和导弹的技术资料，苏联都卡住不给了。看来，靠苏联援助肯定靠不住了。苏联为了保持领先地位，加上对中国不放心，所以在国防新技术方面加紧限制的情况，已经越来越明显。我们已经摸清了他们的基本意图，就是在尖端武器装备的科学研究上，使中国与它保持相当的距离，只同意我们仿制苏联即将停产甚至已经停产了的装备。总之，他们是想长期使中国停留在仿制阶段，处于依附地位。周恩来对聂荣臻的报告，仔细看了几遍。然后，他又在这份报告上，密密麻麻地写了许多批语，把报告转给外交部，以引起外交部的警觉。

随着中苏关系的变化，1960 年 7 月 3 日，聂荣臻向中共中央和毛泽东写了份报告，提出了三点建议：1. 苏联在重要的关键技术上卡我们，令人气愤，但气愤并没有用。事情有可能这么一逼，反而会成为发展中国国防科学技术的动力，更加坚决地贯彻自力更生的方针，而不是指望外援。2. 今后科技往来应采取新的做法。协议上有的仍然要，不给就挂笔账，协议以外的新要求就不提了。3. 独立自主，立足国内，绝不意味着自己封锁自己。毛泽东、周恩来很快批准了这个建议。

所以，应该说，中国对于苏联全面终止国防新技术的援助，是有准备的。1960 年 7 月，事实完全证明了聂荣臻的预见。苏联全面撕毁了同中国的协议，从 7 月 28 日到 8 月下旬，撤走了他们尖端技术领域里在华的全部技术专家。

苏联这一背信弃义的行动，发生在中国经济所处的前所未有的困难时期。主要由于政策上的失误，加上自然灾害，危及到中国每个人的生活。在这样的时刻，中国的国防科技究竟怎样才能发展？它要走一条什么样的道路？这些问题萦绕在聂荣臻的脑海里，使他在夜色中漫步北海公园的时间格外长了。当苏联撤走全部技术专家的消息传到北戴河中央工作会议上时，毛泽东以他特有的气魄说："要下决心搞尖端技术。赫鲁晓夫不给我们尖端技术，极好！如果给了，这个账是很难还的。”[①] 聂荣臻深刻领会了毛泽东的意图，在自力更生的基础上，更加致力于中国研制导弹、原子弹的事业。

赫鲁晓夫的背信弃义行为，促成了中国自行研制“两弹”的历史性转折。

第六十七章　主持“两弹”攻关（一）

尽管苏联领导集团的决定是这样的不讲信义、不留余地，中国政府还是从两国人民的传统友谊出发，对苏联的做法采取了克制态度。在苏联撤走专家前，聂荣臻指示各有关单位：抓紧一切机会，虚心请教，尽可能向态度友好的苏联专家多学点东西；专家撤走时要以礼相待。据此，各单位对即将归国的苏联专家和他们的家属子女，普遍举行了欢送会，并对他们的帮助表示了感谢。苏联专家临走时，大多数表现出依依不舍的留恋之情。

苏联专家撤走时，还按上级指示，带走了全部技术资料。中国派往苏联留学的大学生、研究生的学习，也受到多方面的限制。尤其是学习导弹、原子、航空、电子等专业的学生，处境更为困难。

在苏联专家全部撤走的困难关头，五院领导人专程赶到北戴河向聂荣臻汇报。他们表示：苏联专家在的时候，也从不帮助我们搞研究设计，由于有自力更生的方针，研究设计工作都是五院科研人员自己进行的。现在他们撤走，对我们影响并不大。设备资料方面的某些困难，根据五院已有的基础，经过努力，也是可以克服的。现在最困难的是原材料问题。话是这么说，但还是掩饰不住他们焦急的心情。聂荣臻对他们说：大家不要着急，这些困难是可以克服的，是暂时的。希望五院坚决贯彻毛泽东主席的指示，奋发图强，埋头苦干，下决心依靠自己的专家，把导弹和试验设备研制出来。原材料方面，也是如此。完成了近程地地导弹的仿制以后，要集中力量迅速研制自己的中近程、中远程导弹，为国家民族争气。三天后，聂荣臻又把国防科委秘书长安东找来，对他说：“国防科研要缩短战线抓重点。地地导弹是战略任务，人力、财力、物力，要确保首先用于五院。其他的国防科研项目也要排排队。”

聂荣臻把军事上集中兵力打歼灭战的重要思想，运用到了“两弹”研制方面。以后，钱学森对这种领导方法，多次予以肯定和推崇。

在核武器方面，自 1959 年 6 月苏联拒绝提供援助以后，7 月，周恩来向宋任穷传达了中共中央的决策：“自己动手，从头摸起，准备用 8 年时间搞出原子弹。”[②]12 月，二机部制定了核武器研制规划。12 月 17 日，聂荣臻与陈毅、罗瑞卿等一起，听取了宋任穷、刘杰关于规划情况的汇报。聂荣臻在会上表示，完全同意二机部关于力争“三年突破，五年掌握，八年有所储备”的规划设想。会后，

①《当代中国的国防科技事业》上卷，当代中国出版社 1992 年版，第 45 页。

②《当代中国的核工业》，中国社会科学出版社 1987 年版，第 565 页。

聂荣臻要国防科委提出加强核武器研究机构建设的意见。12 月 30 日，在贺龙、聂荣臻等人参加的军委第九次常委会上，经讨论，批准了国防科委的建议。

1960 年 2 月的军委扩大会议以后，中国再次派宋任穷去苏联谈判，希望苏方能履行《国防新技术协定》。但苏方仍然坚决拒绝中国的要求。4 月 5 日，聂荣臻与军委其他领导人一起，听取了宋任穷赴苏联谈判情况的汇报。聂荣臻在会上表示：完全同意中央自力更生研制核武器的方针，鉴于苏方拒不执行《国防新技术协定》，坚决不给原子弹教学模型、资料、关键原材料和设备，决心自己干，这样时间可能长些，但总是可以干得出来的。

1960 年 7 月 6 日至 8 月 23 日，苏联撤走了在中国核工业系统工作的全部 233 名专家。

从 1959 年起，为贯彻中央和军委关于自力更生进行原子弹攻关的方针，二机部采取了一系列措施，主要是调集人力物力，加速西北核工业基地的建设，同时缩短战线，力求尽快建成铀 235 生产线，获得合格的产品。调集科技力量，加强北京核武器研究所的建设，积极探索原子弹的设计、引爆和爆轰试验等的研究设计工作。中国第一颗原子弹的研制步伐在自力更生的基点上加快了。

“以自力更生为主，力争外援和利用资本主义国家已有的科学成果为辅”，这个经中央批准的发展尖端武器的方针，聂荣臻时刻铭记在心。现在外援没有了，利用资本主义国家已有的科学成果这一条，他要各有关单位作出更大的努力，争取获得更多的成效。聂荣臻指出：应该广泛收集外国各种书报杂志等资料，参观各种技术展览，购买技术专利和各种先进设备。

另一方面，对此同样也是不依赖、不幻想。从总体上说，在苏联卡我们，帝国主义国家封锁我们的条件下，聂荣臻提出必须进一步强调自力更生，把突破“两弹”的希望主要放在自己力量的基点上。

与苏联撤走专家的同时，“两弹”研制又出现了另一个重大困难。60 年代初，由于粮食不足，竟迫使正在导弹基地、核试验基地施工的工程兵、铁道兵部队疏散或撤走了，甚至许多科技人员也被疏散了。聂荣臻忧心忡忡。他报告周恩来后，周恩来亲自到军委会议上部署军队各大单位筹措粮食，紧急运往西北大漠深处的基地，这才解了燃眉之急。

聂荣臻有一次对导弹试验基地的副司令员李福泽说：你们把工兵团、汽车团、警卫团的大部分人员疏散了，这我没意见，机关也可以只留少数人，技术人员疏散到别地的工厂保留，这也可以。但听说，有的单位把直接从事火箭技术方面工作的知识分子也打发走了，有这样的事吗？李福泽低下头轻声回答：“有。”聂荣臻说：“你知道莫塞莱[①]这个名字吗？”然后叹息地说：“他是位年仅 28 岁的

① 莫塞莱（1887—1915），英国物理学家，毕业于牛津大学。1913 年，他用不同材料制成的 X 射线管，测得一系列的 X 射线光谱，使元素周期表比按原子量排列得更加完美，对周期律和光谱分析法的发展起了重大作用。

大科学家，在原子物理学上有重大发现。可是，在第一次世界大战时，被强征入伍，死在了战场上。不仅英国的科学界，而且世界的科学界都对这颗科学巨星的过早陨落，深感惋惜和悲痛。此后，英国政府规定，不准征召科学家到第一线作战部队服役。而今，难道我们还不如当时的英国政府吗？这样下去，我们的导弹何时才能上天！”

聂荣臻如此关怀知识分子，李福泽深受感动。他回到基地，把已经疏散走了的知识分子请了回来。

苏联人撤走了，这极大地刺激了中国知识分子的自尊心。所以，中国国防尖端项目坚持进行下去的方针一经确定，导弹研究院的科学家、工程技术人员，从上到下都进入一种自力更生、艰苦奋斗、发愤图强的工作状态。

在北京郊区导弹研究院和北京核武器研究所的办公楼、图书馆、资料室里，灯光通宵达旦地亮着。科技人员在这里翻阅资料，讨论方案，苦心研究，精心设计。被激励起来的工作热情极为高涨，这是民族的热血在涌动。可他们，是在副食品严重缺乏的忍饥挨饿情况下工作的。

国防科委的干部，把这些事情告诉了正在协和医院住院的聂荣臻。他因为工作过度劳累，住院已经快一个星期了。听到这个消息后，他深深地感叹：“这就是我们的知识分子呀！”这天晚上，聂荣臻穿着病号服走来走去，对这件事想了很久。

第二天，他一早就把秘书找来。秘书来时，聂荣臻还穿着睡衣。他坐在沙发上对秘书说：“昨天我想了好久，你今天先去找爱萍同志，让科委的同志们商量一下，五院、核武器研究所的科技人员一定要劳逸结合，要想办法改善他们的生活，决不能搞坏身体。”

秘书走后，聂荣臻仍在想，现在科技人员每天进行这样超长时间的工作，身体的消耗是极大的。只强调休息，一般地讲讲改善生活，还不行，如果没有足够的营养品，身体是要垮的。可现在，正是自然灾害的困难时期，党和国家的最高领导，都只是维持着最低的生活标准。当时，肉、蛋、黄豆一类副食品极为紧张，就是有钱也没地方去买。在这种情况下，拿什么给科技人员呢？

最后，他接通了周恩来总理的电话，他对周总理说了导弹研究院、核武器研究所的情况后，请示说：总理，现在我想是不是可以以我个人的名义向各大军区、海军募点捐，让他们支援些猪肉、黄豆、鱼、海带之类的东西，多少解决些问题。周总理认为这个办法好，很支持。这样，从聂荣臻办公室打到北京、广州、济南、沈阳军区和海军的电话，都传达了这样的意思：我们正在进行国防尖端项目攻关的科学技术人员生活清苦，任务繁重，需要各大单位援助一些副食品。

“募捐”来的东西，比预计的多得多。海军和北京、广州、济南、沈阳等军区，加拨给了国防科研战线一批猪肉、鱼、海带、黄豆、水果等副食品。在当时，这些都是无比珍贵的东西。

就在聂荣臻向各单位发出呼吁的不几天，副总参谋长杨成武和北京军区副司令员郑维山，到协和医院看望聂荣臻。聂荣臻专门对郑维山说了“募捐”的事，他半开玩笑地说："我知道你们的家底，你们有生产，有东西，你一定要拿出一些来。你可不能小气呀！"郑维山的回答也很干脆，"东西我一定搞一些，还可以打一些黄羊"。

"募捐"所以进行得很顺利，这里面至少有两个主要因素起了作用：一是，各大单位对研制国防尖端武器的极大热心；二是，聂荣臻在解放军中所享有的崇高威望。正是这两个因素，使得部队拿出他们自己也同样需要的东西时，是那样的慷慨。

陈毅元帅也来看望聂荣臻。听说此事，他对聂荣臻说："我举双手拥护，向各单位'募捐'，也加上我的名字。"他满腔热忱地对聂荣臻讲："科学家是我们国家的宝贝，要爱护，我这个外交部长腰杆硬，也得靠这些人。我们不吃，也要保障他们起码的生活。""募捐"的东西搞来了，如何分配呢？聂荣臻对科委的领导说：这也是一项有力的政治工作。要把这些东西以中央和军委的名义全部分配给每个专家和技术人员。他特别说明，行政工作人员一律不分。交代任务时，聂荣臻是极其严肃的。也许他意识到自己过于严厉，又笑了笑，加了一句："我是要检查的！"

中国的知识分子是耐得清贫的，他们不会有超出一般人生活水平的非分要求，何况国家面临这样困难的时候，连毛泽东、周恩来等都宣布自己不吃肉，以表示与全国人民同甘共苦的决心。毛泽东、刘少奇的孩子，都只吃寄宿学校的普通伙食，回到家里也就是多吃几块红薯或掺了玉米面的馒头。在这种情况下，以中央和军委的名义发下来的副食品，实在使知识分子难以抑制自己的感情。在各科研单位，分发这些东西的场面、气氛令人感动，许多人热泪盈眶。五院一个技术人员说："我们国家这样困难，主席、总理都吃白菜汤，军委太关心我们了！"中国的知识分子很讲报答知遇之恩，所有的人都表示，要为国防尖端武器的研制，拼出一腔热血，研制"两弹"的积极性更为高涨。

东西分完了，聂荣臻真的检查了。他要安东去五院检查，五院政委刘有光拍着胸脯说："要是我们分了半两，开除我的党籍！"

1961 年 1 月，聂荣臻在听取刘杰（1960 年 9 月，接替宋任穷任二机部部长）汇报时，提出二机部同样要大抓生活，说这是个大问题。他要刘杰告诉兰州军区司令员张达志，要兰州军区力所能及地调拨一批副食品和粮食支援二机部西北核工业基地人员的生活。

正当"两弹"研制克服重重困难，力争加速进程的时候，国防工业和国防科研战线却出现了"两弹"是继续"上马"，还是"下马"之争。其背景是 1961 年夏天，中央鉴于"大跃进"等"左"的思潮泛滥，导致国民经济比例严重失调。为此，要各条战线制定出一些条条来，同时酝酿对国民经济进行"调整、巩固、充实、提高"的八字方针。在这种情况下，有些人认为，研制"两弹"困难太大，主张"下马"。聂荣臻是力主继续研制"两弹"的，并且要以"攻关"的精神去突破国防尖端技术。

上马，还是下马，当时的争论非常激烈。

毛泽东这位从一开始就对原子弹极为热心的人，对这场争论甚为关心。1961年7月，他让秘书从杭州打电话给聂荣臻说：不久前看到了一份材料，中国的工业技术水平比日本差得很远，日本现在还没有导弹、原子弹，但对此很重视。内部有争论，我们应取什么方针？值得好好研究一下。毛泽东还打招呼说，他要亲自找聂荣臻等人谈一次。

当时，国防工业委员会工作会议正在北戴河召开，贺龙、聂荣臻、罗瑞卿以及国防工业、国防科研方面的负责人方强、王诤、刘秉彦、刘西尧等人都参加了。

北戴河清风习习，驱走了暑气，会议却开得很热烈，两种意见尖锐对立，争论的温度在不断升高。主张国防尖端武器研制“下马”的人，主要是强调苏联的援助没有了，当前的整个经济形势不好，国防尖端武器研制困难太多太大，我们的工业基础薄弱，原材料无法保证，品种规格不全，新材料研究困难重重，搞“两弹”花钱太多，影响了国民经济其他部门的发展等。他们主张只搞常规武器，不搞“两弹”。用他们的话说：“你打你的原子弹，我打我的手榴弹。”听到这样的话，不必奇怪。中国人民解放军这支军队中有的是从冷兵器——大刀、梭镖发展起来的，要所有的人不停留在机枪、大炮阶段，这不是件容易的事。

聂荣臻7月20日来到北戴河，第二天就听取会议情况的汇报。他越听越感到不安，在困难面前，不少人对研制“两弹”的信心动摇了，问题的严重性显而易见。聂荣臻多次找人座谈，冷静分析情况，得出的结论是：“两弹”研制都已经有了一定基础。五院、二机部各拥有大学毕业以上的研究人员数千名和一批先进的研究设备，铀矿资源也能满足需求，特别是有一批世界第一流的研制“两弹”的爱国科学家，这是个决定性因素。“两弹”研制还带动了一系列科学技术的飞速发展。于是，他在听汇报时的插话中、在会上的发言中，一再强调“两弹”要继续攻关。尤其是在8月4日的会议上，他作了比较系统的发言。他恳切地说：国防科研方面，“两弹为主，导弹第一”，这是去年2月中央军委扩大会议确定的方针，后来又得到中共中央批准，不能动摇，三五年内要力争突破尖端，现在遇到些困难，但这是历史任务，在困难面前是退还是进？“我的意思还是要进。”与此同时，强调“两弹为主，导弹第一”的方针，并没有排除常规武器的研制，应该两条腿走路。三五年内不管打什么仗，都得靠常规武器，这关系到国家的安危。因此，要特别重视常规武器研制和生产的配套问题。如果这方面的问题解决不好，同样要犯历史性的错误。无论是尖端武器，还是常规武器，现在上不去的关键是新型原材料、精密仪器仪表和技术力量分散的问题。这些问题不解决，就是尖端都停下来，常规武器也上不去。解决的办法是要列入国家计划，大家都来攻关；否则，就事倍功半。尖端与常规武器要想上去，另一项措施是都要缩短战线，任务排队。聂荣臻形象地比喻说：这好比过河，大家都想过，但桥就那么宽，谁先谁后，得排排队，否则一拥而上，就谁也过不去。聂荣臻还笑着举了个例子，现在是“虱多不痒”，困难很多，要理一理，具体问题要有人具体抓，否则就像长虱子，长多了，就习以为常，不觉得身上痒了。这一形象比喻，引起了会场上一阵轻松的笑声。聂荣臻接着说，尖端与常规不是谁挤谁，谁怨谁的问题，而是要向中央和军委负责，要从解决具体问题入手，困难是有的，但我们可以上去，不管是尖端武器还是常规武器，都不要退。

对聂荣臻的意见，在日后的会议发言中，大多数人表示同意。但他仍不放心，把当时的国防科委副主任刘西尧找来，面授了国防尖端武器研制应该继续攻关的意见，要他整理成文字。8 月 20 日，聂荣臻签发了《导弹、原子弹应坚持攻关的报告》，全文共 5000 多字，详细陈述了“两弹”攻关的条件、困难和拟采取的措施等。[①] 报告上报中共中央后，很快，毛泽东、周恩来等中央领导人都表示同意。

由北戴河回来后，聂荣臻派张爱萍、刘西尧、刘杰率领调查组到二机部核工业建设基地和原子弹研究设计的第一线进行考察，看看 8 月 20 日报告中提到的“三个铀的主要矿山将于明后年建成；选矿、冶炼、金属加工和武器装配工厂已有大部分设备，一部分关键设备正在安排试制，争取于 1962 至 1964 年先后投入生产。这一套建设项目完成后，即可制造一般的原子弹”，这一段对中央带有保证性的话，究竟能不能落实。11 月 2 日，聂荣臻听取了张爱萍、刘西尧、刘杰的汇报，颇感宽慰。

11 月 14 日，张爱萍、刘西尧将他们考察的情况向中央和军委写了报告，认为“经过前一时期的努力，在各有关方面的积极配合下，核工业建设和原子弹研制工作都有了较大的进展，只要国家进一步加强组织协调，更好地集中全国有关部门的力量进行技术攻关，安排好所需设备、仪器仪表和原材料的研制、生产，1964 年炸响原子弹这一设想是可能实现的”。毛泽东、周恩来、邓小平同意上述报告提出的意见。[②]

对原子弹攻关，陈毅元帅用风趣的语言表示了鲜明的态度，他说：脱了裤子当了，也要把原子弹搞上去。我这个外交部长，现在腰杆子还不太硬，你们把导弹、原子弹搞出来了，我的腰杆子就硬了。

第六十八章　主持“两弹”攻关（二）

确定“两弹”攻关了，应该采取哪些措施呢？聂荣臻想了又想，在广泛调查研究的基础上，主要提出了以下 7 条。

1. 各科研部门要“缩短战线，任务排队，确保重点”。他提出：以地地导弹为重点，争取三年左右突破中程；五年或更长一些时间突破远程。原子弹方面争取四年左右建成第一套核燃料生产基地，设计试制出初级的原子弹；五年或更长一些时间试制出能用于导弹的小型核弹头。国防科研的其他任务，都要为“两

---

①《聂荣臻军事文选》，解放军出版社 1992 年版，第 488 页。

②《当代中国的国防科技事业》上卷，当代中国出版社 1992 年版，第 46 页。

弹”让路。

2. 要抓紧“开门七件事”，即新型材料、仪器仪表、电子元件、精密机械、特殊设备、测试技术、计量基准。力争使这七个方面能保证“两弹”攻关进程的需要。

3. 进一步培养科技干部，一定要把这看作是发展国防科研的战略任务。

4. 全面落实党的知识分子政策和科技政策，首先是要落实保证由科学家对技术问题负责的技术指挥线畅通。从上到下，行政领导不要干预科技工作。

5. 组织全国大协作，把国防科研机构、中国科学院、工业部、高等院校、地方科研机构，组织成五个方面军，协同攻关。

6. 要攻关，就要从上到下做到情况明、决心大、方法对，又要实事求是，一步一个脚印，冷热结合，工作力求踏实。

7. 科研单位的各级领导干部和所有工作人员，都要真正成为科技人员的“勤务员”和知心朋友，全心全意为他们的工作和生活服务。

这些明确的方针、政策，统一了步伐，促进了“两弹”攻关的顺利进行。

缩短战线方面，聂荣臻在坚持“两弹”攻关的报告中说：“前一时期……工作中也有些缺点，主要是战线太长，力量分散，不仅不利于国防尖端技术的发展，而且使国防尖端和工业基础之间本来就不太适应的情况更加突出起来。”因此，从苏联专家撤走起，他就提出要缩短战线抓重点的要求。

聂荣臻多次强调突破地地导弹是项战略任务。1961 年 4 月，他对钱学森等人说：地地导弹系统是个战略问题，先定下来，搞成“三班”去安排科研力量。两个月以后，他对钱学森等解释说，“三班”的含义是，地地导弹在仿制的基础上自行设计近程、中程和远程导弹，这三个型号形成系列，集中力量搞，然后有多余的力量再研制地空、空空导弹。近程地地导弹仿制已经过关，正在少量生产，中程地地导弹是正在设计的，远程地地导弹是要探索研究的。

导弹攻关，捷报频传。1964 年 9 月，中国自行设计研制的中近程地地导弹试射成功，进入批量生产。1965 年他又进一步提出，研制地地导弹首先抓中程的，准备中远程的，探索远程的。

这样，聂荣臻在领导导弹、火箭研究人员集中力量攻地地导弹技术关的同时，总结出了符合科学研究工作规律的“科研三步棋”的思想。1966 年 2 月，他在给周恩来的报告中说：科研与生产不同，“就是在一定的计划时期内，研制工作要同时安排三个层次的型号：正在试验、试制（生产）的型号；正在设计的新型号；需要探索研究的更新的型号。这样安排，可以加强研制工作的计划性和预见性，并使不同层次的型号互相衔接，交替进行；预研工作也可以得到相应的落实。对同一型号而言，‘三步棋’是指预研、研制、小批生产三个阶段”。①

聂荣臻的这一重要的理性认识，有力地推动了“两弹”攻关乃至整个国防科

---

①《当代中国的国防科技事业》上卷，当代中国出版社 1992 年版，第 57 页。

技事业的进程。

在核武器方面，缩短战线的做法集中到一点，就是保证 1964 年爆炸中国的第一颗原子弹。

1961 年 9 月以后，聂荣臻多次对二机部的领导说：核武器研究力量要集中，西北核工业基地着重搞基本建设，要确保质量。

1962 年 8 月，中央工作会议在北戴河召开。陈毅、聂荣臻在会上见到了二机部部长刘杰。陈毅、聂荣臻关切地向刘杰询问原子弹研制的进展情况。聂荣臻对刘杰说：希望你们早日拿出原子弹，以增强中国的军事力量和政治地位。我们遵照中央的指示，要求全国科研部门，很好地配合二机部的研制工作，全国要“拧成一股劲，共同完成任务”。陈毅、聂荣臻两位元帅的话，使从事原子弹研制工作的所有人员，受到很大鼓舞。

刘杰对两位元帅的话想了又想。两位元帅要求早日拿出原子弹，这个“早日”究竟能在什么时间实现呢？

回到北京后，刘杰与二机部的几位领导人研究了几天，就当时所要解决的理论问题、试制生产和存在的困难进行了分析。他们作出了每一步都非常扎实的计划，最早在 1964 年，最迟在 1965 年上半年爆炸中国的第一颗原子弹。最后，写成了《关于自力更生建设原子能工业情况的报告》。

作出这个判断要有足够的科学根据，而要把这个判断上报中央，还要有充足的勇气，这等于是向中央立了军令状！二机部的领导人在上报前反复研究，一遍又一遍地论证，于 1962 年 9 月 11 日将报告上送中共中央和毛泽东。

同年 10 月，聂荣臻在听取二机部领导人汇报时指出：原子弹研制进展较快，今后仍应把好每道关，有专人抓，一切工作都要围绕着 1964 年爆炸中国的第一颗原子弹来安排。

聂荣臻根据“科研三步棋”的思想，看到第一颗原子弹的研制工作进展顺利，胜利在望时，他就对二机部提出了进一步的要求。1963 年 9 月 3 日，聂荣臻在听取刘杰、钱三强、朱光亚汇报时指出：中国发展核武器，最后着重是要搞战略导弹用的核弹头。因为中国空军力量薄弱，空投原子弹难起作用。二机部的工作要求是，1964 年准备好地面核试验；1965 年准备好空爆核试验；1966 年准备好核导弹试验；1967 年争取试验氢弹。

1964 年 5 月，聂荣臻对五院和二机部提出了研制核导弹的问题。他说：原子弹与导弹的总设计师钱学森和钱三强都要参加，才能搞好。

原子弹攻关，在更高的基点上加速进行了。1964 年 10 月，中国终于爆炸成功了第一颗原子弹。

从主管全国科学研究工作起，聂荣臻就十分重视贯彻全国一盘棋，进行大协作的方针。进入“两弹”攻关阶段，他深知，必须进一步加强全国大协作的部署，才能打好“两弹”攻关这一仗。

聂荣臻指示中国科学院紧密配合“两弹”攻关。此后国防科委与中国科学院商定，组成两个协作组。导弹攻关协作组由钱学森、王诤、张劲夫、裴丽生（中国科学院副院长）、刘西尧组成；原子弹攻关协作组由刘杰、钱三强、张劲夫、裴丽生、刘西尧组成。为此，中国科学院成立了由谷羽任局长的新技术局，动员30多个研究所的大部分科研力量，共承担300多个科研项目的协作任务，大大加强了“两弹”攻关的力量。在中央批准聂荣臻关于坚持“两弹”攻关的报告以后，其他科研部门、工业部门和高等院校的积极性也很高，纷纷主动要求承担任务。这样，全国逐步形成了“两弹”攻关的大协作网。

1962年9月，二机部关于建设原子能工业的报告上送后，10月，中央政治局召开扩大会议，讨论二机部的报告。聂荣臻出席了这次会议。刘少奇在会上指示：中央要成立个委员会，加强领导，加强配合，请国防工办提出委员会成员名单报中央批准。据此，10月30日，罗瑞卿在写给中共中央、毛泽东的报告中，建议成立中共中央15人专门委员会，统一领导原子能工业的建设和核武器的研究试验工作。毛泽东11月3日在这份报告上批示：“很好，照办。要大力协同做好这件工作。”1962年11月17日，在聂荣臻列席的中央政治局会议上，刘少奇宣布，中共中央决定成立中央15人专门委员会，周恩来任主任，由贺龙、李富春、李先念、薄一波、陆定一、聂荣臻、罗瑞卿、赵尔陆、张爱萍、王鹤寿、刘杰、孙志远、段君毅、高扬等人组成。它既是一个权力极大的决策机构，又起着各方面的协调作用。1965年3月，中央决定，15人专门委员会也管导弹的研究试验工作，调整增加了成员，改称中央专门委员会。在中央专委强有力的领导下，调动全国一切力量，为“两弹”研制开绿灯。

聂荣臻对中央专委的成立特别高兴，他认为这是项关键性的措施，对“两弹”攻关的信心就更足了。

中央专委总揽全局，将尖端武器研制工作的纷繁头绪化解开，转变为一道道十分明确的任务，安排下去。五个方面军的协作配合更加紧密了。中国尖端武器研制建设之快，与中央专委极有效率的工作是分不开的。

在聂荣臻确定的7条措施中，从技术上说，要数第二条最重要。中国导弹、原子弹的研究工作在加速进行。理论研究上的难题，一个一个地被科学技术人员攻克。但在导弹与核武器的研制正在取得重大突破的前夜，所有的研究课题都向我们揭示了这样一个前提条件：尖端武器的研制需要许多新型原材料，需要高温合金材料、高能燃料、精密合金、半导体材料、稀有金属材料、人工晶体、超纯物质、稀有气体等。在一个工业基础十分薄弱的国家里研制尖端武器，它所面临的困难实在是太多了。领导中国原子弹、导弹武器研制的聂荣臻，对这一点感触尤深。在一段时间里，他经常提到的就是这些事情。他打了个形象的比喻，“一家人过日子，少不得柴米油盐酱醋茶，这叫开门七件事”。而新型材料、电子元件、精密机械、仪表仪器、特殊设备、测试技术和计量基准等七个方面，就是办国防工业和尖端科学的“柴米油盐酱醋茶”。“开门七件事”好记好懂，成为科研战线家喻户晓的动员令。

聂荣臻始终认为，仪器仪表、新型原材料等是中国武器装备科学研究方面最为薄弱的环节。

1960年1月21日，聂荣臻在给中央的报告中写道："仪器仪表已成为当前发展国民经济和尖端技术的薄弱环节之一。工业生产中，所需的仪器仪表配套，在数量上只能满足六成至八成。尖端技术所需仪表仪器，则还刚刚开始摸索研究。拿各类仪器仪表的品种来说，和苏联等先进国家比较，一般的品种只生产了两成至三成，特殊、高级的（如核子、电子仪器）则只有一成左右。火箭、原子能反应堆、舰艇、潜艇等所需要的高级仪表，则完全是空白。"聂荣臻在报告中说，已通知计委、经委、建委、国家科委、国防科委、五院、一机部、二机部等单位负责同志，组成仪器仪表和精密机械的规划小组，全面安排研究，确定试制和生产品种，并纳入国民经济计划，以求切实解决这方面的难题。并在两三年内，争取解决"研究试制需要新仪器，新仪器又需要新材料"的所谓"连环套"问题。由此证明，这样的基础工作，不得不与尖端技术研究同时上马。聂荣臻对此是早就深有体会的。

举例说，用于尖端武器的新型材料，至少有5600多种，大到导弹尾喷管的耐高温合金，能耐万度高温的导弹石墨尾舵，小到导弹、原子弹上用的特殊用纸，这样多的原材料研制，不可能全部由导弹、原子弹研究机构本身来完成，非动员全国的科技力量不可。由中央专委向各科研单位与工厂分配研究试制任务，各项工作的完成都很顺利。在当时，许多单位都以能接受尖端项目的研究任务为无上光荣。这种大协作，充分体现了中国社会主义制度能够高度集中力量的优越性，以及当时中国人民集体主义和团结协作的精神风貌。

尖端武器所需要的许多材料又都是"特"字号的，如特大、特宽、特薄、特细、超纯等。而我们的生产设备，难以生产加工这样的材料。聂荣臻不得不花大量精力关注这些材料的研究、试制和生产。因为他在这方面的体会太深了，后来甚至提出要成立专门的国防新材料研究院。可惜，这个设想被"文化大革命"冲掉了。

"开门七件事"，特种材料向各个方面喊得多了，大家都在关心这件事。一次开会时，刘少奇侧过身来问聂荣臻："这几个特字，说了多少年了，什么时候能解决呢？""我们正在认真地解决这方面的问题，工作在不断地取得进展。"聂荣臻回答说。

在聂荣臻领导下，各有关单位发奋努力，取得了辉煌成就。1965年，聂荣臻于4月到7月，分三次向毛泽东和党中央书面报告说：经过四年努力，过去许多靠进口的新型金属材料，已经能自己生产，共研制成新型金属材料6800多个品种。高温合金，可满足制造米格-21飞机的需要。电子、仪器仪表中的精密合金70多个品种中，已有55种可满足需要。特细、特薄的金属材料已接近世界先进水平。40多种稀有金属元素，已能生产18种。新型化工材料方面，共试制出3900多个品种。在重水、高能推进剂、特种合成橡胶、塑料、树脂、特种感光材料、稀有气体、超纯物质、超纯试剂等方面，已可满足导弹、原子弹、航空及无线电工业等方面近期发展需要的90%。新型无机非金属材料方面，已研制成玻璃钢、玻璃纤维、特种水泥及胶凝材料、人工合成晶体、特种陶瓷、耐高温涂层、石墨、石棉等材料，共2000余项。这些材料，具有耐高温、耐腐蚀、耐磨损、耐辐射以及各种优异的光学、电学、磁学性能，初步满足了研制国防尖端技术的需要。聂荣臻在报告中也指出，这1.2万多种新材料中，有些性能还不够稳定，有的还不能工业化生产。

这些成就是值得自豪的。它不仅保证了“两弹”攻关的需要，而且，使中国军事和民用工业的发展，上了一个新的台阶。

当时几乎所有的人，都认识到国防尖端武器对于中国的迫切需要，所有的研究院、所、工业部门、大专院校，都对国防科研开了绿灯。国务院各大部，都有一名副部长专门对五院和二机部负责，这是周恩来总理安排的。一是为了迅速解决国防科研问题，二是为了保密。国家计委、经委也都有国防科研的计划、经费和物资专管部门。周恩来总理怕这些当家理财的人们手头太紧，一再交代，“两弹”方面要多少钱就给多少。

“两弹”攻关经费完全保证使用，聂荣臻却经常提醒大家要节约办一切事情。他深知周恩来总理是很节俭的，操持这样一个大国、穷国，拨出的每一笔经费，都是不容易的。聂荣臻的态度是该花的就花，不该花的，一分钱也不能乱花。

20多年后，有人不时地冒出几句搞“两弹”花了多少多少钱，“两弹是用金子堆出来的”一类的话。原二机部的一位负责人说得好：“说花钱多的人，往往并不知道我们花了多少钱。搞国防尖端研究，我们是很节省的。和资本主义国家比，我们用的经费不知少了多少倍。”

为了节约试验费用，聂荣臻一再告诫研制部门，要过细地工作，要消除一切隐患，不能让导弹带着问题上天。“一颗导弹，就是几十万、几百万甚至几千万元”，这是聂荣臻经常说的。中国的工业落后，管理水平也落后。而国防工业的要求却都是高、精、尖的。为了保证不出问题，各道工序都要反反复复地几次检查。1964年，一次火箭发动机组装时，一个工人不慎将一个螺丝钉掉到发动机里去了。一分院将情况迅速上报五院。五院请示聂荣臻，聂荣臻当即表示，马上停止装配。他要秘书跟随张爱萍到现场坐镇，一定要找到这个螺丝钉。第二天，张爱萍和聂荣臻的秘书，认认真真地坐在装配车间的椅子上看着。有关的技术人员花了两个多小时，螺丝钉终于被找出来了。

“文化大革命”前，有一次，陈云在广州碰到聂荣臻，关切地问：“听有些同志说，我们搞‘两弹’花钱太多，你说究竟花了多少啊？”聂荣臻说了个大概数字。陈云说：“想不到才花了这么些钱，搞‘两弹’是值得的。”

有一段时间，聂荣臻见了科研单位领导人就强调文明生产。他一看见车间里挂着的大字标语，开着音量很足的喇叭就反感。20世纪20年代，聂荣臻在法国的大工厂里做过工，他对西方的工业管理有着实际的了解，知道那些形式上的东西根本于事无补。所以，1960年他就给中央写过《关于尖端、精密生产和研究工作中的清洁和秩序问题》[①] 的报告。聂荣臻根本不允许在“两弹”研制中，有脏乱现象存在。

由于有着一整套严格科学的科研、生产、试验方面的管理制度，中国尖端武器研究、设计、试制、试验的成功率是非常高的，远远超过世界上几个“核俱乐部”成员。

1962 年，中国的三年困难时期刚刚过去，经济正在走出“谷底”。这时，中国的“两弹”攻关正处在关键时刻。1963 年 4 月，在北京召开的军工领导干部会议上，聂荣臻讲话时说：“‘两弹’要尽早地过关。尖端什么时候过关，这不但是个军事问题，而且也是政治问题。帝国主义和一切反动派，天天在猜我们‘两弹’什么时候出来。他们最害怕中国人民拥有核武器、火箭武器，中国人民有了这些武器，他们向世界人民的讹诈就彻底地全部破产了。去年 8 月的《美国新闻与世界报道》杂志说：美国在 1945 年第一次使用原子弹，1949 年苏联作了第一次原子弹爆炸试验，1952 年英国也爆炸了第一颗原子弹，到 1960 年法国也爆炸了，这是一个国际的核竞赛。他们最害怕中国拥有原子弹，但又不得不估计，中国是今后头一批拥有核武器的国家之一。”[②]

中国在当时的形势下，没有别的选择，就是要在继世界各主要强国之后，争取成为拥有战略导弹和核武器的国家。

“两弹”攻关的辉煌成就，极大地鼓舞了中国人民的民族自豪感。许多科技人员和有识之士说：如果不是聂荣臻当年在北戴河会议上苦口婆心，以后又忘我地致力于“两弹”的攻关事业，那今天中国的国际地位可能就是另外一个样子了。

第六十九章　知识分子的知心人

20 世纪 60 年代，中国以震惊世界的速度，实现了在原子弹、导弹方面的突破。在其他国防和民用科技领域，也取得了许多突破性成就。这些成就的取得，是国防科研和国防工业部门几万科技人员和全体工作人员忘我奋斗的结果，也是中国科学院、有关的高等院校以及各条战线的广大知识分子大力协同、密切配合取得的成果。聂荣臻深知离开这些科学家、专家、工程技术人员，要实现国防现代化只能是空谈。然而，当时在知识分子问题上，“左”的错误思潮不断地冲击着科技战线。聂荣臻对此时有所闻，深为忧虑。为了“两弹”能尽快上天，为了在科学技术上尽快缩短与世界先进水平的距离，为了祖国的繁荣昌盛，他决心力求正确地贯彻党的知识分子政策，真正做知识分子的知心朋友，以充分调动知识分子的积极性。他把这看成是当务之急，采取了一系列有力措施。这些措施深受知识分子的欢迎，至今回忆起来，许多人仍津津乐道。

---

①《聂荣臻军事文选》，解放军出版社 1992 年版，第 409 页。

②《聂荣臻军事文选》，解放军出版社 1992 年版，第 498 页。

1956年，周恩来、李富春、聂荣臻与归国留学生亲切交谈

在组织国防科研攻关的时候，聂荣臻以他尊重知识、尊重人才、爱护知识分子的一贯思想，来领导科技战线的知识分子队伍。当时，在国防科技部门工作的专家学者、技术人员有几万人。这些人，基本上可以分为三个部分：第一部分是新中国成立前后，从国外留学回国的各类专家，其中有许多是满怀爱国激情、排除重重困难、返回祖国的著名科学家；第二部分，主要是解放前从旧中国各类高等学校中毕业的大学生；第三部分，是解放后新中国自己培养的大学生和选送到苏联及东欧国家学习回来的大学生、研究生。聂荣臻认为，这几部分人从总体上说，都是爱国的，极其宝贵。到了垂暮之年，聂荣臻回忆这些知识分子时，总是满怀深情地说：他们之中的许多人，放弃了国外优厚的待遇和舒适的生活，回到国内，在国家最困难的时候，没有一个跑出去的。这就说明，我们的知识分子是真心地热爱祖国的，没有他们的辛勤劳动，努力攻关，中国的国防建设和社会主义建设都是不可能的。但当时在对知识分子政策的掌握上却存在着不少问题。

曾指挥过几十万大军的聂荣臻，今天作为科技战线的主要领导人之一，不得不为科学家、专家、技术人员免受当时“左”的错误思潮干扰，而施加自己的影响。

中国共产党是一贯重视知识分子的作用的。毛泽东1957年《在中国共产党全国宣传工作会议上的讲话》中曾说：“我们的国家是一个文化不发达的国家。五百万左右的知识分子对于我们这样一个大国来说，是太少了。没有知识分子，我们的事情就不能做好，所以我们要好好地团结他们。在社会主义社会里，主要的社会成员是三部分人，就是工人、农民和知识分子。”但从1957年反“右派”运动以后，在不少单位和部门，由于运动扩大化的错误做法，使知识分子感受到有精神压力。当时提出“又红又专”的口号是对的，但是“红”的标准是什么，

“红”与“专”的关系如何，却常常存在着争论。一时间，业务、技术与思想的关系成了纠缠不清的问题。

为了使科技工作者有一个正确的立场，保证“红”，就要加强政治学习，这本来没有错。但有不少单位，采取了许多形式主义的措施。譬如有的单位拿出过多的时间学文件、讨论、开会，而且不着边际，不针对知识分子的特点，只是照本宣科。结果，科研时间不能保证，研究任务受到影响。

有些知识分子对此提出异议，受到了批评，有的还被戴上反对突出政治的帽子。这个问题在科研单位带有某种程度的普遍性。聂荣臻知道后，报经周恩来总理同意，1960年12月13日签发了《国务院关于在科学研究机构中坚持八小时工作制和保证科学研究时间的通知》。通知规定：必须保证科技人员每周有六分之五的时间（即每周40小时）从事专业工作，政治学习和党、团、工会活动每周只能占8个小时。他还对二机部的领导人讲，要给科技人员以读业务书籍的时间，改变会议过多的现象；对五院领导说，如果不保证科研时间，导弹搞不出来，将来是要负罪责的。

有的专家学者，因为家庭出身、社会关系、海外关系等问题，被认为不能从事机密专业工作。聂荣臻听了汇报，认为这对科研工作尤其是像“两弹”的研制非常不利。他多次对有关领导耐心解释：在旧社会和解放初期，能够大学毕业或出国留学的人，出身成分好的比较少，一般说，大多家庭比较富有，不是资本家就是地主，否则他没有经济条件上大学。所以，我们必须贯彻“重在表现”的政策，不然就等于将能够从事科研工作的人才拒之门外，意味着科技工作将无法开展。对从资本主义国家回国的科学家，我们的同志对他们总是有一道鸿沟，特别是五院。这些人是科学家，有真才实学，既要他们搞研究工作，就应该相信他们。

经过聂荣臻的反复说服，终于使科研单位的领导人、人事和保卫部门的干部统一了认识，使大批科学家进入科研部门工作。有一位曾经担任过国民党保密局少将的高级研究人员，准备调入五院从事研究工作。这件事谁也不敢做主，问题反映到聂荣臻那里。聂荣臻得知这位研究人员在新中国成立后，工作表现一直很好，当即决定将其调入五院，以后还担任了五院某分院的副院长，一直不受干扰地从事科研工作。这怎能不使这位科学家深受感动呢！

1960年底，中央军委决定在军队开展五好战士和四好连队运动。[①]许多科研部门也跟着做，尤其是在五院。因为这是受国防部直接领导的研究院，各级行政和政工人员大多来自军队，所以推行“四好”“五好”运动就更积极些。但广大知识分子对此有意见，认为开展这项运动不适合科研单位的特点。在当时极“左”思潮泛滥下，提出不同意见的知识分子，被看作是反面人物，受到压制和批判。

---

① 五好战士，是指政治思想好、军事技术好、三八作风好、完成任务好、锻炼身体好的战士；四好连队，是指政治思想好、三八作风好、军事训练好、生活管理好的连队。

这个情况反映到聂荣臻那里，他把当时的总政治部副主任梁必业找来，对梁说：对知识分子的使用要很好地调查研究，现在军队有些单位总是把知识分子按士兵一样看待，像管战士一样去管理知识分子，这是不对的。对知识分子要善于启发他们的积极性、自觉性，不能光靠开会，搞得筋疲力尽，那样积极性是发挥不出来的。科学研究工作的连续性很强，一搞运动就把业务工作停下来，对科研影响很大，这种做法应该研究改进。以后聂荣臻又对五院副院长王秉璋等说：科研部门必须提“以研制工作为中心”，不能照套军队的“四个第一”“五好运动”“四好运动”的做法。

这方面“左”的错误做法，当时在科研部门特别是国防科研部门得到了合法抵制。但在“文化大革命”中，聂荣臻却因此受到了反复的批判。说他“反对突出政治”“反对毛泽东思想”“反对林副统帅”，不一而足。但历史证明，聂荣臻是正确的。

1961 年 1 月，聂荣臻听说五院某单位因搞“两忆三查”运动[①]而停止工作，他指示立即制止，并派专人去这个单位检查，得知确实已经按他的指示办了才放心。

由于聂荣臻的关心和正确的知识分子政策，在国防科技战线工作的知识分子，环境要好得多。但受全国大气候的影响，不少单位也出现了这样那样的偏差。1960 年 10 月，聂荣臻在三座门宴请五院的部分教授、专家、工程技术人员。他是想和这些高级知识分子谈谈心，看看大家有什么问题，也想知道他们在想些什么。这天，他穿了一身浅灰色的便装，风纪扣还是一丝不苟地扣着。他找了一些老一点的科学家座谈。聂荣臻和知识分子谈话，一向都是很随便的，大家向他说了许多工作上的问题，很少有人讲到生活。聂荣臻知道大家有顾虑，就勉励说：不要有顾虑嘛，国防部五院就是大家的家，五院的工作就是大家的终身事业。我们希望同志们下决心在这个光荣的岗位上干一辈子，为尖端事业献出自己的一生，把祖国建设得更强大。这是万世之荣，大家有多大本事尽管发挥。既要努力学习，又红又专，技术上又要勇于负责，发扬民主，畅所欲言，科学研究不要怕失败，技术上不同意见的争论不是政治问题。既要努力工作，又要劳逸结合，尽快拿出自行设计的各型导弹来，这是最大的政治。聂荣臻一席话，说得科学家们心里热乎乎的，气氛一下子轻松了许多。于是，有些科学家就说，五院把几千名大学生抽出来，长时间参加农业劳动，还抽调几十名科技人员去西藏参加平叛等。第二天，聂荣臻要安东去向五院党委传达，这种做法是错误的，要迅速纠正。科技人员的劳动锻炼，要结合本专业，在五院的厂、所实施。没有什么比了解、信任自己更宝贵的了。在国防科技战线工作的知识分子，就享受了这种充分的信任。聂荣臻也因此而与科学家们结下了深厚友谊，广大科技人员从心底里把他看成是知识分子的知心人。

聂荣臻非常关心钱学森，无论是工作，还是生活，他为钱学森考虑得都很周

---

① “两忆三查”，是指忆阶级苦、忆民族苦，查立场、查斗志、查工作。

到。聂荣臻说：钱学森是国家的宝贝。国防科委很多人听到聂荣臻说过这样评价钱学森的话。在工作上，五院领导给钱学森安排了最方便的条件，在安全上也采取了相当严格的措施。聂荣臻规定，没有他本人的批准，钱学森不得乘坐任何类型的飞机。早在 1956 年，筹备成立航空工业委员会，以及后来在航委的共事中，在技术问题上，聂荣臻就像学生对老师那样尊重钱学森，虚心请教。

导弹研究院一成立，经聂荣臻向中共中央建议，钱学森被任命为这个研究院的第一任院长。在钱学森的主持下，导弹研究院形成了完整的科研体系，确定了基本任务和前景规划。但是作为院长，一些日常的行政业务也占用了他大量的精力。一次，导弹研究院为建托儿所的事，也去向钱学森汇报，连做多少板凳也要他拍板。而有些技术问题，本来应该由钱学森拍板的，而党委却要讨论决定。钱学森常为这样的事苦恼。聂荣臻知道后，就对导弹研究院的领导人说，有些技术工作提交党委讨论，党委就拍板了，这不行。党委只管大政方针政策，不要管技术，技术工作要让钱学森负责。而日常行政事务，他不擅长，就不应该去麻烦他。为此，1960 年春天，聂荣臻在征得钱学森的同意后，向中央军委报告，建议任命空军司令员刘亚楼兼任导弹研究院院长；钱学森任技术副院长；任命空军副司令员王秉璋为副院长，主管行政工作。建议被批准。为了保障钱学森在技术工作上的指挥决策权，导弹研究院又建立了技术指挥线。一批老专家，像任新民、梁守槃、屠守锷、庄逢甘、蔡金涛、吴朔平，不久也被分别任命为五院第一、二、三分院的技术副院长。聂荣臻一再强调，各级领导一定要保证技术指挥线畅通，不得以任何理由否定科学家在技术问题上的决策权。技术指挥线全部由专家组成，技术问题，由技术指挥线决定，保证了专家们的决策权。尔后，下面的各科研单位也都建立了技术指挥线，科研工作的计划、协调由专家拍板，充分发挥了科学家们的作用。

聂荣臻与知识分子有着密切的联系。因此他在许多极为微妙的地方，深谙知识分子的心理。有一次试验地地导弹，导弹研究院副院长王诤与钱学森都去了试验基地。试验完毕，王诤与钱学森回京向聂荣臻汇报工作。汇报时，王诤先讲开了，把主要情况介绍得很详细，然后，又讲了自己的看法。王诤讲完以后，钱学森也谈了一些具体的意见。汇报完毕，王诤与钱学森向聂荣臻告别。聂荣臻把王诤留下，诚恳地对王诤说："王诤同志，你是专家，是我们党内的专家，也是党内的老同志，以后汇报工作是不是先让钱学森同志讲，技术方面听听他的意见。不然的话，你先讲了，钱学森同志有什么不同的意见，也不好讲了。"王诤听后笑了，以后汇报工作，王诤总让钱学森先讲。1960 年，苏联专家全部撤走后，聂荣臻特别指示五院领导人：要充分发挥老专家的作用，型号设计委员会由钱学森负责，党委研究技术问题的大政方针时，请他参加，认真听取和尊重他的意见，使他有职有权。正是由于中共中央、周恩来、聂荣臻等人无微不至的关怀和信任，使钱学森得以在中国航天事业上作出杰出的贡献。

钱学森对聂荣臻也充满了崇敬之情。1984 年他回忆说：聂荣臻领导科学技术工作时，“统筹兼顾，全面调度，充分发挥了科学技术人员的聪明才干，研制工作取得了迅速的进展……我们的科学技术人员在今天回顾往事，都十分怀念那个时代，称之为中国科学技术的‘黄金时代’，也十分尊敬和爱戴我们的领导人——聂老总”。①

聂荣臻也许比任何人都热切盼望国防尖端技术的每一个突破。每当新的难关被攻克，他向科技工作者们送去的是祝贺。而当有的试验失败了，他送去的是安慰，是鼓励。有时，这比胜利时的祝贺更让科技工作者感动。

1962 年，中国自行设计的第一枚中近程导弹进行首次飞行试验失败，聂荣臻没让追查责任，而是安慰大家，使参试人员深受感动。聂荣臻是这样地理解他们。

任新民，这位从美国归来的导弹总体设计师，经历过无数次导弹发射试验。因为每次发射成功而感受到的喜悦太多，他已经记不清了。他说，每次试验成功，从聂荣臻那里听到的都是鼓励。如果失败了，他从不批评埋怨，而是从另一种角度给予鼓励。

国防科委和在聂荣臻身边工作过的人，都知道聂荣臻对任新民是极为器重的。中国导弹的起步，首先是从仿制苏联近程地地导弹尔 -2 开始的。仿制成功后，工程技术人员对发动机部分做了一些改进，改进工程是任新民主持的。因为，原来尔 -2 的发动机就不怎么好，改进后虽有所加强，但一段时间里，老出问题。那个时候，有些人把任何一件事都可以上升到政治的高度去看待。火箭发动机出问题，被人作为政治问题反映上去了。聂荣臻听了这个反映，对五院领导人说：你们建院的时候，任新民、庄逢甘两位科学家在北京开会，听说五院已经成立，他们要求调到五院工作，就没有再回哈尔滨，而是到黄带子坟刚从部队接收过来的房子里，不顾条件简陋，找来两块铺板一搭，就住在那里。我叫安东去动员他们住旅馆。安东回来对我说，任新民、庄逢甘表示，“我们既是调到这里来工作的，怎么能住旅馆？”一再动员也没有去旅馆。这件事我听了极为感动，始终铭记。这么好的科学家如果不信任，还能相信谁呢？请你转告任新民一句话，“凡是最困难的时候，成功也就快了”。不是这句话哲学上的意义，而是感情上的理解，使任新民大为感动。不久，发动机技术问题就一个接一个地解决了。有一次聂荣臻了解到，火箭发动机试车时，任新民冻伤了手，他责问有关的负责人：“为什么不对任新民这样的专家多注意保护！”

著名火箭发动机动力学专家、五院三分院副院长梁守槃说：“科技工作者的最大愿望是能够在工作岗位上贡献自己的力量，为社会主义添砖加瓦，为接近和赶上国际先进水平做出成绩。从旧社会留下来的科技人员，出身和经历不尽相同，但对于外国人欺凌的感受则是一致的。因此，在毛主席庄严地宣告‘中国人民站起来了’时，大家都渴望能为祖国建设效绵薄之力。绝大多数留用的科技人员是爱国的。聂总看到了这一主流，一直对他们采取‘政治上关怀、工作上放

---

①《聂荣臻同志和科技工作》，光明日报出版社 1986 年版，第 130 页。

手’的方针，没有因为他们出身于其他社会阶层而嫌弃他们，也没有因为他们有缺点而采取‘敬而远之’的态度。在会见和交谈中，一直给科技人员以可敬可亲的长者的印象。”①

中国原子能事业奠基人之一的钱三强 1984 年回忆说：1956 年时，“聂总既抓原子能，又抓航天技术，而更多侧重抓航天技术。就这样，我国的原子能和航天技术，刚一起步就有了强有力的领导”。“1960 年，正当工作进入关键时刻，我国遇到了经济上的暂时困难。正在这时，又是聂总鼓舞了大家的信心。记得他不止一次说过：你们只管放手工作，我来做你们的后勤部长。为了保证（原子弹攻关）计划完成，聂总一方面从政治上、思想上关心科技工作者，鼓励大家正视困难，战胜困难；另一方面他亲自想方设法采取一系列措施提供后勤保证……使广大科技人员感受到了党和政府的温暖，感受到了社会主义制度下开展大协作的优越性。因此，尽管当时各方面困难不少，但大家精神振奋，情绪饱满，工作进展顺利。我想这正是当时主持科技工作的聂总重视知识分子，正确贯彻党的知识分子政策所起的重要作用”。②

第七十章 《科学工作十四条》的制定和广州会议

聂荣臻爱护知识分子、理解知识分子，但是，他的影响所及，毕竟只是少数人。而在全国包括国防科研系统，在一段时间里，“左”的影响还在妨碍着知识分子政策的贯彻，政治冲击业务更是司空见惯。这些情况聂荣臻了解得很清楚，也因此为中国的科技进步而担忧。通过全国性的了解和深入调查，在广泛听取知识分子意见后，1961 年，聂荣臻向中央正式提出解决科技战线一系列问题的重要意见。这就是《科学工作十四条》，当时被邓小平称为“科学工作的宪法”。

《科学工作十四条》产生的背景，是 1958 年的“大跃进”和 1959 年的庐山会议后给科技战线造成的困境。

“大跃进”所鼓动起来的狂热，在全国出现了浮夸风和瞎指挥风，使科学研究机关也受到了影响。科研工作的客观规律得不到尊重，许多科学家对此反应强烈。还有一些科技人员被批判为走“白专”道路，受到这样那样的冲击，也挫伤了知识分子的积极性。这些都阻碍着科技事业的进一步发展。

聂荣臻认为，已经到了系统调整科研政策和知识分子政策的时候了。就在这时，1961 年初，毛泽东终于从越来越多的情况反映中，看出了问题的严重性。于是，他又一次号召全党大兴调查研究之风。

1960 年冬天，聂荣臻组织了对科技战线的较大范围的调查研究，调查首先从导弹研究院开始。

①《聂荣臻同志和科技工作》，光明日报出版社 1986 年版，第 138 页。

②《聂荣臻同志和科技工作》，光明日报出版社 1986 年版，第 121 页。

这里的科技人员，反映了许多在今天看来可笑，而在那个年代确实存在的问题。导弹研究院，就在国宾馆附近。于是，很多的迎宾任务就落到了科学家们的身上。这些从事20世纪尖端科学研究的导弹专家们，不得不打着小纸旗，站在北京的街头，去欢迎外宾。

在当时，各种运动很多，北京每年要进行机关整顿，一次就要学习几个星期，这已经成为惯例。科技人员用于专业研究工作的时间，还不到1/2。知识分子对这些很有意见。

导弹研究院的调查结束后，聂荣臻又指示在更大的范围了解情况。中国科学院所反映的问题，和导弹研究院基本一样。最突出的是，科研时间不能保证。科学工作者每周6个工作日当中，用于科学研究的时间也大体上只有三天，有的还不足3天。大量的时间，被用来搞政治学习或与科研无关的各种体力劳动。

1961年春天，聂荣臻根据中共中央正在酝酿中的“调整、巩固、充实、提高”的方针和要求各条战线都理出若干政策性条条来的指示，在上海、北京分别组织专家座谈会，就科研政策和知识分子政策，请科学家畅所欲言。座谈会的气氛轻松自然，被誉为“神仙会”，专家们提出了许多中肯的意见。

1961年4月，聂荣臻来到杭州，住在西子湖畔的王庄。这里湖光山色，春意盎然，无论是漫步苏堤、白堤，湖上泛舟，还是花港观鱼，到处可见勃勃生机。他在领略大自然的绮丽风光时，一个强烈的愿望不时在脑海萦回：要给知识分子以“春天”，给科学研究的环境以“春天”，应该把这方面的政策条条尽快理出来。于是，他要秘书通知国家科委韩光、刘西尧，中国科学院张劲夫、杜润生，国防科委安东、路扬，上海市科委刘述周、舒文等人，先后来到杭州，从4月16日起，一连开了十多天的会议，听他们汇报前一阶段关于知识分子政策和各单位科研政策的执行状况，提出需要改进的意见等。就在这里，经过反复磋商，聂荣臻主持拟定了《关于自然科学研究机构当前工作十四条的意见草案》（简称《科学工作十四条》）初稿。《科学工作十四条》的提出，旨在系统地、全面地排除影响科研工作的“左”的做法，这也是聂荣臻对积郁在心中数年的问题，寻求一个总的解决办法。

《科学工作十四条》的主要内容是：

（一）研究机构的根本任务是“出成果、出人才”。

（二）保持科学研究工作的相对稳定。这主要是为了改变大跃进以后，在科研工作的任务、方向、人员设备、制度等五个方面面临频繁变动带来的不利影响。

（三）正确贯彻理论联系实际的原则。主要是强调科研部门必须保证经济建设与国防建设急需的关键性科学技术过关，但又不排斥一些探索性的项目和基础理论的研究。

（四）要从实际出发，制订和检查科学工作计划。

（五）科技人员要在工作中发扬敢想、敢说、敢干，但又要与严肃性、严格性、严密性结合的“三敢三严”精神。

（六）保证科技人员每周有5天时间搞科研工作。

（七）采取措施，着重培养青年科技人员，对有突出成就的科学家和优秀青年科技人员，要重点支持、重点培养。

（八）科研部门要与生产单位、高等院校加强协作和交流，共同促进科技进步。

（九）在人力物力财力使用上，要贯彻“勤俭办科学”的精神。

（十）科学工作中提倡自由辩论，不戴帽子，允许保留意见，以贯彻“百花齐放，百家争鸣”繁荣科学的方针。

（十一）知识分子初步“红”的标准是，拥护中国共产党的领导，拥护社会主义，用自己的专门知识为社会主义服务，并强调“红”与“专”要统一。

（十二）要根据知识分子的特点进行细致的思想政治工作，各级政工和行政干部要特别强调为知识分子服务。

（十三）领导干部要大兴调查研究之风，逐步由外行变为内行。

（十四）科研单位要在党委领导下，贯彻由科技专家负责的技术责任制，基层党组织只起保证作用。

聂荣臻在讨论研究过程中，反复强调：这十四条意见最主要的是，科研机构的根本任务；知识分子红的标准及红与专的关系；党如何领导科研工作这三条。这是十四条里面的核心问题。大家反复研究后，也都同意聂荣臻的意见。杭州会议结束时，聂荣臻要韩光、张劲夫分别在北京和东北地区召开党员所长会议座谈，同时，用多种方式广泛征求党内外科学家的意见，对科学工作十四条初稿进行讨论，提出修改建议，并在钢铁、地质、农业、医学四个科学研究院试点，让实践作初步检验。

5月中旬，聂荣臻回到北京，多次找人谈话，了解修改意见和试点情况，大家的反映是好的。《科学工作十四条》上报中央前，他又请陆定一、郭沫若、张际春、周扬、徐冰、龚子荣等帮助修改。

6月20日，聂荣臻认为文件已趋于成熟，向中共中央和毛泽东主席写了《关于当前自然科学工作中若干政策问题的请示报告》，后面附了国家科委党组、中国科学院党组《关于自然科学研究机构当前工作中的十四条意见（草案）》。

聂荣臻在《报告》中提出，据各地的典型调查，当前科研机构存在的比较突出的问题有：（1）对知识分子政治上的进步和他们在社会主义建设中的作用估计不足，执行党的知识分子政策和科学工作政策不够全面，有些政策界线划得不够清楚，影响了一部分人的积极性、主动性。（2）不少研究工作中有浮夸风，工作做得不够严格，不够踏实，加上研究时间没有得到切实保证，研究任务变动过多，真正拿到手的重要成果还不多，科技干部的成长也受到一定影响。（3）有些研究机构中的党组织，对行政工作和业务工作包得太多，发扬民主不够，有些工作没有适应科学研究的特点来进行，有瞎指挥的现象。

此外，在七个重要问题上，许多人有糊涂认识，应该予以澄清和做出必要的政策规定：

（一）关于红与专的问题。一开始他就提出："我们要求自然科学工作者又红又专，就必须要求他们自觉地用自己的专门知识为社会主义服务……要求他们拿出科研成果来，正如要求农民生产出粮食，工人生产出工业品来一样。"接着，他就这个问题作了六点说明：（1）红的要求，就是：拥护党的领导，拥护社会主义，用自己的专门知识为社会主义服务，做到这两条，就应该认为已经达到了红的初步要求。不要用党员的标准或政治活动家的标准来衡量自然科学工作者。（2）从旧社会来的自然科学工作者，有些人要达到前面所说的两条政治要求，也不是一件很容易的事情。这些人，只要一有爱国心，二愿意同我们合作，从事科学工作，就应当很好地团结和使用他们，耐心帮助和教育他们，充分发挥他们的工作积极性。（3）红与专应当是统一的。只红不专，便是空头政治家，只专不红，就会迷失政治方向。某些从资本主义国家回来不久的人，有钻研科学的积极性，不可挫伤他们的积极性。我们今天专家不是太多，而是太少；专得不是太深，而是太浅。（4）不应当轻易说谁是"白专"。"白专"的提法，容易使人误解，好像只要专，就容易变白；非红专，就是"白专"。建议以后不要把"白专作为批判用语"。（5）今后在各研究机构中，不要在全体工作人员中进行政治排队。必须判断一个人的政治态度时，应当根据他几年来的变化和今天的实际表现，作具体的分析后下结论。（6）对新中国成立后培养的青年一代，必须要求严格一些，使他们朝又红又专的方向前进。

（二）贯彻"百花齐放，百家争鸣"繁荣科学的方针问题。他在报告中，对这一方针属于自然科学方面的问题，也作了六点说明：（1）学术问题上，要鼓励不同学派、不同见解、对工作的不同主张，自由探讨，自由辩论，自由竞赛。学术问题的讨论，要不戴帽子，不拿棍子，不贴标签，不用多数压服少数，允许自由地发表自己的意见，坚持自己的意见，保留自己的意见，让科学实践和时间的考验，来逐步辨明是非。（2）对于学术上的不同意见，不要随便当作思想问题来批判，更不要把思想问题引申为政治问题来斗争。（3）不要给不同学派和不同主张，贴上"资产阶级的""无产阶级的""资本主义的""社会主义的"之类的阶级标签。资本主义国家的自然科学成果，我们都必须掌握过来，用于社会主义建设事业。（4）学术上的争论，不要轻易下唯物主义同唯心主义、辩证法同形而上学的结论。即使属于这方面的问题，也要通过具体分析，自由讨论的办法来解决。（5）在选择和确定研究课题、计划指标、研究方法、成果鉴定和评价等问题上，经常会有不同的争论，有些是反映了某些科学工作者的思想问题，更多是属于工作做法和学术见解问题，应该采取自由讨论的办法来解决。（6）有些学术问题的争论，涉及各部门、各地方制定的某些技术政策和技术措施。科学工作者对此提出不同意见，不但应当允许，而且应当鼓励。

（三）理论联系实际的问题。他作了五点说明：（1）经济建设、国防建设需要的研究工作，是急需的和大量的，在国家的科学计划中，应该占首要地位，强调进行深入系统的研究，得出结果。（2）理论联系实际的途径十分宽广，在这方面要有全面、长远的观点。“没有理论研究，不把理论研究放在重要的位置上，就不能保证自力更生地实现中国科学技术的现代化。”（3）“以任务带学科”是贯彻理论联系实际原则的一种好方法，但不是唯一的方法，有些研究工作也应该从学科出发提出任务。（4）中国科学院主要研究基本的科学理论问题和解决经济建设、国防建设中关键性、综合性的科学技术问题。产业部门的研究机构，主要是解决本部门生产建设中的科学技术问题，以及必要的理论研究工作。（5）少数科学工作者的专长、兴趣、学术见解、研究课题与国家计划结合不上时，“在大计划之下可以有小自由”。

（四）培养使用科学人才中克服平均主义的问题。他提出：不能“把个人钻研，承认个人作用、个人创造，同个人主义混淆起来”。“对于那些有特殊才能的、特别努力钻研的、有较大成就的人，采取重点培养、重点支持的办法和实行晋级、奖励制度。”（1）对全国有突出成就的科学家，开出名单尽可能为他们创造条件，使他们做出成绩，发挥专长，不要随便改行。（2）对优秀的青年和中年科学工作者，开出名单，实行重点培养。（3）各研究单位有一批已有相当水平的党员科学工作者，要下决心减免他们的行政兼职，安下心来搞科研。（4）认真选拔优秀的大学毕业生充实研究机构。（5）承认并尊重个人在科学研究方面的劳动成果。（6）科学工作者的级别提升，“应该主要看他们的业务水平和研究工作表现。对其中优秀的应当不受资历、学历、年龄的限制”。

（五）科学工作的保密问题。他提出：科技机密，必须确保。但近期“保密项目越来越多，用人圈子越来越小”。“不少重大课题只能由一两个水平较低的青年人去攻关，很久都过不了关。另外，本来可以协作交流的事情也不能协作交流，形成相互封锁、耳目闭塞的现象。”为此，（1）要根据不同情况规定密级。（2）正确地进行人员的政治审查。（3）妥善解决科技资料和经验的交流问题。

（六）保证科研时间的问题。他主要提出：（1）5/6 的研究工作时间必须确保，不得占做他用。（2）研究人员结合专业实习进行劳动锻炼，不另外安排下放劳动。（3）群众性的欢迎外宾的活动，不得占用研究人员的工作时间。（4）研究人员的业余时间，应当由他们自由支配。

（七）研究机构内党的领导方法问题。他在报告中提出，研究机构内的党组织，在领导工作中盲目性还不少，今后要“学习党的方针政策，保持谦虚谨慎的态度，深入到业务工作中去，向专家学习……成为领导科学工作的内行，而不要安于外行”。为此要做到：（1）研究所一级的党组织在所内起核心领导作用，“主要任务是贯彻执行党的方针政策和上级指示，研究和决定所内各方面工作中的重大问题，包括业务中的重大问题”。（2）研究所内各个研究室、课题组一级的党组织，其性质一般类似机关支部。“任务是做好思想政治工作，发挥党组织的堡垒作用，保证党的各项方针政策的正确贯彻，保证研究工作的顺利进行。”（3）党员个人不许超越职权，随便在工作上发号施令，“在学术问题的自由讨论当中，党员个人的见解，并不代表党，党组织也不要求党员一定要拥护或反对某一种学术见解”。（4）研究机构内，应当充分发挥各级行政业务组织和领导人的作用。（5）研究工作问题的处理，要贯彻领导、专家、群众三结合的原则。“目前必须在群众民主的基础上，进一步加强领导人和专家在处理研究业务问题上的责任制度，明确职责权限。”（6）研究机构内的行政工作干部，必须树立为科研工作、为科学工作者服务的观点，努力改进和做好服务工作。（7）为了改进和加强思想政治工作，党组织必须讲究工作方法，适应工作对象的特点。“要学会更多地运用‘神仙会’等和风细雨的方法，运用正面教育、自我教育的方法。”“要以亲切诚恳的态度，同知识分子交朋友、谈心、自由交换意见，关怀他们、帮助他们进步，建立互相尊重、互相信任、互相支持的合作共事关系。”

请示报告说：鉴于以上存在的突出问题和认识上的种种误差，所以，在广泛调查研究的基础上，拟定了《科学工作十四条》，请中央审批。

1961 年 7 月 6 日，中共中央政治局开会讨论了聂荣臻的报告。这次政治局会议毛泽东没有参加，由刘少奇主持，周恩来、邓小平、彭真、李富春等政治局的大部分成员都到了。聂荣臻在会上作汇报，陈述了制定这个文件的过程和理由，举了大量违反党的知识分子政策的例子，说明制定《科学工作十四条》的必要性。他的结束语是：有了《科学工作十四条》，就能“正确执行党的团结、教育、改造知识分子的政策和‘双百’方针，调动广大的年老、年轻，党内、党外的科学工作者的积极性”。张劲夫作了补充说明。到会的领导人都认为这是个好文件，得到会议批准，后来又送经毛泽东批准。

7 月 19 日，中央将《关于自然科学中若干政策问题的请示报告》以中发（61）505 号文件正式下发。在这个文件上中央作了批示，认为请示报告中提出的各项政策规定和具体措施是正确的，在自然科学工作中必须坚决贯彻执行；同时，这个文件的精神对于一切有知识分子工作的部门和单位，也都是适用的。

《请示报告》和《科学工作十四条》下发以后，聂荣臻想，虽然事前广泛听取了一些部门、科研单位的科技工作者和领导干部的意见，但这样一个涉及诸多的问题，影响广泛的文件，能真正让所有的有关人员接受，是不容易的。他让国防科委、国家科委、中国科学院再次广泛征求党内外科学家的意见，展开调查试点工作。

了解的情况使聂荣臻感到欣慰。文件下发后，在自然科学界引起了强烈反响。科学工作者无论党内、党外，青年、老年都表示热烈欢迎，同时，也提出了不少很好的意见。人们普遍认为，文件是解放以后党领导科技工作的全面总结，是调动广大科学技术工作者积极性、为社会主义建设事业多作贡献、多出人才的正确政策。

在国家科委的组织下，各部门、各单位、各地方、各研究单位认真组织落实《科学工作十四条》。各研究机构都开了座谈会，听取大家的意见，对研究人员最关心、要求最迫切的问题，尽可能予以解决。如对 1957 年以后，在运动中被批判或斗争错了的人，分别甄别平反，解除思想疙瘩。开展学术民主，广开言路，切实保证每周有五天的科研时间，精简会议，减少科学家、专家的行政事务等，都收到了很好的效果。广大科研人员对贯彻科学工作十四条后的形势，普遍感到满意。人们心情舒畅，精神振奋。研究人员绝大多数在不同程度上，更加靠近党了。这些，都有力地配合了“两弹”攻关任务的完成。

《科学工作十四条》的作用是明显的，但它又有局限性。比如，没有在根本上给知识分子确定阶级属性。时仅半年之后，关于对知识分子阶级属性的问题就又一次摆在人们的面前。这就成为 1962 年初春广州会议的主要议题。

广州是座景色宜人的城市，珠江从城中无声地流过。2 月，北国还没有告别银色的世界，这南国之城却已充满春意了。

1962 年 2 月，经中共中央批准，由聂荣臻在这里主持召开了全国科学技术工作会议。这次会议的目的，起初是想借《科学工作十四条》贯彻后的东风，搞出一个新的科学规划来。

2 月 16 日，全国科学技术工作会议在广州召开。对这个会议，当时的广东省委书记陶铸极为支持。那时，全国经济状况还比较紧张。广东虽说好些，但物资也不富余。不过陶铸还是组织了大批的罐头食品、水果、猪肉等，供会议使用。

到会的有全国各专业、各学科的代表 310 人。科学家们来到广州后，聂荣臻先找了几位科学家谈心，发现这几位科学家分别表示了大致相同的情绪。有人提出“对资产阶级知识分子这个提法如何理解？”有人反映：“一提知识分子就是资产阶级的，叫作资产阶级知识分子，这顶帽子总使我们感到低人一头，连子女也因此受歧视，从没有听人提谁是无产阶级知识分子。”知识分子的情绪集中地表现在这个问题上。聂荣臻觉得这个问题很大，关系到几百万知识分子。他想起一次在国务院会议上的争论。

那次会上，讨论到关于知识分子阶级属性的问题时，有人提出，是不是还笼统地称资产阶级知识分子？聂荣臻在会上发言说：“革命这么久了，大学为我们培养的都是知识分子，难道是为资产阶级培养的？这不能理解嘛！”当时的国务院副秘书长许明，同意聂荣臻的意见。她说起话来很激动：“办那么多学校，都是培养资产阶级知识分子，我们干什么！那是不合逻辑的。”

听了这些反映，聂荣臻想，既然知识分子如此关心他们的阶级属性问题，而且，看来还有许多心里话要说。他找韩光、范长江、张劲夫等商量，把会期适当延长一些，除了讨论新的科学规划以外，索性多听听科学家们的意见，进一步做好知识分子的思想工作。大家都同意聂荣臻的意见。所以，广州会议的会期比原计划延长了 10 多天，一共开了 25 天。

2 月下旬，正好周恩来、陈毅也在广州。聂荣臻请他们到会讲话。他在电话里对周恩来说：这几天会议中，科学家们对“大跃进”、大炼钢铁、大办水利、教学改革、科学工作中大搞群众运动等提了许多疑问。尤其是关于知识分子的阶级属性，说他们都是资产阶级知识分子，意见很大，怎么回答好？是否请你到会讲讲。周恩来在电话中说：“就叫人民的知识分子，具体怎么讲，我到会上再说。正好戏剧创作等几个会议也在这里开，与会的都是知识分子，也要我讲话，到时候我集中讲讲知识分子问题吧。”

3 月 2 日，周恩来到会讲话。会议是在市政府礼堂举行的，几百名知识分子欢聚一堂。聂荣臻在主席台上看到，周恩来拿了一张从日历上撕下的小纸片，可能就是那天他们通电话时记的几句话，一讲就是近两个小时。讲话记录稍加整理，就成为政策性、逻辑性很强的《论知识分子问题》的好文章。周恩来在报告中指出：现在不能笼统地称知识分子为资产阶级的知识分子。知识分子是脑力劳动者构成的社会阶层，旧社会过来的和新中国培养的知识分子，构成了社会主义的知识界。“12 年来，我国大多数知识分子已有了根本的转变和极大的进步。”他又引用刘少奇的话说：“知识界已经改变了原来的面貌，组成了一个为社会主义服务的队伍。”[①] 周恩来接着鼓励大家，要努力学习政治，不断自我改造，以便更好地为人民服务，为社会主义建设服务。对周恩来的报告，会场上响起了持续数分钟的热烈掌声。

3 月 5 日，陈毅到会与专家们见面。陈毅的讲话，历来是诚恳坦率和充满感染力的。他说：建国以来，我们已经有了一支爱党爱国的、人民的、社会主义的、无产阶级的科技队伍。你们是人民的知识分子，是革命的知识分子，是为无产阶级服务的脑力劳动者，不能说大家是资产阶级的知识分子，就是应该摘掉资产阶级知识分子的帽子。陈毅的声音高，嗓门大，言辞自有一股豪气。坐在旁边的聂荣臻看看台下，群情激昂，掌声四起，又看看陈毅，知道他今天激动了。陈毅接着说：今天，要给你们“脱帽加冕”，就是给你们脱掉资产阶级知识分子之帽，加上劳动人民知识分子之冕。12 年的改造、12 年的考验，大家还是不抱怨，还是愿意跟着我们走，还是对共产党不丧失信心。这至少可以看出一个人的心。10 年、8 年，还不能考验一个人？！10 年、8 年、12 年，还不能鉴别一个人？！共产党也太没有眼光了！陈毅又说：共产党不尊重文化，共产党不尊重知识，共产党不尊重科学这类话，不晓得是马克思讲过？是恩格斯讲过？还是列宁讲过？毛主席讲过？谁也没有讲过这个话。愚昧，是个很大的敌人。帝国主义是个敌人，封建势力是个敌人，愚昧——几万万人没有知识、没有科学知识，也是很大的敌人。陈毅的讲话，像是刮起一股热风，会场的热度已经不能再高了。

聂荣臻本来今天是请陈毅主要讲讲国际形势，没想到他快人快语，把知识分子的阶级属性问题讲了个透。

广州会议后，科学工作者的热情空前高涨。虽然，当时生活还很困难，但大家的干劲却不可遏制。中国科学院、国防部五院、二机部九院等许多研究单位，晚上灯火通明，图书馆通宵开放，知识分子真是要拼了。这种令人激昂的情景，20 多年之后，许多人还是难以忘怀。

---

①《周恩来选集》下卷，人民出版社 1984 年版，第 361 页。

第七十一章　丰收的喜悦

人们在辛勤耕耘之后，都盼望着丰收，一旦亲手去摘取丰收的果实，就会充满欣慰和喜悦。聂荣臻在耕耘“两弹”的领域里，也一次次地感受到了这种喜悦之情。

1960年，中国用国产原材料成功地仿制了苏联尔-2地地导弹，这是一种液体发动机导弹，射程约590公里。

1960年10月下旬，聂荣臻乘坐火车，经包头、银川、兰州、清水等地，风尘仆仆，于11月4日，到达西北综合导弹试验基地。他是专程赶来指挥中国第一枚近程地地导弹试验的。这个导弹发射试验场他第一次来，可对这里的地形他是很熟悉的。因为，导弹试验场的场址，就是他在地图上最后选定的。

11月5日，太阳从东方的地平线上射出了微曦，预定的发射时间就要到了。聂荣臻在张爱萍、赵尔陆、方强、钱学森、安东等人陪同下，步履坚定地走进了由几间活动房子组成的指挥所，在中间的一张椅子上坐了下来，这里离发射阵地只有5公里。中国自己制造的第一枚近程导弹，就要发射了。虽说导弹是完全按照苏制尔-2仿制的，在原理上是苏联的一套，可导弹材料全是中国自己生产制造的。这次发射，对装配工艺、制造水平是一个考验。

5日清晨，仿制的尔-2导弹高高地耸立在稳固的发射架上，阳光为它披上了一层金色的外衣。指挥室内的对讲机不断传来各项工作准备就绪的报告。最后，一切都准确无误了。上午8时，基地司令员孙继先中将、当年强渡大渡河十七勇士的营长向聂荣臻报告：一切准备就绪。接着，副司令员李福泽说：“报告元帅，尔-2地地导弹发射试验一切准备完毕，可否进入一小时准备？”

聂荣臻用四川口音坚定地说：“同意。”指挥所里一片寂静代替了刚才的嘈杂声。

9时整，李福泽开始倒数计时：“……5，4，3，2，1，点火！”9时2分28秒，一声巨响，大地颤抖起来，人人脚下都感到了它的震动。烈火喷发，浓烟滚滚，导弹直指蓝天，势不可当。

聂荣臻在指挥所里看到那枚导弹尾部喷着火焰，先是缓慢上升，然后越来越快地变成一个亮点，消失在视野中。天际留下了一根白色的飘带，那是火箭飞驰时留下的烟云，也逐渐消散。

时间不长，9时10分5秒便传来消息，导弹飞行正常，命中550公里以外的预定目标区。在场的人都激动着，掌声与欢呼声响成一片。聂荣臻也非常激动，他期待的正是这种结果，立即与在场的科学家、指挥员们热烈握手，表示祝贺。然后，走出指挥所，向仍在激动中的人们频频招手致意。

试验结果证明：我们仿制的导弹发动机性能良好，各种控制仪器运转正常，导弹用的国产液体燃料符合要求。这使聂荣臻感到欣慰。像孩子学步一样，第一步没有摔倒，这就给了人们以信心。

晚上，在庆祝宴会上，聂荣臻高举斟满紫红色葡萄酒的酒杯，向试验基地的工程技术人员和全体干部战士祝酒。他说：“这次试验情况，我已经打电话报告了毛主席和周总理，他们听了都很高兴，要我代表他们向全体参试人员表示祝贺和谢意。同时，要求大家再接再厉，争取更大的胜利。”他接着说：“在祖国的地平线上，飞起了我国自己制造的第一枚导弹，这是我国军事装备史上一个重要的转折点。”

当年12月，又试射了两枚仿制的尔-2导弹，都获得成功。[①]

国产尔-2近程导弹接连发射成功，确实是个重要的转折点。这不但意味着中国拥有近程导弹这样的武器装备，还意味着中国已经初步掌握了导弹制造技术。同时，还标志着中国的导弹研究即将由仿制转变到自行研制的轨道上来了。

自行设计地地导弹的第一步怎么走？在导弹研究院有两种意见：一种主张跨一大步，直接搞中程、中远程型号的；另一种意见，主张步子迈得小一点，先搞个中近程的。同时，做好新型号的预研工作。

聂荣臻这天在中南海开了一天会，回到家中吃完晚饭，秘书来汇报导弹研究院讨论导弹自行设计的方案。聂荣臻听完秘书汇报后说：“开始时，仿制尔-2我就说仿制是练兵，现在，我们要充分利用仿制的技术成果。导弹技术是世界上的尖端，我们的队伍还年轻，没有多少摔打，步子太大了，欲速则不达。明天，我要找爱萍同志谈，自行设计，我们一定要从中近程入手。”

中国在第一枚仿制的近程导弹发射成功后仅一年零四个月，1962年3月21日，自行研制的中近程导弹进行了首次飞行试验。

这次试验聂荣臻没去现场，他在北京等候消息。

参加试验的人们谁也没有想到，导弹点火以后，刚刚起飞，就坠毁在发射台附近。这个意外的事故使人们大惊失色。后来查明了原因，一是总体方案设计不周，导弹的弹体细长，飞行中发生了很大的弹性振动，使控制系统失稳；二是发动机和弹体结构薄弱。中近程导弹首次试验失败，可谓是一剂醒脑的良药，使那些原以为可以舍去中间步骤，一跃而去研制中程、中远程导弹的人们，头脑清醒了许多。但试验的失败，又是很令人痛惜的。

消息传到聂荣臻这里，他知道这种时候气可鼓，不可泄，没有显出失望的样子。虽然，他是十分希望试验成功的。聂荣臻让秘书要通了张爱萍的电话，对他说：“我们既然是试验，就有失败的可能性，不能都是一次成功。这次失败了，下次有可能成功，多总结总结经验。爱萍呀，告诉下面，一定不要追查责任。”十天以后，也就是1962年3月31日，聂荣臻在听取钱学森等汇报这次试验失败的过程时，他看出钱学森心情沉重，安慰他说：“这是很重要的一课，试验本身就包含着成功与失败两种可能，失败了重在总结经验教训，不要追究责任。”钱学森说：“我是技术总负责人，要负责任。”聂荣臻说：“不能这么说，这与贯彻技术责任制不是一回事。”4月9日，聂荣臻又在国防科委研究精简机构等问题的会议上指出：前不久自行研制的中近程导弹试验失败，是好事，不是坏事，证

①《当代中国的航天事业》，中国社会科学出版社1986年版，第109页。

明我们在仿制型号上下的功夫还不够，“三字经”不念是不行的。钱学森和导弹研究院的科技工作者听到聂荣臻的这些话，许多人的懊丧心情被征服困难的坚强决心所代替，他们急切地要打一场硬仗，展开了更加扎实的研制工作。1964 年 6 月，终于使这种导弹上了天。

与导弹研制同时进行的是原子弹的试验研究。1964 年 4 月 11 日，周恩来召开了第八次中央专委会议，决定第一颗原子弹装置爆炸试验采用塔爆方式。要求在 9 月 10 日前，做好一切准备工作。中央专委提出的口号是“保响、保测（测到各项试验数据）、保安全，一次成功！”同年 6 月，原子弹理论研究已攻克了所有难题。而且，还成功地进行了一次 1∶2 核装置的爆炸试验和一次全尺寸的模型爆炸试验。这样，在中国核武器研制时间表上，第一颗原子弹的爆炸试验被安排在 1964 年 10 月。

张爱萍、刘西尧遵照周恩来的指示，于 6 月进入核试验场。8 月中旬，中央专委决定，成立了以张爱萍为主任、刘西尧为副主任，由有关各方专家和领导干部 68 人参加的首次核试验委员会。著名核科学家朱光亚、程开甲是委员会成员之一。9 月，张爱萍、刘西尧回京向周恩来等汇报首次核试验准备工作的进展情况。9 月 19 日、25 日，张爱萍、刘西尧两次来向聂荣臻汇报。前方对首次核试验的准备工作做得很充分，胜利在望，聂荣臻极为欣慰。

10 月 8 日，王淦昌、郭永怀、彭桓武、邓稼先等核科学家来到核试验基地，按试验委员会提出的要求，在技术工作上进行了最后一次总检查。

1964 年 10 月 14 日 19 时 20 分，原子弹安全吊上矗立在罗布泊附近的铁塔上。这座塔高 102 米，顶端有一个纯金属的小屋。中国原子弹的第一个“婴儿”就安放在里面。

1964 年 10 月 16 日 15 时整，中国的第一颗原子弹爆炸试验成功。

这一天，周恩来在中南海西华厅的办公室里，指挥核试验。聂荣臻则在办公室里，聚精会神地紧盯着专线电话。张爱萍通过二机部办公楼刘杰部长的办公室，与周恩来、贺龙、聂荣臻、罗瑞卿保持联系。

第一颗原子弹爆炸试验成功（孟昭瑞 摄）

当电话里传来了中国第一颗原子弹爆炸试验成功的消息时，聂荣臻高兴极了，立即要通了周总理的电话。两人在电话上互相表示热烈的祝贺。打完电话，他随即要秘书起草贺电：

爱萍、西尧同志：

消息传来，甚为兴奋，特向你们并通过你们向全体参加这一试验工作的同志们，致以热烈的祝贺。

聂荣臻

1964年10月16日15时30分

核爆炸试验成功后，知情人都在兴奋之余，表示焦急。这么天大的喜讯，为什么不早点公布，让全国人民也分享这胜利的喜悦？身边的工作人员不解地问。聂荣臻说："刚才与总理通了电话，总理说，毛主席指示，我们先不忙公布，要等外电报道证实以后再公布。"

由于中国一开始就提出了原子弹试验的高标准要求，所以第一颗原子弹的试验结果，达到了相当高的水平。指挥部根据各种数据计算得出的结果是，这颗原子弹的爆炸威力达到了2.2万吨TNT当量。

不多久，西方各大通讯社对此纷纷作了报道。美国也侦察到，中国在西部地区爆炸了一颗万吨级原子弹。深夜23时，中央人民广播电台才广播了中国第一颗原子弹爆炸成功的消息。《人民日报》随即散发了套红大字的号外。

第二天一早，当工作人员把《号外》送到聂荣臻手里的时候，他边看边高兴地说："这张《号外》留下，留下，留作纪念！"

成功地实现了首次核爆炸，下一步就是把能用于飞机投掷的原子弹研制出来。这项工作进展比较顺利，只用了7个月就完成了。1965年5月14日，核航弹试验取得圆满成功。从此，中国有了可供实战用的原子弹。

导弹，是核弹头最有利的运载工具。装有核弹头的导弹核武器，成为现代战争中最强有力的威慑性武器。很明显，中国也要拥有这种威力强大的武器，才能有效地打破帝国主义国家对中国的核讹诈。所以，当中国的中近程地地导弹、原子弹的研制都在顺利进展的时候，1963年7月，聂荣臻在听取张爱萍等汇报时指出：中国的原子弹没有搞仿制，完全是自己搞的，这是个好处，下一步要研制与导弹配套的核弹头。7月，他又对五院领导人说：中国自行设计的中近程和中程地地导弹，生产数量上要与二机部的核弹头配套。这些都说明，在研究和制造尖端武器方面，聂荣臻坚定地贯彻了中共中央关于"起点要高"的指示。

导弹核弹头比起核航弹来，在体积和重量上都要大大缩小，在所经受的环境条件上，要求更加复杂和苛刻，研制起来难度很大。广大核科研人员排除"文化大革命"初期的干扰，不怕困难，坚持不懈。经过一系列的努力，到1966年9月，中国终于有了装有核弹头的地地导弹。核导弹是研制出来了，但要作为一种武器，还必须经过实践检验才行，也就是要进行“两弹”结合的实弹试验。尽管在此之前，中国已经多次成功地进行过模拟核弹头的导弹飞行试验，但要在自己的国土上，真刀真枪地试验导弹核武器，这个决心是很不容易下的。

1966年9月5日，聂荣臻召集有关单位负责人会议，听取了“两弹”结合试验的准备工作情况汇报。聂荣臻说：“这个试验一定要搞下去，不能因为‘文化大革命’而停下来，要防止有些人思想不集中，而影响产品质量，导致试验失败。”

1966年10月20日，周恩来主持召开了中央专委会议。在这次会议上，大家一致认为，这次试验要冒极大的风险，万一核弹头在发射场爆炸，或发射后中途掉下来，或偏离弹着区，都将造成不堪设想的后果。因此，试验只许成功，不能失败，而且只能进行一次。任务是艰巨的，执行任务时的危险性也是显而易见的。周恩来叫大家提出困难和可能发生的问题，他都一一作了细致周到的安排。然后，语重心长地说：要百分之百地保证，百分之百是指一切检查结果都没有问题了。二机部、七机部（即原五院）、国防科委，从今天起一心一意抓好这件事，在十天或更多的时间内，要做到“一心无他”。说到这里，周恩来停顿了一下，环顾四周，好像在问，谁去主持这次要求万无一失的试验呢？聂荣臻当即说：“我深信我们的科学家、工程技术人员和基地的工作同志，都具有高度的负责精神。听了各方面的汇报，我认为，我们的设计工作做得是扎实的。我们自己研制的中近程地地导弹，已经多次试射，具有良好的可靠性，发射成功率是经得起考验的。再说，为了使我们国家的导弹能够真正成为具有强大作战威力的武器，也必须进行实弹结合试验。为了使同志们增强信心和使各项工作力争做到万无一失，我决心到现场去主持这次试验。”然后，他以恳切的目光紧盯着周恩来。周恩来满意地点点头，因为，他对这位共事40多年的战友和部下太熟悉了，确实是最合适的人选。于是，微笑着说：聂总如身体好，到现场去也好，亲临现场，鼓励士气。临了，周恩来讲了一句极富哲理的话：精神的原子弹转化为物质的原子弹，物质的原子弹证明精神原子弹的威力。

四天以后，周恩来、聂荣臻、叶剑英就这次重要的试验，驱车来到钓鱼台宾馆，向毛泽东作了详细汇报。毛泽东批准了这次试验。任务就这样定下来了。

10月25日上午9时30分，聂荣臻从西郊机场登上军用专机，经过三个多小时飞行，到达西北综合导弹试验基地的飞机场。下午，又乘专用火车到达基地办公区。稍事休息，即召集钱学森、二机部副部长李觉、国防科委副主任唐延杰、张震寰、基地代司令员李福泽等汇报准备工作情况。他着重询问了核导弹飞行中发生意外时安全自毁系统的情况如何？回答是：这一系统已经模拟试验过多次，均获得成功；现用的这套装置，经全面测试，各项参数全部合格。他又仔细询问了核导弹飞行经过地区居民的安全情况，得知居民已进行了必要的疏散。有关单位还就近准备了许多汽车和救护分队，万一发生意外，可以紧急将群众转移到安全地区或进行救护。核武器试验基地，就这次核导弹弹着区的安全防护问题，也已经拟定了各种有效的预案。得到了这些满意的回答，聂荣臻这才宣布结束汇报。

第二天上午，聂荣臻先到地地导弹准备阵地，了解导弹准备状况。后来，又到现场了解核弹头的准备状况。在向专家们仔细询问后，确信准备工作是令人满意的。于是，他下令将地地导弹和核弹头转运至发射阵地。下午，他又赶到发射阵地，鼓励专家和工程技术人员进行“两弹”对接和通电试验。这是项最危险的工作，人们劝聂荣臻离开。他干脆拿把椅子坐下，并说“你们什么时候对接通电完，我就什么时候离开”。聂荣臻的言行，令在场的人深为感动，也极大地鼓舞了现场操作的科技人员。对接通电完，应大家的要求，聂荣臻高兴地与在场的专家、工程技术人员、领导干部和其他工作人员一起，在中国第一枚核导弹前合影留念，留下了珍贵的历史镜头。

再过十几个小时，也就是 27 日上午，核导弹就要发射了，大家的心情激动而又紧张。晚饭前后，聂荣臻注意到了周围的人员，话很少，表情严肃。于是，他有意在这天晚上把主要专家、工程技术人员、领导干部请到一起，看电影《奠边府战役》。临散场，还嘱咐大家松弛松弛，睡好觉，养精蓄锐，好迎接明天的战斗。

发射时间预定在 27 日上午 9 时。聂荣臻 8 时整就赶到指挥所指挥发射。正当各项准备工作紧张进行之际，临发射前 15 分钟，突然传来电讯，核导弹预定弹着区高空出现了一股预报之外的强风。怎么办？聂荣臻想到了“要百分之百保证”7 个字，立即拿起电话，请示周恩来。

周恩来的回答是斩钉截铁的：“一切由你在现场决定。”

聂荣臻沉思了一会儿，离预定的发射时间还剩十来分钟，大家的目光都集中到他身上。指挥中心的大厅内静得出奇，没有一点儿响声，一切似乎已经凝固，只有倒时计数的闪光亮点，在仪器上不停地跳动，催促着聂荣臻早下决心。

聂荣臻是最讲科学的，他与在场的专家紧急磋商了一下。几分钟以后，聂荣臻重又要通了周恩来的电话，陈述了按原计划发射的理由：这股意外的高空风约 6 级，风向西南，而且比核弹头预定爆炸点要高得多。弹着点可能有些偏移，但不会超出允许的公算偏差之外。核爆炸的烟尘，不会影响到核试验基地工作和生活区的安全。周恩来表示同意。准备发射的指令，从指挥中心传向四面八方。

9 时许，核导弹喷射出的橙黄色的火焰，伴随着巨大的轰鸣声，飞离发射架，直指苍穹，渐渐地消失在人们的视野之外，只有雷达的电波仍在严密地监视跟踪着它。

时间一秒一分，一分一秒地过去了，显得那样漫长。导弹发射现场所有的人，都在紧张地期待着。终于，若干分钟以后，从弹着区传来了核导弹于 9 时 9 分 14 秒精确命中目标区，在预定高度实现核爆炸的消息。聂荣臻长长地吁了一口气，摘下墨镜，眼神和脸上流露出发自内心的喜悦。因为他清楚，这一胜利，在中国国防科研和建军史上具有划时代的意义。指挥大厅的人们纷纷走来，他微笑着与大家握手，然后脱下防护服，走出指挥大厅，向欢呼雀跃的人群挥手致意，共庆胜利。晚上，在基地庆祝大会上，聂荣臻代表中共中央、国务院、中央军委，毛泽东、周恩来，向全体参试人员表示亲切的慰问和热烈的祝贺。

他强调指出："这次试验，是在过去导弹和核弹头分别试验的基础上进行的一次综合性的更高级的试验，是检验战斗实用性质的试验。试验结果，证明我们的设计是成功的，水平是不低的，质量也很好……还初步摸索了这种战略性武器的综合使用性能，对今后部队的装备、训练、战斗使用，基地建设，都提供了许多有益的经验。"

图为核导弹升空后，飞行正常。正在仰望的聂荣臻、钱学森、李福泽和在场的同志一样，非常高兴

10月27日，《人民日报》号外以套红大字标题，发表了中国发射导弹核武器试验成功的消息。消息指出：中国在本国国土上，成功地进行了导弹核武器试验。导弹飞行正常，核弹头在预定的距离，精确地命中目标，实现核爆炸。消息传出，举国上下，无不受到巨大的鼓舞。

10月31日，为检查这次导弹核武器试验的效应情况，聂荣臻第一次来到西北核试验基地。他让飞机先到弹着区上空转了一圈。从机上往下看，由于这次核试验是在高空爆炸的，地面弹着区的巨大白十字标记仍非常清晰，布置的效应物受破坏的状况，也大致依稀可辨。聂荣臻感到自豪，让随行人员也注意观看。11月3日，他又从核试验基地乘飞机赶到弹着区，检查了这次试验的效应详情，向在这里以大无畏的自我牺牲精神冒着巨大风险参加试验工作的英雄们，表示了亲切的慰问和敬意。在这里，聂荣臻发表了热情洋溢的讲话。他借用周恩来的话说：我们爆炸的是物质的原子弹，但它产生的巨大威力，却来自不知要大多少倍的精神原子弹。他又说：这次试验，响在罗布泊场区，但却打在帝国主义和各国反动派的心上。这几天，西方通讯社报道说，中国导弹核武器试验是世界"特等重大事件"，"好像亚洲上空的一声巨雷，震撼了全世界"，"中国已经在世界核技术竞赛中，超过了英国法国，成为世界第三个原子超级大国"，"中国闪电般的进步，对西方来说，是神话般地不可思议"。聂荣臻接着激动地说："我们已经做出了我们前人所不敢想象的伟大事业，我们一定要做出更加伟大壮丽的事业！"

在研制导弹核武器的同时，氢弹的研制工作也在夜以继日地进行。氢弹的研制，在理论和制造技术上比原子弹复杂得多。实现聚变爆炸，需要1000万度的高

核导弹准确命中了目标区

温。迄今为止，除了原子弹爆炸，人们还无法获得如此高的能量。

中国科学家在研制氢弹的过程中，除了理论原理以外，没有任何实际资料可以借鉴。经过摸索，他们发明了一种新的设计原理。

1966 年 12 月 11 日，在聂荣臻参加的中央专委会上，批准了新原理方案。他再次要求到现场主持试验。

在去核试验基地的途中，他于 12 月 26 日，到达西北综合导弹试验基地，主持了中程地地导弹首次发射试验，获得成功。

第二天，聂荣臻马不停蹄，乘飞机直抵西北核试验基地，于 28 日主持了首次氢弹原理试验。他在试验结束后说："这次试验是成功的。试验结果表明，新的原理方案切实可行，而且非常简便。"于是，他向中央专委建议，集中力量按新原理方案进行设计，争取直接进行全当量的氢弹试验。中央专委批准了这个建议。后来，在专家座谈会上，聂荣臻亲自部署了氢弹试验任务，研制工作随即全面展开。

1967 年 5 月，第一颗氢弹的加工装配，以及试验准备工作已全部完成。5 月 9 日，聂荣臻参加了周恩来主持的中央专委会议，讨论氢弹试验的准备工作。会议认为，中国第一次全当量的氢弹试验，在政治上有重大意义；在军事上，它将使中国的核武器技术进入一个新的发展阶段。会议要求 6 月 20 日以前，做好各项准备工作。

6 月 12 日，聂荣臻出席中央专委会议。在这次会上，周恩来再次要聂荣臻去核试验基地主持这次氢弹试验。

两天以后，聂荣臻乘飞机又一次抵达核试验基地。这次他还发着烧，是抱病来执行任务的。15 日和 16 日两天，他全神贯注地听取了试验准备工作的情况汇报。汇报中，有两个技术上的问题存有疑点。他一再询问检查，直到确信已排除为止。然后，又看了氢弹实物。登上空投飞机检查时，他紧握着机组人员的手说："这可不是一个一般的炸弹，一定按操作规程执行好任务，但也不要紧张。"

飞行员说："请元帅放心，我们保证胜利完成任务。"

聂荣臻使劲地握着飞行员的手："好，好，我相信你们。"

1967 年 6 月，聂荣臻去基地主持氢弹试验，基地司令员张蕴钰到机场迎接

6 月 16 日傍晚，聂荣臻坐汽车来到核试验场区。看到一切都按部就班地进行着，立即与北京的周恩来、叶剑英通了电话，报告氢弹试验可随时进行。周恩来的答复仍然是“一切由你在现场决定”。于是，聂荣臻与张蕴钰、张震寰等商定，中国第一颗氢弹爆炸试验的零时定为 17 日上午 8 时。

17 日清晨，聂荣臻来到现场指挥部，下达了试验的命令。

8 时前，飞机的轰鸣声由远而近，人们都翘首以待。8 时整，飞机到了预定空域，没有投弹，拐了个弯飞走了。

“怎么回事？”聂荣臻问。

空军地面指挥员报告说：“飞行员操作中少了一个动作，请求再飞一圈。”

聂荣臻是严格要求按科学规则办事的人，觉得飞行员的请求是认真、科学的表现，当即答复：“可以！”

于是，20 分钟以后，飞机再次飞临预定空域，在预定高度投下了氢弹。飞行员报告，飞机脱离危险区。

氢弹在预定高度爆炸。这时，天空出现了一个自然太阳，一个人造太阳，两个太阳同时高挂的壮观场面。然后，是一声震耳欲聋的轰鸣。氢弹爆炸成功了！人们从指挥部掩蔽壕里跳出来欢呼。一阵强风带着热浪迎面扑来，有的人几乎被吹倒，指挥部有的帐篷被吹倒了，这是氢弹光辐射和冲击波的威力！

聂荣臻因为上了年岁，无法像年轻人那样跃出掩蔽壕。但他手握电话，激动地凝视着天空那个人造太阳渐渐演变成的蘑菇云。摄影家孟昭瑞，拍下了聂荣臻的这个历史性镜头。

人们面对着这朵比原子弹的蘑菇云要壮观美丽得多的伞状烟云，慢慢上升、扩大，逐渐由红色变成了白色时，欢呼声仍经久不息。

聂荣臻却在焦急地等待着，要秘书催问有关方面，尽快汇集各种数据，计算出这次核爆炸的当量，够不够得上是氢弹级的？

科学家紧张地计算着，不久报告说，氢弹爆炸威力初步计算在 300 万吨 TNT 当量以上！

氢弹爆炸时的蘑菇云（孟昭瑞 摄）

聂荣臻主持第一颗氢弹爆炸试验成功后激动的神情

聂荣臻立即要通北京的电话，先后向周恩来、叶剑英报告了科学家的计算结果。周恩来在电话里说："我代表毛泽东主席、党中央、国务院，向所有参试人员，表示祝贺和慰问！"叶剑英则代表中央军委，向参试的指战员们表示祝贺！聂荣臻走出临时架设的指挥部帐篷，向守候在外面对他热烈鼓掌的人群挥手致意，并大声转达了周恩来、叶剑英的话。

从第一颗原子弹爆炸到第一颗氢弹爆炸，美国用了七年零四个月；苏联用了四年；英国用了四年零七个月；法国用了八年零六个月；而中国只用了两年零八个月，并且赶在了法国之前试验氢弹。这引起了全世界的巨大反响，公认中国已进入世界核技术先进国家的行列。如果从氢弹原理试验成功算起，那时间就更短。

回到基地本部，有人向他汇报了上述时间表。聂荣臻不无自豪地说："中国人民是有志气的，我们的科学家该有多好啊！"

由于"文化大革命"的动乱愈演愈烈，从此，聂荣臻再也没有到过他如此热爱的导弹和核武器试验基地。但他从没有忘记每次到基地所经历的丰收的喜悦，直到 25 年后逝世为止，经常缅怀着基地的工作人员和基地的事业，谈论起这些往事时，兴奋之情溢于言表。他逝世以后，根据本人的遗愿和家属的意见，聂荣臻的部分骨灰，安放在西北综合导弹试验基地的烈士陵园中。他要长眠在这里，陪伴着在祖国大西北艰苦创业的科技人员和指战员们，以勉励他们继续为"两弹"事业奋斗！

第七十二章　保护知识分子，坚持科学事业

1966 年 5 月 10 日至 26 日，聂荣臻出席了在北京召开的中共中央政治局扩

大会议。会议通过了“文化大革命”的纲领性文件——《中国共产党中央委员会通知》（即“五一六通知”）。从此，“文化大革命”在中国大地上拉开了帷幕。

出于对毛泽东的信任，聂荣臻在会上对“文化大革命”是拥护的。但他认为：“文化大革命”主要是文化界和意识形态方面的事情，对科技界来说，主要是加强政治学习，进一步改造世界观的问题。[①]这显然离毛泽东对“文化大革命”所要达到的目的相距甚远。

当时，聂荣臻担任着中央军委副主席、国务院副总理、国家科委主任兼党组书记、国防科委主任兼党委书记等职务。自从 1956 年主动请缨，率领知识分子攀登科技领域里的“珠穆朗玛峰”以来，他的主要精力，一直放在科学技术工作上。到 1966 年的夏天，已经整整 10 年了。10 年来，科技战线捷报频传。许多事实已充分证明，中国人民自立于世界民族之林的美好愿望已不再是遥远的神话。

几天来，政治局扩大会议的势头，预示着一场政治风暴的来临。聂荣臻考虑到，知识分子是国家现代化建设的宝贵财富，应当尽力保护他们。

1966 年 6 月 22 日，聂荣臻与有关方面一起研究起草了《关于在文化大革命中对待自然科学工作者的几个政策界限》的初稿。初稿中指出，绝大部分知识分子，属于无产阶级或资产阶级左派、中派，应予团结保护。对科研机构的要害部门要严加保卫，如有人抢档案、武器、爆炸物、毒品或泄露国家机密、破坏仪器设备等，一律以反革命论处。这个文件遭到了“中央文革”的强烈反对，勉强在少数科研部门试行了一段时间，最终还是夭折了。

6 月 23 日，聂荣臻与李富春在听取中国科学院汇报“文化大革命”情况时，又重申了保护知识分子、保护科研设备的观点。当时，尽管聂荣臻的处境很困难，造反派把大字报贴到了家门口，但他一直惦念和关心着许多科学家的工作和安全。一有机会，就向中央建议，要保护像钱学森、华罗庚等这样的著名科学家。听说哪位科学家处境不好时，就赶快向周恩来总理报告，尽量设法加以保护。“文化大革命”进行到批斗所谓“牛鬼蛇神”的阶段时，周建人[②]给聂荣臻来信说：浙江大学的著名教授陈建功正在遭受批斗，罪名是莫须有的，请聂帅关心一下，帮助陈教授摆脱厄运。看过信，聂荣臻立即将信批给了当时兼任华东地区负责人的张春桥，要张出面保护。然而得到的答复是：这类事，只有群众才能决定，张某人管不了。于是，聂荣臻又写信给浙江省委书记江华。可他哪里知道，此时此刻，江华也是困难重重，自身难保。这样，关于陈教授的命运也就不得而知了。不久，山东大学的造反派组织又来信，说他们的校长成仿吾是“牛鬼蛇神”，要求打倒，请聂荣臻支持。聂荣臻见信后很生气，立即回信说：成仿吾参加过长征，在晋察冀边区敌后艰苦的条件下创办大学，很有成绩，是马克思主义的知识分子，不存在反党问题。就这样，把造反派的无理要求顶了回去，保护了

---

① 1969 年 4 月 8 日，聂荣臻在中共“九大”小组会上的检讨发言。

② 周建人（1888—1984）曾任浙江省副省长，当时任全国人大常委会副委员长。

成仿吾。不过，“文化大革命”的势头极其迅猛，从抄家、揪斗“牛鬼蛇神”、造“资产阶级反动路线”的反，到组织红卫兵、大串联、批斗老干部、冲击国家机关、冲击军事单位、发生大规模武斗等，各行各业的知识分子大多遭受冲击。聂荣臻个人的抗争当然无济于事。后来，连他自己也成了被冲击的对象。

“八一”建军节前两天，“中央文革”用突然袭击的方式，召开科学口万人大会。当天下午3时，戚本禹在电话中对聂办秘书说：“今天晚上8点，在人民大会堂召开科学口万人大会，动员开展‘文化大革命’，你们要立即组织落实参加会议的人员以及与开会有关的事项。”当秘书问：“此事是报告聂帅征求意见，还是已经决定了？”戚本禹说：“已经报告江青、陈伯达同意，不管聂老总同不同意，会议都得开，你们通知聂老总一下，请他到会就行了。”

这次大会由中央文革主持，一直开到第二天凌晨2点结束。会上公开点了一些领导干部和科学家的名。造反派按照江青、陈伯达的旨意，在会上叫喊科学口运动很不得力，要加温。对此，聂荣臻毫不掩饰自己的反感，当会议主持人要他讲话时，他一言不发。

8月1日至12日，聂荣臻出席了中共八届十一中全会，被增补为中央政治局委员。会议通过了《关于无产阶级文化大革命的决定》即“十六条”。在这次会议上，经聂荣臻的努力，把保护科学家和科技工作者这一意见写进了中共中央《关于无产阶级文化大革命的决定》中。这个文件第十二条中明确规定：“对于有贡献的科学家和科学技术人员，应该加以保护。”同时，聂荣臻还找当时被补选为中央政治局常委的陶铸，请陶铸一定设法保护科技事业，保护好知识分子。陶铸深深理解聂荣臻的心情。但是这时大字报已铺天盖地，批斗会已风靡全国。中国科学院也贴出大字报，说“中国科学院是黑的”“科学工作十四条是黑线”。聂荣臻气愤地说：“我看中国科学院是红的！科学工作十四条是经过党中央批准的，是红线，怎么能说是黑线呢？！”“要批就来批我好了。”此后，他把科学院批科学工作十四条的情况报告给了周恩来。周恩来听了也很生气，通过他在中国科学院的联络员正式宣布，“科学工作十四条是红线”，这才把问题平息了下去。

一天，云南落雪山宇宙观察站一位科学家打电话向国防科委告急，电话中说：“由于两派武斗，观察站已经开了枪，现在有人正在烧房子，如果局势发展下去，观察站可就要被毁了。”接电话的人问：“那里不是有‘支左’的部队吗？”打电话的科学家焦急地说：“‘支左’部队既不准动手，又不准动枪，阻止不住啊！”情况十分危急，国防科委立即向聂荣臻请示。聂荣臻感到事不宜迟，很快打通了云南省军区领导人的电话，明确指示：“不是‘支左’，而是一定要保护。”由于聂荣臻当机立断，这个观察站被保住了，有关的科学家和国防科研项目也被保住了。

在那些动乱的日子里，聂荣臻为保护知识分子渡过难关，不知熬过了多少个不眠之夜。

8月23日，在第五十五次中央军委常委会上，聂荣臻提出，导弹和原子弹试验基地的任务很重，有些科研单位的情况也是如此，那里的“文化大革命”应该推迟，建议与师以下部队一样，只进行正面教育。聂荣臻的建议被会议接受，中央军委专门发出指示，由国防科委具体贯彻执行。

不久，聂荣臻在听取国防科委的负责人汇报运动情况时指示：科研业务工作不能停下来，科研部门领导要抓业务。今年试验任务重，有些问题还没有底，要认真清理项目，疏通渠道。他反复要求科研人员，工作中一定不能出事故。

江青一伙不断插手科研部门，聂荣臻多次表示了他对试验任务的担心，一再强调科研机关不能搞夺权。

9月24日，聂荣臻在国防科委局长以上干部会议上谈了三点基本意见：科委所属几所院校的学生绝大多数是好的，要多做团结工作；周总理指示，国家机关的运动将告一段落，以后转向组织革命化，改革机关体制，对此，国防科委要做好准备，要抓革命，促生产，业务工作不能放松；导弹工业部很多工作停下来了，科委要去抓，保证“两弹”结合试验顺利进行。

10月下旬，聂荣臻为了主持首次核导弹试验，再次来到导弹试验基地。下飞机后的所见所闻，令他欣慰。6年前的11月，他来基地主持中国第一枚地地导弹试验时，只能乘火车到清水，再换乘基地自备的火车进入场区。沿途几乎看不到树，草也是稀稀疏疏的，漫天的黄沙使人难以睁开双眼。在风沙中，许多战士随时清理着被流沙掩埋了的铁轨。如今，飞机直飞基地，虽然还需要乘坐一段火车，但比起过去要方便多了。放眼四周，在茫茫沙海里出现了片片绿洲。挺拔的白杨树，一丛丛的沙打旺，一畦畦的菜地，显出勃勃生机。越接近基地生活区，绿洲的面积也越大。这是广大指战员响应聂荣臻当年植树造林的号召，经过几年努力奋斗的结果。进入场区腹地，令人肃然起敬的是，来自四面八方的导弹专家、工程技术人员和指战员在这荒无人烟的戈壁滩上，用他们的青春和热血，建造起的一座现代化的科学试验城。无论是基地的各种设施，还是试验设备，都比六年前强多了。更令聂荣臻感到满意的是，关于基地只进行正面教育的指示，大体上是落实的。处在第一线的科技人员大多来自北京，此时此刻他们根本没有考虑个人的安危与得失。再看看基地工作人员，从司令员到士兵，其中包括一大批在基地长期工作的知识分子，精神状态也都很好。工作井然有序，钉是钉，铆是铆，看不到北京街头发生的那种混乱现象。“这是一支多么好的科学技术队伍啊！”聂荣臻感慨而又激动地说。尽管如此，他每到一处还是反复强调，搞“文化大革命”不能影响工作，即便是正面教育，也是如此。大家要团结一心，照章办事，尤其是试验中的检验制度，无论如何不能放松，这是过硬的东西。这些，也是基地试验任务得以顺利进行的根本保证。人们对聂荣臻的讲话，报以热烈的掌声。

核导弹试验成功后，聂荣臻来到核试验基地，情况也是令人满意的。到处是一片宁静。几个月来，一直被混乱所困扰的聂荣臻，情不自禁地对身边的工作人员说：在中国，现在恐怕再也找不到哪一个地方比这里更安静的了。他兴奋地对基地领导说：你们艰苦创业，精神可嘉。今后，要有安家思想，争取逐步做到三年后人均有两亩耕地两亩林，这样才能在戈壁滩上扎下根。

1966年聂荣臻在原子弹试验基地

过去，聂荣臻没有到过新疆，他便借此机会来到新疆各地参观视察。这里与处于创业阶段的基地场区不同，金秋的新疆，到处瓜果飘香，各族人民富有诗情画意的民风习俗和热情奔放的舞蹈歌唱，给他留下了美好的印象。但每到一地，从各级领导人的汇报中，从群众困惑的眼神中，从街上到处可见的大字报和各种政治标语中，他知道“文化大革命”之风已经吹到了地处边陲的新疆自治区。特别是在听了关于新疆建设兵团两派组织闹得不可开交的情况汇报后，预感到这股风暴迟早也会吹到两个试验基地。聂荣臻怀着忧虑多于喜悦的心情，于11月中旬回到了北京。

此刻，北京的大字报贴满了大街小巷，造反派的高音喇叭到处昼夜不停地喊叫，比他20多天前离开时闹得更凶，科学口各单位的领导人和科学家纷纷告急。聂荣臻又不安起来。11月30日，他在军委常委会上汇报说：现在一些搞“两弹”的科学家不断受到冲击，有的被抄家，有的被批斗，甚至有的被群众组织隔离软禁，使他们无法致力于研究工作，这对“两弹”的研制十分不利。他建议请毛泽东、周恩来接见一次有关的科学家，一方面可以鼓励他们努力搞科研工作；另一方面也可以向造反派表示，中央是肯定这些科学家的贡献的，不要再去无端地干扰科学家。会议同意了聂荣臻的意见，并作出决定：对科学家抄家，是违反党的政策的，有关部门和个人，该道歉的道歉，该赔偿的赔偿。在大动乱的那些日子里，聂荣臻就是这样不失时机地、竭尽全力地设法保护中国的科技人员。

“文化大革命”初期，曾担任北京卫戍区司令员的傅崇碧，永远忘不了1966

年下半年至1967年初，聂荣臻两次找到他，叫他派兵保护那些被打成反动学术权威的专家，还特别叮嘱要保管好涉及国防尖端的机密材料。卫戍区加强了警卫。这一切引起了江青的不满，她怒不可遏地说："他们造反，你们为什么这个也限制，那个也限制，就是开红灯不开绿灯。"林彪也严厉地批评了傅崇碧。他们再次命令造反派去抓专家。聂荣臻闻讯后，亲自给傅崇碧打电话，下令"要保护这些人"。于是，这批曾对中国国防尖端事业作出过卓越贡献的专家，被请到七机部一座僻静的楼上。傅崇碧先派了一个连在楼下站岗，感到还是有些不放心，又派了一个加强连，相当于一个营的兵力在此担任警卫。其他一些科研机构也都加强了警戒。不久，这事被江青知道了。她大发脾气，责问傅崇碧："谁叫你保护这些学棍的？"后来，傅崇碧把这件事汇报给了周恩来总理。周总理旗帜鲜明地说："聂老总的做法对！"

没过多久，应用地球物理研究所一批与核试验有关的绝密资料，被造反派抄走了，傅崇碧立即向聂荣臻作了汇报。聂荣臻斩钉截铁地说："要千方百计想尽一切办法把材料搞回来。"与此同时，傅崇碧也向周总理作了报告。周恩来当即命令傅崇碧出动了20多辆汽车、摩托车和100多名指战员，在一位副师长率领下，连夜追查资料。这一夜，聂荣臻每隔两个小时便给傅崇碧打一次电话询问情况。直到这批决定着中国科研事业命运的宝贵资料被全部追回后，他才放心，并亲自向周恩来作了汇报。

1966年12月下旬，聂荣臻再次飞临导弹和核武器试验基地，主持中国首次中程地地导弹发射试验和氢弹原理试验。虽然试验均获成功，但这次来，两个基地的状况与两个月前可就大不一样了。基地的干部战士，目光中流露出的是冷漠和迷惘。聂荣臻心头不禁一怔，这里也开始变了。

1967年6月，他第三次来到核试验基地，主持中国第一次氢弹试验。这次试验仍获得了成功。但他一下飞机，从欢迎人群的表情动作中，明显地感到人们已经分成了两派。他们分别排成两行欢迎聂荣臻，队伍中不时响起闹派性的口号声。氢弹试验成功后离开基地时，聂荣臻站在飞机舷梯旁，语重心长地对两派群众说："你们过去试验的是原子弹，是'裂变'产生的威力。这次试验的是氢弹，是'聚变'产生的威力。希望你们团结起来，像'聚变'一样，把基地的各项工作搞好。"从此以后，聂荣臻就再也没有到过基地。这段深富哲理的话语，寄托着一位老革命家的诚挚希望。

1967年，这场人为的政治台风席卷了整个中国大地。打倒老干部和知识分子的声浪一阵高过一阵，许多科研单位受到越来越大的冲击。2月下旬，青海西宁发生了大规模武斗，由于当地一个国防工厂的群众组织直接卷入，危及工厂的安全。接着，兰州的国防工厂也相继告急。七机部两派之间的武斗不断升级，各国防研究院、工厂、与国防科研协作关系密切的中国科学院的某些研究单位，也都纷纷告急。如不立即制止，国防科研和生产必然要蒙受巨大损失，更多的科技人员要遭殃，许多贵重的科研设备将遭毁坏。任其乱下去，怎么得了！聂荣

1966年12月，第一枚中程导弹试验成功

臻忧心如焚。3月11日，他让人起草了《关于军事接管和调整改组国防科研机构的报告》，签名后上报给了毛泽东、林彪、周恩来等。报告中提出：现在国防工业部的各研究院和中国科学院承担国防科研的各研究所，大多已瘫痪，研究工作停顿，三线建设问题很多。这种状况十分不利，必须迅速改变。为此建议，由国防科委组织人员迅速对这些单位实行军管，以恢复科研工作。3月21日，毛泽东批示："退总理照办。"聂荣臻在对军管人员讲话时明确指出：国防机密工厂不搞夺权，群众组织不得监督单位领导人的工作，所有接管的单位，要尽快着手组建党委，使他们自身走上轨道，以便撤出军管人员。不久，被军管的各单位形势一度好转，在7月15日的军委常委会议上，聂荣臻提议把军事接管的单位组建成18至20个研究院，以开展国防科研工作。会议同意了他的建议。9月20日，聂荣臻签发了《关于国防科研体制调整改组方案的报告》上报中央。报告中提出，将国防科委军事接管的科研单位组成18个国防科技研究院，其中包括导弹、人造卫星、核武器、飞机、舰艇、常规武器以及新材料、光学等研究院。一个多月后，毛泽东批示："很好，照办。"随后，中共中央、国务院、中央军委、中央文革又联合发出通知，要求各单位遵照执行。

聂荣臻实在是太爱科学事业了，尽管他身处逆境，不断受到造反派的批判、炮轰，但他仍然煞费苦心地为祖国的科学事业、为科学技术专家们着想。然而聂荣臻的这番苦心，在林彪、江青等横行的日子里，竟被指责为"大科研主义"，"想用科研来压革命，来保护反动学术权威"等，把一大堆帽子扣到了他的头上。

第七十三章　在"二月逆流"中

"文化大革命"造成的混乱局面，尤其对取消党的领导、怀疑和打倒一切老干部、军队开展"四大"等违背根本原则的做法，激起了许多老革命家的强烈不满。1967 年 2 月前后，谭震林、陈毅、叶剑英、李富春、李先念、徐向前、聂荣臻等政治局和军委的领导成员，在中央军委会议和中央政治局碰头会上，对“文化大革命”的错误做法，提出了尖锐的批评，进行了严厉的指责。他们同林彪、江青一伙的倒行逆施，作了坚决斗争。这是一场捍卫党的原则的伟大斗争，而林彪、江青一伙，却把它诬蔑为是复辟资本主义的“二月逆流”。

这场重大的原则斗争不是偶然的。从“文化大革命”一开始，林彪、江青为了实现乱中夺权的阴谋，就唯恐天下不乱，今天要打倒某人，明天要打倒某人。他们以毛泽东关于党内有“一大批资产阶级的代表人物、反革命修正主义分子”的论点为借口，到处煽风点火，发动不明真相的群众，以“批判”“揪斗”“造反”“炮轰”“火烧”“打倒”等形式，冲击各级领导干部和领导机关，致使许多地方的工厂停工，农村停产，学校停课。1967 年 1 月 6 日，江青、张春桥、姚文元一手制造的上海一月夺权风暴，在全国掀起了夺权的高潮，形势越来越乱，并且波及军队各总部等领导机关。叶剑英等几位军委副主席为保持部队的稳定，进行了各种努力，费尽了心血。从 1 月 8 日到 4 月中旬，连续召开军委碰头会。他们在会上表示，上海带头掀起的夺权风，把许多单位搞乱了，不值得提倡。

聂荣臻说：“这么多下级和战友，都是从战争年代一起考验过来的，互相都比较了解，怎么都成了叛徒、特务、反革命分子、党内走资本主义道路的当权派，一下子就被打倒了，或者成了有严重问题的人？无法理解嘛！这样乱下去，怎么行！”

早在 1966 年 9 月 1 日，在由叶剑英主持，徐向前、聂荣臻等人参加的军委常委会议上，总政治部主任萧华汇报了驻京部队各大单位开展“文化大革命”运动的情况。其中提到：部队中不准组织红卫兵，师以下部队及军以上机关的警卫、通信部队统统搞正面教育，不准地方到部队串联，也不准部队到地方串联，更不让地方群众和红卫兵到部队营房搜查。如果发现有人企图煽动部队搞武斗，各级党委要采取措施，坚决制止，并立即上报。萧华的讲话，总的精神是要保持部队的稳定。聂荣臻是完全同意这些意见的。叶剑英、徐向前也都同意。9 月 3 日，中央军委向全军批转了萧华讲话的要点，要求部队坚决遵照执行。

可是过了两天，中共中央和国务院就发出了《关于组织外地高等院校革命学生、中等学校革命学生代表和革命教职工代表来京参观文化大革命运动的通知》，开始了全国性的大串联。聂荣臻与叶剑英议论说，让这些娃娃们去工厂、农村到处乱窜，煽风点火，这股火烧到哪里，哪里的生产就得停顿，此举实不可取。10 月 5 日，林彪授意发布军委、总政《关于军队院校无产阶级文化大革命的紧急指示》，宣布取消束缚群众运动的框框。明确提出：在和党委的关系上，运动期间要突出地强调文革小组的权力作用。军队院校要和地方院校一样，完全按照“十六条”的规定办，充分发扬民主，开展“四大”。此后，全军院校相继大乱，掀起了“踢开党委闹革命”的浪潮。造反派们互相串联，人民解放军的领导机关连连遭到冲击。

林彪、江青一伙唯恐天下乱得不够，1967年1月初，操纵一些军事院校群众组织的头头，向叶剑英、陈毅发动进攻，策划要召开10万人大会，批判这两位老帅。与此同时，1月3日，江青、陈伯达在接见北航三名学生代表时说："聂荣臻有缺点，可以烧一烧。学生可以与国防科委机关干部一起，把革命搞好。"在如此露骨的煽动下，北京航空学院一些受蒙蔽的学生，更是肆无忌惮地把炮轰聂荣臻的浪潮越掀越高。就是这些北航学生，1966年9月，在中央文革的支持下，公然在国防部大院外安营扎寨，胡闹了28天，叫嚷什么要清算国防科委的"资产阶级反动路线"。对此，聂荣臻认为中央文革不了解情况，打电话给王力进行解释。同时，要国防科委对这些学生进行开导教育。而江青一伙却对国防科委的有关领导人说，"科委不要把聂帅推到第一线""不要硬跟错误领导，搞成敌我矛盾就不好了"。这把火一点，一时间，北京街头立时出现了花花绿绿的炮轰聂荣臻的大标语，其中，要数北京火车站的一幅最为"壮观"，一辆解放牌大卡车横过来竟遮不住其中的一个字。

聂荣臻住在城里，被造反派纠缠不休，每天连正常的看文件、读报纸的时间也难以保证，不得不搬到西山。在僻静幽雅的山坳里，聂荣臻与住在那里的叶剑英、陈毅、刘伯承、徐向前经常在一起议论"文化大革命"中许多"左"的错误，对中央文革的乱军行为表示了强烈的不满。日后，这些同志间的正常接触和谈话，竟被当成"二月逆流"反党集团的重要"证据"。①

聂荣臻常说，人民军队是保卫祖国的钢铁长城，是人民民主专政的坚强柱石，天下大乱，军队不能乱。针对林彪、江青一伙妄图把军队搞乱的阴谋，在叶剑英等几位军委副主席的提议下，1967年1月14日，中央发出了《关于不得把斗争锋芒指向军队的通知》。同一天，林彪却授意《解放军报》发表了一篇题为《一定要把我军的无产阶级文化大革命搞彻底》的社论。社论指出："决不能借口军队的特殊而对军队搞文化大革命有所动摇。"第二天，林彪又授意军委发出《重申军队绝不允许当防空洞的通知》。这些举动，完全与中央通知精神相悖，进一步导致了许多造反派组织冲击军队，其矛头直接指向叶剑英、贺龙、陈毅、徐向前、聂荣臻等德高望重的元帅们。

1月19日下午，军委在京西宾馆召开扩大碰头会议。与会的有各总部、各军兵种、各大军区的主要负责人，共40余人。会议围绕着军队搞不搞"四大"的问题，展开了激烈的斗争。聂荣臻等几位老帅一致认为，军队不能开展"四大"。而江青、陈伯达一伙却顽固坚持军队不能特殊，必须开展"四大"。双方针锋相对，斗争达到白热化的程度。这时，叶群突然跳了出来，捏造罪名攻击总政治部主任萧华。江青、陈伯达也一唱一和。陈伯达胡说什么"萧华不像个战士，倒像个绅士"，总政是"阎王殿"，"军队已经资产阶级化了"等，硬逼萧华去群众大会上作检查。老帅们听了都非常气愤。他们很清楚，康生、陈伯达、江青等

①《聂荣臻回忆录》，解放军出版社1986年版，第864页。

人对萧华的攻讦，矛头是冲着他们几位老帅来的。江青一伙的目的，就是要从总政打开一个缺口，搞乱军队。对此，聂荣臻非常愤慨，会议还没有结束，就和叶剑英提前退出了会场，以示抗议。

当天晚上，北京军区战友文工团的造反派得知会议情况，浩浩荡荡地由西山出发，直奔景山附近萧华的寓所。大概在半夜12点，聂荣臻家墨绿色的大门被擂得山响。有几个人正扒着铁门想往院子里翻。警卫战士一边大声喝问，一边通知了值班的秘书。虽然聂荣臻当时住在西山，但保密室里存有大量的机密文件。值班秘书很紧张，不由得摸了摸腰间的手枪。这时，大门外有人高喊："错了，错了"，"往北，往北"。门外，一阵嘈杂的脚步声渐渐远去了。造反派突然出现在萧华家里，要抄家抓人。而早有戒备的萧华，连忙从后门离开家，几经辗转，来到了叶剑英家里。

秘书很快把萧华家被抄的情况报告给了聂荣臻。当说到萧华办公室的保险柜已被砸开，许多机密、绝密材料散失在地上的情况时，聂荣臻气愤地说："这还了得，是谁干的，必须追查。"

20日上午，军委在京西宾馆召开的扩大碰头会仍在继续。江青在会上故作姿态怪声怪气地发问："总政治部主任怎么没有来？他躲到哪里去了？"不一会儿，萧华来了。当会议主持人徐向前问明了情况，得知昨晚萧华的家被抄，非常气愤。这时早已按捺不住心头怒火的叶剑英突然厉声痛斥道："萧华昨晚跑到我那里去了，是我把他收留下来的。如果有窝藏之罪，我来担当！"叶剑英说着说着举起右手，用力向桌子拍去。由于用力过猛，致使右手掌骨震开了一条裂缝。这就是以后被传扬开的"大闹京西宾馆"。

在以后几天的军委扩大碰头会上，聂荣臻等几位老帅坚决不同意江青等人要在军队搞大民主的主张，列举了大量的军队被冲击的事实，提出稳定军队，迫在眉睫。军队的情况越来越紧张，整了萧华，又整杨勇等高级领导干部，各地纷纷告急。

1月22日，毛泽东在人民大会堂接见了参加军委扩大碰头会的高级领导干部。毛泽东在听取了一些领导干部关于当前形势的汇报和出现的一些问题后说，人民解放军是无产阶级专政的柱石，要防止帝国主义的侵略。并指出，军队要稳定，要团结，不要你搞我，我搞你，不要闹分裂。根据毛泽东的指示，叶剑英在主持以后的军委扩大碰头会上，同其他几位军委领导人一起，反复商量无论如何要稳住军队。叶剑英表示："我们军队要搞个法，搞个命令，搞个章程，不能把部队搞乱了。"这时，聂荣臻也毫不犹豫地说："不能再乱下去了，军队要有个限制才行。"

1月23日，中共中央、国务院、中央军委、中央文革根据毛泽东的意见，发出了《关于人民解放军坚决支持革命左派群众的决定》。作为军委文革小组组长的徐向前，这时实在坐不住了。1月24日晚，他和聂荣臻、叶剑英先后来到毛家湾林彪住地，向林彪陈述了军队不能再这样乱下去的理由，要求规定出一些条条，以稳住军队。当晚，经反复研究，拟定了一个军委命令初稿，林彪同意后，叫徐向前、叶剑英、聂荣臻三人拿着这个命令初稿去征求中央文革的意见。

中央文革的讨论会一直开到夜里3点多钟，周恩来也参加了讨论。江青等人知道这已经经过林彪的同意，没有多说什么。第二天，就将命令初稿送请毛泽东审定。1月28日下午，毛泽东特地把林彪、陈毅、徐向前、聂荣臻、叶剑英等几位老帅请到中南海，详细地进行了研究，并在命令初稿的基础上又加上了"要严格管教好高干子弟，不得任意抄家"的内容。接着，毛泽东亲自批发了这个文件。这就是1月28日颁布的《中央军委命令》即"八条命令"。"八条命令"明确规定：一切指战员、政治工作人员以及勤务、医疗、科研和机要工作人员，必须坚守岗位，不得擅离职守；要严格区别两类不同性质的矛盾，不允许用对付敌人的方法来处理人民内部矛盾，不允许无命令自由抓人，不允许任意抄家、封门，不允许体罚和变相体罚；一切外出串联的院校师生和文艺团体、体工队、医院、军事工厂的人员与职工等，应迅速返回本地区、本单位；对于冲击军事领导机关问题，要分别对待，今后则一律不准冲击；军队战备系统和保密系统，不准冲击，不准串联；军以上机关应按规定分期分批地进行"文化大革命"。《中央军委命令》公布后，受到了全军指战员的拥护，直接打击了江青一伙的反党乱军阴谋。

2月11日，在西山召开的军委碰头会上，聂荣臻、叶剑英等又共同拟定了《中共中央军委关于军以上领导机关文化大革命的几项规定》即"七项规定"，重申了军委"八条命令"的基本精神，进一步明确规定了稳定军队的有效措施。这份砥柱中流般的文件，表明了共和国的元帅们在党和国家面临生死存亡的紧急关头，坚持真理的大无畏精神。

1967年2月初，为了及时处理"文化大革命"中全国各方面出现的一些问题，中央决定，由周恩来主持，每两三天召开一次政治局常委碰头会，各有关方面的负责人出席。在这些连续召开的会议上，老一辈革命家们与陈伯达、江青、康生、张春桥等"文革派"成员之间的矛盾越来越尖锐。终于在2月14日和16日，发生了所谓大闹"怀仁堂"的激烈斗争。

2月16日下午，由周恩来主持在怀仁堂召开了中央政治局常委碰头会。会上，谭震林严厉地指责江青的同伙张春桥、姚文元、王力等人，把老干部一个一个打倒，把全国搞乱了。他越说越激动，越说越气愤，狠狠地拍了桌子。然后，谭震林站起身，收拾完文件，夹起公文包，拿了大衣，说："让你们这些人干吧，我不干了！砍脑袋，坐监牢，开除党籍，也要斗争到底！"说完往外就走。周恩来连忙劝阻。陈毅也对谭震林说："不要走，要留在里边斗争！"此时，会场的气氛顿时紧张起来，其他的老革命家纷纷发言，批评江青一伙的倒行逆施。

在这两次会议上，聂荣臻对林彪、江青一伙把干部子弟和许多青少年诬蔑为"联动"①分子、保守反动分子，对他们进行打击迫害，不让他们上学，甚至还有被关押起来的情况，表示十分愤慨。聂荣臻说："你们把干部子弟和许多青少年说成是'联动'成员，纵容另一些不明真相的青年人批斗他们，这种'不教而诛'

① "联动"，全称为联合行动委员会，是当时的一个群众组织。

的做法是极其错误的！你们不能为了要打倒老子，就揪斗孩子，株连家属，残酷迫害老干部，搞落井下石，这就是不安好心！”①

碰头会议一结束，张春桥、王力、姚文元便立即驱车钓鱼台，整理出《二月十六日怀仁堂会议记录》，向江青作了汇报。当晚，江青便安排张、王、姚带着会议记录去见毛泽东告状。

2 月 18 日晚上，听了一面之词的毛泽东召集部分政治局委员开会，严厉批评了在怀仁堂碰头会议上提意见的一些老革命家，并决定召开批评会。聂荣臻和其他老革命家从 2 月 25 日起至 3 月 18 日，在怀仁堂参加了七次“政治生活会”，接受批判。康生是这次批判会的组织者和煽动者。他们对老革命家围攻批斗了 20 多天，把一大堆莫须有的罪名扣到了老革命家头上。同时，林彪、江青一伙还借机掀起了所谓“反击全国自上而下的复辟逆流”的浪潮，更大规模地打击和迫害党和国家的各级领导干部。至此，中央政治局中大部分委员被打倒或不能正常进行工作，而由中央文革取代了政治局。林彪、江青一伙终于达到了目的，把肩负党、政、军重任的一大批老革命家整倒、搞臭、靠边站，或不能正常工作。这也使他们在篡党夺权的道路上越滑越远，行为也越来越猖狂。

从所谓“二月逆流”事件以后，聂荣臻的日子日益艰难起来，造反派的炮轰、批判接踵而来。1968 年 6 月 27 日，国防科委有九个人贴出了大字报，说聂荣臻捏造“最高指示”，在政治上陷害毛主席。意思是指，1967 年 6 月，聂荣臻在向国防科委的领导人说起关于某干部历史上有过自首问题，后来经过长征考验，又重新入党一事时，他讲了一句“记得这是毛主席说的”话。（事实是，1935 年 12 月 27 日，聂荣臻曾接到毛泽东的电报，电报中指出，凡属经过长征考验的，应广泛吸收入党。②）从此，国防科委机关造反派抓住这句话加以歪曲，掀起了炮轰聂荣臻的新高潮。国防科委系统的其他造反派与国防科委机关的造反派结合起来，更是闹得不可开交。在批评还是打倒聂荣臻的问题上，两派群众组织矛盾也日益尖锐，争论更加激烈。

8 月 19 日，根据毛泽东的指示，聂荣臻来到京西宾馆听取某工业部造反派代表的意见。当听到有人说搞两面派的人没有好下场时，聂荣臻立即义正词严地表示：“我几十年来是不搞阴谋的，两面派我绝对不会做，这一条是站得住的。”

在“文化大革命”中，聂荣臻不论自己的处境多么困难，自始至终坚持实事求是。“大闹怀仁堂”以后不久，有一次叶剑英对聂荣臻说：“康生指责我，说我曾讲过，中央文革对高干子弟‘不教而诛’。我记得没有说过这句话呀？”聂荣臻当即回答：“这句话是我说的。怎么扣到你的头上啦？！”4 月 7 日，聂荣臻专门向毛泽东写了一封信，以澄清这句话是他说的，与叶剑英没有关系。刘少奇被打倒后，专案组人员要聂荣臻写材料证明刘少奇是反对“八一”南昌起义的。

① 1979 年 2 月 8 日，聂荣臻与《人民日报》记者谈“二月逆流”问题。

② 1968 年 7 月 5 日，聂荣臻写给军委办事组的信。

聂荣臻说："我没法证明刘少奇是叛徒、工贼，让我写事实可以，让我表态也可以。"聂荣臻证明说："南昌起义时，刘少奇是中央委员，他因为有病，住在庐山。恩来同志交代我把南昌起义的决定告诉他，好有所准备。我到九江找到了刘少奇同志，转达了中央的决定。他没有表态，没有说过反对起义的话，我怎么能说他说过呢？""刘少奇的结论由组织上全面考虑，我知道这话他没有说过。"[①]

1968年10月13日至31日，中国共产党召开了八届扩大的十二中全会。出席这次会议的李富春、李先念、陈毅、徐向前、叶剑英、聂荣臻等革命家，成了林彪、江青一伙的主要攻讦对象。于是，本来是为"九大"作准备的八届十二中全会，到分组讨论时，林彪、江青一伙却有计划地把老革命家们分别编在不同的小组里，并对他们发动了总攻。把讨论会变成了声势浩大的批判所谓"为刘少奇翻案"的"二月逆流"了。

聂荣臻被编在陈伯达掌握的第二小组。江青一伙专门安排聂荣臻的一些老部下参加这个组，发动大家兴师问罪。但在会上，那些老部下除了一般地表表态以外，没有揭发什么。没过多久，一位参加会议的老部下对聂荣臻的秘书说："聂老总是个正派人，几十年了我们都知道，什么参加反党集团？！我就根本不信。你们心里也要有个数，把他的身体照顾好。"有一次，陈伯达有意追问聂荣臻：1948年敌机轰炸了城南庄，指挥敌机轰炸的特务就出在你的司令部，你必须把这个问题讲清楚。聂荣臻干脆地回答：这件事毛主席最清楚，你有本事去问毛主席好了。临到会议结束，江青还就此问题作了个书面发言，聂荣臻知道后仍然泰然处之。

聂荣臻心里很清楚，在这次全会上是有"关"要过的。会议中他交了一份"检讨"，主要是关于"多中心论"的问题。1968年春，国防科委系统召开学习毛主席著作积极分子代表大会。在选举代表的条件中，有一条是"坚决拥护以聂荣臻同志为核心的国防科委党委的正确领导"。聂荣臻和他的秘书事前都不知道有这么个条件。当毛泽东、周恩来批评后，聂荣臻专门写了检讨。但是，他没有想到，连日来小组的批判发言逐渐升级，最后，竟把自己划为"二月逆流"反党集团的成员。

聂荣臻在检讨中始终不承认"二月逆流"是有预谋的反党活动，对许多关于"文化大革命"的议论，他认为是正常的同志间的接触，没有准备作检讨。但陈伯达等人步步紧逼，追问他与叶剑英、陈毅等人接触了几次。聂荣臻表示曾多次去过叶剑英家，也经常和陈毅、徐向前见面。这时，有人在会上拿出监视聂荣臻活动的登记，逼他承认是"反党集团"的活动。聂荣臻当场痛斥了这种严重违反党纪国法的行为："我们政治局委员之间就不能交往了吗？有事就不能相互商量了吗？党内还有什么民主？你们这是搞什么？是搞特务活动。"然而林彪、江青一伙不顾事实真相，硬把这说成是"反党活动"。按他们的说法，老同志分为两摊，李富春、李先念、陈毅为地方上的一摊；叶剑英、聂荣臻、徐向前为军队中的一摊；陈毅

① 1968年10月15日，聂荣臻为"刘少奇专案组"写的证明材料。

是联络员，两边跑。他们还说，这些老同志是有计划、有纲领地进行反党活动的。

在中共八届十二中全会上，林彪在讲话中说：会议“对‘二月逆流’进行了严肃地批判”，“二月逆流”是一次“严重的反党事件”。“他的目的是要否定‘文化大革命’的必要性和否定‘文化大革命’的主要成绩。是想替刘少奇、邓小平、陶铸翻案，还要否定过去的延安整风，为王明翻案。他们的手段是在‘党的领导’、‘保护老干部’、‘保护高干子女’、‘稳定军队’、‘抓生产’等漂亮的口号下，实现反党反革命路线的目的。”

林彪的讲话，为“二月逆流”定了性。从这以后，大会小会在批判所谓“二月逆流”时，都是按照林彪的这个基调进行的。

毛泽东的讲话与林彪的讲话不同。由于林彪、江青一伙的封锁，他不了解“二月逆流”的真相。他说：这件事我不大了解，经过差不多半个月，就比较了解了。这件事是一种很自然的现象。因为他们有意见要说嘛，几个人在一起，又都是政治局委员，又是副总理，有些是军委副主席，我看也是党内生活许可的。他们是公开出来讲的，不是两个大闹嘛，一个大闹怀仁堂，一个大闹京西宾馆。他这个大闹就证明他是公开出来的嘛，没有什么秘密。有些细节，大家不晓得，我也不知道，最近从简报上才看到那些情况。毛泽东的讲话，肯定了老革命家们行为的性质是人民内部矛盾。

八届十二中全会结束后的第二天，聂荣臻因肺炎高烧 39℃以上，住进了解放军总医院。他的心率每分钟达 150 多次。早在 1965 年，国家卫生部就接连向中央递交了两份关于聂荣臻病情的报告，要求让他全休一段时间。然而，工作太多，他只能坚持。“文化大革命”以来，聂荣臻由于过度操劳，以致心脏病频繁发作，不得不经常住院。这次聂荣臻住院期间，叶剑英给张瑞华打来电话，请她一定要转告聂荣臻，说：“我相信我自己，也相信聂总，我们不是搞阴谋的人。”叶剑英的几句话，给病中的聂荣臻以极大的安慰和鼓舞。

1969 年 1 月 3 日，毛泽东在一份简报上批示：“所有与‘二月逆流’有关的老同志及其家属都不要批判，要把关系搞好。”这说明毛泽东、周恩来对老革命家采取了保护措施。可是，林彪、江青一伙仍然阳奉阴违。林彪在派黄永胜、吴法宪向聂荣臻传达毛泽东的批示时，同时也传达了他的批示：“希望（受批判的几位老同志）把身体搞好，注意不要引起新的障碍。”这分明是一种警告。林彪一伙还严密封锁毛泽东、周恩来的批示，不准外泄，以便他们在适当的时机，抓住“二月逆流”再做文章。

1969 年 4 月 1 日至 24 日，聂荣臻出席了中国共产党第九次全国代表大会。大会主席团的座次排列是经过精心安排的。主席台左侧，全是清一色的中央文革和中央碰头会议的成员，说明他们是左派。主席台右侧，是所谓“二月逆流”的成员。别看他们还保持着国务院副总理、军委副主席的头衔，却是作为“右”的代表出席九大的。会上，由张春桥、姚文元起草，林彪所作的政治报告中仍继续说“二月逆流”是党内最大的一次反党活动，是为刘邓翻案，是破坏新生的红色政权的反党夺权阴谋等。于是，在分组讨论政治报告时，又一次开始了对“二月逆流”的批判。

在九大极不正常的政治气氛中，聂荣臻等人本来是不可能被选进中央委员会的。在毛泽东的坚持下，林彪、江青一伙不得不同意把聂荣臻等人选进了中央委员会。但林彪、江青一伙又煞费苦心，安排谁投赞成票，谁投反对票，把票数控制在不超过半数太多的范围，既让你当选，又让你难堪，从心理上折磨你。

这场关于“二月逆流”的批判，整整持续了四年，使这些老革命家的身心受到了极大摧残。

1971 年 11 月，毛泽东接见了参加成都地区座谈会的代表。当叶剑英走进会场时，毛泽东对在场的人大声说：你们再不要讲他“二月逆流”了，“二月逆流”是什么性质？是他们对付林彪、陈伯达、王（力）、关（锋）、戚（本禹）的。那个王、关、戚和“五一六”要打倒一切，包括总理、老帅。老帅们就有气嘛，发点牢骚。他们是在党的会议上，公开地大闹怀仁堂嘛！缺点是有的，他们吵了一下也是可以的，同我来讲就好了。那时候，我们也搞不清楚。王、关、戚还没有暴露出来，有些问题要好多年才能搞清楚。

1979 年 1 月，《人民日报》发表了一篇题为《二月正流》的文章。文章发表之前，编辑部来人征求了聂荣臻的意见。为此，聂荣臻专门给《人民日报》编辑部写了一封信，详细阐述了这场斗争的实质和意义。信中写道：

> 所谓“二月逆流”，是林彪、“四人帮”一伙蓄意陷害李富春、李先念、陈毅、谭震林、叶剑英、徐向前、聂荣臻等同志的一桩大冤案。从“文化大革命”一开始，双方就在如何掌握运动的问题上，发生了三点深刻的分歧，一直在针锋相对地斗争：
>
> 一、要不要党的领导；
>
> 二、对老干部应不应该都打倒；
>
> 三、要不要稳定军队。
>
> 怀仁堂会议是双方斗争的最高潮。
>
> 为了打倒这些老同志和其他老干部，林彪、“四人帮”制造了一个关键性的反革命谬论，说老干部是资产阶级民主派，解放军是资产阶级军队，因此都应该打倒。……而我们则认为，民主主义革命，是资产阶级性质的革命，客观上有利于资本主义的发展。但要看这个革命是谁领导的。资产阶级领导，就会走上资本主义道路。在共产党领导下，就会走非资本主义的道路。如果被国民党蒋介石篡夺了领导权，就意味着革命的彻底失败。
>
> 中国革命的实践证明，我们走的是通向社会主义的道路，在民主革命时期，我们党反对了陈独秀、王明的右倾投降主义路线，争取到了革命领导权，经受了长期的艰苦、复杂的斗争考验……在这样的斗争中锻炼出来的干部和党员，他们不仅有民主革命的觉悟，而且绝大多数还有进行社会主义革

命的觉悟。怎么能说成是民主派呢？至于军队，那是我们党一手创建的，并且一直在党的领导下，经历了几十年革命战争考验，具有一系列人民军队的优良传统和作风，怎么能说成是资产阶级的呢？

在部署上，林彪、“四人帮”搞“二月逆流”，首先是从军队开始的……到二月上旬，双方多次在政治局或军委会议上，对要不要稳定军队，展开了针锋相对的斗争。与此同时，他们在外事口集中攻击陈毅，把外交部搞瘫痪，妄图先夺国防和外交大权……这几个方面的斗争，发展到二月怀仁堂碰头会议，进行全面摊牌……[①]

1981 年 6 月，中共十一届六中全会通过的《关于建国以来党的若干历史问题的决议》中说：“一九六七年二月前后，谭震林、陈毅、叶剑英、李富春、李先念、徐向前、聂荣臻等政治局和军委的领导同志，在不同的会议上对文化大革命错误做法提出了强烈的批评，但被诬为‘二月逆流’而受到压制和打击。”

所谓“二月逆流”事件，至此有了正确的结论。

第七十四章 “杨余傅事件”与“华北山头主义”的“黑后台”

1967 年 12 月 5 日至 1968 年 1 月 29 日，聂荣臻因心脏病在医院住了 54 天。3 月 8 日在西山住处，心脏病又一次严重发作，持续了 60 多个小时，不得不绝对卧床治疗。

聂荣臻卧病期间，林彪、江青一伙策划了一起篡夺军权的阴谋活动。3 月 22 日，他们以中共中央、国务院、中央军委、中央文革的名义突然发布了两个命令。一是宣布代总参谋长杨成武、空军政委余立金、北京卫戍区司令员傅崇碧“犯有极严重错误”，撤销他们的一切职务。二是宣布黄永胜任总参谋长、温玉成任副总参谋长兼北京卫戍区司令员。在宣布这两个命令以前，杨成武、余立金、傅崇碧就已经被拘留监禁。

军队中如此重大的人事变更，几位军委副主席却被蒙在鼓里，事前毫无所知。

3 月 24 日晚，中共中央在人民大会堂召开万人干部大会。林彪在会上说：“杨余傅”有个人野心，互相勾结，阴谋篡权，为“二月逆流”翻案，是“二月逆流”的一次新反扑。林彪还特意说明杨成武是晋察冀的，杨成武的错误主要是山头主义、宗派主义。言外之意，是指杨成武在搞晋察冀的山头主义。康生在讲话中更露骨地说，“杨成武的背后还有后台的，还有黑后台”，把矛头直接指向了聂荣臻。

聂荣臻因心脏病身体刚恢复，在医生的劝阻下请假，没有参加这次大会。

第二天上午，叶剑英散步来到聂荣臻的住处，把前一天晚上开会的经过说了

---

① 1979 年 1 月 16 日，聂荣臻给《人民日报》编辑部的信。

一遍。随后，叶剑英激动地说："他们太不像话，不仅这样的大事我们事前不知道，而且在这次会议的座位安排上，他们也耍了花招。富春、先念、陈老总、向前等，我们虽然都是中央政治局委员，但却不准在主席台上就座，一律坐在台下。其余的政治局委员和中央文革的成员却坐在台上。他们的用意不是十分明显吗？！这样做，完全是为了向我们施加更大的政治压力，暗示群众，台下的这些政治局委员有问题，是属于可以冲击的对象。下一步要揪什么黑后台，我们这些人当然又是揪斗的对象啰。"叶剑英停了停，反而轻松地笑着说："揪就揪吧，反正就是这么回事，欲加之罪，难道还少吗！"

聂荣臻仔细听着叶剑英叙述的经过，陷入了沉思。他感到问题的严重性，因为历史上杨成武长期是他的老部下。最后，他也坦然地说："揪就揪吧，反正我不是什么黑后台。"

林彪、江青一手制造的"杨余傅事件"，目的显而易见。他们给"杨余傅"定的罪状是：（1）杨成武同余立金、傅崇碧勾结，要打倒吴法宪、谢富治，篡夺空军和北京市的领导权；（2）杨成武曾三次下令让傅崇碧冲钓鱼台到中央文革去抓人；（3）余立金是叛徒。仅凭这三大罪状，足以把这三个人打倒。林彪、江青一伙就是要借此打倒一批他们想要打倒的老干部，清除他们篡党篡军的障碍，把军队的大权全部转移到他们的亲信手里。果然没过多久，社会上便刮起了一股揪"杨、余、傅"黑后台的邪风，矛头直接指向李富春、李先念、聂荣臻、叶剑英、陈毅、徐向前等人。从 4 月 1 日起，给聂荣臻的许多重要文电停发了。聂荣臻知道后，坦然地对秘书说："不管他，文件爱发不发。'杨余傅事件'究竟是怎么回事，我还弄不清楚，也不知道谁是'黑后台'！"

社会上揪"黑后台"的邪风越刮越猛，在极度压抑的心情中度过了两个星期的聂荣臻，于 4 月 7 日提笔给毛泽东写了一封信，说明自己对杨成武的看法和历史上同杨成武一起工作的情况，要求同毛泽东面谈一次。

三天之后，周恩来让秘书打来电话，传达了毛泽东的批示："荣臻同志，信已收到，安心养病，勿信谣言。"不久，毛泽东又当面对聂荣臻说：你不要背包袱，如果讲杨成武的后台，第一个就是我，第二个才轮到你。

4 月 6 日和 16 日，聂荣臻先是在电话里，随后又到林彪家里，当面质问叶群、林彪："'杨余傅事件'究竟是怎么回事？黑后台是谁？"答复是含糊其辞的。叶群说：黑后台"并没有点名嘛，将来轰倒谁，就是谁"。林彪说："杨成武不到我这里来。"聂荣臻听后感到十分可笑，难道这也成为打倒一个人的理由！"杨余傅事件"平反后，傅崇碧有一次来看望聂荣臻，他对聂荣臻说：早在 3 月 22 日，他就被非法拘押了，当他扒着铁窗，看到对面墙上有条标语，写着："打倒杨余傅！"心里还在纳闷，"杨余傅"是个什么人呢？聂荣臻听了哈哈大笑。

这些都充分说明林彪、江青一伙制造的所谓"杨余傅事件"，是莫须有的无稽之谈。

林彪在关于"杨余傅事件"的讲话中，把"华北山头主义"作为打倒"杨余傅”的主要罪状。于是，北京军区成了批判“华北山头主义”的发源地，先后三次掀起反“华北山头主义”的高潮，持续时间长达七年之久。1968 年 4 月 4 日至 14 日，在林彪的指令下，中共北京军区党委召开了第十二次全委扩大会。黄永胜、吴法宪、谢富治等人参加了大会。他们强令会议“揭山头主义的罪行，批山头主义的危害，肃山头主义的流毒”，“把山头主义批透”。4 月 9 日，政治局接见华北某军、师以上干部时，黄永胜说：“反对刘某某，也就是山头主义、宗派主义。”林彪、江青则异口同声说，这样做“很危险”。为“华北山头”罗织了新的罪状。北京军区被改组。司令员郑维山首当其冲遭到批斗，军区大多数领导干部被打倒。仅军区司令部被点名批判的人就达 119 人之多。从参谋长到保密员，多在点名批判之列。二级部长被点名的占在职人数的 60% 以上。至此，北京军区党委、机关和部队被分裂成为“华北山头”的和受“华北山头”排斥、迫害的两大阵营，株连了大批干部，造成人人自危、谈“山”色变的局面。严重地影响了党内、军内的团结，破坏了部队的建设。

1971 年 1 月 3 日，江青在中央召开的华北会议上公然讲道：“从聂荣臻开始，华北山头有历史性。从聂荣臻、杨成武，你郑维山，一个班底接着一个班底。”他们“都出在华北，是坏人当道”。她在讲话中还诬蔑聂荣臻“从三七年就搞山头主义”，是“华北山头”的“黑后台”。江青的讲话再一次掀起了反对“华北山头主义”的高潮。

1971 年“九一三”事件后，江青一伙又把北京军区与林彪挂上了钩，说北京军区是林彪、陈伯达反党集团经营多年的山头主义窝子。因此，他们借“批林整风”运动，在北京军区多次开展了“捣华北山头主义窝子”的运动。这样就把“山头”的性质升格为林彪发动反革命政变的“窝子”，形成了反对所谓“华北山头主义”的第三次高潮。

林彪、江青一伙，为什么如此起劲地反对所谓“华北山头主义”？三番五次地掀起反“华北山头主义”的浪潮？说到底，就是因为北京军区位置重要。他们要实现篡党篡军的阴谋，就必须把过去曾在晋察冀、华北军区工作过的老干部打倒；把当时北京军区一些坚持党的原则的领导打倒；清除他们搞反革命阴谋的障碍，以便把北京军区的军权抓到手，免除后顾之忧。然而事实上，聂荣臻自从 1954 年免去北京军区（当时称华北军区）司令员的职务以后，就从不过问军区的事。用他的话来说，是“不在其位，不谋其政”。但在北京军区掀起的反“华北山头主义”运动中，林彪、江青等人还是或明或暗地对着聂荣臻大加指责。原则性很强的聂荣臻最终还是被扣上了“华北山头主义”的帽子。真可谓欲加之罪，何患无辞！

1973 年 12 月，毛泽东对参加军委会议的成员说：“杨余傅事件”弄错了，这是林彪搞的。半年之后，毛泽东又亲自为杨成武、余立金、傅崇碧平反，恢复名誉。此后不久，他们三人被释放出来，并先后恢复了工作。1979 年 3 月，中共中央为此发出文件，为杨成武、余立金、傅崇碧公开平反。12 月 6 日，中央又根据1979年7月13日郑维山请求为“华北山头主义”平反的报告，专门发出了《中共中央关于为所谓“华北山头主义”平反的通知》，澄清了多年来所谓“华北山头主义”这一冤案，为郑维山及其他遭受打击、迫害和株连的干部，公开平反，恢复名誉。

第七十五章 在邯郸的日子

1969年2月5日至10月15日，聂荣臻遵照毛泽东指示，来到北京市化工三厂蹲点调查和学习。聂荣臻当时已七十高龄。他克服了生活上的种种困难，与厂里的领导人和工人群众打成一片，经常促膝谈心。这年8月，他向中央汇报了在市化工三厂蹲点学习的情况：“我将当一名小学生，继续向工人同志学习，以不辜负毛主席的教育和关怀。”

到工厂蹲点后没多久，陈毅打来电话，传达了毛泽东的两点指示：第一，要求（参加“二月逆流”的）老同志们交流到工厂蹲点的经验，对开展“斗、批、改”提出建议；第二，由陈毅、徐向前、聂荣臻、叶剑英开会座谈国际形势，为中央提供咨询意见。周恩来确定国际形势座谈会由陈毅主持。

阳春三月，在中南海紫光阁古朴整洁的会议厅里，四位老帅举行了第一次国际形势座谈会。座谈会每周召开一至两次，直到10月18日战备疏散时结束。在七个多月的时间里，聂荣臻能经常与其他几位老帅见面，坐在一起讨论，畅谈国际形势，发表各自的意见，这使他心情很舒畅。四位老帅认真地对国际形势进行了研究分析，提出了许多有利于国防建设的重大问题和中肯建议。他们将会议上的发言整理成《对国际战争形势的分析》《从世界森林中看一棵珍宝树》等四份有关国际形势的报告，呈送毛泽东和中共中央。

珍宝岛事件发生之后，几位老帅在谈到苏联挑起边境冲突时，聂荣臻说：“苏联对我们搞点紧张是可能的，但要在中国大搞，这不可能。搞一个东欧国家动员了四五十万军队，搞中国要多少人哪！”[①]叶剑英、徐向前点头同意，说：“苏联如果在中国大搞，至少要300万兵力，这谈何容易。”几位老帅一方面认为苏联军队不可能大举入侵；另一方面认为美苏的战略重点仍在欧洲，争取控制中东的石油资源将成为它们矛盾斗争的焦点，中东局势将对世界形势的发展产生重大影响，要予以高度重视。因此，老帅们建议中央缓和中美关系，尽快恢复中美会谈，打开中美外交的新格局。这些精辟的观点被中央采纳，成为中央制定对外方针政策的重要依据。以后国际局势的发展，证明这个战略观点是正确的。从美国乒乓球队访华开始，中美关系史上20多年的紧张状态开始缓和。尼克松总统于1972年访问中国，达成了《中美上海公报》，双方共同谋求关系正常化。

1969年10月20日，中国和苏联两国总理在北京会谈。在这之前三天，林

① 1969年3月16日，陈毅、徐向前、叶剑英、聂荣臻座谈国际形势的记录稿。

彪以“加强战备，防止敌人突然袭击”为由，擅自发布了一道“紧急指示”。18日，黄永胜以“林副主席第一个号令”为名，正式下达了“紧急指示”。这个所谓的“第一个号令”一下达，全军立即进入了紧急战备状态。实际上，这是林彪为实现篡党夺权而有计划进行的一次预演。在京的老革命家也都被告知限期离开北京，安排到外地。当时，聂荣臻被通知到郑州，经过再三考虑，他表示：“既然是战备嘛，郑州那个地方是铁路枢纽，中原地区我也不熟悉，还是到河北省好些。晋察冀这些地方我熟，如果打仗，还可以起些‘参谋’作用。”说实在的，聂荣臻早就想重返晋察冀老区，到这块英雄的土地上看看那些曾用五谷杂粮养育了子弟兵的乡亲们，但终因工作太忙和病魔缠身，一直未能成行。这次反映了意见后，聂荣臻被安排到邯郸。

聂荣臻乘火车来到了邯郸。这是“第一个号令”宣布后的第四天。在此之前，聂荣臻的夫人张瑞华被“下放”到吉林省草原上靠近边境的一个“五七”干校里劳动。女婿丁衡高在陕西偏远山沟里的一个科研单位工作。唯一的女儿也去了河南一所“五七”干校。家里只剩下六岁的外孙女聂菲跟着聂荣臻来到邯郸。

这次战备疏散，老革命家们基本上都分散在京广线一带。陈毅到了石家庄，徐向前到了开封，刘伯承到了武汉，叶剑英到了长沙，朱德和李富春到了广州从化。那时规定，这些人未经批准，不能回北京。

聂荣臻到邯郸，没有带秘书。因为从中共八届十二中全会以后，聂荣臻办公室的工作人员被大量“精减”，仅有的一名秘书留在北京值班，不能陪着他去邯郸。邯郸军分区的领导人从机关挑选了一名干事给聂荣臻当秘书，并且向这位干事交代了三条：（1）生活上一定要照顾好；（2）安全上绝对保证；（3）不能介绍部队情况。有人特意透露给这位即将上任的秘书：聂荣臻在政治上犯了错误，朱德、陈毅、李先念、聂荣臻等都是九大中“老右”的代表。

这位临时借用的秘书，被引见给聂荣臻。聂荣臻慢悠悠地问：“你来给我帮忙啦？”秘书很紧张，他从未见过这么大的首长，尽管室内温度不高，但还是紧张得直冒汗。由于领导交代任务时很仓促，他是稀里糊涂地走马上任的，甚至没有听清是叶帅还是聂帅。在以后的朝夕相处中，这位秘书发现聂荣臻是一个言语不多、平易近人的老人，一点儿架子也没有，对工作人员很和气。

聂荣臻的这次邯郸之行，确实作了打仗的准备。行装十分简单，只带了三四个战争年代用的马褡子，准备了两盏马灯和一些蜡烛。

聂荣臻很关心邯郸驻军的战备情况，而工作人员却迫于当时的政治压力，难于启齿。就连当地部队调防这样的大事，也对这位军委副主席保密。因为是战备嘛，聂荣臻关心邯郸民兵的情况。军分区政委是聂荣臻的老部下，他和秘书分别向聂荣臻介绍了民兵工作。聂荣臻反复考虑着打起仗来民兵如何组织、如何调动，然后对军分区政委说：“被服、武器装备等要疏散到各地，不要集中在大城市，打起仗来就地发军装，就地参加战斗。”聂荣臻曾将这些战争年代的老经验整理成文，一式几份送到邯郸市革命委员会、公检法、地区革命委员会。尽管泥牛入海，聂荣臻并没有因为人家反应冷淡，而放弃对民兵工作的研究，他要尽一个老兵的责任。

在聂荣臻的卧室里，有一幅巨型地图。那位由干事改任的秘书，很会动脑子。他把邯郸地区 25 个民兵点，都插上小红旗，标上有多少人口。70 岁的聂荣臻眼睛虽然有些花，但他经常站在异常醒目的插满红旗的大地图前，思考着民兵的战备工作。在平常的闲谈中，聂荣臻常跟秘书谈起到南京、济南参观民兵大比武时的情况。当聊起邯郸民兵能够徒手攀登高大障碍物时，聂荣臻兴奋地说："民兵搞好了，力量很大哩！"

聂荣臻在邯郸的居住情况，与那些被疏散出北京的其他人相比，还算是好的。邯郸有不少干部是聂荣臻的老部下，对他自然较为客气。聂荣臻被安排在邯郸行署宾馆的二楼。房间里，红色的地毯由于天长日久而变成紫黑色，看得出是临时从哪里挪来的。12 月的邯郸已经很冷了，而屋里却没有暖气。工作人员想方设法，从烧开水的锅炉上接了一根管子铺到聂荣臻的屋里，这样才算勉强有点暖意。工作人员把准备打仗露营时用的鸭绒被子找了出来给聂荣臻用，这才勉强解决了寒冷中睡觉的问题。面对这一切，聂荣臻一声不吭。

聂荣臻住在邯郸，除了军分区领导人时常来问候外，那里几乎是个被遗忘的角落。1969 年的春节，军分区司令员和政委送来了一个小纸箱，里面装着十多斤花生。于是，在聂荣臻每天吃的米饭里，多了几粒红红的花生豆。

平时，聂荣臻吃饭很简单，宾馆供应什么就吃什么，从来不提特殊要求。主食经常搭配一些玉米、小米等粗粮。尽管生活条件是简陋的，但聂荣臻仍感到满足。他说，这比起战争年代来要好得多。然而，最使他感到难以忍受的是失去了工作的机会。聂荣臻一到邯郸，就主动要求出去看看，叫秘书帮助联系到工厂、农村搞些社会调查。经过多次磋商，有关部门终于拨给聂荣臻一辆快要报废的旧吉姆车。于是，他每隔半个月，跑一个工厂。在那段时间里，他先后去了邯郸制氧厂、钢厂、锅炉厂、化工厂等十家工厂和五处农村。

聂荣臻曾去过峰峰煤矿。这是刘少奇当年开展白区工作时待过的地方，位于邯郸西南 45 公里处。当时工作人员考虑到路太远，天太冷，车又不太好，提议为了安全就别去了。可聂荣臻坚持要去。在峰峰煤矿，他不仅看了采煤坑道口，还看望了当年他的警卫员。中午，在刘少奇曾经住过的平房里休息时，矿区领导人劝他，这里久未住人，又脏又破，不要待在这里。聂荣臻听后笑着说道："这里挺好。"

离邯郸 30 公里外的何横城大队，是科学种田的先进单位，地少人多。他们经过试验，摸索出了"套种间作"的耕作法，两年种了七茬庄稼。毛泽东来过这个大队视察。聂荣臻多次到何横城大队，了解科学种田的情况，并总结了何横城大队"套种间作"的经验，写成文字材料，建议河北省委推广。在何横城大队，聂荣臻还参观了养鸡场、豆腐坊等。他还特意让办公室的工作人员在北京买了 200 只优种雏鸡，送给何横城大队。

刚到邯郸不久，聂荣臻就到了邯郸烈士陵园，在左权将军的墓前，脱帽致哀。他沉痛地对工作人员说："左权年轻，能吃苦，很能干，是我军的优秀将领，可惜牺牲得太早了。"

聂荣臻住的行署宾馆旁边，是丛台公园。丛台公园是战国时期赵武灵王阅兵的地方。聂荣臻几乎每天都要到丛台公园散步。尽管当时正值严冬，又由于"文化大革命"的破坏，公园里只有松树披着墨绿色的外套，到处是一片荒凉、破败的景象，几乎见不到有什么人在这里逛公园，但聂荣臻长期以来养成的散步习惯却在这里得以如愿。丛台公园附近有座学步桥，出自"邯郸学步"这个典故。讲的是一个燕国人到赵国邯郸，见那里的人走路很美，便跟着学起来，结果不但没有学会，连自己原来的走法也忘记了，只好爬着回去。每当讲起这个故事，聂荣臻就显得特别兴奋。他也常跟工作人员讲战国时期赵国的情况，讲廉颇负荆请罪的故事。聂荣臻散步时，一般是先听秘书讲当天的新闻，而他自己经常谈起的话题是年轻时在法国勤工俭学的事，以及战争年代许多令人难以忘怀的故事。

1970年初，或许是年事已高、水土不服的缘故，聂荣臻全身起了严重的湿疹，痒得睡不了觉。皮肤被抓破后，就淌黄水。从北京搞来点药也不见效。实在没有办法，2月下旬，聂荣臻向周恩来报告了这一情况。周总理很快批准他回北京治疗。

五一节那天，毛泽东在天安门城楼上见到聂荣臻，关心地询问他的健康情况。聂荣臻讲了自己的病情后，毛泽东说："你不要出去了，就在北京吧，北京好治病，出去干什么。"[①] 这样，聂荣臻便结束了短暂的邯郸之行。

第七十六章　揭发林彪错误和警惕"四人帮"的阴谋

1970年10月，聂荣臻与陈毅同住在解放军总医院。当陈毅得知老战友也在住院，就迫不及待地来到聂荣臻的病房前。伫立片刻后，他轻轻推开门，探头向屋里张望。这时，聂荣臻正躺在床上做治疗，看到有个人影一晃，像是陈毅，就高声说："门外是谁呀？陈老总吗，你进来，有什么呢！"陈毅走进门来，两位老帅的手紧紧地握在了一起，千言万语全在不言中了。从此，秘书念文件时，聂荣臻总是请陈毅一起来听。念完文件，两个四川老乡就兴致勃勃地摆开了龙门阵。聂荣臻提起陈毅探头进屋的事。陈毅轻轻地叹了一口气，说："我怕连累你呀。"

1971年的夏天，两位老战友又相约同到北戴河疗养。

夏天的北戴河是迷人的。金色的沙滩上，撑着一把颇大的太阳伞，聂荣臻和陈毅常坐在伞下聊天，有时朱德也来。广阔无垠的蓝色海面，时有海鸥像一支支银色的利箭，出没在海天一色之中。从动乱旋涡中暂时解脱出来的三位老人，被大自然壮观、美丽的景色陶醉了，无数烦恼随着浪花远去。

陈毅七十寿辰时，想请聂荣臻和朱德一起来聚餐。陈毅的管理员有些迟疑，

---

①《聂荣臻回忆录》，解放军出版社1986年版，第867页。

1970年8月，三位在“文革”动乱中深受迫害的老帅在庐山仙人洞。左起：聂荣臻、朱德、叶剑英

怕又被人说成是开黑会。陈毅点点头，说：“朱老总住得远，就算了，聂帅跟我们挨着，总要请吧。”话音未落，主动前来祝贺的聂荣臻走进屋，爽朗地说：“不用请，我自己上门来了。”饭毕，陈毅、聂荣臻两位老帅特意换上军装，坐在门外的藤条椅上，照了张相，在那动乱的年代里留下了他们永恒的微笑。

当时，两位老帅偶然从工作人员口中得知，林彪也到了北戴河，但显得十分神秘。谁知11天之后，即发生了震惊中外的“九一三”事件。

“九一三”事件八天之后，聂荣臻从三座门开会回来，工作人员发现他特别高兴，一进门就招呼工作人员把墙上挂的林彪像摘下来。当时，大家有些奇怪，直到“九一三”事件传达到全体干部后，才恍然大悟。

中共中央决定召开老同志座谈会，揭发林彪的反党活动。座谈会由李富春主持，陈毅、徐向前、邓颖超、蔡畅、王震、聂荣臻等十几位老同志参加。会议开了20多天，系统地揭发了林彪历史上的种种问题，剖析了他的丑恶本质。聂荣臻在会上几次发言，揭发了林彪历史上反对毛泽东的事实。

在战争年代，聂荣臻与林彪先后共事三次，虽然加起来不到五年的时间，却贯穿了土地革命战争、抗日战争和解放战争三个历史阶段。在座谈会上，聂荣臻谈到对林彪的了解是有个认识过程的。开始接触时，认为林彪年轻，世故不多，但不久发现他有浓厚的个人主义，经常拿着小本子记自己的功劳，留下了不良的印象。聂荣臻对林彪的某些错误作过斗争，但作为同事，除了原则分歧以外，他都是积极支持林彪工作的。尤其是在军队指挥方面，聂荣臻认为林彪有股子猛劲，很注意研究战术。因此，他一般都是支持林彪的指挥决心的。

在“文化大革命”中，聂荣臻等人同林彪之间，在一系列方针政策上，有原则分歧，但由于两个主要原因，一是看到毛泽东过去虽然有时批评林彪，但总的说非常重用他。在中共八届十一中全会上，林彪被确认为是毛泽东的接班人，这是中央的决定，大家也就尽量往好的方面想。二是林彪的个人野心有个膨胀的过程，人们对林彪的认识也有个发展过程。在“文化大革命”中，林彪伙同江青等人为了打倒老一辈无产阶级革命家，捏造了一系列莫须有的罪名。所谓“二月逆流”、所谓“杨余傅事件”、所谓“华北山头主义”、擅自发布“第一个号令”等，直到“九一三”事件后人们才逐渐看清了林彪的真实面目。

1976 年，是中国人民悲痛欲绝的一年，周恩来、朱德、毛泽东相继逝世，天安门广场三次降下半旗。首都人民到天安门广场哀悼周总理的正义之举，却被“四人帮”诬为反革命事件。有一天王震来到聂荣臻家，在谈到“四人帮”的倒行逆施时，王震气愤地说：“我的头发、胡子不剃了，什么时候粉碎了‘四人帮’，再剃！”聂荣臻的心情跟王震一样。

1976 年 1 月，周恩来总理逝世，聂荣臻无限悲痛。这是他向周恩来遗体告别时的留影

这年 9 月 9 日毛泽东逝世。“四人帮”野心毕露，加紧行动，阴谋抢夺党和国家的最高领导权。9 月 21 日，杨成武来探望聂荣臻，谈起了对“四人帮”的看法及其倒行逆施。当说到军队面临的严峻形势时，聂荣臻让杨成武立即到叶剑英那里，转告他的意见：“‘四人帮’是一伙反革命，是什么坏事都干得出来的，要有所警惕，防止他们先下手。如果他们把小平暗害了，把叶帅软禁了，那就麻烦了。”①

聂荣臻知道“四人帮”依靠江青的特殊身份，经常在中央会议上耍赖，蛮不讲理，如果采取党内斗争的正常途径来解决他们的问题，是无济于事的。他要杨成武转告叶帅：“只有我们先下手，采取断然措施，才能防止意外。”② 他还对杨成武说：“华国锋现在是中共中央第一副主席、国务院总理，是毛泽东指定的接班人，所以要注意争取得到华国锋的支持。”

杨成武很快到了叶剑英那里，转达了聂荣臻的意见。叶剑英听了聂荣臻的意见后，要杨成武转告聂荣臻，他也有同感，说聂帅想的和他想的是一样的。待杨成武走后，叶剑英马上找来有关人员，一起商定：立即搬家，以防万一。10 月 5

①《聂荣臻回忆录》，解放军出版社 1986 年版，第 871 页。
②《聂荣臻回忆录》，解放军出版社 1986 年版，第 871 页。

日，叶剑英通过杨成武转告聂荣臻，对付“四人帮”的问题已经商量好了，请聂帅放心。[①]

1976年10月6日，江青、王洪文、张春桥、姚文元被拘留。中国共产党和中国人民一举粉碎了“四人帮”反革命集团。聂荣臻在粉碎“四人帮”反革命集团的斗争中，作出了重要贡献。

至此，“文化大革命”宣告结束。

聂荣臻老骥伏枥，又迈上了新的征程。

第七十七章　谱写新时期的历史篇章

粉碎了“四人帮”反革命集团，神州大地，一扫阴霾，中国历史展开了新的篇章。尤其是中共第十一届三中全会，使中国进入了新的历史时期。在谱写历史新篇章的进程中，聂荣臻不顾年届八旬的病弱之躯，力所能及地作出了新的贡献。

中共十一届三中全会，经过邓小平等许多革命家的努力，提倡实事求是，解放思想，从根本上消除了“左”的指导思想，解除了“两个凡是”的束缚，把全党工作的着重点，从以阶级斗争为纲，转移到社会主义现代化建设上来，并且初步提出了进行经济改革和对外开放的方针。以后逐步形成了一个中心（以经济建设为中心），两个基本点（坚持社会主义道路、人民民主专政、共产党的领导、马列主义毛泽东思想的四项基本原则，坚持改革开放的基本路线）。

在谱写新时期的历史篇章中，聂荣臻着重做了三个方面的工作：主张拨乱反正，参加平反冤假错案，让大批老干部重新工作；坚持肃清“四人帮”的流毒和影响，清查帮派势力；提倡实事求是，恢复党的优良传统。

1976年10月以后，许多老同志来看望聂荣臻。问候之余，他们谈论得最多的话题，集中在“文化大革命”中遭遇的苦难而又曲折的经历。历史需要拨乱反正，这是大家共同的心声。

如何拨乱反正？聂荣臻认为当务之急是要解放大批老同志，尽快恢复他们的工作。他首先想到的是邓小平。

“文化大革命”初期，批判所谓“刘邓路线”，邓小平就以莫须有的罪名被打倒了。在1966年10月召开的中央工作会议上，军队两位领导干部写了批判邓小平的发言稿。他们分别把发言稿送请聂荣臻审查。聂荣臻看后对这两位领导干部说了意思大体相同的话：我没法表态，你们的调子太高，与事实不符。对小平同志我非常熟悉，你们对他的批判，这样上纲，我不能同意。

后来，这两位领导干部也先后被打倒。

1973年，邓小平恢复工作，在毛泽东支持下，协助周恩来主持中共中央和

---

①《聂荣臻回忆录》，解放军出版社1986年版，第872页。

国务院的日常工作，对各方面进行了大刀阔斧的整顿，深得民心，受到党内党外绝大多数人的高度赞扬。前面提到的两位领导干部在邓小平之后，也先后恢复了工作。他们来看望聂荣臻时，聂荣臻说：你们应该去向小平同志作个检讨，小平同志宽容大度，这又是“文化大革命”中的事情，他会原谅的。两位干部这样做以后，果然邓小平快人快语地对他们说：过去的事一笔勾销。

1975年冬，毛泽东对“四人帮”诬告邓小平的问题，表态说：“有两种态度，一是对文化大革命不满意。二是要算账，算文化大革命的账。”[①] 从此，掀起了所谓“批邓、反击右倾翻案风”的高潮，邓小平再次被打倒。聂荣臻对此深感不平。在邓小平处境最困难的1976年1月，聂荣臻到北京医院向周恩来的遗体告别后，特意到邓小平的住处看望。当时邓小平外出，没有见到。2月4日，他要女儿聂力代表爸爸、妈妈给邓小平的女儿邓榕打电话，问候邓小平全家春节好，特意嘱咐要邓小平保重身体。

1977年1月，邓小平因病住院，聂荣臻去看望。知道邓小平的病需要吃西瓜，聂荣臻特意买了个大西瓜送去。两人在谈完病情后，就说起了邓小平重新工作的问题。聂荣臻回来后找了叶剑英。叶剑英对请邓小平重新出来工作，与聂荣臻的想法是一致的。以后，他们与别的老同志一起，积极向当时主持中央工作的华国锋建议，请邓小平复出。在这种强烈的呼声下，华国锋在1977年3月的中央工作会议上讲话，肯定了邓小平与1976年春的“天安门事件”无关，对邓的工作问题，表示要等到召开党的正式会议时解决，做到“瓜熟蒂落，水到渠成”。1977年7月，中共十届三中全会正式作出决定，恢复邓小平中共中央委员、中央政治局委员、常委、中央副主席、中央军委副主席、中国人民解放军总参谋长的职务。邓小平为开创中国历史新时期，作出了最重要的贡献。

以后，聂荣臻又积极支持为刘少奇、彭德怀、陶铸等平反。关于为彭德怀平反的问题，早在1975年5月7日邓颖超来看望聂荣臻时，聂荣臻就提出：“彭老总已经逝世，他有很大的战功，为人刚直。一位共和国的元帅，红卫兵把他从四川押回北京时，在火车上就遭受到残酷折磨，竟被打断了几根肋骨，令人非常气愤。请你转报恩来同志，建议为彭老总平反昭雪。”同时，他还努力为彭真、薄一波、杨尚昆等一大批老同志平反做工作，要求对他们作出实事求是的正确结论，并恢复他们的工作。为刘少奇等人平反冤假错案，以及大批老同志重新出来工作，成为新的历史时期中共中央极为重要的工作。

聂荣臻非常重视从组织上、思想上肃清“四人帮”的流毒和影响。从1976年10月到1981年，他在多次写给中央的报告以及会议发言中，强调要把揭批“四人帮”罪行的斗争进行到底。

1976年10月，他在写给中共中央的信中说：揪出“四人帮”，是中国共产党、人民军队和全国人民的伟大胜利，具有伟大的现实意义和深远的历史意义，

①《中共党史大事年表》，人民出版社1981年版，第171页。

要决心把深入揭发批判“四人帮”各方面罪行的斗争进行到底，以提高人们识别是非的能力和思想觉悟。

1977年2月，他在一次听取七机部工作汇报时说：七机部的形势是好的，各方面工作已经走上轨道，但应该注意继续把揭批“四人帮”罪行的各项工作搞好。在这个基础上，进一步把有问题的中下层单位领导班子调整好。

3月，他在中央工作会议上的发言中指出：目前有些地方和单位，还在捂着揭批“四人帮”罪行的盖子，关键问题是领导。领导不得力的原因，一是心慈手软，当了“东郭先生”；二是本人过去曾跟过“四人帮”，或说过错话，或做过错事，直不起腰来。他在发言中希望党的高级干部，一定要立场坚定，把这场斗争进行到底。

1979年6月，聂荣臻在审查五届人大二次会议上《政府工作报告》的初稿时，向中共中央领导人提出建议。他说：在阶级斗争问题上，有人受旧框框束缚，思想僵化。为了彻底肃清“四人帮”在这个问题上的影响，希望在三个方面必须讲透：1. 剥削阶级作为阶级已经消灭了，但他们的影响还在，因此还有阶级斗争；2. 阶级斗争是重要矛盾，但不是主要矛盾，主要矛盾是生产力与生产关系、经济基础与上层建筑之间的矛盾；3. 今后以经济建设为中心，但要注意在经济、政治、思想战线上打击阶级敌人的破坏活动。

1981年6月，聂荣臻给邓小平、胡耀邦、陈云写信。他在信中说：“粉碎‘四人帮’以后，我们对帮派骨干、打砸抢分子并未彻底清理。”现在有那么多社会治安问题，反革命活动猖狂，一些干部在政治上不能与党中央保持一致，祸根在此。所以，“要继续狠抓对帮派残余势力的清理，并高度警惕他们的破坏；继续抓好打击社会上的坏分子，把社会治安和秩序搞好，不给帮派残余势力以可乘之机。同时继续加强四项基本原则的教育”。对帮派分子和帮派思想严重的人，切不可轻信。因为他们已经学会看风使舵的本领，会说些恭维话，对共产党是假应付真仇恨。现在下面反映，我们有些领导恰是对他们失之于过宽，群众很有些担心。“这也属于干部队伍的组成和建设的大问题，也是百年大计的问题。”

聂荣臻的这封信，引起中共中央的高度重视，曾在1981年7月召开的省、市、自治区党委书记座谈会上印发；1982年，又以“对帮派残余势力要继续清理”为题，收入中共中央文献研究室主编的《三中全会以来重要文献选编》① 下册。

邓小平在十届三中全会上，作了《完整地准确地理解毛泽东思想》② 的讲话，深刻地论述了如何才能正确理解马列主义、毛泽东思想的基本原理。聂荣臻对这次讲话留下了深刻印象。以后他又与邓小平谈论过这个问题。聂荣臻完全同意邓小平的讲话精神。所以，他在中共第十一次全国代表大会上，作了《恢复和发扬党的优良传统》的书面发言。

聂荣臻在书面发言中说：要搞好党风，“最重要的是恢复和发扬毛主席为我

---

①《三中全会以来重要文献选编》下册，人民出版社1982年版，第850页。

②《邓小平文选》(1975—1982)，人民出版社1993年版，第39页。

们党树立的实事求是、群众路线和民主集中制的优良传统和作风”。这三个问题是毛泽东思想体系中带根本性的问题，也是林彪、“四人帮”一伙在思想理论领域里破坏最严重的三个问题。

关于实事求是，他认为，这是毛泽东总结了反对“左”、右倾机会主义的长期斗争经验的结晶，并且写成《实践论》《矛盾论》，从哲学的高度，说明这是党的思想理论基础。实事求是，要求一切从实际出发，反对把马列主义、毛泽东思想当做教条。他说，毛泽东就“坚决反对把马克思列宁主义当作教条，反对把他的学说说成是‘顶峰’、‘绝对权威’”。要搞好实事求是，就要搞好调查研究，不能满足于一般号召，满足于“找几条语录作这些号召的根据”。实事求是，又要求“说老实话，办老实事，做老实人”，反对报喜不报忧。

关于群众路线，他说，这与实事求是是密切联系着的。客观事物极为丰富，矛盾复杂，只有依靠广大群众的实践和智慧，才能认识客观世界，找到解决问题的办法。所以，处理事情，“我们要提倡群言堂，反对一言堂”，不能单靠少数领导，而是要依靠集体的智慧。

关于民主集中制，他认为，只有真正做到“在广泛民主基础上的集中和高度集中指导下的民主相结合”，才能像毛泽东所要求的那样，在全国造成生动活泼的政治局面。这就要求“各级领导干部特别是主要领导干部要严于解剖自己，具有自知之明”。发扬民主，要真正做到“不抓辫子，不戴帽子，不打棍子的‘三不主义’，彻底关闭‘钢铁公司’、‘帽子公司’，还有一个专门给人穿小鞋的‘鞋子公司’”。

聂荣臻的这次书面发言共 7000 余字，引起了各方面的高度重视。经中央批准，从 9 月 5 日起，《人民日报》、《红旗》杂志等许多报刊，陆续予以刊载。这篇文章对新时期思想理论战线上的拨乱反正，产生了良好的影响。

在中共第十一次全国代表大会上，聂荣臻当选为中央委员；在十一届一中全会上，他当选为中央政治局委员；在 1978 年 3 月举行的第五届全国人民代表大会上，当选为人大常委会副委员长。

第七十八章　重新参与军委领导工作

作为共和国的元帅、无产阶级军事家、中国人民解放军的缔造者和领导人之一，聂荣臻在新的历史时期最关心的仍然是人民军队的建设。

粉碎了“四人帮”反革命集团，军队的建设也得以拨乱反正，叶剑英重新主持军委工作。1976 年 11 月 11 日，聂荣臻参加了“四人帮”覆灭后的第一次军委常委会。1977 年 8 月，中共第十一次全国代表大会结束后，25 日，中共中央通知成立中国共产党第十一届中央委员会军事委员会，聂荣臻任军委副主席。从此，他又重新积极参与军委的领导工作。

聂荣臻认为，新时期的军队建设及战略问题仍然是首要问题。因此，他反复强调，在现代战争条件下，要坚定不移地继续贯彻人民战争的战略思想和积极防御的战略方针。

1978 年，他在全国民兵工作会议上，阐述了人民战争在新的历史条件下如何运用的问题。他指出："在未来反侵略战争中，我们的主要作战对象是帝国主义。……它们不仅拥有大量的先进的常规武器，而且还拥有大量核武器。帝国主义侵略我国，将利用其装备优势，在空军、海军、空降兵配合下，使用大量坦克机械化部队，实行高速度大纵深的进攻，企图达到速战速决的目的。我们要战胜这样高度现代化装备的敌人，最根本的办法，还是要靠人民战争。""人民战争思想，是毛主席军事思想的核心，是放之四海而皆准的真理。不论武器如何发展，都改变不了人民战争的规律，改变不了'兵民是胜利之本'的根本原理，……就是我们的武器装备高度发展了，我们还是要坚持毛主席人民战争的战略思想，打人民战争。"实行野战军、地方军和民兵三结合的武装力量体制，是进行人民战争的最好方式，可以"创造出制服具有现代化装备的敌人的办法，弥补我们武器装备的不足，变敌人的长处为短处，变我军的劣势为优势。……人民战争是我们的根本优势，是我们克敌制胜的法宝，过去靠它，现在靠它，将来还是靠它"。①

1978 年，聂荣臻在全国民兵工作会议上讲话

1980 年 9 月，聂荣臻在听取总参谋长杨得志汇报全军高级干部战略问题研究班对国防战略讨论情况时，再次强调指出："我们的战略方针，总的还是毛主席说的打人民战争。人民战争在各个不同阶段的内容也是不同的。"针对会议讨论中，就积极防御的战略方针如何具体理解产生了不同意见的情况，聂荣臻说："我同意对积极防御战略方针的解释，战略上是防御的，战役战术上是进攻的。这是毛主席说的，现在还是这样。战略方针和战略方针具体化的问题，都是军队的头等大事……应该在充分调查研究的基础上，有明确统一的说法，报中央、军委审查批准后，大家都照此执行。采取措施，坚守某些战略要点是必要的，以争

①《聂荣臻军事文选》，解放军出版社 1992 年版，第 541 页。

1983 年 7 月，聂荣臻（右一）与叶剑英（左二）在玉泉山亲切握手

取时间。同时注意把民兵组织落实好，打起仗来配合正规军作战。敌人来了，他们不要往后退，而是往两边散；敌人过去了，就又集中拢来，破坏它的后勤供应线。现代战争，对后勤供应依赖更大，敌人就怕这个。只要我们顶住帝国主义的头几个攻势，以后就好办了。所以对人民战争这个重要方面，民兵游击队的重大作用，不要忽视。”

1985 年 3 月，他在审查《中国大百科全书》军事卷关于人民战争的条目释文时说：科学技术的高度发展，导弹核武器的出现，战争将在更加广阔的空间，空前紧张、残酷和激烈的条件下进行。我们打人民战争，应该发动人民利用各种手段打击敌人。仍然应该实行野战军、地方军与民兵游击队相结合的武装力量体制。民兵游击队应在陆、海战场上以新的水平发挥更大的作用。要重视以保卫战略要点和主要城市为目的的阵地防御战，同时应重视能大量歼灭敌人的运动战。应组织全国规模的对军队后勤的支援。

聂荣臻的这些重要论述，把现代条件下如何进行人民战争具体化了。也就是“着眼其特点，着眼其发展，才能在现代条件下，继续取得人民战争的胜利”的论点。

在新的历史时期，中央军委决定走精兵强国之路，加强经济建设，主要着眼于提高综合国力。聂荣臻也是这一方针的倡导人之一。

1979 年 6 月，总参谋长助理刘华清向他汇报：有人反映现在军队数量过于庞大，对改善装备很不利。聂荣臻说：现在关键是各级领导机关太庞大，战斗连队不充实，要下决心精简机关，充实连队，这样军队总人数就容易控制，可以省出钱来搞装备。

1980 年 3 月的军委常委扩大会议，在讨论军队精简整编问题期间，聂荣臻对压缩军队定额，精简机关等提出了许多重要意见。他说：我同意直属军委的炮兵、装甲兵、工程兵部队下放给野战军，这是对的。只有平时做好野战部队的合成训练，战时才能充分发挥作用。至于这几个兵种的领导机构，要先定任务定编制，再交总参谋部管。4 月，他在一份军委传阅的文件上批示：这次精简整编必须按邓副主席的设想方案，加速进行，不能再动摇拖延了。稍后，他又强调说：

聂荣臻1980年在广州南湖

现在我们是各军兵种联合作战，要有合成作战思想。这在平时就要解决，也就是陆军的炮兵、装甲兵、工程兵有些要编到步兵军或师里去。平时编在一起，练在一起，战时才能统一指挥，否则，不会指挥，也不会使用。精简整编是一个问题的两个方面。一方面是各单位任务要明确，组织要更合理，编制要精干；另一方面必须提高工作效率，改进工作方法。现在各大单位机构臃肿得这么厉害，不解决怎么行？！这次精简整编，一定要按照小平同志在军委常委扩大会议上的讲话精神办，高级领导机关要尽量消肿。各单位在定编之后，要立即将编余人员列为编外，然后再逐步处理，就是要快，不能拖拖拉拉。

1985年5月，中央军委主席邓小平在军委扩大会议上宣布，中国政府决定，中国人民解放军裁军百万。这是又一次精简整编军队的重大措施。

在这之前的酝酿过程中，聂荣臻提出了许多重要意见。他认为在20世纪80年代或更长一点的时间内，针对中国的大仗、中仗都打不起来，因此应该抓紧时机，大量裁减军队，并物色优秀的年轻干部，接好各级领导的班。他还提出：军队的三总部领导体制以不变为好，只提精简人数的要求，三总部下属机构能否撤销或合并，应认真研究后决定。武器装备从研制、生产、装备部队到淘汰，还是应该由有关部门分工负责，这项工作太复杂，成立一个大一统的组织难以管好。陆军在三军中应占最大比重，军队打仗历来靠陆军，今后仍然如此。战时战略区内的三军必须统一指挥，为此，平时在组织上，海军舰队和空军作战部队，应由海、空军领导机关和所在的大军区实施双重领导。后勤供应的通用物资应该实行三军统一供应。合成军队的规模小些好，灵活机动，究竟多大规模，应该论证确定。他还第一个提出了成立国防大学的意见。他说：随着军队的精简，高级干部相应减少，应该把培养高级干部的院校集中起来，成立国防大学。

他的这些意见，在讨论过程中受到与会者的普遍重视，军委其他领导人也都给予了充分肯定。

在新时期，武器装备要逐步现代化，缩小与世界先进水平的差距，是军队建设的又一个重大课题。聂荣臻过去长期主管这方面的工作，所以给予了更大的关注。他的基本思想是继续强调自力更生，加强科学研究，严格要求，加强协作，齐装配套，重视论证工作，减少盲目性。

1977 年 2 月，他在研究国防科研任务的军委常委会议上说：搞卫星、导弹等尖端项目，仍要贯彻集中统一、大协作的精神。研制工作要坚持高质量，严要求，决不能放松。现在了解，我们许多尖端项目上不去，主要是在工艺和原材料问题上过不了关。对此一定要抓紧。在坚持质量的前提下，步子要加快些。在试验某个型号时，对下一代的型号就要着手研究。新型号不能等老型号定型后再搞，因为研制一种武器特别是尖端武器的周期是很长的。

1979 年 3 月，他在邀请当时主管武器装备的总参谋长助理刘华清谈话时说：买外国武器，一定要注意买专利。引进的目的，主要还是通过仿制研究，为今后自力更生设计制造中国自己的武器装备服务。海军的某些装备，要注意配套，不能只顾舰艇，忽视与之配套的鱼雷、导弹等的研制。“文化大革命”中研究单位所受的损失很大，可至今还有某些领导不重视抓武器装备的科研工作，这是应该力求纠正的。同年 6 月，他与刘华清再次谈话时重申：中国这么大，武器装备一定要立足于自己研究生产，靠外国是靠不住的，我们不能受制于人。四个月以后，他在听取当时的国防工业办公室主任洪学智等汇报时指出：武器装备依靠进口搞现代化是妄想。我们不能靠进口买个国防现代化。还是要立足于自力更生为主，当然不排除引进个别关键技术，至于整套引进，那是做梦。我们没有那么多外汇，外国人也不会把先进技术全部卖给我们。今后应该定个方针，凡是国内有的，不能向国外买。

同年 9 月，他在一份中央关于军队工作的传阅件上批注：“武器装备的战术技术论证工作很重要，现在我们从总参到各军兵种都没有论证机构。这是个大问题。建议通盘考虑解决为好。”这个意见引起了各方重视，以后军队各大单位的武器装备论证机构逐步建立或恢复，减少了发展武器装备方面的盲目性。

1983 年 1 月，在听取张爱萍汇报武器装备方面的情况时，聂荣臻强调说：整个装备搞进口主义是思想上的懒汉，不考虑后果怎么样！过去“两弹”靠自力更生，还不是都搞出来了。中国人并不蠢。现在条件比过去好多了，只要坚持自力更生，大力协同，先进的武器装备是一定能搞出来的。飞机用的雷达、电子装备、火控系统，这些配套设备很重要，否则你的飞机就起不了作用。这些设备也很复杂，在国外往往是几个国家协作搞，我们国内更要组织大协作，才能搞好。军事工业中文明生产很重要，外国人一参观我们的工厂或科研单位，首先提出来的就是这个问题。我们打仗历来靠陆军，今后仍然如此，海、空军是配合协同陆军打仗的，这是条原则。因此，在武器装备的研制顺序上，首先要搞好陆军装备，其次才是空军和海军的装备。

1988 年 2 月，李鹏代总理来看望他时，已经退居三线的聂荣臻，仍然关切地说：核武器我们要有，但不要多，要少而精，地对地导弹也一样。没有这些，我们说话就不算数，没人听。我们执行的是积极防御的战略方针，着重发展防御性武器装备。但没有导弹核武器，就不能打破帝国主义国家的核讹诈。所以过去我就说过，我们必须建立必要的还击手段，否则就谈不上有现代国防。搞“两弹”，关键是要把队伍组织好。跟打仗一样，队伍不组织起来，怎么打啊！

聂荣臻还以炽热的感情，关心着尖端武器试验的成功与失败，关心着国防科技事业的建设和发展。

1980年5月18日，中国向南太平洋发射了洲际导弹。81岁高龄的聂荣臻已经没有精力像过去每次重大试验时那样亲临第一线了，他就到国防科委指挥所观看发射实况。当发射取得圆满成功时，他高兴而又激动地说：一弹震全球，感谢同志们！随后又信手命笔，题写了以下贺词：“热烈祝贺参与发射运载火箭的全体同志取得圆满成功。这是自力更生，艰苦奋斗，同心同德，大力协同的伟大胜利！”

1980年5月18日，聂荣臻（前中）与邓小平（前左）观看中国洲际导弹全程飞行试验

1982年10月7日，中国首次潜艇水下发射潜地导弹试验失败。他得知情况后，不是批评和埋怨，而是嘱咐秘书向在现场指挥的领导人打电话：既是试验，就有成功与失败两种可能，要像我国女排争冠军那样，胜不骄，败不馁！大家不要泄气，更不要埋怨，重要的是总结经验，更好地进行技术检验，找出问题所在，以利再战，我们一定会获得成功的！在试验现场的领导和科技人员，闻之无不感动，深受鼓舞。大家说：还是聂帅懂得科技工作和理解科技人员，这种时候鼓励比责备更重要。果然在大家努力下，5天以后，第二次潜艇水下发射潜地导弹试验，获得成功。

1991年11月，《当代中国》丛书之一的《当代中国的国防科技事业》即将付梓，应国防科工委的请求，聂荣臻欣然为之作序。他在序言中说：30多年来，在党和政府领导下，中国的国防科技事业得到了前所未有的发展，成就举世瞩目。中国人民依靠自己的力量，“在旧中国十分落后的经济、技术基础上，建成了一个比较完整配套的国防科技体系，培养了一支高素质的国防科技队伍，完成了突破尖端的历史任务，掌握了有效的核自卫能力，发展了新型常规武器装备，并在航天等一些高科技领域取得了突破性进展，跻身于世界先进行列，从而大振了国威、军威，提高了我国的国际威望和地位。这是社会主义优越性的生动体现”。

接着，他在序言中总结了中国国防科技事业取得上述成就的五条主要经验：（1）“统一领导，处理好经济建设与国防建设、科技现代化与工业、农业、国防现代化的关系，是国防科技事业持续、稳定、协调发展的根本保证。动员全国各有关方面的力量，大力协同，联合攻关，使我们迅速地突破和掌握了原子弹、氢弹、导弹和人造卫星等尖端技术，并为以后的发展打下了物质、技术基础。”（2）“坚持以自力更生为主，努力提高自行研制能力，是发展国防科技事业的基本方针。”（3）“坚持改革开放，实行军民结合，是和平时期国防科技工业发展的必然趋势，也是增强自我发展能力，提高整体效益的正确途径。”（4）“坚持两个文明一起抓，在理论和实践的结合中，培养和造就一支思想作风过硬、能攻善战的国防科技队伍，是国防科技事业获得成功的重要基础。”（5）“坚持尊重客观规律，加强科学管理，是加速国防科技发展的重要条件。”

从 1979 年 7 月起，遵照中央军委决定，聂荣臻主持研究各总部、军兵种、大军区领导班子的调整配备问题。他多次听取总政主管干部工作的副主任及总政干部部负责人的汇报，找有关干部谈话，征求意见，并向邓小平、叶剑英、徐向前等及时汇报请示，终于认真贯彻了关于干部革命化、年轻化、知识化、专业化、任人唯贤等项原则，经过 5 个多月的努力，顺利地完成了任务。

聂荣臻对军队的训练、政治工作、后勤工作，也有许多重要的指示或建议。

1978 年 10 月，他在审查军事科学院院长宋时轮写的《从投手榴弹问题看当前部队的教育训练》的文章后，写信给宋时轮，除了同意训练中不能要求战士投手榴弹越远越好，考核评比不能搞形式主义等意见外，强调指出：部队今后要特别重视打坦克装甲车、打飞机、打空降兵和防原子、防化学、防生物武器的“三打三防”训练，不能过多地强调投弹、刺杀、步枪射击、“练铁脚板”等传统训练方法。这不仅是技术问题，也是战术问题。他多次提到第二次世界大战时，苏军对德军、日军对美军作战的教训。当时德军、美军拥有冲锋枪、自动步枪等；而苏军、日军开始只有传统的步枪，根本没有拼刺刀的机会，吃了大亏。因此，他的结论是，人民解放军一定要结合实战需要，从难从严，科学地进行训练。

1980 年 4 月，他在听取总政治部领导人关于全军各大单位政治部主任会议的情况汇报时提出：军队政治工作抓党的建设“抓得对，抓得好。首先把党整顿好，先解决‘头’的问题，躯干和四肢就好办了。红军时期起就是这样做的。那时战争频繁，对党员的教育抓得很紧，党员受到教育就在行动上表现出来，发挥出自己的先锋模范作用，战斗力就强了”。他还要求军队一定要加强思想教育，让无产阶级思想牢牢占领阵地。特别提到了军队高级干部要加强对子女的教育，

聂荣臻抓传统教育抓得很紧。图为他与外孙女聂菲谈学习和学校的情况

许多坏的电影、录像不能让子女看。对这个问题，聂荣臻一直很重视，直到1987年4月，在写给总政治部主任余秋里的信中，还提出，希望高级干部对子女要严加管教，“因为在现实生活中，确有少数干部子弟依仗权势为非作歹，或靠父母之荫升官发财。这些极易引人义愤……群众对这类子弟的义愤是对的。我们一定要秉公处理：提拔不当的，该降就降，该罢就罢；为非作歹的，该关就关，该杀就杀。决不留情”。一位老共产党员、革命家的铮铮铁骨，由此可见！

1982年11月，聂荣臻在听取洪学智汇报军队后勤工作时指出：“现代战争对后勤提出了越来越高的要求。没有坚强的后勤保障，要想取得战争胜利是不可能的。希望后勤战线的全体同志更加奋发起来，搞好精简整编和后勤自身的现代化建设，为国防现代化作出更大的贡献。”

聂荣臻高瞻远瞩，善于把新时期的特点和历史上的优良传统结合起来，这一系列的深刻论述和实践，为人民解放军的革命化、现代化建设作出了新的宝贵贡献。

第七十九章　继续为尊重知识、尊重科学、尊重知识分子呐喊

把后半生献给了科技事业的聂荣臻，在新的历史时期，仍以巨大的热情关怀着科技工作和知识分子。他一有机会就大声疾呼，要造成全社会尊重知识、尊重科学、尊重知识分子的新风尚，以达到科技兴国的目的。

粉碎了“四人帮”，全国各行各业百废待兴，尤其是作为“重灾区”的科技界，更是问题成堆。其中最大的问题是各科研单位之间矛盾重重，各自为政，很难集中力量，多出成果、多出人才。有感于此，1979年9月25日，聂荣臻向邓小平汇报了这方面存在的突出问题。此后，他受中共中央委托，筹备成立科学协调委员会。10月8日，中央发出关于成立中央科学研究协调委员会的通知，聂荣臻任这个委员会的书记。12月6日，他在写给邓小平的信中说：我们现在分散主义严重，有些单位单干惯了，总想自成体系，万事不求人，搞小而全，大而全，重复、浪费很大，把力量分散了，结果谁也干不成。如最近有人向《光明日报》写信，说中国为什么在激光雷达方面，研究了13年还出不了成果，原因就

是上面婆婆多，下面分散干，谁也不能解决问题。有些科研部门的领导人反映，一上班首先考虑的是如何应付扯皮的问题。这些是生产力落后的反映。“将来我们生产力发展了，更要集中统一，分工协作，充分发挥生产潜力，绝不允许搞小而全、大而全。”“目前几家矛盾，我折中其间，尽量想法协调”，“当然文化大革命乱了十几年，现在要马上统起来，是有困难的，但这是个方向，总应该向这个方向努力。”信后附了关于卫星、原子能、计算机、计量工作等方面的协调意见。两天后，邓小平批示：“我完全赞成你的意见，会有麻烦，不能顾虑太多，一经决定，坚决贯彻执行，一切请你下决心。”此后，聂荣臻多次召集国家科委、国防科委、国防工办、中国科学院等单位的领导开会，做了大量“折中其间”的协调工作，取得了一定成效。1981年12月10日，他根据中共中央关于党政要分开的原则，认为协调工作由国务院进行更为有利，因此，建议取消中央科学协调委员会。中央于12月19日予以批准。

为解决科学研究协调问题，著名科学家周培源、严济慈、钱三强等，在当时写给聂荣臻的信中，就有这样一段话：“自建国以来，我国已经逐步形成了中国科学院、产业部门、国防工业系统和国防科委系统、高等学校和地方科技力量等几支专业科技队伍，并大致上分别以基础科学和新技术的探索性研究实验为主，或以解决国民经济和国防建设中重大科技问题的应用研究为主。我国‘两弹’问世和卫星上天的重大成就，就是基础和新技术研究同重大国防尖端项目研制相结合，军用科研同民用科研相结合的结果，是在中央和国务院统一领导下，以国防科委、二机部、七机部为主，中国科学院以及全国有关方面分工合作，经过共同努力而取得的。实践证明，上述几支队伍，在国家的统一规划下，分工合作，各有侧重，协调一致，就能更好地发展我国的科学技术事业，解决国家现代化建设中的重大科学技术问题。”

历史已经证明，将来还会证明，聂荣臻关于集中力量、大力协同、突破科学技术难关的思想是可贵的。

1981年4月，聂荣臻在看了国务院科技干部局《关于充分发挥中青年科技干部作用的报告》后，写信给该局，认为报告写得很好。他在信中说：建国以后培养的中年科技干部已经成为科技战线的主力，“四化”建设的骨干。他们已是50岁左右的人了，“要积极创造条件，充分发挥他们的作用，此其时也！否则老之将至，悔之晚矣！”信中同时提出，对科技干部的职务晋升，不要“片面强调有何著作，发表过什么论文”。“据说在此风影响下，有的医生不愿看门诊管病房，有的教师不愿上课教书，有的科技人员不愿动脑子解决生产中的实际问题，而却埋头写论文。”“我认为晋升的条件还是强调德才兼备的原则。首先要看他对本职工作完成得如何。服从分配，安心在第一线做实际工作，也是一条重要的标准。一个工人在实际锻炼中，达到工程师的技术水平，就是没写论文，也应提为工程师。”聂荣臻的这封信，对知识分子的爱护和严格要求，兼而有之，受到各方普遍重视。

聂荣臻与《光明日报》记者谈知识分子问题

1982年8月，在避暑胜地北戴河，《光明日报》记者由北京专程赶来，请聂荣臻谈谈知识分子问题，尽管当时他健康状况较差，仍欣然同意。整个谈话过程，他兴致很高，侃侃而谈。当记者说明来意后，他开头就说：重视知识分子，发挥知识分子的作用，是人民利益的根本所在，是我国实现四个现代化的关键措施，忽视知识分子的作用，是与马克思主义不相容的。这是我们党长期以来的观点。

当记者问，对中国知识分子队伍应该如何评价时？他说：中国的知识分子队伍好得很！在革命战争年代，他们就发挥了很大作用；和平建设时期，又作出了很大贡献。实践证明，没有知识分子参加，不重视知识分子和很好地发挥他们的作用，四个现代化无法实现，国家的落后面貌无法改变，人民生活水平也难以提高。

当记者问，如何才能充分发挥知识分子的作用？他说：首先是要使知识分子学以致用，专业对口。专业不对口，学非所用，是对人才的一种很大浪费。其次，科技工作中的后勤工作要跟上。如果一个科技人员搞研究工作，还要自己跑仪器跑材料，这怎么行！50年代我就讲过，我就是个大勤务员，自愿为科技人员和他们的工作服务。当我看到科技人员安心地集中精力从事科技工作时，我的心也安逸了。我希望科技战线上做后勤工作的同志，一定要改进工作，保障科技工作的顺利进行。还要改善知识分子特别是中年知识分子的生活待遇。他们在生活上困难很多，如任务重、工资低、住房少、家务多。这些问题必须逐步解决，尽管我们国家有困难，但是再困难也要解决。有些人在“左”的错误思想影响下，在提高知识分子生活待遇问题上，老用平均主义的观点去衡量。只要我们讲清了道理，广大干部和群众是能够理解和正确对待的。

当记者说：知识分子对聂荣臻经常关心他们很受感动，尤其是那些老专家。聂荣臻说：绝大多数老专家对中国的科技事业作出了宝贵贡献，我也是很感谢他们，想念他们的。对老专家，如果不是本人因为身体不好，主动提出退休的，我建议一般不要让他们退休。从某种意义上说，人老智多，医生就越老越有经验嘛！

当记者问，对知识分子有什么希望时，聂荣臻深情地说：希望他们把知识贡献给祖国的“四化”事业。我们国家是有人才的，只要把队伍组织好，调动了积极性，外国人能做出来的，我们也能做出来。要学习外国的先进经验，又不要妄自菲薄，崇洋媚外。

这次谈话，《光明日报》在 1982 年 9 月 1 日，用头版头条全文刊登。

两个月以后，11 月 25 日，聂荣臻又应《红旗》杂志总编辑熊复之请，在家里与他畅谈了科技工作问题。

谈话一开始，聂荣臻就以恳切的口吻说：党的十二大以后，我国科学家和科技战线上的广大科技人员、干部，积极性很高，希望中国的科技工作快点上去。这种心情是可以理解的。我虽然很久没有管科技方面的事了，但对科技工作仍然是关心、支持的，全力支持的。大家很着急，我也很着急。最近，小平同志在一次谈话中，就把组织科技队伍攻关，当做落实到 2000 年发展规划的第一位任务提了出来。问题很清楚，搞四个现代化，振兴经济，进行物质文明和精神文明建设，实现经济翻两番的宏伟目标，都要依靠科学技术的进步。

随后，他结合过去主管科技工作的体会说：我认为搞好科技工作，第一要自力更生。我们讲自力更生，并不是闭关自守。我们要积极地从国外引进新技术、新设备，购买专利。一切对我们有用的东西都要学，拿过来为我们的现代化服务。不过要懂得，我们是不能用钱从国外买来一个现代化的。外国人公开讲，只能卖给你次先进的东西，最先进的东西是不能卖的。第二要制定恰当的科学技术发展规划，有了规划，就有了前进的方向，有了攻关的目标。第三要组织好队伍，依靠队伍去实现规划。第四要加强集中统一领导。说到这里，聂荣臻强调

聂荣臻（右）与《红旗》杂志社总编辑熊复谈科技工作问题

聂荣臻（右）与著名科学家钱学森（中）、朱光亚亲切交谈

说：现代科学技术，同 18、19 世纪有很大的不同，那时的科学研究往往是由个人独立完成的。今天要进行重大的基础理论、重大工程和重大科研项目、重要设备的研究和制造，靠个人或单位甚至是行业和地区的力量都不够了，需要国家的力量才行。过去我们研制导弹、原子弹，需要 1.3 万多种新材料，都是国内从来没有生产过的。结果在集中统一领导下，大力协同，在短期内陆续试制成功。为了国家的需要，我们把各方面的力量都组织起来，有矛盾就协调，这样，就使有限的人力、物力和财力发挥了最大的效益。

接着，他又把话题转到了落实知识分子政策上。他说：四个现代化的关键是科学技术的现代化。要实现科学技术现代化，就要依靠掌握现代科学技术的知识分子。没有知识分子就不可能有四个现代化，没有知识分子要实现翻两番的宏伟目标也是不行的。但是有的人还是想不通，甚至认为党在知识分子政策上落实得“过头”了。这种现象是极其有害的，要用战略眼光来看待这个问题。轻视知识、轻视科学、歧视知识分子的偏见，本来是愚昧落后的表现。翻翻历史，给知识分子“脱帽加冕”这件事，我们早在 1962 年广州会议上就做了，肯定知识分子是社会主义劳动者，是工人阶级的组成部分。但“文化大革命”一来，又给知识分子扣上“资产阶级”“反动学术权威”“臭老九”之类的帽子，使他们受到很大的打击和摧残，翻不了身，使我国的科技事业以致整个社会主义事业受到了摧残，这是个深刻的教训。什么时候我们重视知识分子，对知识分子有个正确的政策，我们的事业就前进就发展。什么时候歧视知识分子，对知识分子采取错误的政策，我们的事业就受到挫折。“打倒‘四人帮’以后，特别是三中全会以来，党在拨乱反正中，重新确认从总体上来讲，知识分子是我国工人阶级的组成部分。这样，全国知识分子才有了翻身之日，都很高兴，心情舒畅，在各条战线上积极工作，作出了很大的贡献。”

最后，他十分关切地说：现在 40 岁到 50 岁的中年知识分子，他们工作任务重、贡献大，但工资低、困难多，各级领导都要注意，对他们的学衔、职称问题要很好地解决，生活待遇问题，也要采取措施逐步解决。总之，改善中年知识分子的工作条件和生活条件，已是一个十分紧迫的问题。“在整个社会，要树立起尊重知识、尊重科学、尊重知识分子的新道德、新风尚，充分信任他们和爱护他们，充分发挥他们的聪明才智，使他们能够施展远大的抱负。”这些话发自他心底。聂荣臻确实是中国知识分子的良师益友。

这次谈话，全文刊登在 1982 年第 24 期《红旗》杂志上。

1984 年 6 月，《光明日报》为庆祝创刊 35 周年，希望聂荣臻讲几句话。他除了祝贺《光明日报》在宣传工作中作出了重大贡献而外，仍然强调要该报宣传落实好党的知识分子政策。他说：这方面虽然取得了很大成绩，但还有许多问题需要解决。“我曾在《光明日报》上发表了关于知识分子的谈话，也在《红旗》杂志上发表了文章，努力开创我国科技工作的新局面。绝大多数人对此拥护，也有少数人‘左’的思想没有清除，至今还不大赞成。但不管怎样，落实党的知识分子政策工作必须继续抓，而且要做好，这是个老问题，也是个新问题，不解决这个问题，革命不能胜利，‘四化’也不能实现。”

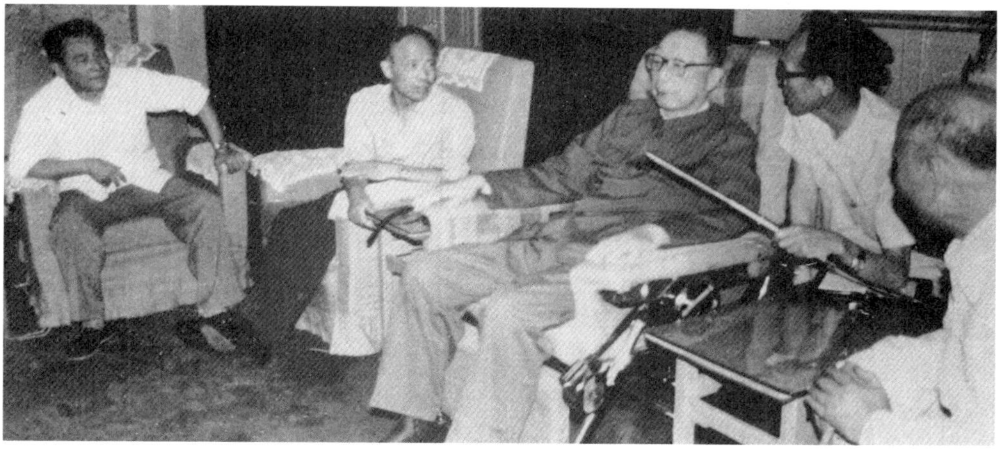

1984 年 5 月，聂荣臻与光明日报社社长杜导正等再谈知识分子政策问题

聂荣臻对科技工作和知识分子一往情深。1991 年中国共产党建党 70 周年前夕，已是 92 岁高龄的聂荣臻，乘精神稍好时，于 6 月 10 日接受了新华社记者郭殿成的采访，倾诉了自己对“科技兴国”的夙愿。

他对记者说：为了纪念建党的 70 周年，最近《人民日报》《文汇报》《光明日报》等新闻单位，都要我谈谈科技兴国的问题。我老了，精力不支，不能一一都谈，正好你们也要来采访，就随便谈谈吧。

谈话从“革命的目的是解放生产力”开始。聂荣臻说：对这样一条马克思主义的基本原理，在“文化大革命”中，林彪、“四人帮”一伙曾掀起一场无知的批判，一度造成极大的混乱。其实，这个问题是早已明确了的，党内一再强调生产力的发展必须依靠科学技术水平的提高，依靠劳动者掌握现代科学技术。他说：近几年，小平同志进一步鲜明地提出："马克思讲过科学技术是生产力，这是非常正确的，现在看来这样说可能不够，恐怕是第一生产力。"[①] 他还说：前不久，江泽民同志在科学技术协会第四次全国代表会议上的讲话中也讲到"坚持科学技术是第一生产力，把经济建设真正转移到依靠科技进步和提高劳动者素质的轨道上来，是一场广泛而深刻的变革……是十一届三中全会决定的工作重点转移的进一步深化"。[②] 这些话，表达了全党和全国人民的心愿。

当谈到科学技术落后就会被动挨打时，聂荣臻说：一部中国近代史充分说明了这个问题。抗美援朝战争，因为技术装备落后，使我们吃了许多亏。江泽民同志说过，现在"国际间的竞争，说到底是综合国力的竞争，关键是科学技术的竞争。在科学技术上落后，就会被动挨打"。这话很对，当年我们研制导弹、原子弹，陈毅同志就多次对我说过，"没有'两弹'，我这个外交部长的腰杆子就不硬"。最近，我国驻联合国日内瓦办事处大使侯志通同志来看我时，又重复了"两弹"对提高我国国际地位的重要作用。

在讲到科技兴国必须贯彻自力更生方针时，聂荣臻说：这个方针是50年代时被逼出来的，当然，讲自力更生，并不是闭关自守，我们要积极从国外引进先进技术和设备，拿来为我所用。过去是这样，现在搞改革开放，可以引进更多先进的科学技术，这是毫无疑问的。不过，那些最先进的东西，人家是绝不会给我们的，较先进的东西，我们也无力都买。记者插话说："有人觉得自己搞进展太慢，不如花钱买来得快些。"聂荣臻说：有些是慢，但靠得住，而且从长远看，还是要比单纯依赖进口要快得多。我想，自力更生、艰苦奋斗、科学求是、大力协同、无私奉献，这些基本原则是不会变，也是不应该变的。钱学森讲过，我们国家的科学技术，当前存在的主要问题是，多头、分散，不能在中央决策之后，全国统一意志去实施。我们的科技力量不小，问题是要有一个坚强的领导，用现代化方法进行组织，使这支巨大力量发挥作用。他认为我们当年组织"两弹"攻关的经验是成功的，符合系统工程的科学方法。前几年，由于资产阶级自由化思潮泛滥，崇洋媚外，使一些人受到很大影响，产生了民族自卑感。这种状况不符合中国英才辈出、群星灿烂的客观事实，对自力更生实现科技兴国的宏伟目标极为不利。

在讲到尊重知识、尊重人才问题时，聂荣臻说：是否尊重知识、尊重科学、尊重人才，是衡量社会文明、社会进步的标志。轻视知识、轻视科学、歧视知识分子，是愚昧落后的表现。作为旧社会的这种遗产，在中国社会上有很深影响，林彪、"四人帮"把这种错误发展到了顶峰。现在，党的知识分子政策是正确的，关键是各级领导和有关部门必须认真地贯彻落实。还要努力在工人、农民同知识分子之间建立起相互信任、相互尊重、相互支持、相互学习的团结友爱关系。这

---

①《邓小平文选》第3卷，人民出版社1993年版，第275页。

② 江泽民1991年5月23日在中国科学技术协会第四次全国代表会议上的讲话。

1989年7月8日，江泽民总书记（左）到玉泉山看望聂荣臻，仔细地听取他的意见

是社会主义精神文明建设的一项重要任务，是人民利益的根本所在，是国家的希望所在，也是实现社会主义现代化建设第二步战略目标的关键所在。

这是聂荣臻最后一次比较系统地论述科学技术和知识分子的谈话记录。记者把它整理成约4000字的报道稿，新华社于1991年6月13日全文播发，14日《人民日报》《光明日报》《文汇报》《科技日报》等许多报纸予以转载。

聂荣臻逝世后，自发到家里来吊唁的人络绎不绝，除了军人以外，知识分子的人数最多，他们都为痛失这样一位理解和关心他们的知心人而哀恸，情景感人至深！

第八十章　革命传统不能丢

进入新的历史时期，聂荣臻一方面看到，改革开放，使中国的经济建设蒸蒸日上，倍受鼓舞；同时，也看到在新形势下确实有些人迷失了正确的政治方向，搞拜金主义，进行犯罪和封建迷信活动等。这使他深感忧虑。于是，作为一名老共产党员、无产阶级革命家，一有机会，聂荣臻就大声疾呼，革命传统不能丢！

为此，他开始撰写革命回忆录，接见各方面的英雄模范人物，讲述中国共产党的光荣革命历史，为许多有宣传教育意义的人和事题词，为许多好的作品作序，等等，只要对恢复和发扬革命传统有利，他都不遗余力。

1980年春天，作家魏巍遵照中共北京军区党委指示去看望聂荣臻，说明军委已经决定，由北京军区组织力量，为聂荣臻元帅写传。聂荣臻当时没有表态，两三个月后才对秘书说：我反复考虑，为我写传而要我谈情况，这不好谈。我想还是写回忆录好，以我的亲身经历，从总结历史经验教训的角度，把它写下来，以为后人借鉴。这比较有意义，也容易说。随后他指示秘书作了分工，要周均伦秘书专门为他做准备工作。他说："你在这里工作时间最长，我过去向你谈过许多历史情况，你做这件事合适。"这年夏天，他把魏巍等写作组的成员请到北戴河海滨。每天谈一次，并明确交代，就是写回忆录。回到北京以后继续谈，把他一生的经历详细地说了一遍。以后进入审查写作提纲阶段。1981年11月，聂荣臻因病住院，病情日趋危重。经医生精心治疗了四个多月，聂荣臻终于转危为安。出院后不久，他又以顽强的毅力和急切的心情，重新审查回忆录写作提纲。总计与写作组谈话 94 次。到 1982 年 11 月，回忆录初稿写成了，共 50 万字。他对初稿从头到尾审查了三遍，边审查边修改，并广泛征求当事人的意见。1983 年 5 月，《聂荣臻回忆录》由解放军出版社出了第一版，1986 年 3 月出了第二版，在国内发行。1988 年译成英文版，1991 年香港出了繁体字竖排版，在全世界发行。《聂荣臻回忆录》受到社会各界的好评，1986、1991 年曾先后获得全国优秀畅销书特等奖和“东方杯”纪实文学奖。

聂荣臻以严肃、认真、求实的态度，历时三年，完成了自传体回忆录的撰写任务。他在自序中说：“列宁说，忘记过去就意味着背叛。我以垂暮之年孜孜于此者，无非是怀着同样的心情寄热望于年轻同志，为他们学习党史军史提供一点参考材料而已”。“我写这些，目的在于总结历史经验，并不是说自己有多么高明。相反，自己在几十年的工作中，虽然自认为尚属勤勉，但仍不免有缺点错误。”

一位老革命家对弘扬革命传统和对后人的期望，以及他的高尚情操和坦荡胸怀，都体现在这段话里，也贯穿于回忆录的始终。

1983 年 6 月，当年“狼牙山五壮士”之一的葛振林路过北京，16 日，聂荣臻应约会见了他。聂荣臻亲切地对葛振林说：“狼牙山五壮士”的事迹名扬天下，战争年代的许多事忘记了，但这件事始终没有忘记，也不应该忘记。五壮士所表现出来的革命英雄主义精神，感人至深，是中华民族的骄傲，值得后人世世代代仿效学习。他听说葛振林是到张家口去参加一个纪念活动的，非常高兴地说：这样做很好，狼牙山五壮士就剩下你一个了，发扬“狼牙山五壮士”的革命精神，你最有发言权。老同志退下来了，要注意保重身体，努力搞好“传帮带”工作，向青年人讲过去的艰苦岁月，讲革命先烈的动人故事，讲新中国的来之不易，讲光荣的革命传统，这就叫作发挥余热嘛！

1983 年 6 月，聂荣臻亲切会见“狼牙山五壮士”之一的葛振林。右起：第四人为杨成武、第五人为史进前

1989年8月13日，秘书向聂荣臻报告：中共平山县委发来唁电，“子弟兵的母亲”戎冠秀不幸于昨天上午病逝。聂荣臻当时坐在轮椅上，闻之一惊，痛心地使劲拍了一下轮椅的扶手，这是他激动时的一个习惯动作。两三分钟后，他声音低哑地对秘书说，立即起草一份给河北省委、平山县委的电报，接着口述了电文的大体意思。

聂荣臻的电文说：“惊悉著名‘子弟兵的母亲’戎冠秀同志不幸病逝，深为悲痛。战争年代，戎冠秀同志的英雄业绩，鼓舞了晋察冀边区的千千万万的人民和人民子弟兵。我也深为她的精神所感动。正是这种军民鱼水感情，使我们赢得了革命战争的胜利。我们应该继续发扬她的革命精神，继承她的遗志，为保卫和建设社会主义的新中国而努力奋斗！请向戎冠秀同志的家属转达我的哀悼之情，并致亲切慰问。在向戎冠秀同志遗体告别时，请代送花圈，以寄托我的哀思！”

当天晚饭后，秘书陪同散步时，聂荣臻关切地问，哀悼戎冠秀的电报发了没有？秘书回答，已经发了。聂荣臻说：那好。抗日战争中，戎冠秀爱护和抢救子弟兵伤病员的事迹十分感人，我时有所闻，当时我就说，她是人民子弟兵的母亲。后来我到了延安，1944年晋察冀边区召开群英大会，留在根据地的同志报来了英模事迹材料，其中就有戎冠秀的事迹。我完全同意并正式批准授予她“北岳区拥军模范——子弟兵的母亲”的光荣称号。两年前，她给我送来了一双战争年代穿的布鞋，还附了一封热情洋溢的来信，礼轻情意重啊！我要你们回了信，还记得吗？秘书回答，记得。聂荣臻说：戎冠秀的精神非常宝贵，要大力发扬，这就是光荣的革命传统。我们的军队，只要真正能得到像戎冠秀那样的人民群众的支持，就会无往而不胜。

秘书深受教育，第二天就把有关的情况向新华社记者作了反映。记者写了《元帅和“子弟兵的母亲”》的通讯，全文刊登在1989年8月25日的《人民日报》上，向全国人民叙述了一个军爱民、民拥军的动人故事。

1991年2月，著名拥军模范庄印芳，代表徐州老区人民来看望聂荣臻。聂荣臻对她说：“你在江苏，还不忘正在病中的一个老兵，我很感激你。我们过去有个戎冠秀，我用我的名义发布命令，称她为人民子弟兵的母亲。所谓母亲，对自己的子女是最关怀的。所以，我也称你为人民子弟兵的母亲，你愿意吗？”庄印芳回答说：“愿意，这是最光荣的称号。”聂荣臻说：“只有这样，才能代表人民的意见，因为母亲最关怀自己的子女”。“戎冠秀同志两年前已经逝世了，我很怀念她。”

聂荣臻非常重视对青年人进行革命传统教育。他多次会见全军优秀班长代表、先进工作者代表、英雄模范代表、通信兵女战士的代表、野战部队和警卫部队的青年代表，会见出席共青团全国代表大会的代表等，向他们讲述革命传统，要求他们树立全心全意为人民服务的世界观，做有共产主义理想、有道德、有文化、守纪律的革命青年，在各自的岗位上作出尽量大的贡献。

他对全军英雄模范代表说：“你们是全军的精英，是人民解放军的光荣和骄傲。希望你们谦虚谨慎，戒骄戒躁，团结群众，努力奋斗，继续发扬我党我军的优良传统”，为建设现代化、正规化革命军队作出更大的贡献！对通信兵女战士说：你们“要发扬我军的光荣革命传统，好好学习现代化科学技术，搞好军队的通信建设”。

他对共青团的代表和做青年工作的干部说：“中国青年有光荣的革命历史，现在这一代青年正处在承前启后、继往开来，开始向四个现代化目标进行新长征的时刻。希望继承并发扬党和青年团的光荣传统，努力学习，积极工作，团结一致，艰苦奋斗，做最有希望的无产阶级革命事业接班人。”他在新中国成立40周年前夕，又对青年人讲了一段充满激情的话：共和国走过了40年壮丽征程，“在纪念她生日的庄严时刻，我想到我们这代人走过的不平凡的道路，我想到为新中国的诞生浴血奋战、英勇献身的战友与同志，我的心情真是难以平静。共和国来之不易，我们活着的和后来的人应当何等地珍惜她啊！……摆在我们面前的重要任务，就是要教育青年一代牢记四项基本原则，反对资产阶级自由化，这是我们立国治国之本，传家之宝。青年是革命事业的接班人……我们的工作要着眼于青年，着眼于未来，要引导青年振奋革命精神，继承和发扬艰苦奋斗的光荣传统”。“我寄希望于青年们，用革命先烈的鲜血和生命染红的共和国的旗帜，会在你们手中高高飘扬，世代相传！”

残疾女青年张海迪的顽强拼搏精神，深深感染着元帅，他为之题词：要像张海迪同志那样顽强地学习、工作和生活！

接连获得“五连冠”的中国女排姑娘们来看望聂荣臻时，他高兴极了，忘了自己已是80多岁高龄，大声对女排姑娘们说：“我最爱中国女排！”并随即写了这几个字送给女排姑娘。当女排教练袁伟民把一个由全体女排队员签名的排球送给聂荣臻时，他连声说好，“我就是喜欢你们顽强拼搏的精神，感谢你们为中国人民增了光，为祖国增了光！”以后他把这个排球作为珍贵礼品，挂在办公室自己座椅的对面，有空就看看。

聂荣臻也极为重视对少年儿童的教育，他到全国少年儿童活动中心去看望孩

聂荣臻与中国女排部分同志在一起。右起：郎平、张蓉芳、周晓兰、梁艳、杨锡兰

子们，并题词：“要教育儿童，好好学习、天天向上，长大接好革命班。”他为张家口“长城少年书社”题写社名，张家口的少年儿童代表曾到北京、北戴河看望聂荣臻。但每次适逢他卧病在床，就委托张瑞华和工作人员代为接待，转达他对孩子们的谢意和要孩子们努力学习、奋发向上的心愿。

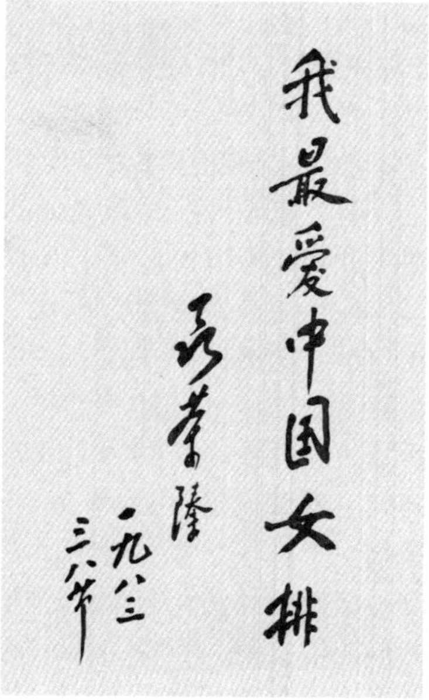

聂荣臻为中国女排题字

聂荣臻也十分关怀老年人的问题，1983 年 11 月，他写信给《中国老年》杂志：我国现有 60 岁以上的老年人已达 8000 多万，并在迅速增长。因此，“我们必须把老龄问题提高到战略的高度，加强领导，统筹规划，做好这项工作”。他又指出：老年人是社会的宝贵财富，是中华民族物质和精神文明的创造者、继承者和传播者。他们过去作出了重大贡献，积累了丰富经验和渊博知识，是我们“四化”建设中不可低估的智力资源，应当受到社会的重视和珍惜。中华民族敬老养老的传统美德，必须努力发扬并予以法律保护。以后，他又提出老有所为、老有所养、老有所医、老有所乐、老有所学等号召。由于他对老龄问题的高度重视，1984 年 2 月，受国务院委托，担任中国老龄问题全国委员会名誉主任。

聂荣臻在南昌起义、广州起义、万里长征、百团大战、平津战役等重大历史事件中都担任高级领导职务，每当这些历史事件逢五逢十的纪念活动时，常有各有关方面的人前来采访。他总是不辞辛劳，讲述事件的历史意义和经验教训。他常说：“人们怀念这些历史事件，这是宝贵的精神财富，纪念也好，研究也好，都有利于继承革命传统，只要健康允许，我向他们实事求是地介绍情况，义不容辞。”

应各方面的要求，他还为许多革命烈士、英模、领袖人物、革命纪念地、纪念馆或碑亭、重大历史事件、有荣誉称号的部队、优秀的著作、书籍、报刊等，进行了大量的题词、作序或写贺信等活动。据统计，仅 1990 年到 1992 年 5 月逝世前不到两年半的时间内，他共题词作序达 228 件。这些，对推动革命传统教育，起了重要的作用。

到了暮年，聂荣臻常说还有两个未了的心愿，也与革命传统教育有关。

他眷恋家乡，多次提出想到哺育自己成长的四川省和江津老家看看。但医生总是劝阻，担心他长途颠簸，难以适应旅途劳顿，身体发生意外。他就在北京关怀着家乡的建设。家乡来人，就请他们介绍情况，家乡建设的好坏，牵动着聂荣臻喜与忧的感情。出于这种感情，应请求，他为家乡大量题词：江津是个好地方、江津烈士纪念碑、江津烈士陵园、江津中学、江津图书馆、江津广播电视中心，都出现在十分醒目的建筑物上。他题写的革命烈士纪念碑，矗立在原江津中学的大院中，游人到国家级旅游胜地江津四面山，首先看到的是他题写的“四面山风光”几个大字。江津长江公路大桥上，也有聂荣臻题写的桥名。他还为当地驻军步兵某师和江津武装部民兵训练基地题词。这些题词，都贯穿着一个中心意思，是要家乡人民继承光荣的革命传统，向傅汝霖、戴坤忠、钟汝梅、吴平地等烈士“为党为国为人民，不怕牺牲，英勇革命的高尚品德”学习，把江津建设好。

他也眷恋革命老区人民，把河北省老区看成是自己的第二故乡。1987 年他在写给戎冠秀的信中说：“我常讲，从八一南昌起义到中华人民共和国成立，一打就打了二十二年的革命仗，而其中十一年都是在华北，主要是在河北度过的。所以，河北的一草一木，我都不会忘记。”进城以后，因为工作忙，抽不出时间到老区看看，“文化大革命”后，“几次想去，又因为身体不好，未能如愿。现在腿脚更不便了，真是遗憾，不过我对老区人民始终怀念着”。1991 年，他让办公室写信给中共河北省委、省人民政府、阜平、完县、平山、唐县的党政机关，转达他的话：“近来常有老区的同志来看望我。由衷地感谢老区人民对我的关心……老区人民是我们战争年代的主要依靠，我对他们怀有深厚的感情。一九七〇年我曾计划去看望老区人民，后因病未能成行。现在多种疾病缠身，已经没有这种可能，我视为终身憾事。当我听到大部分老区人民生活还比较困难，深感不安，心里不是滋味。所以你们以后来，无论如何不要再带什么东西了（包括土特产）。否则只会增加我的不安。”信里还建议省的领导人，注意在搞好平原建设的同时，尽量对革命老区多投些资，帮助那里的人民尽快脱贫致富。

聂荣臻还以身作则，积极贯彻中共中央关于干部年轻化的战略决策。为了让更多年富力强的同志进入党和国家的领导岗位，1980 年 8 月 8 日，他给中共

1985 年 6 月 3 日，聂荣臻（右）与陈云畅谈老一辈领导人退居三线的重大意义

中央写信，请求辞去全国人大常委会副委员长职务。1982 年 9 月，在出席中国共产党第十二次全国代表大会过程中，他于 9 日看望解放军代表团时说：我已经 83 岁了，应该交班了，我请求交班。1985 年 8 月 23 日，他写信给中共中央，请求退出中央政治局和中央委员会。1987 年 10 月，在中共第十三次全国代表大会上，他请求辞去了党内外一切职务，并高兴地与许多领导人合影留念。11 月 1 日，出席大会闭幕式后回到家中，显得特别高兴，并嘱咐秘书写下了以下的话，以资存念："自我党七次代表大会至十三次代表大会，已历时 42 年，我也将近 90 岁了。此时不交班更待何时。现在全党选出的较年轻的接班人都是经过这些年改革工作考验过的，给中央领导层增添了新鲜血液。我深信他们能够贯彻十三大所制定的路线、方针、政策，为实现我国社会主义四个现代化而努力奋进！"

第八十一章　永远活在人民心中

1992 年 5 月 14 日 22 时 43 分，聂荣臻的心脏停止了跳动，参与缔造新中国的最后一颗帅星陨落了！

50 年代初，聂荣臻在代总参谋长岗位上身体累垮了以后，经过一段时间休息，健康有所恢复。1960 年，他的心脏病再次发作，以后高血压、失眠、胃肠功能紊乱、前列腺炎、糖尿病、皮肤病等多种疾病接踵而至。从此，他与病魔进行了顽强搏斗。

聂荣臻坚持每天散步，锻炼体质。工作太累了，就抽空去钓鱼，使大脑得到休息。在生活上除了开会或执行任务以外，他始终坚持晚上 10 点左右睡觉，早上 6 点半左右起床。饮食清淡适量，不抽烟，很少喝酒。对生命的延续，他始终抱乐观科学的态度。这些，帮助他一次次地战胜病魔，成为一直保持清醒头脑而又长寿的元帅。

1968 年，聂荣臻犯了严重的心脏病，心房扑动达 60 多个小时。1970 年以后，心房扑动频繁发作，最多的一次持续 72 个小时。对这种心律失常，大部分用药物纠正，严重时就用电刺激转复。对治病，如何用药、采取什么治疗措施，他一直请医生大胆决定，从不提个人要求，也不让家属提不同意见，一切听从医生的。他常说：中国医学方面的专家与外国专家比，医术精湛上有过之无不及，为我看病的医生、专家都是一流的，不相信他们相信谁。

1981 年 11 月，多种严重疾病同时向聂荣臻袭来。伪膜性肠炎令他腹泻不止，最多时一天泻肚 15 次，这种病当时的死亡率高达 70%；肺炎产生的胸水压迫心脏，导致心力衰竭、心房扑动，高烧又不断在削弱他的体质；前列腺肥大引起严重尿潴留，随时有诱发肾功能衰竭的危险。这些都危及他的生命安全，各级领导和医生都非常着急。聂荣臻却处之泰然，安慰大家，要医生别急，每次会诊，不要请太多的专家，人多了意见不好统一；要家属和身边工作人员，不得干预医生的治疗方案或提出使医生为难的要求。他说，我已经 82 岁，万一不行，

聂荣臻常说他的健康长寿是与医生和护士们的辛苦照料分不开的。聂荣臻与保健医生在一起。右起：陶国枢、董仲勋、牛光明

也不算短命了。由于解放军总医院领导和院内外医生、专家和护理人员的努力，聂荣臻的密切配合，经过四个多月的精心治疗，他竟奇迹般地转危为安。

出院以后，他常风趣地对人说："人生 70 而拐，80 而车。我的体会是，人过了 70 岁，行动就离不开拐杖了，过了 80 岁，行动就离不开手推轮椅了。"但就在这种情况下，聂荣臻仍然坚持锻炼。不能拄着拐杖散步，就扶着手推轮椅或由人架着散步；做体操站不住，就由人在身后抱着他做各种动作。后来实在不行了，就在轮椅上、躺椅上、病床上做各种动作，活动四肢。他就是这样顽强地拼搏着。

1991 年 9 月，聂荣臻因心力衰竭住院治疗，经过两个半月，再度转危为安。但回家后，稍一活动，就出现心力衰竭征兆，医生对他活动的限制越来越多。他知道自己病情日趋严重，将不久于人世。

聂荣臻对毛泽东怀有最深厚的感情。1992 年 1 月，他叫秘书设法在他办公室里挂张放大的毛泽东主席像，说现在眼睛视力不行，小了看不清。秘书选了两张，一张是毛泽东单独办公的，一张是聂荣臻、贺龙、罗荣桓等元帅陪同毛泽东看空军飞行表演的。秘书倾向后一张，因为毛泽东和聂荣臻的神态都比较好。聂荣臻沉思了一会儿说："还是挂毛泽东单独办公的那张好。因为后一张，我的像比毛主席的还大，而且贺帅、罗帅的像看不大清。如果要挂集体像，那毛主席一定要在显眼突出的位置，因为他一直是我们老帅们的核心嘛！"秘书按他的意见办了。以后他躺在躺椅上，经常久久地凝视着那幅 100 厘米 ×70 厘米的毛泽东像。

2 月，他对秘书说：我已经 93 岁了，1922 年在法国加入中国少年共产党，1923 年春转为共产党员，算来已经整整 70 年。无论从寿命还是革命时间来说，在党内健在的同志中，我大概算是最长的一个了。说罢，脸上露出微笑，又久久地凝视那张毛泽东像。

2月下旬，他惦念彭真的病情，要秘书打电话给张洁清，请她向彭真表示问候，并转达以下的话：（1）大革命时期参加革命的党内领导人健在的只有四五个了，请多保重，不能走时不要勉强，可坐在车上让人推着走。根据我多年的经验，这对身体还是有好处的。（2）自己的心脏病略有好转，但问题还是严重的，胃肠消化不好，谢谢彭真同志的关心，经常着人问候。（3）自己已经93岁，入党70年，仍想争取多活几天，看看社会主义祖国建设发展的大好形势。（4）我一生，死而无憾，死而无恨。（5）现在出版的书刊太多，同一件事情，说长论短的都有，还是任人评说吧。

进入3月，聂荣臻的病情日益加重，连吃饭、说话都感到吃力，气喘吁吁。但他仍在关心用中国的“长征二号”捆绑式火箭发射澳大利亚通信卫星的事。开始比较乐观，报上和电视台经常报道发射准备的进展情况，聂荣臻听了也比较放心。但3月22日“澳星”发射失败。这个消息告不告诉他，秘书很为难。告诉吧，怕加重他的病情，但瞒又瞒不住，因为他每天仍坚持听读报和听念文件、看电视新闻。从这样的渠道得知这个消息，反而对他的病更不利。无奈，秘书只好如实报告，同时医生做好了各种抢救准备。聂荣臻听了开始一怔，又是一个习惯性的拍躺椅扶手的动作。秘书连忙说：您别急，我们火箭方面科技人员的技术水平和作风都是过硬的，问题出在哪里，一定会很快查清的。第二天清晨，秘书告诉他，“澳星”已经拆下，完好无损，交外方保存，对火箭正作解剖检查。几天后，原因找到了，聂荣臻听后说：“找到原因了就好。”

4月初，解放军总医院发出聂荣臻病情危重的通报。中央和军委的领导人、许多老同志，十分关心聂荣臻的健康，纷纷打电话慰问或前来探望。医生为了聂荣臻的健康，一律谢绝探视。有位聂荣臻的老部下，恳切要求隔着玻璃窗看一眼老首长。医生因为聂荣臻的头脑一直清醒，怕他看到不让老同志进去，感情上会激动，可能导致意外，所以没有同意。

4月12日，聂荣臻自感病情沉重，对两位在他身边工作多年的老秘书说：“我的心力衰竭，恐怕很难渡过这一关。”秘书劝他别激动，要安静，医生会有办法的。聂荣臻说：“医生当然在想尽办法挽救，但很难挽救过来。因此趁头脑还清醒，写几句话，就叫作临别遗言吧。”

秘书赶紧取来录音机，让共和国最后一位元帅的遗言，忠实地留在世上。

聂荣臻声音嘶哑，断断续续地说：“我已经93岁了，寿命也算是很长的。我入党已70年，从未脱离过党的岗位，始终为党和人民的事业奋斗终生。我虽然对党没作过多大的贡献，但党交给我的任务都是坚决完成的。我坚信党的改革开放政策，坚信走有中国特色的社会主义道路是十分正确的。我非常赞同邓小平同志视察南方时的重要谈话。我很想多看一看几十年为之奋斗的社会主义事业兴旺发达的喜人形势，也很想多听一听祖国科技事业振奋人心的好消息。现在行将归去，临别依依，好像有许多话还言犹未尽。总之，我衷心希望全党同志在以江泽民同志为核心的党中央领导下，同心同德，群策群力，为建设繁荣昌盛的社会主义祖国而共同奋斗；同时也希望全军同志在中央军委的领导下，进一步巩固国防，保卫和平；我希望海峡两岸，尽快统一。我希望全国科技工作者牢记科技兴国的重任，努力攀登世界高科技的崇山峻岭，为国争光，为人类进步多作贡献！”

听到这里，秘书感到聂荣臻的遗言是经过深思熟虑的，深为老帅对祖国对人民事业的忠诚所感动，也为多年朝夕相处的深厚感情所激动，难以自制，泪流满面地啜泣起来。聂荣臻见状反过来安慰说：“死，我是不怕的，这是自然规律，人活百岁，终有一死。我的心力衰竭，很难抢救，你们不要为我悲伤。最后，对所有在我身边辛勤工作的同志：专家、医生、护士、参谋、秘书，以及所有为我服务的同志，表示诚恳的谢意……再次祝我们社会主义祖国繁荣昌盛，文明富强！”

5 月 14 日，是聂荣臻一生中的最后一天。和往常一样，上午他照常听工作人员读《人民日报》《参考消息》，关心国内外大事。听到报上有条消息说，前几天一场喜雨，使北方旱情缓解，小麦长势喜人，聂荣臻高兴地说：“这就好了。”

这天，适逢江津来人，召集在京江津籍的同志开会，听取大家对建设好江津的意见和建议。聂力去出席了会议。中午回来，聂荣臻问她会议情况，听完情况后他说：“就是要改革要开放，要不江津不能发展。”聂力说：江津的同志看到了自己的差距，正在设法缩小。聂荣臻说：“是嘛，我们江津有一种特产叫米花糖。糖是不错，可是我们的包装上不去，三四十年一贯制。日本人就比较注意包装、装潢。要打出去，就要有所改进。”谈话时他很高兴，再次显示了他对家乡的眷恋之情。

下午，他照例听秘书念了文件。当念到当年 1 至 4 月全国财政收入大于支出 26%时，他满意地点头微笑。当念完一份外交部情况通报后，他说：“这几年我国外交工作搞得不错，形势很好。”当念到一份有关台湾情况的简报时，他深情地说：“海峡两岸的统一是大势所趋，只是时间问题。‘一国两制’是最好的形式。”

聂荣臻一直关心对台工作。早在 1984 年 6 月，他受聘担任黄埔军校同学会顾问后，为海峡两岸早日实现和平统一而努力。他曾会见侯镜如、李默庵、郑洞国、邓文仪等黄埔学生。1990 年 1 月 20 日，他与当时的黄埔同学会名誉会长徐向前，联名发表春节谈话，阐述了实现祖国和平统一的大政方针，呼吁海峡两岸的黄埔师生，共同反对台湾独立，为早日完成祖国统一大业而努力奋斗。实现祖国统一，成了聂荣臻在生命最后时刻关心的一件国家大事。

晚上，两位老秘书照例到聂荣臻床前看看，陪他看完电视新闻以后，他问：“（聂荣臻）军事文选的编辑、出版工作进展情况怎么样了？”

“正在排印。”秘书回答。

“南昌起义，红军时期的几份文电是否收进去了？”

“都收进去了。”

“什么时候能出版？”

“解放军出版社的同志说，今年建军节前一定出版，请您放心。”

“那就好！”

说完，他脸上显出满意的笑容。到了 21 时 30 分，聂荣臻叫秘书回去休息，以后又叫张瑞华、聂力、丁衡高等家人也休息。

22时，他仍按老时间熄灯睡眠。平时，他入睡后便有鼾声，可今天他入睡不久，心电监护仪器上显示，出现了严重的室性心律紊乱，不久就心力衰竭。虽经医生及时抢救，正如聂荣臻本人所预料的那样，未能抢救过来。没有哼一声，没有说一句话，共和国的最后一位元帅就这样安详地离去了。

在聂荣臻弥留之际和得知噩耗以后，中共中央、中央军委的领导人赶到床前，一一向他告别，对家属表示了慰问。就连有病在身的彭真，也从郊外休息的地方，于半夜赶到了聂荣臻床前。

彭真当夜语重心长地对聂力、丁衡高说："聂荣臻同志的一生，是伟大的无产阶级革命家的一生。他不久前告诉我，他死而无恨，死而无憾！的确，他的一生，是光荣的一生，虽死犹生。我们要学习和继承聂荣臻同志共产主义的坚决战斗精神。聂荣臻同志永垂不朽！"

5月15日，中共中央、全国人大常委会、国务院、中央军委发布了聂荣臻逝世的讣告。以后经中共中央、中央军委批准，公布了"聂荣臻同志生平"。讣告和"生平"高度评价了聂荣臻，称他是"杰出的、忠诚的无产阶级革命家、军事家，中国人民解放军的缔造者之一，长期担任党、国家和军队重要领导职务的卓越领导人"，"在整整70年中，对人民革命事业，对共产主义信念始终忠贞不渝，一贯忠于党的组织原则，凡是中央的决定，无不坚决执行。在作战指挥中胸怀全局，运筹帷幄，善于捕捉战机，屡建殊勋。热爱科学，在领导科技事业和各项工作中，坚忍不拔，一切从实际出发，坚持实事求是的党的思想路线，成绩斐然。心地坦荡，大公无私，生活简朴，严于律己，宽以待人。"

讣告还在全面评价了聂荣臻的历史功绩后说："聂荣臻同志在长达70年的革命生涯中，表现了伟大无产阶级革命家的远见卓识、高尚的思想情操和博大胸怀，也体现了一名老共产党员的高风亮节、优秀品德和长者风范。他具有坚定的共产主义信念，对党、对人民、对无产阶级革命事业无限忠诚，百折不挠，义无反顾，战斗不息，鞠躬尽瘁；他坚持实事求是、理论联系实际的作风，刻苦勤奋地学习，好学不倦，持之以恒，活到老学到老；他戎马一生，身经百战，大智大勇，慎思断行，擘画军事，驾驭战争，具有非凡的革命胆略和军事才能；他一贯坚持党性原则，严格遵守党的纪律和生活准则，节俭朴素，廉洁奉公，谦虚谨慎，功高不自傲，位高不自居，名重不自恃，堪称全党全军的楷模；他心怀坦白，光明磊落，作风正派，表里如一，为了党和人民的利益，从不计较个人得失，顾全大局，坚持原则，坚持团结。聂荣臻同志为中国人民的革命和建设事业贡献了毕生精力，他德高，望重，深受全党、全军和全国各族人民的尊敬和爱戴。

聂荣臻同志1987年从工作岗位退下来以后和在病重期间，仍十分关心党、国家和军队的建设事业。他衷心拥护党的十一届三中全会以来的路线、方针、政策，拥护党的'一个中心、两个基本点'的基本路线，高度评价邓小平同志最近的重要谈话和中央政治局全体会议精神，殷切期望伟大祖国日益繁荣昌盛，海峡

沉痛悼念聂荣臻同志

两岸早日统一。

聂荣臻同志的逝世，是我党、我军、我国人民的重大损失。全党、全军、全国人民要化悲痛为力量，学习聂荣臻同志崇高的革命精神和优秀品德，紧密团结在以江泽民同志为核心的党中央的周围，为把我国建设成为现代化的社会主义强国而努力奋斗。

伟大的无产阶级革命家、军事家聂荣臻同志永垂不朽！”

聂荣臻逝世后，应家属请求，江泽民总书记很快送来了“聂荣臻同志永远和我们在一起”的题词。这高度概括了聂荣臻在中国人民心目中的光辉形象。是的，聂荣臻逝世了，但他又没有死，他为中国革命所创造的英雄业绩，他为人的崇高品德，将激励中国人民向着社会主义现代化的目标前进，从胜利走向胜利！

聂荣臻永远活在中国人民心中！

生平大事年表
（1899—1992）

1899 年　诞生

■ 12 月 29 日　出生于四川省江津县（今江津市）吴滩镇石院子。

1907 年　8 岁

■ 开始读私塾。

1913 年　14 岁

■ 开始读小学。

1917 年　18 岁

■ 考入江津县立中学。

1919 年　20 岁

■ 夏　在江津中学参加五四爱国运动。

1920 年　21 岁

■ 1 月 14 日　到达法国马赛港，开始勤工俭学。

1921 年　22 岁

■ 2 月下旬　到巴黎参加争生存权、求学权的学生运动。

■ 6 月至 8 月　参加反对中国北洋政府向法国政府秘密借款购买军火的“拒款运动”。

■ 9 月　参加勤工俭学学生争回里昂中法大学学习权的运动。

1922 年　23 岁

■ 6 月　考入沙洛瓦劳动大学化学工程系。

■ 8 月　加入旅欧中国少年共产党。

1923 年　24 岁

■ 春　加入中国共产党。

■ 7 月　任旅欧共青团训练部副主任、执行委员会委员。

1924 年　25 岁

■ 9 月　离开巴黎，10 月进入莫斯科东方大学学习。

1925 年　26 岁

■ 2 月　调苏联红军学校学习军事，任中国班党支部书记。

■ 9 月　回国，任黄埔军校政治部秘书兼政治教官。

■ 10 月　在《黄埔潮》上发表《军队中政治工作的意义》文章。

1926 年　27 岁

■ 7 月　任中共广东区委军委特派员，参加北伐战争。

■ 10 月 10 日　随北伐军攻入武昌城。任湖北省委军委书记。

1927 年　28 岁

■ 4 月　“四一二”政变后，赴上海协助周恩来，将工人纠察队转入秘密状态。

■ 5 月　中央军事部成立，分工主管人事分配工作。

■ 7 月中旬　经周恩来指定，任前敌军委书记，赴九江做武装起义准备工作。

■ 8 月 1 日　在马回岭地区组织第二十五师的两个多团参加南昌起义。后任起义军第十一军党代表。

■ 10 月上旬　和叶挺、杨石魂一起，护卫重病中的周恩来乘船到香港。后被分配到广东省委军委工作。

■ 12 月 11 日　参与领导广州起义。

■ 12 月 12 日　与叶挺商定起义军撤离广州。

1928 年　29 岁

■ 1 月上旬　任广东省军委书记、省委常委。

■ 2 月起　在香港开办干部训练班，负责讲军事课。

■ 4 月　在香港与张瑞华结婚。

1929 年　30 岁

■ 10 月下旬　任东江巡视员巡视东江地区党的工作。

1930 年　31 岁

■ 1 月　任顺直省委组织部长、省委常委。

■ 5 月　调上海中央特科。
■ 8 月　调中央军委作周恩来的助手。

1931 年　32 岁

■ 1 月 30 日　任中央军委参谋长。
■ 4 月　顾顺章叛变，协助周恩来紧急搬迁了中央机关。
■ 12 月　离上海赴中央苏区。

1932 年　33 岁

■ 1 月　任红军总政治部副主任。
■ 3 月 12 日　任红一军团政治委员（军团长林彪）。
■ 3 月 21 日　与林彪致电中革军委，支持毛泽东开辟新苏区的意见。
■ 4 月 10 日　在毛泽东指挥下，与林彪率部攻克龙岩，19 日攻占漳州。
■ 8 月　与林彪率部参加乐安、宜黄战役。
■ 10 月起　与林彪率部参加建宁、黎川、泰宁战役。

1933 年　34 岁

■ 2 月、3 月　与林彪率部参加第四次反“围剿”。
■ 8 月 30 日　与林彪率部在乌江圩，歼敌第八〇师。

1934 年　35 岁

■ 1 月下旬　被选为中华苏维埃共和国中央执行委员。
■ 3 月 4 日　在《红星报》上发表《把第一团顽强抗战的精神继续发扬光大起来》的文章。
■ 9 月　与林彪率部参加温坊战斗。
■ 10 月中旬　和林彪率红一军团参加长征。
■ 11 月 6 日　坚决执行军委命令，率部抢占九峰山。
■ 11 月 29 日至 12 月 1 日　与林彪指挥红一、二师掩护中央和军委纵队及部分红军抢渡湘江。

1935 年　36 岁

■ 1 月 2 日　与林彪指挥红一师强渡乌江。
■ 1 月 15 日至 17 日　参加中央政治局扩大会议（遵义会议）。
■ 1 月 29 日　随军委纵队一渡赤水河。
■ 2 月 18 日　与林彪率部二渡赤水。
■ 2 月 24 日　与林彪率部，配合红三军团重占遵义。
■ 3 月 16 日　在仁怀附近三渡赤水。

■ 3月21日　在太平渡四渡赤水。
■ 4月9日　与林彪率部突破敌贵阳至龙里防线。
■ 5月19日　任红军北上先遣队代理政治委员。
■ 5月22至23日　与刘伯承率先遣队通过大凉山彝族区。
■ 5月25日　与刘伯承指挥红一师第一团在安顺场强渡大渡河。
■ 6月13日　率红一军团部及红一师翻越夹金山。
■ 6月26日　列席两河口政治局扩大会议。
■ 8月20日　出席毛儿盖政治局扩大会议。
■ 8月23日至27日　率第一军直属队等部通过大草地。
■ 9月12日　出席俄界中央政治局扩大会议。
■ 9月　与左权指挥红四团攻占天险腊子口。
■ 9月22日　任陕甘支队第一纵队政治委员。
■ 10月19日　进入陕北吴起镇，结束长征。
■ 11月21日　与林彪率部参加直罗镇战役。

1936年　37岁

■ 2月20日　与林彪率部东征。
■ 3月　与林彪率部沿同蒲路南下，攻占侯马、襄陵。
■ 4月10日　任西北革命军事委员会委员。
■ 5月2日　与林彪率部西渡黄河，结束东征。
■ 5月　与左权率红一军团西征。
■ 8月　率由红一师等部组成的特别支队西进。
■ 10月2日　率部攻占会宁。
■ 10月10日　所部与红四方面军一部在会宁会师。
■ 10月22日　率部与红二方面军一部在将台堡会师。
■ 11月21日　参与指挥山城堡战役。
■ 12月7日　任中央革命军事委员会委员。

1937年　38岁

■ 1月起　率部在三原、云阳等地整训几个月。
■ 5月3日至14日　出席在延安召开的中共代表会议。
■ 8月22日至25日　参加洛川政治局扩大会议。
■ 8月25日　任国民革命军第八路军第一一五师副师长，后任师政治委员。
■ 9月25日　与林彪指挥平型关战斗。
■ 10月　率第一一五师独立团、骑兵营、八路军总部特务团、各地工作团等约3000人，留敌后开创晋察冀抗日根据地。
■ 11月7日　任晋察冀军区司令员兼政治委员。

■ 11月24日起　指挥所部粉碎2万敌人的“八路围攻”。
■ 12月25日　出席晋察冀军区首次政治工作会议。
■ 12月下旬　在阜平成立军政学校，任命孙毅为校长。

1938年　39岁

■ 1月10日　出席晋察冀边区军政民代表大会。
■ 2月　指挥所部第一次破击平汉路。
■ 2月下旬　组织邓华率一个团经平西东进。
■ 3月　率部抗击日军1.2万人向平汉路西的“扫荡”。
■ 4月27日　八路军第四纵队成立，归聂荣臻指挥。
■ 4月28日　指挥所部第二次向平汉路出击。
■ 5月20日　致电第四纵队，速东进冀东。
■ 6月17日　在金刚库会见白求恩大夫。
■ 6月　为纪念抗战一周年，指挥所部第三次出击平汉路。
■ 7月6日　10万之众的冀东人民武装抗日大起义爆发。
■ 9月20日起　5万日伪军分25路“围攻”五台山区。指挥所部反“围攻”。
■ 10月5日　接中共六届六中全会主席团来电，称晋察冀为“敌后模范的抗日根据地及统一战线的模范区”。
■ 11月9日　中央北方分局成立，彭真为书记，聂荣臻、关向应、程子华为委员。
■ 11月　向中央报告根据地的巨大发展。报告共10万余言，毛泽东决定发表，亲笔题写书名《抗日模范根据地晋察冀边区》。1939年5月在延安、重庆两地出版发行。

1939年　40岁

■ 2月　整编军队，到1939年底，全区总兵力达12.7万人。
■ 4月29日　指示成立晋察冀军区军事工业部。
■ 5月20日　通令嘉勉由平山县青年组成的“平山团”。
■ 6月11日　顽军张荫梧率部制造了“深县惨案”，命冀中部队配合一二〇师反击。
■ 10月25日起　率部反击2万日伪军对北岳区的冬季大“扫荡”。
■ 11月下旬至12月下旬　先后粉碎了顽军白志沂保安师、杨澄源、金宪章支队的挑衅。
■ 11月3日至7日　指挥所部进行雁宿崖、黄土岭战斗，歼日军1500多人，击毙日军中将阿部规秀。
■ 11月12日　白求恩因抢救伤员中毒，不幸牺牲。16日写了纪念白求恩的悼文，后出席殡殓典礼。

1940 年　41 岁

- 2 月中旬　率军区“南下支队”去晋东南，23 日到达王家峪。
- 4 月　与彭德怀、左权、刘伯承、邓小平等商讨正太路破袭战问题。
- 7 月 12 日　出席军区在娘子神召开的高干会议。
- 8 月上旬　参与讨论彭真领导制定的《双十纲领》。
- 8 月 20 日　指挥晋察冀部队 39 个团进行“百团大战”。
- 8 月 22 日　送回日本女孩美穗子及其妹妹。
- 11 月 9 日起　指挥军区部队进行反击 3 万多日军分 13 路对北岳区的“扫荡”。

1941 年　42 岁

- 1 月 25 日　任代理北方分局书记。
- 8 月 13 日起　率部反击 7 万日军对北岳、平西根据地大“扫荡”。
- 10 月 18 日　发布训令，表彰“狼牙山五壮士”。
- 12 月　太平洋战争爆发后，争取平津美国、英国使馆及燕京大学、协和医学院的人员向边区撤退或到边区工作。

1942 年　43 岁

- 1 月 15 日　出席北方分局高干会议，作《目前形势与今后工作》的报告。
- 4 月　4 万多日伪军“扫荡”冀东，同意冀东军区将部队撤向热南山区。
- 5 月 1 日起　指挥冀中反“扫荡”。
- 8 月 6 日　在晋察冀文艺工作座谈会上作《关于部队文艺工作诸问题的报告》。
- 9 月中旬　在边区党政军高级干部会议上提出深入“敌后之敌后”的斗争方针。
- 12 月 9 日　发表《哀悼柯棣华大夫》的文章。

1943 年　44 岁

- 1 月 15 日　出席在阜平温塘召开的边区首届参议会。
- 5 月 21 日　通令嘉奖民兵爆炸英雄李勇。
- 6 月 24 日　发布精简命令，军区总兵力降至 8 万人。
- 8 月 12 日　任中央晋察冀分局书记。去延安期间，由程子华代理分局书记、军区政委，萧克代理军区司令员。
- 8 月 27 日　出发去延安。
- 10 月上旬　到达延安。向毛泽东等中央领导人汇报了晋察冀的工作。以后参加整风学习。
- 10 月 16 日　在重庆《群众》杂志上发表《论敌后抗战》的文章。

1944 年　45 岁

■ 4 月　在延安高干会议上作《晋察冀军区六年来的工作简报》报告。

1945 年　46 岁

■ 4 月 23 日至 6 月 11 日　出席中共第七次全国代表大会，当选为中央委员。

■ 5 月 9 日　在中共七大上作《晋察冀党在执行人民战争路线中的经验教训》的发言。

■ 8 月 12 日　致电程子华、耿飚：组织部队夺取张家口。

■ 8 月 20 日　任晋察冀中央局书记。

■ 9 月 9 日　回到晋察冀，继续任晋察冀军区司令员兼政治委员。

■ 10 月 2 日　在晋察冀中央局干部大会上作《关于目前形势与任务》的报告。

■ 10 月 18 日起　与贺龙共同指挥晋察冀、晋绥军区反击傅作义部的进犯。

■ 12 月 8 日　下达结束绥远战役命令。

1946 年　47 岁

■ 3 月 1 日　欢迎军调部成员视察张家口。

发布《关于复员工作的决定》，裁军 10 万人。

■ 8 月 2 日　在阳高主持晋察冀、晋绥野战军进行大同战役的作战会议。

■ 8 月 14 日　大同战役开始。

■ 8 月 28 日　所部主动放弃承德。

■ 9 月 16 日　命撤围大同，并向军委报告张家口弃守问题。

■ 10 月 11 日　命所部放弃张家口。

■ 10 月 22 日至 11 月 1 日　在涞源主持晋察冀中央局扩大会议。

■ 11 月 4 日至 12 月 21 日　指挥所部进行易县、满城战役。

1947 年　48 岁

■ 1 月 20 日至 28 日　指挥所部进行“保（定）南战役”。

■ 3 月　在安国主持晋察冀中央局扩大会议，作出《晋察冀中央局关于执行“二·一”指示的决定》。

■ 4 月上旬　到前线指挥“正太路战役”。

■ 5 月 25 日　军区成立野战军领导机构。

■ 6 月 2 日　陪同朱德到冀中指挥青沧战役。

■ 6 月　组织野战军发起“青沧战役”“保北战役”。

■ 7 月 6 日　发布自卫战争一年战绩公报。

■ 10 月 17 日至 22 日　组织所部进行清风店战役。

■ 11 月 6 日至 12 日　组织所部进行石家庄战役。

■ 12 月　组织野战军进行涞水战役。

1948 年　49 岁

■ 3 月 20 日至 4 月 9 日　组织所部进行察南、绥东战役。

■ 4 月 13 日　毛泽东、周恩来、任弼时率中央机关到达阜平县城南庄。后向毛泽东等汇报了晋察冀的情况。

■ 5 月 9 日　任中央华北局第三书记、华北军区司令员。

■ 5 月 12 日起　组织所部出击冀热察。

■ 6 月 2 日　与薄一波等发布晋中战役指示。

■ 8 月 10 日　在华北临时人民代表大会上作军事报告。

■ 9 月 8 日至 13 日　列席中央政治局会议，讨论建军和从根本上打败国民党的战略问题。

■ 10 月下旬　组织部队抗击傅作义部偷袭石家庄。

■ 11 月 29 日起　组织所部向平绥路东段进攻，12 月 8 日包围新保安，平津战役开始。

■ 12 月 22 日至 24 日　所部先后解放新保安、张家口。

1949 年　50 岁

■ 1 月 8 日　与傅作义的代表张东荪、周北峰在通县谈判。

■ 1 月 10 日　中共中央决定由林彪、罗荣桓、聂荣臻组成平津战役总前委。

■ 1 月 14 日　与林彪、罗荣桓会见邓宝珊、周北峰。

■ 1 月 20 日　林、罗、聂向军委报告，19 日已与傅方达成和平解放北平协议。

■ 1 月 22 日至 31 日　傅作义部 25 万人全部开到城外，接受改编。31 日人民解放军进入北平，平津战役结束。

■ 3 月 5 日至 13 日　出席中共七届二中全会。

■ 4 月下旬起　参与同傅作义、董其武谈判绥远问题，6 月 8 日签订《关于绥远和平协定》。

■ 6 月 11 日　发布剿匪指示。

■ 6 月　任副总参谋长，搬进中南海办公。

■ 9 月 8 日　兼任北平市市长兼市军管会主任。

■ 10 月 1 日　参加中华人民共和国开国大典，任阅兵总指挥。

■ 10 月 19 日　任人民革命军事委员会副总参谋长，不久任代理总参谋长，主持总参谋部工作。

1950 年　51 岁

■ 3 月 10 日　就军事机关及学校建设等问题给毛泽东写报告。

■ 5 月 31 日　在军委参谋会议上作裁军、编制等问题报告。

■ 6月6日至9日　在中共七届三中全会上作军事问题报告。
■ 7月27日　在全国人民政治协商会议上作军队整编复员工作的报告。
■ 8月下旬　写信给毛泽东，建议调第九和第十九兵团，部署于关内机动地区，以应付朝鲜战争的变局。
■ 10月5日　列席中央政治局会议。会议决定中国派志愿军入朝参战。

1951年　52岁

■ 1月　任中央兵工委员会副主任，主任周恩来。
■ 2月1日　奉命颁布中国人民解放军“内务”“队列”“纪律”条令（草案）。
■ 4月　任航空工业管理委员会主任。
■ 6月13日　提议为入朝参战部队补兵，经毛泽东批准，至7月初共补兵4.7万人。
■ 10月9日　拟订了从朝鲜抽调志愿军26.5万人回东北整训待机的部署。

1952年　53岁

■ 1月2日　建议抽调解放军40万人，成建制转业，从事工农业生产。
■ 2月28日　向毛泽东等报告朝鲜前线发现美军空投细菌弹的情况以及预防措施。
■ 8月4日　向党中央作关于贯彻普遍民兵制和由民兵制过渡到义务兵役制的书面报告。
■ 12月　组织总参和各大军区机关干部入朝锻炼。

1953年　54岁

■ 2月17日　任“全军军衔实施委员会”主任。
■ 12月7日至1954年1月26日　出席全国军事系统党的高级干部会议。

1954年　55岁

■ 6月19日　任中央人民政府人民革命军事委员会副主席。

1955年　56岁

■ 2月7日　在一届人大常委第五次会议上作关于《中华人民共和国兵役法草案》的说明。
■ 4月4日　出席中共七届五中全会。
■ 4月下旬至5月　到重庆、成都、昆明等地视察兵工厂。
■ 7月4日　和陈云、薄一波，被中央指定为领导中国原子能事业的三人小组成员。

■ 9月27日　被授予中华人民共和国元帅军衔和一级八一勋章、一级独立自由勋章、一级解放勋章。

1956年　57岁

■ 3月6日至15日　出席军委扩大会议。
■ 3月12日　签发《对12年科学规划中国防研究项目的意见》。
■ 3月14日　出席军委常委会议，听取钱学森汇报。
■ 4月13日　任国务院航空工业委员会主任。
■ 5月10日　向中央提出《关于建立我国导弹研究工作的初步意见》。
■ 9月15日至28日　出席中共第八次全国代表大会。
■ 10月8日　在五院成立大会上讲话，提出以“自力更生为主，力争外援和利用资本主义国家已有的科学成果为辅”的建院方针。
■ 10月29日　和陈毅、李富春联名向中央报告《1956—1967年科学技术发展远景规划纲要（草案）》。
■ 11月16日　任国务院副总理，接替陈毅主管科学工作。

1957年　58岁

■ 9月7日　率中国政府代表团到达莫斯科，与苏方会谈。
■ 10月15日　达成关于苏联政府帮助中国政府研制原子、火箭武器等的《国防新技术协定》。

1958年　59岁

■ 2月15日　被军委指定为导弹、核试验靶场建设的总负责人。
■ 5月5日至23日　出席中共“八大”二次会议。
■ 5月29日　在航委会议上指出：自力更生的方针是中央批准的永久性方针。
■ 5月起　两次召集会议，落实研制人造卫星方案。
■ 6月10日　任中央科学小组组长。
■ 6月18日　召集讨论研制核潜艇问题的会议。
■ 10月16日　兼任国防科学技术委员会主任。
■ 11月12日　兼任中华人民共和国科学技术委员会主任。

1959年　60岁

■ 7月2日至8月16日　出席庐山政治局扩大会议和八届八中全会。
■ 8月18日至9月12日　出席军委扩大会议。
■ 9月26日　任中共中央军委副主席。
■ 10月14日　军委召开第一次常委会，分工主管尖端武器的研制工作。
■ 12月17日　出席军委会议，听取核武器研制规划的汇报。

■ 12月18日　出席军委会议，听取五院建设规划的汇报。

1960年　61岁

■ 1月7日至17日　出席在上海召开的中央政治局扩大会议。

■ 4月3日　出席军委常委会，听取宋任穷汇报赴苏联谈判情况。

■ 6月21日　听取钱学森等仿制导弹情况的汇报。

■ 7月2日　在军委常委会上提出将国防工业部常规武器部分分成航空、电子、兵器、舰船四个工业部。

■ 10月4日　向中央书记处报告尖端、精密生产和研究工作中的清洁、秩序问题。

■ 11月5日　在导弹基地主持第一发仿制的尔-2近程地地导弹发射试验，获得成功。

■ 12月13日　签发《国务院关于在科学研究机构中坚持八小时工作制和保证科学研究时间的通知》。

■ 12月　中央批准成立航空、舰艇、无线电电子研究院。

1961年　62岁

■ 1月11日　在国防工业高等院校座谈会上讲话。

■ 6月2日　听取五院领导汇报时，提出地地导弹研制方针。

■ 6月22日　指示五院要保证技术指挥线畅通。

■ 7月6日　列席政治局会议，在会上汇报了《关于自然科学工作中若干政策问题的请示报告》《关于自然科学研究机构当前工作的十四条意见（草案）》的起草过程和要解决的问题。

■ 7月12日　听取五院汇报时指出：几位老博士，可以分别担任一、二、三分院的技术副院长。由钱学森负总责。

■ 7月29日至8月4日　三次在国防工委工作会议上讲话："两弹为主，导弹第一"，是中央批准的方针，不能动摇。

■ 8月20日　向中央写了坚持研制"两弹"的报告。

1962年　63岁

■ 2月16日　出席广州全国科学工作会议。

■ 8月18日　指示空军领导人，要将米格-21反设计搞出来。

■ 10月9日　指示五院领导人，争取中近程地地导弹定型生产。

■ 10月10日　指示二机部领导，争取1964年爆炸第一颗原子弹。

■ 10月22日　指示七院领导，抓紧研制鱼雷快艇、鱼雷潜艇、导弹快艇、鱼雷。

■ 11月17日　中央决定成立15人专门委员会，领导国防尖端事业。周恩来为主任，聂荣臻为成员之一。

1963 年　64 岁

■ 7 月 14 日　在中国科技大学首届学生毕业典礼上讲话。
■ 10 月 30 日　写信给毛泽东等，推荐第二次世界大战后日本在科技方面如何缩短与世界先进水平的资料。
■ 12 月 16 日　向毛泽东汇报 1963—1972 年科学规划纲要。

1964 年　65 岁

■ 5 月 4 日　指示五院领导，科研中要大胆起用青年人。
■ 10 月 9 日　找五院领导人谈话时指出：中国原子弹、导弹的研制计划基本实现。
■ 10 月 16 日　中国爆炸了第一颗原子弹。

1965 年　66 岁

■ 4 月 17 日　写信向毛泽东并中央报告，四年共研制成新型金属材料 6805 个品种。
■ 4 月 19 日　指示重庆市科委，要注意把军工的先进技术转移到民用上来。
■ 6 月 1 日　指示七机部领导人，要集中力量抓地地导弹，首先抓中程的，准备中远程的，探索洲际的。
■ 7 月 2 日　向毛泽东和中央报告，从 1959 年开始，共试制出新型化工材料 3900 多个品种。
■ 7 月 20 日　向毛泽东并中央报告，1960 年以来，已研制成各种新型无机非金属材料 2000 多项。

1966 年　67 岁

■ 2 月 11 日　向周恩来报告科研“三步棋”的设想。
■ 5 月 10 日至 26 日　出席中央政治局扩大会议。
■ 8 月 1 日至 12 日　出席中共八届十一中全会，被选为中央政治局委员。
■ 8 月 15 日　指示国防科委，发展武器装备都要强调配套。
■ 8 月 23 日　在军委常委会上建议：导弹、原子弹试验基地只进行正面教育。
■ 9 月 5 日　指示国防科委，原子弹结合试验，不能因为“文化大革命”而停下来。
■ 10 月 20 日　出席中央专委会议，研究两弹结合试验问题。
■ 10 月 27 日　指挥发射了中国第一枚核导弹。
■ 11 月 29 日　指示国防科委领导，核武器主要是搞原子弹小型化和氢弹。
■ 12 月 11 日　出席中央专委会议，研究氢弹原理试验问题。

■ 12 月 26 日　在导弹试验基地主持首枚中程地地导弹发射试验。
■ 12 月 28 日　在核试验基地主持氢弹原理试验。

1967 年　68 岁

■ 1 月 19 日至 23 日　出席在京西宾馆召开的军委碰头会议。
■ 1 月 23 日　批准发出保证氢弹研制的中央军委特别公函。
■ 2 月 16 日　出席在怀仁堂召开的政治局常委碰头会议。
■ 5 月 15、16 日　出席自然科学基础理论研究工作座谈会。
■ 6 月 17 日　到现场主持中国第一颗氢弹试验，获得成功。

1968 年　69 岁

■ 1 月 20 日　给中央写了《关于组织科学技术队伍到黄淮海平原进行综合治理工作的请示报告》。
■ 3 月 22 日　杨成武、余立金、傅崇碧受诬陷而被撤销党内外一切职务。被林彪、江青一伙影射是“杨、余、傅”的“黑后台”。
■ 10 月 13 日至 31 日　参加中共八届十二中全会，遭受迫害。被定为所谓“二月逆流反党集团”成员。

1969 年　70 岁

■ 2 月 5 日　遵照毛泽东指示，到北京市第三化工厂蹲点学习，直至 10 月 15 日结束。
■ 2 月 24 日起　出席陈毅、徐向前、叶剑英参加的国际形势座谈会。3 月，与陈毅、徐向前、叶剑英一起，建议打开中国外交的新格局。
■ 10 月下旬　被“疏散”到河北省邯郸市。

1970 年　71 岁

■ 8 月　在庐山出席中共九届二中全会。

1971 年　72 岁

■ 9 月 13 日　林彪乘飞机出逃摔死。27 日、29 日在中央老同志座谈会上揭发林彪在历史上的错误事实。
■ 11 月 14 日　毛泽东为“二月逆流”平反。

1972 年　73 岁

■ 3 月 15 日　接见河北省阜平县委负责人时指出：修复毛泽东在城南庄的旧居时，要恢复原样，不加装饰，以他的名字命名的如“荣臻渠”等，一律取消。

1973 年　74 岁

■ 12 月 21 日　毛泽东对聂荣臻说：贺龙、“杨余傅事件”要翻案。“我是听了林彪的一面之词，所以我犯了错误。”

1974 年　75 岁

■ 5 月 16 日　指出平型关大战不应该批判。

■ 10 月 2 日　会见美籍华裔数学家陈省身教授夫妇。

■ 10 月 31 日　就全军军训问题提出意见。

1975 年　76 岁

■ 1 月　在第四届全国人民代表大会上被选为人大常委会副委员长。

■ 2 月 5 日　中央通知，取消军委办公会议，成立军委常委会，任军委常委。

■ 5 月 7 日　请邓颖超转报周恩来：建议给彭德怀平反。

1976 年　77 岁

■ 1 月 8 日　周恩来逝世。参加遗体告别和追悼会。

■ 4 月 3 日　向军委常委告病假两月，不参加军委会议。

■ 7 月 6 日　朱德逝世。参加遗体告别和追悼会。

■ 9 月 9 日　毛泽东逝世。11 日参加守灵。18 日参加首都百万人追悼毛泽东的大会。

■ 9 月 21 日　要杨成武转告叶剑英：“四人帮”是一伙反革命，什么坏事都干得出来，要有所警惕，防止他们先下手。如果他们把小平暗害了，把叶帅软禁起来，那就麻烦了。“四人帮”依靠江青的特殊身份，经常在会上耍赖，蛮不讲理，采用党内斗争的正常途径来解决他们的问题，是无济于事的。只有我们先下手采取断然措施，才能防止意外。

1977 年　78 岁

■ 8 月中旬　出席中共第十一次全国代表大会，当选为中央委员、中央政治局委员。

■ 8 月 25 日　新的中央军委组成，任副主席。

1978 年　79 岁

■ 8 月 4 日　在全国民兵工作会议上讲话。

■ 10 月 14 日　写信给宋时轮，军队今后要强调打坦克、飞机、空降兵和防原子、化学、生物武器的训练。

■ 12 月　出席中共十一届三中全会。拥护把全党工作重心转移到社会主义现代化建设上来的战略决策。

1979年　80岁

■ 3月31日　与刘华清谈发展武器装备。
■ 7月　主持研究各总部、军兵种、大军区领导班子调整问题。
■ 9月29日　向军委提议，从总参到各军兵种都应重视发展武器装备的论证工作。
■ 10月8日　任中央科学研究协调委员会书记。
■ 10月30日　听取洪学智汇报。

1980年　81岁

■ 3月　向军委常委扩大会议提出军队精简整编问题意见。
■ 4月25日　听取全军政治部主任会议情况汇报。
■ 5月18日　题词祝贺中国向南太平洋发射洲际导弹成功。
■ 7月14日　接见当年的日本小姑娘美穗子及全家。
■ 7月29日　开始撰写回忆录，1983年完成，共50万字。
■ 9月6日　听取杨得志关于全军高级干部战略问题研究班情况汇报。

1981年　82岁

■ 4月5日　写信给国务院科技干部局：科技干部的职务晋升应强调德才兼备、实际技术业务水平及贡献。
■ 12月10日　写信给中央书记处，请求撤销中央科学研究协调委员会，协调工作由国务院统管。

1982年　83岁

■ 8月22日　与《光明日报》记者谈知识分子问题。
■ 9月　出席中共第十二次全国代表大会，被选为中央委员、中央政治局委员。
■ 11月25日　与熊复谈落实知识分子政策。

1983年　84岁

■ 3月8日　邀请中国女排姑娘到家里做客。
■ 6月11日　接见“狼牙山五壮士”之一的葛振林。
■ 9月13日　写信给总参领导，肯定军队开展技术革新的群众性活动方向是正确的。
■ 11月23日　写信给《中国老年》杂志，强调必须把“老龄”问题提到战略的高度。

1984年　85岁

■ 2月　任中国老龄问题全国委员会名誉主任。

■ 6月13日　任黄埔军校同学会名誉顾问。

1985年　86岁

■ 3月23日　就全军精简整编问题发表了七点重要意见，军委会议讨论时一致赞成。

■ 8月23日　写信给中共中央，请求退出中央委员会。

■ 10月16日　中国发明者协会成立，任名誉会长。

1986年　87岁

■ 12月25日　出席军委扩大会议总结会。

1987年　88岁

■ 1月14日　会见科技界代表钱学森、周培源、宋健、周光召等。

■ 4月14日　写信给余秋里：建议军队高级干部要加强对子女的教育。

■ 10月25日、11月1日　出席中共第十三次全国代表大会的开幕式和闭幕式。在会上请求辞去党内外一切职务。

1988年　89岁

■ 8月1日　被授予一级功勋荣誉章。

1989年　90岁

■ 6月21日　出席政治局扩大会议。在会上书面发言，批评赵紫阳所犯的严重错误。

1990年　91岁

■ 1月19日　与徐向前一起，发表对黄埔师生的春节谈话，呼吁海内外黄埔师生为海峡两岸尽早和平统一作出努力。

1991年　92岁

■ 2月8日　与北京市负责人谈话，请北京市注意加强“地铁”建设。

■ 6月11日　对新华社记者发表谈话：为纪念建党70周年，希望全党、全军、全国人民牢记“科技兴国”的重任。

1992年　93岁

■ 5月14日　因心力衰竭，抢救无效，于22时43分逝世。

后　记

在聂荣臻元帅95岁诞辰来临之际，这部传记终于问世了。这使我们深感欣慰。

1980年初，北京军区奉中共中央书记处和中央军委之命，成立了聂荣臻传记编写组。由魏巍同志任组长，先后参加编写组的成员有彭正谟、张侠、张桂文、周均伦、刘绳、张赞廷、赵延章等同志。当时，已逾80高龄的聂帅说："不要搞传记了，还是写个回忆录吧，这样随便一点。"从此，他就每次给大家谈一个小时左右，有时在他的家里，有时在北戴河海滨。谈话无拘无束，兴致勃勃。对那些风雷激荡的戎马岁月，他叙述得相当生动。这样的谈话，一共有94次，陆陆续续谈了他伴随伟大中国革命的一生。这些珍贵的谈话使我们深受教育。组内各同志分别担负了各个部分的写作，在谈话的基础上进一步参阅档案、搜集材料，于1982年底完成了50万字回忆录的写作任务。之后，又经聂帅三次审查修改，1983年5月，《聂荣臻回忆录》由解放军出版社出版。这本书，深受广大读者的欢迎。许多领导人都看了这本书，称赞这本书写得"实事求是"。

按照聂帅的本意，本可不必再写传记了。但中共中央、中央军委有关部门决定，《当代中国人物传记》丛书，仍要写出完整意义上的传。于是，1985年新成立了写作班子，仍由魏巍任组长，由周均伦任副组长。先后调入的人员有：曹建玲、张凤雏、傅崧山、魏猛、贾舒云、王红云等同志。

回忆录与传记不同。回忆录是自传，是以传主的眼光来观察历史，评价人物，写出自己的心得体会；而传记则是把传主置于具体历史环境之中，对他的思想和行为作出客观的、全面的评价。为了把这位功勋卓著的无产阶级革命家写好，还必须搜集更多的素材和资料，查阅、核实史实。几年来，经过大家的努力，于1990年以前，完成了传记初稿的编写任务。在此基础上由魏巍、周均伦对初稿进行了全面的修改。尤其是周均伦同志全力以赴，对书稿中尚不够充实的部分，作了大量补充。王红云同志也参与了部分书稿的修改工作和大量的日常性工作，作出了很大的努力。

1993年4月，传记组将修改稿分别送北京军区党委常委及总政有关部门和原华北军区的老同志审阅，并于6月在军区召开了审稿会。总参、总政、国防科工委、军事科学院、国防大学、中央党校、中央文献研究室、中央档案馆、当代中国出版社等单位的专家，毛泽东、周恩来、刘少奇、朱德、邓小平和彭德怀、刘伯承、贺龙、陈毅、罗荣桓、徐向前、叶剑英等传记组的负责同志参加了会议。会上，薄一波、萧克、刘澜涛、王平、吕正操、孙毅、郑维山、袁升平、傅崇碧等原晋察冀、华北军区的老首长和北京军区党委常委也对书稿内容提出了许多宝贵意见。会后，我们对这些意见逐条研究，对书稿中的重点章节进行了补充和反复修改。传记组对上述帮助深为感谢。

至此，这一严肃而艰巨的工作已告完成。但是总观全书，比起伟大而壮观的历史本身，比起聂荣臻元帅毕生的辉煌贡献，这部传记还难以做到尽善尽美，这样或那样的缺点和不足，都是存在的。我们希望继续得到广大读者的指正。

北京军区《聂荣臻传》编写组